BIBLIOTHÈQUE
D'HISTOIRE CONTEMPORAINE

HISTOIRE DIPLOMATIQUE

DE

L'EUROPE

DEPUIS L'OUVERTURE DU CONGRÈS DE VIENNE

JUSQU'A LA CLÔTURE DU CONGRÈS DE BERLIN (1814-1878)

PAR

A. DEBIDOUR

Ancien Doyen de la Faculté des lettres de Nancy,
Inspecteur général de l'Instruction publique.

TOME PREMIER
LA SAINTE-ALLIANCE

PARIS

ANCIENNE LIBRAIRIE GERMER BAILLIÈRE ET Cⁱᵉ

FÉLIX ALCAN, ÉDITEUR

108, BOULEVARD SAINT-GERMAIN, 108

1891

HISTOIRE DIPLOMATIQUE

DE L'EUROPE

OUVRAGES DU MÊME AUTEUR

La Fronde angevine, *tableau de la vie municipale au XVIIe siècle.* (Ouvrage couronné par l'Académie française.) 1 vol. in-8. Paris, Thorin, 1877.

De Theodora, *Justiniani Augusti uxore.* 1 vol. in-8. Paris, Thorin, 1877.

Précis de l'histoire de l'Anjou, jusqu'à la Révolution de 1789. 1 vol. in-12. Paris, Delagrave, 1878.

Le général Bigarré, *aide de camp de Joseph Bonaparte, d'après ses Mémoires inédits.* 1 vol. in-8. Paris, Berger-Levrault. 1880.

Histoire de Du Guesclin. 1 vol. in-12. Paris, Hachette, 1880.

L'impératrice Théodora. 1 vol. in-12. Paris, Dentu, 1885.

Études critiques sur la Révolution, l'Empire et la période contemporaine. 1 vol. in-12. Paris, Charpentier, 1886.

Les Chroniqueurs français au moyen âge, *étude historique et critique.* 2 vol. in-8. Paris, Lecène et Oudin, 1888-1890.

EN COURS DE PUBLICATION :

Le général Fabvier, *sa vie et ses écrits (1782-1855).*

Coulommiers. — Imp. P. BRODARD.

HISTOIRE DIPLOMATIQUE

DE

L'EUROPE

DEPUIS L'OUVERTURE DU CONGRÈS DE VIENNE
JUSQU'A LA CLÔTURE DU CONGRÈS DE BERLIN (1814-1878)

PAR

A. DEBIDOUR

Ancien Doyen de la Faculté des lettres de Nancy,
Inspecteur général de l'Instruction publique.

TOME PREMIER
LA SAINTE-ALLIANCE

PARIS

ANCIENNE LIBRAIRIE GERMER BAILLIÈRE ET Cie

FÉLIX ALCAN, ÉDITEUR

108, BOULEVARD SAINT-GERMAIN, 108

1891

PRÉFACE

Le titre de cet ouvrage demande à être expliqué. L'auteur, à vrai dire, ne pouvait guère en adopter un autre. Mais il ne se dissimule pas qu'avec sa généralité un peu vague, celui-ci serait très critiquable s'il ne commençait par déterminer fort nettement aux yeux du lecteur le sujet qu'il s'est proposé de traiter. Or il désire avant tout échapper au reproche d'avoir promis plus qu'il ne voulait ou qu'il ne pouvait tenir.

Si la diplomatie est, suivant la définition de Klüber, *l'art de bien conduire les affaires publiques entre les États*, il s'ensuit qu'elle s'applique, sans exception ni réserve, à tous les rapports réguliers que peuvent entretenir entre eux les gouvernements, à toutes les questions sur lesquelles ils ont intérêt à se mettre d'accord par des négociations et par des traités. A ce compte, l'histoire de la diplomatie, pour être complète, se confondrait avec celle du droit international, dont elle devrait suivre pas à pas et en même temps les développements à la fois si multiples, si complexes et si divers. Un tel travail, rien qu'en ce qui touche à l'Europe et au XIXe siècle, exigerait une longue vie d'homme, et deux volumes n'y suffiraient assurément pas.

En effet les diplomates n'ont pas exclusivement pour mission de conclure les traités spéciaux qui préparent la guerre, qui la préviennent ou qui la terminent. Ils sont appelés à régler entre les États ces relations économiques qui ont une si haute importance et qui fixent, par exemple, les conventions relatives au commerce, aux douanes, aux chemins de fer, aux postes et télégraphes, aux valeurs monétaires, à la propriété littéraire, artistique ou industrielle. C'est à eux qu'il appartient de résoudre les questions si délicates que soulèvent le droit d'asile et celui d'extradition. Au milieu de générations préoccupées d'humanité presque autant que de politique, ils travaillent à éteindre l'esclavage en recherchant les mesures les plus efficaces pour la suppression de la traite. Le droit de la guerre (tant maritime que continentale) est aussi presque à chaque heure l'objet de leurs différends et de leurs débats : réglementer l'emploi de la force, établir des principes que le canon lui-même respectera, s'entendre sur le traitement des blessés, sur celui des prisonniers, sur leur échange ou leur libération, sur le droit des neutres, sur les prises, sur l'espionnage, sur les sauvegardes, sur la piraterie, sur la guerre de partisans, sur les conditions légitimes du blocus, de l'embargo, enfin sur tout ce qui, de près ou de loin, se rattache aux conflits armés entre les nations, ce n'est point, à coup sûr, la partie de leur tâche qui les occupe le moins. Je n'ajoute que pour mémoire certaines négociations ayant comme objet la forme plutôt que le fond de la politique internationale, et qui tendent, soit à assurer l'inviolabilité et les immunités des agents diplomatiques, soit à déterminer leurs rangs, leurs attributions, leur autorité, soit à préciser le rôle ou les pouvoirs des conférences et des congrès. Ce ne sont point toujours les moins épineuses, ni celles qui compliquent le moins les relations des puissances.

Je ne me suis pas donné pour but, en écrivant le récit qu'on va lire, de retracer la vie diplomatique de l'Europe dans cette variété presque infinie de manifestations. J'ai recherché simplement, dans les relations des cabinets, tout ce qui, depuis le congrès de Vienne jusqu'au congrès de Berlin, a pu avoir pour effet l'établissement, la consolidation ou l'ébranlement de l'équilibre politique dans cette partie du monde. Tout ce qui ne m'a pas paru se rapporter — de près ou de loin — à cette grande question, je l'ai laissé de côté.

Cette histoire a donc été entreprise pour retracer, dans un enchaînement raisonné, non tout ce que la diplomatie a fait, de 1814 à 1878, mais ce en quoi elle a contribué, durant cette période, à restaurer, à affermir ou à compromettre la paix générale de l'Europe.

Ce qu'on appelle l'équilibre européen, c'est une pondération morale et matérielle qui, des monts Ourals à l'Atlantique et de l'Océan glacial à la Méditerranée, garantisse tant bien que mal le respect des traités existants, des circonscriptions territoriales qu'ils ont établies et des droits politiques qu'ils ont sanctionnés ; un ordre de choses tel que toutes les puissances se tiennent mutuellement en respect et que l'une d'elles ne puisse imposer d'autorité son hégémonie ou sa domination aux autres. Rien de pareil n'existait au commencement de ce siècle. L'Europe, aux trois quarts conquise ou maîtrisée, était menacée d'une inféodation complète à l'empire français. Mais, Napoléon une fois tombé, à la dictature d'un seul se substitua une sorte d'oligarchie diplomatique, de directoire à plusieurs têtes, qui se chargea de maintenir collectivement la paix générale. Ce fut d'abord la réunion des quatre grandes puissances qui avaient le plus contribué à renverser le conquérant, savoir : l'Autriche, la Grande-Bretagne, la Prusse et la Russie. La France, exclue d'abord de ce concert, y fut elle-même, au bout de peu de temps, admise. Depuis, un État de premier ordre, le royaume d'Italie, qui n'existait pas en 1815, s'est formé de toutes pièces et s'est associé aux précédents. La pentarchie est devenue une hexarchie. Les gouvernements que je viens de nommer n'ont pas toujours vécu dans un accord parfait. De violents conflits se sont parfois produits entre certains d'entre eux. Il en est qui ont grandi et dont l'influence s'est accrue, d'autres qui ont quelque peu décliné et dont le crédit a diminué. Mais aucun d'eux n'a subi une telle déperdition de forces que les autres aient pu l'annihiler ou l'exclure de leur syndicat. Tous subsistent encore, garantissant parfois la tranquillité aussi bien par leur rivalité que par leur entente.

En présence de ce groupe formidable, les États secondaires, tout en conservant une indépendance nominale, ont dû se plier à une sorte de médiatisation. Depuis trois quarts de siècle, les *grandes puissances* décident souverainement des affaires *générales* et même souvent des affaires *particulières*, pour peu qu'une ou plusieurs d'entre elles y soient intéressées. Les autres ou ne sont pas consultées ou ne le sont que pour la forme, chacune d'elles n'étant d'ordinaire admise à discuter que sur les questions qui la regardent en propre. Il suffit donc, pour qui veut expliquer la politique *européenne* depuis 1814 jusqu'à nos jours, de suivre pas à pas dans ses menées le directoire en question et de ne jamais perdre de vue aucun de ses membres. C'est à quoi je me suis efforcé dans le travail que je viens de terminer. Quant aux moyens et aux petits États, je ne les ai respectivement mis en scène que lorsqu'ils avaient à jouer leur rôle dans des négociations ou des crises dont la solution importait à toute l'Europe.

L'intérêt de cette histoire consiste dans le récit des assauts et des transformations qu'a subis et que semble destiné à subir encore l'édifice politique élevé en 1815 par le congrès de Vienne. A cette époque, les peuples demandaient des institutions libres, les nationalités réclamaient, avec leur indépendance, leurs frontières naturelles. Nulle satisfaction ne fut donnée à ces vœux par les vainqueurs de Napoléon. La démocratie fut mise à l'index. Pour la comprimer ou pour la combattre, les souverains formèrent une sorte d'alliance mutuelle. Ainsi devait, à leur sens, s'établir l'équilibre moral, nécessaire au maintien de la paix générale. Quant à l'équilibre matériel, ils le fondèrent sur un partage tout à fait arbitraire des territoires, ne consultant pour l'effectuer que leurs convenances, leurs intérêts — mal compris, — et ne tenant nul compte des vœux des populations. Ils inaugurèrent de la sorte cette politique de la Sainte-Alliance qui, tout d'abord omnipotente, fut, au bout de quelques années, battue en brèche par la Révolution, éprouva d'assez sensibles échecs, surtout à partir de 1830, mais, en somme,

contint l'Europe, tant bien que mal, jusqu'à l'ébranlement
général de 1848. A cette dernière date s'ouvre la seconde
partie de cet ouvrage. Alors commence une ère nouvelle
où, par une réaction victorieuse contre le régime imposé à
l'Europe en 1815, on voit la liberté se répandre de proche en
proche, les nationalités s'affirmer et se reconstituer. La Révolution, parfois aidée par quelques-uns de ses pires ennemis,
qui ont intérêt à se servir d'elle, a repris résolument, depuis
le 24 février, son œuvre interrompue. Sans doute la politique d'autrefois n'a pas encore renoncé à la lutte. Elle continuera peut-être longtemps à la soutenir. Mais le droit nouveau a remporté tant de succès et fait tant de conquêtes dans
ces quarante dernières années que sa victoire définitive semble
n'être plus qu'une question de temps et que l'empire de l'Europe lui paraît assuré.

Ayant entrepris de retracer l'histoire si dramatique, si
passionnante, en apparence si confuse des deux périodes que
je viens d'indiquer, j'ai eu surtout à cœur, d'une part, d'être
exact et clair, de l'autre, d'être sincère et loyal. Je ne crois
pas avoir à justifier bien longuement la méthode que j'ai
suivie avec fidélité d'un bout à l'autre et le sentiment auquel
j'ai constamment obéi en composant cet ouvrage.

Pour la méthode, il semble, au premier abord, que la plus
simple soit de traiter séparément, comme on l'a fait d'ordinaire jusqu'ici, chacune des grandes questions européennes
qui ont préoccupé le monde diplomatique au xixᵉ siècle. C'est
peut-être la plus simple; mais quand on y réfléchit, on reconnaît que ce n'est ni la plus légitime, ni la meilleure. Isoler,
pour voir plus clair dans leur histoire, des États qui, comme
la Russie, la Turquie, l'Allemagne, l'Autriche, l'Italie, la
France et d'autres encore, n'ont cessé d'exercer les uns sur
les autres les plus fortes, parfois les plus puissantes influences,
présenter comme absolument distinctes des politiques qui
en réalité s'entre-croisent, s'enchevêtrent, se pénètrent inti-
mement, c'est, à mon sens, un procédé fautif et qui ne
permet ni de bien connaître ni de bien juger les événements.

On ne se doute pas, au premier abord, par exemple, qu'à une certaine époque, les révolutions de Grèce, d'Espagne et d'Amérique sont absolument connexes, qu'à d'autres, les affaires de Pologne, de Danemark, d'Allemagne, d'Italie, etc., sont entre elles dans le plus étroit rapport et que toutes les grandes puissances y ont été mêlées à la fois. Mais une étude attentive rend plus clairvoyant. Pourquoi donc disjoindre des faits qui, séparés, n'ont aucun sens, et supprimer de gaîté de cœur leur enchaînement chronologique et le lien de causalité qui les unit? L'histoire n'est pas une dissection, c'est une résurrection, et la vie qu'elle cherche à rendre aux morts, c'est le jeu régulier et coordonné de tous les organes, ce n'est pas le fonctionnement particulier d'un seul. Voilà pourquoi, voulant représenter la diplomatie européenne à partir de 1814, j'ai commencé par mettre en scène l'Europe entière, ou du moins l'ensemble des puissances qui la dirigent, et pourquoi j'ai tenu à ce qu'elle y restât sans interruption, d'un bout à l'autre de mon récit. J'ai suivi minutieusement, sans jamais m'écarter de l'ordre des temps, cette politique générale, que je voulais d'abord m'expliquer et ensuite exposer clairement au lecteur. J'en ai recherché avec soin les principaux éléments et, au lieu de les séparer par une de ces analyses trompeuses qui faussent l'histoire, je les ai réunis en une série de synthèses qui, j'ose l'espérer, permettront de l'apprécier en suffisante connaissance de cause. J'en ai étudié les ressorts cachés et, au lieu de les laisser isolés, épars, inertes, je les ai rapprochés, j'ai reconstitué de mon mieux leur agencement et j'ai, par la pensée, remis en mouvement le mécanisme complexe dont — jadis ou naguère — ils avaient fait partie.

Les grandes puissances se trouveront presque toujours de front dans ce récit. Jamais une d'elles ne pourra échapper entièrement à l'attention du lecteur. En outre, bien que j'aie eu exclusivement pour but de retracer et d'expliquer leurs relations diplomatiques, je n'ai pas cru pouvoir faire abstraction complète de ce qui touche au gouvernement intérieur de chacune d'elles. Il y a, pour tous les États, une corrélation si étroite et si constante entre la politique du dedans et celle du dehors, que vouloir expliquer la seconde sans tenir compte de la première serait d'un esprit pour le moins bien superficiel et bien léger. La diplomatie française ne peut avoir ni les mêmes règles ni les mêmes tendances sous la monarchie de Juillet que sous le régime de 1852. L'Angleterre n'a pas la même attitude vis-à-vis de l'Europe sous les whigs que sous les tories, sous Russell que sous Liverpool ou sous Peel, sous Gladstone que sous Disraéli. Dans le concert des grandes puissances, la Prusse de Bismarck ne peut ni parler ni agir comme celle de Hardenberg; et le dualisme austro-hongrois d'Andrassy n'a forcément au dehors ni le même programme ni les mêmes visées que la vieille Autriche de Metternich. Un État, grand ou petit, n'éprouve pas de malaises, de commotions, de transformations internes, sans que sa politique extérieure s'en ressente. Voilà pourquoi j'ai cru devoir souvent rattacher, par des explications sommaires, mais précises, les revirements diplomatiques des puissances qui tiennent quelque place dans cette histoire aux changements de leur condition intérieure. Le lecteur, j'ose le croire, tirera quelque profit de ces rapprochements.

Quant aux dispositions d'esprit où j'étais en commençant ce travail et où je suis encore en le terminant, je n'ai pas à m'étendre sur ce sujet. On le verra dès les premières pages du livre, l'organisation imposée à l'Europe en 1815 me paraît un régime contre nature. Il n'était guère propre, à mon sens, qu'à atrophier ou stériliser des forces dont le développement et le libre jeu importent au progrès de la civilisation générale. La Révolution, qui l'a déjà aux trois quarts détruit, me semble, malgré ses excès, ses erreurs, malgré les mécomptes partiels et passagers qu'elle a pu produire, devoir être profitable à l'Europe et, par suite, au monde entier. Si le lecteur ne tire pas la même morale que moi de cette histoire, il voudra bien du moins reconnaître que je l'ai écrite loyalement, sans dissimulation, sans complaisance, sans aigreur. Bien que j'aime par-dessus tout mon pays et que je serve dès l'enfance un drapeau politique auquel, s'il plaît à Dieu, je resterai fidèle jusqu'à la mort, je crois n'avoir, en aucun endroit de ce livre, sacrifié ni à l'esprit de faction ni à un égoïsme patriotique qui, après les malheurs éprouvés par la France, serait, dans une certaine mesure, excusable. Je n'ai voulu plaider ni la cause d'un peuple ni celle d'un parti. J'ai voulu simplement rendre justice à tous. Je crois, du reste, que, s'il est un bon moyen de servir ses amis, ce n'est pas de leur dissimuler leurs imperfections, leurs erreurs, leurs faiblesses, leurs revers, non plus que la valeur, la force et les succès de leurs adversaires, c'est de commencer par leur dire résolument ce qu'il en est. J'ai recherché tous les témoignages, d'où qu'ils vinssent, pourvu qu'ils fussent sérieux. Tout ce que j'ai pu trouver de pièces officielles, de correspondances, de mémoires concernant mon sujet, je l'ai réuni, étudié, me gardant bien de croire que la vérité fût tout entière dans les documents français et recourant le plus possible aux sources étrangères. Je n'indique pas ici mes autorités. Mais je les fais connaître exactement au bas de chacun de mes chapitres. On verra par là que j'ai fait de mon mieux pour être bien renseigné et pour juger les hommes, comme les choses, avec la mesure et l'équité qui conviennent à l'histoire.

Ce livre est en somme, je le sens, bien insuffisant, bien imparfait. Il n'est que l'ébauche d'un ouvrage plus étendu, plus *documenté*, auquel je voudrais consacrer le reste de ma vie. Il a du moins été consciencieusement préparé; il a été écrit de bonne foi. Tel qu'il est, puisse-t-il me valoir l'indulgente approbation des hommes qui ne demandent pas à l'historien de flatter leurs préférences nationales ou leurs passions politiques et que n'offusquent ni ne rebutent les leçons viriles de la vérité!

A. DEBIDOUR.

HISTOIRE DIPLOMATIQUE

DE

L'EUROPE

INTRODUCTION [1]

I. La politique anti-napoléonienne. — II. La coalition de 1813. — III. Le congrès de Châtillon. — IV. Les Alliés, Napoléon et le comte d'Artois. — V. Louis XVIII et le traité du 30 mai. — VI. Préliminaires du congrès de Vienne.

(1812-1814)

I

L'Europe n'a jamais eu, elle ne retrouvera peut-être jamais, pour se donner une organisation politique de nature à assurer son

1. Sources : Angeberg (comte d'), *le Congrès de Vienne et les Traités de 1815*; — Beugnot, *Mémoires*; — Castlereagh (lord Londonderry), *Correspondence of Robert, second marquis of Londonderry*; — Cornewall Lewis, *Histoire gouvernementale de l'Angleterre de 1770 à 1830*; — Gentz (F. de), *Dépêches inédites aux hospodars de Valachie pour servir à l'histoire de la politique européenne, de 1813 à 1828*; — Gervinus, *Histoire du XIXᵉ siècle*, t. I et II; — Hardenberg (prince de), *Mémoires*; — Haussonville (comte d'), *Dernières négociations de l'empire, ouvertures de Francfort et conférences de Châtillon* (Revue des Deux Mondes, 15 janvier 1861). — Hyde de Neuville (baron), *Mémoires et Souvenirs*; — Lefebvre (Armand), *Soulèvement de l'Allemagne après la guerre de Russie* (Revue des Deux Mondes, 1ᵉʳ janvier, 1ᵉʳ février 1857); — Lytton Bulwer (sir Henry), *Essai sur Talleyrand*; — Marmont, duc de Raguse, *Mémoires*, t. V; — *Mémoires tirés des papiers d'un homme d'État*, t. XII; — Metternich (prince de), *Mémoires, documents et écrits divers*, t. I et II; — Napoléon Iᵉʳ, *Correspondance*, t. XXIV à XXVIII; — Pertz, *das Leben des Ministers Freiherrn von Stein*; — Thiers, *Histoire de l'empire* (éd. in-4°), t. III et IV; — Vaulabelle (Ach. de), *Histoire des deux Restaurations*, t. I; — Viel-Castel (baron de), *Histoire de la Restauration*, t. I; — *Lord Castlereagh et la Politique extérieure de l'Angleterre de 1812 à 1822* (Revue des Deux Mondes, 15 mai 1854); — Vitrolles (baron de), *Mémoires*, t. I. — Wellington (lord), *Dispatches*,

DEBIDOUR.   I. — 1

repos, une occasion semblable à celle que lui fournit en 1814 la chute de l'empire napoléonien. La carte de cette partie du monde fut alors entièrement à refaire. La guerre avait fait table rase de tous les traités. Il n'était pas un État qui ne fût appelé à changer de limites. Sans renouveler la vieille utopie de la paix perpétuelle, les bons esprits croyaient fort possible d'établir, par une juste répartition de forces, un ferme équilibre entre les puissances. L'universel oppresseur étant tombé, l'on se disait qu'il n'y avait plus en Europe ni vainqueurs ni vaincus. La France ne devait plus inspirer ni jalousie ni crainte. Ses adversaires de la veille pouvaient lui tendre la main et n'avaient qu'à y gagner. Les nationalités, appelées de toutes parts aux armes contre Napoléon, aspiraient à se reconstituer. Les Allemands, les Italiens, les Polonais, bien d'autres races encore, avaient lutté pour l'indépendance et pour la liberté. Les rois leur avaient promis ce double bienfait. Un parfait accord semblait régner entre les souverains et les peuples, garantissant à ceux-ci que la pacification générale ne s'accomplirait ni à leur détriment ni sans leur concours.

Que fût-il arrivé si les quatre grands gouvernements qui venaient d'abattre l'Empire se fussent réconciliés sans réserve avec la France et si les nations avaient pu librement débattre leurs intérêts au congrès de Vienne? Nous ne savons. L'histoire doit seulement constater que, dès le début de la grande alliance, les souverains eurent un bien autre programme, qu'ils n'avouaient pas tout d'abord, mais qu'ils ne prirent plus la peine de dissimuler après la victoire [1]. Substituer en Europe une domination à une autre, mettre à la place de la dictature française un directoire à quatre têtes, tel fut leur plan général. S'ils reprochaient à Napoléon de ne respecter ni les droits

t. XI, XII; *Supplementary dispatches.* — Outre ces sources particulières, j'indique ici une fois pour toutes les deux grands Recueils de traités de Martens et de de Clercq.

1. Frédéric de Gentz, secrétaire du congrès et âme damnée de Metternich, s'exprime en ces termes dans un rapport du 12 février 1815 : « Ceux qui, à l'époque de la réunion du congrès de Vienne, avaient bien saisi la nature et les objets du congrès, ne pouvaient guère se méprendre sur sa marche, quelle que fût leur opinion sur ses résultats. Les grandes phrases de *reconstruction de l'ordre social,* de *régénération du système politique de l'Europe,* de *paix durable fondée sur une juste répartition des forces,* etc., etc., etc., se débitaient pour tranquilliser les peuples et pour donner à cette réunion solennelle un air de dignité et de grandeur; mais le véritable but du congrès *était le partage entre les vainqueurs des dépouilles du vaincu.* » (Metternich, *Mémoires,* t. II, p. 474.)

des princes ni ceux des peuples, ce n'est pas qu'ils fussent résolus à se montrer eux-mêmes plus scrupuleux. Sans doute il serait injuste de méconnaître leur désir sincère d'établir entre eux un équilibre durable et de concourir par leur accord au maintien de la paix générale. Reste à savoir si le meilleur moyen de réaliser ces bonnes intentions était de mettre la France en quarantaine, de lui enlever toutes ses conquêtes et d'opérer tout seuls, comme ils le prétendaient faire, le partage des dépouilles, sans autre souci que celui de leurs convenances.

II

Quoi qu'il en soit, il est certain que, longtemps avant la chute de l'Empire, telle était bien la ligne de conduite qu'ils s'étaient engagés à suivre. Et ils s'y seraient tous invariablement tenus si certains d'entre eux, comme on le verra plus loin, n'avaient été contraints d'en dévier par la force des choses.

Des quatre grands États auxquels nous faisons allusion, deux seulement étaient unis en 1812 contre Napoléon : d'une part, la Russie, qui venait de conclure la paix avec la Turquie [1] pour pouvoir faire face aux Français avec toutes ses forces et qui avait entraîné la Suède dans son alliance [2] en promettant de lui laisser prendre la Norvège ; de l'autre, l'Angleterre, qui commandait toutes les mers, occupait le Portugal, soutenait la nation espagnole soulevée contre nous et disposait de la Sardaigne, de la Sicile, des îles Ioniennes. Tout le reste de l'Europe, ou à peu près, de gré ou de force, marchait derrière le conquérant. Un an plus tard, la France était presque seule et voyait un million d'ennemis franchir sa frontière. Aussitôt après la retraite de Moscou, la Prusse, longtemps humiliée et altérée de vengeance, s'était jetée dans les bras de la Russie (traité de Kalisch, 28 février 1813). Puis était venue l'Autriche qui, médiatrice peu sincère [3], avait fini par lever le

1. Par le traité de Bucharest, le 28 mai 1812.
2. Par le traité du 24 mars 1812.
3. C'est ce qui ressort des aveux de Metternich (voir son autobiographie, au t. I de ses *Mémoires*) et ce que nous croyons avoir mis en lumière dans nos *Études critiques sur la Révolution, l'Empire et la période contemporaine* (p. 285-289).

masque, déclaré la guerre à la France (12 août) et lié ses intérêts à ceux de la coalition déjà existante par le traité de Teplitz (9 septembre). La quadruple alliance ainsi formée était irrésistible ; elle écrasa Napoléon à Leipzig. Elle n'eut pas de peine à détacher de lui, soit par promesses, soit par menaces, les petits gouvernements allemands qui avaient été jusque-là ses auxiliaires [1]. En décembre, elle déterminait la Suisse à laisser violer sa neutralité. Elle soulevait d'autre part la Hollande. Elle refoulait nos troupes en deçà des Pyrénées. Elle amenait enfin d'une part le roi de Danemark, notre plus fidèle allié, à poser les armes devant la Suède, qui venait de lui enlever la Norvège [2], et de l'autre le roi de Naples, Murat, à trahir son beau-frère, moyennant l'assurance qu'il garderait sa couronne [3]. La France était envahie et Napoléon, disputant le terrain pied à pied, ne pouvait se décider à subir les conditions exorbitantes des vainqueurs.

Ces conditions étaient arrêtées dans la pensée des Alliés au moins depuis le mois d'août 1813, c'est-à-dire depuis le moment où l'Autriche avait par son accession complété la tétrarchie militaire dont nous venons de retracer la formation. Elles peuvent se résumer en trois points :

1° Supprimer ou transformer les États feudataires créés par Napoléon ou enchaînés à sa politique et faire rentrer la France dans ses limites du 1er janvier 1792 ;

2° Opérer le partage des territoires rendus ainsi disponibles, de façon que les uns servissent à constituer ou à renforcer des États destinés à contenir la France dans ses nouvelles frontières et que les autres augmentassent la puissance des quatre grands alliés ou de leurs clients ;

3° Exclure la France des négociations auxquelles donnerait lieu ce partage.

Sans doute ces prétentions violentes ne furent pas affichées ouvertement avant Leipzig, ni même immédiatement après. Tant que Napoléon n'était pas expulsé d'Allemagne, tant que les Alliés

---

1. C'est ainsi qu'elle entraîna successivement la Bavière, le Wurtemberg, le grand-duché de Bade, le grand-duché de Hesse, le duché de Nassau, la Hesse électorale, etc., par les traités de Ried (8 octobre 1813), de Fulde (2 novembre), de Francfort (20, 22, 23 novembre et 2 décembre, etc.).
2. Traité de Kiel (14 janvier 1814).
3. Traité de Naples (11 janvier 1814).

n'avaient pas franchi le Rhin, il fallait être prudent ; il fallait dissimuler des exigences qui eussent pu coûter cher à la coalition, si un retour de fortune eût permis au conquérant de lui dicter de nouveau des lois. Mais les *Mémoires* de Metternich, récemment publiés, ne laissent aucun doute sur l'intention où étaient les coalisés, lorsqu'ils signèrent le pacte de Teplitz, de traiter la France et l'Europe comme ils les traitèrent l'année suivante. Le chancelier d'Autriche [1], qui, au dire de Napoléon, était tout près d'être un grand diplomate, tant il savait mentir, affecta bien, il est vrai, en novembre 1813, de faire offrir à l'empereur les frontières naturelles de la France, c'est-à-dire le Rhin et les Alpes, à condition qu'il abandonnât tout le reste. C'eût été une proposition fort acceptable, si elle eût été de bonne foi. Mais on ne voulait que gagner du temps, tromper une nation malheureuse, lasse de son chef, et la détacher de lui par l'espérance illusoire d'un arrangement honorable. « Connaissant à fond l'esprit public en France, dit Metternich, j'étais convaincu que, pour ne pas l'aigrir, pour lui présenter plutôt un appât qui serait saisi par tout le monde, on ferait bien de flatter l'amour-propre national et de parler dans la proclamation du Rhin, des Alpes et des Pyrénées comme étant les frontières naturelles de la France. Dans le but d'isoler encore davantage Napoléon et d'agir en même temps sur l'esprit de l'armée, je proposais en outre de rattacher à l'idée des frontières naturelles l'offre d'une négociation immédiate. L'empereur François [2] ayant approuvé mon projet, je le soumis à LL. MM. l'empereur de Russie [3] et le roi de Prusse [4]. Tous deux

1. Metternich-Winneburg (Clément-Venceslas-Népomucène-Lothaire, comte, puis prince de), duc de Portella, etc., né à Coblentz le 15 mai 1773; secrétaire de son père au congrès de Rastadt (1798-1799); ministre d'Autriche à Dresde (1801), puis à Berlin (1803); ambassadeur en France (1806); chancelier et ministre des affaires étrangères d'Autriche du 8 octobre 1809 au 13 mars 1848; mort à Vienne le 5 juin 1859. — Son fils, le prince Richard de Metternich, a publié un recueil très étendu et très instructif de *Mémoires, documents et écrits divers* laissés par le chancelier (Paris, Plon, 1880-1884, 8 vol. in-8).

2. François II, empereur d'Allemagne, né à Florence le 12 février 1768; successeur de son père l'empereur Léopold II en 1792; empereur d'Autriche sous le nom de François Iᵉʳ en 1806; mort le 2 mars 1835.

3. Alexandre Iᵉʳ Paulowitch, fils de Paul Iᵉʳ, petit-fils de Catherine II, né à Saint-Pétersbourg, le 17 décembre 1777, empereur de Russie en 1801, mort à Taganrog le 1ᵉʳ décembre 1825.

4. Frédéric-Guillaume III, fils aîné et successeur de Frédéric-Guillaume II, né le 3 août 1770, roi de Prusse en 1797, mort le 7 juin 1840.

eurent peur que Napoléon, confiant dans les hasards de l'avenir, ne prît une résolution prompte et énergique et n'acceptât cette proposition afin de trancher ainsi la situation. Je réussis à faire passer dans l'esprit de ces deux souverains la conviction dont j'étais animé moi-même que jamais Napoléon ne prendrait volontairement ce parti..... »

Il y avait encore une bien meilleure raison pour que l'arrangement n'eût pas lieu, c'est que l'Angleterre n'en voulait à aucun prix et que le rusé diplomate le savait fort bien. Aussi quand Napoléon, réduit aux abois, eut répondu (2 décembre 1813) qu'il acceptait de négocier sur les bases posées par la coalition, ajoutant qu'il lui fallait préalablement un armistice et l'assurance que le gouvernement britannique s'associait aux vues de ses alliés, évitat-on, durant plus d'un mois, de lui répondre. Au bout de ce temps, l'Alsace, la Lorraine, la Franche-Comté étaient envahies; les Alliés étaient à cinquante lieues de Paris. Alors seulement on fit savoir à l'empereur que les conférences pour la paix pourraient s'ouvrir (janvier 1814), et la ville de Châtillon-sur-Seine fut indiquée comme rendez-vous aux plénipotentiaires des principales puissances belligérantes.

III

Le congrès de Châtillon, qui s'ouvrit le 4 février 1814, pendant que Napoléon, à la tête d'une poignée d'hommes, livrait aux Alliés combats sur combats en Champagne, ne fut qu'une comédie diplomatique. Ni l'une ni l'autre des deux parties n'y avait apporté de dispositions vraiment pacifiques. L'empereur des Français y avait envoyé son ministre des affaires étrangères, Caulaincourt, duc de Vicence [1], personnage estimé des souverains alliés et surtout du czar Alexandre, non point en réalité pour traiter, mais pour traîner en longueur des négociations au cours

1. Caulaincourt (Armand-Augustin-Louis, marquis de), né à Caulaincourt (Aisne) en 1772; ambassadeur à Saint-Pétersbourg en 1801; aide de camp du premier consul, général de division (1805); grand écuyer de l'empereur, duc de Vicence; envoyé de nouveau en Russie (1807); sénateur et ministre des relations extérieures de France (1813); rappelé au ministère par Napoléon pendant les Cent-Jours (1815); membre de la commission exécutive (juin-juillet 1815); mort à Paris en 1827.

desquelles la fortune des armes pouvait lui redevenir favorable. Il
n'ignorait pas que, l'Angleterre ayant formellement refusé de se
rallier aux propositions de Francfort, les Alliés, établis maintenant
au cœur de la France, se proposaient de lui dicter l'ultimatum
humiliant dont nous avons donné plus haut un aperçu. Le choix
même qu'ils avaient fait de diplomates de second rang[1] pour les
représenter à Châtillon semblait montrer qu'ils attachaient peu
d'importance au congrès et qu'ils n'en espéraient, peut-être
même n'en désiraient pas très fort le succès.

Alexandre, qui ne pouvait pardonner à Napoléon d'être entré à
Moscou, voulait à tout prix entrer dans Paris à la tête de son
armée. C'est grâce à ses lenteurs calculées que les Alliés présentèrent seulement le 17 février à Caulaincourt leurs propositions
officielles, attendues par lui depuis le 5. Or le ministre français,
que l'empereur, battu à la Rothière[2], avait autorisé dans les premiers jours du mois à faire de grandes concessions, reçut contre-
ordre vers la fin, par suite de plusieurs avantages qu'il venait de
remporter sur la coalition et qui lui donnaient l'espoir de l'intimider.
Le duc de Vicence fit donc à son tour attendre sa réponse. C'est
alors que, bien décidés à ne point céder, les plénipotentiaires des
quatre grandes cours signèrent (1er mars 1814) le traité de Chaumont, arrêt de mort pour l'empire et digne avant-coureur de la
Sainte-Alliance.

Par ce pacte solennel, l'Autriche, la Grande-Bretagne, la Prusse
et la Russie s'engageaient à ne pas déposer les armes que la
France n'eût subi leurs conditions, chacune des quatre puissances
devant concourir à l'exécution du programme commun avec toutes
ses forces, ou tout au moins avec un contingent de cent cinquante
mille hommes. Elles promettaient de ne traiter que collectivement.
Les principales de leurs conditions étaient : que la France serait
réduite à ses frontières du 1er janvier 1792 ; que tous les territoires situés en dehors de ces limites seraient soustraits à son
influence ; que l'ancien royaume de Hollande serait réuni aux pro-

1. Les plénipotentiaires des quatre grandes cours étaient : pour l'Autriche,
le comte *de Stadion*; pour la Grande-Bretagne, lord *Aberdeen*, lord *Cathcart*
et sir *Charles Stewart*; pour la Prusse, le baron *de Humboldt*; pour la Russie,
le comte *de Razoumowski*.
2. Le 1er février 1814.

vinces belges pour former sur son flanc septentrional le royaume
des Pays-Bas; qu'elle serait surveillée à l'est par l'Allemagne
organisée en confédération indépendante; que la Suisse formerait aussi un groupe fédéral, dont la neutralité serait garantie par
l'Europe; que l'Italie serait également divisée en États indépendants de la France (mais soumis directement ou indirectement à
la domination autrichienne); que l'Espagne serait rendue à Ferdinand VII [1]; que l'Angleterre garderait Malte [2] sans compter les
îles Maurice et de Bourbon, le groupe des Saintes, Tabago et autres
colonies enlevées à l'empire; enfin que, pour tout le reste des
territoires conquis à partager, la France n'aurait aucun droit à
intervenir. Par surcroît de précautions, les quatre puissances assi-
gnaient à leur alliance une durée de vingt ans et chacune d'elles
promettait de mettre à la disposition des autres, même après la
pacification générale, un contingent de soixante mille hommes
pour le défendre en cas d'attaque.

En présence d'un tel programme, Caulaincourt ne pouvait plus
lutter que par acquit de conscience. Poussé l'épée dans les reins, il
finit par présenter (le 15 mars) des contre-propositions d'où il
résultait que son maître ne renonçait encore ni à la limite du Rhin,
ni au royaume d'Italie, ni, à plus forte raison, au droit de prendre
part à la reconstitution politique de l'Europe. Aussi, quatre jours
après, les Alliés lui signifièrent-ils que le congrès était clos et que
les questions en litige étaient remises au sort des armes.

Vainement Napoléon, que la fortune des combats abandonnait
maintenant sans retour [3], donna l'ordre à son plénipotentiaire de tout
accepter, de tout signer; les Alliés répondirent qu'il était trop tard
et exposèrent hautement par la proclamation de Vitry (25 mars) les
motifs qu'ils avaient eus de rompre les négociations.

---

1. Napoléon venait lui-même de traiter avec ce prince et de le renvoyer
dans ses États, comme si, après l'avoir traîtreusement capturé et l'avoir retenu
six ans prisonnier, il eût pu s'en faire un allié sincère (traité de Valençay,
11 décembre 1813). Il va sans dire que, redevenu libre et rentré en Espagne,
Ferdinand VII ne tint nul compte de ses engagements envers l'empereur
des Français.
2. Elle s'était emparée dès 1800 de cette importante position et n'avait pas
cessé de l'occuper depuis cette époque.
3. Il venait d'échouer à l'attaque de Laon (8-10 mars); les Alliés marchaient
rapidement sur Paris; les Autrichiens venaient d'entrer à Lyon (9 mars) et
les Anglais à Bordeaux (12 mars).

Leur intransigeance, dont ils avaient longtemps fait mystère, s'étalait à cette heure, parce qu'ils avaient la certitude non seulement de battre, mais de renverser l'empereur, et que les Bourbons, qui depuis longtemps sollicitaient leur protection pour remonter sur le trône, leur paraissaient devoir être beaucoup plus accommodants sur les clauses de la paix future. Dès le 25 janvier, à Langres, l'empereur de Russie, l'empereur d'Autriche, le roi de Prusse, leurs ministres et les représentants de l'Angleterre, avaient moralement décidé la Restauration[1]. Dès le mois de février, sans se compromettre ouvertement pour eux, les souverains alliés avaient laissé les princes rentrer en France à la suite de leurs armées. Le comte d'Artois était venu sous leur protection s'établir à Nancy, et le duc d'Angoulême, grâce à eux, était rentré à Bordeaux. Au commencement de mars, le plus actif de leurs agents, Vitrolles, était venu de Paris affirmer au czar que la capitale l'attendait, qu'elle le recevrait en libérateur, qu'elle demandait les Bourbons, que la France les voulait aussi, que le concours de Talleyrand[2] était acquis et qu'avec un tel homme la cause de la légitimité était assurée. Voilà pourquoi, dans les derniers jours de ce mois, les Alliés, malgré les manœuvres désespérées de Napoléon, qui cherchait à les entraîner vers la Lorraine, portèrent résolument le gros de leurs forces vers Paris et abattirent du même coup l'empire et l'empereur.

1. Metternich (*Mémoires*, t. I, 182) dit qu'il s'agissait dans cette réunion de « prendre une résolution relativement *à la forme du gouvernement à donner à la France*. La chute de Napoléon, ajoute-t-il, était inévitable. Toute paix qui aurait rejeté Napoléon dans les anciennes limites de la France ou qui lui aurait seulement enlevé les conquêtes antérieures à son avènement au pouvoir n'aurait été qu'un armistice ridicule et eût été repoussée par lui-même. »

2. Talleyrand-Périgord (Charles-Maurice de), prince de Bénévent, né à Paris le 13 février 1754; agent général du clergé de France (1780); évêque d'Autun (1er octobre 1788); député du clergé aux États généraux (1789); membre du directoire du département de la Seine (janvier 1791); chargé de plusieurs missions diplomatiques en Angleterre (1791-1792); émigré (1792-1795); chargé d'une mission en Prusse (1795-1796); membre de l'Institut (1797); ministre des relations extérieures (15 juillet 1797-20 juillet 1799 et 22 novembre 1799-9 août 1807); prince de Bénévent (5 juin 1806); archichancelier d'État (1808); *membre du conseil de régence* (janvier 1814); président du gouvernement provisoire (1er avril 1814); ministre des affaires étrangères (12 mai 1814-23 septembre 1815); grand chambellan sous Louis XVIII et Charles X; ambassadeur à Londres (septembre 1830-novembre 1834); mort à Paris le 17 mai 1838.

IV

On sait ce qui s'ensuivit. En entrant dans la ville, les Alliés invitèrent les Parisiens à se prononcer « librement » pour le gouvernement de leur choix, non sans leur proposer l'exemple des cités où les Bourbons avaient déjà été acclamés. Ils déclaraient du reste qu'ils ne traiteraient plus ni avec Napoléon ni avec aucun membre de sa famille. Ils ajoutaient que, si la France revenait à un « gouvernement sage » et offrait ainsi « l'assurance du repos », ils respecteraient l'intégrité de son « ancien territoire », qu'ils « pourraient même faire plus », parce qu'ils professaient le principe que, pour le bonheur de l'Europe, il fallait que la « France fût grande et forte ». Comment ne se fût-on pas jeté dans les bras des Bourbons? L'on s'y jeta, il est vrai, sans enthousiasme. Quelques gentilshommes crièrent : « Vive le roi! » Le sénat prononça sans rougir la déchéance de Napoléon, et la France, pour avoir la paix, laissa faire.

Quelques jours après, l'empereur, qui avait d'abord songé à se défendre, puis abdiqué conditionnellement, était trahi par Marmont et réduit à signer une abdication sans réserve. Alexandre, généreux et chevaleresque parce qu'il était vainqueur, voulut qu'on le traitât encore en souverain [1].

Les Alliés, par la convention de Fontainebleau (11 avril 1814), décidèrent qu'il aurait, à titre viager, l'île d'Elbe en souveraineté; que le gouvernement français lui assurerait une liste civile de deux millions; que sa famille serait pourvue de deux millions cinq cent mille francs de rentes en fonds de terre; enfin que les duchés de Parme, Plaisance et Guastalla seraient assignés à l'impératrice Marie-Louise et déclarés réversibles sur la tête de son fils.

L'ex-empereur n'avait pas encore quitté Fontainebleau que les Bourbons prenaient déjà sa place aux Tuileries. Le comte d'Artois, frère de Louis XVIII, y précéda ce prince et exerça quelques

1. Metternich, qui avait tant flatté Napoléon et lui avait fait offrir pour femme une archiduchesse d'Autriche, trouvait maintenant la générosité du czar « très déplacée ». Il finit par consentir à la convention de Fontainebleau, mais en disant : « Je mettrai mon nom au bas d'un traité qui, en moins de deux ans, nous ramènera sur le champ de bataille ».

semaines la lieutenance générale du royaume, pour le malheur de la France. Ce personnage bien intentionné, mais un peu niais et sans expérience, malgré ses cinquante-sept ans, était trop heureux de rentrer dans le palais de ses pères pour ne pas se montrer reconnaissant envers la coalition qui lui en avait rouvert les portes. Ajoutons qu'il se croyait, malgré cela, fort bon Français. Ainsi quand les Alliés, maintenant pleins de sollicitude pour notre pays, qu'ils occupaient et rançonnaient, lui représentèrent qu'il pouvait d'un trait de plume en abréger les souffrances, n'hésita-t-il pas à suivre leur charitable conseil. Ils lui représentèrent qu'en attendant la conclusion de la paix, il acquerrait des titres à la gratitude de la France, s'il la délivrait de l'occupation étrangère. Pour cela que fallait-il? Simplement ordonner l'évacuation des places fortes que nos troupes détenaient encore en dehors de nos anciennes frontières. Ces places étaient au nombre de cinquante-trois; quelques-unes comme Hambourg, Anvers, Mantoue, étaient des positions stratégiques ou maritimes de premier ordre. Elles renfermaient douze mille canons, des vaisseaux de ligne, des arsenaux, des magasins immenses, de quoi entretenir la guerre pendant des années. Au milieu de nos malheurs, c'était la seule garantie qui nous restât contre les exigences abusives de nos vainqueurs. Si nous les gardions, il fallait sans doute nous résigner à voir ceux-ci séjourner quelques mois de plus sur notre sol. Mais nous pouvions du moins ne les rendre qu'à la paix et espérer en retour d'importantes compensations territoriales. Ces gages multiples nous permettaient même d'attendre que la diplomatie tînt pour la reconstitution de l'Europe les grandes assises qu'elle avait annoncées, de ne signer la paix qu'au congrès, en mettant à profit les dissentiments qui ne manqueraient pas de s'y produire entre nos ennemis, et de réagir ainsi contre l'arrêt qui nous condamnait à l'isolement et à l'impuissance. C'est là ce que ne comprit pas le comte d'Artois. Peut-être aussi la coalition fit-elle entendre que Louis XVIII, qui était encore loin de Paris, pourrait bien ne pas obtenir de sitôt la permission d'y rentrer. De fait, le lieutenant général signa sans opposition la convention du 23 avril, qui ordonnait l'évacuation immédiate des cinquante-trois places fortes, et mit ainsi la France dans la nécessité de traiter seule et désarmée avec ses vainqueurs.

V

Quelques jours après, Louis XVIII remettait le pied sur le sol français. Dès les premiers pas, il lui fallut se heurter aux exigences de ses alliés. Le czar Alexandre, qui était alors fort épris d'idées libérales et qui tenait à prouver que, s'il avait amoindri la France, il n'était pas du moins venu pour l'asservir, l'obligea de promettre et, peu après, de donner à ses sujets une charte constitutionnelle. Cette fantaisie ne plut point à tous les coalisés, et en particulier à l'empereur d'Autriche, non plus qu'à son ministre Metternich [1]. Mais Alexandre était alors tout-puissant; il fallait s'incliner devant lui. Le roi de France trouva du reste une compensation dans le bon vouloir dont l'empereur de Russie fit preuve à l'égard de notre pays quand il s'agit de conclure le traité de paix. L'autocrate, qui avait toujours fort à cœur, on le verra plus loin, la politique traditionnelle de ses prédécesseurs à l'égard de l'empire ottoman, songeait dès ce moment que la France pourrait plus tard être pour lui une auxiliaire précieuse et neutraliser l'opposition certaine de l'Angleterre à ses projets. Aussi, sans demander que les conditions qui nous étaient faites fussent essentiellement modifiées, s'efforça-t-il d'en obtenir l'adoucissement. Les Alliés, disait-il, pouvaient et devaient concéder plus à Louis XVIII qu'à Napoléon, parce que les Bourbons, rétablis sur le trône, offraient à l'Europe de réelles garanties d'ordre et de repos; il était de l'intérêt de tout le monde qu'ils fussent assez forts pour n'avoir pas à craindre de nouvelles révolutions et que l'étranger ne les humiliât pas au point de les rendre à jamais impopulaires.

Il n'était pas inutile qu'une voix puissante fît entendre en ce moment le langage de la modération à l'égard de la France. Tous les membres de la coalition étaient loin de parler ainsi. Il va sans dire tout d'abord que tous les Alliés (et le czar avec eux) voulaient que Louis XVIII traitât sans délai. Vainement un des conseillers de ce dernier [2] émit-il l'avis que l'on pouvait encore renvoyer au

---

1. « Votre Majesté, dit-il à Louis XVIII, croit fonder la monarchie; c'est la révolution qu'elle reprend en sous-œuvre. »
2. Le général Dessolle.

congrès la conclusion de la paix. Les coalisés menaçaient de ne pas quitter Paris qu'elle ne fût signée. Le roi, qui avait hâte d'être maître chez lui, donna donc ordre à Talleyrand, devenu son ministre des affaires étrangères, d'accélérer et d'achever la négociation. Ce diplomate, qui avait les mains liées, tira le moins mauvais parti possible de la situation. Il se débattit avec succès contre les âpres exigences de la Prusse, qui nous demandait non seulement l'abandon de nos créances à son égard, mais une grosse indemnité de guerre [1]; il arracha à l'Angleterre quelques colonies qu'elle ne voulait pas rendre, obtint, du côté du nord et de l'est, quelques rectifications heureuses à notre frontière et, ce qui valait mieux encore, emporta ce point que la France serait admise au congrès. Les Alliés l'obligeaient, il est vrai, d'en reconnaître, à l'avance, les principales décisions et se réservaient de la tenir, quand elle y serait, tout à fait à l'écart des grandes transactions. Mais c'était déjà beaucoup de pouvoir en franchir la porte, et cette concession devait être singulièrement mise à profit par Talleyrand. On voit par ces détails combien l'influence russe nous avait été favorable dans les conseils de la coalition.

Le traité de Paris, signé le 30 mai 1814, n'en fut pas moins fort dur et fort humiliant pour la France, et l'on pourra s'en convaincre par la rapide analyse que nous allons en donner.

Cet arrangement, conclu par le gouvernement de Louis XVIII avec l'Autriche, l'Espagne, la Grande-Bretagne, le Portugal, la Prusse et la Russie, comprend une partie patente et une partie secrète.

La première, composée de trente-trois articles, fait tout d'abord connaître les nouvelles frontières de la France. Notre pays redevient ce qu'il était le 1er janvier 1792, sauf que la possession de certaines enclaves, comme Avignon, le Comtat venaissin, Montbéliard et Mulhouse, lui est reconnue, et qu'il s'agrandit légèrement : au nord, par l'acquisition de Beaumont et de Chimay; à l'est, par celle de Landau; au sud-est, par celle de Chambéry (avec une partie de son arrondissement et de celui d'Annecy). Il est entendu d'autre part que l'Angleterre lui rend ses colonies, à l'exception de Tabago,

1. La Prusse à elle seule demandait 132 millions; elle n'eut rien. Les Alliés, d'autre part, pris collectivement, en voulaient 182; ils se contentèrent en définitive de 25.

de Sainte-Lucie, de l'Ile-de-France, de l'Ile Rodrigue et des Seychelles, et sous la réserve qu'il ne fortifiera pas ses établissements de l'Inde. Il recouvre également le droit de pêche à Terre-Neuve et dans le golfe du Saint-Laurent. Par contre, la Grande-Bretagne garde à peu près toutes ses conquêtes et en particulier l'inappréciable position de Malte. Le matériel des places maritimes rendues par la France sera partagé, et cette puissance n'en gardera qu'un tiers. Un certain nombre d'articles sont ensuite consacrés au règlement des questions pécuniaires et des intérêts privés qui pourraient être en litige entre les États contractants. Le traité pose en principe la liberté de la navigation du Rhin, laissant au congrès le soin de l'organiser et de soumettre au même régime les autres fleuves internationaux. Il stipule aussi, et ce n'est pas la partie la moins importante de cet acte, que la Hollande, placée sous la souveraineté de la maison d'Orange, recevra un accroissement de territoire ; que les États d'Allemagne seront indépendants et unis par un lien fédératif ; que la Suisse, indépendante, continuera de se gouverner elle-même ; et que l'Italie, hors des limites des pays qui reviendront à l'Autriche, sera composée d'États souverains. Quant au congrès, il se réunira dans le délai de deux mois à Vienne, où toutes les puissances engagées dans la dernière guerre enverront des plénipotentiaires « pour régler les arrangements qui doivent compléter les dispositions du traité du 30 mai ».

La partie secrète de ce traité a évidemment pour but de prévenir les velléités offensives de la France au congrès. Elle commence par cette déclaration très grave : « La disposition à faire des territoires auxquels Sa Majesté Très Chrétienne renonce par l'article 3 du traité patent et les rapports desquels doit résulter un système d'équilibre réel et durable en Europe, seront réglés au congrès, *sur les bases arrêtées par les puissances alliées entre elles*, et d'après les dispositions générales contenues dans les articles suivants ». Viennent alors des stipulations en vertu desquelles les possessions autrichiennes en Italie s'étendront jusqu'au Tessin et au Pô ; la Sardaigne acquerra Gênes, qui deviendra port franc ; les puissances garantiront l'organisation politique que la Suisse se donnera « sous leurs auspices et d'après les bases arrêtées par elles » ; tout le pays entre la France, la mer du Nord et la Meuse sera donné à la Hollande ; la liberté de la navigation sera établie sur l'Escaut; les territoires compris entre la Meuse et la rive gauche du Rhin serviront d'agrandissement pour la Hollande et de compensations pour la Prusse et d'autres États allemands, etc. [1].

Ainsi la France n'était pas seulement rapetissée outre mesure, alors que les puissances adverses allaient s'accroître démesurément de ses dépouilles. Elle voyait aussi ses vainqueurs former et fortifier autour d'elle un cercle d'États destinés à la tenir en bride et à la surveiller; il lui fallait sans discussion consentir en principe à ces arrangements. Quant au partage que les Alliés comptaient faire entre eux du reste de ses dépouilles, ils gardaient soigneusement le secret sur leurs intentions, *ne disant rien de la Pologne, de l'Allemagne, presque rien de l'Italie, et se proposaient de régler sans nous les questions de territoire et de gouvernement relatives à ces trois contrées.*

VI

On voit dans quelle mesure les quatre grandes puissances alliées avaient entendu se réconcilier avec la France. Ne pouvant ni l'anéantir ni la réduire au rang d'un État de second ordre, ils voulaient du moins qu'elle restât comme en quarantaine et fût incapable de contrarier leur politique. La meilleure preuve de la méfiance et des inquiétudes qu'elle leur inspirait encore, c'est que, le traité du 30 mai à peine conclu, les empereurs d'Autriche et de Russie et le roi de Prusse, qui s'étaient rendus à Londres, y renouvelèrent avec le prince-régent [2] (le 29 juin 1814) la quadruple alliance de Chaumont, *en vue d'un retour offensif de notre part.* Dans le même temps, ou à peu près, l'Angleterre imposait à l'Espagne, seul gouvernement de quelque importance qui pût être tenté de faire cause commune avec la France, un traité où, sans parler de certains avantages commerciaux, le cabinet de Madrid

---

1. La France conclut en outre, et en même temps que le traité général du 30 mai, un certain nombre de traités particuliers, par lesquels elle prenait des engagements spéciaux envers les puissances adverses.

2. *George IV, roi d'Angleterre, fils aîné de George III, né en 1762; marié en 1795 à Caroline de Brunswick; chargé de la régence en 1811; roi le 28 janvier 1820; mort le 26 juin 1830.*

donnait à celui de Londres l'assurance que le *Pacte de famille* ne serait pas renouvelé (5 juillet 1814) [1].

Les Quatre concluaient aussi en juin l'arrangement (accepté le 21 juillet par le prince d'Orange [2]), en vertu duquel la Belgique était unie à la Hollande pour former le royaume des Pays-Bas. Dans le nord, notre ancien allié, le roi de Danemark [3], se voyait définitivement dépouillé de la Norvège, qu'il avait un moment espéré reprendre [4].

Bref, au moment où allait s'ouvrir le congrès de Vienne, le sort de l'Europe paraissait être plus que jamais, et sans réserve, entre les mains de la quadruple alliance. La France, diminuée, cernée, garrottée, semblait réduite à l'impuissance. Tout faisait présager que les Alliés pourraient procéder sans opposition, ou du moins sans résistance sérieuse, au partage des trente-deux millions de sujets qu'ils venaient de lui enlever. Mais pour accomplir cette dernière partie de leur tâche, il aurait fallu qu'ils restassent unis, comme avant la victoire. Or, malgré leur accord apparent, il existait entre eux de profondes divergences de vues, de violentes oppositions d'intérêts. Leur entente avait abattu la France; leurs dissentiments allaient lui donner, pour un temps au moins, l'occasion de se relever.

1. Le *Pacte de famille* était l'étroite alliance établie en 1761 entre les quatre États alors gouvernés par des princes de la maison de Bourbon (France, Espagne, Naples, Parme); cette union s'était maintenue jusqu'à la Révolution.
2. Guillaume de Nassau, prince d'Orange, né à La Haye en 1772; chassé de Hollande par les Français en 1794; roi des Pays-Bas, en vertu des traités de Paris, de Londres et de Vienne (1814, 1815); perdit la Belgique par suite de la révolution de 1830, abdiqua en 1840 et mourut a Berlin en 1843.
3. Frédéric VI (fils et successeur de Christian VII), né en 1768; régent en 1784, roi en 1808, mort en 1839.
4. Pendant que Bernadotte suivait jusqu'en France les armées de la coalition, le prince de Danemark, Christian-Frédéric, s'était rendu en Norvège, où, fort bien reçu, il avait été proclamé régent (février 1814), puis élu roi (avril). Mais les Suédois, soutenus moralement par les grandes puissances, qui leur promettaient un appui matériel, n'avaient pas tardé à reprendre l'avantage. Par la convention de Moss (14 août), la Norvège fit sa soumission et, peu après (4 novembre), moyennant le maintien de sa constitution et de son autonomie, elle adopta pour souverain Charles XIII, roi de Suède.

PREMIÈRE PARTIE

LA SAINTE-ALLIANCE

CHAPITRE PREMIER

LE CONGRÈS DE VIENNE [1]

(1814-1815)

I

Pour bien comprendre les complications diplomatiques qui se produisirent au congrès de Vienne, il faut tout d'abord se rendre

---

1. Sources : Angeberg (comte d'), *le Congrès de Vienne et les Traités de 1815;* — Cantù, *Histoire des Italiens,* t. XI ; *Della Indipendenza italiana,* t. 1; — Castlereagh (lord Londonderry), *Correspondence of Robert, second marquis of Londonderry;* — Constant (Benjamin), *Mémoires sur les Cent-Jours;* — Cornewall Lewis, *Histoire gouvernementale de l'Angleterre de 1770 à 1830;* — Deventer (van), *Cinquante années de l'histoire fédérale de l'Allemagne;* — Flassan (de), *Histoire du congrès de Vienne;* — Fleury de Chaboulon, *Mémoires;* — Gentz (F. de), *Dépêches inédites aux hospodars de Valachie pour servir à l'histoire de la politique européenne,* t. 1; — Gervinus, *Histoire du XIXᵉ siècle,* t. 1 et II; — Haussonville (comte d'), *le Congrès de Vienne, l'empereur Alexandre et le prince de Talleyrand, le traité du 3 janvier 1815* (Revue des Deux Mondes, 15 mai 1862); — Hyde de Neuville, *Mémoires et Souvenirs;* — Klüber : *Akten der Wiener Congresses; Uebersicht der diplomatischen Verhandlungen der Wiener*

compte avec exactitude des intérêts que chacune des quatre puissances alliées avait spécialement à y représenter et à y défendre.

L'Angleterre songeait avant tout à consolider, à étendre sa prépondérance maritime et commerciale. Ses récentes conquêtes avaient doublé son empire colonial [1]. Mais ses établissements propres ne suffisaient plus comme débouchés à son industrie. Si certains États [2] conservaient encore de vastes possessions au delà des mers, c'étaient là pour elle des marchés qu'elle prétendait accaparer : de là les traités onéreux qu'elle avait dictés ou qu'elle prétendait imposer au Portugal, à l'Espagne; de là sa connivence sournoise avec les colonies de ces deux royaumes, qui étaient les unes en pleine révolte, les autres sur le point de se soulever et dont l'émancipation devait être pour elle si profitable [3]. Ayant pour son compte aboli la traite des nègres en 1807, elle souhaitait, un peu par philanthropie et beaucoup par égoïsme, que cette réforme fût généralisée, pour préserver certains de ses établissements d'une concurrence redoutable. Aussi allait-elle soutenir avec ténacité, à Vienne comme à Paris, une cause dont le succès devait être pour elle aussi lucratif que glorieux. Mais à ses yeux le moyen le plus sûr de conserver dans le monde la grande situation qu'elle s'était faite, c'était de contenir et de neutraliser l'opposition de la France

Congresses; — Lytton Bulwer (sir Henry), Essai sur Talleyrand; — Metternich (prince de), Mémoires, documents et écrits divers, t. I et II; — Napoléon Ier, Correspondance; — Pallain, Correspondance inédite du prince de Talleyrand et du roi Louis XVIII pendant le congrès de Vienne; — Pertz, das Leben des ministers Freiherrn von Stein; — Pradt (de), du Congrès de Vienne, 1814 et 1815; — Rochechouart (comte de), Souvenirs sur la Révolution, l'Empire et la Restauration; — Schœll, Recueil de pièces officielles relatives au congrès de Vienne; — Thiers, Histoire de l'empire (éd. in-4°), t. IV; — Vaulabelle (Ach. de), Histoire des deux Restaurations, t. I et II; — Viel-Castel (baron de), Histoire de la Restauration, t. II et III; — Lord Castlereagh et la Politique extérieure de l'Angleterre de 1812 à 1822 (Revue des Deux Mondes, 1er juin 1854); — Villemain, les Cent-Jours; — Vitrolles (baron de), Mémoires, t. II et III; — Wellington (Duke of), Supplementary dispatches, relating to India, Ireland, Denmark, Spanish America, Spain, Portugal, France, Congress of Vienna, Waterloo and Paris; etc.

1. Les guerres de la Révolution et de l'Empire lui avaient valu l'occupation d'Heligoland, de Malte et des îles Ioniennes en Europe; de la colonie du Cap en Afrique; de l'Île-de-France et des Seychelles dans l'océan Indien; de l'île de Ceylan, près de l'Indoustan; du Mysore, de Delhi, du Népaul, etc., dans cette dernière région; de la Tasmanie en Océanie; de Sainte-Lucie, de Tabago, de la Trinité dans les Antilles, etc., etc.

2. L'Espagne, le Portugal, les Pays-Bas.

3. Voir plus loin, ch. III, IV, V et VI.

et de la Russie. La première de ces deux puissances, par sa marine
et par son commerce, lui portait forcément ombrage ; la seconde,
par ses vues constantes sur Constantinople, menaçait de la supplanter en Orient. Pour tenir en respect à la fois l'une et l'autre,
voici, en peu de mots, ce que souhaitait le gouvernement britannique. Le royaume des Pays-Bas, créé tout exprès pour resserrer
et appauvrir la France [1], serait étendu au delà de la Meuse, jusqu'au Rhin, et plus loin même, s'il était possible. Le mariage,
alors projeté, de l'héritier présomptif de cet État avec la fille unique
du prince-régent [2], renforcerait encore les liens déjà très étroits
qui l'unissaient à la Grande-Bretagne. Les Pays-Bas se relieraient,
d'autre part, en Allemagne, au Hanovre [3], possession patrimoniale
des rois d'Angleterre, qui allait être aussi érigé en royaume et
recevoir de notables accroissements. Quant à la Prusse, en compensation des territoires rhénans, qu'elle désirait et dont on ne lui
donnerait qu'une faible partie, on lui abandonnerait tout le royaume
de Saxe, qu'elle convoitait plus que toute chose et dont le souverain, prisonnier depuis Leipzig, serait dépossédé pour être resté
trop longtemps fidèle à Napoléon. En retour de cet énorme cadeau,
l'Angleterre n'exigerait de la cour de Berlin aucun sacrifice, bien
au contraire. La Prusse reprendrait même toutes les parties de
l'ancienne Pologne qu'elle s'était jadis adjugées ; car s'il fallait à
l'ouest resserrer la France, il ne fallait pas moins à l'est contenir
la Russie, dont l'empereur s'était mis en tête de reconstituer, à
son profit exclusif, le royaume de Pologne. Pour la même raison,
l'Autriche recouvrerait tout ce qu'elle avait elle-même usurpé à
d'autres époques de ce malheureux pays. L'empire russe serait
donc tenu en respect derrière la Vistule. L'Allemagne serait, non
pas unifiée, ce qui la rendrait trop redoutable, mais placée sous
la direction collective de l'Autriche et de la Prusse, de telle sorte
qu'une étroite solidarité s'établît entre ces deux puissances. Enfin
l'Autriche exercerait en Italie une influence assez forte, sinon pour

1. L'annexion de la Belgique était aussi un procédé commode pour dédommager à nos dépens la Hollande des colonies du Cap et de Ceylan, que l'Angleterre avait prises et qu'elle ne rendait pas.

2. La princesse Auguste-Charlotte, née le 7 janvier 1796. Elle épousa un
peu plus tard (2 mai 1816) le prince Léopold de Saxe-Cobourg (depuis roi des
Belges) et mourut en couches le 5 novembre 1817.

3. La dynastie de Hanovre régnait en Angleterre depuis 1714.

y dominer sans partage (l'Angleterre ne le voulait point), du moins pour y contre-balancer le crédit de la France. Ainsi toute l'Europe centrale, réunie en un faisceau, eût maintenu par sa cohésion et sa force de résistance l'équilibre rêvé par le ministère britannique.

De toutes les grandes puissances, l'Autriche était celle dont les intérêts avaient le plus de rapport avec ceux de l'Angleterre. Comme la cour de Londres, celle de Vienne avait à cœur de ne se laisser déborder ni par la France ni par la Russie. Au premier de ces deux États elle songeait à opposer tout d'abord les Pays-Bas, plus l'Allemagne, organisée en confédération et dont divers princes, dotés des territoires rhénans, seraient particulièrement intéressés à nous surveiller. En Suisse, sous couleur d'appuyer notre politique [1], on la neutraliserait. Quant à l'Italie, par Milan, Venise, Modène, Parme, Florence et Naples, on la dominerait et l'on empêcherait, autant que possible, l'influence française d'y reparaître. Vers l'est, on refoulerait le panslavisme en s'opposant à la reconstitution de la Pologne sous la main du czar; par une surveillance incessante on préserverait le Danube des atteintes moscovites. Jusque-là, point de désaccord trop sensible entre Londres et Vienne. Mais à l'égard de la Prusse, la politique de Metternich ne pouvait plus cadrer avec celle de Castlereagh [2]. Si l'Autriche ne voulait pas voir les Russes à Cracovie, à plus forte raison ne voulait-elle pas voir les Prussiens à Dresde. La Saxe au pouvoir de Frédéric-Guillaume c'était, à son sens, l'équilibre germanique détruit, les défilés de Bohême et la route de Vienne ouverts aux plus dangereux et aux plus constants ennemis des Habsbourg. Cette absorption d'un État de second ordre en entraînerait d'autres au profit d'une puissance qui depuis long-temps aspirait à commander en Allemagne et que les scrupules ne gênaient pas en matière d'annexions. Ne valait-il pas mieux que la

1. L'Autriche soutenait comme la France les prétentions aristocratiques du canton de Berne contre les nouveaux cantons (Vaud, Argovie); comme la France, elle tenait à ce que les liens de la Confédération suisse fussent aussi lâches que possible.
2. Castlereagh (Robert-Henry STEWART, second marquis DE LONDONDERRY, vicomte), né à Mount-Stewart (comté de Down, en Irlande), le 18 juin 1769; membre de la Chambre des communes irlandaise (1789), de la Chambre des communes anglaise (1794); gardien du sceau privé pour l'Irlande (1797); un des principaux auteurs de l'*Acte d'union*; conseiller privé et président de la commission du contrôle (1802); ministre de la guerre de 1805 à 1806, puis de 1807 à 1809; ministre des affaires étrangères de 1812 à 1822; chef du parti ministériel dans la Chambre des communes, à partir de 1812; mort le 12 août 1822.

Prusse, reprenant sa part de la Pologne, laissant d'autre part la Saxe intacte, s'agrandît du côté du Rhin? Elle serait ainsi en contact et, par suite, en opposition forcée avec la France; bénéfice net pour l'Autriche, qui détournerait vers nous l'attention et les forces de sa rivale. Metternich n'entendait pas, du reste, que sa prépondérance dans l'Allemagne occidentale restât sans contrepoids. Dans sa pensée, la Prusse ne devait pas dépasser le Mein. On créerait dans l'Allemagne du Sud, pour le lui opposer au besoin, un État armé comme elle contre la France et assez fort pour l'empêcher au besoin d'absorber la Confédération. Cet État serait la Bavière qui, rendant à l'Autriche tout ce qu'elle lui avait enlevé au temps de Napoléon [1], obtiendrait des deux côtés du Rhin, du fond de la Franconie jusqu'aux confins de la Lorraine, un vaste et riche territoire, sans solution de continuité, dominerait le Wurtemberg et le grand-duché de Bade, désormais enclavés dans ses possessions, et tiendrait militairement le Rhin par la grande place de Mayence [2]. Il va sans dire qu'en ce qui concernait la direction fédérale de l'Allemagne, l'Autriche n'entendait pas la partager avec la Prusse. Elle ne songeait point à rétablir à son profit l'ancienne dignité impériale, qui n'eût été qu'un vain titre; l'unité germanique ne pouvait, dès cette époque, comme elle le sentait bien, se réaliser qu'à l'avantage de sa rivale; que le lien fédéral fût aussi lâche que possible, c'était là son souhait intime, alors même qu'elle disait le contraire. Car plus le particularisme si cher aux petits États allemands serait respecté, plus il lui serait facile d'exercer sur chacun d'eux, pris à part, sa puissante influence. De cette façon, protégée à la fois contre la Russie, contre la Prusse et contre la France, dominant à la fois l'Allemagne et l'Italie, préservant la péninsule des Balkans, l'Autriche se regardait comme la base du grand édifice que le congrès était appelé à élever.

Après les lignes qui précèdent, il n'est pas nécessaire d'exposer longuement les vues de la Russie. Il en ressort qu'elles étaient, sur les points principaux, diamétralement opposées à celles de l'Autriche et de l'Angleterre. Le czar Alexandre qui, par sa résistance à Napoléon en 1812 et depuis par son fougueux élan, avait donné

1. Le Tyrol, Salzbourg, une partie de la Haute-Autriche.
2. Cet arrangement avait été formellement projeté, comme il résulte d'une convention conclue à Paris le 3 juin 1814 par l'Autriche et la Bavière.

le branle à l'Europe, croyait, non sans raison, que la grande
alliance ne se fût point formée et surtout n'eût pas triomphé sans
lui. Il pensait et disait qu'il lui était bien dû quelque chose pour
prix du bel exemple qu'il avait donné et des grands sacrifices qu'il
s'était imposés. Or la seule récompense qu'il demandait, avec une
exaltation peut-être un peu affectée, c'était de réparer la grande
iniquité de son aïeule Catherine II, en réunissant sous son sceptre
et dotant d'un gouvernement constitutionnel le grand-duché de
Varsovie, récemment occupé par ses troupes, et tout le reste de
l'ancienne Pologne. C'était, on le voit, vouloir faire le bien à peu de
frais. Profondément aigri contre le roi de Saxe [1], ancien possesseur
du grand-duché de Varsovie, ancien auxiliaire de Napoléon, très
étroitement lié d'autre part avec le roi Frédéric-Guillaume III, non
seulement il mettait nul obstacle aux vues territoriales de la Prusse,
mais il s'y associait avec chaleur. Les deux questions de Pologne
et de Saxe étaient pour lui connexes. Persuadé qu'il dominerait
toujours la cour de Berlin, il souhaitait qu'elle pût exercer une
action énergique sur la Confédération allemande. Il ne lui déplaisait pas du reste que, par son extension jusqu'aux défilés de
Bohême, elle fût pour l'Autriche une menace constante et fût elle-
même étroitement surveillée par cette puissance. Quant à la cour
de Vienne, il espérait la dominer par cette alliée d'abord, par le
royaume de Pologne ensuite, peut-être aussi par la France, qu'il
lui opposerait au besoin en Italie. N'ayant plus rien à craindre vers
la mer Baltique depuis qu'il avait conquis la Finlande, touchant
au Danube depuis le traité de Bucharest [2], à l'Arménie depuis le
traité de Gulistan [3], il songeait qu'il pourrait bientôt, en dépit de
l'Angleterre, tourner toutes ses forces vers l'Orient. La ruine de
l'empire ottoman était son vœu secret. Mais il ne pouvait le dissimuler si bien que le cabinet de Saint-James ne l'eût depuis longtemps deviné.

Il nous reste à indiquer les vues politiques de la Prusse, puis-

1. Frédéric-Auguste Ier, né à Dresde en 1750, roi de Saxe en 1806, grand-
duc de Varsovie de 1807 à 1813, mort en 1827. — Il eut pour successeur son
frère Antoine Ier (né en 1795, mort en 1836).
2. Ce traité lui avait valu l'acquisition de la Bessarabie et des bouches du
Danube.
3. Ce traité, conclu avec la Perse en 1813, assurait à la Russie, dans la
région du Caucase, la possession de la Géorgie, de l'Abasie, de la Gourie,
de l'Iméréthie, de la Mingrélie, du Chirwan et du Daghestan.

sance fort inférieure alors aux précédentes, mais active, énergique, envahissante et dont les sourdes ambitions n'étaient pas un mystère pour les diplomates. Élevée très haut dans l'opinion de l'Europe par les succès de Frédéric II, elle avait en quelques mois, au temps d'Iéna, perdu tout son prestige et tout son ascendant. Disloquée, réduite à fort peu de chose par le traité de Tilsitt, elle s'était en peu d'années silencieusement relevée et avait fourni en 1813 de telles preuves de sa persistante vitalité qu'il avait bien fallu la compter encore au nombre des grandes puissances. C'était elle qui avait donné à l'Allemagne le signal et l'exemple du soulèvement contre Napoléon. La violente explosion de son patriotisme avait dès lors fait oublier ses défaillances passées. Déjà le peuple allemand, dans son instinctive tendance à l'unité, commençait à tourner ses regards vers Berlin. C'étaient Frédéric-Guillaume III et ses conseillers, les Hardenberg [1], les Stein [2], les Gneisenau, qui l'avaient convié avec le plus d'énergie à conquérir l'indépendance nationale et la liberté politique. Donc la Prusse, sans oser le dire, aspirait à l'hégémonie de l'Allemagne. Aussi affectait-elle vis-à-vis de la France, c'est-à-dire de « l'ennemi héréditaire », une haine farouche, que rien ne semblait pouvoir assouvir. Elle se plaignait hautement qu'on l'eût trop ménagée dans le traité du 30 mai [3].

1. Hardenberg (Charles-Auguste, prince de), né à Essenroda (Hanovre), le 31 mai 1750; au service du duc de Hanovre, puis du duc de Brunswick, du margrave de Bayreuth et d'Anspach, enfin du roi de Prusse (1791); chargé de négocier la paix de Bâle (1795); ministre des affaires étrangères de Prusse (août 1804); remplacé par Haugwitz après Austerlitz; rappelé au ministère après Iéna (1806); renvoyé de nouveau après Tilsitt (1807); chancelier d'État (1810); mort à Gênes (26 novembre 1822); auteur de *Mémoires* récemment publiés.

2. Stein (Henri-Frédéric-Charles, baron de), né à Nassau le 26 octobre 1757; attaché au service de la Prusse en 1778, conseiller supérieur des mines (1793); président des chambres des comptes de Wesel, Hamm, Minden (1797); appelé au ministère comme chef du département des impôts indirects, des douanes, des fabriques et du commerce (1804); renvoyé (janvier 1807); rappelé (juillet 1807); disgracié de nouveau sur la demande de Napoléon, comme ennemi de la France (novembre 1808); promoteur du Tugendbund, attaché en 1812 au service de la Russie, administrateur des pays allemands reconquis en 1813; disgracié encore une fois par les intrigues de l'Autriche et du parti absolutiste; membre du conseil d'État de Prusse (30 avril 1827); mort à Frucht le 29 juillet 1831.

3. L'opinion publique en Allemagne et surtout en Prusse reprochait violemment à la coalition d'avoir traité la France avec trop de douceur. Elle demandait pourquoi les Alliés n'avaient pas exigé la restitution de tous les tributs imposés par Napoléon aux divers États germaniques. Elle revendiquait aussi l'Alsace, « genou à l'aide duquel la France pesait sur l'Allemagne ».

Elle demandait elle-même le rôle de sentinelle avancée dans les provinces du Rhin, revendiquant l'honneur de monter la garde non seulement à Cologne, mais à Mayence et à Luxembourg. Elle exigeait d'autre part qu'on lui donnât la Saxe, dont le souverain, disait-elle, n'était qu'un traître et ne méritait aucun égard. Ce pays l'arrondissait à merveille et constituait pour elle un poste stratégique de premier ordre contre l'Autriche. Aussi pour l'obtenir renonçait-elle sans regret à la presque totalité de ses anciennes provinces polonaises. Elle prétendait encore à bien d'autres agrandissements, en Poméranie, en Westphalie, partout enfin où quelque soudure avantageuse pouvait être établie entre ses territoires épars et sans cohésion. On lui avait promis, en 1813, ne cessait-elle de répéter, de porter le nombre de ses sujets à dix millions et même au delà. Aussi s'apprêtait-elle à prendre de toutes parts, sans autres raisons que ses convenances et le droit du plus fort. Mais elle n'entendait point, cela va sans dire, que d'autres États allemands reçussent des accroissements proportionnés aux siens. Elle s'opposait notamment de toutes ses forces aux vues de la Bavière. Quant à l'Autriche, tout en ayant l'air de la flatter, elle s'efforçait de la supplanter et de faire tourner à son avantage exclusif la constitution fédérale qu'on allait donner à l'Allemagne. Comprenant bien du reste qu'elle n'avait encore ni assez de consistance ni assez de ressources pour lutter seule contre sa rivale, elle affectait pour le moment de marcher à la remorque de la Russie, dont elle faisait sa complice, en attendant de pouvoir en faire sa dupe.

II

Il s'en fallait de beaucoup, on le voit, qu'à l'ouverture du congrès les quatre puissances alliées fussent d'accord sur la reconstitution de l'Europe. Une seule idée semblait leur être commune, c'est qu'ils étaient les plus forts, que l'Europe était entre leurs mains et que nul ne pouvait les empêcher d'en disposer à leur gré.

Certes leurs dissentiments étaient bien visibles. Certes aussi de légitimes oppositions tendaient à se produire contre leurs exigences. Mais qui pouvait mettre à profit les uns et faire triompher les autres? Les peuples, dont le sort allait être décidé, n'étaient pas représentés au congrès [1]. De grands et glorieux États, comme la Pologne et comme Venise, étaient supprimés de fait et n'étaient même pas appelés à plaider leur cause. Gênes n'était admise que pour entendre prononcer son arrêt de mort. Des rois même étaient exclus sans phrases du congrès. Gustave IV [2] détrôné revendiquait en vain son trône de Suède. Le roi de Danemark semblait n'être venu que pour sanctionner par sa présence le démembrement de sa monarchie. Le légat du pape, Consalvi [3], faisait antichambre et réclamait humblement quelques provinces qu'il n'était point sûr d'obtenir. La tourbe des petits princes allemands encombrait la ville de Vienne: Chacun ne songeait qu'à plaire et à faire valoir ses intérêts propres, souvent aux dépens du voisin. Beaucoup quémandaient sans pudeur un petit accroissement de domaine, quelques milliers d'âmes ou quelques lieues carrées de territoire; d'autres sollicitaient seulement pour n'être pas dépouillés. D'autres enfin, comme les « médiatisés [4] », demandaient à cor et à cri, sans pouvoir se faire entendre, à redevenir princes souverains.

Mais si les États inférieurs étaient à la fois trop égoïstes et trop faibles pour essayer de rompre le faisceau de la grande alliance, il y avait une puissance de premier rang qui, n'ayant plus le droit de rien réclamer pour elle-même, n'en avait que plus d'autorité pour intervenir comme médiatrice dans les querelles des Alliés. C'était la France, qui, malgré son abaissement, allait, par une sage diplomatie, recouvrer en quelques mois son crédit politique et forcer l'Europe, naguère si dédaigneuse, à compter avec elle.

Louis XVIII, qui s'était montré jadis assez humble envers la coalition, sentait, depuis qu'il était roi, ce qu'il devait à la France et ce que les circonstances lui permettaient d'exiger. Plusieurs souverains, comme le roi de Saxe, les Bourbons d'Espagne, de Parme

1. Les souverains et leurs ministres y siégèrent seuls au nom de l'Europe.
2. Fils et successeur de Gustave III; né en 1778; roi en 1792; déposé, à la suite d'une conspiration, par la diète suédoise, en 1809, et exilé à perpétuité; mort à Saint-Gall en 1837.
3. Consalvi (Hercule), né à Rome en 1757; cardinal, secrétaire d'État sous Pie VII de 1800 à 1806; négociateur du Concordat de 1801; principal ministre du Saint-Siège de 1814 à 1823; mort en 1824.
4. Un grand nombre de petits États allemands avaient été inféodés en 1803 à certains autres (par exemple à la Prusse, à la Bavière, au Wurtemberg, etc.), au milieu desquels ils étaient enclavés, et qui s'étaient ainsi dédommagés, avec usure, des pertes que la République française leur avait fait subir sur la rive gauche du Rhin.

et de Naples, étant ses proches parents, il était énergiquement résolu à soutenir leurs droits au Congrès. Il avait, du reste, assez d'esprit pour donner à sa sollicitude envers sa famille les allures d'une politique avouable, utile à la France aussi bien qu'à l'Europe et, en somme, assez honorable. En tout cas, s'il en eût manqué, son plénipotentiaire en eût eu pour lui. Le chef de la légation française au Congrès n'était autre que Talleyrand. Ce personnage, qui avait tenu tant de rôles, savait à l'occasion jouer celui de l'honnête homme. Jamais à coup sûr il ne fit meilleur usage de son imperturbable sang-froid, de sa finesse, de sa parfaite aisance de diplomate grand seigneur que pendant sa mission à Vienne. Il en est sorti presque réhabilité devant l'histoire.

Ses instructions, rédigées par lui-même de concert avec son souverain, posaient avant tout en principe que la conquête par elle-même ne conférait point le droit à la possession; que nulle couronne, nul territoire ne pouvait être déclaré disponible si son légitime propriétaire n'y avait formellement renoncé; que, par suite, tout gouvernement reconnu dont le chef n'avait ni abdiqué ni renoncé à une partie de ses États devait être représenté au congrès, respecté dans ses possessions si elles lui étaient contestées, réintégré s'il les avait perdues. Cette théorie n'avait, on le voit, rien de commun avec celle des nationalités. C'était la « légitimité » des rois et non celle des peuples que Louis XVIII invoquait à Vienne par la bouche de Talleyrand. Il n'y avait pas de démocrates au congrès. Un appel aux principes de la Révolution n'y eût pas été entendu et ce n'était évidemment pas du roi de France qu'on pouvait attendre rien de pareil. Mais, les circonstances étant données, il est incontestable qu'en invoquant la « légitimité » la France seule y représentait, dans une certaine mesure, l'idée de justice.

Les autres puissances n'invoquaient, en somme, que le droit brutal de la force. Sur le terrain où il se plaçait, Talleyrand devait voir se grouper autour de lui tous les États inférieurs menacés par les puissants d'absorption violente et former une ligue des faibles qui serait bientôt une grande force. Ajoutons que, parlant à des souverains aussi attachés que Louis XVIII au droit divin, il ne pouvait avoir à craindre que son principe fût contesté. On serait donc réduit à employer vis-à-vis de lui des subterfuges, des subtilités. Mais c'étaient là des armes qu'il maniait mieux que personne. Puis il viendrait toujours un moment où les dissentiments des Alliés permettraient de les départager, et, s'il tardait trop, Talleyrand était bien homme à le hâter.

Les ordres du roi, qui lui laissaient d'ailleurs une grande latitude, portaient qu'en Allemagne il devait préserver la Saxe, non seulement pour la raison de famille indiquée plus haut, mais parce qu'il fallait à tout prix arrêter la croissance menaçante de la Prusse [1]. Le czar (que Louis XVIII n'aimait pas et dont il ne tenait pas à se rapprocher) [2] devait être entravé dans ses desseins sur la Pologne, vu la connexion de son programme avec celui de la Prusse. Par contre, on soutiendrait l'Autriche et ses alliés allemands, notamment la Bavière [3]. Mais, si l'on se mettait d'accord avec la cour de Vienne sur les intérêts germaniques, il faudrait, d'autre part, lui opposer avec énergie l'influence française en Suisse et surtout en Italie. Dans ce dernier pays on protégerait contre elle la maison de Savoie et la maison de Bourbon, qui revendiquait Parme, la Toscane et Naples. On insisterait principalement sur la substitution de Ferdinand IV [4] à Murat, que l'Autriche maintenait sur le trône et qui, n'étant qu'un usurpateur, devait être impitoyablement renversé. Quant à l'Angleterre, on éviterait de jouer son jeu, mais on saurait au besoin se rapprocher d'elle et l'on ferait le possible pour dissiper ses tenaces méfiances.

---

1. Qu'on empêcherait aussi d'acquérir Mayence et Luxembourg.

2. Louis XVIII n'oubliait pas qu'Alexandre en 1807 l'avait obligé de quitter ses États; qu'il avait été plusieurs années en étroite alliance avec Napoléon, qu'il n'avait admis que d'assez mauvaise grâce l'idée de restaurer les Bourbons et qu'il avait *exigé* la promulgation de la charte. Le czar caressait maintenant le projet d'un mariage entre sa sœur, la grande-duchesse Catherine, et le duc de Berry. Mais, le roi de France n'accueillant ses ouvertures qu'avec fort peu d'empressement, Alexandre, blessé, dut renoncer à son dessein.

3. C'était une tradition dans la maison de Bourbon de soutenir la Bavière, État catholique, avec lequel elle s'était plusieurs fois unie par des mariages (notamment sous Louis XIV) et dont elle avait essayé longtemps de se servir pour faire contrepoids à l'Autriche dans l'Allemagne du Sud. En 1814, c'était surtout à la Prusse protestante qu'elle voulait l'opposer.

4. Ferdinand IV, né en 1751, second fils du roi d'Espagne Charles III, auquel il succéda sur le trône de Naples en 1759; chassé par les Français et réfugié en Sicile (1799), d'où il revint peu après; chassé de nouveau en 1806, rétabli par les Autrichiens en 1815; connu sous le nom de *Ferdinand Ier* comme roi des *Deux-Siciles*; mort en 1825.

III

Rien n'était mieux conçu, pour le temps, que de pareilles instructions. Mais il fallait savoir s'en servir. Il fallait surtout le
pouvoir. Au moment où les souverains et les plénipotentiaires se
réunirent à Vienne, c'est-à-dire vers le milieu de septembre 1814[1],
les Alliés, malgré leurs dissidences intimes, s'entendaient encore
fort bien à l'égard de la France. Redoutant son immixtion dans
les grandes affaires qu'ils avaient à régler, ils avaient pris leurs
mesures pour l'écarter des travaux sérieux et pour se réserver la
direction exclusive du congrès. C'est ce que prouvent les deux
protocoles si graves que signèrent le 22 septembre, avant l'arrivée
de Talleyrand, les plénipotentiaires de l'Autriche, de la Grande-
Bretagne, de la Prusse et de la Russie. Il résulte de ces documents

1. Outre les empereurs d'Autriche et de Russie et le roi de Prusse, un
grand nombre d'autres souverains et d'autres princes assistèrent au congrès
de Vienne. Les huit puissances signataires du traité de Paris étaient représentées diplomatiquement ainsi qu'il suit dans ces grandes assises : 1° *Autriche* :
le prince de Metternich, le baron de Wessenberg (plus le chevalier de
Gentz, conseiller aulique, qui fut le secrétaire du congrès); 2° *Espagne* : le
comte de Labrador; 3° *France* : le prince de Talleyrand, le duc de Dalberg,
le comte de Latour du Pin (avec d'Hauterive et la Besnardière comme secré-
taires rédacteurs); 4° *Grande-Bretagne* : lord Castlereagh, lord Wellington;
lord Clancarty, lord Cathcart et lord Stewart (sans compter sir Stratford Canning, qui fit partie du comité des affaires de la Suisse); 5° *Portugal* : le comte
de Palmella, D. A. de Saldanha de Gama et D. J. Lobo da Silveyra; 6° *Prusse* :
le prince de Hardenberg, le baron de Humboldt (Guillaume); 7° *Russie* : le
prince de Razoumowski, le comte de Stackelberg, le comte de Nesselrode
(et, en outre, le baron de Stein, le baron d'Anstett et le comte de Capo d'Istria,
pour les affaires de Suisse et les travaux de la commission de statistique). —
Tous les autres États européens, à l'exception de l'empire ottoman, étaient
également représentés au congrès : le *Danemark*, par les deux comtes de
Bernstorf; *Gênes*, par le marquis de Brignoles; *Modène* par le prince d'Albani;
Naples, par les ducs de Campo-Chiaro et de Cariati; les *États romains*, par le
cardinal Consalvi; les *Pays-Bas*, par le baron de Gagern et le baron de Vors-
tonden; la *Sardaigne*, par le marquis de Saint-Marsan et le comte Rossi; la
Sicile, par le commandeur Ruffo et le duc de Serra-Capriola; la *diète de
Suisse*, par J. de Reinhard, J. de Montenach et de Wielang (plusieurs des
cantons helvétiques avaient aussi envoyé leurs plénipotentiaires particuliers);
la *Bavière*, par le prince de Wrède et le comte de Rechberg; le *Hanovre*,
par les comtes de Munster et de Hardenberg; la *Saxe*, par le comte de Schu-
lenbourg; le *Wurtemberg*, par le comte de Wintzingerode et le baron de
Linden. Tous les États allemands, grands ou petits, étaient représentés. Il
en était de même des principautés médiatisées et d'un certain nombre de
princes, de villes et de communautés d'Allemagne et d'Italie.

que ces quatre cours, interprétant dans un sens abusif le traité du 30 mai, se proposaient d'accaparer la direction du congrès, ou plutôt de rendre cette assemblée inutile, en réglant à elles seules les grandes questions qui préoccupaient alors l'Europe. Elles avaient en effet décidé d'établir entre elles une entente préalable et confidentielle sur le partage des territoires disponibles et de se borner à communiquer leurs décisions, non point à toutes les autres puissances, mais seulement à la France et à l'Espagne, admises pour la forme à présenter leurs objections; encore était-il bien entendu que, concernant la Pologne, l'Allemagne et l'Italie, c'est-à-dire sur les affaires vraiment litigieuses, nous ne serions consultés qu'après accord parfait, c'est-à-dire irrévocable, entre les Alliés. Autant valait proclamer ouvertement que le droit public serait désormais simplement le droit du plus fort.

Dès que ce programme lui fut connu, le ministre français qui, disait-il, « pouvait et savait s'asseoir [1] », le prit de très haut envers la tétrarchie. Fermement il fit observer que les quatre cours n'avaient plus à se qualifier d' « alliées »; que la paix était faite; que les États convoqués pouvaient être inégaux en forces, mais qu'ils étaient tous égaux en droits; que le congrès, c'est-à-dire la collectivité de ces États, pouvait seul prendre des décisions valables et les devait prendre librement; que la prétention de certains d'entre eux à se grouper pour lui dicter des solutions toutes faites et lui forcer la main était inadmissible. En conséquence, il croyait devoir faire appel aux puissances secondaires. Inutile d'ajouter que cet appel fut entendu. En quelques jours, malgré l'intimidation qu'on essaya d'exercer sur eux, la plupart de ces États se rangèrent si visiblement derrière la France que les quatre alliés durent bien capituler. Ils le firent du reste, de fort mauvaise grâce. Le 8 octobre, Talleyrand leur arracha une déclaration portant que la réunion générale du congrès aurait lieu le 1er novembre; qu'en attendant, et pour que les questions à traiter parvinssent à un degré de maturité convenable, des communications confidentielles seraient échangées entre les grandes puissances; qu'un comité serait chargé de préparer le programme des travaux

1. Ces paroles expriment l'idée très avantageuse qu'il se faisait de sa naissance, ainsi que de son adresse et de sa fermeté diplomatiques.

et de nommer pour chacune des affaires à régler une commission
particulière composée des intéressés ; que ce comité comprendrait
non seulement l'Autriche, la Grande-Bretagne, la Prusse et la
Russie, mais avec elles les autres signataires du traité de Paris,
savoir la France, l'Espagne, le Portugal et la Suède ; que son
rôle se bornerait à faire des propositions, toute liberté étant
réservée au congrès pour la discussion et les résolutions à adopter ;
enfin que les arrangements à intervenir devraient être conformes
aux principes du *droit public*. Ces derniers mots causèrent un
véritable orage. M. de Hardenberg, représentant de la Prusse, se
leva tout frémissant, debout, les poings sur la table, criant :
« Non, Monsieur, le droit public ? c'est inutile. Pourquoi dire que
nous agirons selon le droit public ? cela va sans dire. » — « Je
lui répondis (c'est Talleyrand qui parle) que si cela allait bien
sans le dire, cela irait encore mieux en le disant. M. de Humboldt
criait : « Que fait ici le droit public ? » A quoi je répondis : « Il
fait que vous y êtes. »

Le protocole du 8 octobre fut, en somme, un premier triomphe
pour la France. Mais il ne faut pas l'exagérer. Ce n'était guère
qu'un triomphe moral. Les Quatre s'efforcèrent d'en diminuer,
en fait, la portée. Grâce à leur mauvais vouloir, beaucoup de temps
fut perdu. L'on multiplia les bals et les fêtes de tout genre. Metternich affecta de gaspiller ses jours et ses nuits en frivolités et
en distractions mondaines [1]. Le congrès ne s'ouvrit pas le

1. On lit dans la correspondance de Talleyrand : « Celui qui est en Autriche
à la tête des affaires et qui a la prétention de régler celles de l'Europe,
regarde comme la marque la plus certaine de la supériorité de génie une
légèreté qu'il porte d'un côté jusqu'au ridicule et de l'autre jusqu'à ce point
où, dans le ministre d'un grand État et dans des circonstances telles que
celles-ci, elles deviennent une calamité... C'est au bal et dans les fêtes qu'il
consomme les trois quarts de sa journée... Son grand art est de nous faire
perdre du temps, croyant par là en gagner... » Latour du Pin écrivait de son
côté : « Qu'attendre de celui qui, dans la situation la plus solennelle où un
homme puisse se trouver, ne sait employer la plus grande partie de son
temps qu'à des niaiseries, qui ne craint pas de faire venir répéter chez lui le
Bacha de Surène et dont on pourrait trouver, depuis le congrès, bon nombre
de journées aussi futilement employées?... » De son côté, Gentz écrivait un
peu plus tard au hospodar de Valachie : « La manière de travailler de M. de
Metternich est telle qu'il y a une difficulté extrême, invincible à mettre une
suite dans une affaire quelconque que l'on traite avec lui. Mais le mal tient
plus encore à toute sa manière d'être, à la mauvaise distribution de son
temps, à un certain décousu dans ses arrangements, à ses goûts, à ses rapports avec le monde, à sa trop grande facilité et amabilité, enfin à une
quantité de détails qu'il me serait impossible d'expliquer. »

1ᵉʳ novembre; il ne s'ouvrit même jamais à proprement parler, car on ne peut pas dire qu'il ait une seule fois tenu séance plénière. Quant au comité directeur des *Huit*, les *Alliés* cherchèrent long-temps encore à tout régler sans lui; et c'est seulement à partir de décembre, c'est-à-dire de l'époque où certains d'entre eux furent, comme on va le voir, contraints d'accepter le concours de la France, qu'il put signaler son existence par des travaux utiles.

IV

Le génie ténébreux de Metternich avait imaginé une intrigue fort compliquée, dont le succès eût permis aux Alliés de se can-tonner dans leur politique à quatre et de laisser la France à la porte. Il s'agissait pour lui de travailler, de concert avec l'Angle-terre, à séparer la Prusse de la Russie, de façon à ruiner plus facilement les projets de cette puissance sur la Pologne, sauf à contrarier ensuite la cour de Berlin dans ses vues sur l'Allemagne. Ainsi, tandis qu'il charge Castlereagh de représenter au czar (ce qu'il ne veut pas faire lui-même, paraissant trop intéressé dans l'affaire) que la réunion de la Pologne sous sa main est contraire à ses engagements antérieurs et dangereuse pour la paix de l'Eu-rope [1], il déclare au prince de Hardenberg qu'il pourra bien con-sentir, à la rigueur, à ce que Frédéric-Guillaume prenne la Saxe entière. La même assurance est fournie au ministre prussien par le plénipotentiaire anglais. Mais il est bien entendu que la cour de Berlin obtiendra la Saxe à titre d'accroissement et non de com-pensation; qu'elle devra donc former barrière à la Russie au lieu de lui servir d'auxiliaire et que, jointe aux cabinets de Londres et de Vienne, elle empêchera le czar de reconstituer à son profit le grand-duché de Varsovie. D'autre part et dans le même temps, Metternich réunit (dès le 14 octobre) une commission des affaires germaniques, à laquelle il soumet un plan de confédération parta-geant la direction de l'Allemagne entre l'Autriche et la Prusse [2] :

---

1. C'est ce que le ministre anglais essaya de démontrer au czar par trois mémoires particuliers qu'Alexandre accueillit fort mal et auxquels il répondit, suivant Metternich, par « de mauvais arguments ».

2. Cette commission ne comprenait que les plénipotentiaires de l'Autriche, de la Prusse, de la Bavière, du Hanovre et du Wurtemberg.

nouveau moyen d'amadouer et de séduire cette dernière puissance.
Mais, au fond, voici simplement ce qu'il espère : quand la Prusse
aura, grâce à lui, fait échec aux vues moscovites, Alexandre, susceptible et fier comme il le connaît, ne manquera pas de se
brouiller avec Frédéric-Guillaume ; ce souverain ne pourra donc
plus compter sur l'appui du czar vis-à-vis de l'Autriche, qui
pourra, dès lors, refuser de livrer la Saxe, en se fondant sur l'opposition (secrètement encouragée par elle-même) de la Bavière
et d'autres États secondaires de l'Allemagne [1]; la cour de Vienne
n'aura pas de peine non plus à supplanter, autant que possible, sa
rivale dans la future Confédération germanique : 1° parce que la
Bavière et le Wurtemberg, au fond d'accord avec elle, repoussent
avec énergie le dualisme austro-prussien; 2° parce que le groupe
nombreux et bruyant des États allemands inférieurs qui, à ce
moment même (22 octobre), lui demandent de reprendre la dignité
impériale, seront facilement amenés à décliner l'autorité de la
commission germanique, d'où ils sont arbitrairement exclus.

Cette trame savante échoue par sa complication même. D'abord
la Bavière et le Wurtemberg font, dès le début, une opposition si
violente au projet de confédération austro-prussien, et le premier
de ces deux États pose avec tant d'énergie la condition *sine qua
non* que la Saxe sera respectée, que la cour de Berlin, presque disposée tout à l'heure à s'éloigner de la Russie, tend au contraire à
s'en rapprocher. Quant au czar, Talleyrand lui a monté la tête en
lui donnant à entendre que la France pourrait bien, à la rigueur,
ne pas contrarier ses vues sur la Pologne. Il est vrai qu'il a insisté
avec la plus grande énergie sur la restitution de la Saxe à son roi [2].

---

1. Les États secondaires de l'Allemagne se sentaient en général solidaires
de la Saxe et ne voulaient pas, en laissant absorber ce royaume par la
Prusse, autoriser un précédent qui pouvait leur devenir funeste. « Si l'Allemagne, lit-on dans une note rédigée en leur nom, est la clef de voûte de
l'édifice politique de l'Europe, la Saxe est la pierre angulaire de la nouvelle
fédération en cette partie. La lui enlever serait ébranler le nouvel édifice
dans ses fondements et nous croyons exprimer le vœu unanime de toutes
les parties intégrantes de la nation allemande en disant hautement : *Sans la
Saxe libre et indépendante point d'Allemagne fédérative solide...* »

2. Une scène violente eut lieu le 23 octobre entre le czar et Talleyrand.
« J'ai deux cent mille hommes dans le duché de Varsovie; que l'on m'en
chasse. J'ai donné la Saxe à la Prusse, l'Autriche y consent. — J'ignore, lui dis-je
(c'est Talleyrand qui parle), si l'Autriche y consent. J'aurais peine à le croire,
tant cela est contre son intérêt. Mais le consentement de l'Autriche peut-il
rendre la Prusse propriétaire de ce qui appartient au roi de Saxe? — Si le roi

Mais la fermeté même du ministre français n'a fait que surexciter l'orgueil de l'autocrate qui, indigné, d'autre part, des tentatives faites par Metternich pour suborner la Prusse, va trouver Frédéric-Guillaume, invoque avec chaleur le souvenir des services qu'il a pu lui rendre, des engagements sacrés qu'il a reçus de lui, des épreuves, des défaites, des victoires communes et, finalement, lui arrache la promesse formelle de regarder désormais la Prusse et la Russie comme étroitement solidaires dans leurs vues sur la Saxe et sur la Pologne. Aussitôt, les troupes russes évacuent la Saxe, qu'occupe immédiatement l'armée prussienne ; et le grand-duc Constantin, frère d'Alexandre, appelant les Polonais à la défense de leur nationalité, va prendre possession du grand-duché de Varsovie (6-8 novembre). Mais, d'autre part, l'Allemagne prend feu, proteste contre le brutal procédé de la Prusse, réclame hautement le droit pour les faibles de concourir avec les puissants à la constitution fédérale et fait si bien qu'à partir du 16 novembre et pendant plusieurs mois, les travaux de la commission germanique resteront entièrement interrompus.

Talleyrand, qui n'a pas peu contribué, par de secrètes menées, à toutes ces brouilleries, commence alors à paraître un médiateur utile. Son crédit croît visiblement à cette époque, en même temps que les embarras de Metternich. Grâce à lui, le comité des *Huit* peut aborder vers le milieu de novembre les affaires sérieuses. Talleyrand obtient que les questions italiennes soient mises à l'ordre du jour et parvient, au bout de quelques semaines, à faire régler le sort de la Sardaigne, boulevard de la France, de telle sorte que ce royaume soit protégé contre les secrètes ambitions de l'Autriche [1]. C'est aussi à cette époque qu'il commence à être admis

---

de Saxe n'abdique pas, il sera conduit en Russie, il y mourra. Un autre roi y est déjà mort... » — Je ne savais comment contenir mon indignation. L'empereur parlait vite. « Je croyais que la France me devait quelque chose. Vous me parlez toujours de vos principes. Le droit public n'est rien pour moi ; je ne sais ce que c'est. Quel cas croyez-vous que je fasse de tous vos parchemins et de tous vos traités ?... Il y a pour moi une chose qui est au-dessus de tout, c'est ma parole. Je l'ai donnée et je la tiendrai... Le roi de Saxe est un traître. — Sire, la qualification de traître ne peut jamais être donnée à un roi.... »

1. Le roi de Sardaigne Victor-Emmanuel Ier n'avait que des filles, dont l'aînée était mariée au duc de Modène, prince autrichien, inféodé à la cour de Vienne. D'après les lois du royaume, après son frère Charles-Félix, qui n'avait pas d'enfants, sa succession devait revenir au chef de la branche

à la discussion des différends helvétiques, dont on avait d'abord essayé de l'écarter. Un peu plus tard, en décembre, il pourra encore user d'initiative et faire instituer trois commissions importantes, qui fonctionneront dès lors avec la plus grande activité et seront chargées d'étudier les questions relatives : 1° à la traite des nègres; 2° à la liberté de la navigation sur les rivières et fleuves internationaux; 3° aux rangs et préséances des agents diplomatiques [1].

Mais de pareils succès ne pouvaient suffire au ministre français. Il fallait que la porte du congrès, entre-bâillée seulement, s'ouvrît devant lui toute grande. L'Autriche et l'Angleterre, de plus en plus, avaient besoin de lui. Au commencement de décembre, les rapports entre les cabinets de Saint-Pétersbourg et de Berlin d'une part, de Vienne et de Londres de l'autre, étaient tendus au point de faire croire une rupture imminente. Hardenberg réclamait, plus arrogamment que jamais, la totalité de la Saxe. Les seules concessions que fissent les cours de Prusse et de Russie consistaient, pour la première, à offrir au roi de Saxe, en Westphalie, un territoire peuplé de 350 000 âmes comme compensation; pour la seconde, à renoncer aux villes de Thorn et de Cracovie, qui seraient érigées en républiques [2]. Les deux partis armaient visiblement l'un contre l'autre . Les troupes se massaient aux frontières, et Metternich, . qui naguère semblait abandonner la Saxe entière à Frédéric-Guillaume, déclarait maintenant ne pouvoir lui en laisser prendre que le cinquième environ.

Ce qui rendait le ministre autrichien si hardi, ce n'était pas seulement l'opposition officielle des princes allemands, déniant à la

cadette de sa famille, c'est-à-dire au prince de Savoie-Carignan (Charles-Albert). Ce dernier était soutenu par la France, qui obtint, dès le 25 novembre, la reconnaissance de ses droits.

1. De ces trois questions, la première passionnait surtout l'Angleterre, qui avait aboli la traite pour son compte en 1807 et qui tenait à ce que les autres puissances en fissent autant (de là les engagements qu'elle avait fait prendre à cet égard à la France, à l'Espagne, etc.). Quant à la liberté de la navigation sur les rivières et fleuves internationaux, le traité du 30 mai (art. 6) l'avait établie en principe sur le Rhin, ajoutant que « pour faciliter les communications avec les peuples et les rendre toujours moins étrangers les uns aux autres » elle devait être étendue par le congrès à tous les cours d'eau navigables séparant ou traversant divers États. L'Europe s'intéressait aussi à l'affaire des rangs et préséances; car on sait quelle importance ont en diplomatie les questions de forme et d'étiquette.

2. Le czar était à ce moment si exaspéré contre Metternich, qu'il ne lui parlait plus et qu'il annonçait l'intention de le provoquer personnellement en duel.

Prusse, par leur note du 7 décembre, le droit d'absorber ce royaume. Cette démarche avait sans doute son importance, mais elle n'eût pas suffi pour amener le cabinet de Vienne à parler si net. Metternich, craignant de perdre la partie, s'était résigné à subir le concours de Talleyrand. Il y avait déjà bien longtemps que ce dernier le lui offrait. L'Autrichien n'avait d'abord répondu ni oui ni non; puis, il avait affecté de croire que la France voulait seulement le compromettre, le brouiller avec la Russie et la Prusse, pour le laisser en peine, et qu'elle n'était ni en intention ni en état de le soutenir jusqu'au bout. Mais le ministre de Louis XVIII avait demandé à son maître de nouveaux pouvoirs; il les avait reçus en novembre; il pouvait maintenant promettre à la cour de Vienne autre chose qu'un concours moral et prouver « qu'il y avait quelque chose derrière ». Metternich avait ensuite émis des doutes sur le désintéressement de la France, qui devait, à son sens, rêver quelque agrandissement de territoire. Talleyrand n'avait cessé de le rassurer et, quand le chancelier d'Autriche, faisant un pas de plus, lui eut communiqué sa note du 10 décembre, le plénipotentiaire français, admis pour la première fois à discuter « officiellement » [1] la question de Saxe et de Pologne, ne manqua pas de protester que son souverain, uniquement préoccupé de faire triompher le principe de la légitimité et d'établir en Europe un juste équilibre, ne recherchait pour lui ni pour son pays aucun avantage particulier.

Ce langage était à l'adresse non seulement de l'Autriche, mais aussi de l'Angleterre, puissance plus méfiante encore que la première. A toutes les ouvertures de Talleyrand Castlereagh répondait : « Ah! si nous étions sûrs que vous ne songez pas à reprendre la Belgique et la rive gauche du Rhin! » La note française du 19 décembre finit par dissiper ses inquiétudes. A ce moment, du reste, et depuis plusieurs semaines, le cabinet britannique, reconnaissant l'impossibilité de séparer la Prusse et la Russie, n'avait plus aucune raison pour offrir la Saxe à Frédéric-Guillaume. Il lui convenait même maintenant que la Prusse s'agrandît non sur les frontières de Bohème, mais dans les pays rhénans; car, l'influence du czar ayant depuis quelque temps gagné du terrain à la cour de

_____

1. Il n'avait rien su jusque-là que par des indiscrétions ou des communications confidentielles.

La Haye [1], elle ne prenait plus le même intérêt que précédemment à l'accroissement des Pays-Bas. Sur le point de céder et de conclure avec l'Autriche et la France le pacte que Talleyrand proposait depuis si longtemps, une seule considération la retenait encore, c'est qu'elle était en guerre avec les États-Unis et par là même en partie paralysée. Mais justement la lutte qu'elle soutenait contre cette république était sur le point de se terminer. Des négociations étaient ouvertes entre les deux parties. Elles aboutirent à un traité de paix qui fut conclu à Gand le 24 décembre 1814 et qui rendit à l'Angleterre la pleine liberté de ses mouvements. Aussitôt Castlereagh, hésitant jusque-là, se déclara prêt à signer, et, le 3 janvier 1815, Talleyrand eut enfin la satisfaction de conclure l'alliance expresse qu'il méditait depuis si longtemps entre la France, l'Autriche et l'Angleterre.

D'après cette convention mémorable, les trois États, regardant « comme nécessaire, à cause de prétentions récemment manifestées, de pourvoir aux moyens de repousser toute agression à laquelle leurs propres possessions ou celles de l'un d'eux pourraient se trouver exposées en haine des propositions qu'ils auraient cru de leur devoir de faire et de soutenir par principe de justice et d'équité..... », s'unissaient étroitement, s'engageaient à se soutenir mutuellement chacun avec un corps de cent cinquante mille hommes, en cas de guerre, et à ne pas faire de paix séparée. C'était, on le voit, la rupture de la quadruple alliance et le triomphe le plus éclatant que la politique française eût pu remporter au congrès de Vienne.

V

Bien que les négociations des trois puissances et la conclusion du traité eussent eu lieu secrètement, il était impossible que la Russie et la Prusse ne se doutassent pas du danger qui les menaçait. L'attitude plus ferme de leurs adversaires et peut-être quel-

1. Le prince d'Orange, héritier présomptif du roi des Pays-Bas, avait dû, comme on l'a vu plus haut, épouser la fille unique du prince de Galles. Mais l'opposition de cette princesse et de sa mère avait fait rompre ce projet. Il était question maintenant pour lui d'une union (qui s'accomplit peu après) avec une sœur de l'empereur Alexandre.

ques indiscrétions voulues leur firent baisser le ton dès la fin de décembre. Le 29 de ce mois, elles ouvrirent avec l'Autriche et l'Angleterre, au sujet de la Saxe et de la Pologne, une série de conférences d'où la France devait être exclue, mais où Castlereagh exigea dès le 7 janvier qu'elle fût admise. Cette exigence du plénipotentiaire anglais leur eût prouvé, si elles ne s'en fussent déjà doutées, qu'il existait contre elles une sorte de coalition entre les trois cours de Vienne, de Paris et de Londres. Aussi le différend, jusqu'alors si aigre, ne tarda-t-il pas à s'adoucir. Le vent, qui tout à l'heure était à la guerre, souffla bientôt visiblement à la paix.

Déjà, le 30 décembre, les cabinets de Saint-Pétersbourg et de Berlin avaient cru devoir faire quelques avances. Sans doute ils demandaient toujours la Saxe entière et s'opposaient, comme précédemment, aux agrandissements projetés de la Bavière [1]. Mais ils offraient maintenant 700 000 âmes au roi de Saxe, qui serait transféré sur la rive gauche du Rhin ; le czar abandonnait non plus seulement Cracovie et Thorn, mais Tarnopol, pour satisfaire l'Autriche, et une partie de la Posnanie, pour dédommager la Prusse de ce qu'elle céderait dans les pays rhénans. Metternich, qui, au fond, ne voulait point la guerre et qui s'estimait heureux d'avoir pu intimider ses adversaires, manœuvra dès lors, non sans habileté, pour gagner le czar et le détacher de son allié. C'était tout juste le contraire de la tactique qui lui avait si mal réussi en octobre. Il eut, cette fois, plus de succès. Il sentait bien qu'Alexandre ne voudrait pour rien au monde se brouiller complètement avec la France, dont il espérait faire plus tard une auxiliaire pour la Russie, et que, si la cour de Vienne lui faisait une large concession en Pologne, il ne s'entêterait point à soutenir la cause de Frédéric-Guillaume. Cette concession consistait à laisser au czar la plus grosse part du grand-duché de Varsovie, en lui permettant de l'organiser comme il l'entendrait, et à ne revendiquer pour l'Autriche que le district de Tarnopol et la Gallicie orientale ; Cracovie serait ville libre ; la Prusse aurait Thorn et Dantzick ; la

---

1. En mettant obstacle aux vœux de la cour de Munich, le czar n'avait pas seulement pour but de complaire à la Prusse. Uni par des liens de famille très étroits aux maisons régnantes de Bade et de Wurtemberg, il ne voulait pas que, grâce aux accroissements territoriaux réclamés par le roi Maximilien, ces deux États se trouvassent presque enveloppés ou enclavés dans les possessions bavaroises.

Russie lui laisserait en outre tout le duché de Posen ; par contre, le roi de Saxe resterait sur son trône et céderait à Frédéric-Guillaume seulement deux cinquièmes de ses États (la partie septentrionale, avec 800 000 habitants), la cour de Berlin devant être dédommagée en Westphalie et surtout sur la rive gauche du Rhin. Enfin la Bavière n'aurait pas Mayence, mais la Prusse ne l'aurait pas non plus, et on lui refusait aussi Luxembourg, pour ne pas effaroucher la France [1].

Alexandre adopta sans trop de peine cet arrangement, surtout après l'admission de Talleyrand aux conférences. Il n'en fut pas tout à fait ainsi de son allié, qui se débattit encore plus d'un mois. Mais Hardenberg eut beau chicaner, mettre en avant, pour prouver que la Prusse y perdait, les calculs les plus sophistiques. Après l'ultimatum que Metternich lui signifia, non sans quelque hauteur (le 28 janvier), il marchandait encore, demandait qu'au moins on lui donnât Leipzig, puis, repoussé, se rabattait sur Torgau. Bref, il lui fallut, le 10 février, consentir à la transaction que le czar avait approuvée. On n'eut plus dès lors qu'à déterminer quelles portions de l'Allemagne occidentale serviraient de compensation à la Prusse, ce qui fut relativement facile, et à faire consentir le roi de Saxe à la perte de ses provinces septentrionales, ce qui le fut beaucoup moins. Le pauvre roi, tiré de prison, fut conduit à Presbourg, où Metternich, Talleyrand et Wellington (qui venait de succéder à Castlereagh) lui furent dépêchés pour lui faire entendre raison. Il résistait encore au mois de mars. Mais les cinq grandes puissances, maintenant d'accord, étaient bien résolues à passer outre. Louis XVIII estimait avoir assez fait pour son parent en lui replaçant la couronne sur la tête. Au prix d'une cession de territoire sans doute fâcheuse, mais inévitable, il avait fait triompher le principe de la « légitimité » et consolidé tant bien que mal l'équilibre en Allemagne. La guerre était évitée. La France, qu'au début l'on tenait à l'écart comme une lépreuse, avait forcé, non sans honneur, les portes du congrès. C'étaient là des succès dont Talleyrand et son maître pouvaient se tenir pour satisfaits.

---

1. Ces deux villes devaient être déclarées places fédérales de l'Allemagne.

VI

Mais s'ils n'avaient plus rien d'important à demander en Allemagne, les affaires d'Italie les préoccupaient toujours vivement et le crédit que le gouvernement français venait d'acquérir au congrès lui faisait espérer de les voir régler à son avantage.

L'Italie, destinée, dans la pensée des diplomates, à rester une simple expression géographique, offrait à partager de vastes territoires, dépouilles de la France, dont les *Alliés* auraient bien voulu disposer sans elle. L'Autriche souhaitait que ce travail s'opérât à son profit exclusif, de telle sorte que, gouvernant par elle-même une bonne partie de la péninsule, elle exerçât sur tout le reste, divisé en petits États, un protectorat équivalent à une domination réelle. Tout d'abord le traité de Paris lui assurait la possession de la Vénétie et des provinces lombardes jusqu'au Tessin et au Pô. L'empereur François avait déjà rétabli d'autorité son frère, le grand-duc de Wurtzbourg, sur le trône de Toscane [1], et son cousin, l'archiduc, chef de la maison d'Este, sur celui de Modène. Marie-Louise n'était pas encore installée à Parme. Mais la cour de Vienne tenait à ce que le traité de Fontainebleau fût à son égard rigoureusement observé. Ainsi l'empire d'Autriche devait s'étendre, sans solution de continuité, jusqu'au centre de la péninsule; car nul ne pouvait regarder comme indépendantes des principautés adjugées aux cadets ou aux filles de la maison de Habsbourg. Dans le nord de la péninsule, si le cabinet de Vienne avait admis l'annexion de Gênes à la Sardaigne, c'était moins pour fortifier cet État contre la France que pour arrondir un héritage dont il escomptait déjà le bénéfice. Car il espérait, grâce à une alliance de famille, accaparer à bref délai la succession du roi Victor-Emmanuel et de son frère Charles-Félix [2].

1. Dont il avait été dépossédé en 1801 par le traité de Lunéville. Les cours de Paris et de Madrid demandaient que la Toscane fût attribuée à l'infante Marie-Louise, veuve d'un prince de Parme (né comme elle de la maison de Bourbon) et qui, après être devenue reine d'*Étrurie* par la grâce de Napoléon, avait cessé de l'être en 1807 par la volonté du conquérant.

2. L'arrangement relatif à la succession de Sardaigne n'était pas encore définitif. En tout cas, l'Autriche se proposait de revendiquer, au nom de la duchesse de Modène, certaines parties de cette succession, qui n'étaient pas rigoureusement soumises à la loi salique.

Quant au pape, les Autrichiens détenaient encore à son détriment, vers la fin de 1814, la Romagne, qu'ils ne faisaient pas mine de vouloir rendre. Ils avaient même promis à Murat de lui laisser d'autre part prendre les légations [1]. Le beau-frère de Napoléon ne régnait, du reste, à Naples que par leur grâce. C'était encore pour eux un vassal, et leur intérêt était évidemment de le maintenir sur le trône.

Mais l'Autriche, presque dès le début du congrès, avait dû compter avec la France, qui n'entendait pas que l'Italie devînt une province autrichienne. En novembre, quand Metternich sentit qu'il ne pourrait se passer de notre concours pour le règlement de l'affaire saxo-polonaise, il comprit bien aussi qu'il faudrait le payer. C'est alors que Talleyrand fut admis à discuter les questions relatives à la péninsule et que, en dépit des prétentions autrichiennes, la succession de Sardaigne fut, d'avance, assurée à la branche de Savoie-Carignan. Dans le même temps et un peu plus tard, le ministre français, étroitement uni au plénipotentiaire d'Espagne, Labrador [2], revendiquait énergiquement les droits de l'infante Marie-Louise, ex-reine d'Étrurie, au trône de Toscane et à celui de Parme [3]. Il n'avait pas, il est vrai, grand espoir de les faire triompher, du moins en ce qui concernait le premier de ces États. Mais ces prétentions étaient pour lui un moyen puissant d'obtenir par compensation ce que Louis XVIII désirait le plus ardemment, c'est-à-dire l'expulsion de Murat et la restitution de Naples au vieux Ferdinand IV. Le roi de France, inébranlable sur le principe de la légitimité, ne cessait, depuis le début du congrès, d'exiger le renversement d'un souverain *usurpateur*, dont les attaches

1. Par un article secret du traité du 11 janvier 1814.

2. Labrador (Pedro-Gomez-Havela, marquis de), né à Valencia d'Alcantara (Estremadure), ministre d'Espagne à Florence sous Charles IV; accompagna Ferdinand VII à Bayonne et demeura en France de 1808 à 1814; plénipotentiaire d'Espagne au congrès de Vienne (1814-1815); ambassadeur à Naples, puis à Rome; soutint don Carlos après la mort de Ferdinand VII (1833), et mourut à Paris en 1850. Il publia en 1849 des *Mélanges sur sa vie publique et privée*.

3. L'infante réclamait ce dernier État du chef de son mari et au nom de son jeune fils. Fille de Charles IV d'Espagne, née en 1782, elle avait épousé en 1798 Louis de Bourbon, fils du duc de Parme, qui reçut en 1801 le royaume d'Étrurie en échange de son duché. Veuve en 1803, elle fut dépossédée en 1807 par Napoléon. Le Congrès de Vienne lui donna Lucques, en attendant Parme, dont son fils ne put prendre possession qu'après la mort de l'ex-impératrice Marie-Louise. Elle mourut elle-même en 1824.

napoléoniennes ne pouvaient évidemment être un gage de sécurité pour l'Europe et surtout pour le gouvernement de la Restauration. Metternich, qui aimait mieux voir à Naples Murat qu'un cousin de Louis XVIII [1], soutenait l'*intrus*, répondait qu'il avait abandonné Napoléon, secondé la coalition; qu'en fin de compte l'Autriche et l'Angleterre l'avaient reconnu et avaient promis de le défendre. A quoi Talleyrand répliquait qu'elles n'avaient pas dû le reconnaître et que, par conséquent, elles ne l'avaient pas *pu*. Il s'opposait à ce qu'on traitât en ambassadeurs réguliers les envoyés de Murat. En décembre, au moment où Metternich et Castlereagh commençaient à juger l'alliance de la France nécessaire, le ministre de Louis XVIII devint plus pressant. On le voit à ce moment représenter son maître comme bien décidé à en finir avec le faux roi de Naples, même par les armes. Il ne demande point que l'Autriche le détrône elle-même. Que le congrès laisse faire la France, cela suffira. Qu'il reconnaisse simplement Ferdinand IV, roi légitime de Naples. Louis XVIII se chargera de le ramener dans sa capitale. Il va sans dire que l'Autriche ne veut à aucun prix voir nos armées traverser l'Italie. Qu'à cela ne tienne, riposte notre représentant; permettez-nous seulement d'aller attaquer Murat par mer. Mais le ministre autrichien, toujours méfiant, fait encore la sourde oreille. Le gouvernement anglais, de son côté, ne verrait pas avec plaisir l'expédition projetée. Il ne lui déplaît pas que Ferdinand IV, réduit à la Sicile, ne puisse se passer de lui et que Louis XVIII n'exerce à Naples aucune influence. La question soulevée par la France ne semble donc pas devoir être facilement résolue. Aussi le roi de France prend-il de l'humeur et attribue-t-il dans ses lettres aux motifs les moins avouables la résistance qu'on lui oppose [2].

1. Louis XVIII et Ferdinand IV descendaient tous deux du *grand dauphin* (mort en 1711), fils de Louis XIV.
2. On disait que Metternich qui, depuis son ambassade en France (1806-1809), avait conservé des relations affectueuses avec Caroline Bonaparte, femme de Murat, portait à cette reine un intérêt personnel et quelque peu passionné. « Ayant trouvé une femme de sa connaissance (écrivait Talleyrand le 25 novembre), il lui dit qu'on le tourmentait pour cette affaire de Naples, mais qu'il ne saurait y consentir; qu'il avait égard à la situation d'un homme qui s'était fait aimer dans le pays qu'il gouverne ; *que lui d'ailleurs aimait passionnément la reine et qu'il était en relations continuelles avec elle.* Tout cela et même un peu davantage sur cet article, se disait sous le masque... » Un peu plus tard, Louis XVIII, se plaignant du peu d'empressement que l'empereur d'Autriche mettait à lui complaire dans l'affaire de Naples, s'expri-

Cependant, en janvier, l'Autriche et l'Angleterre ont dû signer la triple alliance. Le cabinet des Tuileries devient plus pressant que jamais. Au moyen de pièces trouvées à propos et, paraît-il, quelque peu falsifiées, il démontre aux cours de Vienne et de Londres que Murat, en 1814, a joué double jeu; que même après son entrée dans la coalition, il a continué à négocier avec son beau-frère. Il fait ressortir aussi ces faits à peu près prouvés : que *l'usurpateur* est actuellement en correspondance d'une part avec Napoléon, de l'autre avec les chefs du carbonarisme; qu'une grande conspiration tendant à soulever l'Italie contre la domination autrichienne vient d'être découverte en décembre, qu'on ne doit plus rien à Murat et qu'il est grand temps d'en finir avec lui, si l'on ne veut pas être obligé de repousser ses attaques. Enfin la France emploie, pour entraîner ses alliés, des arguments plus décisifs encore. Si Ferdinand IV n'était pas ramené à Naples, il lui faudrait une compensation; on ne saurait la trouver ailleurs que dans les îles Ioniennes. Or ces îles sont justement occupées par l'Angleterre et on ne peut plus à sa convenance. Qu'elle se prête aux désirs de la France et on pourra lui permettre de les garder. D'autre part, la France et l'Espagne remontrent à l'Autriche qu'à la rigueur elles se désisteront de leurs prétentions sur la Toscane; qu'elles laisseront, au moins à titre viager, Parme à l'ex-impératrice Marie-Louise. Louis XVIII, très influent en Suisse, ajoute qu'il cessera de revendiquer pour cette république la Valteline, territoire convoité par la cour de Vienne comme une annexe nécessaire à la Lombardie. Mais la condition *sine qua non* de toutes ces concessions sera le renversement de l'usurpateur.

Tel est le marché qui s'accomplit mystérieusement en janvier et février 1815 et dont Louis XVIII avait hâté personnellement la conclusion par ses entretiens avec Castlereagh [1]. Un traité en bonne forme est à ce moment tout près d'être signé. L'empereur de

mait en ces termes dans une lettre à son premier plénipotentiaire (7 janvier 1815) : « On parle d'engagements, on prétend désirer la preuve qu'ils n'ont pas été tenus; mais ce n'est pas là ce qui nuit au bon droit, c'est une autre cause et la plus honteuse dont l'histoire ait jusqu'ici fait mention, car si Antoine abandonna lâchement sa flotte et son armée, *du moins c'était lui-même et non pas son ministre que Cléopâtre avait subjugué.* »

1. Ce ministre, qui se rendait en Angleterre pour prendre part à la session du Parlement, s'arrêta quelques jours à Paris au commencement de février 1815. Il fut remplacé à Vienne par Wellington.

Russie, désireux de voir l'influence autrichienne contre-balancée en
Italie par le crédit de la France, ne s'y oppose pas, bien au contraire. La cour de Vienne, qui veut au moins se réserver les béné-
fices de l'exécution et empêcher notre armée de reparaître dans la
péninsule, fait refluer en février vers la Lombardie toutes les
troupes qu'elle avait précédemment massées en Bohême et en
Gallicie. Elle compte avoir en mars 150 000 hommes sur les bords
du Pô. Murat, justement inquiet de ces armements et alléguant les
menaces peu déguisées de la France, met lui aussi ses forces sur
le pied de guerre et demande à l'Autriche la permission de traverser l'Italie centrale pour aller tenir tête sur les Alpes aux soldats de Louis XVIII. Le cabinet de Vienne répond en déclarant
(26 février) qu'il ne livrera le passage à aucune des deux parties.
Mais son langage n'est menaçant qu'envers le roi de Naples. Murat
est décidément condamné. On voit donc qu'à ce moment et malgré
quelques transactions nécessaires, la politique française est sur le
point d'avoir gain de cause, en Italie comme en Saxe.

VII

C'est aussi le temps où Talleyrand, d'accord, du reste, avec
Metternich, fait adopter par la commission des affaires helvétiques
ses vues principales sur la reconstitution de la Suisse [1] ; où il neu-
tralise, dans la mesure du possible, les efforts de l'Angleterre pour
arracher à l'Espagne et au Portugal l'abolition immédiate de la
traite [2] ; où il fait à la satisfaction générale régler la question des

1. Dès le 8 mars, Talleyrand annonçait à Louis XVIII que la question suisse
était réglée en principe. Le 20 du même mois, les puissances dirigeantes
signèrent une *déclaration* par laquelle elles se promettaient de garantir la
neutralité perpétuelle de la Suisse dans ses nouvelles frontières (avantage net
pour la France) aussitôt que la diète helvétique aurait accepté les conditions
qu'elle mettait à la réorganisation de ce pays.
2. Les huit puissances signèrent le 8 février une *déclaration* (qui forme
l'annexe n° 15 de l'acte final du congrès), par laquelle elles réprouvaient
solennellement la traite et annonçaient leur intention d'en poursuivre l'abolition. Elles ajoutaient que comme de « justes ménagements » étaient dus à
certains intérêts, à certaines habitudes, à certaines préventions même, elles
ne pouvaient « préjuger le terme que chaque puissance en particulier pourrait envisager comme le plus convenable pour l'abolition définitive du commerce des nègres ». Le même jour, Talleyrand écrivait à Louis XVIII que

préséances diplomatiques [1] et où, secondé par son collaborateur Dalberg, les puissances sont près de s'entendre sur la liberté de navigation des rivières et fleuves internationaux [2].

En somme, au commencement de mars, le congrès de Vienne, contrairement à l'espoir et au vœu des gouvernements qui l'avaient convoqué, avait produit un grand résultat : le relèvement de la France. On avait tout voulu et l'on n'avait rien pu faire sans elle. Elle avait dissous la quadruple alliance, imposé sa médiation, repris son rang de grande puissance. Si rien ne fût venu troubler les travaux du congrès, d'autres succès l'attendaient sans doute ; en tout cas, ils lui étaient possibles. L'accord définitif n'était fait encore sur aucune des questions en litige. Certaines d'entre elles avaient été à peine effleurées.

C'est alors que brusquement, par un coup de théâtre inouï, tout fut remis en question, les destinées de l'Europe comme celles de la France ; que la solution des difficultés pendantes fut reléguée au second plan dans les préoccupations des diplomates et que la tétrarchie se reconstitua contre la France redevenue pour elle l'ennemi commun.

Metternich raconte que le 7 mars il s'était couché vers trois heures du matin ; qu'un moment après, son valet de chambre lui ayant apporté un pli cacheté, il négligea d'abord de l'ouvrir, tant il était las. Cependant l'idée qu'il pouvait y avoir dans cette dépêche quelque nouvelle grave troublait son sommeil. Il rompit le cachet et lut. Le consul d'Autriche à Gênes lui annonçait que Napoléon venait de quitter l'île d'Elbe.

---

l'Espagne et le Portugal avaient obtenu un délai de huit ans (celui que le traité de Paris avait prescrit à la France était de cinq ans).

1. Le règlement du 19 mars 1815 (annexe n° 17 de l'acte final), adopté par les huit puissances, divise les agents diplomatiques en trois classes : 1° les ambassadeurs, légats ou nonces, qui ont seuls le caractère *représentatif* ; 2° les envoyés, ministres ou autres accrédités auprès des souverains ; 3° les chargés d'affaires accrédités auprès des ministres des affaires étrangères. Il établit que les employés diplomatiques en mission extraordinaire n'ont à ce titre aucune supériorité de rang ; qu'on fera dans chaque État un règlement pour la réception des agents de chaque classe ; que les liens de parenté ou les alliances des cours ne donneront aucun rang à leurs agents ; enfin que les agents doivent prendre rang dans chaque classe d'après la date de la notification officielle de leur arrivée.

2. Les principes généraux en cette matière et les arrangements relatifs à la liberté de la navigation sur le Rhin, le Neckar, le Mein, la Moselle, la Meuse et l'Escaut furent arrêtés le 24 mars 1815.

VIII

Si Metternich avait blâmé en 1814 le choix de l'île d'Elbe, résidence assignée à l'empereur déchu, ce n'était pas, il faut en convenir, tout à fait sans raison. Il y avait quelque imprudence à souffrir si près de la France et de l'Italie un homme encore si populaire dans ces deux pays et qui, n'ayant jamais été fort scrupuleux en matière de foi jurée, ne devait point professer un respect absolu pour le traité de Fontainebleau. Effectivement, durant tout son séjour à l'île d'Elbe, Napoléon n'eut d'autre pensée que de remonter sur le trône d'où la guerre et la trahison l'avaient précipité. D'une part en rapports avec Murat, dont les anxiétés lui étaient connues, et avec les patriotes italiens ; de l'autre, en relations étroites avec les mécontents de France, dont le nombre, grâce aux maladresses de la Restauration, grandissait chaque jour, il attendait son heure, c'est-à-dire le moment où il lui suffirait de paraître pour que la route de Paris s'ouvrît comme d'elle-même devant lui.

Plusieurs moyens s'offraient aux Bourbons pour prévenir ses mauvais desseins. Le premier consistait à bien gouverner, le second (qui n'excluait pas le précédent) à exécuter loyalement à l'égard de l'illustre exilé le traité de Fontainebleau. Ils les négligèrent l'un et l'autre et en employèrent un troisième, qui était, à coup sûr, le meilleur pour ramener Napoléon en France à bref délai. Outre qu'ils semblaient prendre à tâche, par leur sot esprit de réaction, d'exaspérer un peuple que vingt-cinq ans de révolutions avaient détaché sans retour de l'ancien régime, ils affectaient de regarder comme nuls les engagements pris par la coalition envers l'ex-empereur et sanctionnés par eux-mêmes. C'est ainsi que le nouveau gouvernement français ne paya jamais un sou des deux millions de liste civile assignés à Napoléon. C'est ainsi qu'au congrès les duchés de Parme, Plaisance et Guastalla, solennellement assurés à Marie-Louise et à son fils, leur étaient contestés par Talleyrand au nom de Louis XVIII. C'est ainsi que, grâce au mauvais vouloir de ce souverain, les dotations promises aux parents de Napoléon et au prince Eugène, semblaient ne devoir jamais leur être délivrées. Mais ce qui, sans doute, détermina « l'homme de l'île d'Elbe » à ne plus attendre, ce furent les démarches réitérées et maladroites de Louis XVIII pour obtenir son internement dans une résidence éloignée, où il serait désormais traité en prisonnier de guerre. La correspondance de Talleyrand avec son maître pendant le congrès montre que ce dernier ne cessa, du mois de septembre 1814 au mois de mars 1815, de réclamer l'éloignement de Napoléon. Au début, le ministre français n'était pas trop écouté ; certaines puissances n'étaient pas trop fâchées que la peur du grand vaincu paralysât quelque peu les Bourbons. Vers la fin, la peur les gagna aussi. L'on agita sérieusement le projet de transporter l'empereur aux îles Açores ou à Sainte-Hélène. Mais il était au courant de ces intrigues et il crut devoir les prévenir en quittant l'île d'Elbe. Malheureusement il ne se borna pas à reprendre sa liberté. Il ne put résister à la coupable inspiration de revendiquer l'empire et ne s'arrêta pas devant la pensée de compromettre et perdre la France aussi bien que lui-même.

Nous n'avons pas à retracer ici sa marche triomphale depuis le moment où il débarqua au golfe Juan avec une poignée d'hommes jusqu'au jour où il rentra aux Tuileries porté sur les épaules de ses vieux soldats (1er-20 mars 1815). La nation, lasse de la Restauration, le laissa faire, parce qu'il lui promettait la liberté, la paix, et surtout parce qu'il représentait à ses yeux la Révolution. Les Bourbons le combattirent — de loin — par de fort belles phrases, prirent des attitudes de héros, puis s'enfuirent piteusement à son approche, malgré les conseils de Talleyrand [1]. Revenons maintenant au congrès de Vienne, puisque, aussi bien, c'était de là seulement qu'il avait quelque chose à craindre.

IX

Après quelques jours d'effarement, quand on sut, à n'en pouvoir douter, que Napoléon était descendu en France et qu'il avançait rapidement vers Paris, l'on résolut, sans discussion, de le mettre hors la loi et d'appeler contre lui l'Europe à une guerre d'extermi-

---

1. Ce diplomate, comme Jaucourt (qui faisait à cette époque l'intérim du ministère des affaires étrangères), était d'avis que le roi ne devait pas quitter Paris, ni à plus forte raison la France, « ce qu'il importe le plus d'éviter, écrivait-il à Louis XVIII, étant que Votre Majesté ne semble isolée et que cela n'induise à regarder *comme distinctes sa cause et celle de la nation, qui n'en font qu'une seule et même* ».

nation. Les représentants des huit puissances qui avaient, l'année précédente, signé le traité de Paris, se réunirent donc et, sur les instances de Metternich et de Talleyrand, lancèrent, dès le 13 mars, une déclaration furieuse, qui devait enlever à l'empereur tout espoir d'accommodement.

« Les puissances, lit-on dans cette pièce, déclarent... que Napoléon Bonaparte s'est placé hors des relations civiles et sociales, et que, comme ennemi et perturbateur du repos du monde, il s'est livré à la vindicte publique.... »

Les plénipotentiaires ajoutaient que leurs gouvernements allaient unir tous leurs efforts pour garantir l'Europe « de tout attentat qui menacerait de replonger les peuples dans les désordres et les malheurs des révolutions ». Ils étaient, disaient-ils, fermement résolus à maintenir intacts le traité de Paris, les dispositions sanctionnées par lui et celles qu'ils arrêteraient encore pour le compléter et le consolider.

De pareilles assurances devaient être fort agréables à Louis XVIII, dont la couronne et le royaume se trouvaient ainsi placés sous la garantie de l'Europe. Mais ce n'étaient encore après tout que des paroles. Peu de jours après, les grandes puissances, voyant bien qu'il faudrait en venir à la guerre, donnèrent une sanction positive à ces engagements par un traité en bonne forme, qui fut signé à Vienne le 25 mars et qui était, en substance, la reproduction pure et simple du traité de Chaumont. L'Autriche, la Grande-Bretagne, la Prusse et la Russie en avaient pris l'initiative et le conclurent seules comme parties principales. La quadruple alliance était donc reconstituée. Talleyrand et les représentants des autres États furent simplement invités à « accéder ». Presque toutes les puissances européennes allaient successivement répondre à cet appel. Le ministre de Louis XVIII fut le premier à donner son adhésion au traité (27 mars). Et il signa d'autant plus volontiers que ce pacte garantissait en termes exprès non seulement les décisions du congrès, mais les stipulations du 30 mai.

Il semblait qu'après des engagements aussi nets, la guerre dût éclater tout aussitôt. Les premiers coups de fusil entre Napoléon et la grande alliance ne furent pourtant tirés que deux mois et demi plus tard. Les causes de cet atermoiement demandent à être expliquées avec quelque détail.

Que Napoléon, contrairement à sa tactique habituelle, n'ait pas, en cette circonstance, attaqué le premier, cela se comprend de reste. Au lendemain du 20 mars, il n'eût pas pu mobiliser vingt mille hommes. Il faut ajouter qu'à ce moment la France entière n'avait pas encore adhéré à la révolution qui venait de le faire remonter sur le trône; le sentiment royaliste était encore entretenu dans les départements de l'Ouest par le duc de Bourbon, dans ceux du Midi par le duc et la duchesse d'Angoulême. C'est seulement à la fin d'avril que le drapeau tricolore fut partout rétabli et dans les premiers jours de juin que l'empereur eut sous la main une armée capable d'entrer en campagne. Du reste, Napoléon, qui connaissait bien l'esprit public, savait à merveille que le désir suprême de la nation française était à ce moment de conserver la paix. Ceux-là même qui l'acclamaient ne lui auraient pas pardonné de provoquer l'Europe. Aussi, quels que fussent ses sentiments intimes, affectait-il, depuis son retour, le plus grand respect pour le traité du 30 mai. Il venait, disait-il, simplement rendre la liberté à la France; mais nulle puissance ne devait prendre ombrage de son retour, il n'en voulait attaquer aucune. C'est dans ce sens qu'il fit répondre par le Conseil d'État à la déclaration du 13 mars (2 avril), qu'il notifia son rétablissement à tous les souverains et que Caulaincourt, redevenu son ministre des affaires étrangères, eut à s'expliquer vis-à-vis des chancelleries (4 avril). Il cherchait à détacher le czar de la grande alliance en lui faisant communiquer le traité du 3 janvier, dont il avait trouvé une copie, faisait des ouvertures à l'Angleterre, envoyait à Vienne de nombreux émissaires, les Montesquiou [1], les Flahaut [2],

1. Montesquiou-Fezensac (Ambroise-Anatole-Augustin, comte de), fils de la comtesse de Montesquiou, gouvernante du roi de Rome; né à Paris le 8 août 1788; officier d'ordonnance de Napoléon Ier (1809); banni à la seconde Restauration; aide de camp du duc d'Orléans (1816); chevalier d'honneur de la duchesse d'Orléans (1823); chargé de missions diplomatiques à Rome et à Naples (1830); maréchal de camp (1831); député de la Sarthe (1834, 1837, 1839); pair de France (1841); mort en 1878; auteur d'œuvres poétiques aujourd'hui fort oubliées.

2. Flahaut de la Billarderie (Auguste-Charles-Joseph, comte de), né à Paris le 21 avril 1785, fils de la comtesse de Flahaut, depuis comtesse de Souza; aide de camp de Murat (1805); attaché à l'état-major du général Berthier; baron de l'empire; général de brigade et aide de camp de Napoléon (1813); pair de France pendant les Cent-Jours; proscrit à la seconde Restauration; rétabli dans ses honneurs après juillet 1830; ministre plénipotentiaire à Berlin (1831-1832); premier écuyer du duc d'Orléans (1837); ambassadeur à Vienne (1841-1848); membre de la commission consultative après le 2 décembre 1851;

les Stassart [1], les Montrond, demandait qu'on lui rendît son fils, protestait sans relâche de ses sentiments pacifiques et n'épargnait aucune démarche pour y faire croire. Il ne s'en préparait pas moins à la guerre, mais il voulait que, le jour où elle éclaterait, l'on ne pût l'accuser de l'avoir rendue inévitable.

Son langage était-il sincère? peut-être. L'Europe, qu'il avait si longtemps opprimée et si souvent trompée, ne voulait malheureusement pas le croire. A Vienne la résolution de ne pas traiter avec lui était irrévocable. Mais des complications graves forcèrent la grande alliance de retarder à son égard l'exécution militaire que le traité du 25 mars pouvait faire croire si prochaine.

A ce moment (avril), l'armée russe était encore en Pologne. On ne devait pas compter qu'elle entrât en ligne avant la fin de juin. Les contingents prussiens étaient prêts et ne demandaient qu'à marcher. Mais, destinés à attaquer la France par le nord, ils ne pouvaient opérer que de concert avec les troupes anglo-bataves et celles-ci ne formaient encore en Belgique qu'un groupe insigniliant. Wellington déclarait, du reste, ne pouvoir s'aventurer sur notre frontière qu'au moment où l'armée autrichienne serait en état d'appuyer son mouvement en franchissant le Rhin. Or juste à ce moment un nouveau coup de théâtre forçait la cour de Vienne de diriger vers l'Italie la plus grande partie de ses forces.

Murat, à qui Napoléon, quittant l'île d'Elbe, avait fait dire de ne pas se risquer et de se borner jusqu'à nouvel ordre à retenir au delà des Alpes par sa ferme attitude l'armée autrichienne de Lombardie, n'avait pas suivi ce conseil. En apprenant le succès de l'empereur, il avait perdu la tête, s'était dit que Napoléon voulait peut-être simplement le jouer et l'empêcher d'étendre sa domination sur toute l'Italie; que le moment était bon pour agir; que l'Autriche, intimidée et les yeux fixés vers la France, le laisserait peut-être faire.

sénateur en 1853; mort en 1870. De sa liaison avec la reine Hortense naquit en 1812 un enfant qui devait être le duc de Morny.
1. Stassart (Goswin-Joseph-Augustin, baron de), né à Malines le 2 septembre 1780; préfet de l'empire; maître des requêtes en service extraordinaire pendant les Cent-Jours; député aux États généraux des Pays-Bas (1821-1830); membre du congrès national de Belgique (1830); gouverneur des provinces de Namur (1830) et de Brabant (1834-1839); membre du sénat belge (1831-1847), président de cette assemblée; chargé d'une mission diplomatique à Turin (1840); auteur d'un grand nombre d'œuvres académiques; mort à Bruxelles le 10 octobre 1854.

Bref, il avait lancé dès le 30 mars une proclamation fanfaronne, appelant la nation italienne aux armes, et avait mis ses troupes en mouvement. Quelques jours après, il touchait presque à la Lombardie. Mais la cour de Vienne, bien résolue maintenant à ne plus le ménager, l'arrêta net. Cent cinquante mille Autrichiens refoulèrent sans peine, à partir du 8 avril, la petite armée napolitaine. Six semaines plus tard, Murat, battu sur tous les points, abandonnait sa capitale à l'ennemi et Ferdinand IV, enchaîné désormais à la cour de Vienne [1], redevenait roi de Naples.

La campagne ainsi terminée n'avait pas été bien longue; mais elle avait suffi pour mettre l'empereur François Ier dans l'impossibilité de concourir avant le mois de juin à une attaque d'ensemble contre Napoléon. Aussi, tant qu'elle avait duré, la cour de Vienne avait-elle manœuvré vis-à-vis de la France de manière à retarder l'ouverture des hostilités. Bien plus, elle avait travaillé quelque temps à rendre la guerre inutile, non point en pactisant avec « l'ogre de Corse », mais en se prêtant ou ayant l'air de se prêter à certaines intrigues de partis qui, par une révolution intérieure, pouvaient le renverser du trône.

X

Au profit de qui aurait-on renversé Napoléon? L'Autriche et l'Angleterre, à cet égard, n'avaient pas la moindre hésitation. Ces deux puissances n'avaient, au fond du cœur, de tendresse que pour Louis XVIII; ce prince avait, en somme, servi leur politique, dans une certaine mesure, et pouvait la servir encore. Elles étaient donc bien décidées à faciliter pour la seconde fois sa restauration, et

1. Par le traité du 12 juin 1815, qui l'obligeait de fournir vingt-cinq mille hommes à l'Autriche et lui interdisait de donner une constitution à ses peuples sans l'assentiment de cette puissance. On y lit en effet ces lignes significatives : « Les engagements que Leurs Majestés prennent par ce traité pour assurer la paix de l'Italie leur faisant un devoir de préserver leurs sujets et leurs États respectifs de nouvelles réactions et du danger d'*imprudentes innovations* qui en amèneraient le retour, il est entendu entre les hautes puissances contractantes que S. M. le roi des Deux-Siciles, en établissant le gouvernement du royaume, n'admettra pas des changements qui ne pourraient se concilier, *soit avec les anciennes institutions, soit avec les principes adoptés par Sa Majesté Impériale et Apostolique pour le régime intérieur de ses provinces italiennes.* »

même à la rendre inévitable. Mais elles se gardaient de le dire, pour deux raisons : la première, c'est que les Bourbons étaient notoirement impopulaires en France et qu'avant de nous avoir vaincus il était imprudent de nous les vouloir imposer; la seconde, c'est qu'il était profitable, sinon généreux, d'exploiter leur détresse; car plus on aurait l'air disposé à les abandonner, et plus ils consentiraient à payer cher l'appui de la coalition.

Louis XVIII, qui avait fait la faute de quitter son royaume et de se retirer à Gand, n'était plus, comme autrefois, qu'un prétendant, à la merci des puissances dont il sollicitait le concours. Celles qui lui étaient le plus favorables déclaraient maintenant ne pouvoir prendre l'engagement officiel de le rétablir sur le trône. Castlereagh, tout en le faisant assurer secrètement de ses bonnes dispositions, prétextait, pour justifier cette réserve, l'opposition que le projet d'une guerre prochaine rencontrait dans le Parlement anglais et la nécessité de ne pas effaroucher le peuple français. Les termes dans lesquels il fit ratifier par le prince-régent (25 avril) le traité du 25 mars excluaient expressément l'idée que le cabinet de Saint-James voulût imposer à la France un gouvernement quelconque [1]. La cour de Vienne publia quelques jours après une protestation analogue, et qui n'était pas plus sincère. La Russie et la Prusse déclarèrent de même qu'elles n'avaient nullement l'intention de nous violenter. Ces deux gouvernements n'avaient pas assez à se louer de Louis XVIII pour le vouloir restaurer à tout prix. La cour de Berlin avait toujours, du reste, sur le cœur, les ménagements excessifs, à son sens, dont on avait usé envers la France par le traité de Paris.

Puisque cette nation impie et scélérate avait si mal répondu à la mansuétude des Alliés, il fallait cette fois l'accommoder suivant ses

---

1. Des débats assez vifs eurent lieu le 28 avril à la Chambre des communes au sujet du traité du 25 mars, qui fut attaqué par les Whigs. Castlereagh se défendit, mais dut, pour se faire approuver par la majorité, ruser et mentir quelque peu en affirmant qu'il ne songeait nullement à violenter la France. Quelques jours après, Charles Stewart, son frère, rassurait en son nom la petite cour de Gand. « Afin, disait-il, de rester dans la mesure qu'il convient d'être en effet, lord Castlereagh a dû parler comme il l'a fait, et son discours est dans les seuls principes *que nous puissions avouer hautement*. Cependant nos vœux, comme nos efforts, sont en faveur du roi; nous voulons son succès, nous n'en doutons pas, mais nous ne pouvons sortir des conditions du traité et de la déclaration des puissances. »

mérites [1] ; si elle ne voulait plus de son roi, tant mieux ; on lui avait fait des concessions par égard pour lui, on ne les renouvellerait pas. Le pacte du 30 mai serait déclaré nul ; la France serait démembrée et à jamais rayée de la liste des grandes puissances. C'est en ces termes, et sous une forme plus violente encore, que s'exprimaient à cette époque les patriotes prussiens, dont la voix trouvait d'ailleurs de l'écho dans toute l'Allemagne. Quant au gouvernement russe, il ne partageait point ces fureurs. Alexandre avait toujours au fond de l'âme un faible pour la France ; mais il n'en avait point pour Louis XVIII, non plus que pour les Bourbons de la branche aînée en général. Il répétait à tout venant qu'il les connaissait bien, que c'étaient de sottes et méchantes gens. Le duc d'Orléans [2], disait-il à cette époque (fin d'avril 1815), convenait beaucoup mieux à la France que le frère de Louis XVI ; et si un parti considérable le portait au trône, il ne paraissait point disposé à lui en barrer la route.

Effectivement, quelques intrigants songeaient alors en France à faire monter sur le trône celui qui fut plus tard Louis-Philippe.

1. On lit dans une proclamation du gouverneur général des provinces prussiennes du Rhin (en date du 15 avril 1815) : « Cette nation si longtemps fière de ses triomphes et dont nous avons courbé le front orgueilleux devant les aigles germaniques, menace de troubler encore le repos de l'Europe. Elle ose oublier que, maîtres de sa capitale et de ses provinces, nous devions nous indemniser, il y a un an, par un partage que tous les sacrifices que nous avions faits pour affranchir l'Allemagne rendaient nécessaire et légitime... Un pays ainsi livré au désordre de l'anarchie menacerait l'Europe d'une honteuse dissolution, si tous les braves Teutons ne s'armaient contre lui. *Ce n'est pas pour lui rendre des princes dont il ne veut pas... que nous nous armons aujourd'hui ; c'est pour diviser cette terre impie,* c'est pour nous indemniser par un juste partage de ses provinces de tous les sacrifices que nous avons faits depuis vingt-cinq ans pour résister à tous ses désordres... » Grüner demande ensuite que, vainqueurs, les Alliés s'emparent des biens dits *nationaux* à titre de dotations militaires. « Ainsi les princes et les sujets allemands trouveront à la fois dans le fruit de cette guerre contre la tyrannie : les premiers, des vassaux que nos lois feront courber sous la discipline, et les seconds, des biens fertiles dans un pays que nos baïonnettes maintiendront dans une terreur nécessaire... » A la même époque, le *Mercure rhénan,* inspiré par Stein, s'exprimait en ces termes : « Il faut exterminer cette bande de 500 000 brigands..., il faut déclarer la guerre à toute la nation et mettre hors la loi tout ce peuple sans caractère, pour qui la guerre est un besoin... Le monde ne peut rester en paix tant qu'il existera un peuple français ; qu'on le change donc en peuples de Bourgogne, de Neustrie, d'Aquitaine, etc. ; ils se déchireront entre eux, mais le monde sera tranquille pour des siècles. »

2. Fils de *Philippe-Égalité* et plus tard roi des Français sous le nom de Louis-Philippe 1er. Il était né à Paris le 6 octobre 1773, et il est mort à Claremont (Angleterre), le 26 août 1850. Sur sa jeunesse et sa conduite pendant la Révolution et l'Empire, voir nos *Études critiques sur la Révolution, l'Empire et la période contemporaine,* p. 231-258.

Certaine conspiration en sa faveur avait même éclaté avant le 20 mars. D'autres rêvaient simplement de substituer à Napoléon, qu'on eût de nouveau forcé d'abdiquer, son fils, au nom duquel on eût institué une régence. Tous avaient pour complice Fouché, le roi des traîtres, que Napoléon avait eu le tort de reprendre comme ministre de la police et qui, le voyant peu solide, ne travaillait qu'à le perdre pour se créer dans l'État une situation prépondérante.

C'est avec Fouché que Metternich, autorisé d'ailleurs par les souverains, négocia mystérieusement, pendant les mois d'avril et mai 1815, sans autre but, à ce qu'il semble, que de gagner du temps et de tromper ce trompeur. Tant que des agents loyaux, comme Montesquiou, Flahaut, Stassart, s'étaient présentés en Allemagne pour soutenir la cause de Napoléon, le chancelier d'Autriche les avait impitoyablement repoussés. Le jour où d'autres se présentèrent, comme Montrond, et, après avoir parlé au nom de l'empereur, donnèrent à entendre ce que le ministre de la police voulait et croyait pouvoir faire, Metternich fut plus abordable. Un de ses agents les plus habiles, le baron d'Ottenfels, fut même envoyé par lui, sous un faux nom, à Bâle, pour s'aboucher avec un émissaire de Fouché. Mais le complot fut éventé par l'empereur et, si les entrevues de Bâle eurent lieu, elles n'amenèrent aucun résultat [1].

Metternich, maître fourbe, n'avait rien à perdre à ce jeu. Il y gagna d'abord les quelques semaines nécessaires à l'Autriche comme à l'Angleterre pour entrer en ligne contre Napoléon. Il y gagna aussi d'effrayer à tel point Louis XVIII qu'il lui fit perdre le sentiment de ses devoirs envers la France. La triste cour de Gand n'apprenait qu'avec terreur des menées qui, après tout, auraient bien pu finir par empêcher le roi « légitime » de remonter sur son trône. Elle craignait le duc d'Orléans, Napoléon II, la Régence. Talleyrand, soit qu'il songeât à se faire valoir, soit qu'il se ménageât de bonnes raisons pour se rallier, le cas échéant, au pouvoir nouveau [2], ne la rassurait point, tant s'en faut, sur les dispositions

1. Elles eurent lieu dans le courant de mai, entre Ottenfels, qui avait pris le nom de Werner, et le conseiller d'État Fleury de Chaboulon, qui se présenta comme envoyé de Fouché, mais qui n'était en réalité qu'un émissaire de Napoléon. Le duc d'Otrante se disculpa comme il put auprès de l'empereur et feignit de se prêter à son jeu. Mais il ne tarda pas à donner l'éveil à Metternich et noua bientôt pour son compte une nouvelle intrigue.

2. Il n'était guère aimé de Louis XVIII, à qui il s'était imposé. Il était détesté de Blacas, favori de ce prince, et plus encore du comte d'Artois et de

des grandes cours alliées à l'égard des Bourbons. C'est pourquoi
ces princes, désespérant presque ou d'être restaurés ou d'obtenir
gratuitement le concours de la coalition, ne crurent pas acheter
trop cher cet appui au prix d'une concession que l'histoire a jusqu'ici trop peu remarquée et qu'elle doit juger sévèrement.

Dans la déclaration du 13 mars et dans le traité du 25, les
Alliés avaient protesté bien haut qu'ils en voulaient seulement à
Napoléon, qu'ils ne faisaient point la guerre à la nation française,
que, par conséquent, les avantages du traité du 30 mai lui seraient,
en tout état de cause, assurés. Mais, à l'époque où la première de
ces pièces fut signée, Louis XVIII était encore sur le trône, et,
au moment où parut la seconde, les Alliés ignoraient qu'il eût
quitté la France. Quand on le sut fugitif et impuissant, on ne tint
plus le même langage. La Prusse cria bien haut que, puisque le
peuple français n'avait pas repoussé Napoléon, c'est qu'il faisait
cause commune avec lui; qu'il devait donc être comme lui mis hors
la loi et ne pouvait plus réclamer le bénéfice du traité de Paris.
Sans montrer autant d'âpreté que cette puissance, le reste de la
coalition se rangea sans peine à cet avis. On fit donc comprendre à
Louis XVIII que, s'il voulait obtenir de ses alliés l'engagement
moral de le remettre sur le trône, il devait pour sa part regarder
comme sujet à revision le traité du 30 mai.

Ce marché, devant lequel le roi de France et son plénipotentiaire reculèrent quelque temps, finit pourtant par être conclu. On
n'en peut pas douter en lisant certains passages du rapport par
lequel Gentz, secrétaire du congrès, réfutait le 12 mai le manifeste
lancé le 2 avril précédent au nom de Napoléon par le Conseil d'État.

En ce qui concerne nos affaires intérieures, « les puissances,
y est-il dit, ne se croient point autorisées à imposer un gouvernement à la France, mais elles ne renonceront jamais au droit
d'empêcher que sous le titre de gouvernement il ne s'établisse en
France un foyer de désordre et de bouleversements pour les autres
États. Elles respecteront la liberté de la France partout où elle ne
sera pas incompatible avec leur propre sûreté et avec la tranquillité
générale de l'Europe... »

Comme les Alliés ne voulaient évidemment pas de la République;

_____

sa camarilla d'émigrés. Il le leur rendait bien. Il eût sans doute dès cette
époque vu sans déplaisir l'avènement du duc d'Orléans.

comme ils ne prenaient au sérieux ni le duc d'Orléans ni la Régence et qu'ils annonçaient l'intention de renverser Napoléon, cette phraséologie ne pouvait annoncer autre chose que le rétablissement forcé de Louis XVIII.

D'autre part, le même rapport s'exprime ainsi, au sujet des relations futures de la France avec l'Europe : « Il ne s'agit plus aujourd'hui de maintenir le traité du 30 mai; il s'agirait de le refaire. Les puissances se trouvent rétablies envers la France dans la même position dans laquelle elles étaient le 31 mars 1814..... »

Ce document ne fut pas publié. Il ne pouvait pas l'être. Mais les plénipotentiaires des huit puissances qui avaient participé au traité de Paris le signèrent, et parmi eux Talleyrand, qui eut assez peu de sens moral pour s'en déclarer satisfait dans une lettre à Louis XVIII (17 mai 1815).

C'est alors seulement (fin de mai) que les armées de la coalition s'ébranlèrent et que la guerre devint imminente. On voit sous quels tristes auspices elle allait s'ouvrir pour la France et combien le retour de Napoléon avait été funeste à cette puissance. Naguère encore elle tenait tous ses adversaires en respect, et maintenant l'Europe entière liguée contre elle la menaçait plus que jamais dans son indépendance politique et dans son intégrité territoriale.

XI

Au moment de tirer les premiers coups de canon, les Alliés jugèrent bon d'accélérer les travaux du congrès, qui languissaient forcément un peu depuis le mois de mars. Coûte que coûte on voulut clore ces grandes assises, donner une forme définitive aux décisions prises, arrêter celles qui restaient à prendre. Il fallait que l'Europe fût complètement reconstituée avant de heurter de front l'adversaire qu'elle s'était donné. Les puissances tenaient à n'avoir plus à débattre entre elles aucune question grave quand elles auraient à traiter de nouveau avec la France. Tout étant bien réglé à Vienne, leur unique préoccupation serait d'écraser une nation vaincue, qui ne pourrait plus ni s'immiscer dans les affaires des autres ni profiter de leurs désaccords.

Les diverses commissions qui fonctionnaient au nom du congrès reçurent donc l'ordre de hâter la conclusion des affaires qui leur incombaient. Presque toutes les questions en litige furent tranchées à la hâte, bien ou mal, peu importait aux Alliés : l'essentiel était d'aller vite et d'en finir. Le roi de Saxe, détenu à Presbourg, repoussait depuis deux mois l'arrangement qui lui enlevait une si grande partie de ses États. Avant d'y consentir, avant d'accéder, comme on l'exigeait de lui, au traité du 25 mars, il demandait à grands cris sa liberté. Voyant qu'il s'obstinait, on finit par lui signifier qu'on se passerait de sa signature; son royaume entier serait administré par la Prusse et lui-même resterait prisonnier jusqu'à ce qu'il eût dit oui. Le pauvre souverain, n'étant pas le plus fort, finit par se résigner. Il commença par renoncer solennellement au grand-duché de Varsovie, dont les deux traités du 3 mai 1815, l'un entre la Russie et l'Autriche, l'autre entre la Russie et la Prusse, sanctionnèrent le partage définitif. Puis il traita directement (le 18 mai) avec la cour de Berlin, à laquelle il céda, comme on le voulait, les deux cinquièmes de son patrimoine. Les questions de territoire intéressant la Prusse, en dehors de la Saxe et de la Pologne, furent réglées peu après par des conventions avec l'Autriche et la Bavière (28 mai), avec le Hanovre (29 mai), le Nassau, les Pays-Bas (31 mai), la Saxe-Weimar (1er juin), le Danemark (4 juin) et la Suède (7 juin). D'autres arrangements déterminèrent, dans le même temps, l'étendue des petits États allemands [1]. Ceux qui avaient été médiatisés en 1803 restèrent tels, malgré leurs vives réclamations ; d'autres le furent à ce moment pour la première fois (par exemple les principautés d'Isenbourg et de Leyen). Le sort et les limites des Pays-Bas furent arrêtés par un traité signé le 21 mai. La veille avaient été fixés, sous une forme solennelle, par une convention entre les cinq grandes puissances, les arrangements relatifs à la Sardaigne. Quelques jours plus tard (27 mai), la Suisse acceptait les conditions territoriales et politiques mises par le congrès à sa réorganisation et obtenait ainsi que l'Europe garantît à la fois son indépendance

---

1. Sauf la Bavière qui, n'ayant plus la France pour la soutenir, ne recevait plus de l'Autriche que des offres insuffisantes pour la dédommager de ce qu'elle devait rendre et, en tout cas, peu en rapport avec les promesses passées. Aussi la cour de Munich refusait-elle de restituer à celle de Vienne l'Innviertel et le Hausrückviertel. Elle ne se résigna que beaucoup plus tard (en 1816) aux conditions qui lui étaient faites.

et sa neutralité. En Italie, les puissances n'étaient pas tout à fait
d'accord sur Parme, que Marie-Louise devait posséder seulement
à titre viager et dont la réversibilité n'était pas encore déterminée.
Comme le temps pressait, on remit à plus tard la solution de cette
petite difficulté [1]. On ne crut pas non plus devoir prolonger le congrès pour s'entendre sur le sort des îles Ioniennes, dont le protectorat convenait à la fois à l'Autriche, à l'Angleterre et à la Russie.

Mais les puissances ne crurent pas pouvoir se séparer sans
donner à l'Allemagne, cruellement déçue dans ses espérances
d'unité, au moins un semblant de constitution fédérale. On se
souvient que, dès le 16 novembre 1814, la commission des affaires
germaniques avait interrompu ses travaux. Quand Napoléon revint
de l'île d'Elbe, rien n'indiquait encore qu'elle fût sur le point de
les reprendre. Tous les gouvernements inférieurs de l'Allemagne,
au nombre de trente-quatre, s'étaient groupés et avaient proposé
(le 20 décembre) en faveur de l'Autriche le rétablissement de
l'autorité impériale. Comme cette autorité avait toujours été à peu
près nulle, on comprend leur préférence pour ce mode de direction fédérale. Mais la cour de Vienne sentait fort bien qu'un titre
sans pouvoir réel serait pour elle une charge, un embarras, et
non pas un avantage. D'autre part, elle comprenait fort bien que,
si elle réclamait pour le futur empereur des attributions sérieuses,
les États secondaires, si jaloux de leur indépendance, et surtout la
Prusse, si mal disposée pour l'Autriche, lui opposeraient une invincible résistance. Le mieux était donc, à son sens, de laisser tomber
la proposition, de flatter l'esprit particulariste des princes allemands, de les entretenir soigneusement dans la terreur des ambitions prussiennes et, sous couleur de les défendre, d'exercer sur
eux, sans pouvoirs apparents, une véritable hégémonie. Comme
ils n'entendaient sacrifier au bien commun, en s'associant, que la
part la plus légère de leur souveraineté, Metternich ne leur proposait point de former un véritable « État fédéral », pourvu des
organes propres au gouvernement d'une grande nation, mais simplement une alliance permanente, sans autorité suprême et incon-

---

1. Cette affaire fut réglée seulement le 10 juin 1817, par un traité que
conclurent l'Autriche, l'Espagne, la France, la Grande-Bretagne, la Prusse
et la Russie, et grâce auquel Parme devait, après la mort de l'ex-impératrice,
faire retour à l'ex-reine d'Étrurie, qui, en attendant, était dotée de la principauté de Lucques.

testée. Le projet qu'il fit rédiger et répandre vers la fin de décembre
et qui fut en grande partie adopté depuis était fait pour leur
plaire. Mais il répondait bien mal aux vœux du peuple allemand,
qui réclamait un pouvoir fort, une impulsion vigoureuse et auquel
on offrait seulement l'équilibre de l'impuissance et de l'immobilité.
Hardenberg fit répondre au plan de Metternich par les deux projets de Humboldt (février 1815), lesquels, tout en contenant de
nombreuses concessions aux idées autrichiennes, faisaient ressortir
la triple nécessité de fortifier la future confédération : 1° par une
solide organisation militaire ; 2° par l'établissement d'un tribunal
fédéral ; 3° par la garantie à chacun des États associés d'un minimum d'institutions libres. Mais l'Autriche, sans dire non, traînait
de plus en plus les choses en longueur. Les petits États protestaient de nouveau (2 février) contre toute constitution fédérale qui
serait élaborée sans leur concours. Bref, on avait atteint le
mois de mars sans que la question eût fait un pas. C'est alors que
Napoléon reparut en France. La nécessité d'armer l'Allemagne
entière contre lui força le Congrès d'adopter au plus tôt sur ce
point une solution. Invités à fournir leurs contingents de guerre en
s'associant au traité du 25 mars, les gouvernements secondaires,
comme le Wurtemberg, la Bavière, et la foule des États inférieurs,
montrèrent par leur empressement à offrir leurs troupes qu'ils ne
le cédaient point en gallophobie à la Prusse elle-même (avril-
mai 1815). Mais ils n'en vendirent pas moins leur concours à un
prix que la cour de Berlin dut intérieurement trouver excessif.
Pour l'obtenir, il fallut leur promettre que la constitution fédérale
ne porterait aucune atteinte essentielle à leurs droits souverains.

Il fallut non seulement le promettre, mais le prouver en adop-
tant sans plus de retard un projet de constitution basé sur le programme autrichien et qui remplit de joie la cour de Vienne. Peut-
être, si la Prusse n'eût eu affaire qu'aux petits États allemands,
fût-elle parvenue à les intimider et à les entraîner sans trop de
concessions. Mais elle était forcée de complaire aussi à l'Autriche
que l'on soupçonnait à ce moment de vouloir s'entendre avec
Fouché pour établir en France Napoléon II et qui laissait sournoisement s'accréditer cette idée. Pour que Metternich cessât d'atermoyer et envoyât enfin les troupes de son maître vers le Rhin,
l'on dut lui donner satisfaction presque entière au sujet des affaires

allemandes. Tous les gouvernements germaniques, et non plus seulement les cinq principaux, comme au début, furent conviés à nommer une commission qui se réunit le 23 mai et discuta dès lors sans relâche la constitution fédérale. En quinze jours, cet énorme travail, devant lequel on avait reculé si longtemps, fut expédié, l'on pourrait dire bâclé. Les plus grosses difficultés furent esquivées. On s'en remit à l'avenir du soin de les trancher. Une phraséologie élastique et vague donna l'apparence d'un accord sincère à un pacte qui renfermait en germe les rancunes, les dissentiments, les complications les plus graves. Metternich, suivant son habitude, crut tout gagné, parce qu'il avait gagné du temps. Pour dominer l'Allemagne, l'essentiel à ses yeux était de l'immobiliser. La nouvelle constitution, qui la condamnait tout au moins à piétiner sur place indéfiniment, dut donc lui procurer un contentement presque sans mélange.

L'acte du 8 juin 1815, qui établit la Confédération germanique, comprend vingt articles, dont les onze premiers, ayant le caractère de stipulations internationales, ont été insérés dans l'acte final du congrès de Vienne; les autres sont relatifs à l'organisation et aux droits « intérieurs » de l'Allemagne.

Le pacte conclu par les princes souverains et les villes libres d'Allemagne établit entre eux une « confédération perpétuelle » (il n'est plus question « d'État fédératif »). Le but de l'alliance est le maintien de la sûreté « extérieure et intérieure » du pays, de l'indépendance et de l'inviolabilité des États confédérés; quant aux droits de la nation, ils sont passés sous silence. Les membres de l'association, comme tels, sont déclarés égaux; il ne pourra donc y avoir ni unité, ni même direction. Les affaires de la Confédération seront confiées non point aux représentants du peuple allemand, mais à une diète où siégeront seuls les « plénipotentiaires » des divers États [1]; ce sera donc simplement une réunion diploma-

---

1. Au nombre de 17, un par État principal ou par groupe de petits États. 1° Autriche; 2° Prusse; 3° Bavière; 4° Saxe royale; 5° Hanovre; 6° Wurtemberg; 7° Bade; 8° Hesse électorale; 9° Hesse grand-ducale; 10° Holstein et Lauenbourg (au roi de Danemark); 11° Luxembourg (au roi des Pays-Bas); 12° Maisons grand-ducales et ducales de Saxe; 13° Brunswick et Nassau; 14° Mecklembourg-Strélitz et Mecklembourg-Schwérin; 15° Oldenbourg, Anhalt, Schwartzbourg; 16° Hohenzollern, Lichtenstein, Reuss, Schaumbourg, Lippe, Waldeck; 17° villes libres (Lubeck, Francfort, Brême, Hambourg).

tique. L'Autriche présidera à perpétuité. Il est vrai que tout État
pourra faire des propositions, dont la délibération sera obliga-
toire. La diète ordinaire se transformera en assemblée *générale*
ou *plenum* quand il s'agira « de lois fondamentales à porter ou
de changements à faire dans les lois fondamentales de la Confédération, des mesures à prendre par rapport à l'acte fédératif lui-
même, d'institutions organiques ou d'autres arrangements d'un
intérêt commun à adopter ». Le nombre des voix dans ce cas sera
de 69, et il sera proportionné pour chaque État à son étendue [1].
La diète « verra si elle doit accorder » quelques voix collectives
aux princes « médiatisés », promesse bien peu rassurante et qui
devait rester illusoire. Elle décidera à la pluralité des voix si une
affaire doit être portée devant le « plenum ». Elle préparera les
projets et les éléments de discussion. Le vote aura lieu à la majorité d'une voix dans l'assemblée ordinaire et des deux tiers dans
l'assemblée générale. Mais « l'unanimité » est requise quand il
s'agira : 1° de lois fondamentales; 2° d'institutions organiques;
3° de droits individuels; 4° d'affaires religieuses. C'est, on le voit,
le triomphe de l'Autriche, qui, après avoir donné à l'Allemagne
une constitution aussi peu unitaire que possible, la voue à l'immobilité. L'ordre des votes sera réglé par la diète, qui s'ouvrira à
Francfort le 1er septembre 1815. Cette assemblée aura tout d'abord
à s'occuper des lois fondamentales et des institutions organiques
« relativement aux rapports extérieurs, militaires et intérieurs

---

1. Les voix étaient réparties ainsi qu'il suit : 1° *Autriche* (pour les provinces
d'Autriche haute et basse, Styrie, Carinthie, Carniole, Frioul autrichien,
Trieste, Tyrol, Vorarlberg, Salzbourg, Bohême, Moravie, Silésie autrichienne,
Hohen-Géroldseck, seules comprises dans la confédération), 4 voix ; 2° *Prusse*
(pour les provinces de Poméranie, de Brandebourg, de Silésie, de Saxe, de
Westphalie, de Clèves-Berg et du Rhin, seules comprises dans la confédération), 4 voix ; 3° *Bavière*, 4 voix ; 4° *Saxe*, 4 voix ; 5° *Wurtemberg*, 4 voix ; 6° *Hanovre*, 4 voix ; 7° *Bade*, 3 voix ; 8° *Hesse électorale*, 3 voix ; 9° *Hesse grand-ducale*,
3 voix ; 10° *Holstein-Lauenbourg*, 3 voix ; 11° *Luxembourg*, 3 voix ; 12° *Brunswick*, 2 voix ; 13° *Mecklembourg-Schwérin*, 2 voix ; 14° *Nassau*, 2 voix ; 15° *Saxe-
Weimar*, 1 voix ; 16° *Saxe-Gotha*, 1 voix ; 17° *Saxe-Cobourg*, 1 voix ; 18° *Saxe-
Meiningen*, 1 voix ; 19° *Saxe-Hildburghausen*, 1 voix ; 20° *Mecklembourg-Strélitz*,
1 voix ; 21° *Oldenbourg*, 1 voix ; 22° *Anhalt-Dessau*, 1 voix ; 23° *Anhalt-Bernbourg*,
1 voix ; 24° *Anhalt-Kœthen*, 1 voix ; 25° *Schwartzbourg-Sondershausen*, 1 voix ;
26° *Schwartzbourg-Rudolstadt*, 1 voix ; 27° *Hohenzollern-Hechingen*, 1 voix ;
28° *Hohenzollern-Sigmaringen*, 1 voix ; 29° *Lichtenstein*, 1 voix ; 30° *Waldeck*,
1 voix ; 31° *Reuss-Schleiz*, 1 voix ; 32° *Reuss-Greiz*, 1 voix ; 33° *Schaumbourg-
Lippe*; 34° *La Lippe*, 1 voix ; 35° *Lubeck*, 1 voix ; 36° *Francfort*, 1 voix ;
37° *Brême*, 1 voix ; 38° *Hambourg*, 1 voix.

de la Confédération » (ainsi l'acte fédéral ne stipule rien par lui-même sur ces objets essentiels) ; enfin les membres de l'alliance s'engagent à défendre non seulement l'Allemagne en général, mais chacun des États qui la composent. En cas de guerre fédérale, nul ne pourra négocier ni traiter séparément avec l'ennemi. Mais tous ont le droit de former des alliances, pourvu qu'ils ne contractent aucun engagement dirigé contre la Confédération ou contre quelqu'un de ses membres (qui ne voit combien une pareille clause pouvait et devait, en pratique, amener de difficultés?). Quant aux guerres entre États allemands, elles sont interdites. Si deux des gouvernements confédérés sont en désaccord, ils devront porter leurs différends devant la diète, qui tentera d'abord « la voie de la médiation » ; s'il faut en arriver à une sentence juridique, « il y sera pourvu par un jugement austrégal ». Ainsi la Confédération n'a même pas de pouvoir judiciaire régulier, pas de tribunal suprême ; la forme et l'exécution des jugements austrégaux ne sont même pas déterminées par la constitution.

Dans la seconde partie du pacte fédéral, on voit tout d'abord par l'article relatif aux « tribunaux suprêmes » qu'il n'est pas question d'instituer en Allemagne « l'unité de la jurisprudence. » « Il y aura, lisons-nous ensuite, des assemblées d'États dans la Confédération » ; on ne dit pas : « il devra y avoir », et on ne fixe pas de délai, si bien que certains gouvernements pourront retarder indéfiniment cette institution. Ajoutons qu'il n'est pas question de « constitution », de « représentation nationale », de partage des pouvoirs. On parle seulement « d'États », c'est-à-dire d'assemblées à moitié féodales, et on n'en définit nullement les attributions. Quant aux droits des princes « médiatisés et de la noblesse immédiate », l'acte fédéral les garantit, mais après les avoir réduits à des distinctions honorifiques èt à des privilèges sociaux. Les rentes, créances et pensions reconnues en 1803 aux princes dépossédés et aux membres de l'ordre teutonique sont maintenues. L'égalité civile et politique est proclamée entre les diverses confessions « chrétiennes » ; quant aux Juifs, la diète devra s'occuper de leur assurer la puissance « des droits civils », « à condition qu'ils se soumettront à toutes les obligations des autres citoyens ». Pour les « droits des sujets », en général, ils se réduisent à fort peu de chose : les citoyens allemands pourront acquérir des biens dans

toute la Confédération sans payer de taxes spéciales; passer d'un
État dans un autre, entrer au service d'un État quelconque de la
Confédération, mais sans préjudice du service militaire qu'ils doivent à leur pays; transporter leur fortune d'un État dans un autre
sans être soumis à des droits particuliers, « pourvu que des conventions n'en aient autrement statué » (ce qui annule en partie la
concession). C'est tout. Ajoutons cependant que l'acte fédéral fait
espérer une « législation uniforme sur la presse et des mesures
pour garantir les auteurs et les éditeurs contre la contrefaçon ».
Mais où est la « liberté de la presse », que toute la nation réclame? On a bien soin de n'en pas dire un mot. Où donc enfin
se trouve cette unité de législation douanière et commerciale que
demande l'Allemagne entière et que la Prusse lui donnera plus
tard? Pour le moment, les États confédérés déclarent seulement
qu'ils « se réservent » de délibérer à la diète « sur la manière de
régler les rapports de commerce et de navigation, d'après les principes adoptés par le congrès de Vienne ». Encore cette maigre promesse restera-t-elle, on le verra plus loin, tout à fait lettre morte.

Tel est le compromis célèbre qui donna naissance à la « Confédération germanique ». On n'a pas de peine à admettre, après
l'avoir lu, que ses auteurs, sauf l'Autriche, y virent simplement un
pis aller. Quant au peuple allemand, qui n'y avait pas participé,
cette constitution inféconde ne put lui inspirer, dès le début, qu'un
sentiment, le désir de la remplacer par un pacte plus conforme à
ses aspirations nationales.

XII

Après cette œuvre si mal venue, mais qu'on n'avait pu faire
meilleure, le congrès avait hâte de se séparer, car déjà la guerre,
imminente, absorbait tous les esprits, et le canon allait retentir en
Belgique. Le congrès se hâta donc de clore ses travaux en signant
l' « Acte final du 9 juin 1815 ». Ce document, qui devait être la
charte de l'Europe (charte depuis déchirée tant de fois), fut rédigé
principalement par Gentz. Il parut sous la forme d'un traité général
conclu par les huit puissances signataires du traité de Paris; tous
les autres États représentés au congrès furent invités à y accéder.

Le traité de Vienne est la reproduction pure et simple des principaux arrangements adoptés déjà séparément par les puissances et dont nous avons rendu compte. Le rédacteur de ce document a cousu bout à bout les stipulations essentielles que nous avons fait connaître, renvoyant, pour les détails et pour les clauses secondaires, aux traités particuliers, qui furent annexés à l'Acte final. Nous nous bornerons donc ici à retracer très sommairement les résultats généraux du congrès, dans l'ordre même où ils furent présentés à la sanction de l'Europe.

Tout d'abord, le grand-duché de Varsovie, à l'exception de Thorn et de la Posnanie, attribués à la Prusse [1], de Cracovie, érigée en république [2], et de la Gallicie orientale, restituée à l'Autriche (avec les salines de Wielicza, les cercles de Zloczow, Brzezan, Tarnopol et Zalesczyck), est cédé à l'empereur de Russie, qui pourra donner à cet État une administration distincte et l'extension intérieure qu'il jugera convenable. Les Polonais, sujets respectifs de la Russie, de la Prusse et de l'Autriche, doivent obtenir des institutions nationales [3]. Le principe de la libre navigation sera établi sur les fleuves et canaux dans toute l'étendue de l'ancienne Pologne.

Le royaume de Saxe est maintenu, mais le traité lui enlève, pour les annexer à la Prusse, les deux cinquièmes de son territoire (toute la partie septentrionale, comprenant une partie de la haute Lusace, la basse Lusace en entier, le Cercle électoral, avec le comté de Barby, la principauté de Querfurt, le cercle de Thuringe, partie des cercles de Mersebourg, de Naumbourg-Zeitz, de Misnie, de Leipzig, le Mansfeld et le Henneberg saxons, en tout vingt mille kilomètres carrés avec huit cent mille habitants).

La Prusse reprend l'ensemble des pays qu'elle possédait en 1806 [4]; elle acquiert, en sus des provinces polonaises et saxonnes

---

1. Avec un territoire destiné à relier la Silésie à la Prusse proprement dite.
2. Sous le protectorat et la garantie des trois cours du Nord.
3. L'empereur d'Autriche et le roi de Prusse ne tinrent que très imparfaitement leurs engagements à cet égard. Quant au czar, il s'exécuta de meilleure grâce, érigea les provinces qui venaient de lui être cédées en royaume de Pologne et les dota par la constitution du 27 novembre 1815 d'un régime quasi parlementaire, dont elles ne jouirent, du reste, jamais pleinement et dont elles devaient être privées peu d'années après.
4. Y compris la principauté de Neuchâtel et le comté de Valengin, parties intégrantes de la Confédération helvétique.

indiquées plus haut, Dantzick, la Poméranie suédoise, la plus grande partie de la Westphalie, sans compter un vaste et populeux territoire, qui s'étend sur la rive gauche du Rhin jusqu'aux confins de la France et des Pays-Bas et comprend Cologne, Coblentz, Aix-la-Chapelle, Trèves, etc.

L'ancien électorat de Hanovre, possession patrimoniale du roi d'Angleterre, est reconstitué, érigé en royaume, accru de l'Ost-Frise, de plusieurs districts westphaliens et hessois et n'abandonne guère que le Lauenbourg, que la Prusse rétrocède au Danemark, comme compensation de la Poméranie suédoise, enlevée à ce souverain. Des routes militaires, ainsi que de grandes facilités pour le commerce et la navigation, sont assurées à la Prusse dans le nouveau royaume.

La monarchie prussienne s'arrondit en outre grâce à des échanges de territoires avec plusieurs petits États (Oldenbourg, Mecklembourg-Strélitz, Saxe-Weimar, etc.); elle acquiert enfin la ville de Wetzlar et bénéficie d'un certain nombre de médiatisations.

Le roi de Bavière reçoit pour sa part le grand-duché de Wurtzbourg et la principauté d'Aschaffenbourg [1]. Le prince-primat (ancien grand-duc de Francfort) ne garde rien de ses États; il lui sera donné des dédommagements pécuniaires. La ville de Francfort est déclarée libre; mais les questions relatives à sa constitution seront du ressort de la diète. Le grand-duc de Hesse-Darmstadt obtient, sur la rive gauche du Rhin, Mayence et un territoire peuplé de cent quarante mille âmes; le landgrave de Hesse-Hombourg est réintégré dans ses possessions. Enfin les anciens départements de la Sarre, du Mont-Tonnerre, de Fulde et de Francfort sont mis en grande partie à la disposition de l'Autriche, et la principauté d'Isembourg est médiatisée au profit de cette puissance.

A la suite de ces stipulations, l'Acte final reproduit les onze premiers articles de la constitution fédérale allemande, dont nous avons plus haut indiqué la teneur.

---

1. Ce n'était pas, tant s'en faut, tout ce que la cour de Vienne lui avait promis en 1814. Aussi gardait-il, de fait, Salzbourg, l'Innviertel et le Hausrückviertel et refusait-il de rendre ces territoires tant que l'Autriche ne lui en aurait pas donné l'équivalent. Il ne les restitua qu'en 1816, par le traité grâce auquel cette puissance lui céda une partie du pays qu'elle avait acquis sur la rive gauche du Rhin. Le royaume de Bavière fut ainsi formé de deux tronçons, séparés l'un de l'autre par le Wurtemberg et le grand-duché de Bade.

Viennent alors les arrangements relatifs au royaume des Pays-Bas, qui reçoit quelques accroissements du côté de la basse Meuse et du bas Rhin et dont le souverain, en échange de ses possessions allemandes [1], cédées à la Prusse, reçoit, à titre personnel, le grand-duché de Luxembourg. Ce dernier État fera, du reste, partie de la Confédération germanique et sa capitale sera considérée comme forteresse fédérale.

Plusieurs articles sont consacrés à l'organisation de la Suisse, qui comprendra désormais vingt-deux cantons, dont trois nouveaux (Genève, le Valais et Neuchâtel). Certains petits territoires sont cédés par l'Autriche et par la Sardaigne; des arrangements financiers et autres entre les cantons sont garantis par les puissances, ainsi que l'intégrité de l'Helvétie et la constitution qu'elle se donnera sur les bases indiquées par le congrès [2].

En ce qui concerne l'Italie, le roi de Sardaigne recouvre tous ses États, moins deux portions de la Savoie cédées à la France et à la Suisse. Mais il acquiert les anciens fiefs impériaux et Gênes, avec son territoire, sous la réserve de certaines libertés assurées à cette ville. Sa succession ira de mâle en mâle à ses descendants et, à leur défaut, sera dévolue aux princes de Savoie-Carignan [3]. L'Autriche, qui recouvre tout ce qu'elle possédait en 1805 et qui s'approprie Raguse [4] sur la mer Adriatique, possédera, outre la Vénétie, la Lombardie, jusqu'au Tessin et au Pô, plus la Valteline, Bormio et Chiavenna, cédés par les Grisons. Elle rend la Romagne au

1. Siegen, Dietz, Dillenbourg, Hadamar.
2. Grâce à cette constitution (adoptée le 7 août 1815), la Suisse, au lieu de devenir, comme elle l'eût voulu, un *État fédératif*, ne fut qu'une alliance de vingt-deux États jouissant de la plénitude de leur indépendance et n'agissant en commun que pour leurs relations extérieures et le maintien de la paix et de l'ordre intérieurs. Elle n'eut pas d'armée fédérale, pas de gouvernement central. Chacun des cantons de Berne, Zurich et Lucerne était, à tour de rôle et pendant deux ans, *directeur* des affaires fédérales; sa capitale, durant ce temps, servait de siège à la diète. Les privilèges de cantons et de naissance étaient maintenus; l'existence des couvents était garantie. Les cantons pouvaient, comme autrefois, fournir des mercenaires aux États étrangers. Ils restaient maîtres de leurs constitutions particulières (qui furent en général très aristocratiques), etc.
3. Victor-Emmanuel Ier et son frère Charles-Félix étaient déjà avancés en âge et n'avaient pas de fils. L'avènement au trône du jeune Charles-Albert, chef de la branche de Savoie-Carignan, paraissait donc assez prochain.
4. Cette ville avait jadis formé une petite république, assez florissante au xviiie siècle. Napoléon s'en était emparé en 1806. Elle ne put, malgré ses réclamations, recouvrer son indépendance en 1815.

pape, qui recouvre la totalité des États de l'Église dans la péninsule. L'archiduc François d'Este reprend les duchés de Modène, Reggio, etc., réversibles, dans certains cas, à la maison d'Autriche. L'impératrice Marie-Louise garde Parme, Plaisance et Guastalla, dont la réversibilité sera déterminée plus tard. L'archiduc Ferdinand [1] rentre en Toscane et acquiert les Présides, Piombino, l'île d'Elbe, etc. L'ex-reine d'Étrurie obtient la principauté de Lucques (qui pourra être réversible au grand-duc de Toscane) et doit recevoir une pension. Enfin le roi Ferdinand IV est rétabli à Naples et reconnu comme roi des Deux-Siciles.

La partie de l'Acte final relative aux arrangements territoriaux se termine par la promesse des puissances d'interposer leurs bons offices entre la France, l'Espagne et le Portugal, en désaccord au sujet de la Guyane et d'Olivenza [2].

Le traité de Vienne sanctionne ensuite les dispositions arrêtées depuis le 24 mars sur la « libre navigation des rivières et fleuves internationaux », annonce qu'en ces matières tout sera réglé souverainement, d'après des lois équitables, par des commissions que nommeront les puissances riveraines, et applique au Rhin, au Neckar, à la Moselle, à l'Escaut, à la Meuse les principes qu'il vient de poser.

Le congrès clôt l'exposé de ses décisions en confirmant tous les

1. Ce prince était frère de l'empereur François Ier d'Autriche. Né à Florence le 6 mai 1769, il avait été doté du grand-duché de Toscane lorsque son père, Léopold, était devenu empereur d'Allemagne (1790). Le traité de Lunéville (1801) le força de l'échanger contre le duché de Saltzbourg, qu'il ne garda que quatre ans. Par le traité de Presbourg (1805), il obtint en compensation l'électorat de Wurtzbourg. Le Congrès de Vienne lui rendit enfin la Toscane. Il mourut à Florence le 18 juin 1824.

2. Le traité du 30 mai 1814 stipulait la restitution à la France de la Guyane française « telle qu'elle existait au 1er janvier 1792 ». Mais il y avait entre les deux cabinets de Paris et de Lisbonne au sujet de cette colonie une contestation remontant au commencement du xviiie siècle. En effet, le traité d'Utrecht (1713) fixait la limite de la Guyane française à l'Oyapock ou rivière de Vincent Pinçon; or ce sont deux cours d'eau différents et fort éloignés l'un de l'autre. Le territoire intermédiaire était donc contesté. L'Acte final du congrès de Vienne (art. 107) portait que le Portugal remettait la Guyane jusqu'à l'Oyapock, entre 4° et 5° de latitude nord. C'était encore bien vague. Il fallut négocier encore. La colonie ne fut restituée qu'en 1817; et le traité conclu à cette époque ne mit pas fin au litige, qui subsiste encore de nos jours entre la France et le Brésil (substitué aux droits ou aux prétentions du Portugal). La place d'Olivenza avait été cédée lors du traité de Badajoz (1801) par le Portugal à l'Espagne, qui refusa de s'en dessaisir en 1815 et la possède encore aujourd'hui.

traités, conventions, règlements et autres actes particuliers annexés à l'Acte final, en invitant toutes les puissances intéressées à revêtir le traité général de leur adhésion et en faisant ses réserves sur l'usage de la langue française, employée dans ce document, sans que cela doive « tirer à conséquence ».

XIII

Tel est, en résumé, l'état de choses par lequel le congrès de Vienne prétendit remplacer en Europe le régime napoléonien. Il n'est pas malaisé de faire ressortir ce qui manquait à cet arrangement pour constituer une garantie solide de paix et d'équilibre.

Tout d'abord, la France subit des conditions d'autant moins acceptables pour elle qu'elle seule parmi les grandes puissances redevient ce qu'elle était en 1792. Tous ses ennemis s'agrandissent, surtout à ses dépens, et ne veulent pas admettre qu'elle se sente diminuée de leurs accroissements mêmes. Ils la mettent en surveillance et la garrottent pour ainsi dire de la tête aux pieds. Quoi d'étonnant si elle cherche plus tard à réagir?

Quant aux quatre grandes cours alliées, établissent-elles au moins entre elles une pondération durable? On a vu plus haut combien leurs querelles et leurs prétentions rivales troublèrent, pendant quelque temps, l'Europe. Si, vers la fin du congrès, elles semblent à peu près d'accord, c'est qu'il leur faut paraître unies en face de Napoléon; sur ce qui les divise elles ont fait momentanément le silence, mais elles n'ont point fait l'accord.

L'Angleterre pèse sur la France par les Pays-Bas, sur l'Allemagne par le Hanovre [1]. Elle domine absolument sur l'océan Atlantique, sur l'océan Indien. Sur la Méditerranée elle fait la loi par Gibraltar, par Malte, par les îles Ioniennes, dont elle va bientôt acquérir le protectorat. Elle tient à sa merci le Portugal et l'Espagne, dont les immenses colonies s'émanciperont sous peu, grâce à elle; et le congrès, pour éviter une complication, n'a même pas pris la peine d'examiner cette éventualité.

1. L'union dynastique de la Grande-Bretagne avec le Hanovre (État soumis à la loi salique) devait durer jusqu'en 1837, époque de l'avènement de la reine Victoria.

La Russie, par la Finlande, tient la Suède sous ses canons; par la Pologne, elle s'enfonce comme un coin au cœur de l'Allemagne, organise en Autriche la propagande panslaviste et pèse de tout son poids sur les petites cours germaniques, entraînées pour la plupart derrière le czar par la politique, aussi bien que par la parenté. Par la Bessarabie, elle touche au Danube et prépare presque ouvertement la ruine de l'empire ottoman. Vainement l'Autriche, si intéressée à défendre le Turc, a tenté, avec l'Angleterre, d'introduire au congrès la question d'Orient [1]. Le czar a refusé de garantir l'existence d'un État dont il médite la perte. Pour avoir la paix du moment, on n'a plus insisté. Cette funeste insouciance rendait inévitables les commotions orientales qui trois ou quatre fois déjà ont ébranlé l'Europe et semblent encore à toute heure sur le point de se renouveler.

L'Autriche a gagné vingt-huit mille kilomètres carrés de territoire et quatre millions de sujets. Mais, composée d'éléments disparates, elle est condamnée à manquer toujours de consistance. Ses agrandissements même ne font que l'affaiblir. Sans parler de la Russie et de la Prusse, qui la surveillent et la menacent à l'est, au nord, elle doit au dedans tenir tête à des nationalités réfractaires (Hongrie, Bohême, etc.), qu'elle ne parvient pas à germaniser. Et, comme si ce n'était pas assez d'embarras, elle s'en crée de nouveaux par ses prétentions à l'hégémonie de l'Allemagne d'une part, à celle de l'Italie de l'autre. Metternich pense être bien sage et veut que les Habsbourg, qui ont déjà tant de mal à régner à Vienne, soient maîtres aussi à Francfort et à Milan. Il a préparé seulement des révolutions nouvelles et rendu possibles Solférino et Sadowa.

Quant à la Prusse, péniblement reconstituée, divisée à dessein en deux tronçons qu'elle vise par-dessus tout à réunir, il semble qu'on l'ait vouée à une politique invariable de conquêtes et d'annexions. Ce qu'elle a pris lui servira seulement à se donner des forces pour prendre davantage. En Allemagne, elle n'aura pas de repos qu'elle n'ait supplanté l'Autriche; sur le Rhin, son rêve constant sera de rapetisser et d'humilier la France.

Le congrès de Vienne n'a pas seulement péché par défaut de clairvoyance ou de sagesse. Ce tribunal suprême, réuni pour éta-

---

1. C'est ce que prouvent presque à chaque page les lettres écrites par Gentz au hospodar de Valachie pendant la durée du congrès.

blir en Europe le règne du droit, a consacré, tant à l'égard des rois
qu'à l'égard des peuples, les plus scandaleux abus de la force et
donné aux gouvernements sans scrupules des exemples trop souvent suivis depuis. Le traitement infligé au roi de Saxe en 1815
pouvait faire présager le traitement plus radical subi en 1866 par
le roi de Hanovre et d'autres souverains. Pourquoi eût-on respecté
la monarchie danoise en 1864 plus qu'en 1814? Quant aux peuples, qu'on se rappelle les Belges sacrifiés à la Hollande, Gènes
livrée au Piémont, Venise, Raguse vendues à l'Autriche, les Polonais partagés comme un vil troupeau, l'Italie entière garrottée,
l'Allemagne cyniquement trompée, la Grèce méprisée [1]; qu'on
songe à tant de nationalités méconnues, à tant de révolutions rendues nécessaires. Peut-être trouvera-t-on que les traités de Vienne,
malgré les bonnes intentions de leurs auteurs, méritent un jugement sévère. Les diplomates de 1815 ont mis une année à pourvoir l'Europe de mauvaises lois. Il lui faudra plus d'un siècle pour
réparer le mal qu'ils lui ont fait [2].

1. *Les Grecs, déjà mûrs pour l'indépendance*, avaient essayé d'intéresser
à leur cause le congrès de Vienne. Ils avaient comme protecteur auprès du
czar, qui était tout disposé à les servir, la czarine, les frères Ypsilanti et
surtout le ministre Capo d'Istria qui, par Anthimos Gazis et d'autres inter-
médiaires, se tenait en rapports avec le peuple hellénique. Un mémoire pour
le relèvement de la Grèce fut présenté par Alexandre Stourdza à l'empereur
de Russie, qui lui fit bon accueil. Mais l'Angleterre et surtout l'Autriche ne
voulurent même pas que la question grecque fût posée au congrès.

2. Il faut remarquer, du reste, que le nouveau système politique imposé
à l'Europe n'était nullement garanti par les puissances qui signèrent l'Acte
final. L'Autriche aurait voulu qu'il le fût. Ses plénipotentiaires représentèrent à diverses reprises combien il était nécessaire de « mettre la sûreté
et les droits de chaque souverain, grand ou petit, sous la sauvegarde de
tous. Sans une pareille clause, dit Gentz, il n'y avait presque pas de motif
raisonnable pour préférer la forme d'un traité général à celle des traités
particuliers. » L'opposition de la Russie et de l'Angleterre ne permit pas
à l'Autriche d'obtenir gain de cause. Gentz ne dissimule pas dans ses lettres
combien l'Acte final lui paraissait imparfait. Ce ne pouvait être, à ses yeux,
qu'un arrangement provisoire. « Il est rempli d'imperfections et de lacunes,
écrit-il, n'offre que des dispositions de détail et des arrangements fragmen-
taires; il a bien plutôt l'air d'une transaction passagère que d'un ouvrage
destiné a durer des siècles. Cependant..... une quantité de détails pénibles,
de questions difficiles, de prétentions contradictoires, d'arrangements épineux,
sont maintenant surmontés. Rien n'empêchera les cabinets de travailler en
grand. Le traité qui vient de s'achever a aplani le terrain. »

CHAPITRE II

LA SAINTE-ALLIANCE [1]

I. Napoléon à Sainte-Hélène. — II. Louis XVIII aux Tuileries. — III. La France désarmée et ruinée. — IV. Les Quatre et la négociation secrète. — V. Talleyrand, Richelieu et la convention du 2 octobre. — VI. Le czar Alexandre et la Sainte-Alliance. — VII. Les traités du 20 novembre 1815.

(1815)

I

Le traité du 25 mars 1815 avait reconstitué, consolidé même la tétrarchie européenne un moment disloquée par la politique de Louis XVIII et de Talleyrand. L'Acte final du 9 juin, qui résolvait, tant bien que mal, les principales difficultés du moment, lui permit d'isoler de nouveau la France, qui ne devait plus avoir, de longtemps du moins, aucun moyen de la troubler. Fort peu après,

1. Sources : Angeberg (comte d'), *le Congrès de Vienne et les Traités de 1815*, t. II; — Castlereagh (lord), *Correspondence of Robert, second marquis of Londonderry*; — Crétineau-Joly, *Histoire des traités de 1815 et de leur exécution;* — Gentz (F. de), *Dépêches inédites aux hospodars de Valachie*, t. 1; — Gervinus, *Histoire du xixᵉ siècle*, t. I et II; — Gagern (baron de), *la Seconde paix de Paris*; — Hardenberg (prince de), *Mémoires*; — Hyde de Neuville, *Mémoires*; — Lytton Bulwer, *Essai sur Talleyrand*; — Metternich (prince de), *Mémoires, documents et écrits divers*, t. I et II; — Müffling (général de), *Mémoires*; — Rambaud, *le Duc de Richelieu en Russie et en France* (Revue des Deux Mondes, 1ᵉʳ décembre 1887); — Rochechouart (comte de), *Souvenirs*; — Sorel (Albert), *le Traité de Paris du 20 novembre 1815*; — Thiers, *Histoire de l'empire* (éd. in-4°), t. IV; — Vaulabelle (Ach. de), *Histoire des deux Restaurations*, t. II et III; — Viel-Castel (baron de), *Histoire de la Restauration*, t. III et IV; *Lord Castlereagh et la Politique extérieure de l'Angleterre de 1812 à 1822* (Revue des Deux Mondes, 1ᵉʳ juin 1854); — Villemain, *les Cent-Jours*; — Vitrolles, *Mémoires*, t. III; — Wellington (lord), *Supplementary dispatches*; etc.

grâce à la victoire décisive de Waterloo, les Alliés, pour la seconde
fois, purent dicter des lois à cette puissance et prendre à son égard
les garanties nouvelles qu'ils avaient récemment déclarées nécessaires.

La première de ces garanties consistait, pour eux, à renverser
Napoléon et à le mettre, ainsi que sa famille, hors d'état de troubler dorénavant la paix de l'Europe. A cet égard, la tâche leur fut
facile, car elle fut en grande partie accomplie par des Français.
L'empereur était à peine rentré à Paris, apportant la nouvelle de
sa défaite, que, sous peine d'être formellement déposé, il lui fallut
abdiquer. Les députés du pays ne comprirent pas que, s'il avait
commis bien des fautes, et même bien des crimes, le moment était
mal choisi pour lui en demander compte et que maintenir à la
tête de notre armée un capitaine tel que lui était la seule chance
qui nous restât de repousser l'invasion et les exigences nouvelles de
l'étranger. La Chambre des représentants, sous l'impulsion de
La Fayette, le renversa. La Chambre des pairs, où il avait beaucoup
d'amis, le laissa tomber. Quatre jours après Waterloo, il n'était
déjà plus sur le trône, et Napoléon II, son fils, désigné par lui
comme son successeur, n'était pris au sérieux par personne, ni en
France ni au dehors. La commission exécutive nommée le 22 juin
et à la tête de laquelle se trouvait Fouché [1], l'obligea, dès le 25,
à quitter Paris. Le 29, tant pour l'empêcher de tomber au pouvoir
de l'ennemi, qui n'était pas loin de la capitale, que pour prévenir
de sa part toute tentative de reprendre le commandement [2], elle
l'éloigna de la Malmaison, où il s'était d'abord retiré, et le fit
conduire à Rochefort, d'où elle espérait qu'il pourrait gagner
librement l'Amérique ou tout autre asile éloigné.

Mais il ne suffisait pas à la coalition qu'il eût cessé de régner, elle
voulait à tout prix s'emparer de sa personne et le tenir désormais
sous bonne garde. Cette intention des Alliés était bien connue;
Napoléon ne pouvait l'ignorer. Si plus tard il a parlé bien haut de

---

1. Qui en fut nommé président. Les autres membres de cette commission
étaient Carnot, Quinette, Caulaincourt et le général Grenier.
2. Napoléon, qui s'était retiré à la Malmaison, demandait à être replacé à
la tête de l'armée, à titre de général, pour repousser l'ennemi, promettant
de déposer de nouveau tous ses pouvoirs après la victoire. Mais on comprend
que cet engagement, venant d'un tel homme, ne pouvait inspirer à Fouché
qu'une médiocre confiance.

trahison, de déloyauté, s'il a reproché à l'Angleterre de l'avoir fait tomber dans un piège, s'il a pu créer ainsi une légende qui subsiste encore, l'histoire, qui rend justice à tous, doit proclamer la vérité. Or la vérité, c'est qu'aux premières ouvertures de la commission exécutive pour obtenir un armistice, dès le 25 juin, les généraux de la grande alliance répondaient en demandant que l'empereur leur fût remis comme prisonnier de guerre ; c'est que, sous une forme plus solennelle et plus impérative encore, les représentants des souverains alliés [1] avaient émis la même exigence dans une note du 1er juillet terminée par ces lignes : « Les trois puissances » [2] regardent comme condition essentielle de la paix et d'une véritable tranquillité, que Napoléon Bonaparte soit hors d'état de troubler dans l'avenir le repos de la France et de l'Europe ; et, d'après les événements survenus au mois de mars dernier, *les puissances doivent exiger que Napoléon Bonaparte soit remis à leur garde.* Il ne pouvait donc y avoir aucun doute sur le sort réservé au grand vaincu si les Alliés parvenaient à s'emparer de sa personne. Aussi, lorsque, s'abandonnant à la mauvaise fortune, il se fut livré de lui-même aux Anglais (15 juillet), la coalition n'eut-elle pas à cet égard la moindre hésitation. Par un protocole du 28 juillet, converti formellement en traité le 2 août suivant, les quatre grandes cours décidèrent que l'ex-empereur serait traité en prisonnier de guerre, que sa garde serait spécialement confiée au gouvernement britannique, que chacune des quatre puissances alliées entretiendrait un commissaire en résidence au lieu fixé pour son internement et où le gouvernement français serait invité à envoyer aussi un représentant. C'est en vertu de cet arrangement que Napoléon, traité par ses vainqueurs sans ménagements, mais aussi sans déloyauté, fut transporté à Sainte-Hélène, où il fut surveillé collectivement par les agents de l'Autriche, de la Grande-Bretagne, de la Prusse, de la Russie et aussi de la France. Quant à ses parents, comme ils étaient moins dangereux, on ne crut pas devoir les envoyer si loin ; mais, conformément à un protocole daté du 27 août [3], les Alliés prirent

1. Walmoden, Capo d'Istria et Knesebeck.
2. L'Autriche, la Russie et la Prusse.
3. En vertu de cet acte, qui ne put être exécuté qu'à moitié, Jérôme devait être interné en Wurtemberg, Lucien dans les États romains, Joseph et sa famille en Russie, Murat et la sienne en Autriche, l'ex-reine Hortense en Suisse, « sous la surveillance des quatre cours et de celle de S. M. T. C. »

des mesures pour qu'ils fussent confinés dans divers États, sous la responsabilité de certains gouvernements et sous la surveillance de la coalition tout entière.

II

Si, au lendemain de Waterloo, les Alliés étaient pleinement d'accord sur le sort réservé à Napoléon, leurs idées étaient aussi fixées sur le gouvernement qui devait être substitué en France à l'empire. S'ils répétaient encore, pour la forme, qu'ils ne prétendaient point nous violenter, les niais seuls pouvaient se laisser prendre à cette assurance. Ce n'est ni avec Napoléon II ni avec le duc d'Orléans qu'ils entendaient traiter. Fouché, président de la commission exécutive, le sentait bien. Aussi, tout en parlant très haut d'indépendance nationale, de garanties à exiger, s'était-il mis, dès son entrée en fonctions, secrètement en rapport avec certains agents de Louis XVIII, fort décidé qu'il était à se vendre, mais à se vendre le plus cher possible. C'était bien en effet Louis XVIII et lui seul que les Alliés voulaient voir régner sur la France. Les négociateurs envoyés par le gouvernement provisoire vers les souverains eurent beau prononcer d'autres noms, protester que la France repoussait les Bourbons. On fit obstinément la sourde oreille ; on refusa d'entrer en pourparlers de paix avec un pouvoir qui n'avait rien de légitime, et Wellington, l'homme de confiance de la coalition, déclara plusieurs fois, avant la fin de juin, tant aux représentants officiels de la commission qu'aux agents personnels de Fouché, qu'une seule solution s'imposait, le rétablissement pur et simple de Louis XVIII, sans réserves, sans conditions, et que les Alliés n'étaient point disposés à en admettre d'autres. Son langage, à cet égard, devint d'ailleurs de plus en plus net, à mesure que les troupes anglo-prussiennes pénétrèrent plus avant dans notre pays et approchèrent de Paris. Louis XVIII revenait du reste, à ce moment même, derrière les vainqueurs de Waterloo et avançait en même temps qu'eux.

Quand les Alliés furent devant la capitale, Wellington parla plus clairement que jamais. « Je pense, dit-il aux envoyés de Fouché, que, les Alliés ayant déclaré le gouvernement de Napoléon une

usurpation et non légitime, toute autorité qui émane de lui doit
être regardée comme nulle et d'aucun pouvoir. Ainsi ce qui reste
à faire aux Chambres et à la commission provisoire, c'est de donner
de suite leur démission et de déclarer qu'elles n'ont pris sur elles
la responsabilité du gouvernement que pour assurer la tranquillité
publique et l'intégrité du royaume de Louis XVIII. » Le général
anglais se faisait d'ailleurs fort d'obtenir que le roi restauré prît le
duc d'Otrante comme ministre de police. Il n'en fallait pas plus
pour que ce dernier commît une trahison de plus.

Mais si les Alliés voulaient bien remettre Louis XVIII sur le trône,
ce n'était pas sans prendre à son égard de telles précautions et de
telles garanties qu'il lui fût de longtemps impossible de leur rien
refuser.

Tout d'abord, comme il leur importait fort que ce souverain,
par la composition de son cabinet, aussi bien que par la portée de
ses déclarations politiques, donnât quelque satisfaction au peuple
français et assurât à la royauté relevée quelques chances de durée,
ils lui imposèrent un ministère et lui dictèrent un programme.
Talleyrand, non seulement par son passé révolutionnaire, mais par
son attitude équivoque pendant les derniers temps du congrès,
n'inspirait à Louis XVIII qu'une sympathie et une confiance médio-
cres. Il était abhorré des princes[1] et de toute la coterie ultra-
royaliste, que son rival, Blacas, avait jusqu'alors représentée dans
le ministère. Enfin, ses hauteurs, le langage d'homme nécessaire
qu'il affectait et les allures de maire du palais qu'il prenait depuis
quelque temps[2] avaient si fort choqué le roi que ce dernier, lorsqu'il
le revit (à Mons, le 23 juin), non seulement ne lui assura pas la direction du nouveau cabinet, mais lui donna congé, froidement et non
sans ironie. Vingt-quatre heures après, tout était changé. Wellington
avait vu Louis XVIII. Le résultat de sa conversation avec ce prince
fut que Talleyrand, mandé à Cambrai, obtint l'emploi de premier

---

1. Notamment du comte d'Artois et de ses deux fils, le duc d'Angoulème
et le duc de Berry, dont il avait maintes fois désapprouvé les penchants
politiques et combattu l'influence.

2. Il avait récemment adressé à Louis XVIII une longue mercuriale écrite,
dans laquelle il signalait avec vivacité les fautes commises par le gouvernement de la Restauration, demandait la formation d'un ministère vraiment
homogène, constitutionnel, libre dans son action, et exigeait le renvoi de
Blacas.

ministre, le renvoi de Blacas, et fit signer au roi (le 28) une proclamation destinée à rassurer la France, mais dont les termes durent
paraître singulièrement humbles à un descendant de Louis XIV.
Au moment de remonter sur le trône, le souverain reconnaissait
publiquement qu'il avait dû faire, qu'il avait fait des fautes, déclarait qu'il voulait tout ce qui sauverait la France, que la légitimité
n'excluait pas une *liberté sage et bien ordonnée*, que la charte
serait maintenue, que la nation trouverait des garanties nouvelles
dans l'unité et la solidarité du ministère, dans la *marche franche
et assurée du conseil*. Il renouvelait l'assurance solennelle que
ni la dîme ni les droits féodaux ne seraient rétablis et que les
acquéreurs de biens nationaux ne seraient pas inquiétés. Mais s'il
amnistiait tous ceux de ses sujets qui s'étaient déclarés contre lui
depuis le 23 mars [1], il ne cachait pas que ceux qui s'étaient pro-
noncés pour l'usurpateur avant cette date, ou du moins les plus
marquants, seraient *désignés à la vengeance des lois*. Il convenait bien aux Alliés et surtout aux Anglais que Louis XVIII eût un
ministre avec lequel ils espéraient facilement s'entendre sur la paix
future; ils tenaient aussi à ce que la masse de la nation vît sans
répugnance et sans peur rentrer le roi; mais ils jugeaient de
bonne politique, on le verra plus loin, que quelques exemples
retentissants terrifiassent et fissent pour longtemps rentrer dans
l'ombre le parti de la Révolution et de l'Empire.

Du reste, la nomination de Talleyrand et la proclamation de
Cambrai n'étaient, à leurs yeux, que des garanties morales. Il leur
en fallait aussi de matérielles. La Prusse, qui, au fond, ne s'intéressait guère ni à Louis XVIII ni à la stabilité de notre gouvernement et qui ne tenait qu'à pouvoir tout à l'aise ruiner et
démembrer la France, se fût fort bien contentée de ces dernières.
La coalition voulait bien rétablir Louis XVIII, mais elle n'entendait
pas qu'il pût se soustraire à ses conditions de paix. Aussi, tout en
le replaçant sur le trône, s'ingénia-t-elle à le mettre dans l'impuissance absolue de lui résister.

Tout d'abord les Alliés tinrent à occuper Paris militairement,
sachant bien que par la capitale ils tiendraient la France. Il restait

---

1. Jour où, en quittant le sol français, on pouvait admettre qu'il les avait
implicitement déliés de leur serment de fidélité.

à la commission exécutive cent mille hommes de bonnes troupes. Elle ne crut pourtant pas pouvoir utilement défendre la ville. La convention militaire du 3 juillet stipula que l'armée française se retirerait derrière la Loire et que, du 4 au 6, les forces anglo-prussiennes prendraient possession de la capitale. Ainsi l'avaient voulu Wellington et Blücher. Fouché céda sur tous les points ; à ce prix, il devint collègue de Talleyrand. Le 7 juillet, la commission exécutive et les Chambres étaient dissoutes ; et le lendemain, Louis XVIII, escorté de troupes étrangères, plutôt prisonnier que souverain, faisait tristement sa rentrée aux Tuileries.

III

Il semble que les Alliés, impatients de s'en retourner, eussent dû tout aussitôt commencer les négociations pour la paix. Ils n'en firent rien et près de deux mois et demi s'écoulèrent encore sans qu'ils voulussent entrer en pourparlers sur ce point avec le nouveau gouvernement français.

Ce long retard s'explique par l'effroi que la France, même vaincue, même résignée, leur inspirait encore et par les précautions qu'ils crurent devoir prendre pour la réduire à l'impossibilité parfaite de leur résister. Ils tenaient nos départements du Nord et de l'Est, ils tenaient Paris, c'était bien. Mais ils ne se jugeaient point en sûreté tant que l'armée de la Loire serait sur pied et que certaines places d'Alsace, de Lorraine et de Flandre, qui n'avaient pas ouvert leurs portes, se défendraient encore [1]. Ils exigèrent donc que, préalablement à la négociation, tout ce qui restait de troupes françaises, à l'exception des gardes nationales et de la gendarmerie, nécessaires pour la police, fût licencié par ordre du roi. Vainement Louis XVIII et ses ministres hasardèrent quelques objections. Les ministres de la coalition déclarèrent que, s'il n'était pas fait suivant leur volonté, trois cent mille hommes allaient marcher sur la Loire. La continuation de la guerre dans de pareilles conditions eût été la fin de la France. Le roi céda. L'ordre de licenciement fut signé le 16 juillet. Mais il fallut user de ménagements

---

1. Huningue notamment, défendue par l'héroïque Barbanègre, ne se rendit que le 26 août, après plusieurs jours de bombardement.

et même de ruse pour l'exécuter. Les cent mille soldats qui venaient d'évacuer Paris n'avaient qu'un désir, celui de se battre: Réunis, il eût été difficile de les désarmer. Le maréchal Davout, qui les commandait, et le maréchal Macdonald, qui lui succéda, durent, sous prétexte d'*étendre leurs cantonnements*, disloquer à petit bruit leurs corps d'armée, leurs divisions, leurs brigades; peu à peu l'on isola les bataillons, les compagnies, et les *brigands de la Loire* furent par petits groupes renvoyés dans leurs foyers. Mais cette opération dura près de six semaines. D'autre part, les villes assiégées dont les garnisons devaient également être dissoutes, tinrent bon, les unes jusqu'au commencement, les autres jusqu'à la fin d'août. A ce moment, la France fut enfin absolument désarmée.

Nous n'avions plus de soldats. Mais il nous restait des généraux illustres. La coalition jugea bon d'en frapper un certain nombre à la tête. Wellington n'eut pas honte de désigner ses loyaux adversaires de la veille aux rancunes et aux vengeances royalistes. Louis XVIII n'eut ni assez de grandeur d'âme ni assez de courage pour défendre des hommes qui, bien qu'ils eussent passé dans le camp ennemi, n'en devaient pas moins être sacrés pour lui, parce qu'ils étaient l'honneur, l'espoir, la sauvegarde de la France. Ney, Drouot, Clausel, bien d'autres encore, furent, dès le 24 juillet, portés sur des listes de proscription que les vainqueurs de Waterloo n'eussent jamais dû dresser et qu'un petit-fils de Henri IV n'eût jamais dû signer [1].

Pendant que nos derniers soldats quittaient leurs cantonnements, les Alliés faisaient affluer de toutes parts leurs armées — désormais inutiles — sur notre territoire sans défense. Il leur semblait qu'ils n'auraient jamais assez de troupes pour imposer leurs volontés à une nation maintenant désarmée, mais dont les derniers soubresauts avaient laissé leurs âmes pleines d'inquiétude et de méfiance. Aussi, longtemps après Waterloo, vit-on encore les armées de la grande alliance s'acheminer vers les Alpes ou vers le Rhin, franchir nos frontières et venir dans nos départements grossir

1. La première de ces listes comprenait les noms de dix-neuf serviteurs illustres de la Révolution et de l'Empire, qui devaient être traduits devant des conseils de guerre et étaient ainsi voués à la mort; sur la seconde étaient portés ceux de trente-huit autres, qui devaient être internés et se tenir à la disposition de l'autorité jusqu'à ce qu'il fût statué sur leur sort.

le nombre déjà redoutable de nos vainqueurs. Vers le milieu d'août, on comptait déjà un million cent trente-cinq mille soldats étrangers en France. A la fin de ce mois, il en arrivait encore. Et à ce moment même, il n'était pas jusqu'au roi d'Espagne, parent et protégé de Louis XVIII, qui, sans avoir pris aucune part à la guerre, ne voulût aussi s'associer à la grande curée en faisant passer un corps d'armée dans le Roussillon. Cette fois, il est vrai, le roi de France indigné menaça de résister. Les Alliés (qui du reste tremblaient de voir ressusciter l'armée de la Loire) eurent assez de pudeur pour l'approuver et défendre à Ferdinand VII d'envoyer un seul régiment au nord des Pyrénées.

Si, avant d'engager des pourparlers pour la paix, les Alliés avaient tenu à occuper la France, ils s'étaient aussi proposé de ne pas négocier avant de l'avoir convenablement rançonnée. Après Waterloo, et durant plusieurs semaines, ils mirent purement et simplement le pays au pillage, remplaçant nos préfets par des gouverneurs militaires, s'emparant des caisses publiques et frappant de réquisitions arbitraires les particuliers aussi bien que les villes. C'est seulement le 24 juillet qu'ils consentirent à fixer une ligne de démarcation au delà de laquelle leurs troupes cesseraient d'avancer et à rétablir dans les départements occupés les autorités civiles. Mais leurs exactions n'en continuèrent pas moins et, au commencement d'août, ils déclarèrent tout net au ministère français qu'aucune ouverture pour la paix ne lui serait faite tant qu'il ne leur aurait pas assuré, par une convention préliminaire, le payement de cinquante millions, qu'ils réclamaient pour la solde de leurs troupes du 15 juillet au 15 septembre. Il fallut céder à cette exigence, et la somme en question fut promise par un arrangement signé le 10 août. Mais quand il dut en payer le premier pacte (dont l'échéance était fixée au 25 août), le ministère français dut confesser son impuissance. En dépit de tout arrangement, les généraux de la coalition continuaient à percevoir les impôts pour le compte de leurs maîtres. Les deux tiers de la France étaient au pouvoir de l'ennemi et ne rendaient rien au roi. Le reste était livré à l'anarchie. Aux exigences de l'Etat les sujets opposaient une force d'inertie insurmontable. « Comment, écrivait Talleyrand dans un rapport destiné à être lu par les représentants de la quadruple alliance, comment les peuples pourraient-ils voir l'avenir sans inquiétude et placer sans réserve toutes leurs espérances dans le gouvernement du roi, lorsque la conduite des généraux alliés est propre à laisser des doutes sur les intentions des puissances ;... lorsque les armées étrangères, que le roi a présentées comme ses alliées et qui, dans plusieurs lieux, ont été appelées comme amies, se placent aujourd'hui dans de tout autres rapports ; lorsque les peuples n'éprouvent aucun soulagement et ont toujours à supporter les charges les plus pesantes de l'état de guerre...? Comment le ministère du roi pourrait-il faire marcher l'administration, lorsque ses correspondances ne cessent pas d'être interceptées? Par quels moyens ferait-il respecter l'autorité royale, lorsqu'elle semble méconnue? Comment calmer les passions, lorsque les esprits sont de plus en plus aigris par les souffrances? Comment inspirer de la confiance aux peuples, lorsqu'on ne peut faire de promesses sans craindre de ne pouvoir les accomplir? »

Les Alliés se montrèrent fort peu touchés par ces plaintes éloquentes. Loin de là, nous les voyons, à la fin d'août, demander en sus des 50 millions déjà promis, une somme de 186 200 000 francs pour l'habillement, l'équipement et la remonte des troupes d'occupation. Le baron Louis, ministre des finances, eut beau se débattre. Il fallait en finir. Par une convention du 7 septembre, les puissances coalisées reçurent pleine satisfaction et, pour assurer les premiers versements qu'elle stipulait, le roi dut décréter et faire effectuer d'autorité, en l'absence des Chambres (ce qui était du reste parfaitement illégal), un emprunt forcé de 100 millions. Dans le même temps, les Alliés exigeaient de la France plus que de l'argent, je veux dire la restitution des objets d'art que vingt ans de guerres heureuses avaient permis d'entasser dans les musées du Louvre et qui, pour la plupart, cédés par des traités, avaient été respectés en 1814 (note de Castlereagh, du 11 septembre). Vainement Talleyrand remontra que c'était là le plus criant abus de la force, que la nation serait plus sensible à cet outrage qu'à tous les autres [1]. Wellington fit, d'autorité, reprendre par ses soldats toutes ces richesses, dont la France avait été si fière, et expliqua sa conduite dans une lettre où nous lisons ces lignes, sincère expression des sentiments qui animaient alors la coalition contre notre pays :
« ... Il n'y a pas de raison pour *favoriser* le peuple français ; sa

[1]. Note du 19 septembre.

sensibilité n'est que de la *vanité blessée*. Il est de plus désirable, sous nombre de points de vue, tant pour leur bien que pour celui du monde, que le peuple de France, s'il ne sait pas encore que l'Europe est trop forte pour lui, en soit averti et que .... *le jour de la rétribution doit venir*. Donc, selon moi, il serait non seulement injuste pour les souverains de favoriser le peuple de France à ce sujet aux dépens de leurs propres peuples, mais le sacrifice qu'ils voudraient faire serait impolitique, vu qu'il les priverait de l'occasion de *donner au peuple de France une grande leçon de morale* ...[1] ».

IV

Au moment où Wellington écrivait ces lignes, la quadruple alliance venait enfin de se décider à ouvrir les négociations pour la paix avec le souverain qu'elle avait remis sur le trône. Outre que les chefs de la coalition, rappelés dans leurs États par leurs intérêts respectifs, ne pouvaient prolonger indéfiniment leur séjour à Paris, ils commençaient à craindre (et ce n'était pas tout à fait sans raison) qu'au contact des populations françaises leurs troupes ne contractassent les germes du mal révolutionnaire, qui était, avant tout, leur terreur. Ils se disaient aussi que, poussée à bout par les vexations des vainqueurs, la nation vaincue pouvait bien finir par perdre patience, se soulever en masse et provoquer une crise funeste à toute l'Europe. Un rapport de Fouché au roi, qui leur fut communiqué et que des indiscrétions, sans doute voulues, rendirent public au commencement de septembre, leur donnait clairement à entendre que la résignation du peuple français n'était pas sans limites. « Le jour où les habitants auront tout perdu, disait le ministre de police, où leur ruine sera consommée, on verra commencer un nouvel ordre de choses, parce qu'il n'y aura plus ni gouvernement ni obéissance; une fureur aveugle succédera à la résignation; on ne prendra plus conseil que du désespoir; des deux côtés on ravagera; le pillage fera la guerre au pillage; chaque pas des soldats étrangers sera ensanglanté; la France alors aura moins de honte à se détruire elle-même qu'à se laisser détruire

1. Lettre à lord Castlereagh, 23 septembre 1815.

par des hordes étrangères,.... Un peuple de trente millions d'hommes pourra disparaître; mais, dans cette guerre d'homme à homme, plus d'un tombeau renfermera à côté les uns des autres les opprimés et les oppresseurs. »

Le moment psychologique était donc venu pour traiter. Les Alliés s'étaient d'ailleurs mis d'accord sur les conditions qu'ils entendaient dicter à la France. Mais ils ne s'y étaient pas mis sans peine; il leur avait fallu près de trois mois de discussions pour s'arrêter enfin à un programme commun. Depuis le 12 juillet, les plénipotentiaires des quatre grandes puissances coalisées avaient institué à Paris des conférences pour fixer leurs idées sur l'ultimatum qu'ils auraient à imposer aux vaincus. Depuis lors, ils n'avaient cessé de délibérer sur ce grave sujet. Mais ces débats avaient toujours eu lieu dans le plus grand secret. Il va sans dire que le gouvernement français, qui devait en être la victime, en avait été soigneusement exclu. Quant aux États de second ordre, qui avaient pris part à la guerre et qui avaient bien le droit d'être appelés à régler les conditions de la paix, ils réclamèrent inutilement leur admission aux conférences. A leurs demandes réitérées les Quatre répondirent, le 10 août, par un « Mémorandum » très bref, où il était dit sans circonlocution que les grandes puissances ne croyaient pas devoir se rendre à leur désir et qu'elles ne leur communiqueraient rien avant d'être convenues entre elles des *principes qui devraient régler leurs rapports avec la France et des conditions à exiger de cette puissance.* On voit qu'instruites par l'expérience de Vienne, elles prenaient cette fois rigoureusement leurs mesures pour que l'ennemi commun ne pût, par voie directe ou indirecte, s'immiscer dans leurs délibérations et profiter, au besoin, de leurs dissentiments.

La précaution était sage; car, pas plus qu'en 1814, les quatre cours n'avaient, sur la pacification qu'elles poursuivaient, les mêmes vues ni les mêmes désirs. La plus puissante d'entre elles, celle dont le souverain avait le plus à se plaindre de Louis XVIII, était de beaucoup la moins malveillante à l'égard de la France. Nous voulons parler de la Russie. Ce n'est pas qu'Alexandre ne gardât au fond du cœur quelque rancune contre le roi dont la politique l'avait si fort contrarié au congrès, et surtout contre son ministre. Mais, outre que ce prince, naturellement assez généreux, n'avait pas cessé de professer une grande estime et une vive sympathie pour la nation française, il faut se rappeler que son idée fixe était de résoudre à son profit la question d'Orient, déjà pendante à cette époque, et que, pressentant de la part de l'Autriche, mais surtout de la part de l'Angleterre, une opposition certaine à ses projets, il était porté à ménager le cabinet des Tuileries, de façon à pouvoir en temps utile s'en faire un allié. Aussi ne faut-il pas s'étonner de la bienveillance relative avec laquelle son représentant conseillait alors à ceux des trois autres cours de traiter la France. Dans un « Mémorandum » daté du 28 juillet, ce ministre (Capo d'Istria, un Grec, plus intéressé que personne à l'abaissement de l'empire turc) établissait qu'on n'avait point fait la guerre à la nation française, mais simplement à l'usurpateur ; que le traité du 30 mai devait être pris pour base des futurs arrangements ; que la coalition avait eu pour principal but de remettre Louis XVIII sur le trône ; qu'il était de sa justice et de son intérêt d'affermir l'autorité de ce monarque, au lieu de l'affaiblir. « Ce serait, disait-il, détruire, dès son principe, la restauration de cette monarchie que d'obliger le roi à consentir à des concessions qui donneraient au peuple français la mesure de la méfiance avec laquelle les puissances européennes envisagent la stabilité de leur propre ouvrage. » Il ne fallait pas que Louis XVIII se rendît odieux à son peuple en payant sa restauration du démembrement de son pays. Pousser la France à bout en attentant à son intégrité, c'était provoquer la révolution, c'était la justifier. Le ministre russe concluait donc à ce que la coalition se bornât : 1° à renouveler le traité de Chaumont pour un temps déterminé, en excluant à perpétuité du trône de France Napoléon et les membres de sa famille ; 2° à occuper militairement un certain nombre de nos places fortes jusqu'à ce que le gouvernement français eût acquis une solidité rassurante pour l'Europe et que les États limitrophes de la France eussent pu renforcer leurs lignes de défense.

De pareilles propositions n'étaient point faites pour plaire à toutes les puissances. Elles exaspéraient surtout le gouvernement prussien. La cour de Berlin s'était plainte amèrement en 1814 qu'on eût trop ménagé la France. Elle demandait, après Waterloo, qu'on la traitât sans pitié. Les patriotes prussiens avaient toujours sur le cœur Iéna et Tilsitt. Il leur fallait cette fois une vengeance complète [1]. Ils prêtaient une oreille complaisante aux revendications assez peu nobles des États secondaires allemands, dont quelques-uns avaient jadis reçu les bienfaits de Napoléon et n'en poursuivaient qu'avec plus d'acharnement la ruine de la France [2]. Si l'on eût écouté les représentants de ces cours avides et ceux des Pays-Bas, qui n'étaient pas moins exigeants, on eût réduit notre pays, après l'avoir ruiné, d'un sixième environ de son territoire. On lui eût pris la Flandre, le Hainaut, une partie de la Champagne, la Lorraine, l'Alsace, la Franche-Comté, la Bourgogne, avec plus de 4 700 000 habitants. Les représentants de Frédéric-Guillaume III sentaient bien que de telles exagérations n'étaient pas de mise aux conférences. Aussi Humboldt et Hardenberg (dans deux notes rédigées au commencement d'août) se crurent-ils très modérés en demandant que la France fût seulement dépouillée de l'Alsace, des places de la Meuse, de la Moselle, de la Sarre et des forteresses situées en première ligne le long de la frontière belge. En revanche, ils exprimaient le vœu qu'elle eût à payer 600 millions pour indemnité de guerre et pareille somme pour aider ses voisins à se fortifier contre elle. Ils ne cachaient pas le peu d'intérêt qu'ils portaient à Louis XVIII. A leur sens, se montrer généreux envers la France était folie pure. Il fallait simplement la mettre hors d'état de nuire à l'Europe et pour cela la faire rentrer dans des limites vraiment *défensives*. « Ne laissons pas, disaient-ils, échapper le moment favorable pour statuer une paix solide et durable. Aujourd'hui nous le pouvons; la main de la Providence a visiblement amené cette occasion... » Et ils ajoutaient, dans leur ignorance profonde des vrais sentiments du peuple français : « Une nation qui a plus d'égoïsme que de patriotisme trouvera moins dur de céder des provinces que de payer de l'argent, puisque la charge des contribuables tombe sur chacun, et que céder quelques départements ne tombe que sur l'ensemble et sur le gouvernement ».

Quant aux ministres autrichiens, ils n'avaient nulle tendresse

---

1. « Je supplie humblement Votre Majesté, écrivait Blücher au roi de Prusse un peu après Waterloo, d'avertir les diplomates qu'ils ne perdent pas encore une fois par la plume ce que le soldat a gagné avec son sang. »
2. Le Wurtemberg notamment demandait avec insistance que l'Alsace et la Lorraine, « indispensables à la sécurité de l'Allemagne », fussent enlevées à la France.

pour la France. Ils n'eussent pas été fâchés que la Prusse prît la
Lorraine, dans leur désir machiavélique de la brouiller pour toujours avec la France et de lui créer des embarras qui ne lui permissent guère de se retourner du côté de Vienne. Ils eussent aussi
volontiers *compromis* la Bavière en lui donnant l'Alsace. Il est
vrai qu'ils eussent encore mieux aimé attribuer cette province à
l'archiduc Charles [1]. Mais ni l'une ni l'autre de ces solutions
n'étaient admises par la Prusse. Aussi l'Autriche, tout compte
fait, n'était-elle pas disposée à soutenir fort énergiquement les
prétentions de cette puissance sur la Lorraine, prétentions qui, du
reste, portaient ombrage aux Pays-Bas. Il faut ajouter que Metternich, ne voulant plus risquer de brouiller la cour de Vienne avec
celle de Saint-Pétersbourg, prenait en considération les dispositions bienveillantes du czar à l'égard de la France. Aussi sa
réponse à Capo d'Istria fut-elle singulièrement embarrassée. Ses
conclusions étaient assez élastiques pour lui permettre de se rapprocher, au besoin, du programme russe ou du programme prussien. Il émettait en effet l'avis que la première ligne de nos forteresses devait être *cédée* ou *démantelée*, donnant à entendre qu'il
se contenterait bien du démantèlement. Il admettait, du reste, le
principe d'une occupation militaire assez prolongée et celui d'une
indemnité raisonnable.

En présence de toutes ces prétentions, quelle était l'attitude de
l'Angleterre? Pendant tout le mois d'août, elle fut fort indécise et
fort équivoque. Le premier ministre de la Grande-Bretagne [2], comme
le prince-régent, approuvait à peu près sans réserve le programme
prussien. « Les Alliés, écrivait-il le 11 août, ont droit aux acqui-

---

1. Né en 1771, ce prince était frère de l'empereur d'Autriche François Ier. Il
avait commandé avec honneur les armées autrichiennes en 1796 contre Moreau
et Jourdan, en 1797 contre Bonaparte. Il se retrouva en face de Jourdan en
1799, combattit Masséna en Suisse, fut disgracié, devint gouverneur de
Bohême, fut opposé de nouveau à Masséna en Italie pendant la campagne de
1805 et soutint, avec plus de mérite que de succès, celle de 1809 contre
Napoléon. Ses opinions, relativement libérales, le firent mettre à l'écart par
son frère. Il passa la seconde moitié de sa vie dans une sorte de retraite et
mourut à peu près oublié en 1847.

2. Lord Liverpool. Cet homme d'État, chef du parti tory, était né en 1770.
Représentant du bourg de Rye à la Chambre des communes en 1791, il entra
comme secrétaire d'État pour les affaires étrangères dans le ministère
Addington (1801), conclut le traité d'Amiens (1802), devint ministre de l'Intérieur dans le cabinet Pitt (1803) et fut en 1812 appelé au poste de premier
lord de la trésorerie, qu'il occupa jusqu'en 1827. Il mourut en 1828.

sitions permanentes qu'ils jugent nécessaires à leur sécurité, et, tout en ayant à cœur la consolidation du gouvernement légitime en France, l'Angleterre ne doit pas oublier que le succès en cela est fort incertain et qu'il est plus facile de prendre des sûretés contre la France que de la rendre pacifique et tranquille. » Mais Wellington et Castlereagh, qui, étant à Paris, démêlaient parfaitement le jeu de la politique russe, lui remontraient que, tout en s'efforçant de rendre impossible une explosion révolutionnaire dans notre pays, le gouvernement britannique devait avoir à cœur d'y contre-balancer l'influence du czar, et que, pour cela, le meilleur moyen était de rivaliser avec ce dernier de bons procédés à l'égard de Louis XVIII. Liverpool fit encore des objections. Mais ses représentants revinrent à la charge. La Russie elle-même leur fournit un argument irrésistible en donnant à entendre qu'elle pourrait bien consentir à ce que les îles Ioniennes, dont le sort n'était pas encore réglé [1], fussent placées sous le protectorat de l'Angleterre. A partir de ce moment, le cabinet de Saint-James se rallia presque sans réserve au programme russe et Castlereagh déclara nettement, dans sa note du 2 septembre, que si la France, repoussant l'ultimatum prussien, reprenait les armes, la Grande-Bretagne ne prendrait pas part à la nouvelle guerre.

L'Autriche, jusque-là flottante et irrésolue, n'eut pas de peine à se ranger derrière les deux cours de Londres et de Saint-Pétersbourg. Mais la cour de Berlin fit une vigoureuse résistance. Elle avait fait venir à Paris le baron de Stein, le plus violent des gallophobes, pour sermonner Alexandre, qui avait en lui grande confiance. Mais ce fut peine perdue, ou à peu près. Le czar ne fit aux rancunes et aux convoitises prussiennes que des concessions relativement peu importantes. L'Alsace fut préservée ; le nombre des forteresses à prendre fut notablement restreint, et il en fut de même de l'indemnité pécuniaire. Hardenberg dut céder, au nom de son maître, mais il céda de mauvaise grâce et eut bien soin de déclarer (dans sa note du 8 septembre) que l'on ne saurait du moins attribuer à la Prusse les malheurs qui pourraient résulter du prochain arrangement.

---

1. Il ne le fut, comme on le verra plus loin, qu'en novembre 1815. Au Congrès de Vienne il avait été question de les donner, en tout ou en partie, tantôt à Ferdinand IV de Sicile, tantôt à Murat, tantôt au prince Eugène (que le czar avait pris particulièrement sous sa protection).

V

Tel quel, l'ultimatum collectif que les Quatre arrêtèrent dans la conférence du 16 septembre et qu'ils signifièrent le 20 au gouvernement de Louis XVIII était encore bien dur et bien humiliant pour la France. Il portait en substance que le traité du 30 mai serait maintenu dans ses grandes lignes, mais que la France devrait céder : au nord, les places de Condé, Philippeville, Marienbourg et Givet; à l'est, celles de Sarrelouis, de Landau, de Joux et de l'Écluse; au sud-est, la partie de la Savoie à elle attribuée par la paix de 1814. En outre, elle démantèlerait Huningue, elle payerait 600 millions pour indemnité de guerre, 200 millions pour construction de forteresses le long de sa frontière; elle donnerait satisfaction aux créanciers étrangers qu'elle s'était engagée à désintéresser par le traité de Paris. Enfin elle entretiendrait pendant sept années les troupes de la coalition, jusqu'à concurrence de cent cinquante mille hommes, dans les places de Bouchain, Cambrai, Maubeuge, Landrecies, le Quesnoy, Avesnes, Rocroi, Longwy, Thionville, Bitche, Fort-Louis, etc. Les souverains alliés se réservaient de faire cesser l'occupation au bout de trois ans, si, ce terme arrivé, l'état de la France leur paraissait ne plus exiger la prolongation de cette mesure.

Quoi que Louis XVIII et Talleyrand eussent pu promettre ou laisser croire aux Alliés pendant les Cent-Jours, ils étaient bien résolus à ne pas passer sans résistance sous leurs fourches caudines. Le ministre français, comme son maître, admettait bien l'occupation étrangère, car elle était, à tout prendre, une garantie pour la Restauration. Il acceptait même le principe d'une indemnité de guerre; mais il repoussait, en thèse générale, l'idée de nouvelles cessions territoriales. Tout au plus consentait-il à rendre *ce qui avait été ajouté à l'ancienne France par le traité du 30 mai*, par exemple la portion de la Savoie que cette convention nous avait donnée. Il avait même cherché à détacher la Sardaigne de la coalition en lui faisant accepter par un traité isolé (du 19 septembre) cette restitution. Mais dès que les Alliés eurent connaissance de cet acte, c'est-à-dire deux jours après, ils le déclarèrent nul, et le comte de

. Revel[1], plénipotentiaire sarde, se soumit docilement à leur décision. La réponse de Talleyrand à l'ultimatum, datée du 21 septembre, n'avait aucune chance d'être bien accueillie par eux. Le chef du cabinet français ergotait péniblement dans cette pièce sur le droit de conquête, qui, disait-il, n'était pas de mise dans le cas présent, car, pour qu'il y eût conquête, il fallait qu'il y eût eu guerre de l'occupant au « possesseur »; par possesseur il entendait le « souverain légitime »; et comme, dans la dernière guerre, le souverain légitime de la France avait été non l'adversaire, mais l'allié de la coalition, il s'ensuivait qu'on ne pouvait exiger de lui aucune partie de son domaine. Talleyrand ajoutait encore d'autres raisons, l'intérêt de l'Europe, la paix générale à consolider, la popularité du roi à ménager. Mais toutes ces subtilités s'émoussaient contre un parti pris que rien ne pouvait entamer. On lui répondit, dès le 22 septembre, avec une hauteur ironique, que ses prétentions étaient inadmissibles. « Les soussignés, écrivaient les ministres de la quadruple alliance, ont de la peine à comprendre sur quoi cette distinction (de l'ancien et du nouveau territoire français) pourrait être fondée.... Il est impossible de supposer que MM. les plénipotentiaires voulussent reproduire, dans les transactions actuelles, la doctrine de la prétendue inviolabilité du territoire français. Ils savent trop bien que cette doctrine, mise en avant par les chefs et les apôtres du système révolutionnaire, formait un des chapitres les plus choquants de ce code arbitraire qu'ils voulaient imposer à l'Europe. Ce serait complètement détruire toute idée d'égalité et de réciprocité entre les puissances que d'ériger en principe que la France a pu sans difficulté étendre ses dimensions, acquérir des provinces, les réunir à son territoire par des conquêtes ou par des traités, tandis qu'elle jouirait seule du privilège de ne jamais rien perdre de ses anciennes possessions.... »

Il faut bien convenir que la logique était du côté des Alliés. Talleyrand ne se le dissimulait sans doute point et n'avait pas fondé grand espoir sur le succès de son argumentation. S'il parlait à ce moment si haut et s'il se refusait avec tant de fermeté apparente

1. Revel (Ignace Thaon de), comte de Pra-Lungo, né à Nice en 1760, était ministre de Sardaigne en 1792, servit ensuite avec distinction dans l'armée sarde, fut nommé en 1797 ambassadeur auprès du gouvernement français, qui refusa de le reconnaître, vécut dans la retraite jusqu'en 1814, fut ensuite gouverneur de Gênes, puis ambassadeur en France, vice-roi de Sardaigne, enfin gouverneur de Turin, où il mourut en 1835.

au démembrement de la France, c'est qu'il se sentait perdu comme
ministre et que, sûr de tomber, il voulait du moins tomber noble-
ment, peut-être même faire croire que son patriotisme seul causait
sa perte. On sait que ce personnage n'inspirait aucune sympathie à
Louis XVIII, qui subissait ses services, en attendant une occasion
favorable pour le renvoyer. Or, cette occasion, les élections ultra-
royalistes du mois d'août 1815 venaient de la faire naître. La *Chambre introuvable*, animée d'une haine aveugle et féroce contre tout
ce qui tenait de près ou de loin à la Révolution et à l'Empire, allait se
réunir. Il était évident que Talleyrand ne pourrait pas gouverner avec
une majorité qui l'avait en horreur. Déjà, le 19 septembre, Fouché
avait été congédié. Son tour à lui ne devait pas tarder à venir. Ébranlé
comme il l'était, le ministre n'avait nullement à compter sur l'appui des gouvernements étrangers. L'empereur de Russie, qui lui
en voulait personnellement pour les mauvais offices qu'il avait
reçus de lui au congrès de Vienne, ne demandait pas mieux que
de contribuer à sa chute. C'est en vain que Talleyrand, averti,
cherchait à se rapprocher de lui, offrait de faire entrer dans le cabinet deux Français qui lui étaient fort chers, dont l'un avait été
longtemps à son service et l'autre y était encore (le duc de Richelieu et le comte Pozzo di Borgo) [1]. Alexandre voulait tout à la fois
se venger de Talleyrand en le renversant et le remplacer à la tête
du ministère par un ami de la Russie. Il donnait très clairement à
entendre au roi Louis XVIII que, si le duc de Richelieu était appelé à la direction générale des affaires, il emploierait, lui, toute
son influence à faire adoucir pour la France les conditions de l'ultimatum. Le roi de Prusse, qui n'avait pas plus que lui à se louer

1. Richelieu (Armand-Emmanuel du Plessis, duc de), petit-fils du maréchal
de ce nom, né à Paris, le 25 septembre 1766; émigré à l'époque de la Révolution; entré au service de la Russie; gouverneur d'Odessa (1803), puis de la
Nouvelle-Russie; rentré en France à l'époque de la Restauration; premier
gentilhomme de la Chambre (1814); ministre des affaires étrangères et chef
du cabinet français (septembre 1815); démissionnaire (décembre 1818); rappelé à la présidence du Conseil (février 1820); démissionnaire pour la seconde
fois (décembre 1821); mort le 17 mai 1822. — Pozzo di Borgo (Charles-André,
comte de), né à Pozzo di Borgo, près d'Ajaccio (Corse), en 1768; député à
l'Assemblée législative en 1791; partisan de Paoli en 1793; entré au service de
la Russie; conseiller privé d'Alexandre Ier; chargé de diverses missions diplomatiques qui lui permirent de contribuer à la chute de Napoléon Ier, dont
il était l'ennemi personnel; ambassadeur de Russie en France (1814-1835),
puis en Angleterre (1839); mort à Paris en 1842.

de Talleyrand, pesait dans le même sens. Quant aux cours de Vienne et de Londres, elles comprenaient qu'à vouloir soutenir un ministre irrévocablement condamné, elles compromettraient leur crédit à la cour de France. Si Louis XVIII semblait incliner vers la Russie, c'est par de bons procédés qu'elles voulaient le ramener, et non par des menaces ou des reproches. Elles ne s'opposèrent donc point au changement de ministère que méditait le roi de France. Dès le 21 septembre au soir, Talleyrand avait été remercié assez sèchement de ses services. Le 26, le nouveau cabinet était entièrement constitué. Il n'était composé que de royalistes modérés, il est vrai, mais sans attaches révolutionnaires, et il allait être dirigé par le duc de Richelieu, à qui était confié le portefeuille des affaires étrangères.

Ce personnage était un fort honnête homme, peu familier avec le mécanisme d'un gouvernement parlementaire, mais animé d'intentions excellentes et non moins dévoué à son pays qu'à son roi. Assez peu ambitieux, il n'eût point recherché le ministère, surtout au milieu de la crise pénible que traversait la France. S'il accepta la tâche ingrate de conclure un traité dont l'idée seule lui déchirait le cœur, ce fut surtout parce que la bienveillance personnelle dont il était l'objet de la part du czar lui donnait l'espoir de le rendre moins onéreux pour sa patrie.

Il ne se trompait pas, et Alexandre tint loyalement parole. Sur la demande expresse et presque impérative de ce souverain, des modifications notables et avantageuses pour la France furent introduites dans l'ultimatum des Alliés. Dès le 2 octobre, le gouvernement français et la coalition se mettaient d'accord sur les bases de la paix et signaient un protocole qui en faisait connaître à l'avance les principales conditions. Par cet arrangement préliminaire, nous cédions les places de Philippeville, de Marienbourg, de Sarrélouis et de Landau ; nous nous engagions en outre à démanteler celle de Huningue. Mais nous gardions celles de Condé, de Givet, de Joux et de l'Écluse. Nous rendions au roi de Sardaigne la partie de la Savoie que le traité du 30 mai nous avait laissée. L'indemnité réclamée par les Alliés était ramenée de 800 à 700 millions. Enfin l'occupation militaire était réduite à cinq ans et pourrait même l'être à trois si l'état du royaume le permettait. On voit combien l'avènement de Richelieu aux affaires et son influence sur le czar avaient été profitables à la France.

VI

Les grandes lignes de la paix étaient tracées. Il ne restait plus à régler que les questions de détail et d'exécution. Ce travail demandait encore plusieurs semaines aux diplomates. Les souverains alliés n'en attendirent pas la fin. Mais l'empereur Alexandre ne voulut pas qu'ils quittassent Paris sans resserrer par une manifestation écrite et solennelle les liens étroits qui les unissaient depuis longtemps. C'est alors en effet qu'il leur fit signer l'acte fameux connu sous le nom de *Sainte-Alliance* et qui, dans son esprit confus et peu pratique, n'avait pas le sens que lui attribua le public et la portée que certains hommes d'État lui donnèrent par la suite. Cette déclaration mystique, datée du 26 septembre 1815, fut, paraît-il, inspirée au czar par Mme de Krüdener [1]; cette femme distinguée, qu'il fréquentait beaucoup à ce moment, s'était, après une jeunesse un peu légère, jetée dans une piété exaltée, presque extatique, et n'avait pas eu beaucoup de peine à entraîner dans ses rêveries l'esprit mobile de son puissant ami. Alexandre fit le brouillon du traité. Mais ce n'est qu'après l'avoir fait corriger par elle qu'il soumit son travail à l'empereur d'Autriche et au roi de Prusse.

Cette pièce étrange commence par un hommage à la Providence pour la faveur dont elle vient d'honorer les trois souverains alliés, qui, résolus à régler désormais leurs rapports mutuels sur les vérités de la religion chrétienne, déclarent « que le présent acte n'a pour objet que de manifester à la face de l'univers leur détermination inébranlable de ne prendre pour règle de leur conduite, soit

---

1. Krüdener (Barbe-Julie de Wietinghoff, baronne de), née à Riga (Livonie) en 1764, épousa en 1782 le baron de Krüdener, diplomate russe (mort en 1802), le suivit à Venise, puis à Copenhague; se fit remarquer dans sa jeunesse par la légèreté de ses mœurs; séjourna, de 1796 à 1803, à Lausanne, où elle se lia avec Mmes Necker, de Staël, Récamier; publia divers romans, qui eurent quelque temps de la vogue, et s'abandonna dans son âge mûr à une piété mystique et passionnée qui touchait à l'illuminisme. Présentée en mai 1815 au czar Alexandre, qu'elle salua comme l'*Ange* prédestiné à accomplir sur la terre la volonté du Seigneur, elle exerça quelque temps sur cette âme faible et mobile une grande influence. Plus tard, elle entreprit en Suisse et en Allemagne une campagne de prédications évangéliques qui parurent révolutionnaires aux gouvernements de l'époque et la firent quelque peu persécuter. Elle se retira dans ses terres de Livonie en 1818, s'enthousiasma fort pour les Grecs à partir de 1820 et mourut à Karasou-Bazar (Crimée), en 1824.

dans l'administration de leurs États respectifs, soit dans leurs relations politiques avec tout autre gouvernement, que les préceptes de cette religion sainte, préceptes de justice, de charité et de paix, qui, loin d'être uniquement applicables à la vie privée, doivent au contraire influer directement sur les résolutions des princes et guider toutes leurs démarches, comme étant le seul moyen de consolider les institutions humaines et de remédier à leurs imperfec- tions... » A la suite de cette profession de foi vient l'engagement pris par les trois monarques contractants de demeurer unis par « les liens d'une fraternité véritable et indissoluble », de se regarder « comme compatriotes », de se prêter « en toute occasion et en tout lieu assistance, aide et secours, de se regarder envers leurs sujets et armées comme pères de famille », de ne voir dans leurs peuples respectifs que les membres d'une même nation, « la nation chrétienne », de ne gouverner que conformément aux enseignements du Christ et de veiller à ce que leurs sujets s'en inspirent eux-mêmes. Enfin les promoteurs de la Sainte-Alliance invitent toutes les puissances qui voudront solennellement en avouer les principes à s'y associer formellement par leur adhésion.

En mettant en circulation cette phraséologie vague et inoffensive par elle-même, l'empereur de Russie avait-il quelque arrière-pensée? L'affectation avec laquelle il parlait de la « nation chrétienne », de la solidarité qui devait exister entre tous ses membres, ne cachait-elle pas quelque rêve de croisade contre le Turc? Les Anglais n'étaient pas éloignés de le croire. D'autre part, cette étroite union de trois souverains absolus, cet appel adressé à tous les autres, cette promesse de se secourir « en toute occasion et en tout lieu », ne constituaient-ils pas une menace pour les peuples et pour la liberté? C'est là principalement ce que l'opinion publique vit dans la Sainte-Alliance, ce qu'elle y voit encore, non sans raison. Sans doute, à cette époque, Alexandre n'avait pas pour dessein d'opprimer les peuples, loin de là; il était en 1815 fort épris de libéralisme; il avait voulu que la France eût une charte; il allait en donner une à la *Pologne*[1] et, au grand effroi de Metternich, il

1. Il la mit en vigueur au mois de novembre 1815. Mais il ne devait pas l'observer très exactement par la suite; et son successeur devait la déchirer brutalement après l'insurrection de 1830.

favorisait en Allemagne, en Italie, ailleurs encore, la propagation des idées constitutionnelles. Mais on le savait changeant et l'on ne doutait pas qu'il ne fût aisé de l'amener à mettre au service de la contre-révolution dans toute l'Europe son mysticisme ardent et sa redoutable puissance. L'empressement avec lequel les souverains, ceux mêmes qui haïssaient le plus les principes de 1789, entrèrent dans la Sainte-Alliance ne contribua pas peu à inquiéter l'opinion. Non seulement le roi de Prusse et l'empereur d'Autriche, mais, fort peu après, le roi de France, le roi d'Espagne et les chefs de presque tous les gouvernements européens [1] adhérèrent à l'Acte du 26 septembre. Sans doute certains d'entre eux affectaient de n'y pas attacher d'importance et de ne signer que pour complaire à l'innocente fantaisie du czar. Tous déclaraient qu'une pareille profession de foi n'était que l'expression platonique de sentiments louables et qu'une alliance politique et effective ne se concluait pas en ces termes-là. Metternich, dans ses *Mémoires*, répète que ce pacte, aux yeux de son auteur, ne devait être qu'une *manifestation morale* et que, pour les autres signataires de l'Acte, *il n'avait pas même cette signification*. « La preuve, ajoute-t-il, c'est qu'ultérieurement il n'a jamais été question entre les cabinets de la Sainte-Alliance, et que jamais il n'aurait pu en être question. Les partis hostiles aux souverains ont seuls exploité cet acte et s'en sont servis comme d'une arme pour calomnier les intentions les plus pures de leurs adversaires... »

Le ministre autrichien, en s'exprimant ainsi, joue sur les mots et se moque du lecteur. Il est certain que la convention du 26 septembre n'avait pas, politiquement parlant, d'objet déterminé, qu'elle ne constituait pas un engagement de droit positif et que les souverains n'en pouvaient regarder le texte comme ayant force de loi. Mais il est incontestable aussi qu'elle fut le point de départ d'une politique collective des grandes cours, qui prit corps et formula tout haut ses doctrines précisément à partir de 1815, et que cette politique eut pour principal but d'étouffer les principes de la Révolution. Le véritable esprit de la Sainte-Alliance, ce n'est pas dans l'élucubration nuageuse d'Alexandre et de Mme de Krüdener qu'il faut le chercher ; c'est dans des résolutions et des engagements beaucoup plus nets, que nous aurons à exposer plus loin ; c'est tout d'abord dans les arrangements, fort peu nébuleux et fort pratiques, par lesquels les Alliés prirent soin de régler, en novembre 1815, le sort de la France et ses rapports futurs avec l'Europe. Ce qui éclate en effet dans les mesures prises à cette époque par la coalition à l'égard de notre pays, c'est par-dessus tout la préoccupation du *péril révolutionnaire* ; c'est la ferme volonté de le conjurer, en surveillant étroitement le foyer principal d'où il pourrait de nouveau se répandre sur l'Europe ; c'est l'intention manifeste de tenir la France en observation et de la contraindre, au besoin par les armes, à rentrer dans le *devoir*, si elle venait à s'insurger de nouveau contre le dogme de la *légitimité*. A cet égard Alexandre, le libéral, le jacobin, comme dit Metternich, n'est pas moins résolu que Metternich lui-même.

VII

Les négociations qui suivirent le protocole du 2 octobre amenèrent assez promptement une série de règlements particuliers dont les uns devaient être convertis en traités officiels avec la France, tandis que les autres étaient destinés à compléter les dispositions générales prises par le congrès dans l'Acte final ou à consolider la quadruple alliance. C'est ainsi que le 13 octobre fut arrêté le mode de payement de l'indemnité exigée par la coalition. Il fut convenu qu'elle serait acquittée dans un délai de cinq ans, au moyen de quinze engagements, de 46 millions deux tiers chacun, dont les échéances seraient espacées de quatre en quatre mois à partir du 1er mars 1816, et que les Alliés auraient comme garantie un dépôt de 7 millions de rente, au capital de 140 millions, formé par le gouvernement français. Ce dernier s'obligeait, du reste, à exécuter « tous les engagements contractés par des conventions particulières avec les différentes puissances et leurs co-alliés, relativement à l'habillement et à l'équipement de leurs armées ». En même temps, la conférence déterminait dans les plus minutieux détails les conditions de l'entretien du corps d'occupation, d'où devait résulter pour la France une charge annuelle de 150 millions

(réductible à 130 dans certaines éventualités). Un peu plus tard
(22 octobre), les Alliés se mettaient d'accord entre eux sur la composition de ce corps, sur le choix d'un généralissime et sur la ligne
de conduite qu'il y avait à lui tracer. Il fut convenu que chacune
des quatre grandes cours fournirait trente mille hommes et que le
reste de la coalition en donnerait aussi trente mille. Le commandement suprême fut décerné au duc de Wellington, qui avait
depuis longtemps prouvé sa fermeté. Des instructions lui furent
adressées au nom de l'Alliance le 3 novembre. Elles ne laissent
aucun doute sur l'intention des coalisés de tenir la France en tutelle
et de comprimer au besoin ses velléités révolutionnaires. On y voit
en effet que les plénipotentiaires des quatre grandes cours en résidence à Paris formeront comme un comité de surveillance qui,
chaque semaine, instruira le général de l'état des esprits et des
affaires en France. Quant au droit d'intervention, il est nettement
affirmé.

« Nos augustes souverains, lit-on dans ce document, tout en
répugnant à l'emploi de leurs troupes pour le maintien de la police
et de l'administration intérieure du pays, ont cependant, en considération de l'intérêt majeur qui les porte à affermir le souverain
légitime sur le trône de France. formellement promis au roi de le
soutenir par leurs armes contre toute convulsion révolutionnaire....
Leurs Majestés s'en remettent entièrement à votre discrétion pour
juger quand et comment il sera convenable de faire agir les
troupes sous vos ordres. »

Le jour même où étaient signées ces instructions, le 3 novembre,
les quatre cabinets alliés fixaient la répartition à faire des villes
et territoires enlevés à la France [1], et prescrivait les mesures à
prendre pour compléter le système défensif des États limitrophes
et surtout de la Confédération germanique. Philippeville et
Marienbourg étaient réunies aux Pays-Bas; Sarrelouis l'était à la
Prusse, qui recevait de plus, entre la Moselle et le Rhin, une partie
du pays attribué précédemment à l'Autriche (à la charge d'y constituer des principautés pour certains souverains allemands) [2].

1. Ce travail portait non seulement sur ce qu'elle allait céder par le prochain traité, mais sur plusieurs territoires abandonnés par elle en 1814 et
dont il n'avait pas encore était disposé définitivement.
2. Le grand-duc de Mecklembourg-Strélitz, le grand-duc d'Oldenbourg, le

Landau était donnée à l'Autriche ; cette puissance était du reste autorisée à offrir cette ville, avec une partie des anciens départements de la Sarre et du Mont-Tonnerre, à la Bavière en échange du Hausrückviertel et de l'Innviertel, dont elle attendait encore la restitution [1]. Elle donnerait le reste de ses possessions sur la rive gauche du Rhin, c'est-à-dire un territoire de cent quarante mille âmes, avec Mayence, au grand-duc de Hesse-Darmstadt, pour le dédommager du duché de Westphalie acquis par la Prusse. La Suisse aurait Versoix et une petite partie du pays de Gex ; enfin la partie française de la Savoie serait rendue au roi de Sardaigne. Sur les 700 millions d'indemnité promis par la France, 137 500 000 francs seraient consacrés à fortifier contre elle les États voisins. Pour cet objet, les Pays-Bas recevraient 60 millions, la Prusse 20, la Bavière 15, la Sardaigne 10, l'Espagne 7 et demi ; 5 millions seraient employés à accroître les moyens de défense de Mayence. Cette ville, ainsi que Landau et Luxembourg, serait déclarée place fédérale de l'Allemagne ; 20 millions seraient dépensés pour doter la Confédération germanique d'une quatrième forteresse, dans la région du haut Rhin.

Le reste de l'indemnité française (soit 562 500 000 francs) dut, en vertu d'un protocole signé le 6 novembre, être partagé entre les puissances alliées de la façon suivante : la victoire de Waterloo étant due à l'Angleterre et à la Prusse, un prélèvement de 25 millions serait d'abord fait en faveur de chacune de ces puissances ; l'Espagne recevrait 5 millions, le Portugal 2, la Suisse 3, le Danemark 2 et demi ; sur les 500 millions demeurés disponibles, 100 seraient attribués à chacune des quatre grandes puissances, 100 seraient partagés entre les autres membres de la coalition, au prorata des contingents qu'ils avaient fournis ; mais le roi des Pays-Bas abandonnerait sa part (28 millions), qui serait divisée par moitié entre l'Autriche et la Prusse [2].

La conférence eut aussi à prescrire des mesures pour l'examen

prince de Hesse-Hombourg, le duc de Saxe-Cobourg, et en outre le comte médiatisé de Pappenheim. — Ces principautés leur avaient été promises par l'article 54 de l'Acte final du congrès de Vienne.

1. Les échanges de territoires entre l'Autriche et la Bavière ne devaient être définitivement réglés que le 14 avril 1816, par le traité de Munich.

2. Ainsi la Prusse devait avoir 139 millions, l'Angleterre 125, l'Autriche 114 et la Russie 100.

et la liquidation des dettes que la France avait contractées envers les sujets du gouvernement anglais d'une part, de tous les autres gouvernements alliés de l'autre, et qu'elle avait déjà promis de payer par le traité du 30 mai. Ces deux séries de créances durent être examinées par des commissaires que désigneraient les parties intéressées; et, comme garantie de payement, les Alliés exigèrent deux dépôts de 3 500 000 francs de rente chacun.

Enfin deux protocoles, datés du 5 et du 7 novembre, fixèrent le sort des îles Ioniennes, qui était encore en suspens, et complétèrent l'Acte final en ce qui concernait la Suisse. Les îles furent constituées en république, sous le protectorat de l'Angleterre, qui y enverrait un lord-haut-commissaire et des troupes de garnison. Quant à la Confédération helvétique, qui venait de se donner, le 7 août 1815, une constitution de nature à plaire aux Alliés [1], elle obtenait la reconnaissance solennelle de sa neutralité.

Quand tous ces arrangements furent pris, la coalition jugea qu'il lui restait encore quelque chose à faire. Le traité qu'elle allait imposer à la France ne lui parut pas suffisant pour préserver l'Europe de nouveaux bouleversements. Les Quatre résolurent donc de se lier entre eux par une convention nouvelle, qu'ils conclurent en effet et qui, par l'esprit dont elle témoigne, constitue véritablement la Sainte-Alliance. En effet, par ce pacte, les cours d'Autriche, de Grande-Bretagne, de Prusse et de Russie déclaraient remettre en vigueur les stipulations des traités du 1er mars 1814 et du 25 mars 1815 et former une ligue permanente à l'effet de surveiller la France. Elles excluaient à jamais du gouvernement de ce pays Napoléon et les membres de sa famille. Elles maintiendraient au besoin cette exclusion par la force. « Et comme les principes révolutionnaires, ajoutaient-elles, pourraient encore déchirer la France et menacer ainsi le repos des autres États, les hautes parties contractantes, reconnaissant solennellement le devoir de redoubler de soins pour veiller, dans des circonstances pareilles, à la tranquillité et aux intérêts de leurs peuples, s'engagent, dans le cas qu'un aussi malheureux événement vînt à

---

1. Cette constitution, qui respectait les privilèges de l'aristocratie et qui ne donnait à la Suisse ni une armée fédérale ni même, à proprement parler, un gouvernement, a été complètement transformée en 1848.

éclater de nouveau, à concerter entre elles et avec Sa Majesté Très-Chrétienne les mesures qu'elles jugeront nécessaires pour la sûreté de leurs États respectifs et pour la tranquillité générale de l'Europe. » Les quatre puissances déclaraient en outre que l'alliance subsisterait même après que leurs troupes auraient évacué notre territoire. Et enfin, pour bien montrer qu'elles entendaient se constituer en directoire européen, elles prenaient l'engagement « de renouveler, à des époques déterminées, des réunions consacrées aux grands intérêts communs et à l'examen des mesures qui, dans chacune de ces époques, seraient jugées les plus salutaires pour le repos et la prospérité des peuples et pour la paix de l'Europe ».

C'est le 20 novembre 1815 que fut signé ce traité, si menaçant, non seulement pour la France, mais pour tous les peuples civilisés. Le même jour, les Alliés en donnaient connaissance au duc de Richelieu par une note où la menace prenait à peine le soin de se dissimuler sous les conseils de sagesse que l'on prodiguait au gouvernement de Louis XVIII; par une seconde note, on expliquait à ce ministre les instructions données au duc de Wellington le 3 novembre et qui l'autorisaient à intervenir par les armes dans nos affaires. C'est le même jour aussi qu'on lui fit signer le traité de paix et les quatre annexes dont il était accompagné [1]. Ce n'est pas sans une profonde douleur que cet homme de cœur remplit la formalité suprême qui semblait être comme la dernière pelletée de terre sur la gloire et la puissance de sa patrie. « Je viens, dit-il à un de ses amis, de signer un traité pour lequel je devrais porter ma tête sur l'échafaud. » Et le lendemain (21 novembre), il écrivait au comte Decazes : « Tout est consommé; j'ai apposé hier, plus mort que vif, mon nom à ce fatal traité. J'avais juré de ne pas le faire, et je l'avais dit au roi; ce malheureux prince m'a conjuré en fondant en larmes de ne point l'abandonner, et dès ce moment

---

1. Ces annexes portent les titres suivants : 1° *Convention conclue en conformité de l'article IV du Traité principal et relative au payement de l'indemnité pécuniaire à fournir par la France aux puissances alliées*; — 2° *Convention conclue en conformité de l'article V du Traité principal et relative à l'occupation d'une ligne militaire en France par une armée alliée*; — 3° *Convention conclue en conformité de l'article IX du Traité principal et relative à l'examen et à la liquidation des réclamations à la charge du gouvernement français*; — 4° *Convention entre la France et la Grande-Bretagne, en conformité de l'article IX du Traité principal et relative à l'examen et à la liquidation des réclamations des sujets de Sa Majesté Britannique.*

je n'ai plus hésité. J'ai la confiance de croire que sur ce point personne n'aurait mieux fait que moi ; et la France, expirant sous le poids qui l'accable, réclamait impérieusement une prompte délivrance. »

Quelques jours après (25 novembre), le ministre venait, les larmes aux yeux, présenter le traité et les conventions annexes à la Chambre introuvable, qui ne pouvait s'empêcher de partager sa patriotique douleur. Il semblait en effet que la France fût pour toujours rayée de la liste des grandes puissances. L'Europe du reste paraissait, aussi bien qu'elle, enchaînée. La Sainte-Alliance triomphait. Mais la suite de cette histoire montrera qu'elle se trompait fort si elle croyait pouvoir tenir indéfiniment la France à l'écart ou en surveillance, et qu'elle ne s'abusait pas moins si elle se jugeait capable de contenir toujours en Europe l'esprit de nationalité et l'amour des gouvernements libres.

CHAPITRE III

LES ANNÉES DE PAIX [1]

I. La Sainte-Alliance et la politique russe. — II. Conflit oriental; Alexandre
et Mahmoud. — III. La question hispano-américaine. — IV. Alexandre,
Richelieu et la politique du 5 septembre. — V. Le *libéralisme* russe; premiers signes d'agitation en Italie et en Allemagne. — VI. Metternich et la
Note secrète. — VII. Préliminaires d'un nouveau congrès. — VIII. Conférences et arrangements d'Aix-la-Chapelle.

(1815-1818)

I

Metternich s'est vanté souvent non seulement d'avoir fait à lui
seul, ou à peu près, les traités de 1815, mais d'avoir donné par là
trente-trois années de paix à l'Europe. Il savait pourtant mieux que
personne à quoi s'en tenir sur la valeur d'une pareille assertion. La
paix générale dont il parle n'a régné sans interruption qu'un peu
plus de trois ans, depuis les actes diplomatiques du 20 novembre
jusqu'au lendemain du congrès d'Aix-la-Chapelle. Encore n'a-t-elle
été maintenue, pendant cette courte période, que par la nécessité où étaient les quatre grandes puissances alliées de demeurer

1. Sources : Castlereagh (lord Londonderry), *Correspondence*; — Crétineau-
Joly, *Histoire des traités de 1815 et de leur exécution*; — Gentz (F. de), *Dépé-
ches inédites*, t. I; — Gervinus, *Histoire du XIXᵉ siècle*, t. II-VIII; — Hardenberg
(prince de), *Mémoires*; — Hubbard (G.), *Histoire contemporaine de l'Espagne*,
t. II; — Hyde de Neuville, *Mémoires et Souvenirs*, t. II; — Lesur, *Annuaire
historique*, 1818; — Metternich (prince de), *Mémoires, documents et écrits divers*,
t. III; — Vaulabelle (Ach. de), *Histoire des deux Restaurations*, t. IV; — Viel-
Castel (baron de), *Histoire de la Restauration*, t. IV, V, VI, VII; — *Lord Castlereagh et la Politique de l'Angleterre de 1812 à 1822*, etc.

unies, au moins en apparence, pour assurer l'entier accomplissement des conventions imposées à la France. Ajoutons que, de 1815 à 1818, les premiers prodromes de la crise aiguë que les diplomates n'avaient pas voulu ou n'avaient pas su épargner à l'Europe étaient déjà sensibles aux hommes d'État de quelque expérience. Dès ce moment, en effet, l'équilibre si péniblement établi est remis en question, grâce à certains problèmes dont les politiques de Vienne n'avaient pas méconnu la gravité, mais avaient eu la légèreté de renvoyer à plus tard la solution; la question d'Orient et la question hispano-américaine se dressent menaçantes devant la Sainte-Alliance, dont elles désagrégeront en peu d'années les principaux éléments. Dès ce moment aussi s'annoncent par une agitation significative les revendications prochaines des nationalités déçues dans leurs souhaits d'indépendance et des peuples trompés dans leurs espérances de liberté.

Un fait singulier, mais incontestable, c'est que les premières atteintes portées à la Sainte-Alliance l'ont été par l'auteur même de cet acte célèbre. Dans l'espace de temps auquel nous consacrons ce chapitre, c'est surtout la politique personnelle du czar qui compromet l'entente des cabinets et facilite la propagation des idées révolutionnaires ou constitutionnelles. Alexandre Ier, esprit indécis et confus, n'a pas, du reste, pleine conscience du tort qu'il fait à son œuvre, non plus que des contradictions au milieu desquelles il se débattra douloureusement jusqu'à la fin de sa vie. Caractère passionné, mais vacillant et faible, égoïste et généreux à la fois, il subit ou a l'air de subir en même temps les influences les plus opposées. Il veut et ne veut pas. Il est de bonne foi quand il se dit prêt à tout sacrifier aux intérêts généraux de la grande alliance, et cependant il ne pourra jamais renoncer à certaines vues particulières, avec lesquelles ils sont inconciliables. Il est autocrate et veut rester tel; le droit divin des rois est, à ses yeux, un dogme, et il est pourtant ou, du moins, se croit libéral. L'effet de pareilles dispositions, c'est qu'il n'ira jamais, dans aucun sens, jusqu'au bout de son propre programme, c'est qu'il s'arrêtera toujours au moment de prendre un parti décisif. Il ne réalisera aucun de ses plans. Il ne fera pas la guerre à ses anciens alliés, mais il contrariera ou alarmera certains d'entre eux au point de leur inspirer une incurable méfiance; il n'émancipera pas les peuples, il finira même par les combattre; mais il aura fait assez pour déterminer indirectement une grande poussée d'émancipation, dont d'autres sauront mieux profiter que lui.

II

L'idée fixe d'Alexandre Ier, comme de tous les souverains russes depuis le commencement du xviiie siècle, était d'accélérer la décadence et d'achever la ruine de l'empire ottoman. S'il s'était arrêté en 1812 dans ses succès contre le sultan Mahmoud[1], c'était uniquement pour pouvoir faire face à Napoléon. L'empire français une fois renversé, la paix rétablie en Occident, il revenait et s'attachait, avec sa mystique ténacité de Slave, au vieux projet « turc » de Catherine II. La Russie dominait maintenant la mer Noire par la Crimée; elle débordait au sud du Caucase et pouvait prendre l'Asie Mineure à revers; elle tenait le Danube par ses embouchures; le droit de protectorat qui lui était reconnu sur la Moldavie, la Valachie, la Serbie, lui fournissait chaque jour de nouveaux prétextes pour s'ingérer dans les affaires de la Porte. L'interprétation qu'il donnait, comme tous les Russes, au traité de Kaïnardji[2] l'encourageait à pousser plus loin ses prétentions et à se poser en médiateur entre les Ottomans et la masse entière de leurs sujets chrétiens. Il avait, croyait-il, pour mission de protéger ces derniers et, au besoin, de les délivrer. Par quels moyens la question d'Orient, telle qu'elle se présentait à lui, serait-elle résolue? Il l'ignorait; mais il était bien décidé à saisir et même à provoquer les occasions qui lui permettraient de réaliser son dessein, et, dès la fin de 1815, ses regards se tournaient vers

1. Mahmoud-Kan, fils d'Abdul-Hamid Ier, frère de Mustapha IV, né à Constantinople en 1785, appelé au pouvoir par Mustapha-Baraïktar, pacha de Routchouk, en 1808; mort à Constantinople le 1er juillet 1839.
2. Par ce traité, conclu en 1774, la Porte promettait (art. 7) « de protéger constamment la religion chrétienne et ses églises »; reconnaissait (art. 8) aux sujets russes la liberté de pèlerinage dans l'empire ottoman; autorisait la cour de Russie (art. 14) à faire bâtir à Constantinople une église du rite grec, qui *devait être toujours sous sa protection*; enfin permettait (art. 7) à cette puissance de lui « faire dans toutes les occasions des représentations », tant en faveur de cette église que de ceux qui la desserviraient. C'est de ces concessions que le cabinet de Saint-Pétersbourg tirait la prétention, qu'il émit plus tard si hautement, d'étendre son protectorat politique et religieux sur l'ensemble des populations chrétiennes de la monarchie turque.

Constantinople avec une persistance trop significative pour que la Porte et les puissances intéressées à la défendre n'en fussent pas alarmées.

Le gouvernement turc ne put voir sans inquiétude l'empereur de Russie publier avec éclat, en février 1816, ce pacte de la Sainte-Alliance dont il était si fier d'être l'auteur et où les États « chrétiens » étaient présentés avec affectation comme ne formant qu'une seule famille politique, tandis que la monarchie ottomane était tacitement exclue du concert européen. La Porte, craignant que ce verbiage dévot ne cachât une velléité de croisade, demanda des explications aux cours de Vienne et de Londres, qui ne purent la rassurer qu'à demi. Elle en demanda au czar; mais les assurances pacifiques qu'elle reçut de lui ne l'aveuglèrent point sur le danger qu'elle courait. Comment croire en effet que ce souverain ne nourrît point d'arrière-pensées belliqueuses, quand on le voyait, malgré le rétablissement de la paix générale, maintenir sur le pied de guerre sa formidable armée? Toutes les autres puissances réduisaient leurs troupes au moindre effectif possible, et il avait encore, vers la fin de 1816, six cent quarante mille hommes prêts à entrer en campagne. A la même époque, non seulement il se refusait à exécuter celles des clauses du traité de Bucharest qui lui étaient onéreuses, et notamment à évacuer plusieurs places fortes qu'il détenait indûment sur la mer Noire depuis 1812, mais il se plaignait avec aigreur que la Porte n'eût pas tenu tous ses engagements, parlait d'une route militaire qui lui était due au sud du Caucase et réclamait en faveur des Serbes les libertés qui leur avaient été promises [1]. Un ambassadeur russe, ami personnel du czar, le baron Strogonoff, arrivait à Constantinople, entamait sur les divers points en litige une négociation nouvelle et prenait, vis-à-vis du Divan, un langage dont la hauteur voulue n'était certes pas faite pour apaiser le différend. Le sultan Mahmoud, dont le règne avait été jusque-là relativement

1. Les Turcs, débarrassés de Kara-Georges en 1813, n'avaient plus songé qu'à se venger des Serbes, et loin de leur accorder les institutions autonomes que le traité de Bucharest leur avait fait espérer, les avaient si fort maltraités qu'ils s'étaient soulevés de nouveau en 1815 sous Miloch Obrenowitch (chef de la dynastie actuellement régnante dans leur pays). Proclamé *knièse* suprême ou prince par ses compatriotes en 1817, ce politique habile autant qu'énergique obtint de la Porte l'investiture des pouvoirs dont il s'était emparé, mais n'en continua pas moins à préparer l'émancipation complète de son peuple, qui est, de nos jours, un fait accompli.

heureux et qui se croyait appelé à régénérer l'empire turc, n'était pas homme à céder aux injonctions moscovites. Aussi ne put-on s'entendre. Le diplomate russe et les ministres turcs devaient faire pendant plusieurs années assaut d'ergotage et de subtilité. Chacune des deux parties ne voulait ni céder ni assumer la responsabilité d'une rupture complète. En attendant de pouvoir agir, le czar tenait simplement à avoir une querelle ouverte avec son adversaire. Il n'était ni de son intérêt ni dans son intention de terminer à l'amiable un débat d'où il espérait tirer, au moment opportun, d'excellents prétextes de guerre. Ce qui augmentait encore les appréhensions du Turc, c'était la complaisance avec laquelle Alexandre accueillait en Russie certains agitateurs qui conspiraient ouvertement sous son patronage un soulèvement chrétien dans l'empire ottoman. L'ancien chef de l'insurrection serbe, Kara-Georges [1], chassé de son pays depuis 1813, passait à Saint-Pétersbourg tout un hiver (1816-1817) et partait de là pour appeler son pays encore une fois aux armes. Les Grecs étaient en haute faveur auprès du czar. Les deux frères Ypsilanti [2], qui devaient, en 1821, donner le signal de la révolution hellénique, étaient ses aides de camp. Le Corfiote Capo d'Istria [3], dévoué comme eux corps et âme à l'émancipation de sa

1. Kara-Georges ou Czerny-Georges (Georges le Noir), né près de Belgrade vers 1770, se mit à la tête des Serbes en 1804, pour combattre les janissaires, dont il délivra son pays, fit reconnaître par le sultan l'autonomie de la nation serbe en 1807, s'allia deux ans après contre les Turcs avec les Russes, qui l'abandonnèrent en 1812, fut réduit en 1813 à prendre la fuite, rentra dans sa patrie en 1817 pour y fomenter l'insurrection, mais fut presque aussitôt livré par son rival Miloch Obrenowitch et mis à mort par ordre du pacha de Belgrade, qui envoya sa tête à Constantinople.

2. Ils appartenaient à une famille phanariote fort considérable, qui prétendait descendre des Comnène. L'aîné, Alexandre, né en 1783, entra de bonne heure au service de la Russie, perdit un bras à la bataille de Dresde (1813), se mit, vers 1820, à la tête des *hétairistes,* donna en 1821, comme on le verra plus loin, le signal de l'insurrection à la nation grecque, fut peu après réduit à se réfugier sur le territoire autrichien, où il fut interné jusqu'en 1827, et mourut à Vienne en 1828. — Démétrius, son frère puîné, qui naquit en 1793, servit aussi la Russie dans sa jeunesse, prit une part importante à la guerre de l'indépendance hellénique, surtout de 1821 à 1823, commanda les troupes de la Grèce orientale, sous Capo d'Istria, de 1828 à 1830, et mourut à Nauplie en 1832.

3. Capo d'Istria (Jean-Antoine, comte de), né à Corfou en 1776; élevé à Padoue et à Venise; ministre de la République ionienne de 1802 à 1807; attaché au ministère des affaires étrangères en Russie (1807), puis à l'ambassade russe à Vienne (1811); envoyé par le czar comme agent diplomatique à l'armée du Danube (1812); ministre de Russie en Suisse (1813); représentant de cette puissance au congrès de Vienne (1814-1815); chargé par Alexandre, concur-

patrie, était devenu un de ses ministres. On devine les conseils qu'il ne cessait de lui donner. Sous l'influence de ce diplomate actif autant qu'habile, l'empereur avait non seulement autorisé mais encouragé l'*Hétairie*, vaste association grecque créée dans ses États dès 1814 et qui, à partir de 1817 et de 1818, prit des proportions en même temps qu'une attitude tout à fait menaçantes pour le gouvernement turc. Les *hétairistes*, par leurs journaux, leurs livres, leurs brochures, préparaient, dès cette époque, à peu près ouvertement, le soulèvement de la nation grecque. Des agents russes parcouraient la Morée, les Cyclades. Les patriotes grecs allaient en Russie demander des instructions ou proposer des plans. Bref, les intentions d'Alexandre à l'égard de la Turquie ne pouvaient être un mystère pour aucune des cours européennes.

Deux grandes puissances, l'Autriche et l'Angleterre, s'en préoccupaient particulièrement et les contrecarraient de leur mieux. Le cabinet de Vienne, déjà fort alarmé par le fait que la Russie occupait les bouches du Danube, ne pouvait voir de sang-froid cet empire s'inféoder peu à peu les populations riveraines de ce fleuve jusqu'à Belgrade, et pousser les Grecs à une révolte qui pouvait amener en Europe l'anéantissement de la puissance musulmane. Aussi Metternich ne cessait-il, dans les années qui nous occupent, de surveiller l'Orient. Son homme de confiance, Gentz, entretenait une correspondance fréquente avec les hospodars de Valachie, signalait indirectement à la Porte les menées moscovites, la mettait en garde contre toute témérité, toute imprudence. L'internonce [1] autrichien à Constantinople représentait aussi constamment au Divan que les cours de Vienne et de Londres ne l'abandonneraient pas; qu'il devait donc avoir en elles une entière confiance; qu'il fallait bien se garder, d'autre part, de fournir à la Russie, par un langage ou des procédés blessants, le prétexte qu'elle cherchait sans doute pour provoquer la guerre. Quant au cabinet britannique, il avait à peu près la même attitude vis-à-vis de la Porte; mais ses conseils étaient plus pressants. Les politiques élevés à l'école de Pitt con-

remment avec Nesselrode, de la direction des affaires étrangères (1816); disgracié en apparence (1822); président de l'État hellénique (1827); assassiné à Nauplie par les frères Mavromichalis le 9 octobre 1831.

1. Ce mot désigne le représentant de la cour de Vienne à Constantinople, lorsqu'elle n'y a pas d'ambassadeur en titre.

sidéraient le maintien de l'empire ottoman comme une question de vie ou de mort pour l'Angleterre. Aussi lord Castlereagh, chef du *Foreign office*, s'efforçait-il, à Constantinople et ailleurs, avec une grande énergie, de déjouer les desseins secrets du czar à l'égard de la Turquie. Il avait, à la vérité, quelque peine à se faire écouter d'un gouvernement ombrageux et fier qui, sous sa protection, redoutait un protectorat, et qui n'avait pas vu sans quelque mauvaise humeur la Grande-Bretagne s'inféoder les îles Ioniennes [1]. Mais si Mahmoud ne pouvait se résigner à reconnaître comme légitime l'établissement des Anglais à Corfou, il ne pouvait point, au fond, méconnaître l'utilité pour la Turquie d'un pareil voisinage. Les îles Ioniennes étaient un poste avancé d'où le gouvernement britannique surveillait de très près, et avec la possibilité d'intervenir en temps opportun, les menées russes dans les provinces chrétiennes de l'empire; de là il observait et contenait la Grèce; de là il pouvait, en quelques jours, porter sa flotte aux Dardanelles et à Constantinople. Le czar ne l'ignorait pas, et c'est justement pour cela qu'il évitait de se compromettre par une rupture brutale et prématurée avec la Porte.

III

Mais si la politique anglaise le contrariait fort, il n'était point, pour sa part, sans lui rendre la pareille. Ses menées diplomatiques poursuivaient le cabinet anglais par toute l'Europe, lui causant chaque jour de nouvelles inquiétudes, de nouveaux embarras. Le czar mettait par exemple à l'ordre du jour, avec une affectation de zèle tout à fait gênante pour l'Angleterre, la destruction de la piraterie sur la Méditerranée. Réprimer et rendre impossible ce brigandage maritime, exercé depuis plusieurs siècles par les Barbaresques, était, disait-il, pour la « grande famille chrétienne » une nécessité, un devoir. Le cabinet de Saint-James ne pouvait dire le contraire; mais les Barbaresques étaient sujets de la Porte. Les

---

1. Ce ne fut qu'après une assez longue résistance (attestée notamment par Gentz et Metternich, qui la blâmaient) que le sultan consentit à accéder à ce traité et obtint en retour la restitution de quelques points de la côte d'Épire et d'Albanie occupés par les Anglais.

attaquer, n'était-ce pas un moyen détourné de commencer la croisade contre le Turc? L'Angleterre eût voulu être chargée seule, ou à peu près, de la besogne. Mais Alexandre en réclamait hautement sa part et demandait même, en décembre 1816, que l'Europe entière s'armât avec lui contre les corsaires[1]. Les Anglais ne pouvaient admettre qu'une flotte russe pénétrât dans la Méditerranée. Ils tremblaient que le czar ne songeât à s'approprier une station navale dans ces parages, comme eux-mêmes s'étaient approprié Gibraltar et Malte. Leurs craintes n'étaient pas, du reste, sans fondement. Vers le mois de mars 1817, le bruit se répandit en Europe que l'Espagne, par un traité secret, venait de s'engager à livrer à la Russie Port-Mahon, position formidable, que l'Angleterre avait longtemps occupée et ne se consolait pas encore d'avoir perdue[2]. L'émoi fut grand dans les chancelleries, surtout à Londres et à Vienne. Castlereagh et Metternich ébauchèrent un projet de triple alliance entre l'Angleterre, l'Autriche et la Prusse, à l'effet de réprimer au besoin par la force la politique envahissante du czar. Les ministres russes, interrogés, nièrent la convention. Elle avait pourtant bien été rédigée. Mais, Alexandre ayant reculé devant une rupture de la Sainte-Alliance, bientôt il n'en fut plus question. C'est par d'autres moyens que l'autocrate s'efforça dès lors d'atteindre la puissance et les intérêts britanniques.

Si Ferdinand VII, dans l'affaire de Minorque, s'était montré si complaisant aux désirs du czar, ce n'était pas seulement parce que Tatistcheff, ambassadeur de ce souverain à Madrid, avait gagné ses bonnes grâces en approuvant sa politique intérieure (pourtant si peu digne d'approbation)[3]. C'était aussi et surtout parce que la

---

1. Il proposait formellement que, si la Porte ne leur donnait pas de garanties suffisantes contre les États barbaresques, les puissances européennes s'alliassent et, *sans préambule*, considérassent tout armement de ces États comme un *casus fœderis* et détruisissent leur matériel ainsi que *tous les moyens que la nature et l'art pourraient leur fournir de les refaire*. Il ressortait assez clairement de son manifeste l'intention d'occuper certaines positions dominantes sur la Méditerranée.

2. Elle avait possédé l'île de Minorque de 1708 à 1756, de 1763 à 1782, et de 1798 à 1802.

3. Ferdinand VII (fils de Charles IV), né en 1784, mort en 1833, détrôné en 1808 et retenu prisonnier par Napoléon, qui ne lui rendit la liberté que par le traité de Valençay (11 décembre 1813). Ce prince avait l'âme basse et l'esprit étroit. Remonté sur le trône (1814), il ne répondit à l'héroïque fidélité

Russie lui avait promis de l'aider à résoudre, au plus grand avantage de l'Espagne, les questions extérieures qui étaient alors du plus haut intérêt pour cette puissance.

Depuis 1810, les colonies espagnoles d'Amérique étaient en insurrection et rien ne donnait à penser que leur métropole, réduite à ses propres forces, pût jamais les faire rentrer sous sa domination. En 1815, Ferdinand VII, réunissant toutes ses forces, n'avait pu envoyer de l'autre côté de l'Atlantique qu'environ vingt mille soldats qui, sous Morillo, avaient eu d'abord quelques succès dans le Vénézuéla et la Nouvelle-Grenade, mais, décimés par la guerre et les maladies, n'avaient pas tardé à reperdre le terrain gagné. Bolivar, deux fois chassé, avait deux fois reparu et, de Caracas à Bogota[1], tenait victorieusement la campagne (1816-1817). La Confédération argentine venait de se constituer au congrès de Tucuman[2]. Francia[3], dans le Paraguay, était indépendant de fait. San-Martin allait bientôt compléter l'affranchissement du Chili. Le haut Pérou tout entier était en armes. L'autorité espagnole ne se maintenait plus guère que dans le bas Pérou, le Mexique et les Antilles. Encore y était-elle fort ébranlée. Pour comble d'embarras, le gouvernement portugais, auquel le cabinet de Madrid refusait obstinément la restitution d'Olivenza (voir plus haut, p. 66), malgré les instances de plusieurs grandes cours, se dédommageait en occupant la Bande-Orientale[4], dépendance de la Plata, et en

que le peuple espagnol lui témoignait depuis six ans que par la plus odieuse et la plus sotte tyrannie. Il mit à néant la constitution que les Cortès de Cadix avaient donnée à l'Espagne en 1812, rétablit l'absolutisme, reconstitua l'Inquisition, rappela les Jésuites, proscrivit en masse les libéraux, remplit les prisons de suspects, dressa partout des échafauds et ne régna que par l'espionnage, la délation et la terreur, sans savoir d'ailleurs prendre aucune mesure propre à relever la monarchie espagnole de sa décadence.

1. Bolivar (Simon), surnommé le Libérateur, né à Caracas le 24 juillet 1783; lieutenant de Miranda en 1812; dictateur du Vénézuéla en 1813; président de la Colombie (1819); dictateur (1824), puis président (1825) de la république péruvienne ; mort le 11 décembre 1830.

2. Ce congrès, qui s'ouvrit le 25 mars 1816, proclama le 9 juillet suivant l'indépendance des provinces unies de la Plata.

3. Francia (Joseph-Gaspard Rodriguez), né à l'Assomption en 1758; docteur en droit canon, professeur de théologie, puis avocat dans sa ville natale; secrétaire de la Junte d'État du Paraguay (1811); consul (1813), dictateur pour trois ans (1814), puis dictateur à vie (1817) de cette république, qu'il gouverna avec un pouvoir absolu jusqu'à sa mort, arrivée le 20 septembre 1840.

4. On désignait sous ce nom le vaste territoire compris entre le Rio de la Plata et la province brésilienne de Rio-Grande-do-Sul, et dont la capitale est Montevideo.

l'annexant au Brésil (1816-1817). On voit qu'à ce moment les bons offices d'Alexandre n'étaient pas tout à fait inutiles à Ferdinand VII.

Le czar trouvait, du reste, son avantage à prendre en main la cause de ce souverain, tant contre les insurgés d'Amérique que contre le Portugal. A l'égard de cet État, il proposait simplement à la Sainte-Alliance de l'attaquer et d'occuper son territoire, qui servirait de gage ou de compensation au gouvernement espagnol (commencement de 1817). Une telle proposition devait être repoussée tout net par l'Angleterre, car elle allait directement à l'encontre de ses intérêts. On sait que le Portugal était depuis plus d'un siècle inféodé, politiquement et commercialement, à la Grande-Bretagne. Abandonné par ses gouvernants, qui s'étaient réfugiés au Brésil en 1807 [1] et y résidaient encore, ce pays avait été défendu, comme une possession britannique, par les forces anglaises, contre Napoléon. Lord Beresford y exerçait l'autorité d'un véritable vice-roi. Le cabinet de Saint-James était tout-puissant à Lisbonne, comme à Rio-de-Janeiro. Il ne pouvait lui convenir de voir l'empire lusitanien, qu'il exploitait comme son bien, assailli et démembré au profit d'un État soumis à l'influence de la Russie et à celle de la France [2]. L'Angleterre n'approuvait point que le Brésil se fortifiât en s'adjoignant une partie des colonies espagnoles, car il n'était pas de son intérêt que les Portugais pussent jamais se passer d'elle. Elle fit donc des représentations à la cour de Rio sur l'occupation de la Bande-Orientale et déclara ne pas vouloir se prêter à ses vues ambitieuses sur la Plata [3]. Mais elle manifesta d'autre part avec tant

1. Le prince des Algarves, Jean (né à Lisbonne en 1789), fils aîné de la reine de Portugal Marie Iʳᵉ, exerçait la régence depuis 1792, époque où sa mère était tombée en démence; à l'approche de Junot, chargé par Napoléon d'occuper le Portugal, il avait quitté Lisbonne et était allé s'établir au Brésil. En 1815, il érigea cette colonie en royaume, sans la détacher de l'empire lusitanien. Sa mère étant morte le 16 mars 1816, il lui succéda comme roi sous le nom de Jean VI. Il ne rentra dans ses États d'Europe qu'en 1821, et il mourut en 1826.

2. Il ne faut pas perdre de vue la parenté assez étroite qui unissait Louis XVIII et Ferdinand VII. Tous deux descendaient du Grand Dauphin, fils de Louis XIV. En outre, plusieurs alliances de famille avaient eu lieu, durant le xviiiᵉ siècle, entre les maisons royales de France et d'Espagne.

3. La reine Carlotta, femme de Jean VI et sœur de Ferdinand VII, avait jadis essayé, sans succès, de se faire décerner par les Cortès de Cadix la régence d'Espagne. Elle intriguait beaucoup maintenant pour faire ériger les provinces de la Plata en un royaume dont elle espérait devenir souveraine. Il

d'énergie son opposition à tout projet d'attaque contre le Portugal que le czar dut, une fois de plus, battre en retraite.

Il est vrai que si Alexandre céda sur ce point, il ne tarda pas à menacer le gouvernement anglais sur un autre. C'est en effet à l'instigation de Tatistcheff que Ferdinand VII réclama, vers le milieu de 1817, l'aide de la Sainte-Alliance contre ses sujets révoltés du nouveau monde. Six mois après (janvier 1818), le czar faisait adresser aux grandes cours européennes un mémorandum ayant pour but de les déterminer à des mesures collectives contre les colonies insurgées. On devine l'accueil fait à un pareil projet par l'Angleterre, qu'il visait en plein cœur. La politique sournoise du cabinet britannique tendait en effet à faciliter, sans en avoir l'air, aux établissements espagnols d'Amérique la conquête de leur indépendance, beaucoup plutôt qu'à les ramener sous le joug de la métropole. Depuis plus de cent ans la Grande-Bretagne travaillait à ruiner la puissance coloniale de l'Espagne[1]. En présence d'une révolution qui devait avoir pour effet de substituer à un empire rival du sien une foule de petites républiques, vassales impuissantes et de sa politique et de son commerce, elle était presque au comble de ses vœux. Si Castlereagh et Liverpool étaient trop attachés au principe d'autorité ou simplement aux convenances diplomatiques pour approuver ouvertement l'insurrection des Hispano-Américains contre un souverain reconnu et jadis protégé par la cour de Londres, ils étaient, d'autre part, trop bons Anglais pour ne pas souhaiter passionnément le triomphe des révoltés. Il va sans dire qu'ils repoussèrent les demandes d'Alexandre comme celles de Ferdinand VII. Tout au plus offraient-ils à ce dernier, comme ils l'avaient fait précédemment[2], la médiation particulière de l'Angleterre, demandant au roi d'Espagne de rendre Olivenza et de transformer ses colonies en une ou plusieurs principautés indépendantes au profit d'un ou de plusieurs princes de sa maison. Cette proposition devait être rejetée avec indignation, et ils le savaient bien. Aussi n'y attachaient-ils point d'importance. Mais ils travaillaient

est vrai que dès 1816 le congrès de Tucumann avait rendu bien improbable la réalisation d'un pareil programme.

1. Elle avait été en guerre avec l'Espagne de 1701 à 1713, de 1719 à 1720, de 1726 à 1727, de 1739 à 1748, de 1761 à 1763, de 1779 à 1783, de 1796 à 1802, de 1803 à 1808.

2. En 1814 et en 1815.

d'autre part fort sérieusement en faveur des insurgés. Un chargé d'affaires de la Confédération argentine, Rivadavia, était reçu et traité à Londres comme si cette république eût déjà été reconnue. Bolivar et les autres chefs de l'insurrection recevaient sans cesse de Londres, de Liverpool, ou de la Jamaïque [1], des secours en argent, en munitions, en armes ; des volontaires anglais couraient en foule les rejoindre, et le plus illustre d'entre eux, l'amiral Cochrane [2], allait avec éclat leur offrir son concours, sans que le ministère fît rien pour le retenir.

IV

De ce côté donc, comme en Orient, l'Angleterre neutralisait les efforts du czar. Mais dans le même temps ce souverain lui causait (à elle aussi bien qu'à l'Autriche) de cruelles alarmes par son intimité croissante avec le gouvernement français. L'alliance de Louis XVIII lui paraissait, non sans raison, beaucoup plus précieuse et plus désirable que celle de Ferdinand VII. Aussi travaillait-il de manière à ce qu'elle ne pût, à un moment donné, lui échapper. Ce n'est pas qu'il eût personnellement beaucoup d'amitié ni beaucoup d'estime pour ces Bourbons, qu'il avait restaurés et qui, au congrès de Vienne, l'avaient payé de si mauvais offices. Il eût peut-être vu sans trop de peine leur chef remplacé sur le trône par un autre prince dont quelques conspirateurs prononçaient le nom en 1816 [3]. Mais il n'allait point jusqu'à souhaiter que la France

1. Principale possession des Anglais dans la mer des Antilles.
2. Cochrane (Alexandre-Thomas, comte de), né le 14 décembre 1775 ; exclu de la marine anglaise et de la Chambre des communes à la suite d'un procès retentissant, il entra au service de la république chilienne, qui lui donna le commandement de sa flotte en 1818 ; démissionnaire en 1823, il accepta celui de la marine brésilienne, puis en 1827 celui de la flotte des Hellènes. Rentré en Angleterre, devenu, par la mort de son père, comte de Dundonald (1831), il reprit son rang dans la marine britannique (1832), fut élevé au rang de vice-amiral (1842) et fut en 1847 nommé commandant en chef de la flotte anglaise dans les stations de l'Amérique du Nord et des Indes occidentales. Il mourut en 1860.
3. Il s'agissait du prince d'Orange, Guillaume, né en 1792, fils aîné du roi des Pays-Bas, Guillaume Ier, auquel il succéda en 1840, et mort en 1849. Ce personnage avait épousé en 1816 la grande-duchesse Anna-Paulowna, sœur d'Alexandre. Il était brave, hardi, ambitieux. Certains des réfugiés français qui vivaient alors à Bruxelles songeaient à se servir de lui pour renverser

subît une nouvelle révolution. Ce qu'il voulait à ce moment, c'était que le gouvernement de la Restauration fût assez sage pour ne pas provoquer de nouveaux ébranlements à l'intérieur et acquît assez de force pour pouvoir le servir plus tard. Or Louis XVIII ne pouvait évidemment s'affermir sur le trône qu'en se séparant des ultra-royalistes, qui formaient la majorité de la Chambre *introuvable* et dont le zèle réactionnaire n'était propre qu'à le compromettre vis-à-vis de la nation. Aussi, tandis que Tatistcheff, à Madrid, fermait les yeux sur l'absurde et atroce tyrannie qu'exerçaient Ferdinand VII et sa camarilla, l'ambassadeur de Russie à Paris, Pozzo di Borgo, avait ordre de soutenir les principes constitutionnels et de combattre les adversaires de la Charte. Alexandre, qui, en septembre 1815, était parvenu à faire appeler le duc de Richelieu, son ami, à la direction de nos affaires, tenait à ce que ce personnage restât longtemps ministre. M. de Richelieu, royaliste dévoué, mais éclairé, avait dans le caractère autant de modération que de loyauté. Il n'aimait pas la Charte, mais il avait assez de bon sens pour comprendre que hors de ce pacte il n'y avait pas de salut pour la monarchie. Les lois d'exception, les vengeances, les proscriptions, la *Terreur blanche* enfin, le faisaient trembler pour l'avenir du régime qu'il servait. Les *ultras* et leur chef le comte d'Artois le haïssaient, le dénonçaient comme un jacobin et conspiraient ouvertement sa chute. C'est à l'intervention des *Alliés*, intéressés à ce que la France ne fût pas troublée, mais surtout à celle de la cour de Russie, qu'il dut non seulement d'être maintenu au pouvoir, mais d'être débarrassé pour un temps de ses bruyants adversaires. Louis XVIII, averti à plusieurs reprises, par Pozzo di Borgo, ou de sa part, du danger que faisait courir à sa couronne la politique insensée de la Chambre *introuvable*, décréta le 5 septembre 1816 la dissolution de cette assemblée. De nouvelles élections donnèrent bientôt naissance à une représentation plus sensée, où l'élément bourgeois et constitutionnel tenait la plus grande place. Le ministère, heureusement

---

Louis XVIII. Ils comptaient que l'empereur de Russie soutiendrait son beau-frère. L'un d'eux, l'avocat Teste, alla en 1816 à Varsovie soumettre ce projet chimérique au grand-duc Constantin, qui le communiqua au czar. Ce dernier ne le repoussa pas péremptoirement. L'Ordonnance du 5 septembre, dont il est question un peu plus loin, le détermina à y renoncer.

remanié [1], put, durant les années 1817 et 1818, travailler avec suite et profit au relèvement de la France et faire voter quelques bonnes lois [2]. La confiance qu'il inspirait à l'Europe était déjà telle en février 1817 que le corps étranger d'occupation, fixé à cent cinquante mille hommes par le traité du 20 novembre, fut, à cette époque, sur les instances du gouvernement russe, réduit à cent vingt mille. Le duc de Richelieu put, dès lors, espérer que la complète libération du territoire français aurait lieu avant la fin de l'année suivante.

V

Si la politique du czar était absolutiste en Espagne et constitutionnelle en France, elle était en d'autres pays hardiment libérale, ce dont gémissait Metternich. Cet homme d'État se sentait particulièrement atteint par les menées d'un prince qui déchaînait, disait-il, la Révolution, mais qui, dans ses entraînements, avait assez de sang-froid pour ne la déchaîner que dans les États de ses adversaires. Contrarié par l'Autriche en Orient, Alexandre se vengeait en faisant appel contre cette puissance aux sentiments populaires. L'Italie, garrottée par la cour de Vienne, n'aspirait qu'à rompre ses liens. La Russie semblait l'y encourager par les nombreux agents qu'elle envoyait dans la péninsule et dont Metternich, au cours d'un long voyage qu'il y fit en 1817, constatait avec mauvaise humeur la présence et les succès. Déjà les idées de constitution et de liberté, que le ministre autrichien croyait avoir étouffées, renaissaient de toutes parts sous les pas des propagandistes. Les *sectes* minaient partout l'ordre établi; le carbonarisme se reformait. En

1. Ce cabinet avait été ainsi constitué le 26 septembre 1815 : Présidence et affaires étrangères, le duc de Richelieu; — Intérieur, le comte de Vaublanc; — Guerre, le duc de Feltre; — Marine, le comte Dubouchage; — Finances, le comte Corvetto; — Police, le comte Decazes; — Justice, le comte de Barbé-Marbois. — Depuis, Vaublanc et Barbé-Marbois y avaient été remplacés par Lainé et le comte Dambray (8 mai 1816). Le parti modéré y fit encore entrer le maréchal Gouvion-Saint-Cyr, qui succéda le 23 juin 1817 à Dubouchage, et le comte Molé, qui, le 23 septembre suivant, fut nommé ministre de la marine, tandis que Gouvion-Saint-Cyr passait au département de la guerre.
2. Notamment la loi électorale du 5 février 1817 et la loi du 10 mars 1818 sur la réorganisation de l'armée.

Allemagne, plusieurs souverains, comme ceux de Saxe-Weimar, de Bade, de Wurtemberg, qui, grâce à des alliances de famille [1], subissaient plus particulièrement l'influence du czar, avaient pourvu ou étaient disposés à pourvoir leurs États de constitutions peu démocratiques sans doute, mais suffisantes pour donner aux peuples l'idée du gouvernement parlementaire. Les émissaires de la *Société biblique*, fondée par Alexandre en Russie, distribuaient à profusion, dans toute l'Europe centrale, les Évangiles en langue vulgaire, encourageaient les déshérités, les pauvres, les opprimés et propageaient, au dire de Metternich, non la lumière, mais l'incendie. L'Égérie du czar, Mme de Krüdener, prêchait en Suisse des doctrines chrétiennes et égalitaires dont elle ne sentait peut-être pas toute la portée, mais que le chancelier autrichien considérait comme mortelles pour le principe d'autorité. Enfin l'auteur de la Sainte-Alliance semblait s'offrir comme exemple à tous les souverains quand, fidèle à ses promesses, il mettait en vigueur la constitution dont il avait doté la Pologne et donnait à entendre que la Russie elle-même recevrait peut-être un jour de lui un bienfait semblable (février 1818).

L'agitation, très réelle, qui commençait à se répandre en divers États et faisait craindre à Metternich de prochaines tempêtes, était, du reste, causée beaucoup moins par les encouragements donnés aux peuples que par le régime de compression à outrance que certains gouvernements érigeaient, pour ainsi dire, en dogme. Sans parler des petits États d'Allemagne et d'Italie, où le despotisme le plus étroit et les privilèges les plus surannés étaient religieusement restaurés, trois grands gouvernements se posaient vis-à-vis du czar comme les champions de la réaction en Europe. C'étaient l'Angleterre, la Prusse et l'Autriche. Sans doute les ministres anglais, tenus dans leur pays à respecter le Parlement, ne pouvaient au dehors se prononcer ouvertement contre les principes constitutionnels. Mais ils ne les soutenaient nulle part. Ils les avaient sacrifiés, sans mot dire, en Italie et ailleurs, aux convenances de la cour de Vienne, et Castlereagh, tout en sauvant les apparences, marchait en réalité sur la même ligne que Metternich.

---

1. Alexandre avait épousé une sœur du grand-duc de Bade; Charles-Frédéric, héritier présomptif du grand-duché de Saxe-Weimar, et Guillaume Ier, roi de Wurtemberg (depuis 1816), avaient pour femmes deux sœurs du czar.

Ce dernier, d'autre part, n'avait pas eu de peine à ramener
dans la voie de la contre-révolution le roi de Prusse, Frédéric-
Guillaume III, prince dévot et timoré, que les idées modernes
effarouchaient et qui, après avoir promis une constitution à son
peuple pour l'entraîner aux armes [1], hésitait maintenant à tenir
son engagement. Ce souverain, que les complaisances récentes du
czar pour la France [2] avaient singulièrement refroidi à l'égard
de la Russie, subissait chaque jour plus docilement l'influence
du ministre autrichien, qui lui représentait sans cesse le péril du
« jacobinisme » comme imminent et mortel pour la Prusse, pour
l'Autriche, pour l'Allemagne entière. Les Stein, les Hardenberg,
les Humboldt, qu'effrayait moins le mot de liberté, voyaient baisser
leur crédit à la cour de Berlin. Au bout de deux longues années,
la constitution annoncée n'avait pas encore vu le jour; le roi ne
parlait plus de partager l'autorité avec la nation et n'offrait à la
Prusse que des états provinciaux, purement consultatifs en matière
politique (encore ne devaient-ils être institués que longtemps
après) [3]. Quant à l'Autriche, le souverain de cet empire n'avait
rien promis. La centralisation la plus minutieuse (et souvent la
plus ridicule) était à ses yeux l'idéal du gouvernement. Empêcher
les sujets de penser et de vouloir, et, contrairement au plan de
Joseph II, tenir rigoureusement séparées par les langues et par
les lois (pour les tenir impuissantes) les diverses nationalités dont
le sort l'avait fait maître [4], c'est à quoi devait s'appliquer jusqu'à la
fin de son règne l'empereur François Ier, secondé par son grand
chancelier. Il n'est pas étonnant qu'animés de tels sentiments les
cabinets de Vienne et de Berlin ne fussent guère disposés à favoriser les aspirations nationales et populaires de l'Allemagne à la
diète fédérale de Francfort. Cette assemblée, qui, du reste, ne
représentait que des princes, ne fut réunie pour la première fois
que le 5 novembre 1816 [5]. Les deux premières années de son
existence ne furent pour ainsi dire qu'un long piétinement sur

1. Le 22 mai 1815, un peu avant Waterloo.
2. En 1814 et surtout en 1815.
3. En 1823.
4. Cette intention éclate dans la correspondance de Metternich. (Voir le
tome III de ses *Mémoires et écrits divers*, passim.)
5. Sous la présidence du comte de Buol-Schauenstein, plénipotentiaire
d'Autriche.

place. Rien, absolument rien, ne fut fait pour assurer à l'Allemagne les libertés générales, les garanties de justice fédérale ni même les réformes économiques qui lui avaient été solennellement promises. A grand'peine la diète adopta-t-elle, en septembre 1818, à la veille du congrès d'Aix-la-Chapelle (parce que la Confédération ne pouvait rester désarmée au moment où la France reprenait possession d'elle-même) les bases d'une organisation militaire dont elle devait, du reste, discuter longtemps encore les détails. Quand on se rappelle que l'acte fédéral du 8 juin 1815 n'autorisait le vote des lois fondamentales ou organiques qu'à l'unanimité, on n'a pas de peine à comprendre une pareille impuissance. Mais ce que l'on conçoit aussi aisément, c'est l'irritation profonde que la politique austro-prussienne répandait alors en Allemagne. Plus ce régime de déception se prolongeait, plus grandissait le mécontentement de la classe éclairée, qui s'était levée en 1813 comme un seul homme au nom de la patrie commune et de la liberté. Les universités devenaient des foyers de conspiration. La *Burschenschaft* et d'autres associations analogues couvraient toute l'Allemagne de leurs ramifications. La jeunesse s'exaltait jusqu'au fanatisme. Les partisans du morcellement et du despotisme étaient voués à l'opprobre. On allait bientôt les vouer à la mort. A la fête de la Wartbourg, en octobre 1817 [1], on brûlait déjà leurs écrits. Ne s'en prendrait-on pas ensuite à leurs personnes?

VI

Metternich l'affirmait pour sa part, suppliant sans relâche l'empereur Alexandre de l'aider à faire cesser un état de choses aussi alarmant pour tous les souverains et que la politique russe, à son sens, n'avait pas peu contribué à produire. Il lui représentait sous les couleurs les plus sombres cette effervescence révolutionnaire qui, d'Italie et d'Allemagne, allait, disait-il, gagner toute l'Europe, mettre en péril toutes les couronnes. Qu'adviendrait-il si, au contact de tant d'éléments de combustion, le plus redoutable foyer du

1. De nombreuses députations s'y rendirent des diverses parties de l'Allemagne, pour célébrer le troisième centenaire de la Réforme et le quatrième anniversaire de la bataille de Leipzig.

jacobinisme, c'est-à-dire la France, allait se rallumer? Qui donc
en Europe échapperait à l'incendie? Le temps pressait, la terre
classique de la Révolution allait être sous peu évacuée par les troupes alliées. Tout était perdu si d'ici là le plus puissant des souverains ne renonçait pas à une politique incohérente et téméraire,
qui troublait le repos du monde et surexcitait chaque jour l'audace
des démagogues. Il fallait rentrer au plus tôt, et sans réserve, dans
les voies de la grande alliance, prendre à l'égard de la France de
nouvelles sûretés et ne lui rendre qu'en apparence la liberté de ses
mouvements. Ce langage, du reste, Metternich n'était point seul à le
tenir. Les ministres prussiens et anglais ne se montraient pas moins
pessimistes. Le czar était déjà ébranlé par leurs objurgations. Les
communications qu'il reçut de Paris vers le milieu de 1818 étaient
également de nature à l'effrayer fort et à modifier son attitude politique. Le comte d'Artois, héritier présomptif de Louis XVIII, lui
fit en effet adresser à cette époque par un de ses confidents, le baron
de Vitrolles, une « note secrète » [1] où le royaume était représenté
comme prêt à s'abîmer sous les efforts du parti révolutionnaire ; il
fallait au plus tôt remplacer le ministère Richelieu par un cabinet
franchement et résolument royaliste (on imagine ce que cela voulait
dire dans la langue des ultras) ; il serait même bon de prolonger
l'occupation militaire ; car si l'évacuation avait lieu en 1818, le
parti de l'ordre ne pouvait pas répondre qu'elle ne fût suivie d'une
explosion de jacobinisme dont toute l'Europe serait ébranlée.

Il va sans dire que Richelieu et ses collègues, qui eurent connaissance de cette singulière démarche, firent de grands efforts
pour rassurer le czar, aussi bien que les autres souverains. Mais ils
n'effacèrent pas entièrement les impressions nouvelles que l'âme
d'Alexandre venait de recevoir. Sans doute ce prince ne retira pas

1. Dans le même temps, les *ultras*, qui avaient ou croyaient avoir pour eux
une partie de la garde royale, organisaient un complot tendant à l'enlève-
ment des ministres, qu'ils se proposaient d'enfermer au fort de Vincennes.
Après ce coup de main, ils devaient sommer le roi de former un nouveau
cabinet composé de leurs propres chefs, et, en cas de refus, le déclarer incapable de gouverner et appeler au pouvoir, à titre de régent ou de lieutenant
général, son frère le comte d'Artois. C'est ce qu'on appela la *Conspiration du
bord de l'eau*, du nom de la terrasse des Tuileries où les énergumènes de ce
parti avaient l'habitude de se promener. Cette machination fut éventée vers
la fin de juin 1818 par le ministère, qui eut aussi connaissance de la note de
M. de Vitrolles et la publia peu après sous ce titre : *Note secrète exposant les
prétextes et le but de la dernière conspiration.*

sa confiance au ministère dont il avait été le parrain. Mais il le soutint dès lors plus mollement que par le passé. Il ne crut pas non plus l'état de la France assez grave pour exiger une prolongation d'occupation qu'aucune des puissances alliées ne déclarait nécessaire. Il resta désireux d'assurer aux vaincus de Waterloo une rentrée honorable dans le directoire européen. Il les aimait et souhaitait encore de les avoir un jour pour auxiliaires. Mais, en attendant, il croyait bon de coopérer aux précautions nouvelles que Metternich proposait de prendre contre eux. De même que, sans renoncer à ses projets sur l'Orient et sur l'Amérique, il avait reculé devant l'opposition qu'ils avaient fait naître ; de même, tout en gardant une prédilection platonique pour la liberté, cette âme légère, versatile, tournait sans trop de peine au vent de la contre-révolution. Il s'évertuait maintenant à décourager les patriotes allemands. Il demandait à Richelieu de modifier dans un sens aristocratique la loi électorale de 1817. Il allait enfin, contrairement à ses propres desseins, se conformer dans les conférences d'Aix-la-Chapelle au programme de Metternich et de Castlereagh. Il n'était pas du reste au terme de ses revirements.

VII

Depuis le traité du 20 novembre, la France n'avait cessé de remplir avec autant de bonne foi que d'exactitude les obligations que lui avait imposées la quadruple alliance. Des emprunts — fort onéreux du reste — lui avaient permis de combler à plusieurs reprises l'énorme déficit de son budget, de payer avec régularité les pactes échus de l'indemnité de guerre et de hâter le règlement des créances étrangères qui demeuraient à sa charge. Cette dernière question, qui avait donné lieu à des négociations fort longues et fort compliquées, était entièrement résolue à la fin d'avril 1818. La liquidation des dettes dont il s'agit avait coûté cinq cents millions à la France. Mais, après cette opération, les *Alliés* ne pouvaient persister à occuper un pays qui, très prochainement, ne leur devrait plus rien, et à protéger militairement un gouvernement qui était capable de se garder lui-même. Grâce à la loi Gouvion Saint-Cyr [1], l'armée

1. Cette loi rétablissait la conscription militaire, dont les Bourbons avaient à la légère promis l'abolition en 1814, fixait le contingent à 40 000 hommes

française se reconstituait à vue d'œil. Le concours des troupes étrangères devenait donc inutile à Louis XVIII. Il faut ajouter que les quatre puissances commençaient à trouver dangereux pour leurs soldats le contact d'un pays où était encore si vivant l'esprit de la Révolution et d'où il était à craindre qu'ils ne rapportassent des idées *subversives* pour le principe monarchique [1]. Aussi, dès les premiers mois de 1817, avaient-elles décidé en principe de ne pas retarder l'évacuation au delà de l'année suivante. Mais, avant d'en fixer irrévocablement la date, les chefs du directoire européen se réservaient d'examiner, dans une de ces réunions solennelles dont le traité du 20 novembre avait prescrit la périodicité, jusqu'à quel point l'état de la France leur permettait de relâcher le droit de tutelle qu'ils s'étaient arrogé sur elle. Après les arrangements financiers d'avril 1818, il fut entendu que ces assises diplomatiques se tiendraient à Aix-la-Chapelle et qu'elles auraient lieu au mois de septembre suivant.

Mais il ne suffisait pas que la date des conférences fût ainsi fixée. Il fallait aussi que l'Europe sût exactement quelles puissances y seraient admises et quelles affaires y seraient traitées. C'étaient là des questions graves et que les chancelleries débattaient depuis plus d'un an. Dans le courant de 1817, le czar, qui croyait à l'efficacité des congrès en tout temps et en toute matière, avait, à plusieurs reprises, recommandé vivement l'idée d'une réunion plénière, comme celle de Vienne en 1814, et d'un programme illimité. Il y eût trouvé son compte. Car s'il tenait, par exemple, à ce que l'Espagne fût admise au congrès, c'était dans l'espoir que la question des colonies y serait discutée et résolue selon ses vœux, c'est-à-dire contre ceux de l'Angleterre. Aussi le cabinet britannique, d'accord du reste avec les cours de Vienne et de Berlin, qui redoutaient les entreprises du czar, repoussèrent-elles fort énergiquement ses propositions. On lui représenta qu'il s'agissait de traiter avec la France, et avec la France seule, qu'elle avait été assez forte, quoique vain-

pour le temps de paix, exonérait les soutiens de famille, admettait le remplacement, libérait les jeunes gens favorisés par le tirage au sort, prescrivait dans une large mesure l'avancement à l'ancienneté jusqu'au grade de colonel et ordonnait la formation d'une réserve dans laquelle les sous-officiers et les soldats seraient versés après six ans de service actif et devraient rester encore six années.

1. C'est l'appréhension qu'exprimaient à cette époque certains de leurs agents diplomatiques.

cuc, pour diviser la quadruple alliance au congrès de Vienne, qu'elle recommencerait si l'on faisait entrer avec elle au congrès des États secondaires, dont quelques-uns avaient intérêt à se déclarer ses clients, et si l'on consentait à discuter des questions sur lesquelles les quatre cours n'avaient pour le moment aucune chance de s'entendre. Et quand même la France ne se mettrait pas à leur tête, il ne fallait pas, disait-on, que ces gouvernements pussent troubler par de *nouvelles réclamations ou de nouvelles querelles* l'ordre et la paix rétablis depuis si peu de temps en Europe. Tout ce qu'on leur devait, c'était de ne pas traiter sans eux de leurs intérêts propres. Ces remontrances furent *longtemps impuissantes* sur l'esprit d'Alexandre. Mais quand il lui fut démontré que l'Angleterre, l'Autriche et la Prusse ne céderaient pas, il finit par se soumettre. Il fut donc entendu que les conférences auraient lieu simplement entre la quadruple alliance et le gouvernement français. Une circulaire, datée du 25 mai, signifia très nettement aux États de second ordre cette décision des quatre grandes cours. Ils réclamèrent ou boudèrent. L'Espagne protesta hautement, reprocha, non sans aigreur, à la Russie de l'abandonner. Mais le directoire européen ne modifia pas pour cela sa résolution.

La France dut donc encore une fois se présenter isolée et impuissante devant la quadruple alliance toujours compacte, toujours méfiante, et qui, si elle était disposée à lui accorder quelques satisfactions apparentes, n'entendait pas du tout lui rendre l'entière liberté de ses mouvements.

VIII

Richelieu, accompagné de Rayneval [1] et de Mounier [2], partit le 20 septembre pour Aix-la-Chapelle, où il trouva Frédéric-Guillaume,

1. Rayneval (François-Maximilien Gérard de), né à Versailles en 1778; attaché, sous le Consulat et au commencement de l'Empire, aux légations françaises de Suède, de Russie, de Portugal; premier secrétaire d'ambassade à Saint-Pétersbourg (1807-1812); secrétaire de légation et directeur du protocole au congrès de Châtillon (1814); premier secrétaire d'ambassade à Londres (1814); directeur des chancelleries au ministère des affaires étrangères (1815); sous-secrétaire d'État (1820); ministre plénipotentiaire en Prusse (1821), puis en Suisse (1825); ministre des affaires étrangères par intérim (1828); ambassadeur à Vienne (1829); ambassadeur en Espagne et pair de France (1832); mort à Madrid en 1836.

2. Mounier (Claude-Philippe-Édouard, baron), fils du constituant, né à Gre-

François Ier, Alexandre, et leurs ministres, sans compter les pléni-potentiaires anglais [1]. On lui fit grand accueil. Les pourparlers relatifs à l'évacuation durèrent à peine quelques jours. La question était résolue d'avance, et les Alliés se montraient d'autant plus empressés à complaire sur ce point au gouvernement français qu'il ne devait rien en coûter à leur politique. Un protocole du 2 octobre, converti le 9 en une convention officielle, fit connaître à Louis XVIII que les garnisons étrangères quitteraient nos places fortes le 30 novembre suivant, au plus tard [2]. Cette nouvelle remplit de joie toute la France, qui se crut à jamais délivrée d'une tutelle plus humiliante encore que ruineuse. La nation, qui depuis quatre années expiait si cruellement les excès politiques de Napoléon, se crut arrivée au terme de ses maux et jugea que, pleinement réconciliée avec les membres de la quadruple alliance, elle pourrait désormais exercer avec eux, sur le pied d'une égalité parfaite, ses droits de grande puissance. Elle ne se trompait pas entièrement, en ce sens que ses anciens ennemis ne pouvaient pas la tenir plus longtemps en dehors du directoire européen. Mais elle s'exagérait son relèvement, car les Alliés n'entendaient l'admettre parmi eux qu'à un rang inférieur et ne voulaient ni désarmer vis-à-vis d'elle ni cesser de la surveiller.

Dès la fin de septembre, le duc de Richelieu leur avait proposé de transformer la quadruple alliance en quintuple alliance par un traité en bonne forme, grâce auquel la France et les autres puissances du premier ordre eussent garanti solidairement la paix de l'Europe, eussent contracté les mêmes obligations et se fussent reconnu les mêmes droits. Mais la Russie seule parut l'approuver [3]. Les autres cours firent la sourde oreille. L'Angleterre, toujours hantée par le fantôme d'une entente franco-russe, répondit même, par l'organe de Castlereagh et de Canning [4], que si des circonstances impérieuses

noble en 1784; auditeur au conseil d'État (1806); intendant de Saxe-Weimar, puis de Basse-Silésie (1808); intendant des bâtiments de la couronne (1813); conseiller d'État (1815); président de la commission chargée de liquider les créances étrangères (1817); pair de France (1819); directeur général de l'administration départementale et de la police (1821); mort à Passy en 1843.

1. Castlereagh, Wellington et Canning.
2. Moyennant un dernier payement de 265 millions.
3. Note de Capo d'Istria, du 14 octobre.
4. Canning (George), né à Londres en 1770; élu membre de la Chambre des communes sous le patronage de Pitt en 1793; sous-secrétaire d'État en 1796;

l'avaient amenée à se départir envers nous du principe de non-intervention, qui était la base de sa politique, elle ne pouvait cependant reconnaître ni au gouvernement français ni à aucun autre le droit de se mêler de ses affaires intérieures, même par voie de réciprocité. L'Autriche et la Prusse approuvaient naturellement ce langage, — et le czar l'eût tenu lui-même, s'il eût été franc. Le cabinet britannique exposa, dans une note du 10 octobre, que ce qu'il s'agissait avant tout de fixer, c'était non la part que les vaincus de Waterloo prendraient dorénavant à la politique de la grande alliance, mais l'attitude que la grande alliance devrait tenir vis-à-vis d'eux pour les empêcher d'abuser de leur liberté. Il représenta, d'accord avec les cours de Vienne et de Berlin, que la France était, plus que jamais, un foyer de passions révolutionnaires et subversives, qu'à ce moment même elle donnait par des élections en grande partie favorables à l'opposition de gauche [1] l'exemple le plus alarmant. Bref, après quelques semaines de pourparlers, les plénipotentiaires des quatre puissances alliées se mirent d'accord sur les bases d'une convention qu'ils signèrent le 1er novembre et qui était la reproduction pure et simple des engagements pris par elles à Chaumont le 1er mars 1814 et à Paris le 20 novembre 1815. Par ce protocole, il fut arrêté qu'elles resteraient unies et mettraient au besoin leurs forces en commun pour rétablir en France l'ordre de choses qu'elles y avaient institué, dans le cas « où un bouleversement quelconque surviendrait en ce pays et menacerait le repos ou la sûreté de ses voisins ». Les ministres anglais stipulèrent, il est vrai, pour se couvrir vis-à-vis du Parlement, qui n'eût pas admis un engagement à la fois aussi général et aussi absolu, que leur gouvernement ne se croirait lié par le *casus fœderis* que dans le cas où un membre de la famille Bonaparte serait placé sur le trône ; dans tous les autres,

fondateur du journal *l'Anti-Jacobin* (1797); commissaire pour les affaires de l'Inde (1798); trésorier de la marine (1804-1806); ministre des affaires étrangères (avril 1807-septembre 1809); ambassadeur en Portugal (1814-1816); président du département des Indes (1816-1820); démissionnaire (1820); ambassadeur en Suisse; nommé gouverneur général de l'Inde; rappelé au ministère des affaires étrangères (1822); premier lord de la trésorerie (février 1827); mort à Chiswick le 8 août 1827.

1. Le cinquième de la Chambre des députés renouvelable en 1818 se composait de 55 députés, dont 36 ministériels, 13 ultra-royalistes et 6 libéraux. Les élections du 20 et du 26 octobre envoyèrent au Palais-Bourbon 28 ministériels, 4 ultra-royalistes et 23 libéraux (parmi lesquels on comptait La Fayette, Manuel et le général Grenier).

il se réservait d'examiner si les troubles dont la France serait le théâtre pouvaient vraiment porter atteinte à la tranquillité des États voisins et à la sûreté générale de l'Europe. Mais c'étaient là des précautions de pure forme, du moins de la part de Castlereagh, qui, en 1818 comme en 1815, était de cœur, sinon tout à fait de langage, avec la Sainte-Alliance conservatrice, telle que la voulait Metternich.

Après cet arrangement, que les quatre ne publièrent point, pour ne pas humilier la France au moment même où ils se donneraient l'air de lui rendre la liberté de ses mouvements, mais qui fut sans retard communiqué au duc de Richelieu, les Alliés crurent pouvoir sans danger associer Louis XVIII au directoire européen, mais sans contracter envers lui aucune obligation positive, et en spécifiant expressément qu'il aurait à défendre avec eux l'ordre de choses établi en Europe depuis 1815. Aucune convention nouvelle ne fut signée. Mais une note adressée le 4 novembre aux plénipotentiaires français engagea Sa Majesté Très-Chrétienne « à unir dorénavant ses conseils et ses efforts » à ceux des souverains d'Autriche, d'Angleterre, de Prusse et de Russie pour le maintien des nouveaux traités. Louis XVIII, à qui l'on garantissait sa couronne, n'avait garde de décliner cette invitation. Aussi son ministre fit-il savoir, le 12 novembre, que son maître, reconnaissant envers les quatre cours, l'autorisait à travailler désormais de concert avec elles au « maintien des traités existants et des rapports établis par eux et reconnus par tous les États de l'Europe ».

On voit en somme que si la France rentrait dans le concert des grandes puissances, c'était par une bien petite porte. Au moment même où les *Alliés* semblaient lui tendre la main, ils rédigeaient, par surcroît de précautions, le plan des dispositions militaires qu'ils auraient à prendre s'ils étaient appelés prochainement à la combattre. Mais ils voulurent bien tenir cette pièce secrète, comme le protocole du 1er novembre.

Ils firent de même à l'égard du protocole qu'ils conclurent le 15 novembre et par lequel était établi l'accord des cinq grandes cours. Il n'eût pas été sage en effet de proclamer trop haut le droit que s'arrogeaient, parce qu'ils étaient maintenant les plus forts, certains gouvernements de dominer l'Europe et de la maintenir de gré ou de force, par des congrès périodiques suivis au besoin d'exécutions militaires, dans les voies tracées par la Sainte-Alliance. Sans doute il était dit dans cette pièce qu'ils ne trancheraient jamais une question intéressant un autre État qu' « à la suite d'une invitation formelle de la part de ce dernier ». Mais ce n'était là qu'une garantie sur le papier; la quintuple alliance n'entendait par *États* que les *rois*, ne comptait pour rien les nations et se réservait de provoquer les invitations.

Tout étant ainsi réglé, le congrès d'Aix-la-Chapelle répandit par toute l'Europe une belle déclaration, datée, comme le protocole, du 15 novembre, et destinée à rassurer tous les cabinets sur les intentions des grandes puissances. On y lisait que l'alliance avait surtout à cœur de « respecter strictement les principes du droit des gens »; qu'elle donnerait toujours l' « exemple de la justice, de la concorde et de la modération », enfin que tous les efforts des souverains unis tendraient à « protéger les arts de la paix, à accroître la prospérité intérieure de leurs États et à réveiller ces sentiments de religion et de morale dont le malheur des temps n'avait que trop affaibli l'empire ».

Ces derniers termes laissaient percer la préoccupation capitale des Alliés, qui était de réagir sans cesse et en tous lieux contre les principes de la Révolution. Au fond ce qui résultait de plus clair du congrès, c'était ce qu'on ne disait pas, c'était l'assurance mutuelle des rois contre les peuples. En public, les diplomates se défendaient hautement d'avoir conspiré contre la liberté. En réalité, ils n'avaient pas fait autre chose; et si l'on en pouvait douter, l'on n'aurait plus à cet égard aucune incertitude après avoir lu les lignes suivantes écrites par Gentz, qui avait tenu la plume comme secrétaire aux conférences d'Aix-la-Chapelle et savait mieux que personne à quoi s'en tenir sur ce point :

« On n'y a discuté ni la forme des gouvernements ni le système représentatif, ni le maintien ou la modification des privilèges de la noblesse, ni la liberté de la presse, ni rien de ce qui touche aux intérêts de la religion. *On a soigneusement évité de donner prise à la malveillance et à l'indiscrétion* en consignant dans les actes formels des aveux ou des déclarations dont *chacun portait le principe dans son âme,* mais dont l'énoncé aurait pu provoquer des commentaires fâcheux ou des critiques hostiles. *On a fait mieux que cela.* Les souverains et les ministres ont compris ce que leur dictait le salut commun. Ils ont vivement senti le besoin d'une confiance réciproque et d'*un concert plus étroit que ceux que les traités peuvent établir*; ils ont sacrifié des intérêts secondaires..... et ont fait taire toute autre considération devant le devoir supérieur de *préserver l'autorité du naufrage en sauvant les peuples de leurs propres égarements*. Sans entrer dans des engagements superflus, ils se sont étroitement entendus sur la marche à suivre au milieu de la tempête. »

Il ressort de ce passage que la Sainte-Alliance, malgré les dénégations de Metternich, n'était point un vain mot; que les peuples n'avaient pas tort de la prendre au sérieux et de voir en elle une véritable croisade contre les principes de la Révolution. Il en ressort aussi qu'elle s'attendait à de prochains et formidables assauts. La suite de cette histoire montrera qu'elle n'avait pas tout à fait tort. On y pourra aussi démêler, mieux qu'on n'a pu le faire dans le présent chapitre, les causes intimes qui devaient en peu d'années la réduire à l'impuissance et, finalement, la dissoudre.

CHAPITRE IV

PREMIER RETOUR OFFENSIF DE LA RÉVOLUTION [1]

I. Le particularisme et la Sainte-Alliance. — II. L'Allemagne révolutionnaire en 1819. — III. Teplitz et Carlsbad. — IV. Les conférences de Vienne et l'Acte final de 1820. — V. La France libérale, Decazes et Richelieu. — VI. Révolutions d'Espagne et de Portugal. — VII. La révolution de Naples et le congrès de Troppau. — VIII. Révolution de Piémont, soulèvement de la Grèce et congrès de Laybach.

(1818-1821)

I

C'est de 1818 à 1821 que la Sainte-Alliance a montré le plus d'énergie et dévoilé avec le plus de hardiesse son programme de contre-révolution. Mais il s'en faut qu'elle ait eu dans sa politique, même à cette époque, l'uniformité de vues et la cohésion que sem-

1. SOURCES : Bianchi, *Storia documentata della diplomazia europea in Italia (1815-1861)*; — Bignon, *du Congrès de Troppau*; — Cantù, *della Indipendenza italiana*, t. II; — Castlereagh, *Correspondence*; — Colletta, *Histoire du royaume de Naples depuis Charles VI jusqu'à Ferdinand IV* (1734-1825), t. IV; — Costa de Beauregard, *la Jeunesse du roi Charles-Albert*; — Cornewall Lewis, *Histoire gouvernementale de l'Angleterre depuis 1770 jusqu'à 1830*; — Deventer (van), *Cinquante années de l'histoire fédérale de l'Allemagne*; — Gentz (F. de), *Dépêches inédites*, t. I; — Gervinus, *Histoire du XIXᵉ siècle*, t. IX, X, XI, XII, XVI et XVII; — Gordon, *History of the Greek revolution*; — Hardenberg, *Mémoires*; — Hyde de Neuville, *Mémoires et Souvenirs*, t. II; — Hubbard (G.), *Histoire contemporaine de l'Espagne*, t. II; — Juchereau de Saint-Denis, *Histoire de l'empire ottoman*; — Lesur, *Annuaire historique*, années 1818-1821; — Metternich (prince de), *Mémoires, documents et écrits divers*, t. III; — Martignac (de), *Essai historique sur la révolution d'Espagne*; — Pradt (de), *l'Europe après le congrès d'Aix-la-Chapelle*; — Saint-Marc-Girardin, *les Origines de la question d'Orient* (Revue des Deux Mondes, 1ᵉʳ mai 1864); — Soutzo (Alexandre), *Histoire de la révolution grecque*; — Vaulabelle (Ach. de) *Histoire des deux Restaurations*, t. V; — Viel-Castel (baron de), *Histoire de la Restauration*, t. VII, VIII, IX, X, etc.

blait comporter son titre. Chacune des puissances qui la formaient ne voulait combattre l'ennemi commun qu'à son heure, sur son terrain, dans la mesure fixée par ses intérêts propres. Aussi leurs divergences, leurs jalousies, leurs rivalités, dissimulées tant bien que mal pendant la paix, se manifestèrent-elles progressivement en présence d'une agitation générale qui paraissait devoir raviver chez les souverains le sentiment de leur solidarité.

Le particularisme que nous signalons se fait remarquer dès lors même chez celui des gouvernements alliés qui se proclamait le plus résolument conservateur et qui recommandait l'union avec le plus de persistance. Nous avons nommé l'Autriche.

II

Si le réveil des nationalités et le progrès des idées libérales paraissaient en tous lieux à la cour de Vienne choses fort dangereuses, c'est spécialement en Allemagne qu'elle croyait urgent de remédier au mal. Mais en ce pays, regardé par elle comme une annexe nécessaire de son domaine et où elle prétendait exercer une prépondérance exclusive, il ne pouvait lui convenir de partager le profit de la répression avec des puissances intéressées à restreindre son autorité sur la confédération germanique. Il va sans dire, par exemple, qu'elle n'y eût pour rien au monde appelé la France à seconder sa politique. Elle n'y voulait point voir non plus intervenir la Russie, qu'elle trouvait déjà si menaçante pour elle sur d'autres points. Il n'était pas jusqu'à l'Angleterre qu'elle ne souhaitât aussi de pouvoir en écarter, craignant sans doute que, par le Hanovre, l'influence britannique ne gagnât de proche en proche et ne parvînt à contre-balancer la sienne en Allemagne. A plus forte raison n'eût-elle pas été fâchée d'agir sans la Prusse, dont la sourde et persistante rivalité n'était pas sans l'inquiéter. Mais il n'était pas possible de se passer d'elle. Metternich sentait bien que s'il ne l'associait pas à sa réaction, il ne resterait au cabinet de Berlin qu'à prendre la direction du mouvement révolutionnaire. Il aimait donc mieux avoir la Prusse *dedans* que *dehors*. Le profit serait double : car il l'inféoderait à l'Autriche d'une part, et, de l'autre, la rendrait impopulaire. Aussi, pendant toute

l'année 1818, et même antérieurement, n'avait-il rien épargné
pour gagner à ses vues le roi Frédéric-Guillaume et le convaincre
de la nécessité où il était d'unir ses forces à celles de l'empereur
François pour refouler la *barbarie jacobine*.

Ce souverain, pénétré jusqu'aux moelles de doctrines absolutistes, n'avait pas été fort difficile à persuader. Metternich avait
même converti Hardenberg, moins peut-être par la force de ses
raisons que par une courtoise intimidation. Dès le temps d'Aix-
la-Chapelle, le plan de la contre-révolution allemande avait été
ébauché par le ministre autrichien, d'accord avec le chancelier
de Prusse [1]. Mais Frédéric-Guillaume, esprit vacillant, qui n'avait
de sa vie su prendre un parti sans retour, semblait, au commencement de 1819, repris de velléités libérales. Il parlait de nouveau — timidement — de donner enfin à son peuple la charte
promise en 1815, rappelait aux affaires Humboldt [2], précédemment
disgracié et qui l'entretenait dans ses nouvelles dispositions. Ce
ministre était autorisé à élaborer un plan de constitution. Stein en
discutait avec lui les points fondamentaux. On comprend cette
évolution quand on se rappelle que certains souverains allemands,
aussi peu épris — au fond — que le roi de Prusse des principes
de 1789, cherchaient à ce moment même à esquiver l'hégémonie
de Vienne ou de Berlin et à capter la sympathie de la nation alle-

1. C'est ce qui résulte des deux mémoires qu'il adressait le 14 novembre 1818
à Wittgenstein, après l'avoir communiqué à Hardenberg. Dans le premier, il
s'attachait à démontrer que le *système représentatif* serait funeste à la monarchie prussienne, que Frédéric-Guillaume ne devait pas se laisser lier les
mains et qu'il tiendrait suffisamment ses promesses en rétablissant les
anciennes institutions particulières des provinces, c'est-à-dire en créant des
États locaux, qui ne fussent pas organisés sur un modèle uniforme, qui
n'eussent entre eux aucun lien et qui, purement consultatifs, privés d'initiative, n'eussent que des attributions administratives. — Dans le second, il atta-
quait fort vivement les Universités, où les jeunes gens allaient, disait-il, se
former à la *discipline révolutionnaire*, les sociétés de gymnastique, qui
n'étaient, à ses yeux, que des foyers de jacobinisme, et la liberté de la presse,
qu'il était grand temps, selon lui, de refréner.
2. Humboldt (Guillaume de), poète, critique, philologue et homme d'État
(frère d'Alexandre de Humboldt), né à Potsdam le 22 juin 1767; — ministre
résident de Prusse à Rome (1802); — conseiller d'État et chef de la section
des cultes et de l'instruction publique (1808); ministre plénipotentiaire à
Vienne (1810); représentant de la Prusse au congrès de Prague (1813), puis
au congrès de Châtillon (1814), au congrès de Vienne (1814-1815); envoyé
extraordinaire à Londres (1816); — ministre d'État et membre de la commission chargée de préparer la constitution prussienne (1818); renvoyé le 31 décembre 1819; voué dès lors uniquement à l'étude; mort le 8 avril 1835.

mande en octroyant spontanément à leurs sujets le régime parlementaire. Ainsi, dès 1816, avait procédé le grand-duc de Saxe-
Weimar, imité bientôt par plusieurs de ses voisins [1]. Le roi de
Bavière, déçu dans les espérances d'agrandissement territorial
que lui avait fait naguère concevoir l'Autriche et désireux d'attirer
à lui la popularité qui se détournait de Frédéric-Guillaume, mettait en vigueur, dès le 26 mai 1818, une constitution, peu démocratique sans doute, mais qui n'en était pas moins une victoire
sérieuse pour le parti de la Révolution. Le grand-duc de Bade,
qui avait craint et craignait encore d'être dépouillé de plusieurs
provinces au profit des Bavarois, se hâtait d'en publier une beaucoup plus libérale (22 octobre 1818) [2]. Le roi de Wurtemberg,
voisin de l'un et de l'autre, avait cru devoir rédiger en 1817
un pacte dont il eût fait dès cette époque la loi fondamentale de
son pays, si diverses réclamations ne l'eussent forcé de le remettre
pour quelque temps à l'étude. Voilà pourquoi le roi de Prusse,
craignant de perdre tout crédit en Allemagne s'il ne suivait, du
moins en apparence, de pareils exemples, paraissait, lui aussi,
incliner vers le parti des concessions.

Mais Metternich, fort alarmé, lui remontra qu'il se perdrait par
cette faiblesse; que l'on ne faisait point sa part à l'esprit révolutionnaire; qu'il ne s'agissait point pour les agitateurs allemands
de fonder dans les divers États de la Confédération la monarchie
parlementaire, institution d'ailleurs détestable, mais de renverser
tous les trônes, d'abolir tous les pouvoirs, de bouleverser tous les
rangs et d'inaugurer dans l'Allemagne unifiée le règne sanglant de
la démagogie. Une certaine effervescence se manifestait effectivement, sinon dans le sud de l'Allemagne, où les sujets étaient jusqu'à un certain point satisfaits, du moins dans le centre et dans le
nord, où l'absolutisme, la bureaucratie et la féodalité, soigneusement restaurés, jetaient chaque jour de plus insolents défis à
l'esprit moderne. Là les Universités, jouissant, grâce à leurs anti-
ques privilèges, d'une indépendance presque absolue, étaient
devenues les foyers d'une propagande menaçante pour les cou-

1. Notamment par le duc de Saxe-Cobourg-Saalfeld en 1816 et par le duc
de Saxe-Hildburghausen en 1818.
2. Elle admettait par exemple fort nettement le principe de la responsabilité
ministérielle et celui de la publicité des débats parlementaires.

ronnes. La presse, favorisée dans certains petits États [1], répandait des doctrines unitaires et démocratiques qui, si elles ne passionnaient pas la masse de la nation, exaltaient jusqu'au fanatisme la jeunesse des écoles. Les associations politiques se multipliaient et commençaient à se relier entre elles. La *Burschenschaft* d'Iéna, fondée en 1816, devenait en octobre 1818 une fédération dans laquelle s'enrôlaient en masse les étudiants de presque toutes les Universités. On allait dans ces assemblées jusqu'à soutenir que la fin justifie les moyens, que toutes armes sont bonnes envers les traîtres ou les tyrans et que non seulement l'insurrection, mais le meurtre individuel peut être, dans certains cas, un acte méritoire.

Nul, dans l'entourage de Frédéric-Guillaume, n'osa plus taxer d'exagération les pronostics sinistres de Metternich quand on apprit l'assassinat de Kotzebue, écrivain célèbre, mais à ce moment fort impopulaire, que l'étudiant Karl Sand alla froidement poignarder à Manheim le 23 mars 1819 [2]. Le ministre autrichien, qui voyageait alors en Italie avec son maître, fut fort ému par cet événement; mais il se dit qu'à tout prendre c'était un fait heureux, parce que de l'excès du mal allait enfin naître le bien et qu'il ne serait plus possible au roi de Prusse de fermer les yeux

1. Surtout dans le grand-duché de Saxe-Weimar. Les principes constitutionnels étaient à cette époque défendus avec beaucoup d'éclat par la *Némésis*, de Luden; les *Archives de la constitution politique* (*Staatsverfassungsarchiv*); l'*Isis*, d'Oken; le *Journal de l'opposition* (*Oppositions blatt*); le *Nouveau Mercure rhénan*; l'*Ami du peuple* (*Volksfreund*), de Wieland. — Dans les provinces du Rhin, le *Mercure rhénan*, le *Veilleur* (*Wachter*), et autres feuilles violemment patriotiques donnaient le ton à la presse, qui se faisait surtout remarquer par ses attaques contre la France.

2. Kotzebue (Auguste-Frédéric-Ferdinand de), auteur dramatique et publiciste allemand, fameux dès sa jeunesse pour sa fécondité, la vivacité de sa plume, mais aussi pour sa vanité et son caractère versatile. Né à Weimar en 1761, il entra de bonne heure au service de la Russie, devint en 1792 président de justice du gouvernement de l'Esthonie, retourna en Allemagne, fut deux ans directeur du théâtre de la cour à Vienne (1798-1800), reparut en Russie, fut déporté, comme pamphlétaire, en Sibérie, mais, bientôt rappelé, devint directeur du théâtre allemand de Saint-Pétersbourg et conseiller aulique (1801). Il se retira ensuite à Weimar (1802), alla, après la bataille d'Iéna, rédiger à Saint-Pétersbourg des revues hostiles à la France, fut attaché en 1812 à l'armée russe comme écrivain officiel, contribua en 1813 par ses écrits au soulèvement de l'Allemagne et prit une certaine importance politique. Consul général de Russie en Prusse de 1814 à 1816, il fut en 1817 chargé par Alexandre Ier de lui rendre un compte périodique de l'état de l'opinion en Allemagne. C'est dans un sens tout à fait contraire aux aspirations germaniques du temps qu'il rédigea cette correspondance. De là l'indignation de la jeunesse universitaire, dont il fut victime.

devant le péril révolutionnaire. Toute sa correspondance, pendant les mois d'avril, de mai, de juin 1819, roule sur la nécessité de ramener au plus tôt l'Allemagne au repos par d'énergiques mesures de réaction. Il faut à tout prix étouffer le *jacobinisme*. Si certains princes, comme le grand-duc de Saxe-Weimar, ont semblé encourager les novateurs, il les confond avec ces derniers dans ses accusations et ses menaces. C'est une *clique* qui ne mérite aucun ménagement. Il faut guérir sans retard l'Allemagne d'une *gangrène* qui appelle le fer rouge. Du reste, si Metternich est fort résolu à sévir, son correspondant et son inspirateur ordinaire, Gentz, l'est encore plus que lui. Resté à Vienne, ce diplomate, qui voit les choses de plus près et que la peur rend intraitable, ne cesse de recommander au ministre une rigueur et une promptitude d'exécution faute desquelles c'en est fait, suivant lui, de la paix, non seulement en Allemagne, mais dans toute l'Europe. C'est lui, en somme, qui, sans en avoir l'air, dicte à son chef politique le programme — fort net et fort pratique — de contre-révolution dont ce vaniteux homme d'État ne manquera pas bientôt après de s'attribuer la paternité.

III

C'est par la diète fédérale que Metternich avait tout d'abord songé à faire élaborer les mesures de rigueur et de réaction que les circonstances rendaient, suivant lui, nécessaires. Gentz objecta, non sans raison, que cette assemblée, toujours divisée, toujours impuissante, ferait tout manquer par ses lenteurs, peut-être aussi par le mauvais vouloir de certains de ses membres. Il valait beaucoup mieux arrêter en dehors d'elle et sans elle les dispositions à prendre et les lui signifier ensuite impérativement, de façon qu'elle n'eût qu'à les enregistrer. Il fallait faire venir le roi de Prusse, s'entendre confidentiellement avec lui et, une fois que les cours de Vienne et de Berlin seraient pleinement d'accord, ouvrir pour la forme des conférences où les deux grandes puissances allemandes appelleraient leurs confédérés, moins pour discuter avec eux la législation nouvelle que pour la leur imposer. Deux réunions, qui n'auraient de publicité ni l'une ni l'autre, auraient

lieu successivement, la première à Carlsbad, la seconde à Vienne.
Celle de Carlsbad, la plus urgente, où l'Autriche et la Prusse
n'admettraient avec elles que quatre ou cinq États secondaires,
aurait pour but l'adoption immédiate des mesures répressives que
semblait motiver l'effervescence actuelle de l'Allemagne ; celle de
Vienne, où tous les membres de la confédération auraient des
représentants munis de pleins pouvoirs, serait consacrée à l'élaboration d'une loi fondamentale qui compléterait, rendrait plus
pratique et modifierait à certains égards l'acte fédéral de 1815.

Le programme de Gentz fut adopté par Metternich, qui, de
retour en Allemagne, se hâta de se rendre en Bohême, où Frédéric-
Guillaume se transporta de son côté vers la fin de juillet. Le roi de
Prusse qui, même après le meurtre de Kotzebue, avait montré
quelque hésitation à suivre le courant où le ministre autrichien
voulait l'entraîner, arrivait à Teplitz sous l'impression toute fraîche
d'un nouvel attentat révolutionnaire. Peu de jours auparavant [1], le
président de la régence de Nassau, Ibell, avait failli succomber
sous les coups d'un assassin. Dans le même temps des rassemble-
ments tumultueux avaient lieu sur divers points de l'Allemagne et
notamment dans le grand-duché de Hesse-Darmstadt, où ils devaient
encore se reproduire à plusieurs reprises. Le gouvernement prussien avait déjà supprimé des journaux, destitué des professeurs,
incarcéré des écrivains populaires, soumis les Universités et les
associations à une surveillance draconienne. Mais cela ne suffisait
pas ; il fallait qu'il s'enchaînât lui-même à la politique autrichienne,
et, pour prévenir toute objection, Metternich signifia net à Frédéric-
Guillaume que, s'il n'adoptait pas le plan de l'empereur François,
ce dernier l'abandonnerait à son sort en se retirant de la confédération germanique. Si la Prusse, lui dit-il, ne voulait pas être un
gouvernement digne de ce nom, elle n'avait qu'à le dire ; s'il lui
plaisait de se perdre, il ne convenait pas à l'Autriche de se perdre
avec elle. Dans ce cas, cette dernière puissance « se replierait sur
elle-même et suivrait, dans l'intérêt de son propre salut, une
marche bien différente de celle qu'elle avait adoptée jusqu'à ce
jour ». C'est ce qu'il était autorisé à déclarer par son maître qui,
quelques jours après, lui écrivait encore : « Si nous ne réussis-

---

1. Le 1er juillet.

sons pas,... il faudra que nous nous isolions et alors il faudra agir comme État d'Autriche, ainsi que l'exigera le bien de mes sujets. Voilà la menace que vous pourrez faire entendre si vous en voyez la nécessité. »

Cette menace était-elle bien sérieuse? Nous l'ignorons. En tout cas la tactique de Metternich réussit à merveille. Le pauvre roi de Prusse, tant de fois ballotté par la fortune, avait une telle peur de la Révolution et tremblait si fort à l'idée d'être réduit à ses propres ressources pour la combattre en Allemagne que, laissant de côté toute autre considération, il se résigna pour longtemps à n'être plus que le satellite docile de son puissant voisin. Si l'on veut comprendre pourquoi la cour de Berlin, à partir de ce moment et durant plusieurs années, ne fit plus parler d'elle et conforma presque servilement sa politique à celle de sa rivale, il faut se rappeler les entretiens secrets de Teplitz et la terreur avec laquelle Frédéric-Guillaume III s'était vu mettre si impérieusement le marché à la main par le principal ministre d'Autriche.

En trois jours (29 juillet-1er août) Metternich fit adopter tout son plan au roi de Prusse qui jura, non seulement de renoncer à son projet de constitution représentative, mais de coopérer de son mieux à l'abolition du parlementarisme dans toute l'Allemagne. Les deux grandes puissances étant d'accord pour faire la loi à la confédération, le rideau fut levé et la comédie préparée par Gentz put commencer.

Le premier acte fut exécuté à son entière satisfaction. Les conférences de Carlsbad s'ouvrirent le 7 août. Avec l'Autriche et la Prusse on y vit figurer les États suivants : Saxe, Hanovre, Bavière, Bade, Nassau, Wurtemberg, Mecklembourg, Hesse-Électorale et Saxe-Weimar. Dès le 30 août, elles étaient closes. A quels débats, à quels conflits avaient-elles donné lieu? le public ne le sut pas au juste; car elles étaient restées secrètes et leurs protocoles ne furent pas publiés. Mais le résultat final de ces assises diplomatiques ne tarda pas à être connu. Les décisions prises par l'assemblée de Carlsbad, et qui étaient simplement l'ultimatum dicté peu auparavant par l'Autriche à la Prusse, furent transmises par Metternich, avec un long rapport, à la diète de Francfort qui, d'après les ordres que chacun de ses membres avait reçus de son gouvernement respectif, les transforma dès le 20 septembre en lois fédérales.

Le premier de ces arrêtés était relatif au mode provisoire à employer pour assurer l'exécution des mesures édictées par la diète : pleins pouvoirs étaient accordés sous ce rapport à une commission de cinq membres tirée de ce corps, renouvelable tous les six mois et chargée de procurer force à la loi soit à l'amiable, soit au besoin par les armes. — Le second portait que chaque Université serait désormais placée sous la haute surveillance et l'autorité d'un curateur ou commissaire nommé par le souverain de l'État auquel elle appartenait; ce fonctionnaire devait surveiller l'*esprit* de l'enseignement, pouvait dénoncer, exclure, faire même emprisonner maîtres et élèves. Les gouvernements allemands s'engageaient réciproquement à éloigner les professeurs ou les étudiants qui leur seraient signalés comme dangereux par les curateurs et qui, une fois écartés d'une Université, ne pourraient plus dès lors être admis dans aucune autre. Toute société secrète ou non autorisée — et en particulier la Burschenschaft — devait être poursuivie et dissoute; quiconque serait convaincu d'en avoir fait partie serait déclaré indigne de tout emploi. — Venait ensuite le tour de la presse, dont le régime était réglé par le troisième arrêté : désormais, et en attendant une loi définitive qui serait portée dans cinq ans au plus tard, les publications périodiques et les écrits de moins de vingt feuilles d'impression seraient dans toute l'Allemagne soumis à la censure préalable; les autres publications pouvaient n'avoir à craindre qu'une législation répressive. Tout État devait poursuivre en son nom, sur la plainte d'un de ses confédérés, l'auteur d'un écrit publié sur son territoire; s'il s'y refusait, la diète ferait justice au nom de la confédération; cette assemblée pourrait du reste prendre par elle-même l'initiative des poursuites ou des suppressions de journaux qui, prononcées par elle, seraient sans recours. L'écrivain dont les hardiesses auraient amené l'interdiction d'un journal ne pourrait, de cinq ans, prendre part à la rédaction d'une autre feuille. Enfin la responsabilité des délits s'étendait non seulement aux rédacteurs en chef, mais aux éditeurs et aux imprimeurs. — C'étaient là des prescriptions pour l'avenir. Quant au passé, le dernier arrêté de la diète y pourvoyait par la création d'une commission d'enquête composée de sept membres et nommée par l'autorité fédérale. Ce conseil redoutable avait pour mission de rechercher « les faits, l'origine et les ramifications

multipliées des menées révolutionnaires et des réunions démago-
giques » qui venaient de troubler le repos des princes. Chaque État
devait lui fournir toutes facilités pour mener à bien son enquête ;
les autorités locales étaient mises partout à sa disposition ; la commission pouvait faire arrêter par réquisition tout individu suspect,
et, s'il y avait résistance à ses ordres, elle demanderait satisfaction
à la diète.

IV

Cette législation draconienne, immédiatement mise en vigueur,
fit régner pour longtemps en Allemagne une terreur profonde. Mais,
comme nous l'avons dit plus haut, l'Autriche et la Prusse n'y
voyaient que le moyen de pourvoir au péril du moment. Pour
assurer le repos de l'avenir et le rendre durable, ces deux puissances méditaient une loi permanente, qui leur permît d'interpréter
et d'appliquer dans le sens de leur politique l'acte fédéral de 1815.
Cette constitution n'était, on le sait, que l'organisation de l'impuissance et n'assurait pas à l'Allemagne un gouvernement, c'est-à-dire
un pouvoir central capable de vouloir, de décider et d'agir. On se
rappelle que l'Autriche avait tenu à la faire ainsi dans un moment
où la Prusse lui portait ombrage et pour empêcher cette puissance
de jouer un rôle prépondérant dans la confédération. Mais, maintenant que la cour de Berlin, terrorisée, marchait docilement derrière elle, la cour de Vienne inclinait à faire de la diète un pouvoir
vraiment fort, investi d'attributions législatives et exécutives grâce
auxquelles elle eût bientôt plié toute l'Allemagne à ses volontés.
Elle ne cachait pas que la constitution germanique, ainsi remaniée,
serait surtout pour elle un moyen d'abolir ou de modifier, dans un
sens monarchique, les constitutions locales octroyées par certains
souverains allemands. Pour prévenir la révolution violente on
avait les décisions de Carlsbad ; les conférences de Vienne devaient,
dans la pensée de Metternich, avoir pour résultat de rendre impossible même la révolution légale.

Mais le second acte de la pièce ne devait pas procurer au ministre
autrichien le même contentement que le premier. Si les deux principales cours allemandes s'entendaient maintenant pour opprimer

les petites, celles-ci, déconcertées au début, se rapprochaient pour résister de concert et en appelaient aux puissances étrangères, qui n'étaient pas toutes disposées à les soutenir, mais qui devaient toutes voir avec un certain plaisir l'Allemagne échapper à l'autorité absolue de l'Autriche et de la Prusse. Il y avait quelque chose d'inquiétant pour l'Europe dans la réalisation d'un programme permettant à ces deux États, qui ne se confondaient avec l'Allemagne ni par le territoire ni par la politique, d'utiliser à volonté, dans leur intérêt propre, toutes les forces de la confédération germanique. Aussi les cours de Berlin et de Vienne crurent-elles devoir, dès le mois d'octobre 1819, au moment où allaient commencer les nouvelles conférences, adresser à toutes les chancelleries les circulaires les plus rassurantes sur leurs intentions. Elles n'avaient travaillé, disaient-elles, que pour le repos du monde et le maintien de l'état de choses créé par les traités de 1815 ; elles allaient simplement continuer.

Devant de pareilles protestations, la France et l'Angleterre, quels que fussent leurs sentiments secrets, ne bougèrent pas. Il en fut autrement de la Russie, qui prit vers la fin de l'année une attitude assez hostile à l'égard de l'Autriche. L'empereur Alexandre avait reçu, en octobre, à Varsovie, la visite du roi de Wurtemberg, son beau-frère, qui, après avoir en toute hâte promulgué la constitution promise à ses sujets, pour qu'elle fût désormais un fait accompli (26 septembre), était allé invoquer sa protection au nom de la liberté, du principe monarchique et de la Sainte-Alliance, trois choses également chères au czar. Ce dernier n'entendait pas comme Metternich l'union étroite qu'il avait prétendu établir entre les souverains par l'acte mystique de 1815. Ce pacte signifiait à son sens que les monarques alliés devaient considérer comme les intéressant au même degré les difficultés politiques qui s'élèveraient sur tous les points de l'Europe ; que tout conflit entre plusieurs États appelait forcément l'intervention collective de l'Alliance et ne pouvait être terminé que par elle ; que, d'autre part, si l'insurrection des sujets contre les rois était inadmissible, les concessions volontaires des rois aux sujets étaient légitimes et devaient être regardées comme sacrées. Aussi Alexandre, sollicité du reste par d'autres membres de la Confédération germanique, était-il disposé à exercer au profit des États secondaires, menacés par l'Autriche et par la Prusse, une influence que pouvaient soutenir au besoin plusieurs centaines de milliers de soldats.

L'accumulation manifeste des troupes russes en Pologne pendant les derniers mois de 1819 semblait dénoter de sa part des intentions belliqueuses, au sujet desquelles la cour de Vienne lui fit délicatement demander quelques explications. Il répondit naturellement par les protestations les plus chaleureuses de son dévouement pour son fidèle allié l'empereur François, mais il ne désarma pas. Songeait-il vraiment à se jeter sur l'Autriche? Réservait-il ses forces pour les employer en Orient, où commençaient à s'amonceler des nuages menaçants? L'un et l'autre peut-être. En attendant que les circonstances le détérminassent à l'action, il engageait ouvertement, en décembre, par une circulaire de Nesselrode, les États allemands du sud à persister dans leur attitude d'opposition aux vues austro-prussiennes; et, ce qui était plus grave, il proposait nettement, en janvier, au gouvernement britannique d'intervenir avec lui en faveur des souverains menacés dans leur indépendance par le programme de Metternich. Le roi de Wurtemberg, se sentant bien soutenu, ne se bornait pas à disputer le terrain pied à pied aux conférences de Vienne, mais déclarait encore au mois de mars que les décisions qui y seraient prises devraient être discutées de nouveau, avec une entière liberté, par la diète fédérale. Allant plus loin, il demandait même que ces mesures, complément d'un acte délibéré au nom de l'Europe par le congrès de Vienne, fussent comme lui soumises à l'examen et à la sanction de l'Europe entière.

On ne se douterait pas, en lisant la correspondance de Metternich, des difficultés graves au milieu desquelles il se débattait péniblement pendant les conférences de Vienne. Ce diplomate vaniteux et roué, habitué à se tirer de tous les embarras, non seulement par le mensonge, mais par une affectation d'assurance qui, après avoir trompé ses contemporains, pourrait faire illusion à la postérité, avait pour tactique de se déclarer d'autant plus satisfait qu'il avait au fond moins sujet de l'être, d'autant plus triomphant que ses vues étaient plus contestées et sa politique plus en péril. Ne nous arrêtons donc pas à ses rodomontades, non plus qu'aux certificats d'infaillibilité qu'il se décerne complaisamment à chaque page; la vérité, c'est que, si ses projets avaient été adoptés presque sans réserve à Carlsbad, il n'en fut pas du tout de même à Vienne. Les conférences auxquelles étaient conviés, comme nous l'avons dit, avec les représentants de l'Autriche et de la Prusse, ceux de tous les autres États allemands, s'étaient ouvertes dès le 25 novembre 1819. Elles ne se terminèrent que le 15 mai 1820, par l'adoption d'un *acte final* qui était fort loin de répondre à ses vœux et à ses espérances. Sans doute le cabinet britannique, peu désireux, comme toujours, de complaire aux vues personnelles du czar, avait décliné l'invitation de ce souverain et, préoccupé à ce moment même de l'agitation démocratique dont l'Angleterre était le théâtre [1], n'avait cru devoir témoigner que peu d'intérêt pour le progrès des idées constitutionnelles en Allemagne. Mais, redoutant par-dessus tout un conflit austro-russe qui pouvait mettre l'Orient en feu, il avait cru devoir engager confidentiellement Metternich à de sérieuses concessions. Il en fallut bien faire, du reste, pour que le Wurtemberg et les gouvernements attachés à son parti se désistassent de leur appel à la diète et à l'Europe (avril 1820). En somme l'acte du 15 mai, converti peu après à Francfort en loi fondamentale de la Confédération germanique (8 juin), ne fut que la paraphrase de la constitution si vague et si lâche, si peu *gouvernementale*, que les princes allemands avaient adoptée en 1815. Il y était dit, il est vrai, qu'aucune constitution ne devrait être en désaccord avec le pacte fédéral ni porter atteinte aux droits de la souveraineté, partout incarnée dans la personne du prince. Mais s'il plaisait à ce dernier de partager avec la nation cette même souveraineté, on se demande comment il était possible de l'en empêcher. Les constitutions existantes étaient, du reste, maintenues et il était stipulé qu'elles ne pour-

---

1. Le blocus continental avait forcé les principaux États européens à se passer des produits britanniques et à donner un grand développement à leurs industries nationales. En outre, la crise agricole causée par la disette de 1816 et 1817 sévissait plus cruellement que partout ailleurs en Grande-Bretagne, où les tories, qui étaient alors au pouvoir et ne songeaient qu'à protéger les intérêts de la grande propriété, s'opposaient à l'introduction des céréales étrangères et maintenaient le prix du blé à 60 shillings le *quarter* (c'est-à-dire à 36 francs l'hectolitre). Aussi la population ouvrière manifestait-elle la plus vive agitation. Les chefs du parti populaire demandaient la réforme de la constitution; quelques-uns allaient même jusqu'à demander l'établissement du suffrage universel. Le ministère avait fait suspendre l'*habeas corpus*, restreindre la liberté individuelle. Ses brutalités avaient provoqué en diverses villes, et notamment à Birmingham, à Manchester (août 1819), de violentes émeutes, qu'il avait réprimées avec une extrême rigueur et auxquelles le Parlement avait répondu par la législation draconienne des *Six actes* (nov. 1819), digne pendant des *résolutions* de Carlsbad.

raient être modifiées que par des voies légales. Si l'on considère
que plusieurs d'entre elles étaient en contradiction manifeste avec
certaines prescriptions de la loi fondamentale elle-même, on voit
que cette dernière devait être en beaucoup de cas réduite vis-à-vis
d'elles à une parfaite impuissance. Sans doute aussi l'*Acte final*
prévoyait le cas de conflit entre plusieurs États confédérés ou de
résistance aux décisions de la diète. Mais comment y pour-
voyait-il? Ce n'était pas en instituant un tribunal fédéral, mais en
prescrivant, pour chaque cas, une procédure *austrégale* et des
mesures d'exécution si compliquées, si lentes qu'elles ne pouvaient
avoir que bien rarement une sanction quelque peu efficace. Aucun
État allemand ne pouvait s'unir en temps de guerre avec les
ennemis de la confédération, mais la confédération ne pouvait,
d'autre part, être entraînée malgré elle à prendre parti pour l'Autriche ou pour la Prusse dans leurs conflits particuliers avec des
puissances étrangères. Enfin la diète était bien proclamée souveraine, mais les États secondaires étaient parvenus à la réduire à
une immobilité et à une impuissance ridicules par le maintien de la
clause qui exigeait l'unanimité des suffrages pour l'adoption de toute
mesure d'intérêt général et de quelque importance [1]. La constitution
fédérale était donc en 1820, comme en 1815, incapable de procurer
à l'Allemagne une direction forte et de lui assurer, avec des
réformes vraiment nationales, les lois organiques qui lui manquaient. L'Autriche avait voulu en 1815 l'empêcher de marcher; il
lui était maintenant impossible de la mettre en mouvement, aussi
bien en arrière qu'en avant. Telle devait être encore pendant près
d'un demi-siècle la condition de cette partie de l'Europe ; et ce
n'est pas à la cour de Vienne qu'il était réservé de la modifier.

V

Si la politique de l'Autriche était contrariée en Allemagne, celle
de la Russie l'était aussi, et dans le même temps, en d'autres pays,
où le czar était particulièrement intéressé à combattre la Révolution. C'est surtout vers la France que se portaient en 1819 l'atten-

1. Voir plus haut, p. 60.

tion et la surveillance d'Alexandre. Les progrès du libéralisme
dans ce royaume lui causaient une inquiétude et une mauvaise
humeur qu'il ne prenait pas la peine de dissimuler. Au fond, ce
qu'il déplorait, sans oser le dire, c'était de ne plus pouvoir exercer
comme autrefois une influence prépondérante sur le cabinet des
Tuileries. Le duc de Richelieu avait quitté les affaires au mois de
décembre 1818. Cet homme d'État, au retour d'Aix-la-Chapelle,
avait voulu tenir l'engagement moral que les souverains alliés et
surtout l'empereur de Russie lui avaient fait prendre de modifier la
loi électorale de 1817, trop favorable suivant eux au parti libéral.
Mais la proposition qu'il avait faite sur ce point à Louis XVIII
n'avait pas été acceptée. Ce prince, qui n'avait jamais beaucoup
aimé le czar et qui, maintenant que l'évacuation du territoire français était accomplie, croyait pouvoir se passer de sa protection,
plaçait toute sa confiance en un personnage qui jalousait Richelieu
et aspirait à le supplanter. Ce favori, qui était le comte Decazes,
n'eut pas de peine à détacher le roi d'un ministre qu'il lui représentait comme inféodé à la politique russe et porté à se relâcher
de son ancienne fermeté vis-à-vis des *ultras*. Aussi, le duc ayant
offert sa démission, Louis XVIII l'accepta et forma un cabinet dont
le chef nominal était le général Dessolle, mais dont le chef réel fut,
dès le début, Decazes [1]. Ce dernier, qui avait reproché à Richelieu
de vouloir trop complaire à la contre-révolution, fut naturellement

1. Dessolle (Jean-Joseph-Paul-Augustin, marquis), né à Auch en 1767;
soldat de la Révolution; général de division en 1799; lieutenant de Moreau
en 1800; frappé d'une demi-disgrâce sous l'Empire pour son attachement à
ce général; ministre d'État et major-général des gardes nationales du
royaume en 1814; pair de France; créé marquis en 1817; ministre des
affaires étrangères et président du conseil (29 déc. 1818); mort à Paris
en 1828. — Decazes (Elie, duc), né à Saint-Martin-de-Laye (Gironde), en 1780;
avocat, juge au tribunal de la Seine (1805); conseiller de cabinet du roi de
Hollande (1807); secrétaire des commandements de l'impératrice mère et
conseiller à la cour impériale de Paris (1811); rallié aux Bourbons en 1814;
préfet de police (7 juillet 1815); pris en grande faveur par Louis XVIII, qui le
nomma ministre de la police au mois de septembre suivant; créé comte en
1816, pair de France en 1818; ministre de l'intérieur (déc. 1818); président
du conseil le 20 nov. 1819; renversé par les ultras en février 1820; créé duc
et membre du conseil privé; ambassadeur à Londres de 1820 à 1821; rallié à
Louis-Philippe en 1830; grand référendaire de la chambre des pairs de
1834 à 1848; mort en 1861. — Dans le ministère du 29 déc. 1818, les por-
tefeuilles des finances, de la justice, de la guerre étaient tenus par Louis,
de Serre et Gouvion-Saint-Cyr. Ils le furent par Roy, de Serre et Latour-
Maubourg dans celui du 20 nov. 1819, où Pasquier entra comme ministre des
affaires étrangères.

amené à se rapprocher du parti opposé. Grâce à lui, non seulement le mode électoral en vigueur ne fut pas changé [1], mais la liberté de la presse fut assurée — dans une assez large mesure — par des lois nouvelles [2]. Les anciens serviteurs de l'empire et même de la république commencèrent à reparaître, en assez grand nombre, dans les administrations. Cette évolution du gouvernement français ne manqua pas de froisser le czar, qui en avait conseillé une toute contraire. Mais ce qui l'irrita particulièrement, ce furent la déférence et les égards très significatifs du nouveau ministère pour la Grande-Bretagne, rivale naturelle de la Russie. Richelieu s'était appuyé sur le cabinet de Saint-Pétersbourg; c'était à la cour de Londres que Decazes demandait conseil et, au besoin, assistance. Pozzo di Borgo, ambassadeur d'Alexandre, était naguère consulté sans cesse par notre gouvernement, et presque toujours écouté. C'était maintenant le représentant de l'Angleterre qui était le confident attitré du cabinet français. Aussi l'empereur de Russie témoigna-t-il à plusieurs reprises, dès les premiers mois de 1819, un mécontentement dont l'expression ne parut guère toucher Louis XVIII. Capo d'Istria, qui vint passer plusieurs semaines à Paris vers le mois d'août, ne réussit pas mieux que Pozzo di Borgo à détacher le roi de son favori. Bientôt de nouvelles élections renforcèrent, comme les deux années précédentes, le parti libéral, qui compta dès lors quatre-vingt-dix représentants dans la Chambre des députés. On vit, au grand scandale des ultras et de la Sainte-Alliance, sortir des urnes le nom du conventionnel Grégoire. Les ennemis de la liberté crièrent que les horreurs de 1793 n'allaient pas tarder à se reproduire. Or non seulement Decazes ne tomba pas, mais c'est peu après qu'on le vit appelé officiellement à la présidence du conseil (novembre 1819). La plupart des bannis de 1815 et de 1816 obtinrent la permission de rentrer en France. Un certain nombre d'entre eux furent même rappelés à la Chambre des pairs ou y furent introduits pour la première fois.

L'empereur de Russie perdit alors patience. Ne pouvant se faire

1. Malgré la proposition Barthélemy (20 février 1819), qui échoua dans la chambre haute grâce à la nomination de 73 pairs nouveaux et qui fut rejetée peu après (mars) par la chambre des députés.

2. Ces lois, qui constituaient un véritable progrès, furent votées en avril et mai 1819. Elles affranchissaient les journaux de la censure et déféraient au jury les délits de presse.

écouter de Louis XVIII, il résolut de l'intimider et, au besoin, de le contraindre. C'est à cette époque qu'il proposa formellement aux souverains qui avaient pris part à la quadruple alliance du 20 novembre 1815 d'intervenir collectivement en France pour déterminer le roi à changer de politique. Voulait-il aller jusqu'à la guerre? cela n'est pas probable. Mais, quand même il ne se fût agi que d'une pression morale à exercer sur le gouvernement français, la politique de la Russie n'avait aucune chance d'être approuvée par les autres grandes puissances. L'Angleterre notamment avait trop à perdre au renversement du ministère Decazes. Elle refusa donc, avec courtoisie, mais avec fermeté, de se prêter aux vues d'Alexandre et se contenta de recommander pour son compte au cabinet menacé quelques concessions au parti conservateur. L'Autriche déplorait sans doute les progrès de l'esprit libéral dans notre pays et appelait de tous ses vœux une réaction. Mais elle ne voulait, surtout à ce moment (janvier 1820), ni se séparer de l'Angleterre, dont les bons offices lui étaient nécessaires, ni servir les intérêts du czar en provoquant une crise ministérielle qui pouvait ramener le duc de Richelieu aux affaires. La cour de Berlin n'avait pas à ce moment d'autre volonté que celle de Vienne. La proposition russe n'eut donc pas de suites. Mais un événement tragique, qui eut lieu sur ces entrefaites, permit au czar de regagner en partie le terrain qu'il avait perdu à la cour de France. L'assassinat du duc de Berry (13 février 1820) amena de la part des *ultras* et même de plusieurs membres de la famille royale, un tel déchaînement de fureur contre Decazes que Louis XVIII, vieux et malade, n'eut plus la force de le soutenir. Seulement, comme ce souverain ne voulait pas se mettre sans réserve à la merci du comte d'Artois et de sa camarilla rétrograde, s'il renvoya son favori, ce ne fut que pour le remplacer par Richelieu, royaliste sincère, mais esprit modéré, qui devait, pensait-il, tenir tête avec une égale résolution à l'opposition de droite et à celle de gauche. Inutile de dire que le czar applaudit à cette détermination. Le duc lui donna, du reste, plein contentement en ce qui concernait la loi électorale [1] et s'efforça de

---

1. Par la loi du *double vote*, adoptée en juin 1820 et qui créait deux sortes de collèges électoraux : les *collèges d'arrondissements* (formés des électeurs qui payaient 300 francs de contributions directes, et nommant 258 députés); et les collèges de départements (nommant 172 députés et où n'entraient que

resserrer les liens, quelque peu relâchés, qui avaient naguère uni
les deux gouvernements de France et de Russie. Mais on n'a pas
de peine à croire que l'Angleterre le vit avec déplaisir reparaître
aux affaires et s'évertua dès lors à miner son crédit et à contrarier
sa politique. Quant à l'Autriche, tout en applaudissant aux mesures
de réaction que le nouveau ministre venait de provoquer, elle les
trouvait insuffisantes. Elle souhaitait de voir les *ultras* arriver
au pouvoir. Son représentant à Paris travaillait de toutes ses forces
à hâter leur avènement. En attendant, Metternich, avec un art consommé, ne cessait de représenter à l'empereur de Russie que le
ministère Richelieu ne lui fournirait jamais une alliance solide et
efficace; qu'il était trop menacé, d'un côté par les ultras, de l'autre
par les libéraux, pour être bien fort et pour pouvoir s'occuper
d'autre chose que de sa propre conservation; que la peur de se
compromettre, soit vis-à-vis de la droite, soit vis-à-vis de la gauche,
ne lui permettrait jamais de prendre parti résolument dans une
question de politique étrangère. Lui-même contribuait d'un autre
côté, par de perfides conseils, à entretenir chez le ministre français
une indécision et une timidité dont il se faisait ensuite des arguments
contre lui auprès du czar. Et c'est ainsi qu'il prévenait l'union
étroite que l'affection réciproque d'Alexandre et de Richelieu aurait
pu établir entre les deux cours de France et de Russie.

VI

Le cabinet de Saint-Pétersbourg faisait à la même époque de
vains efforts pour rendre possible une intervention de la Sainte-Alliance en Espagne, État où depuis 1815 il avait exercé, comme en
France, une influence prépondérante, que la révolution semblait
devoir lui faire perdre. A partir du congrès de Vienne, il avait
toujours été dans ses vues d'enchaîner à sa politique le cabinet de
Madrid, comme celui de Paris. On a vu plus haut avec quelle cha-

le ¼ des imposés

les électeurs ~~payant 1000 francs de~~ contributions). Ces derniers votaient dans
les uns et dans les autres; c'est d'eux, c'est-à-dire de l'aristocratie, que
devaient désormais dépendre les élections. — En outre le ministère de
Richelieu avait, dès le mois de mars, fait suspendre la liberté individuelle et
restreindre la liberté de la presse.

leur il avait embrassé la cause du gouvernement espagnol, alors
en guerre avec ses colonies d'Amérique. Il n'avait pu obtenir que
l'Angleterre et, par suite, les autres grandes puissances s'associas-
sent à son projet de médiation collective entre Ferdinand VII et
ses sujets d'outre-mer. Les colonies, secrètement favorisées par le
gouvernement britannique, avaient donc poussé leurs avantages au
point de rendre fort improbable, dès 1819, le rétablissement de
l'autorité métropolitaine [1]. Le roi d'Espagne, réduit à ses propres
forces, c'est-à-dire à peu de chose, avait réuni à grand'peine un
corps de vingt à vingt-cinq mille hommes qu'il destinait à tenter
un dernier effort contre les insurgés. Ses troupes, massées près de
Cadix, dans l'île de Léon, durent y séjourner près d'une année,
faute de moyen de transport pour les conduire en Amérique. Ce
long retard permit aux chefs du parti constitutionnel, qui avait de
nombreuses intelligences dans l'armée, de provoquer un soulèvement militaire qui éclata le 1er janvier 1820 à la voix du capitaine
Riego et qui, du fond de l'Andalousie, gagna bientôt toutes les
autres provinces du royaume. L'Espagne, exaspérée par le despotisme atroce autant qu'absurde de Ferdinand, prit feu tout entière
en deux mois et, dès le 7 mars, ce souverain, aussi lâche devant une
nation révoltée qu'il avait été cruel à l'égard d'une nation soumise,
accepta, commme le voulaient les chefs du mouvement, la constitution démocratique de 1812 et appela au ministère des patriotes
dont quelques-uns avaient été précédemment proscrits ou envoyés
aux présides par lui-même. Dès le 9 juillet des Cortès librement
élues se réunissaient et dans les mois qui suivirent l'on vit
tomber en pièces l'édifice de la réaction et du privilège restauré
par le roi et sa camarilla depuis 1814.

Dès la première nouvelle de ces événements, l'empereur de
Russie, fidèle à ce principe que toute révolte était illégitime et
rendait nécessaire l'intervention de la Sainte-Alliance, proposa
que les cinq grandes puissances s'entendissent pour rétablir l'ordre en Espagne par voie diplomatique ou au besoin par la force

---

1. Le Paraguay était de fait indépendant depuis 1811 ; les États de la Plata
l'étaient depuis 1814, le Chili depuis 1818 ; le Vénézuéla et la Nouvelle-Grenade l'étaient en grande partie depuis la victoire remportée par Bolivar à
Boyaca (7 août 1819). Les Espagnols ne se maintenaient plus que fort péniblement au Pérou et au Mexique.

des armes. Cette ouverture, qui eut lieu en mars, fut encore
renouvelée par lui deux mois plus tard et répétée à plusieurs
reprises avant la fin de 1820, le czar insistant chaque fois sur la
nécessité de l'intervention avec d'autant plus de chaleur que le
péril révolutionnaire lui paraissait s'aggraver dans la péninsule
et menacer les pays voisins. Mais si l'Angleterre avait mis peu de
complaisance à seconder ses intentions relativement à la France, il
va sans dire qu'elle n'était nullement disposée à contrecarrer en
Espagne, pour lui être agréable, une révolution dont tout le profit
devait être pour elle. Castlereagh répondit du reste, non sans raison, que le péril signalé ne lui paraissait pas de nature à troubler
sérieusement le repos de l'Europe et que la Sainte-Alliance ferait
certainement plus de mal que de bien à Ferdinand VII, si elle allait
provoquer en son nom la susceptibilité bien connue de la nation
espagnole; c'était ainsi, rappelait-il, qu'une coalition monarchique
avait jadis compromis et perdu Louis XVI. Ce que le ministre anglais ne disait pas, c'est que son gouvernement souhaitait la prolongation des troubles dans la péninsule, persuadé à juste titre que
l'Espagne en proie aux factions serait décidément impuissante à
reconquérir ses colonies; mais tel était bien là le fond de sa pensée.
Ajoutons que, si l'intervention de la Sainte-Alliance devait amener
une exécution militaire, la France seule en pouvait être chargée;
et la cour de Londres admettait d'autant moins cette éventualité
que l'influence franco-russe dont elle était si jalouse aurait bien pu
gagner jusqu'au Portugal, où éclatait en août 1820 une révolution
analogue à celle de l'Espagne par ses origines et par son programme [1].

La crainte de voir s'étendre l'autorité politique du gouvernement français explique aussi le mauvais vouloir avec lequel la cour
de Vienne, docilement imitée par celle de Berlin, déclina les propositions de l'empereur Alexandre. Metternich réprouvait sans doute
hautement les révolutions d'Espagne et de Portugal, mais il aimait
mieux, à tout prendre, leur laisser gagner un peu de terrain que

---

1. Elle fut le résultat d'une insurrection militaire dont le colonel Sépulvéda
donna le signal à Porto le 24 août 1820. Maîtres de cette ville, les révoltés se
portèrent sur Lisbonne, qui leur ouvrit ses portes, et obligèrent la Régence
à promettre une constitution fondée sur les mêmes principes que celle de
l'Espagne.

de permettre à Louis XVIII d'acquérir, en les comprimant, une prépondérance marquée sur l'Europe occidentale. Il remontrait d'ailleurs au czar que le ministère Richelieu ne se risquerait pas à une expédition militaire au delà les monts, et il le savait d'autant mieux que lui-même en détournait astucieusement le cabinet français. Ce dernier, malgré son désir de renouer l'entente franco-russe, craignait de provoquer, par une intervention manifestement réactionnaire en Espagne, une explosion révolutionnaire en France, où à ce moment même (août 1820) les sociétés secrètes prouvaient leur vitalité par de redoutables complots [1]. En somme la Sainte-Alliance paraissait impuissante à refouler l'esprit révolutionnaire en Espagne aussi bien qu'en France, car, pas plus dans l'un que dans l'autre de ces États, elle ne se montrait avec l'unité de vues et la cohésion nécessaires pour lui assurer le succès.

VII

Si elle fut plus heureuse en Italie, où l'esprit de liberté se manifesta énergiquement à la même époque, c'est que sur ce théâtre l'intervention fut le fait d'une grande puissance absolument résolue à l'action et que nulle autre n'était vraiment disposée à contrarier. On se rappelle que les traités de 1815 avaient rendu l'Autriche, non seulement prépondérante, mais à peu près souveraine dans toute la péninsule italique [2]. Là, comme en Allemagne, s'agitait une nation déçue dans ses espérances par la coalition qui l'avait appelée aux armes en 1814. Plusieurs petits despotes sans intelligence et sans honneur, esclaves de l'Autriche et tyrans de leurs sujets, faisaient revivre, des Alpes à l'Adriatique et au détroit de Messine, des institutions surannées, que l'esprit moderne réprouvait. Là, comme en Espagne et plus peut-être, les sociétés secrètes étaient en honneur et les conspirations, se multipliant de jour en jour, annonçaient le réveil d'une nationalité que Metternich croyait pour bien longtemps endormie. Les Napolitains, atteints les

---

1. Notamment par la conspiration militaire du 19 août, dont les chefs apparents étaient d'obscurs officiers, mais dont l'inspiration venait de personnages fort considérables, et, en particulier, du général La Fayette.
2. Voir, plus haut, Introduction et chap. I.

premiers par la contagion espagnole, donnèrent l'exemple de l'insurrection. Dès le 2 juillet 1820 plusieurs régiments, cantonnés à Nola et à Avellino, proclamèrent, comme on l'avait fait dans l'île de Léon, la constitution de 1812. Le vieux roi Ferdinand, tremblant de peur, mit plus d'empressement encore à l'accepter que n'avait fait son neveu, donna le pouvoir aux carbonari, s'affubla de leurs insignes et jura sur la Bible de respecter les droits de son peuple. Mais sa fourberie égalait pour le moins celle du roi d'Espagne ; et si ce dernier, malgré ses serments, invoquait secrètement l'appui de la Russie, Ferdinand de Naples, en dépit des siens, ne cessait bientôt d'appeler à son aide les armées autrichiennes.

La cour de Vienne n'eut pas une minute d'hésitation ; elle se dit, non sans raison, que la révolution de Naples était le point de départ d'une insurrection nationale qui bientôt peut-être arriverait jusqu'aux Alpes et qui aurait évidemment pour but essentiel d'affranchir la péninsule de toute domination étrangère. Donc, point de temps à perdre pour la répression. Dès les mois d'août et de septembre, les troupes autrichiennes affluaient dans le royaume lombard-vénitien. Metternich ne dissimulait pas l'emploi qu'il en voulait faire et parlait d'autant plus haut du droit de son maître que le roi des Deux-Siciles s'était engagé par son traité de 1815 avec l'Autriche à ne pas donner de constitution à ses sujets sans l'assentiment de cette puissance. Mais, quelque résolu qu'il fût à l'exécution, le ministre de François Ier ne la voulut pas commencer sans s'être assuré des dispositions des grandes puissances au sujet d'une pareille entreprise. Ce qu'il redoutait en effet, c'est que la cour de France, étroitement rattachée par des liens dynastiques à celle de Naples et jalouse de la prépondérance exercée par l'Autriche en Italie, ne songeât soit à lui ravir le bénéfice exclusif de l'intervention en lui proposant son concours, soit à prévenir cette intervention en se posant comme médiatrice entre le roi Ferdinand et ses sujets. C'était ce dernier parti qu'avait adopté le ministère Richelieu. Le cabinet français n'osait en effet offrir de coopérer par les armes à la contre-révolution en Italie, de peur qu'en France le parti libéral ne répondît à cette démarche par un soulèvement. Il ne pouvait soutenir le nouveau gouvernement de Naples, sous peine d'être dénoncé par les « ultras » comme jacobin (cette pensée, du reste, ne lui venait même pas à l'esprit). Il ne pouvait enfin se désintéresser de la question, car ultras comme libéraux lui eussent reproché de faire perdre à la France tout prestige et toute influence au dehors. Ses efforts tendaient à obtenir des Napolitains qu'ils modifiassent d'eux-mêmes leur constitution, de manière que le roi pût l'adopter sans arrière-pensée et que le czar la jugeât conciliable avec ses principes monarchiques. Un pareil résultat eût été pour le gouvernement de Louis XVIII un grand et honorable succès. Mais c'est justement pourquoi le cabinet autrichien contrecarrait de toutes ses forces le plan de Richelieu. Pour le faire échouer, Metternich n'imagina rien de mieux que de soumettre, pour la forme, la question italienne à la quintuple alliance et de solliciter d'elle une autorisation d'agir que, les circonstances étant données, elle ne pouvait guère lui refuser. Il serait, par suite, l'exécuteur attitré des volontés de l'Europe et aucun gouvernement n'oserait aller à l'encontre de ses desseins. C'est de cette pensée que naquit le congrès de Troppau, ouvert le 25 octobre 1820 et où se rendirent, en même temps que les plénipotentiaires des grandes puissances, l'empereur d'Autriche, l'empereur de Russie et le roi de Prusse.

Cette réunion, qui dura deux mois, ne fut pas sans mettre à l'épreuve la dextérité diplomatique du ministre autrichien. Mais Metternich était habitué à louvoyer entre les écueils et, s'il ne voyait pas très loin dans l'avenir, il excellait du moins à éviter les difficultés du présent. Des quatre puissances conviées par l'Autriche à Troppau, il en était une dont l'opposition n'était nullement à craindre : nous voulons parler de la Prusse. Une autre, la France, n'avait pas assez de liberté d'action pour se déclarer seule contre le cabinet de Vienne et lui barrer résolument la route. Mais elle pouvait se placer entre les deux dernières et profiter de leurs inévitables dissentiments. La Russie et l'Angleterre apportaient en effet à ce congrès des dispositions assez malaisées à concilier. L'empereur Alexandre, de plus en plus attaché à son idée favorite, tenait à ce que la question napolitaine, comme toutes celles dont l'Europe avait ou aurait par la suite à se préoccuper, fût soumise au jugement de la grande alliance ; d'accord avec les principes politiques depuis longtemps professés par lui, il trouvait on ne peut plus juste que le directoire européen intervînt à Naples, au besoin

par la force, pour renverser une constitution évidemment imposée
par la révolte à un souverain. Mais il entendait profiter de l'occasion pour proclamer à la face du ciel le droit que la Sainte-Alliance
n'avait pas encore osé affirmer publiquement de faire la police
dans l'Europe entière et d'intervenir souverainement dans les
affaires intérieures de tous les États, chaque fois que le maintien
des traités et de l'ordre moral qui en résultait lui paraîtrait
l'exiger. Il demandait donc que tout d'abord le congrès, par une
déclaration bien nette, érigeât en loi suprême et irrévocable cette
prétention. L'autorisation donnée à l'armée autrichienne de
marcher sur Naples ne serait qu'une application de ce principe
général. D'autre part, comme il n'était point encore tout à fait
converti aux doctrines de réaction pure que Metternich ne cessait
de lui prêcher, comme il était entretenu dans une sorte de demi-
libéralisme par certains de ses ministres et notamment Capo d'Istria, qui l'avait suivi à Troppau [1], il ne lui convenait point de
prendre vis-à-vis des peuples l'allure d'un oppresseur. Il voulait
que la Sainte-Alliance s'armât pour protéger les souverains contre
la révolte, mais il déclarait qu'elle n'était pas faite pour étouffer
la liberté spontanément concédée par les souverains; dans le cas
présent, s'il était d'avis que l'Autriche renversât par les armes une
constitution née de l'émeute, c'était sous la réserve que le roi

---

1. « Il n'y a pas longtemps, écrivait Metternich le 8 août 1820, que l'empereur Alexandre faisait l'aveu suivant : « Depuis 1814, je me suis trompé sur
« l'esprit public; ce que je regardais comme vrai, je le trouve faux aujour-
« d'hui. J'ai fait beaucoup de mal, je m'efforcerai de le réparer. » — Mais il
constatait que Capo d'Istria exerçait sur lui encore beaucoup d'influence.
« Les nouvelles que Lebzeltern me rapporte, lit-on dans sa correspondance
(à la date du 14 octobre), sont à la fois excellentes et fâcheuses. Excellentes
sont les dispositions de l'empereur, fâcheuse la confusion d'idées de Capo
d'Istria relativement à tout ce que je proposais... » — Quand le ministre russe
fut arrivé à Troppau, Metternich eut avec lui de longs entretiens. Il s'efforçait de le convertir, n'y parvenait guère et prenait de l'humeur. « Le voilà
parti! écrivait-il le 29 octobre. Il s'engagea dans une longue revue de la
société civile. Il parla de ses artères, de ses canaux, de ses forces, de ses
faiblesses, de ses susceptibilités, de ses parties constitutives... Que le diable
m'emporte si je ne savais pas tout cela à douze ans!... Un esprit borné
n'est autre chose qu'une bêtise bornée... » — De son côté, Gentz (dans
une dépêche du 30 octobre) constatait que le czar, quoique fort amendé,
n'était pas encore tout à fait revenu de ses *idées libérales*. Quant à Capo
d'Istria, c'était à son sens un esprit faux. Il avait rêvé « un meilleur ordre
de choses exécuté sur une génération complètement pervertie », il n'en était
« pas encore revenu aussi complètement que son auguste maître ».

Ferdinand, une fois remis en possession de la souveraineté, octroierait une charte raisonnable à ses sujets.

Cette fantaisie du czar contrariait fort Metternich. Cet homme d'État n'admettait d'autre forme de gouvernement que l'absolutisme et avait l'intention bien arrêtée de la rétablir à Naples. Quant à la déclaration de principes proposée par Alexandre, il la jugeait inutile et dangereuse; elle n'était propre qu'à surexciter dans toute l'Europe les passions révolutionnaires. Par-dessus tout, elle avait aux yeux du ministre autrichien le tort très grave d'être formellement repoussée par l'Angleterre. La politique du cabinet britannique était bien différente de celle du czar. Ajoutons qu'elle était beaucoup moins loyale. Castlereagh, comme son chef Liverpool et la plupart de ses collègues, était profondément hostile à l'esprit de la Révolution. S'il ne songeait point à porter atteinte au régime parlementaire dans son pays, il n'éprouvait nullement le désir de le voir s'établir dans le reste de l'Europe. Il avait sans regret abandonné, après 1815, la constitution sicilienne de 1812, qui était l'œuvre de l'Angleterre [1], et, quant à la constitution napolitaine de 1820, il la réprouvait presque aussi hautement que Metternich. Il déclarait qu'à ses yeux la prétention émise par l'Autriche de rétablir l'ordre dans les Deux-Siciles *manu militari* était justifiée non seulement par le traité du 12 juin 1815, mais par la nécessité de réprimer un mouvement qui compromettait l'autorité légitime de l'empereur François en Italie. La cour de Vienne était directement menacée, elle ne ferait, en prenant les armes, que se défendre. La question napolitaine l'intéressait, mais, d'autre part, n'intéressait qu'elle. Que l'Autriche se fît justice elle-même, rien de mieux; l'Angleterre n'y mettrait nul obstacle; en présence d'un péril semblable le gouvernement britannique n'agirait pas autrement. L'Autriche n'avait pas d'autorisation à demander; la Grande-Bretagne, pas plus que les autres puissances, n'en avait à lui donner. Partant de ce principe, Castlereagh s'élevait avec force contre l'idée de proclamer comme une loi générale et permanente le principe de l'intervention, que la quintuple alliance, à son sens, ne comportait nullement. Les cinq puissances principales de l'Europe

1. Elle avait été imposée au roi Ferdinand par lord Bentinck, qui exerçait alors en Sicile une véritable dictature.

s'étaient unies pour garantir l'équilibre territorial créé par les traités de 1815; quant à l'équilibre moral, quant à la prédominance de tel ou de tel mode de gouvernement à l'intérieur des divers États, il n'avait pu en être question, du moins en des termes aussi généraux. Certains cas avaient été spécifiés; par exemple on s'était engagé à ne pas permettre que la dynastie napoléonienne remontât sur le trône de France. Mais, hors de ces cas, le droit d'intervention collective n'existait pas. Chaque puissance était juge de ses intérêts et de l'attitude qu'elle devait prendre vis-à-vis de ses voisins, quand elle les jugeait compromis par leur politique extérieure. Mais il était inadmissible que la Sainte-Alliance prît *à priori* l'engagement de soutenir dans tous les cas possibles et dans tous les pays certaines théories politiques plutôt que certaines autres. Aucune nation digne de ce nom ne voudrait que l'étranger s'ingérât ainsi dans ses affaires intérieures au nom de principes abstraits. L'Angleterre, pour sa part, ne permettrait jamais qu'on lui demandât compte de ses lois et de son gouvernement. Bref, elle laisserait l'Autriche exécuter, sous sa responsabilité propre, son entreprise de Naples. Mais elle ne s'associerait pour, rien au monde à la déclaration proposée par le czar.

L'attitude prise par les ministres britanniques ne manquait pas d'habileté. Le régime parlementaire qu'ils servaient, l'agitation libérale et démocratique qui saluait à ce moment même (fin de 1820) l'avènement de l'impopulaire Georges IV [1], leur faisaient un devoir de décliner toute solidarité apparente avec une politique dont le résultat eût été une croisade permanente des rois contre les peuples. En théorie donc ils répudiaient hautement la Sainte-Alliance. Ils ne pouvaient, du reste, adhérer à une profession de foi d'où l'empereur de Russie n'eût pas manqué de faire découler la nécessité et le droit d'une intervention militaire en Espagne, dont ils ne voulaient en aucune façon. Mais il leur était agréable que l'Autriche fît la contre-révolution à Naples, parce qu'il impor-

---

1. L'opinion publique lui reprochait d'avoir trahi les Whigs, amis de sa jeunesse, pour s'attacher au parti tory, qui alors était abhorré. Sa vie crapuleuse lui avait valu depuis longtemps le mépris de la nation. Le procès scandaleux qu'à cette époque même il avait l'imprudence d'entamer contre sa femme, la reine Caroline, allait augmenter encore l'animadversion dont il était l'objet dans les grandes villes et principalement à Londres.

tait, suivant eux, grandement à l'Angleterre que l'influence française ne reparût pas en Italie.

Entre les théories russes et les théories anglaises, les ministres français étaient bien embarrassés. Les principes constitutionnels, dont ils étaient, de par la Charte, les défenseurs officiels, leur interdisaient d'admettre le droit absolu d'intervention, tel que le professait Alexandre. D'autre part, ils craignaient d'offenser le czar par leur opposition et de rendre impossible l'alliance franco-russe, qui était un de leurs plus chers désirs. Ils eussent aussi bien voulu empêcher la ruine complète du régime parlementaire à Naples. Mais il leur eût fallu pour cela le concours de l'Angleterre, et ils ne l'avaient pas.

Toutes ces oppositions de vues et d'intérêts amenèrent en somme au congrès de Troppau les résultats suivants : l'Angleterre et la France signifièrent, la première très nettement, la seconde en termes plus vagues et plus adoucis, qu'elles ne pouvaient s'associer à la déclaration de principes proposée par l'empereur de Russie. Leurs représentants continuèrent pourtant à siéger dans les conférences; mais, pour ne pas faire éclater à tous les yeux une scission qui pouvait être funeste à la Sainte-Alliance, il fut décidé que le congrès ne publierait pas de protocoles officiels. Les plénipotentiaires des deux puissances dissidentes ne voulant rien signer, trois cours seulement sur cinq (celles d'Autriche, de Prusse et de Russie) eurent à prendre des décisions. Metternich, pour obtenir du czar carte blanche en ce qui concernait la constitution napolitaine, souleva au sujet de la déclaration quelques exigences qu'il savait bien n'être pas du tout de son goût. Il demandait par exemple que le droit d'intervention fût affirmé même à l'égard des États dont les souverains auraient librement fait des concessions à l'esprit de la Révolution (ce qui visait notamment les souverains de Bade, de la Bavière, du Wurtemberg, protégés par Alexandre). Finalement, l'empereur de Russie, qui, malgré Capo d'Istria, subissait à Troppau, comme à Aix-la-Chapelle, l'influence réactionnaire de Metternich [1], consentit à ce que la cour de Vienne

1. Le ministre autrichien lui dépeignait l'état de l'Espagne, de la France et de l'Italie sous les plus noires couleurs; il lui montrait partout, avec son exagération ordinaire, la révolution jacobine montant à l'assaut des trônes. Il l'ébranla surtout en lui représentant une échauffourée militaire

rétablît à Naples, sous la réserve de certaines réformes administratives, la monarchie absolue. L'Autriche, à ce prix, se relâcha de ses prétentions au sujet du manifeste.

La déclaration, signée le 13 novembre par les plénipotentiaires de l'Autriche, de la Russie et de la Prusse, fut signifiée à l'Europe et paraphrasée par une circulaire russe du 8 décembre. En voici les passages les plus significatifs : « Les États faisant partie de l'alliance européenne qui auront subi dans la forme de leur régime intérieur une altération opérée par la révolte et dont les suites soient menaçantes pour d'autres États, cesseront par là même de faire partie de cette alliance et en resteront exclus jusqu'à ce que leur situation présente des garanties d'ordre et de stabilité.

« Les puissances alliées ne se borneront pas à déclarer cette exclusion, mais, fidèles aux principes qu'elles ont proclamés et au respect dû à l'autorité de tout gouvernement légitime ainsi qu'à tout acte qui émane de sa libre volonté, elles s'engagent à refuser leur reconnaissance aux changements consommés par des voies illégales.

« Lorsque des États où de pareils changements se seront ainsi effectués feront craindre à d'autres pays un danger imminent par leur proximité et lorsque les puissances pourront exercer à leur égard une action efficace et bienfaisante, elles emploieront pour les ramener au sein de l'alliance, premièrement les démarches amicales, en second lieu une force coercitive, si l'emploi de cette force devenait indispensable. »

Ce manifeste, qui résumait en termes si menaçants la politique que l'opinion publique avait dès le premier jour attribuée à la Sainte-Alliance, eut en Europe un immense retentissement; il demeura clair qu'il existait un plan de croisade contre-révolutionnaire et que trois des puissances les plus redoutables étaient unies spécialement pour en assurer l'exécution. Mais les protestations par lesquelles le gouvernement anglais crut devoir répondre à cet exposé de principes (19 décembre-16 janvier) ne furent pas moins remarquées. Les deux notes consacrées par Castlereagh à la réfutation des doctrines de Troppau faisaient connaître avec autant de

sans importance, qui venait d'avoir lieu à Saint-Pétersbourg, comme un symptôme menaçant de l'agitation générale qui, suivant lui, gagnait jusqu'à la Russie.

lucidité que d'énergie l'invincible répugnance du cabinet britannique pour la théorie de l'intervention. Le ministère français dut lui-même déclarer (février 1821) que le roi Louis XVIII ne pouvait adhérer au susdit manifeste que sous la réserve de ses obligations parlementaires. Chacun savait bien en Europe que, malgré sa protestation, le cabinet Liverpool laisserait s'accomplir l'œuvre de la contre-révolution à Naples, et que le duc de Richelieu, malgré ses plus intimes désirs, ne s'y opposerait pas sérieusement; mais on se disait que la divergence de vues révélée par cet échange de communications diplomatiques réduirait tôt ou tard à l'impuissance le directoire européen. Le jour où le parti libéral serait au pouvoir à Paris et à Londres, il parlerait comme Castlereagh et comme Richelieu, mais il conformerait sa conduite à son langage, et l'opposition effective de deux puissances telles que l'Angleterre et la France suffirait certainement pour annihiler la Sainte-Alliance.

VIII

En attendant, Metternich exécutait de point en point son programme. Il avait été convenu à Troppau que le congrès se transporterait à Laybach, c'est-à-dire à proximité de l'Italie, et que le roi de Naples serait invité à s'y rendre et s'y entendrait avec ses alliés sur les mesures à prendre pour le rétablissement de l'ordre dans ses États. Le parlement napolitain eût bien fait de ne pas laisser partir ce souverain, qui s'apprêtait à le trahir, ou de mettre à l'avance l'Autriche dans son tort en suivant le conseil de la France, qui l'exhortait à modifier dans un sens monarchique la constitution de 1820. Il ne sut prendre ni l'un ni l'autre de ces deux partis. La constitution fut déclarée immuable et le roi fut autorisé à quitter Naples après avoir juré, pour la vingtième fois, de lui rester fidèle. En retour de cette confiance, le vieux Ferdinand, à peine arrivé à Livourne (16 décembre), s'empressait de désavouer tous ses engagements et sollicitait avec un redoublement de bassesse le concours armé de la Sainte-Alliance contre ses sujets. Dans la première quinzaine de janvier, nous le retrouvons à Laybach, où Metternich a beaucoup de peine à lui faire comprendre qu'il doit, sous peine de se déshonorer aux yeux de l'Europe, user de quelques ménagements de langage envers ce parti constitutionnel de Naples, naguère encore l'objet de son adulation. On rédige pour lui sous une forme décente les lettres par lesquelles il signifie à son fils, laissé comme régent dans les Deux-Siciles, les intentions de la Sainte-Alliance et somme son peuple de s'y soumettre. Après quoi tous les autres souverains italiens sont admis pour la forme au congrès où ils applaudissent, à l'exception d'un seul [1], au programme autrichien. Un plan de gouvernement est soumis ou plutôt imposé par l'Autriche à son misérable allié [2] (février) qui, tremblant encore de peur, s'achemine le plus lentement possible vers sa capitale, de manière à permettre aux soldats autrichiens d'y arriver longtemps avant lui.

Le résultat de la campagne ne pouvait être douteux. Dans les premiers jours de mars, l'armée d'exécution s'était rapprochée des frontières napolitaines; dès le 7, elle dispersait à Rieti, après un court engagement, les troupes constitutionnelles. Quinze jours après, elle était à Naples, où, sous sa protection, allait éclater une réaction plus cruelle encore que celle de 1799 [3]. Le congrès était officiellement clos. Il était entendu que les souverains et leurs ministres se réuniraient de nouveau vers le mois de septembre de l'année suivante et probablement à Florence, pour examiner l'état de l'Italie et prendre des mesures en conséquence. En attendant, ils avaient résolu de demeurer à Laybach jusqu'à ce que le rétablissement complet de l'ordre dans les Deux-Siciles leur eût été

1. Le pape, dont le légat, Spina, déclara que son souverain, *vicaire d'un Dieu de paix*, ne voulait « prendre part à aucune démarche dont la guerre pouvait être la suite » et croyait devoir rester dans la neutralité pour éviter un *coup de main* de la part des Napolitains.

2. D'après ce programme, le roi devait instituer deux *Consultes d'État*, l'une pour le territoire napolitain, l'autre pour la Sicile, des conseils provinciaux, des conseils municipaux, etc. Bien entendu, les membres de ces commissions seraient nommés par lui. Toute idée de parlementarisme et de libertés constitutionnelles était écartée. M. de La Ferronnays, plénipotentiaire français, ayant demandé si, Ferdinand rentré dans ses États, on pourrait modifier le régime qui lui était ainsi prescrit, Metternich répondit froidement que cela ne serait pas toléré, les puissances italiennes ne pouvant « souffrir l'établissement d'institutions incompatibles avec leur tranquillité ».

3. Après la chute de la république parthénopéenne, fondée par les Français en 1799. — La réaction provoquée par le congrès de Laybach fit couler des flots de sang dans les Deux-Siciles. En 1822, il y eut encore plusieurs centaines de condamnations à mort.

annoncé. C'est sur ces entrefaites, et même avant la fin de la petite campagne contre Naples, que presque en même temps deux nouvelles fort graves firent renaître et même augmentèrent leurs alarmes : d'une part ils apprirent que le Piémont venait lui aussi de se donner une constitution à la suite d'un soulèvement militaire ; de l'autre ils furent informés que le prince Ypsilanti avait pénétré en armes dans les principautés danubiennes et appelait à l'insurrection contre la Turquie la Grèce tout entière.

Effectivement les patriotes piémontais, aussi mal gouvernés par Victor-Emmanuel Ier que les Napolitains par Ferdinand de Bourbon, avaient cru devoir profiter du moment où l'armée autrichienne s'enfonçait vers le sud de la péninsule pour pousser eux aussi leur premier appel à la liberté. Les Santa-Rosa [1], les Lisio, les Collegno [2], maîtres d'Alexandrie et de Turin dès le 12 mars, avaient, après l'abdication du roi, qui transmit ses pouvoirs à son frère Charles-Félix, et, en l'absence de ce dernier, forcé le régent Charles-Albert, qui penchait secrètement vers leur parti, à proclamer la constitution espagnole de 1812. Leurs amis commençaient à s'agiter dans l'Italie centrale, et quelques mouvements populaires signalés fort peu après de l'autre côté des Alpes [3] donnaient à penser que la France allait également prendre feu. Sans doute l'Autriche était assez forte pour faire face à Turin en même temps qu'à Naples ; mais qu'allait-il advenir si, tandis qu'elle employait la majeure partie de ses forces à comprimer la révolution en Italie, la puissance ottomane allait s'écrouler derrière elle sous les coups d'un parti manifestement encouragé par la Russie ? N'était-ce pas pour elle, n'était-ce pas pour toute l'Europe le commencement d'une crise capable de

---

1. Santa-Rosa (comte. Santorre de), né à Savigliano en 1783; officier dans l'armée piémontaise; sous-préfet de la Spezzia (1812); pourvu après 1815 d'un emploi important au ministère de la guerre à Turin; principal auteur du soulèvement de mars 1821; condamné à mort; réfugié en Espagne, en France, puis en Angleterre; volontaire dans l'armée grecque (1824), tué par les Turcs dans l'île de Sphactérie le 8 mai 1824.

2. Collegno (Hyacinte Provana de), né à Turin le 4 juin 1794; officier d'artillerie sous l'Empire; retiré à Turin après 1814; écuyer de Charles-Albert, alors prince de Savoie-Carignan; compromis dans la révolution de 1821; volontaire en Grèce, puis en Portugal et en Espagne; professeur de géologie à Bordeaux, puis à Florence (1841); ministre de la guerre en Lombardie (1848) ministre plénipotentiaire de Sardaigne à Paris en 1852; mort le 29 septembre 1856.

3. Notamment à Grenoble (18-20 mars 1821).

détruire en peu de mois tout l'édifice politique péniblement cons-
truit en 1815?

On ne pouvait douter que le czar et son ministre Capo d'Istria
ne fussent les premiers auteurs du soulèvement qui se produisait
à ce moment même dans presque toute la péninsule des Balkans;
on se rappelait que la Russie entretenait depuis cinq ans une querelle ouverte avec la Porte au sujet de certaines stipulations douteuses ou contestées du traité de Bucharest. On n'ignorait pas
que l'*hétairie* grecque avait pris en Russie, dans ces dernières
années, un formidable développement; on rapprochait ce fait du
voyage que Capo d'Istria avait fait aux îles Ioniennes en 1819 et
des troubles qui en étaient résultés [1]; on savait aussi que des émissaires de la nation grecque étaient venus depuis près de deux ans
solliciter le czar de lui désigner un chef et de lui donner le signal
de l'insurrection. Il était patent qu'Alexandre Ypsilanti, général-
major au service de la Russie, qui s'était rendu à Kichenew dès le
mois de juillet 1820 pour organiser son attaque contre l'empire
ottoman, n'avait pu quitter Saint-Pétersbourg et se livrer à ses
préparatifs de guerre qu'avec l'assentiment, au moins tacite, de
l'empereur. N'avait-il pas écrit du reste dans sa première proclamation ces lignes significatives : « Si quelques Turcs désespérés
faisaient incursion sur votre territoire, ne craignez rien, car une
grande puissance est prête à punir leur insolence »?

En somme, il semblait qu'avec un profond machiavélisme
Alexandre eût voulu profiter, pour mettre la main sur l'Orient, du
moment où les puissances intéressées à l'en empêcher seraient le
plus préoccupées des troubles de l'Occident.

En réalité cependant le czar avait été moins perfide qu'on n'eût
pu le croire. Il n'eût point été fâché à tout autre moment de l'ébranlement que l'entreprise d'Ypsilanti allait causer dans l'empire turc;
mais il ne put s'empêcher de trouver que ce personnage avait mal
choisi son heure. On ne faisait pas vainement appel à sa loyauté.
Aussi Metternich n'eut-il pas beaucoup de peine à obtenir de lui

---

[1]. Ce ministre, qui avait obtenu du czar un congé après le traité d'Aix-la-
Chapelle, s'était rendu à Corfou. Sa présence dans cette île n'avait pas peu
encouragé les espérances des Grecs d'une part, de l'autre l'opposition du
peuple ionien à l'administration anglaise, qui était alors fort oppressive.
Aussi un soulèvement populaire avait-il éclaté quelque temps après à Sainte-
Maure.

le désaveu d'une équipée qui pouvait paraître le résultat d'un calcul fort noir de sa part ou de celle de ses ministres; il lui représenta qu'il serait indigne de lui de mettre en péril l'Europe entière, dont il avait assuré jusque-là le repos, et particulièrement l'Autriche, au moment même où cette dernière puissance risquait toutes ses ressources *pour préserver le monde du fléau révolutionnaire*. Il ne s'agissait plus seulement de comprimer la révolte en Piémont; la France, elle aussi, était là, qui avait soif de révolutions. Le ministère Richelieu était incapable de la contenir; lui-même se rendait justice; n'avait-il pas tout récemment encore, à Laybach, refusé d'entreprendre la contre-révolution en Espagne, malgré les instances réitérées de Ferdinand VII, *pour cette raison que toute tentative de ce genre amènerait à Paris et dans les départements une explosion fatale au trône de Louis XVIII?* Cette explosion était imminente; le devoir du grand prince qui avait fondé la Sainte-Alliance n'était-il pas, en présence d'un tel péril, d'épargner à l'Europe toute complication nouvelle?

Ces arguments parurent toucher profondément Alexandre. Il se déclara guéri de toutes ses fantaisies libérales; il jura de consacrer exclusivement sa redoutable puissance à combattre en tous lieux et sous toutes ses formes le monstre révolutionnaire; il offrit même de faire marcher une armée de cent mille hommes au secours de l'Autriche pour la seconder en Italie ou sur les Alpes. Et d'autre part, pour prouver sa bonne foi, il déclara dans des pièces diplomatiques qui reçurent une grande publicité (mars, avril 1821), n'être pour rien dans l'entreprise d'Ypsilanti, la réprouva comme une folie, blâma les Grecs comme des rebelles que l'esprit révolutionnaire avait pu seul pousser à prendre les armes et qui ne méritaient aux yeux des souverains aucune sympathie. Bref, il sembla ne rien vouloir épargner pour se dégager de toute responsabilité à l'égard des événements dont l'Orient était à ce moment le théâtre.

N'avait-il en parlant et agissant ainsi nulle arrière-pensée? C'est ce dont la suite de son histoire permet de douter. Le czar ne renonçait point au fond à tirer parti plus tard de la crise orientale et il espérait qu'en retour de sa complaisance actuelle pour l'Autriche, cette puissance se montrerait bientôt plus accommodante que par le passé à ses desseins sur l'empire ottoman. La cour de

Vienne le lui laissait peut-être croire; en attendant, elle se hâta de
mettre à profit les bonnes dispositions qu'il lui témoignait. Elle
n'eut du reste pas besoin des cent mille soldats qu'il lui avait
offerts et qui déjà se mettaient en marche. La révolution de Piémont fut réprimée plus rapidement encore que celle de Naples.
Invoqués comme des sauveurs par Charles-Félix, les Autrichiens,
après l'insignifiant combat de Novare (8 avril), entrèrent à Turin,
et bientôt un traité en bonne forme leur donna le droit d'occuper
pour une période assez longue le territoire sarde, comme un autre
leur permit de séjourner dans l'État napolitain. Toute l'Italie se
trouva donc soumise à leurs lois et le régime discrétionnaire, qui
était aux yeux de Metternich l'idéal du gouvernement, put de
nouveau s'y étaler sans obstacle.

Les princes et leurs ministres quittèrent Laybach au mois de
mai 1821. Une circulaire émanée des trois cours qui représentaient
dès lors le véritable esprit de la Sainte-Alliance expliqua longuement à l'Europe que cette coalition permanente n'existait que pour
son bien; qu'au cours des derniers événements, elle s'était uniquement proposé pour but le maintien des traités, de la paix générale
et le bonheur des nations, ajoutant du reste qu'elle se croirait toujours en droit d'intervenir pour défendre l'autorité légitime contre
la révolte, les « changements utiles ou nécessaires dans la législation et dans l'administration des États ne devant émaner que de
la volonté libre, de l'impulsion réfléchie et éclairée de ceux que
Dieu a rendus responsables du pouvoir ».

La guerre était ainsi ouvertement déclarée aux principes de
1789; peut-être les trois puissances du Nord fussent-elles par-
venues à réaliser pour un temps leur programme, si la crise orientale, dont nous venons le signaler le début et dont nous allons
raconter la suite, ne les eût bientôt amenées à se disjoindre et à
renoncer pour longtemps à toute action commune.

CHAPITRE V

DE LAYBACH A VÉRONE [1]

I. La péninsule ibérique et la question des colonies en 1821. — II. La question grecque et les notes russes. — III. Entrevue de Hanovre et conférences de Vienne. — IV. Progrès de la Révolution en Espagne, en Portugal et en Amérique. — V. Dispositions des grandes puissances à l'ouverture du congrès de Vérone. — VI. Le congrès de Vérone et l'affaire d'Espagne. — VII. Autres questions traitées à Vérone. — VIII. Violence morale faite à la France; fin du Congrès (1821-1822).

(1821-1822)

I

Deux des grandes puissances européennes, la France et l'Angleterre, avaient désavoué à Laybach la politique de la Sainte-Alliance, la première fort timidement, la seconde avec plus de fermeté; d'ailleurs ni l'une ni l'autre ne l'avaient, en fait, contrecarrée. Les événements que nous allons raconter devaient, il est vrai, avoir pour effet de ramener et de retenir quelque temps le cabinet de Paris dans la voie tracée par les trois souverains du

1. Sources : Bignon, *des Cabinets et des Peuples*; — Chateaubriand, *le Congrès de Vérone*; — Cornewall Lewis, *Histoire gouvernementale de l'Angleterre depuis 1770 jusqu'à 1830*; — Deventer (van), *Cinquante années de l'histoire fédérale de l'Allemagne*; — Gentz (F. de), *Dépêches inédites*, t. II; — Gervinus, *Histoire du XIXᵉ siècle*, t. IX, X, XI, XII, XIII, XVI, XVII; — Gordon, *History of the Greek revolution*; — Hyde de Neuville, *Mémoires et Souvenirs*, t. II; — Hubbard, *Histoire contemporaine de l'Espagne*, t. II; — Juchereau de Saint-Denis, *Histoire de l'empire ottoman*; — Lesur, *Annuaire historique*, années 1821-1822; — Metternich (prince de), *Mémoires, documents et écrits divers*, t. III; — Pereira da Silva, *Historia da fundaçao do Imperio brazileiro*; — Soutzo (Al.), *Histoire de la révolution grecque*; — Vaulabelle (Ach. de), *Histoire des deux Restaurations*, t. V et VI; — Villèle (comte de), *Mémoires*; — Viel-Castel (baron de), *Histoire de la Restauration*, t. X et XI, etc.

Nord; mais d'autre part ils allaient rendre effective et irrévocable la sécession de la Grande-Bretagne.

Vers le milieu et la fin de 1821, Metternich, malgré ses récents succès et son outrecuidante assurance[1], n'était pas sans inquiétude et ne se dissimulait point que la tranquillité générale et surtout celle des rois étaient encore sérieusement menacées. « Tout reste à faire », écrivait-il vers cette époque à un de ses confidents[2]. Il est certain que la Révolution n'était point vaincue. Si l'Autriche la contenait en Italie, ce n'était qu'au prix d'une occupation militaire qui immobilisait ses meilleures troupes dans cette contrée et l'empêchait de faire face ailleurs. En Allemagne, plusieurs souverains défendaient encore résolument les institutions parlementaires qu'ils avaient octroyées à leurs sujets; l'agitation unitaire et

---

1. On peut se faire une idée de sa présomption en parcourant sa correspondance pendant l'année 1821, au cours du congrès et un peu après. « Je n'ai jamais été plus heureux, écrivait-il, que dans les circonstances actuelles d'être arrivé à l'âge de raison, car à présent je suis sûr de ne pas tomber dans les aberrations.... Je suis inaccessible à la peur; je n'ai pas d'autre crainte que celle de m'être trompé au sujet de ce qui est juste et bon... Mes ennemis doivent me trouver fort incommode pour eux... Pour la première fois depuis trente ans on aura combattu ouvertement un mal qu'on représente à la faible humanité comme le premier des biens... J'appartiens à cette classe d'hommes qui vivent plus dans l'avenir que dans le présent.. J'ai toujours l'avenir devant les yeux et je crois fermement que je suis moins exposé à me tromper à son égard qu'en ce qui concerne le présent. » Peut-être, ajoute-t-il, un *honnête homme* « découvrira mon nom et révèlera au monde, en l'an 2240, qu'il y a eu pourtant dans ce lointain passé un homme moins borné que nombre de ses contemporains, qui avaient poussé la fatuité au point de se croire arrivés à l'apogée de la civilisation... » Vers la fin du congrès, dans la joie du triomphe, il écrivait : « Le chœur des libéraux va chanter de la belle manière; je m'en réjouis à l'avance. J'aime bien les invectives des gens à qui je marche exprès sur les pieds... On se disait que nous n'oserions pas attaquer la *liberté* napolitaine et que dans l'hypothèse contraire nous serions battus. Les pauvres gens!... Les révolutions sont un peu usées; aussi cette mode passera-t-elle comme celle de défendre la vertu de la reine Caroline d'Angleterre... Elles seront *sans consistance*; elles ressembleront aux œillades des vieilles coquettes... Nous avons produit une œuvre dont tout honnête homme pourrait accepter la paternité sans rougir... Nous avons fait de bonnes et grandes choses... »

2. «... Un bien immense vient de s'opérer; il nous place tout juste dans la possibilité de continuer à vivre... Nous ne sommes pas à un seul pas *au delà de cette possibilité*... Le mal est arrivé à une hauteur prodigieuse. L'esprit public est absolument gangrené. Je vous citerais les dispositions de notre propre capitale. Soyez certain qu'à Vienne, comme à Paris, à Berlin, à Londres, dans toute l'Allemagne et l'Italie, en Russie comme en Amérique, nos triomphes sont taxés comme autant de crimes, nos conceptions comme autant d'erreurs, et nos vues comme des folies coupables.... Le charme est rompu. *Eh bien! tout reste à faire.* » (Lettre au comte de Stadion, 21 avril 1821.)

démocratique renaissait sur plusieurs points; de nouvelles sociétés secrètes, le *Mænmerbund,* le *Jungenbund* [1] et d'autres encore embrigadaient la jeunesse universitaire au nom de la liberté. Iéna, Darmstadt, Stuttgard redevenaient les foyers principaux d'une active propagande, qui s'alimentait aussi en Suisse, où s'étaient réfugiés les écrivains et les conspirateurs les plus menacés par la commission de Mayence [2]. De hardis économistes, comme List, émouvaient la nation en lui démontrant les avantages de tout genre qui devaient résulter pour elle de l'union commerciale et déjà préludaient au Zollverein. En France, le ministère Richelieu se débattait toujours péniblement entre les ultras et les libéraux, également suspect aux uns et aux autres et menacé sans cesse de les voir se coaliser pour le renverser. Le carbonarisme, rapporté d'Italie par Dugied et Joubert, se développait à Paris et dans les départements avec une prodigieuse rapidité, pénétrait dans l'armée et y préparait des soulèvements dont le but manifeste était le renversement des Bourbons.

Le péril paraissait donc grave aux hommes de la Sainte-Alliance. Mais, en somme, dans les pays que nous venons de nommer, le feu n'était que latent; il ne faisait encore que couver. Il éclatait au contraire et semblait près de tout dévorer sur deux vastes théâtres, dont l'embrasement attirait alors tous les regards : d'une part, la péninsule ibérique, avec ses dépendances du Nouveau-Monde; de l'autre, la péninsule des Balkans.

En Espagne, Ferdinand VII et sa camarilla continuaient à tromper la nation, abusaient de la bonne foi et de l'esprit conciliant du parti modéré, décourageaient par leur mauvais vouloir et leurs intrigues les ministères les plus sages [3], multipliaient leurs appels

1. La première, qui prolongea son existence jusqu'en 1824, avait trois centres principaux : Darmstadt, Erfurt, et Coire (en Suisse, où elle était soutenue par de nombreux réfugiés allemands, Snell, Vœlker, les frères Follen, etc.). — La seconde fut fondée à Iéna, au printemps de 1821, par Sprewitz, de Rostock, qui revenait de Coire; elle ne put guère subsister qu'une année.

2. La commission de Mayence, instituée en 1819, organisa une véritable inquisition et fit dans toute l'Allemagne d'immenses recherches, dont elle consigna les résultats, au mois de mai 1822, dans trente-deux rapports particuliers (suivis de deux autres vers la fin de la même année). Elle ne découvrit, en somme, aucun complot réel et ne put faire que des procès de tendance.

3. Celui d'Arguelles, renvoyé en mars 1821, celui de Bardaxi, réduit à se retirer en décembre de la même année.

secrets à la Sainte-Alliance, soudoyaient les bandes *apostoliques*
qui, depuis la fin de 1820, avaient commencé la guerre civile dans
les provinces du Nord, enfin n'épargnaient rien pour exaspérer les
amis de la constitution et les pousser aux excès. Les insurgés absolutistes trouvaient aide et protection à Bayonne, où ils avaient pu
librement instituer une *Régence*[1]. L'intervention française semblait déjà s'annoncer (juillet 1821) par la création d'un *cordon
sanitaire* formé de régiments dont le nombre ne cessa de s'accroître et dont la destination apparente était de préserver de la
fièvre jaune, alors signalée en Catalogne, les départements con-
tigus aux Pyrénées. Le mécontentement et l'agitation populaires
étaient donc fort grands dans toute l'Espagne ; et on allait en avoir
la preuve par les élections de février 1822, qui firent entrer en
foule les *exaltados*[2] aux cortès, dont Riego, l'idole des clubs,
devint bientôt le président. Troublée comme elle l'était, l'Espagne
avait moins de chances que jamais de ramener ses colonies d'Amérique à l'obéissance. Elle était, du reste, aussi peu disposée sous
le régime constitutionnel que sous la royauté absolue à transiger
avec elles. Comme avant 1820, elle exigeait que ses établissements d'outre-mer se soumissent sans réserve à la métropole. Il
lui semblait qu'en les admettant au partage de la liberté politique
dont elle venait de faire la conquête, elle leur enlevait toute raison
de prolonger leur révolte. Mais les États hispano-américains voulaient une entière indépendance et admettaient d'autant moins les
exigences des cortès qu'ils ne voyaient derrière aucun moyen sérieux
de coercition. Aussi la République Argentine, qui avait un moment
paru disposée à négocier avec le gouvernement de Ferdinand VII,
se refusait-elle en 1821 à toute concession. Le Paraguay, sous
Francia, était déjà soustrait à toute influence extérieure. Le
Chili était complètement affranchi, grâce à Cochrane et à San-
Martin[3], qui étaient maintenant en train de révolutionner le bas

---

1. Dont les principaux chefs furent tout d'abord Eguia et Quesada.
2. C'était le nom qu'on donnait aux chefs du parti avancé.
3. San-Martin (Juan-José), né dans la Plata en 1778 ; officier dans l'armée
espagnol en 1808 ; général dans l'armée argentine (1816) ; envoyé au Chili (1818),
puis au Pérou (1821), qu'il contribua puissamment à affranchir ; *protecteur* de
cette dernière république (1821-1822) ; renonça de bonne heure aux affaires
publiques et passa les *vingt-cinq dernières années de sa vie en Angleterre
et en France*. Il mourut à Boulogne-sur-Mer en 1850.

Pérou. Simon Bolivar, *el Libertador*, comme on l'appelait, vainqueur à Boyaca [1], venait de fonder la confédération colombienne et, après un armistice imposé aux troupes espagnoles (octobre 1820-avril 1821), assurait, par le succès définitif de Carabobo (24 juin 1821), le triomphe d'un drapeau que ses lieutenants allaient bientôt porter de Caracas et de Bogota jusqu'à Quito et même au delà. Il n'était pas jusqu'au Mexique, contenu tant bien que mal dans l'obéissance jusqu'à la fin de 1820, qui ne devînt aussi le siège d'un gouvernement insurrectionnel. En ce pays, le parti de l'Église, exaspéré par les tendances anticléricales des cortès, s'unissait aux patriotes et, sous la direction de l'ambitieux Yturbide [2], dictait au vice-roi O'Donoju [3] le traité de Cordova (août 1821), qui établissait en principe l'autonomie du pays.

La monarchie portugaise n'était pas moins ébranlée que la monarchie espagnole. Les cortès de Lisbonne, réunies peu de temps après la révolution de 1820 (26 janvier 1821), se montraient plus entreprenantes et plus hardies que celles de Madrid. Le roi Jean VI, qui, depuis treize ans, résidait au Brésil, avait fini par se décider à quitter ce pays; il était rentré dans sa capitale en juillet 1821. Vieux, ignorant et faible, il subissait passivement les exigences de ses sujets et prêtait beaucoup de serments, comme son voisin Ferdinand VII, sans être mieux disposé que lui à les tenir. Il avait laissé à son fils aîné dom Pedro [4] l'admi-

1. Le 7 août 1819.
2. Yturbide (Augustin), né à Valladolid (Mexique) en 1783; entré dès l'âge de quinze ans dans l'armée espagnole, où il se signala à partir de 1810 en combattant les insurgés mexicains et conquit le grade de général; suspecté pour son ambition et destitué en 1816; révolté à son tour et généralissime des forces mexicaines (sept. 1820); nommé chef du pouvoir exécutif par le congrès; empereur du Mexique (18 mai 1822); renversé et réduit à quitter le pays (11 mai 1823); réfugié en Italie, puis en Suisse, en Belgique et en Italie; fusillé à Padilla (État de Tamaulipas), à la suite d'une nouvelle tentative pour s'emparer du Mexique (19 juillet 1824).
3. O'Donoju (Juan), général espagnol; nommé ministre de la guerre par les cortès de Cadix en 1810; disgracié en 1814 par Ferdinand VII; vice-roi du Mexique en 1820; mort peu de temps après le traité de Cordova (8 octobre 1821).
4. Pedro Ier (Antoine-Joseph de Alcantara, dom), fils aîné de Jean VI de Portugal; né à Lisbonne le 12 octobre 1798; marié en 1817 à l'archiduchesse Léopoldine, fille de l'empereur d'Autriche François Ier et sœur de Marie-Louise; régent (1820), protecteur perpétuel (13 mai 1822), puis empereur (12 oct. 1822) du Brésil; héritier de la couronne de Portugal (10 mars 1826), qu'il résigna en faveur de sa fille dona Maria (2 mai 1826); obligé d'abdiquer la couronne du

nistration du Brésil, pays immense et riche, où s'agitait une population plus nombreuse que celle de la métropole et désireuse de
l'indépendance, comme celle des colonies espagnoles. Mal conseillé par les agents de la Sainte-Alliance, il avait secrètement
autorisé ce jeune prince à se prêter, dans une certaine mesure, aux
vœux de cette colonie; c'était à ses yeux un moyen de la soustraire à l'influence révolutionnaire de Lisbonne.' Le calcul était
niais et le jeu fort dangereux. La nationalité brésilienne, une fois
mise à même d'affirmer ses droits, n'était pas d'humeur à y
renoncer, et le Portugal n'était pas de force à l'y contraindre.
Aussi, dès la fin de 1821, la colonie allait-elle déjà dans la voie de
l'émancipation beaucoup plus loin que ne l'aurait voulu le vieux
roi. Les cortès portugaises, aussi peu raisonnables que les cortès
espagnoles, provoquaient elles-mêmes à la sécession par leurs
hautaines et maladroites exigences. — D. Pedro, sommé par elles
de rentrer en Europe (octobre), se laissait complaisamment forcer
la main et demeurait à Rio-de-Janeiro (janvier 1822), où il devait
bientôt, sur la demande du pays, convoquer une assemblée constituante.

La Sainte-Alliance (et particulièrement l'Autriche, qui avait la
prétention de la diriger) ne voyait pas sans alarmes les révolutions d'Espagne, de Portugal et d'Amérique. Mais ce n'était pas de
ce côté que le péril lui paraissait le plus imminent et le plus pressant à combattre. Ce qui la rassurait — négativement au moins :—
c'est que la seule des grandes puissances européennes qui fût, sous
certains rapports, intéressée à favoriser le mal, semblait pour le
moment disposée à s'en abstenir. Nous voulons parler de l'Angleterre. Sans doute le gouvernement britannique souhaitait toujours
l'émancipation des colonies espagnoles et portugaises. Mais il ne
faut pas oublier que le ministère Liverpool, essentiellement conservateur, ne voyait de bon œil aucune révolution. Castlereagh, qui
le représentait au dehors, n'était guère moins attaché que Metternich aux principes monarchiques et autoritaires. Il lui était
donc difficile d'encourager publiquement en Amérique une cause
qu'il réprouvait, qu'il regardait comme subversive et à la défaite

Brésil (7 avril 1831); mort à Lisbonne (24 septembre 1834), après avoir employé
ses dernières années à soutenir la cause de sa fille contre son frère, l'usurpateur D. Miguel.

de laquelle il avait concouru de toutes ses forces en Europe. L'embarras d'une telle situation le condamnait à l'immobilité, et il ne semblait pas à craindre qu'il prît de longtemps un parti décisif touchant les affaires du Nouveau-Monde.

II

De ce côté donc, on pouvait attendre. Il n'en était pas de même en Orient, où se développait avec la plus violente rapidité une conflagration qui paraissait sur le point d'embraser l'Europe entière.

Il est vrai que les mouvements insurrectionnels avaient été assez promptement réprimés en Moldavie et en Valachie. Alexandre Ypsilanti, en opposition avec Théodore Wladimiresco, s'était débarrassé de ce rival en le faisant fusiller. Mais lui-même, désavoué par le czar dans son entreprise, avait été refoulé sans peine par les troupes turques jusqu'à la frontière de Transylvanie. Obligé de la franchir, il avait été aussitôt interné par les autorités autrichiennes [1] (juin 1821). Depuis ce moment, les principautés, mises à feu et à sang, subissaient toutes les fureurs de la soldatesque ottomane. Tout au contraire, dans le centre et le sud de la péninsule des Balkans, la révolte prenait chaque jour plus de force et plus d'extension. Le Péloponèse, la Grèce continentale, les îles, le monde hellénique tout entier, ou à peu près, se levait à la voix des hétairistes. Les hardis marins d'Hydra, de Psara, de Spetzia, couraient tout l'Archipel et terrifiaient les amiraux turcs par leur audace. Sur terre, Navarin, Monembasia tombaient au pouvoir des insurgés. L'importante place de Tripolitza était prise d'assaut après six mois de siège (avril-octobre). Trois sénats dirigeants s'établissaient, le premier dans la Morée (juin), le second dans la Grèce orientale (septembre), le dernier dans la Grèce occidentale (novembre 1821). Bientôt une assemblée générale, réunissant les députés de toute la nation, allait revendiquer à la face de l'Europe les droits d'un peuple trop longtemps opprimé et en préparer le triomphe par l'organisation d'un gouvernement central (janvier 1822). Quant au gouvernement turc, il avait été, comme

---

1. A Munkacz, où il demeura prisonnier jusqu'en 1827.

d'ordinaire, pris au dépourvu. L'argent lui manquait. Pour les soldats, il avait dû en envoyer un assez grand nombre au delà du Danube. Il employait, du reste, depuis le mois d'avril 1820, la majeure partie de ses forces à combattre le pacha révolté d'Épire [1] qui, bien qu'affaibli, résistait encore. Aussi ne pouvait-il presque nulle part tenir tête à l'insurrection hellénique, dont les chances de succès augmentaient ainsi chaque jour.

Le triomphe des Grecs paraissait d'autant plus probable et la ruine de l'empire ottoman d'autant plus prochaine que les révoltés ne semblaient pas devoir rester longtemps réduits à leurs propres ressources. La *grande puissance* dont le concours avait été promis aux chrétiens d'Orient par Alexandre Ypsilanti s'ébranlait pour leur venir en aide. Mais d'autre part les gouvernements les plus intéressés au maintien du *statu quo* à Constantinople commençaient à se concerter pour prévenir le bouleversement qu'une pareille complication faisait redouter à l'Europe.

L'empereur Alexandre avait, on s'en souvient, renié à Laybach la cause des Grecs. Metternich se vantait avec sa jactance ordinaire de l'en avoir pour toujours détaché. Au fond le czar n'était point si bien converti par le ministre autrichien qu'il ne pût être facilement regagné par certains de ses conseillers, comme les Capo d'Istria, les Pozzo di Borgo, les Strogonoff, qui soutenaient hautement auprès de lui la cause des insurgés et l'engageaient à profiter des circonstances pour réaliser enfin le programme traditionnel de la diplomatie russe. De retour dans ses États (en juin 1821), il avait pu voir à Varsovie et surtout à Saint-Pétersbourg combien la cause hellénique y était populaire. Il se produisait à ce moment dans tout son empire un entraînement à la fois national et religieux qui sentait la croisade. On demandait à grands cris au souverain de venger la croix depuis si longtemps humiliée par l'islamisme et de débarrasser une terre chrétienne de la barbarie musulmane. N'était-il pas, disait-on, en vertu des traités, le protecteur de toutes ces populations *orthodoxes* d'Orient, sujettes de la Porte et

---

1. Ali, de Tébélen en Albanie, né vers 1741; soldat de fortune, il était devenu, à la suite de services remarquables dans l'armée turque, pacha de Janina en 1788; commandant général de la Roumélie en 1803, il se comporta, surtout à partir de 1814, comme un souverain indépendant en Épire. Mahmoud dut en 1821 envoyer une grande armée pour l'assiéger dans sa capitale; il résista un an et périt par suite d'une trahison.

sur lesquelles s'exerçait à ce moment même la férocité turque, au scandale de tout le monde civilisé? Mahmoud venait de faire pendre, à la porte du sérail, le jour de Pâques, et en vêtements pontificaux, le patriarche de Constantinople. Nombre d'évêques avaient par ses ordres subi le même sort. Chaque jour des chrétiens étaient massacrés dans les principales villes de l'empire ottoman, par une tourbe fanatisée, qui tuait, pillait et commettait mille autres excès impunément. Les sujets du czar étaient maltraités, menacés ; les navires russes étaient arrêtés au Bosphore. Le régime légal n'était pas rétabli dans les principautés, que les Turcs continuaient d'occuper et de ravager. Dès les premiers jours de l'insurrection grecque, le sultan, par une proclamation [1] qui avait eu dans l'Islam un immense retentissement, avait appelé tous ses sujets musulmans à la *guerre sainte*, au nom du prophète et du Coran. Ne fallait-il pas sans tarder répondre à ce défi au nom du Christ?

C'était l'avis, non seulement de presque toute la population russe, mais d'Alexandre qui, avec sa mobilité et sa fougue ordinaires, se décida bientôt à provoquer ouvertement l'empire turc. Il était persuadé, du reste, qu'après les sacrifices qu'il avait faits depuis plusieurs années et, tout récemment, durant le congrès de Laybach, au repos de l'Europe et au maintien de la grande alliance, nul gouvernement ne pourrait lui refuser sérieusement la satisfaction — si légitime selon lui — qu'il cherchait. Il n'hésita donc pas longtemps à prendre son parti et, dès le 28 juin, il fit expédier à Strogonoff, son ambassadeur à Constantinople, l'ultimatum hautain que cet agent devait en son nom signifier à la Porte.

Dans cette pièce, fort habilement rédigée, la chancellerie russe ne se bornait pas à énumérer les griefs particuliers du czar contre le sultan; elle s'efforçait de démontrer à la Porte que la question grecque n'intéressait pas seulement la cour de Saint-Pétersbourg; que c'était là une affaire *européenne*; que l'empire turc ne pouvait être maintenu sans préjudice grave pour la tranquillité générale et pour l'équilibre fondé sur les principes de la Sainte-Alliance. Ainsi paraissaient justifiés les soupçons que le czar avait fait naître

1. Le Hatti-chérif du 31 mars, appel violent aux passions religieuses des Turcs auxquels il enjoignait « de renoncer aux agréments de la vie sociale, de se procurer des armes, des chevaux, et de revenir aux mœurs de leurs ancêtres et à la vie des camps, état primitif de la nation... »

jadis en refusant à la Turquie la garantie du congrès de Vienne
et en affectant de n'accorder qu'aux États chrétiens le bénéfice du
droit nouveau qu'il avait prétendu inaugurer par l'acte du 26 septembre 1815. « La Sublime Porte, était-il dit dans l'ultimatum,
place la *chrétienté* dans l'alternative de se demander si elle peut
demeurer spectatrice immobile de l'extermination d'un peuple
chrétien, si elle peut tolérer de telles insultes à la religion, si elle
peut admettre l'existence d'un État qui menace de troubler cette
paix que l'Europe a achetée au prix de tant de sacrifices.... » Le
gouvernement russe déclarait donc que la Porte se constituerait en
état d'hostilité ouverte *contre le monde chrétien* si, dans un délai
de huit jours, elle n'acceptait formellement les conditions suivantes : 1° relever les églises détruites ou endommagées par le
fanatisme musulman; 2° assurer au culte chrétien une garantie et
une protection sérieuses; 3° distinguer, parmi les sujets des provinces troublées par la guerre, les innocents des coupables, ne
pas frapper ceux qui étaient restés soumis ou qui se soumettraient
dans un délai déterminé; 4° rétablir dans les principautés danubiennes le régime prescrit par les traités et en éloigner sans retard
les troupes turques. Pour mieux accentuer ses intentions et pour
entraîner effectivement l'Europe dans sa politique, le czar fit
adresser, le 4 juillet, aux quatre grandes cours qu'il regardait
comme ses alliées, une note où il cherchait à leur démontrer qu'il
n'y avait dans sa conduite aucune inconséquence, dans son programme aucune arrière-pensée ambitieuse, qu'il était dans la péninsule des Balkans, comme ailleurs, l'adversaire résolu de la révolution, le soldat le plus déterminé de l'ordre et qu'il était naturel
qu'il fût délégué par la Sainte-Alliance pour y combattre l'une et
y rétablir l'autre, comme l'Autriche l'avait été pour accomplir une
œuvre analogue en Italie. Il leur demandait donc expressément :
1° quelle attitude elles prendraient si la guerre venait à éclater
entre la Russie et la Porte; 2° quel système elles proposeraient
pour remplacer la domination turque, si par suite de cette guerre
elle venait à être renversée. On voit par cette proposition
qu'Alexandre considérait la succession des Turcs comme ouverte.
Ni lui ni ses ministres ne dissimulaient d'ailleurs que l'ultimatum
avait pour but de provoquer une guerre immédiate et qu'ils regardaient l'ouverture des hostilités comme immédiate.

III

L'émoi fut grand en Europe quand on apprit qu'à la suite de récriminations violentes opposées par le divan aux sommations moscovites, Strogonoff venait de quitter Constantinople et que tout rapport diplomatique était interrompu entre la Porte et la Russie (8 août 1821). Alexandre massait déjà ses troupes dans les provinces méridionales de son empire. Mais, obéissant comme d'habitude au double désir de suivre ses vues particulières et de maintenir entre les grandes cours la solidarité prescrite par l'acte du 26 septembre 1815, il hésitait à tirer les premiers coups de canon et à se faire l'exécuteur d'un arrêt que l'Europe n'avait pas encore prononcé. Or deux puissances de premier ordre, loin de s'associer à ses vœux, s'unissaient à ce moment même pour en rendre l'accomplissement impossible. L'Autriche et l'Angleterre regardaient comme inadmissible que l'existence de l'empire ottoman fût mise en question et travaillaient de toutes leurs forces à prévenir le conflit que l'ultimatum du 28 juin faisait redouter. Castlereagh et Metternich, avant de répondre officiellement à la note du 4 juillet, représentèrent au czar par des lettres confidentielles que les événements d'Orient « formaient une branche de cet esprit organisé d'insurrection qui se propageait systématiquement à travers l'Europe et qui faisait explosion toutes les fois que la main du pouvoir se trouvait affaiblie par une cause quelconque » ; que la cause révolutionnaire n'était pas plus respectable en Grèce qu'en Italie, qu'il fallait laisser à l'autorité légitime, c'est-à-dire à la Porte, le soin de la combattre, que la *folie frénétique* des Ottomans s'apaiserait d'elle-même dès que le sultan ne pourrait plus soupçonner son voisin de connivence avec l'insurrection ; que le sort des Grecs était sans doute fort douloureux, mais qu'on espérerait en vain pouvoir le changer ou les délivrer de leurs souffrances et maintenir en même temps le système actuel de l'Europe. N'étaient-ils pas du reste des agresseurs? et les Turcs faisaient-ils autre chose que se défendre? Quant à l'empereur Alexandre, « peut-être la Providence ne lui avait-elle jamais présenté l'occasion de donner au monde et à la postérité un plus grand témoignage de ses principes qu'en le mettant à même de manifester envers un gouvernement fanatique et à demi barbare *ce degré de modération et de magnanimité* qu'un esprit religieux et enthousiaste pour le système que Sa Majesté Impériale avait si puissamment contribué à élever pouvait seul inspirer à un prince armé d'une telle puissance. »

C'était presque se moquer, et le czar fut tenté de relever ces conseils ironiques comme un outrage. Mais certaines nouvelles venues d'Allemagne lui firent bientôt craindre que les cours de Vienne et de Londres ne bornassent pas leur opposition à de simples épigrammes. En effet, dans le courant d'octobre, le roi Georges IV qui, depuis son avènement au trône, n'avait pas visité ses États de Hanovre, s'y transporta, sous couleur d'y recevoir les hommages de ses sujets allemands, mais en réalité pour fournir à Metternich, qui s'y rendit de son côté, le moyen de s'entendre de vive voix sur les affaires d'Orient avec Castlereagh, qui l'y avait suivi. Les deux ministres convinrent d'un étroit accord, grâce auquel leurs souverains devraient s'efforcer de maintenir la paix entre la Russie et la Turquie et s'opposer à tout ce qui pourrait la compromettre. Secrètement l'on s'entendit aussi pour continuer de représenter au czar la Révolution comme le principal, l'unique ennemi à combattre et surtout pour le détacher du ministre Capo d'Istria, aux efforts duquel on attribuait, non sans raison, le revirement récent de sa politique. Cela fait, l'Autriche et l'Angleterre répondirent à la note du 4 juillet qu'elles n'avaient point à faire connaître leurs vues sur le système à substituer en Orient au régime existant. C'était à la Russie à indiquer les siennes; mais tout projet de démembrement de l'empire turc amènerait une protestation unanime des puissances européennes. Les cabinets de Vienne et de Londres s'entremettraient pour faire accorder au czar par le sultan les satisfactions auxquelles il avait droit en vertu des traités. Quant aux Grecs, quelque digne d'intérêt que fût leur situation, les hommes d'État, auxquels il était interdit de « substituer les conseils de leur cœur à ceux de leur raison », pouvaient seulement exprimer « le vœu que le temps et la Providence amenassent pour ce peuple des soulagements qu'ils ne sauraient lui procurer sans devenir infidèles à leurs autres devoirs » (octobre-novembre 1821).

L'entente austro-anglaise arrêta presque subitement les velléités

belliqueuses du czar qui, ne sachant si elles ne se manifesteraient
pas par une opposition matérielle, jugea prudent d'atermoyer. Ses
propositions, d'ailleurs, n'avaient pas eu plus de succès auprès des
cours de Berlin et de Paris qu'auprès de celles de Vienne et de
Londres. La Prusse était alors complètement inféodée à la politique autrichienne; quant à la France, malgré l'offre tentante que
lui avait faite Alexandre d'une large part dans les dépouilles du
Turc [1], elle n'avait osé se risquer. Richelieu était trop préoccupé des
affaires d'Espagne et craignait trop de fournir à l'Angleterre un
prétexte de reconnaître l'indépendance des nouveaux États américains pour se jeter tête baissée dans l'aventure orientale. Bientôt,
du reste, une coalition parlementaire, formée des ultras et des libéraux et secrètement encouragée par l'Autriche et par l'Angleterre, le
réduisait à résigner le pouvoir (décembre 1821) et son successeur
Villèle [2], à l'avènement duquel applaudissaient Liverpool et Metternich, devait se prêter moins encore aux desseins politiques de
l'empereur Alexandre. Si l'on tient compte enfin de ces faits que
l'assemblée nationale grecque, ouverte le 1er janvier 1822, s'empressa de voter une constitution toute démocratique [3] (13 janvier) et
de proclamer l'indépendance absolue de la Grèce (27 janvier), on

1. Alexandre s'entretenant avec M. de la Ferronnays, ambassadeur de
France, le 19 juillet, lui avait dit : « ... Ouvrez le compas depuis le détroit de
Gibraltar jusqu'au détroit des Dardanelles, voyez ce qui est à votre convenance et comptez non seulement sur le consentement, mais sur l'assistance
sincère et efficace de la Russie... Il faut que les Turcs soient repoussés bien
loin et que tout le monde puisse s'arranger... C'est la Russie aujourd'hui que
la France doit avoir comme alliée... »
2. Villèle (Jean-Baptiste-Séraphin-Joseph, comte de), né à Toulouse le
14 août 1773; officier de marine dans sa jeunesse; marié et établi à l'île
Bourbon; membre du conseil général de la Haute-Garonne (où il était entré
en 1807); signalé en 1813 et 1814 pour son opposition à l'Empire, son dévouement aux Bourbons et ses vœux pour le rétablissement de l'ancien régime;
membre de la chambre *introuvable* (1815), où il se fit remarquer dans les rangs
des ultras, non seulement par son ardeur réactionnaire, mais par ses apti-
tudes à la grande politique et à l'administration financière; réélu député
après l'ordonnance du 5 septembre 1816; ministre sans portefeuille (1820);
ministre des finances (déc. 1821); président du conseil (1822); renversé à la
fin de 1827; pair de France (3 janvier 1828); rentré dans la vie privée en
1830; mort à Toulouse le 13 mars 1854.
3. Elle proclamait la souveraineté nationale, l'égalité de tous les Grecs
devant la loi, la liberté des cultes; elle instituait un *Sénat* législatif composé
de députés élus pour un an et un conseil exécutif de cinq membres élus par
cette assemblée, hors de son sein, également pour une année. Le conseil
exécutif nommait, de son côté, les ministres, qui étaient responsables devant
le Sénat.

comprendra le refroidissement singulier qu'on put dès lors remarquer chez le czar à l'égard d'une cause dont il avait été naguère le plus chaud partisan. Il lui répugnait de pactiser avec la Révolution en applaudissant aux décisions d'Epidaure et, d'autre part, fidèle à des traditions politiques qui devaient lui survivre en Russie, s'il voulait bien ébranler l'empire ottoman et favoriser les nationalités chrétiennes qui se constitueraient sur ses ruines, il entendait qu'elles formassent non des États absolument libres, mais des gouvernements vassaux de la Russie et incapables de se soustraire à son protectorat. Ces considérations expliquent la complaisance avec laquelle Alexandre, qui s'était mis dans un mauvais pas et voulait s'en tirer sans faire amende honorable, se prêta depuis la fin de 1821 à la médiation officieuse que lui avaient offerte l'Autriche et l'Angleterre; comment aussi la Porte, si menacée au mois d'août, put, sans s'attirer une déclaration de guerre, répondre de nouveau aux exigences russes par les notes hautaines du 2 décembre 1821 et du 28 février 1822, qui ne donnaient au czar à peu près aucune satisfaction [1]. Metternich ne fut pas long à remarquer le changement d'humeur qui s'était produit chez l'empereur de Russie; aussi l'idée lui vint-elle bientôt de le mettre à profit et d'amuser par une feinte condescendance à ses désirs ce souverain, qu'il traitait comme un grand enfant, jusqu'au moment où il n'aurait plus besoin de ménager son amour-propre si facilement irritable. C'est en effet à cette époque qu'il lui fit proposer (janvier-février 1822) de faire régler à Vienne, dans des conférences qui ressembleraient fort à un congrès, l'affaire de la pacification de la Grèce. L'Angleterre se montra d'abord un peu étonnée d'une pareille tactique; car il ne lui convenait pas plus en 1822 qu'en 1821 de soumettre l'existence de l'empire turc aux décisions de la Sainte-Alliance. Mais on lui fit comprendre que la négociation ne serait pas sérieuse; qu'il s'agissait seulement de gagner du temps : la Porte, maintenant débarrassée d'Ali-Pacha, qui venait d'être tué (février), pouvait tourner toutes ses forces contre les Grecs, mais il lui fallait plusieurs mois

---

1. Elle se disait, mais en termes fort vagues et fort équivoques, animée des intentions les plus conciliantes; elle subordonnait, du reste, les concessions qu'on lui demandait à une foule de conditions, et notamment au rétablissement de la tranquillité dans l'empire et à l'extradition de ceux de ses sujets qui s'étaient réfugiés en Russie.

pour les porter au cœur du Péloponèse, foyer principal de l'insur-rection. Jusque-là, l'Angleterre et l'Autriche se partageraient les rôles : la première de ces deux puissances agirait à Constanti-nople de manière à faire accorder au czar les satisfactions parti-culières qu'il réclamait au nom des traités, notamment en ce qui concernait les principautés ; la seconde présiderait à l'élaboration d'un plan de pacification de la Grèce par une entente européenne, plan, du reste, fort anodin, qui serait rendu inutile soit par le triomphe des armes turques, soit par le refus facile à prévoir que la Porte opposerait à l'intervention de la Sainte-Alliance entre elle et ses sujets.

La comédie s'exécuta de point en point. Dès le mois de mars, un envoyé russe, Tatistcheff, était à Vienne, où Metternich eut soin de le retenir fort longtemps en pourparlers préliminaires. Revenu à Saint-Pétersbourg, cet agent trouva le czar ravi des nou-velles qui lui arrivaient de Constantinople, où le représentant de l'Angleterre, Strangford [1], venait enfin d'arracher au divan la pro-messe de nommer à bref délai deux nouveaux hospodars de Mol-davie et de Valachie (avril-mai 1822). Alexandre, qui se détachait visiblement de Capo d'Istria, se hâta de renvoyer Tatistcheff à Vienne, où il promit de se rendre lui-même au mois de septembre (époque où il devait aller tenir à Vérone le congrès annoncé depuis un an [2] pour le règlement définitif des affaires italiennes). Mais les conférences, retardées sous divers prétextes par l'astucieux chan-celier d'Autriche, ne commencèrent que le 28 juin ; et après avoir langui pendant les deux mois de juillet et d'août, elles aboutirent, comme on pouvait s'y attendre, à un résultat absolument négatif ; car la Porte, sollicitée tout haut par l'Autriche et l'Angleterre d'envoyer un plénipotentiaire à Vienne, mais invitée tout bas par les mêmes puissances à n'en rien faire, s'y refusa finalement dans

---

1. Strangford (Percy-Clinton-Sidney-Smith, vicomte de), lord Penhurst, né en Irlande le 31 août 1780; secrétaire d'ambassade (1803); ministre plénipo-tentiaire (1806) à Lisbonne; puis ministre plénipotentiaire à Stockholm (1817); ambassadeur à Constantinople (1820); ambassadeur à Saint-Pétersbourg (1825); pair d'Angleterre (1825); chargé d'une mission spéciale auprès de l'empereur du Brésil (1828); mort à Londres le 29 mai 1855.
2. Les souverains assemblés à Laybach avaient décidé de se réunir l'année suivante en congrès et avaient d'abord désigné Florence pour le lieu de leurs délibérations.

les termes les plus catégoriques [1]. Il semblait que le czar, naguère
si susceptible à l'égard du Turc, dût cette fois se fâcher tout de bon.
Mais quand on le vit arriver à Vienne sans Capo d'Istria, qu'il venait
de disgracier (au moins en apparence) [2], on jugea bien qu'il ne pro-
testerait que pour la forme contre le mauvais vouloir du Divan.
Metternich exulta de joie et le déclara pour jamais gagné à la
bonne cause. De fait Alexandre, après quelques reproches à Strangford, sembla renvoyer aux calendes grecques l'exécution de son programme oriental. C'est du moins ce que fit croire la note du
26 septembre, par laquelle il ne mettait d'autres conditions au
rétablissement de son ambassade à Constantinople que la triple
obligation pour la Porte de lui notifier officiellement la nomination
des hospodars, de renouveler les privilèges commerciaux de la
Russie dans l'empire ottoman et enfin de prouver par *une série
de faits* le rétablissement des droits et des libertés dont la violation
avait amené le soulèvement de la nation grecque.

IV

Au fond, l'autocrate n'était point aussi accommodant qu'il voulait
bien le paraître. Contrarié dans ses desseins sur l'Orient, il se
proposait d'en reprendre plus tard l'exécution. Pour le moment la
Révolution, qui, depuis quelques mois, gagnait visiblement du
terrain en Occident, lui paraissait le seul ennemi à combattre. La
péninsule ibérique, de plus en plus troublée, absorbait maintenant
toute son attention. Une intervention armée de la Sainte-Alliance
lui semblait plus que jamais nécessaire dans cette partie de l'Europe. Du reste, cette mesure était, suivant ses calculs, un moyen
détourné, mais sûr d'acquérir enfin le concours particulier de la
France, qu'il recherchait depuis si longtemps et qui lui permettrait
d'accomplir son grand projet. Cet État était moins libre encore

---

1. Elle était à ce moment d'autant moins traitable que l'armée turque de
Dramali, après avoir mis à feu et à sang la Grèce continentale, venait d'envahir
la Morée et que le gouvernement insurrectionnel, obligé de se réfugier sur
sa flotte, paraissait réduit aux dernières extrémités.
2. Ce ministre reçut à cette époque son congé et se retira en Suisse, où il
demeura plusieurs années, mais ne cessa d'entretenir avec Alexandre, comme
plus tard avec son successeur, une correspondance fort affectueuse.

sous Villèle que sous Richelieu de s'associer à sa politique dans la région des Balkans. Depuis l'avènement du nouveau ministère, le carbonarisme y avait pris une allure militante et agressive qui inspirait aux amis de la monarchie restaurée les plus sinistres appréhensions. De nombreux complots avaient été découverts presque simultanément [1] sur divers points du royaume. Tous tendaient au soulèvement de l'armée, dont l'attachement aux Bourbons devenait chaque jour plus problématique. Le parti ultra-royaliste, qui était maintenant au pouvoir, *épurait* le personnel des services publics, essayait d'enchaîner la presse [2], favorisait les empiétements de la *congrégation* [3] et ne parvenait chaque jour qu'à se rendre plus impopulaire. Le trône *légitime* était sérieusement menacé. Mais l'agitation qui régnait en France eût été en somme facile à étouffer, si elle n'eût été favorisée et encouragée par le voisinage de l'Espagne en révolution. C'était avant tout dans ce dernier pays qu'il fallait, au dire des ultras, frapper et détruire le *jacobinisme*. Une fois ce grand coup porté, le parti de l'*ordre* n'aurait pas de peine à opérer au nord des Pyrénées la réaction qu'il rêvait. La France recouvrerait, avec le calme intérieur, la liberté de ses mouvements et de ses alliances. C'était tout à fait l'avis du czar. Aussi son idée fixe était-elle, quand il se rendit au congrès de Vérone, de provoquer à l'égard de l'Espagne une exécution analogue à celle dont l'Italie avait été le théâtre en 1821.

Du reste, il espérait par là faire coup double, car une intervention semblable devait fort contrarier l'Angleterre, dont les vues sur l'Amérique lui étaient depuis longtemps connues.

En Espagne, la situation était devenue très grave depuis que Ferdinand VII, à la suite d'une tentative manquée de coup d'État militaire (7 juillet 1822), avait dû se résigner à prendre un minis-

---

1. Les plus célèbres sont les complots militaires de Belfort, de Toulon, de la Rochelle, de Saumur, dont la découverte amena des procès retentissants et de sanglantes exécutions en 1822.
2. Par les lois votées en février 1822, qui visaient les délits d'attaque à l'autorité *constitutionnelle* du roi, à la religion de l'État, l'excitation à la haine et au mépris du gouvernement ou d'une classe de citoyens, etc., qui déféraient ces délits aux tribunaux correctionnels et soumettaient les journaux à l'autorisation.
3. On appelait ainsi une association semi-religieuse, semi-politique, dont faisaient partie les principaux chefs du clergé et de la faction des ultras et qui, inspirée principalement par la Société de Jésus, tendait au rétablissement des privilèges de l'Église et de la noblesse.

tère parmi les *exaltados*. Ce roi, vingt fois parjure, multipliait ses
appels secrets aux chefs de la Sainte-Alliance et particulièrement à
l'empereur de Russie qui, dès le mois de mai, avait renouvelé aux
grandes puissances ses propositions de croisade contre la révolution espagnole. La guerre civile prenait dans les provinces basques, la Navarre, l'Aragon et la Catalogne les proportions les plus
redoutables. Les *apostoliques* s'étaient emparés en juin de la
citadelle d'Urgel. Ils y instituèrent le 14 septembre 1822 une
régence qui, considérant le roi comme prisonnier, déclara nuls tous
les actes officiels qu'il avait signés depuis le 7 mars 1820. Ce
prétendu gouvernement, sans être positivement reconnu par aucune
des grandes cours européennes, recevait cependant de plusieurs
d'entre elles des encouragements et des secours de toute nature. La
France lui servait de base d'opérations. Il comptait bien du reste que
le concours public de cet État ne lui ferait plus longtemps défaut.
Le *cordon sanitaire* établi depuis un an le long des Pyrénées
devenait à cette heure une véritable armée et prenait le nom significatif de corps d'*observation*. Par contre, l'Angleterre, sans
rien faire ostensiblement pour encourager le parti constitutionnel,
s'abstenait à son égard de toute manifestation hostile; l'état anarchique dans lequel se trouvait l'Espagne lui était trop profitable
pour qu'elle cherchât à y mettre un terme. En effet, les colonies
de cette puissance étaient maintenant, grâce à la guerre civile
qui l'annihilait, presque entièrement affranchies. L'Équateur était
délivré par Bolivar et son principal lieutenant Sucre. L'insurrection s'étendait et se fortifiait au Pérou; et au Mexique Yturbide,
secrètement favorisé par la Grande-Bretagne, venait de se faire
proclamer empereur [1]. Les États-Unis qui, depuis la cession définitive de la Floride par l'Espagne (juillet 1821) [2], ne croyaient plus
avoir à ménager ce gouvernement et qui, du reste, avaient toujours secondé l'insurrection, la sanctionnaient maintenant en reconnaissant officiellement l'indépendance des États hispano-améri-

1. Le 18 mai 1822.
2. A la suite de réclamations pécuniaires qui dataient de 1802, les États-
Unis, qui avaient une première fois occupé la Floride en 1810, l'avaient
envahie de nouveau en 1818. L'Espagne leur avait cédé cette province par un
traité du 22 février 1819; mais elle mit fort longtemps à le ratifier et à
l'exécuter; si bien que le territoire en question ne fut régulièrement remis
au gouvernement de Washington que le 17 juillet 1821.

cains (avril 1822). L'Angleterre, sous peine de se voir enlever par eux les riches marchés qu'elle convoitait dans le Nouveau-Monde, ne pouvait tarder à suivre cet exemple. En attendant, elle exploitait sournoisement la révolution portugaise en facilitant au Brésil une émancipation d'où devait résulter pour elle un véritable accroissement d'influence et de richesse. Dans le temps même où les cortès de Lisbonne adoptaient une constitution plus radicale que celle d'Espagne (septembre-octobre), D. Pedro, proclamé dès le 13 mai « défenseur constitutionnel et protecteur perpétuel du Brésil », prenait prétexte de la captivité où son père était, disait-il, retenu pour rompre tout lien avec la métropole et transformer la grande colonie lusitanienne en un empire dont il se déclarait le chef.

On voit par ces détails combien le rétablissement de l'ordre monarchique en Espagne et en Portugal devait être pris à cœur par l'empereur de Russie au moment où se réunit le congrès de Vérone.

V

Cette assemblée de souverains et de ministres se forma au milieu d'octobre 1822. Avec le czar s'y rendirent, comme à Laybach, l'empereur d'Autriche et le roi de Prusse; on y vit figurer aussi la plupart des souverains italiens. Les cinq grandes puissances qui avaient la prétention de diriger l'Europe y furent en outre représentées par les chefs de leurs principales légations [1]. Les affaires d'Italie, qui avaient motivé l'année précédente la convocation de ces grandes assises, y furent, on le comprend, reléguées dès le premier jour au second plan. La question capitale à traiter était à ce

---

1. Les souverains qui assistèrent au congrès de Vérone étaient : les empereurs d'Autriche et de Russie, les rois de Prusse, de Sardaigne et des Deux-Siciles, le grand-duc de Toscane, le duc de Modène, la duchesse de Parme. Le personnel diplomatique comprenait : pour l'*Autriche*, Metternich, Esterhazy, Lebzeltern, Zichy, Ficquelmont, Bombelles et Gentz; — pour la *France*, Montmorency, Chateaubriand, Caraman, La Ferronnays, de Serre, Rayneval, La Maisonfort; — pour la *Grande-Bretagne*, Wellington, Stewart (devenu lord Londonderry par la mort récente de son frère aîné, l'ancien lord Castlereagh), Gordon, Strangford, Frédéric Lamb, Burghers; — pour *Naples*, Ruffo; — pour la *Prusse*, Hardenberg, Bernstorff, Hatzfeldt; — pour *Rome*, le cardinal Spina; — pour la *Russie*, Nesselrode, Pozzo di Borgo, Lieven, Tatistcheff, Mocenigo, Stackelberg, Italinsky, Oubril; — pour la *Sardaigne*, La Tour, etc.

moment l'affaire d'Espagne et, durant plusieurs semaines, il n'en fut pas sérieusement agité d'autres.

L'empereur de Russie, très exalté, suivant sa coutume, déclarait hautement qu'il était venu pour assurer le rétablissement de l'autorité légitime à Madrid; que cette réaction, nécessaire au salut de l'Europe, ne pouvait s'opérer que par l'intervention d'une armée française; qu'il concourrait au besoin par l'envoi de ses propres troupes à un résultat aussi désirable; qu'en tout cas il ne quitterait pas Vérone sans l'avoir assuré par une convention expresse avec ses alliés, qu'il y vieillirait plutôt, que ses cheveux y blanchiraient, mais qu'il ne repartirait pas pour la Russie sans avoir donné à l'Europe cette nouvelle preuve de sa sollicitude et de sa fidélité à ses principes. Cette attitude résolue et menaçante n'était pas sans embarrasser le gouvernement français, dont il prétendait ainsi faire le docile exécuteur des hautes œuvres de la Sainte-Alliance. Villèle, administrateur prudent, esprit rassis et peu porté à la politique de sentiment, craignait de brouiller la France avec l'Angleterre par l'expédition projetée; il voyait déjà le cabinet de Londres y répondre par une déclaration officielle de reconnaissance en faveur des républiques hispano-américaines; le mauvais esprit de l'armée lui faisait craindre qu'elle n'exécutât au lieu d'une marche sur Madrid ce « demi-tour » qu'un chansonnier populaire [1] lui conseillait alors d'opérer vers Paris; enfin, soucieux du bon ordre financier dont il avait spécialement la responsabilité, il hésitait à jeter la France, à peine remise de ses désastres, dans une guerre qui serait certainement moins honorable que dispendieuse. Il est vrai que son collègue Mathieu de Montmorency [2], ministre des affaires étrangères, qui devait représenter la France à Vérone, était d'un avis différent et, docile instrument de la Congrégation, penchait visiblement vers le

---

1. Béranger.

2. Montmorency (Mathieu-Félicité de Montmorency-Laval, vicomte, puis duc de), né à Paris en 1767; compagnon de La Fayette dans la guerre d'Amérique; député de la noblesse aux États généraux (1789), où il se fit remarquer d'abord par son libéralisme; aide de camp du maréchal Luckner (1791); émigré en 1792; retiré ensuite à Coppet, près de Mme de Staël; rentré en France en 1795; converti en 1814 aux doctrines des ultra-royalistes; pair de France; membre influent et dévoué de la *Congrégation*; ministre des Affaires étrangères dans le cabinet du 14 déc. 1821; remplacé à ce titre par Chateaubriand en déc. 1822; créé duc (1822), puis ministre d'État, membre du conseil privé, gouverneur du duc de Bordeaux; mort à Paris en 1826.

parti recommandé par le czar. Aussi, le président du conseil avait-il jugé bon de lui adjoindre comme second notre ambassadeur à Londres, Chateaubriand [1], dont il se croyait sûr et qui, quoi qu'il en dise dans ses *Mémoires*, n'avait point encore d'idées arrêtées sur la question espagnole. On ne savait en somme ce que ferait la France. Mais on ne pouvait avoir aucun doute sur l'attitude que l'Angleterre prendrait au congrès. Castlereagh lui-même eût évidemment combattu tout projet d'intervention. Ce ministre venait de disparaître [2]. Son successeur Georges Canning, connu depuis longtemps non seulement par sa merveilleuse éloquence, mais par le grand rôle qu'il avait joué à la tête de la diplomatie anglaise au temps de Napoléon, allait tenir vis-à-vis de la Sainte-Alliance une conduite et un langage autrement résolus et autrement nets que l'ancien ami de Metternich. Plein d'aversion pour le chancelier d'Autriche et pour sa politique, Canning était de ces tories qui, comme William Pitt, son maître, ne combattaient point systématiquement l'esprit de la Révolution ; il jugeait que la propagation des idées constitutionnelles ne pouvait, en aucun cas, être un danger pour un pays qui, comme le sien, avait acquis, grâce au régime parlementaire, une si grande influence dans le monde. Ce n'est pas qu'il fût pour cela disposé à imiter au nom de ces idées le don-quichottisme d'Alexandre ou le systématique entêtement de Metternich en faveur des principes monarchiques. Anglais avant tout, uniquement préoccupé de maintenir ou d'augmenter la puissance de son pays, il tenait essentiellement à n'être jamais empêché de le servir quand il en trouverait l'occasion. Il voulait donc avoir les mains libres, répugnant à tout compromis qui, comme la Sainte-Alliance, pouvait

1. Chateaubriand (François-René, vicomte de), écrivain célèbre dont les ouvrages sont encore trop connus pour que nous ayons besoin de les énumérer ici ; né près de Saint-Malo le 4 sept. 1768 ; sous-lieutenant au régiment de Navarre (1787) ; émigré en 1792, soldat de Condé (1792-1793) ; retiré en Angleterre, puis rentré en France après le 18 brumaire ; secrétaire d'ambassade à Rome, puis ministre plénipotentiaire dans le Valais ; démissionnaire après l'exécution du duc d'Enghien (1804) ; nommé ministre plénipotentiaire en Suède sous la première Restauration ; réfugié à Gand avec Louis XVIII en 1815 ; pair de France ; ambassadeur à Berlin (1821), puis à Londres ; ministre des Affaires étrangères (déc. 1822) ; disgracié en 1824 ; ambassadeur à Rome (1828-1829) ; rentré dans la vie privée sous la royauté de Juillet ; mort le 4 juillet 1848.

2. Il avait pris, depuis peu, par suite du décès de son père, le titre de marquis de Londonderry. Il se donna la mort, pour des motifs restés inconnus au château de North-Cray-Place (comté de Kent), le 12 août 1822.

paralyser la diplomatie britannique et se réservant, en véritable *opportuniste*, d'appliquer ses principes à l'heure, au lieu et dans la mesure qu'il jugerait convenables. En thèse générale, il croyait qu'il y aurait plus de profit pour sa patrie à exploiter la liberté qu'à la combattre, et cette opinion devait lui servir de règle de conduite pendant le mémorable ministère qui le mit aux prises avec la Sainte-Alliance. Déjà suspect à Metternich et à Alexandre, il ne se rendit pas à Vérone ; il y envoya Wellington, conservateur résolu, mais interprète ferme et fidèle des intérêts britanniques, lui donnant pour instructions de décliner au nom de l'Angleterre toute participation directe ou indirecte à l'exécution militaire projetée par le czar, d'interdire aux armées de la Sainte-Alliance l'entrée du Portugal au nom des traités qui liaient ce pays à la Grande-Bretagne ; de ne rien faire, il est vrai, pour soutenir les constitutions de 1820 et de 1822, pas plus à Lisbonne qu'à Madrid, mais de donner clairement à entendre que, si la cour de Londres ne croyait pas devoir intervenir pour les défendre, elle réserverait sa liberté d'action à l'égard des colonies d'Amérique. On voit par là que l'Angleterre, plus habile que généreuse, était moins disposée à prévenir ou à combattre l'intervention française en Espagne qu'à s'en faire plus tard un prétexte pour réaliser ses plans mercantiles dans le Nouveau-Monde. Quant aux deux grandes puissances allemandes, l'une d'elles, la Prusse, marchait à la remorque de l'autre, et celle-ci, c'est-à-dire l'Autriche, tout en souhaitant que l'intervention armée n'eût pas lieu (parce qu'elle redoutait un accroissement de crédit pour la France et la possibilité d'une alliance entre elle et la Russie) s'y résignait cependant, à la rigueur, parce qu'à tout prendre elle amènerait le rétablissement de l'absolutisme en Espagne et que, d'autre part, elle constituait pour le moment le seul moyen de détourner le czar de l'Orient.

VI

Dès l'ouverture du congrès, Montmorency, qui venait de Vienne, où déjà le czar l'avait habilement circonvenu, outrepassa les instructions de Villèle, qui lui avait prescrit de ne rien proposer au sujet de l'Espagne, de « voir venir » et d'empêcher sur toutes choses que la France eût la main forcée. Sur la demande captieuse de Metternich, il lut, le 20 octobre, aux plénipotentiaires des grandes puissances une note fort imprudente, où il déclarait que l'anarchie de l'Espagne mettait la France en danger ; que la guerre était non seulement possible, mais probable ; qu'elle serait sans doute précédée du rappel de notre ambassadeur à Madrid ; enfin, que, dans le cas où le gouvernement français prendrait cette mesure, il désirait savoir si ses augustes alliés suivraient son exemple et quel secours *moral* et matériel il pourrait attendre d'eux. Il ajoutait d'ailleurs que la France voulait agir seule au delà des Pyrénées, qu'elle tenait à pouvoir choisir son heure et qu'une armée d'observation formée derrière elle, au besoin, par la Sainte-Alliance, lui suffirait pour tout appui. Mais le maladroit ministre ne sut même pas maintenir cette réserve. Les représentants des quatre cours lui lurent leurs réponses dans la séance du 31 octobre. Celle de l'Angleterre était un refus absolu de se prêter à l'intervention projetée. Celle de la Russie était une adhésion sans réserve au programme belliqueux de Montmorency. L'Autriche et la Prusse promettaient de rappeler leurs ambassadeurs et subordonnaient à une entente ultérieure leur participation active à l'opération. Mais ce qu'il y eut de plus grave dans le langage des trois cours du Nord, c'est qu'elles prétendirent faire déterminer par le congrès la procédure à suivre pour en venir à une rupture avec l'Espagne. Le czar tenait absolument à ce que la contre-révolution se fît, au delà des Pyrénées, comme naguère en Italie, par arrêt de la Sainte-Alliance. Metternich n'était pas fâché non plus que la France, au lieu d'agir en pleine liberté, comme elle l'eût voulu, parût accomplir un service commandé. Sur sa proposition, il fut convenu que les quatre gouvernements qui s'étaient mis d'accord sur le principe de l'intervention adresseraient simultanément à leurs ambassadeurs en Espagne des notes réclamant avec la dernière énergie la restitution immédiate à Ferdinand VII de son autorité souveraine et que, sur le refus prévu que leur opposerait le ministère San-Miguel [1], ils quitteraient Madrid en même temps ; leur départ devait être le signal de la guerre, c'était sous-entendu.

1. San-Miguel (Evaristo), né à Gijon, le 26 octobre 1785 ; prisonnier en France sous l'Empire, après avoir combattu avec valeur pour l'indépendance de l'Espagne ; nommé adjudant général par Riégo, en 1820 ; secrétaire de la

Montmorency, qui souhaitait de tout son cœur l'expédition, n'était pas sans comprendre qu'il avait compromis son gouvernement. Villèle, d'ailleurs, ne cessait de lui rappeler ses instructions et de lui recommander la prudence : « Une obligation première pour nous, lui écrivait-il, c'est d'agir de notre propre mouvement, c'est de ne pouvoir être accusés ni d'avoir provoqué l'indignation des souverains contre l'Espagne, ni d'être entraînés malgré nous dans la guerre par des déterminations étrangères. » Le chef de la légation française se débattait encore — faiblement — contre les exigences et les offres de l'empereur Alexandre ; il déclarait, par exemple, avec une certaine fierté que son gouvernement ne permettrait jamais à une armée russe de traverser la France pour se rendre en Espagne. Le czar ne l'en pressait que plus vivement de hâter une expédition dont l'honneur tout entier devait revenir à Louis XVIII. Metternich ne manquait pas, suivant sa tactique habituelle, de représenter à ce souverain le gouvernement français comme peu disposé à lui complaire. Alexandre prenait alors de l'humeur, gourmandait, menaçait Montmorency. « Vous ne voulez donc absolument rien faire? » disait un jour à ce dernier le ministre Nesselrode. « Eh bien, on vous laissera avec votre Angleterre, nous verrons si vous vous en trouverez bien. » Pozzo di Borgo parlait de retourner à Paris pour y ameuter les ultras contre le cabinet Villèle. Il n'en fallait pas tant pour amener le principal plénipotentiaire français à faire toutes les volontés de la Sainte-Alliance. Il en fallait moins encore pour gagner son auxiliaire, Chateaubriand, dont la vanité, toujours avide de flatteries, se laissa facilement prendre aux caresses du czar. Alexandre n'eut pas beaucoup de peine à tourner cette tête ambitieuse et romanesque. Il lui remontra quelles grandes choses ils pourraient faire à eux deux, quand Chateaubriand serait au pouvoir, où il l'aiderait, du reste, à parvenir. La France, étroitement unie à l'Espagne et à la Russie,

junte constitutionnelle; ministre des Affaires étrangères dans le cabinet imposé à Ferdinand VII après la journée du 7 juillet 1822; démissionnaire (1823), blessé en combattant l'armée française; prisonnier en France (1823), puis réfugié en Angleterre; rentré en Espagne (1824); nommé maréchal de camp par Marie-Christine; député d'Oviédo; ministre de la guerre dans le cabinet Espartero; lieutenant général en 1843; président de la junte de défense de Madrid et ministre de la guerre en 1854; nommé, peu après, maréchal, duc, grand d'Espagne de première classe, capitaine général et inspecteur général de la milice; mort à Madrid le 29 mai 1862.

reprendrait en Europe la grande place qu'elle y avait eue autrefois ;
elle réglerait à son gré, en dépit des menées britanniques, les
affaires du Nouveau-Monde ; et, quant à la crise orientale, elle laisserait pleine liberté à la cour de Saint-Pétersbourg, qui, pour prix
de sa complaisance, l'autoriserait à se dédommager largement des
pertes qu'elle avait subies en 1814 et 1815. Tout cela n'était dit
qu'à demi-mot. Mais Chateaubriand escomptait déjà les brillants
résultats de cette grande politique. En attendant qu'elle portât ses
fruits, il écoutait le czar, l'admirait, affectait de croire au parfait
désintéressement dont il faisait sans cesse étalage [1] et croyait, en
rendant la guerre d'Espagne inévitable, préparer la plus piteuse
déconvenue à ce pauvre Canning, dont les calculs politiques lui
faisaient pitié.

La rédaction des notes qu'on était convenu d'expédier à Madrid
demanda plusieurs semaines. Enfin, le 19 novembre, elles furent
lues en conférence. Celle de la France était la moins vive, la préoccupation de Villèle étant toujours de retenir les quelques chances
de paix qui pouvaient être conservées. Au contraire, celles de la
Prusse, de l'Autriche et surtout de la Russie étaient si violentes
que leur envoi équivalait à une déclaration de guerre. Le même
jour, les quatre puissances décidées à l'intervention déterminèrent, par un acte qui était un véritable traité d'alliance, les
cas dans lesquels la France pourrait commencer la guerre et
serait en droit de réclamer des secours. Ces cas étaient : 1° celui
d'une provocation des sujets français à la révolte par le gouvernement espagnol ; 2° celui de la déchéance de Ferdinand VII
ou d'un attentat quelconque tant contre lui que contre un prince
de sa famille ; 3° celui d'une atteinte portée au droit de succession en Espagne. La France était du reste autorisée à ouvrir les
hostilités pour d'autres motifs ; en pareille occurrence, la Sainte-
Alliance ne serait pas obligée de lui venir en aide, mais elle se considérerait toujours comme intéressée au rétablissement de l'ordre
dans la péninsule et y coopérerait par voie diplomatique. Enfin

---

1. « Qu'est-ce qui pourrait me tenter? disait Alexandre à Chateaubriand.
Qu'ai-je besoin d'accroître mon empire? La Providence n'a pas mis à mes
ordres huit cent mille soldats pour satisfaire mon ambition, mais pour protéger la religion, la morale, la justice, et pour faire régner ces principes
d'ordre sur lesquels repose la société humaine... »

le gouvernement français, en retour des obligations que ses trois alliés contractaient envers lui, dut consentir à la réciprocité, c'est-à-dire se mit dans une position telle qu'il dépendait d'eux de le contraindre absolument à la guerre, si, au dernier moment, il persistait à reculer.

On pense bien que ces arrangements ne furent pas approuvés par l'Angleterre. Les représentants de cette puissance tinrent à ce que leur opposition fût bien constatée et que nul en Europe ne pût l'ignorer. Metternich aurait voulu que, pour ne pas faire éclater à tous les yeux le déchirement qui venait de se produire dans la grande alliance, Wellington retirât sa note du 31 octobre ou du moins consentît à ce qu'elle ne fût pas mentionnée dans les procès-verbaux. Mais le « duc de fer » déclara qu'il ne voulait ni équivoque ni malentendu au sujet de la politique anglaise ; et, en conséquence, non seulement il ne retira rien, mais il adressa au congrès, le 19 et le 22 novembre, deux notes nouvelles, dont la première portait que le gouvernement britannique ne pouvait adhérer aux *casus fœderis* que l'on venait de déterminer et persistait à regarder comme mal fondée et dangereuse l'intervention projetée, et dont la seconde faisait connaître sa ferme intention de ne point adresser, comme les autres grandes puissances, de note comminatoire au cabinet San-Miguel. L'Angleterre, y était-il dit, avait pour principe de ne jamais s'immiscer dans les affaires intérieures des autres États. Son représentant resterait donc à Madrid, où il recevrait l'ordre « de mettre tous ses soins à apaiser la fermentation causée par les communications des autres légations ». Quelques jours après (26 novembre), Wellington, à la suite d'un débat confus et sans résultat sur les colonies espagnoles d'Amérique, révéla officiellement le plan de Canning, depuis quelque temps pressenti, en déclarant que le cabinet de Londres ne pourrait indéfiniment s'abstenir de reconnaître l'indépendance de ces nouveaux États ; qu'il n'avait point à discuter la question de droit ; qu'il faisait encore des vœux pour la réconciliation desdites colonies avec leur métropole, mais qu'il devait avant tout protéger les relations commerciales des sujets britanniques et se réservait de prendre à l'égard du Nouveau-Monde telle décision qui lui serait commandée par les circonstances. Ce langage signifiait clairement que l'Angleterre s'intéressait assez peu à l'Espagne, mais saurait tirer profit de la faute que la France allait faire en y rétablissant l'absolutisme à main armée. Il fallait être un peu naïf, ce qu'était parfois l'empereur Alexandre, pour croire, comme il en eut l'air vers la fin de novembre 1822, que le cabinet de Saint-James était disposé à s'allier avec le gouvernement des Cortès et à le défendre contre l'invasion française. Canning négociait en effet, à ce moment même, avec San-Miguel ; peut-être lui faisait-il espérer ses bons offices ; mais il ne cherchait qu'à exploiter les terreurs d'un gouvernement aux abois en lui extorquant une grosse indemnité pour des dommages soufferts par le commerce anglais aux Antilles. Au fond, ce n'était pas l'Espagne, c'était l'Amérique que ce fin politique voulait préserver de l'influence française. La suite de son histoire le prouvera bientôt.

VII

Montmorency était parti le 22 novembre pour Paris, où il allait soumettre à Louis XVIII et à Villèle les arrangements auxquels il avait consenti à Vérone. En attendant les résolutions définitives du gouvernement français, le congrès délibéra sur diverses questions politiques, moins passionnantes sans doute que l'affaire d'Espagne, mais dont la Sainte-Alliance était loin de se désintéresser.

Il ne put, il est vrai, tomber d'accord ni sur la politique à suivre à l'égard des États hispano-américains, ni sur le parti à prendre à l'égard du Brésil, dont l'indépendance, fait singulier au premier abord, était presque ouvertement soutenue par Metternich [1]. La Russie proclama plus haut que jamais le dogme de la légitimité ; l'Angleterre déclara ne guère s'en soucier, vu les circonstances ; l'Autriche et la France louvoyèrent, pour divers motifs, entre le fait et le droit. Bref, aucune décision ne fut prise, pas plus à Vérone qu'à Aix-la-Chapelle, et ce nouveau retard devait rendre définitif le triomphe de la révolution en Amérique.

La question de la « traite », dont l'Angleterre poursuivait depuis plusieurs années la solution avec tant de sollicitude, fut,

---

1. Ce qui s'explique par le lien de famille qui unissait D. Pedro à l'empereur d'Autriche François Ier.

comme on pouvait s'y attendre, posée par elle au congrès de
Vérone. Mais la défaveur dont cette grande puissance était l'objet
de la part des quatre autres stérilisa ses efforts pour rendre effective l'abolition du honteux trafic qu'elle ne cessait de dénoncer [1].
Une fois encore, on la paya de bonnes paroles et ce fut tout, ou à
peu près. Le gouvernement français, en particulier, refusait de se
soumettre aux mesures de surveillance, de contrôle et de répression proposées par le cabinet Liverpool. En résumé, le congrès
répondit aux vœux de la Grande-Bretagne par une déclaration à
peu près platonique à l'égard de la traite [2]. Il y était dit que les
souverains réunis ou représentés à Vérone, persistant dans les principes déjà proclamés par eux en 1815, réprouvaient hautement ce
criminel commerce, étaient prêts à concourir à tout ce qui pouvait en assurer l'abolition et se livreraient loyalement à l'examen
de toute mesure tendant à ce but, pourvu qu'elle fût « compatible
avec leurs droits et les intérêts de leurs sujets ». Ce n'était pas,
on le voit, se compromettre beaucoup, et il devait s'écouler encore
bien des années avant que des moyens efficaces fussent adoptés
par l'Europe pour la répression de la traite.

La question d'Orient fut également étudiée, dans le courant de
novembre 1822, par les diplomates réunis à Vérone. Mais, vu les
dispositions actuelles du czar, elle ne pouvait donner lieu à de
bien vifs débats. Le gouvernement russe, tout en continuant à
réserver ses droits et à signaler le mauvais vouloir de la Porte à
son égard, se contenta de réitérer, dans deux notes nouvelles [3],
les demandes, si modérées en apparence, qu'il avait formulées à
Vienne le 26 septembre. Il proclamait plus haut que jamais son
désintéressement et déclarait s'en remettre, pour la solution de ses
différends avec la Turquie, aux bons offices de l'Autriche et de
l'Angleterre, qui le comblaient d'éloges et se promettaient de le
jouer de leur mieux. Quant aux Grecs, les puissances paraissaient
d'accord pour réprouver leur insurrection et pour leur refuser

1. La question avait été longuement débattue, à partir de 1815, dans une
conférence internationale à Londres. L'Angleterre l'avait de nouveau posée à
Aix-la-Chapelle en 1818. En 1822, comme précédemment, elle eût voulu assurer
la répression de la traite par des mesures efficaces et notamment par l'établissement du *droit de visite*.
2. 28 novembre 1822.
3. Du 9 et du 27 novembre.

toute assistance même morale. Le czar lui-même, maintenant sans
pitié pour tout ce qui pouvait ressembler à un mouvement révolutionnaire, les déclarait indignes de sa sympathie et n'insistait pas
pour que leurs envoyés, qui attendaient en suppliants à Ancône,
fussent admis devant le congrès. Le gouvernement hellénique,
qui disputait encore très péniblement le Péloponèse aux hordes
turques de Dramali, avait cru devoir charger une ambassade solennelle d'aller plaider sa cause devant les souverains et les ministres
réunis à Vérone. Ses délégués devaient invoquer la solidarité qui
existait entre les diverses branches de la grande famille chrétienne, protester contre toute assimilation entre les révolutions
d'Italie ou d'Espagne et celle de Grèce, qui ne pouvait sous aucun
rapport inquiéter la Sainte-Alliance, enfin demander que le sort de
leur pays ne fût pas réglé sans le concours de ses représentants.
Mais le chef de cette mission, André Métaxas [1], eut beau multiplier ses appels, s'adresser personnellement au pape, à l'empereur
de Russie, au plénipotentiaire français Caraman [2], le congrès refusa
de le recevoir et, après l'avoir retenu plusieurs semaines à Ancône,
la police du Saint-Siège dut, pour complaire à la Sainte-Alliance,
l'inviter à se rembarquer.

Les affaires d'Italie occupèrent plusieurs semaines les hommes
d'État réunis à Vérone. Tous les gouvernements de cette région
étaient représentés à ce congrès; la plupart l'étaient même non
seulement par leurs principaux ministres, mais par leurs chefs
dynastiques. Ils ne furent du reste, conformément aux principes du
directoire européen, appelés à discuter que sur leurs intérêts
propres. Chacun des petits États dont se composait la péninsule, à
l'exception du Saint-Siège, tremblait devant la cour de Vienne,

1. Métaxas (André, comte), né dans l'île de Céphalonie en 1796; chef d'un
corps de troupes helléniques en 1821 ; ministre du gouvernement provisoire
en 1822; membre de la commission administrative des Sept (1832-1833), puis
chargé de diverses missions diplomatiques; ministre des finances (1841);
président du Conseil (1843); général (1849); ministre plénipotentiaire à
Constantinople (1850); mort en 1860.
2. Caraman (Louis-Charles-Victor Riquet, marquis, puis duc de), né en
1762; chargé par Louis XVI, de 1789 à 1792, de plusieurs missions confidentielles; émigré, attaché pendant dix ans au service de la Prusse; détenu
sous le Consulat et l'Empire par ordre de Napoléon; ambassadeur à Berlin
(sept. 1814); pair de France (1815); ambassadeur à Vienne (1816-1828); rallié
au gouvernement de Juillet (1830); volontaire dans la première expédition
contre Constantine (1836); mort à Paris en 1839.

subissait docilement sa protection, quand il ne la réclamait pas. Le roi de Naples demanda lui-même que l'occupation de son territoire par les troupes autrichiennes fût prolongée jusqu'à ce qu'il eût pu former une armée solide, ce qui ne paraissait pas prochain [1]. Le roi de Sardaigne, Charles-Félix, se laissa persuader, au grand déplaisir de la France, de garder en Piémont, jusqu'au 1er octobre 1823, les garnisaires qui s'y étaient établis depuis la journée de Novare. Il eût aussi volontiers consenti à déshériter, dans la mesure du possible, au profit de François IV, duc autrichien de Modène [2], le prince de Carignan, Charles-Albert, qui devait monter après lui sur le trône. Mais les droits de ce dernier, reconnus par le traité de Vienne [3], furent soutenus hautement, au nom de la légitimité, par la France et par la Russie; finalement, ils triomphèrent. Ces deux puissances déjouèrent aussi les intentions secrètes de Metternich, qui, depuis longtemps, rêvait de transformer l'Italie en une confédération dont l'hégémonie eût été, naturellement, exercée par l'Autriche. L'exécution de son programme aurait commencé par l'établissement à Plaisance d'une « commission d'enquête » analogue à celle de Mayence et dont les pouvoirs se seraient étendus sur toute la péninsule. Le légat du pape, Spina, encouragé surtout par les représentants de la France, protesta hautement contre une pareille institution, remontrant que chaque État devait être libre dans la recherche des conspirateurs; que la besogne ainsi serait bien mieux faite; que, s'il y avait une certaine effervescence révolutionnaire dans la péninsule, on ne la diminuerait pas en augmentant dans ce pays l'influence de la cour de Vienne, bien au contraire. « L'Autriche nous accuse d'indulgence pour les carbonari, écrivait le cardinal. Leur nombre est moindre qu'on ne le dit. *Ce qui embrasse toute la population, c'est le nombre de ceux qui haïssent l'Autriche et gémissent de l'asservissement où elle tient l'Italie.* Cette haine réunit des opinions différentes. C'est contre ceux-là que l'Autriche voudrait que nous sévissions. De bonne foi, le pouvons-nous? » Ce langage éner-

---

1. Ce corps d'occupation fut seulement réduit à cette époque de 52 000 à 35 000 hommes.
2. Qui avait épousé, en 1812, Marie-Béatrix de Savoie, fille de Victor-Emmanuel Ier.
3. Voir plus haut, p. 65.

gique arrêta net Metternich, qui remit à plus tard l'accomplissement de son programme. Pour le moment, il dut se borner à mori-
géner officiellement, par la plume de Lebzeltern, les États italiens
sur leur incurie à l'égard du péril révolutionnaire, et à les obliger
de rendre compte devant le congrès des mesures qu'ils avaient pu
prendre depuis 1821 pour y pourvoir. Finalement, il leur signifia,
au nom des trois cours du Nord (la France et l'Angleterre ayant
refusé, comme à Laybach, de s'associer à sa politique en Italie),
qu'ils étaient toujours sous la main de la Sainte-Alliance, dont « les
vœux étaient inspirés par une amitié si franche et si vraie pour
les cours d'Italie *qu'ils ne pourraient se ralentir et que les légations des trois souverains devaient continuer à s'en rendre les
interprètes* envers les gouvernements auprès desquels elles étaient
accréditées [1] ».

VIII

Pendant que le congrès de Vérone traitait toutes ces questions,
pour lors secondaires, la question capitale du moment, c'est-à-dire
celle de l'intervention en Espagne, était agitée à Paris, où Villèle
et Montmorency avaient bien de la peine à se mettre d'accord.
Le premier ministre de France désirait toujours éviter la guerre.
Mais il sentait que son collègue était soutenu par la Congrégation
et que la Congrégation la voulait à tout prix. Il tenait misérablement à conserver son portefeuille et pour cela ménageait fort les
ultras. S'il se hasardait parfois à faire combattre dans le *Journal
des Débats* ou dans le *Moniteur* la politique d'intervention, il
se donnait à lui-même de continuels démentis en renforçant le
long des Pyrénées le *corps d'observation* et fournissant aux
apostoliques toutes facilités pour continuer la guerre civile en
Espagne. Il souhaitait de tout son cœur qu'à Madrid le parti de la
Révolution désarmât la Sainte-Alliance en modifiant la constitution
de 1820 dans un sens vraiment monarchique et conservateur. Mais

---

1. En même temps les trois cours prenaient à l'égard de la Suisse une
attitude menaçante et décidaient que cette république serait sommée d'expulser ou de livrer les agitateurs italiens ou allemands auxquels elle avait
donné généreusement asile, surtout depuis 1820.

ses efforts pour obtenir un tel résultat demeuraient infructueux
(comme l'avaient été ceux de son prédécesseur Richelieu). En
désespoir de cause il tenait surtout à gagner du temps. Aussi
fit-il décider par Louis XVIII, le 5 décembre, que les trois cours
du Nord seraient suppliées de retarder jusqu'à nouvel ordre l'envoi
de leurs notes à Madrid. Un courrier fut ce jour-là même expédié
à Vérone. Mais la réponse des puissances ne devait être rien moins
que conforme aux vœux du ministre français.

L'empereur de Russie voulait plus que jamais la guerre, et
Metternich, plus que jamais, voulait, lui complaire. On venait
d'apprendre en Italie les malheurs de la régence d'Urgel qui,
chassée d'Espagne, en novembre, venait de se réfugier en France [1].
Aussi Alexandre déclara-t-il qu'aucun atermoiement ne devait être
souffert. Le courrier de Villèle était arrivé le 11 décembre. Le 13,
l'Autriche, la Prusse et la Russie, déclaraient froidement aux plénipotentiaires de France que Louis XVIII était libre de choisir
l'heure et la forme de sa rupture avec le gouvernement de Madrid,
mais que les trois souverains du Nord avaient décidé l'envoi immédiat de leurs notes, qu'il ne fallait pas que le congrès eût l'air
d'avoir avorté et que la Sainte-Alliance ne pouvait pas reculer.
Chateaubriand, qui remplaçait Montmorency à Vérone, n'eut pas
de peine à se laisser convaincre que la France était engagée
d'honneur à agir sans retard. Tout ce qui fut concédé, c'est que,
pour conserver une faible apparence de liberté, le gouvernement
français pourrait ne rappeler son ambassadeur de Madrid qu'un
moment après le départ des autres. La guerre, en somme,
était irrévocablement résolue. Le czar, dont l'irritation croissait
d'heure en heure, ne dissimulait pas que, si la France tardait à
s'exécuter, il la regarderait comme complice de l'Espagne et se
comporterait vis-à-vis d'elle en conséquence. Chateaubriand partit
donc à son tour pour Paris (13 décembre), promettant de combattre
et de surmonter les dernières hésitations de Villèle.

Dès le lendemain (14 décembre), la clôture du congrès fut prononcée. Les trois souverains du Nord, unis comme à Laybach pour
refréner et anathématiser la Révolution, ne voulurent pas quitter

---

1. Elle avait dû quitter Urgel, le 10 novembre, et s'était établie à Toulouse
le 28 du même mois.

Vérone sans rendre compte au monde de leurs récentes délibérations et lui exposer une fois de plus leurs principes. La circulaire qu'ils lancèrent en se séparant faisait d'abord ressortir avec quel désintéressement et quelle loyauté ils avaient présidé au rétablissement de l'ordre en Italie. Elle exprimait ensuite leur réprobation à l'égard de la Grèce, nation chrétienne, dont il était désirable sans doute que le sort fût amélioré, mais dont le soulèvement, tout révolutionnaire dans son origine, sa forme, ses tendances, était éminemment condamnable. L'Espagne, qui n'allait pas tarder à être ramenée à la raison, était pour le moment « un triste exemple de plus des conséquences infaillibles de tout attentat contre les lois éternelles du monde moral ». Du reste, la Sainte-Alliance, qui ne voulait que la paix et le bonheur des peuples, était bien résolue à poursuivre en tous lieux les factions de ténèbres et de mensonge qui agitaient l'Europe et l'Amérique. « Les souverains, lisons-nous dans la circulaire, ne croiront point avoir rempli leur tâche avant de leur avoir arraché les armes qu'*elles* pourraient tourner contre la tranquillité du monde. » Enfin ce document n'était guère moins menaçant pour certains princes que pour certains peuples, car le directoire européen leur donnait clairement à entendre qu'il ne cesserait ni de les surveiller ni de leur dicter des lois. Comment, en particulier, les souverains allemands dont Metternich avait tant de fois signalé les tendances subversives ne se fussent-ils pas sentis désignés dans les lignes suivantes : « Les monarques aiment à croire que partout ils trouveront dans ceux qui sont appelés à exercer, sous quelque forme que ce soit, l'autorité suprême, de véritables alliés, *ne respectant pas moins l'esprit que la lettre et les stipulations positives des actes qui forment aujourd'hui la base du système européen* »?

C'était la cour de Vienne qui avait dicté ce nouveau manifeste de contre-révolution. Elle espérait pouvoir compléter promptement et sans obstacle, grâce à l'appui de la Russie, de la Prusse et de la France, l'œuvre si bien commencée de 1819 à 1821. Mais il lui fallait maintenant compter avec l'Angleterre, qui, sous Castlereagh, n'avait attaqué la Sainte-Alliance qu'en vaines paroles et qui, sous Canning, allait, de fait, lui porter le coup mortel.

CHAPITRE VI

LA FIN D'UN CZAR IDÉOLOGUE [1]

I. Le ministère Villèle et l'affaire d'Espagne. — II. La politique de réaction en 1823 et en 1824. — III. Triomphe de la révolution dans le Nouveau-Monde. — IV. Évolution de l'Angleterre en faveur des Grecs. — V. Conférences de Saint-Pétersbourg et mort d'Alexandre Ier.

(1822-1825)

I

Le congrès de Vérone eut pour conséquence, dans les années 1823 et 1824, un travail de contre-révolution dont une grande partie de l'Europe ressentit les effets, mais auquel répondit bientôt un travail en sens inverse, non moins puissant et dû principalement à la politique nouvelle de l'Angleterre.

C'est naturellement l'Espagne qui fut atteinte la première par la réaction. La Sainte-Alliance avait condamné ce pays, et c'est

1. Sources : Chateaubriand, *Mémoires d'outre-tombe*; — Cornewall Lewis, *Histoire gouvernementale de l'Angleterre depuis 1770 jusqu'à 1830*; — Deventer (van), *Cinquante années de l'histoire fédérale de l'Allemagne*; — Fabvier (général), *Papiers de famille* (inédits); — Gentz (F. de), *Dépêches inédites*, t. II et III; — Gervinus, *Histoire du* xixe *siècle*, t. IX, X, XI, XIV et XV; — Gordon, *History of the Greek revolution*; — Hubbard (G.), *Histoire contemporaine de l'Espagne*, t. II; — Juchereau de Saint-Denis, *Histoire de l'empire ottoman*; — Lesur, *Annuaire historique*, années 1822-1825; — Marcellus (comte de), *Souvenirs diplomatiques*; Id., *Correspondance intime de M. de Chateaubriand sur la politique de 1822 et 1823*; — Metternich (prince de), *Mémoires, documents et écrits divers*, t. IV; — Pereira da Silva, *Historia da fundaçao do Imperio brazileiro*; — Schnitzler (J.-H.), *Histoire intime de la Russie sous les empereurs Alexandre Ier et Nicolas, et particulièrement pendant la crise de 1825*; — Soutzo (Al.), *Histoire de la révolution grecque*; — Stapleton, *George Canning and his times*; — Vaulabelle, *Histoire des deux Restaurations*, t. VI et VII; — Viel-Castel (baron de), *Histoire de la Restauration*, t. XII, XIII, XIV et XV, etc.

Louis XVIII qu'elle avait chargé d'exécuter sa sentence. Pendant quelques semaines, il est vrai, on put encore croire que le roi de France se déroberait à cette tâche. Après le retour de Chateaubriand, qui rapportait l'ultimatum du congrès (20 décembre 1822), Villèle fit de nouveaux efforts pour prévenir une guerre qu'il n'avait jamais souhaitée et dont la responsabilité l'effrayait. Montmorency, grâce à lui, dut quitter le ministère (25 décembre); tandis que les notes menaçantes de l'Autriche, de la Prusse, de la Russie, arrivaient à Madrid et que les ambassadeurs de ces trois cours quittaient l'Espagne, comme il avait été convenu (9 janvier), le représentant de Louis XVIII, M. de la Garde, communiquait à San-Miguel une note sévère sans doute, mais relativement conciliante et dont le texte n'impliquait pas le départ immédiat de ce diplomate. Un arrangement était encore possible. Mais il eût fallu, pour qu'il eût lieu, que le ministère espagnol se prêtât, dans une certaine mesure, aux modifications que Villèle désirait voir introduire dans la constitution de 1820. Malheureusement, San-Miguel et ses amis, dont le patriotisme était exaspéré par les prétentions de la Sainte-Alliance et dont l'entêtement était fortifié par l'espoir bien chimérique de l'alliance anglaise [1], se refusèrent formellement à toute concession. Leur réponse, follement approuvée par les Cortès, était conçue en termes si hautains et si peu conciliants que Louis XVIII, prince fier à ses heures, s'en déclara aussitôt offensé. M. de la Garde, à son tour, dut demander ses passeports et quitta Madrid le 18 janvier 1823. Pourtant, même à cette heure suprême, Villèle eût voulu se borner à une rupture diplomatique avec le gouvernement espagnol. Mais le roi, fort irrité, circonvenu par sa famille et par les ultras, inclinait de plus en plus vers le parti de la guerre. Le président du conseil n'était pas soutenu par le nouveau ministre des affaires étrangères; car c'était Chateaubriand qui venait de succéder à Montmorency, et Chateaubriand voulait que

---

1. Le cabinet de Londres demandait au gouvernement des Cortès la levée du blocus sur les côtes de Vénézuéla et une forte indemnité pour les dommages qu'avaient subis les sujets britanniques en Amérique par le fait de la guerre. Il obtint à peu près tout ce qu'il voulait (déc. 1822 — janvier 1823), mais ne donna rien en échange que la promesse de ses bons offices diplomatiques. Il empêcha même l'Espagne de contracter alliance avec le Portugal, qui eût pu, s'il se fût uni à cette puissance, être attaqué par la France et qu'il ne voulait pas avoir à défendre.

l'expédition eût lieu. On remontrait à Villèle que, s'il ne faisait la guerre *pour* la Sainte-Alliance au delà des Pyrénées, il aurait à la soutenir *contre* elle sur le Rhin (ce qui était pour le moins fort exagéré). Mais l'argument qui triompha de ses dernières hésitations, ce fut la menace expresse que lui firent de le renverser les chefs ultra-royalistes auxquels il devait le pouvoir. Devant un pareil ultimatum, et contre sa conscience, il céda. Le 28 janvier, à l'ouverture des Chambres, le discours du trône fit enfin connaître à la France que l'expédition était résolue et que cent mille Français entreraient prochainement en Espagne sous le commandement du duc d'Angoulême.

En vain l'opinion publique protesta contre une entreprise qui avait été si visiblement imposée au gouvernement français par la Sainte-Alliance. Vainement on signala ce qu'avait d'irrégulier la conduite d'un roi constitutionnel employant son armée à détruire une constitution et à rétablir l'absolutisme chez ses voisins. Vainement des voix éloquentes s'élevèrent contre l'expédition au nom de la Charte, que le contre-coup de la réaction espagnole ne pouvait manquer d'atteindre. Manuel fut arraché de son banc (4 mars), mais la nation ne prit pas feu; l'armée, malgré certaines excitations secrètes [1], resta docile, et, dans les premiers jours d'avril, les premières colonnes françaises débouchèrent au delà des Pyrénées.

II

Nous n'avons pas à raconter cette campagne de 1823 qui, vu la grande supériorité de nos troupes et le concours qu'elles trouvaient chez les *apostoliques* d'Espagne, ne fut pas fort pénible pour le duc d'Angoulême, non plus que pour ses lieutenants. Bornons-nous à en signaler les résultats. Dès la fin de mai, le neveu de Louis XVIII

1. Les troupes massées le long des Pyrénées étaient activement travaillées par le carbonarisme. Plusieurs complots, ayant pour but de les amener à se soulever et à se retourner contre le gouvernement de la Restauration, furent découverts et déjoués. Au dernier moment même, en avril, lorsqu'elles franchirent la frontière d'Espagne, elles trouvèrent devant elles le colonel Fabvier et un certain nombre de réfugiés français, appartenant comme lui au parti libéral, qui, agitant en leur présence un drapeau tricolore, essayèrent, sans combattre, il est vrai, de les arrêter. *Armand Carrel*

était à Madrid, d'où le ministère et les Cortès avaient fui, emme-
nant Ferdinand VII jusqu'à Séville. Il y institua une *Régence*[1] qui,
malgré ses louables efforts, ne tarda pas à se signaler, aux dépens
du parti constitutionnel, par d'effroyables excès. Bientôt, les Français continuant d'avancer, les Cortès allèrent s'enfermer à Cadix
et, comme le roi refusait de les suivre, elles le suspendirent de ses
fonctions pour la durée du voyage (11-15 juin). Le gouvernement
constitutionnel se vit enfin étroitement bloqué (juillet-août), tandis
que ses généraux capitulaient sur divers points, presque sans combattre. Il n'avait pas d'alliés. L'Angleterre ne lui donna, jusqu'au
bout, que de bonnes paroles. Il lui fallut donc renoncer, en septembre, à une résistance devenue impossible et rendre la liberté à
Ferdinand VII qui, après de solennels serments de miséricorde et
d'amnistie, fut conduit au camp français, où il s'empressa, comme
on pouvait s'y attendre, de renier toutes ses promesses (1er octobre).
Dès lors une réaction folle et atroce s'abattit sur l'Espagne ; les
échafauds furent dressés de toutes parts ; Riégo fut solennellement
pendu à Madrid. Le règne de l'arbitraire et du bon plaisir recom-
mença, comme en 1814. Toute les libertés disparurent. Un roi
dépravé, lâche et ignorant, servi par des favoris de bas étage,
sembla n'avoir repris possession de l'autorité absolue que pour
ensanglanter toute l'Espagne de ses vengeances. Les Français et
leur chef lui-même, qui ne manquait ni d'humanité ni de droiture,
rougirent d'être venus en Espagne pour rendre possibles ces satur-
nales monarchiques. Le duc d'Angoulême, après de vains efforts
pour modérer la terreur *apostolique*, repartit écœuré pour la
France. Mais ses soldats devaient rester longtemps encore au
delà des Pyrénées pour protéger l'indigne souverain qu'ils avaient
ramené de Cadix.

En Portugal, la réaction n'avait pas attendu pour se produire que
les Cortès de Cadix eussent capitulé. Dans ce pays, il y avait aussi
des *apostoliques*, fort désireux, comme ceux d'Espagne, de voir
abolir la constitution et restaurer l'absolutisme. Ils n'avaient point
manqué d'appeler à eux les Français. Mais, l'Angleterre ayant

1. Elle portait le titre de *Régence du royaume pendant la captivité de
S. M. le roi Ferdinand VII* et se composait des ducs de l'Infantado et de
Montemar, de l'évêque d'Osma, du baron d'Eroles, de Calderon (avec Calo-
marde comme secrétaire).

déclaré (par une note de Canning datée du 31 mars et par d'autres communications encore) qu'elle ne permettrait pas aux soldats de Louis XVIII de pénétrer dans un pays dont elle garantissait l'indépendance, le duc d'Angoulême avait soigneusement respecté la frontière portugaise. Il est vrai qu'en revanche le gouvernement britannique avait rendu impossible par son opposition l'alliance que les Cortès de Lisbonne avaient cherché à nouer avec celles de Madrid, pour ne pas fournir à la France de prétexte d'attaque contre le Portugal. Au fond, le cabinet britannique avait été fort aise d'isoler cet État, dont les tendances, depuis qu'il avait une constitution, lui étaient devenues hostiles. Et il se doutait bien que la contre-révolution, triomphante à Madrid, ne tarderait pas, par une contagion naturelle, à gagner Lisbonne, ce qui n'était pas pour lui déplaire. Ses prévisions ne tardèrent pas à se réaliser. Le comte d'Amarante, chef des absolutistes portugais, après une première tentative infructueuse pour renverser le gouvernement constitutionnel (mars, avril), voyant les Français en Castille et en Estrémadure, reprit les armes vers la fin de mai et, d'accord avec la reine Carlota [1] et son fils D. Miguel, idole de son parti, souleva la plus grande partie des troupes au nom de l'ancien régime. Le roi Jean VI se rendit au milieu des insurgés et quelques jours après rentra triomphalement à Lisbonne absolu comme jadis, aussi peu soucieux de ses serments que Ferdinand VII, mais heureusement moins disposé aux représailles et aux vengeances. Il est vrai qu'autour de sa femme et de son fils s'agitait une camarilla violente et ambitieuse, qui ne fut pas, comme on le verra plus loin, sans troubler le royaume de 1823 à 1824.

Les événements dont la péninsule ibérique venait d'être le théâtre ne pouvaient manquer d'avoir en France un contre-coup menaçant pour la liberté. Les ultras exultaient de joie et se croyaient enfin à la veille de réaliser les espérances si longtemps déçues de l'émigration. Il fallut, pour leur complaire, dissoudre, en décembre, la Chambre des députés et procéder à des élections qui, grâce à une pression jusque-là sans exemple, écartèrent du nouveau corps législatif presque tous les représentants du parti libéral (février 1824). Bientôt la Chambre *retrouvée* (comme l'appelait Louis XVIII),

---

1. Femme de Jean VI et sœur de Ferdinand VII.

assurée par la loi de *septennalité* d'une durée suffisante pour mener
à bien son programme de contre-révolution, se mit résolument à
l'œuvre. Il était déjà question à cette époque d'une loi sur le sacri-
lège, d'une indemnité pour les émigrés et de bien d'autres mesures
fort peu faites pour plaire à un peuple qui comptait encore tant
de survivants de 1789. L'orgueil et l'audace de la Congrégation et
des ultras furent encore surexcités en septembre 1824 par l'avènement de Charles X. On sait par quelles lois rétrogrades s'ouvrit le
règne d'un prince qui se vantait niaisement de n'avoir rien oublié
ni rien appris depuis la Révolution, ce qui n'empêchait pas Metternich de craindre par moments qu'il ne versât dans le libéralisme [1].

Il était, il est vrai, difficile de contenter entièrement le chancelier
d'Autriche, vrai pontife de l'absolutisme et de l'immobilité, qui n'admettait pas entre les rois et leurs sujets le moindre partage de
l'autorité souveraine. On a vu plus haut quels étaient, après le
congrès de Vérone, les desseins et les espérances de ce ministre
en ce qui concernait l'Allemagne. Il s'agissait maintenant pour
lui, et avant toute chose, de compléter l'œuvre de réaction commencée dans la Confédération germanique en 1820. Il était temps,
répétait-il sans cesse à son maître, d'obliger les souverains de l'Allemagne du Sud, sinon à abolir leurs constitutions, du moins à les
modifier au point de les rendre inoffensives en supprimant la publicité des débats parlementaires et augmentant partout l'influence
des gouvernements dans les élections. C'est ce programme qu'il
recommandait au roi de Bavière en revenant d'Italie (décembre
1822) et qu'il essayait d'imposer (sans succès du reste) aux représentants des divers États intéressés, dans les conférences de Vienne,
en janvier 1823. Un peu plus tard, il remplaçait comme président
de la diète fédérale Buol-Schauenstein, trop mou et trop indécis,

---

1. « **Charles X**, écrivait-il le 23 octobre 1824, est franc, loyal, aimable, chevaleresque, religieux, mais il est en même temps facile, accessible à toutes
les insinuations, fort entier toutefois et même véhément dans ses préventions momentanées; tout cela laisse craindre une mobilité dans la marche
du gouvernement qui est dangereuse pour l'autorité, et de la faiblesse à
résister à l'influence libérale que le dauphin semble exercer sur son père. »
— Il ressort d'une autre lettre du ministre autrichien (datée du 23 sept. 1824)
qu'il n'avait pas une très haute idée de l'intelligence du roi de France :
« ... Il a du cœur et de la droiture; pour peu qu'il possédât plus de fermeté
de caractère, il pourrait briller parmi les monarques ordinaires; je ne suis
pas un régicide, mais il me sera bien permis cependant de prétendre qu'il y
a des monarques *ordinaires*... »

par Münch-Bellinghausen [1], diplomate plus avisé, plus résolu, plus
autoritaire, qui, réglant à son gré les travaux de cette assemblée,
lui communiquant ou lui dérobant arbitrairement les affaires, éter-
nisant ou abrégeant à l'excès ses débats suivant les circonstances,
n'allait pas tarder à prendre sur elle un ascendant insurmontable.
Il est vrai que l'opposition princière dont gémissait depuis longtemps Metternich n'avait pas encore dit son dernier mot. Le roi
de Bavière semblait toujours tenir à sa constitution; mais le plus
récalcitrant des souverains allemands était le roi Guillaume de Wurtemberg, dont la protestation contre les doctrines de Vérone fit
scandale dans les cours absolutistes au commencement de 1823.
Ce prince aggrava son cas en empêchant la diète d'adhérer sans
réserve, comme l'eût voulu le cabinet de Vienne, à la circulaire du
14 décembre 1822 et en faisant soutenir à l'occasion dans cette
assemblée, par son plénipotentiaire Wangenhein, la cause du bon
sens et de la justice contre le droit divin et l'infaillibilité des souverains. Un tel exemple menaçait d'être contagieux. Mais, sur ces
entrefaites, les nouvelles d'Espagne et de Portugal refroidirent singulièrement le libéralisme des princes en Allemagne. L'Autriche,
qui avait rompu tout rapport diplomatique avec le Wurtemberg et
qui avait amené la Russie, comme la Prusse, à en faire autant, finit
par obtenir que Wangenhein fût rappelé de la diète. Il en fit
exclure aussi tous ceux des plénipotentiaires qui avaient montré
jusque-là quelque indépendance d'esprit et de cœur à l'égard de
l'Autriche. Grâce à Münch, la publicité des débats ou des travaux de
cette assemblée fut à peu près supprimée à partir de décembre 1823.
Par contre, la commission de Mayence, qui sommeillait depuis
quelque temps, reprit ses enquêtes avec un redoublement d'activité,
découvrit et dénonça tout à point nombre de sociétés secrètes et de
publications dangereuses et porta la terreur dans l'âme des souverains jusque-là les plus réfractaires à l'esprit de la Sainte-Alliance.
Ces princes commencèrent à perdre courage; la plupart, du reste,
et le roi de Wurtemberg lui-même, étaient fréquemment en conflit
avec leurs parlements et trouvaient déjà le régime constitutionnel

---

1. Münch-Bellinghausen (Edouard-Joachim, comte de), né à Vienne en
1786; maire de Prague, puis employé par Metternich dans diverses négociations; représentant de l'Autriche à la diète de Francfort, qu'il présida de
1823 à 1848; rentré dans la vie privée à cette dernière époque.

quelque peu gênant pour leurs prérogatives. Ils admiraient la
régularité avec laquelle tout fonctionnait en Prusse, où Frédéric-
Guillaume, après tant de promesses, venait d'instituer non point
une représentation nationale, mais de simples états provinciaux
pourvus d'attributions purement consultatives sur les questions
politiques (juin 1823). Cette évolution morale explique la facilité
relative avec laquelle Metternich obtint en 1824 l'adoption, tout au
moins théorique, de son plan de réaction par la plupart des États
allemands. A la suite d'un séjour en Bavière, pendant lequel il
gagna le roi Maximilien [1], il se rendit à son château de Johannis-
berg où, durant deux mois, il tint pour ainsi dire cour plénière
(juin, juillet 1824). C'est là que furent arrêtées dans des conci-
liabules intimes, comme jadis à Carlsbad et à Vienne, les décisions
qu'il désirait depuis longtemps imposer à la diète. Cette assemblée
les enregistra quelques jours après sans résistance (16 août). Elles
consistaient : 1° dans l'interdiction formelle aux souverains de
renoncer en faveur de leurs sujets à leurs prérogatives essentielles
et dans l'invitation qui leur était faite de restreindre la publicité
des débats parlementaires; 2° dans le maintien du régime appliqué
depuis 1819 aux universités; 3° dans le renouvellement de la loi
sur la presse qui datait de la même époque et n'avait été faite
que pour cinq ans. Si l'on ajoute que la commission de Mayence
demeurait en fonctions sans que rien fît prévoir l'époque où elle
terminerait ses travaux, on voit que Metternich avait quelque
raison d'admirer son œuvre et pouvait ne pas désespérer de voir
un jour l'Europe entière soumise au régime paternel et préventif
qui était pour lui l'idéal du gouvernement.

III

Mais la guerre d'Espagne n'avait pas eu seulement les conséquences que nous venons de retracer. Si elle avait produit la réaction dans la péninsule ibérique, en France et en Allemagne, elle

1. Né en 1756; duc de Deux-Ponts en 1795; successeur de Maximilien-
Joseph Ier, comme électeur de Bavière, en 1799; allié de Napoléon, qui le fit
roi de Bavière (1806); membre de la confédération du Rhin (1806); gagné par
la grande coalition en 1813; mort le 13 octobre 1825.

avait, par un effet inverse, contribué au triomphe définitif de la révolution en Amérique, où Canning finit par infliger à la Sainte-Alliance un échec sans retour.

Le ministre anglais, plus rusé peut-être que le chancelier d'Autriche lui-même et, à coup sûr, plus habile, s'était prononcé hautement, dès le congrès de Vérone, contre le projet d'une intervention armée en Espagne et avait protesté avec indignation contre les doctrines absolutistes, dont le gouvernement français se faisait le champion avec tant d'imprudence. Un jour, au commencement de 1823, comme il s'entretenait avec le comte de Marcellus[1], chargé d'affaires de France à Londres : « C'est donc, s'écria-t-il, une croisade pour des théories politiques que vous entreprenez! ignorez-vous que le système des théories émanées du trône nous est odieux et que le système britannique n'est que le butin des longues victoires remportées par les sujets sur les monarques? *Un roi libre!* connaissez-vous un roi qui mérite d'être libre, dans le sens implicite du mot?... Il n'y a vraiment de libre qu'un despote ou un usurpateur, fléaux du monde, comètes effrayantes qui brillent et s'éteignent dans le sang.... » Et une autre fois il ajoutait : « Si Ferdinand, comme Jacques II, résiste aux volontés de sa nation, il mérite que la méthode anglaise lui soit appliquée. Et écoutez-moi bien, cet exemple peut s'étendre jusqu'à vous.... La tête à couronner est là.... » Le gouvernement français n'avait tenu aucun compte ni de ces observations, ni de ces prophéties, ni de la mauvaise humeur que le cabinet de Londres avait montrée en apprenant que l'expédition était résolue. Mais, si Canning avait désapprouvé avec tant d'énergie la politique de Louis XVIII, s'il avait témoigné sa sympathie aux Cortès d'Espagne et leur avait offert à plusieurs reprises ses bons offices, ce n'est pas qu'il eût le moins du monde l'intention de s'opposer par la force à l'interven-

1. Marcellus (Marie-Louis-Jean-André-Charles Demartin du Tirac, comte de), fils du comte de Marcellus connu pour son exaltation ultra-royaliste après 1815; — né le 19 janvier 1796; secrétaire d'ambassade à Constantinople en 1815; chargé de diverses missions en Orient, d'où il envoya en France la *Vénus de Milo* (1820); premier secrétaire d'ambassade à Londres (1821); chargé d'affaires à Londres (sept. 1822); envoyé en mission extraordinaire à Madrid (1824), puis à Lucques (1826-1829); appelé au sous-secrétariat d'État aux affaires étrangères sous le ministère Polignac (fonction qu'il n'accepta pas); rentré dans la vie privée après la révolution de Juillet. Il consacra aux lettres le reste de son existence.

tion française. Il la blâmait parce qu'en réalité il la trouvait injuste
et absurde. Mais au fond il était bien aise qu'elle eût lieu. Il convenait à sa politique un peu ténébreuse qu'une armée française fît
la loi en Espagne, qu'elle s'y établît, qu'elle y prolongeât même
son séjour durant quelques années. On a vu qu'il laissa très froidement succomber les Cortès de Cadix sans permettre même à
celles de Lisbonne de s'unir à elles. Il lui fallait pouvoir remontrer
que l'Espagne ne s'appartenait plus, qu'elle avait passé sous la
tutelle de la France; que ce dernier État, en acquérant une prépondérance marquée au sud des Pyrénées, donnait à l'Angleterre le
droit d'étendre sa propre influence dans les colonies d'Amérique, où
l'autorité de la métropole ne pourrait être rétablie qu'à l'avantage
de la France. Aussi n'y manqua-t-il pas et agit-il en conséquence.
La corrélation de sa politique avec celle du ministère Villèle est
manifeste pendant les années 1823 et 1824. Le gouvernement de
Georges IV semble, en effet, pendant cette période, régler exactement sa marche sur celle du gouvernement de Louis XVIII, si
bien qu'à chaque avantage obtenu ou cherché par ce dernier en
Espagne correspondaient presque aussitôt une prétention nouvelle
et, finalement, un succès de la cour de Londres dans le Nouveau-
Monde.

Tout d'abord, au moment où le duc d'Angoulême allait franchir
les Pyrénées, Canning, dans sa note du 31 mars 1823, avait
déclaré « que l'indépendance des colonies espagnoles était un fait
accompli, mais que leur reconnaissance dépendait de *circonstances*
extérieures ou bien de *progrès intérieurs* que feraient les différents États pour arriver à un gouvernement régulier ». Cela voulait dire que, si les Français prolongeaient leur séjour en Espagne,
ou s'ils tentaient de mettre la main sur les colonies, l'Angleterre
n'hésiterait pas à traiter avec les États hispano-américains et à les
prendre sous sa sauvegarde. Par *progrès intérieur*, elle entendait
évolution dans le sens conservateur. Elle eût voulu amener les
colonies à adopter les principes monarchiques plutôt que l'idée
républicaine, ne fût-ce que pour les soustraire, dans la mesure du
possible, à l'influence des États-Unis. Par exemple, elle se montrait
particulièrement favorable au Mexique, depuis qu'il s'était érigé en
empire sous Yturbide. Mais il va sans dire que Canning, l'homme
du monde qui savait le mieux s'accommoder aux temps, pour en

tirer parti, était bien décidé à reconnaître au besoin même des républiques. Car, si l'Angleterre ne pouvait avoir à elle seule la clientèle politique et commerciale des nouveaux États, elle ne devait pas du moins la laisser accaparer par le gouvernement de Washington.

Vers le milieu de 1823, on apprit à Londres la chute d'Yturbide, qui vint, du reste, peu après, demander asile à la Grande-Bretagne. Le Mexique, sous l'influence des États-Unis, se constituait en république fédérative. Canning, jugeant difficile d'empêcher les Yankees de se faire leur part, trouva plus sage de s'allier à eux que de les combattre. A ce moment, les Français occupaient déjà presque toute l'Espagne. Bientôt ils s'y établirent comme à demeure et ne parlèrent plus de repasser les Pyrénées. Dans le même temps, Chateaubriand, maintenant ministre et tout entier aux projets grandioses, mais chimériques, qu'il avait élaborés à Vérone avec le czar, mettait en avant l'idée de faire régler par la Sainte-Alliance, dans un nouveau congrès, la question des colonies espagnoles. C'était fournir assez naïvement une arme au chef du Foreign-office, qui ne manqua pas de la saisir. Chateaubriand rêvait entre Ferdinand VII et ses sujets révoltés une transaction, grâce à laquelle les colonies eussent été transformées en royaumes autonomes, gouvernés par des princes de la maison de Bourbon, sans exclusion des princes français. Une pareille solution n'eût pu être obtenue que par la force, et la force, qui l'eût employée, si ce n'est la France? Louis XVIII eût donc été en Amérique, comme en Espagne, chargé d'exécuter les décisions de la Sainte-Alliance.

L'Angleterre frémissait de colère à cette pensée, qui n'était pas non plus sans émouvoir profondément les États-Unis. Aussi Canning ayant cru devoir (en août 1823) demander au cabinet de Washington de faire, en même temps que la cour de Londres, une opposition énergique aux desseins que l'on prêtait à la France, cette ouverture fut-elle accueillie avec la plus vive faveur. L'Angleterre, du reste, donna l'exemple en déclarant, par une note qui fit le tour de l'Europe, qu'elle reconnaîtrait immédiatement l'indépendance des nouveaux États, si l'Espagne, en employant des moyens violents pour les soumettre, *trouvait de l'assistance*, ou si elle voulait rétablir les restrictions qu'elle avait autrefois

imposées au commerce. Fort peu de jours après (17 octobre), la
cour de Londres préludait à l'acte décisif dont elle menaçait le
cabinet de Madrid en accréditant des consuls dans les principales
villes de l'Amérique espagnole. Enfin, le 2 décembre, le président
des États-Unis, Monroë, dans un message solennel au congrès de
Washington, établissait dans les termes les plus rigoureux ce principe, devenu depuis un article de foi pour les Américains, que les
gouvernements libres du Nouveau-Monde devaient être désormais
sacrés pour l'Europe et qu'elle n'avait nul droit d'intervenir dans
leurs affaires intérieures. « Nous devons déclarer, écrivait ce
magistrat, que nous considérerions toute tentative de leur part [1]
d'étendre leur système à quelque partie de cet hémisphère comme
dangereux pour notre tranquillité et notre sûreté.... Quant aux
gouvernements qui ont déclaré leur indépendance, qui l'ont maintenue et dont nous avons reconnu l'indépendance, d'après de
graves réflexions et des principes de justice, nous ne pourrions
voir l'intervention d'un pouvoir européen *quelconque* dans le
but de les opprimer ou de contrarier en aucune manière leurs
destinées, que comme la manifestation d'une disposition ennemie
envers les États-Unis. Dans la guerre entre ces nouveaux gouvernements et l'Espagne, nous avons déclaré notre neutralité à
l'époque de leur reconnaissance et nous y sommes restés fidèles.
Nous continuerons d'y rester fidèles, pourvu qu'il n'y ait pas de
changement qui, du jugement des autorités compétentes de notre
gouvernement, nécessite aussi un *changement* indispensable à
notre sécurité.... La politique que nous avons adoptée à l'égard
de l'Europe.... consiste à ne jamais nous interposer dans les
affaires intérieures d'aucune des puissances de cette partie de la
terre, à considérer le gouvernement *de fait* comme le gouvernement légitime par rapport à nous.... Mais lorsqu'il s'agit de nos
sentiments, les choses changent tout à fait de face. Car si les puissances alliées voulaient faire prévaloir leur système dans l'un ou
l'autre de ces continents, elles ne le pourraient sans qu'il y eût
danger pour notre bonheur et pour notre tranquillité; et pas une
d'elles ne peut croire que nos frères du sud l'adopteraient de leur
propre gré, si on les abandonnait à eux-mêmes. Il nous serait

1. Il parlait des membres de la Sainte-Alliance.

également impossible de rester spectateurs indifférents de cette intervention, sous quelque forme qu'elle eût lieu.... »

Ce manifeste énergique et l'entente anglo-américaine dont il était le résultat devaient, pour tout homme de bon sens, frapper de stérilité la politique aventureuse de Chateaubriand. Canning était maintenant bien fort, et quand Ferdinand VII, à l'instigation de la cour de France, proposa d'ouvrir à Paris des conférences pour le règlement de la question hispano-américaine (26 décembre 1823), le cabinet de Londres ne se borna pas à répondre par un refus, mais déclara tout net que la seule solution possible de cette question était la reconnaissance des faits accomplis. Le commerce anglais, disait Canning dans sa note du 30 janvier 1824, avait pris une telle extension dans les colonies qu'il était devenu nécessaire de le protéger directement par la nomination de consuls.... Du reste, ces États ne pourraient subsister, à la longue, sans entrer en rapports politiques bien déterminés avec les gouvernements de l'Europe, et on ne saurait plus tarder à reconnaître ceux d'entre eux qui avaient de fait conquis leur indépendance. Le gouvernement anglais désirait que le cabinet de Madrid fût le premier à proclamer cette indépendance, « sans que l'Angleterre consentît à se lier les mains pour un temps indéterminé ». Son désir de laisser faire les premiers pas par l'Espagne pourrait être vaincu *en quelques mois* par des considérations d'une nature plus puissante.

Par ces derniers mots, le chef du Foreign-office faisait allusion à l'occupation française, qui ne cessait pas en Espagne et qu'il affectait sans cesse de regarder comme une menace pour l'Angleterre. Villèle, homme sensé, qui pénétrait bien le jeu de Canning, eût voulu, pour le priver de cet argument, que Louis XVIII rappelât sans retard ses troupes en deçà des Pyrénées. Mais le gouvernement de Ferdinand VII était si peu solide, grâce aux folies réactionnaires de ce souverain, qu'une pareille mesure était pour le moment impossible [1]. Le 9 février 1824, notre ambassadeur à Madrid, Talaru [2], signait avec le ministre espagnol O'Falia [3] un arran-

---

1. L'ancien parti constitutionnel allait du reste bientôt montrer, par l'échauffourée de Tarifa (août 1824), qu'il n'avait pas renoncé à toute espérance.
2. Talaru (marquis de), né en 1773, mort à Paris en 1850; pair de France et ambassadeur en Espagne (1823-1824); ministre d'État (1827); rentré dans la vie privée après la révolution de Juillet.
3. O'Falia (Narciso de Heredia, comte), né en 1777; secrétaire d'ambassade

gement en vertu duquel nos soldats, au lieu de rentrer en France, devaient séjourner dans la péninsule jusqu'au 1er juillet de la même année. L'effet de cette convention fut tout d'abord que la cour de Londres fournit à Yturbide les moyens de retourner au Mexique pour y reconquérir sa couronne; puis, qu'à une nouvelle proposition de conférence Canning répondit par un refus plus catégorique encore que le précédent (mai 1824). « L'Angleterre, déclara-t-il, agira suivant ce qu'elle jugera convenable, sans rancune et sans se laisser influencer par des sentiments hostiles, mais aussi sans avoir égard à la cour de Madrid.... »

Bientôt après, la nouvelle que l'évacuation de l'Espagne venait, par un second traité (en date du 30 juin), d'être remise au 1er janvier 1825, fournit au ministère anglais un prétexte pour faire un pas de plus. Les vieux tories, tels que Liverpool et Wellington, réfractaires, comme l'avait été Castlereagh, aux principes de la Révolution, et soutenus du reste par le roi Georges IV, avaient repoussé jusque-là non seulement toute reconnaissance formelle des républiques hispano-américaines, mais encore toute convention qui eût pu paraître équivalente à cette mesure. En juillet 1824, Canning, moins scrupuleux ou moins timide, parvint à leur faire faire un pas décisif dans la voie où, depuis longtemps, il méditait de les entraîner. Des négociations furent ouvertes avec la Confédération argentine pour un traité de commerce qui fut conclu au mois d'octobre suivant et qui, cela va sans dire, assura de grands avantages à l'Angleterre dans les provinces de la Plata. Après une pareille démarche, la reconnaissance officielle des républiques ne pouvait être bien longtemps retardée. Aussi ne se fit-elle pas attendre. La nouvelle qu'Yturbide avait échoué misérablement au Mexique, où il venait d'être fusillé par ordre des autorités fédérales (en juillet), augmenta la peur qu'avait le gouvernement anglais de voir l'influence des États-Unis devenir prépondérante en Amérique. Canning remontra du reste à ses collègues et à son souverain que

aux États-Unis (1800); chef de bureau au ministère des affaires étrangères (1808); démissionnaire après l'avènement de Joseph Bonaparte; appelé par Ferdinand VII (1823) au ministère de la justice, puis à celui des affaires étrangères; ambassadeur à Londres (1827), puis à Paris (1828); ministre de l'intérieur (1832-1833); exécuteur testamentaire de Ferdinand VII et membre du conseil de régence (1833); président du conseil des ministres avec le portefeuille des affaires étrangères (1837-1838); mort en 1843.

les États hispano-américains étaient maintenant affranchis sans retour et que la Grande-Bretagne ne pouvait plus craindre de se compromettre en accréditant auprès d'eux ses représentants. A cette heure en effet, les Espagnols n'occupaient plus sur tout le continent américain qu'une faible partie du Pérou, d'où les dernières victoires de Bolivar et de Sucre allaient sous peu les expulser pour toujours [1]. Enfin les ministres tories et le roi Georges IV cessèrent d'hésiter quand ils apprirent que, par un traité en date du 10 décembre, l'occupation française en Espagne était prolongée pour tout le temps qu'elle serait nécessaire à Ferdinand VII, c'est-à-dire pour une période indéterminée. Canning fut aussitôt autorisé à franchir le dernier pas. Il fit donc, dès le 1er janvier 1825, savoir aux ambassadeurs étrangers en résidence à Londres qu'il allait envoyer dans les républiques hispano-américaines des chargés d'affaires, reconnaître solennellement les colonies comme États indépendants et conclure avec elles des traités de commerce. Cette nouvelle ne surprit personne en Europe; on l'attendait depuis longtemps. Toutes les puissances ne devaient pas suivre immédiatement l'exemple des États-Unis et de l'Angleterre. Mais si certaines d'entre elles firent attendre longtemps encore leur reconnaissance aux républiques hispano-américaines, elles adoptèrent du moins de fait à leur égard un *modus vivendi* qui en était l'équivalent.

Il ne pouvait plus être question, pour régler le sort du Nouveau-Monde, de l'entente européenne imaginée par l'empereur Alexandre et par Chateaubriand. Ce dernier du reste n'avait pas été moins contrarié dans son dessein par Ferdinand VII que par Canning. Le roi d'Espagne, malgré son impuissance manifeste à rétablir sa domination au delà de l'Atlantique, avait obstinément repoussé l'idée d'accorder aux colonies révoltées l'autonomie politique. Aussi avait-il cru devoir contribuer à la chute de Chateaubriand, collègue gênant dont Villèle avait été fort aise de se débarrasser [2]. La disgrâce de ce ministre coupa court au programme dont

1. Appelé par la république du Pérou, Bolivar envoya d'abord au secours de cet État son lieutenant Sucre, puis se rendit lui-même à Lima, où il fut proclamé dictateur (1er septembre 1823). Après la bataille d'Ayacucho, gagnée par Sucre le 8 déc. 1824, les Espagnols ne gardèrent plus au Pérou que le Callao, qu'ils durent abandonner le 11 janvier 1826.
2. Chateaubriand fut assez discourtoisement congédié en juin 1824. C'est à

il avait poursuivi si bruyamment la réalisation. Ainsi au commencement de 1825 l'Amérique espagnole n'était plus menacée par aucune puissance européenne. Il semblait même qu'elle dût bientôt se prémunir contre tout nouveau défi de la Sainte-Alliance en répondant à l'appel de Bolivar, qui projetait de fondre en une immense confédération toutes les nouvelles républiques [1].

Si l'indépendance des colonies espagnoles intéressait passionnément Canning, celle du Brésil, la plus grande et la plus riche des colonies portugaises, ne lui tenait pas moins au cœur. De ce côté aussi le succès de sa subtile et ferme politique fut complet. Si son prédécesseur n'avait pas cru devoir décourager D. Pedro dans ses premières tentatives d'émancipation, l'on n'a pas de peine à croire qu'il se montra bien plus favorable à ce prince que n'avait été Castlereagh. Il voulait que le premier empereur du Brésil eût recours à la protection de l'Angleterre et qu'il ne pût s'en passer. Aussi l'aida-t-il puissamment, à petit bruit, par des secours de toute nature, qu'il dissimulait de son mieux, à expulser de ses États les troupes portugaises ou à réprimer les tendances séparatistes qui menaçaient de désagrégation l'empire naissant. Ce furent les victoires d'un amiral anglais (Cochrane) qui, en 1823, consolidèrent la monarchie néo-lusitanienne. Canning, du reste, était bien plus à l'aise pour soutenir, vis-à-vis des tories anglais, comme de la Sainte-Alliance, la cause du Brésil que pour défendre celle des républiques hispano-américaines. Il faisait remarquer que dans le Nouveau-Monde ce pays contrastait heureusement, par l'esprit conservateur de ses institutions, avec les contrées avoisinantes, où l'esprit révolutionnaire régnait sans partage ; qu'il constituait un contrepoids utile, une garantie d'équilibre et de paix, non seulement pour l'Amérique, mais même pour l'Europe. Il vantait la sagesse et la fermeté précoces de D. Pedro, qui, loin

partir de ce moment qu'il se jeta dans l'opposition libérale et qu'il fît dans le *Journal des Débats* une si rude guerre au cabinet Villèle.

1. Le *Libérateur*, qui tenait déjà sous son autorité la Colombie, le Pérou, la Bolivie, convia tous les gouvernements américains (7 déc. 1824) à un congrès où il se proposait de les amener à contracter entre eux une alliance permanente. Mais tous ne répondirent pas à son appel. Le congrès, qui s'ouvrit à Panama le 22 juin 1826, ne comprit que les représentants du Mexique, du Guatemala, de la Colombie et du Pérou. Il se sépara sans avoir rien fait. Des tentatives analogues à celle de Bolivar ont eu lieu depuis, à diverses époques. Elles n'ont pas eu plus de succès.

d'être homme à céder au *jacobinisme*, dissolvait en novembre 1823 une assemblée turbulente, refusait de se laisser imposer une constitution et *octroyait* librement à ses sujets une loi fondamentale (janvier 1824), ce qui n'était pas pour déplaire à l'empereur de Russie. A l'empereur d'Autriche, qu'un lien de famille fort étroit attachait à D. Pedro, il n'avait pas trop de peine à faire accepter les faits accomplis. Il ne manquait pas, d'ailleurs, de rappeler que ce jeune prince était l'héritier présomptif de la couronne de Portugal et qu'ainsi l'union de ce pays avec le Brésil ne devait pas être regardée comme entièrement rompue. Au fond, Canning n'était pas très sincère en employant ce dernier argument; car son désir secret était d'empêcher tout rapprochement, même dynastique, entre les deux États et il se réservait bien d'empêcher son protégé de ceindre plus tard une seconde couronne.

Pour le moment, il s'agissait d'amener le Portugal à reconnaître l'indépendance du Brésil; et il fallait l'y conduire par persuasion, l'Angleterre ne voulant point se brouiller avec cet État, sur lequel elle exerçait depuis plus d'un siècle une influence on ne peut plus profitable à sa politique et à son commerce. Cette influence avait, il est vrai, baissé de 1820 à 1823, sous le régime des Cortès. Aussi le gouvernement britannique n'avait-il pas plus soutenu la constitution à Lisbonne qu'il ne l'avait défendue à Madrid ou à Cadix. Après la réaction de juin 1823, Jean VI, redevenu roi absolu, lui fit bon visage. Mais c'était un vieillard indécis et faible, qui ne paraissait pas avoir moins de complaisance pour la France que pour l'Angleterre. Ce pauvre roi se sentait fort peu solide sur le trône; car, outre que la révolution pouvait bien l'ébranler de nouveau, les *apostoliques* purs, véritables intransigeants de la réaction, n'étaient pas non plus sans le faire chanceler. Cette faction, violente et aveugle, plus encore que la camarilla de Ferdinand VII, reprochait à Jean VI sa modération et sa douceur. Conduite par la reine Carlota et par le second fils du roi, D. Miguel [1],

---

1. Miguel (dom Maria-Evaristo), né à Lisbonne en 1802; auteur d'une tentative de coup d'État qui lui valut d'être exilé en 1824 ; retiré à Vienne; nommé par dom Pedro régent de Portugal (1826); proclamé roi par les apostoliques; combattu par les constitutionnels au nom de dona Maria; renversé et chassé en 1834; fixé à Rome; marié en 1851 à la princesse Adélaïde de Lowenstein-Wertheim-Rosenberg, dont il eut en 1853 un fils, nommé aussi D. Miguel, auquel il transmit en mourant (1866) ses prétentions à la couronne du Portugal.

jeune homme ignorant et borné, mais ambitieux et cruel, elle rêvait de pousser ce prince au pouvoir, même par un coup d'État, même par un crime. En février 1824, elle assassinait le duc de Loulé, principal conseiller du roi. En mai de la même année, elle s'emparait un jour de Jean VI et semblait sur le point de le contraindre à abdiquer ou tout au moins à transférer l'exercice du pouvoir à son fils cadet. Il fallut, pour faire rendre la liberté au malheureux souverain, l'intervention ferme du corps diplomatique et particulièrement des deux ambassadeurs de France et d'Angleterre. D. Miguel fut saisi à son tour, demanda pardon et fut exilé en Autriche, d'où il devait revenir plus tard pour le malheur du Portugal.

Si le représentant anglais à Lisbonne s'était déclaré avec tant de force contre ce jeune prince, c'est surtout parce qu'il le savait opposé à toute transaction avec le Brésil. Mais, après la délivrance de Jean VI, il eut à lutter contre l'envoyé français, Hyde de Neuville[1], personnage énergique et entreprenant, dont le crédit sur le vieux roi, augmenté par le service qu'il avait contribué à lui rendre, pouvait gêner les desseins de la Grande-Bretagne au sujet de D. Pedro. Il y eut durant plusieurs mois une lutte acharnée d'influence entre les deux diplomates accrédités à Lisbonne par les cours de Paris et de Londres. Hyde de Neuville voulait que la négociation — depuis longtemps ouverte à Londres — d'où devait résulter la réconciliation du Portugal et du Brésil fût transportée à Paris, où elle aurait lieu sous les auspices de la France et, naturellement, suivant ses vues, plus conformes que celles de l'Angleterre à la doctrine de la légitimité. Quelques ministres de Jean VI, et notamment le comte de Pamplona[2], se prêtaient à ses intentions.

1. Hyde de Neuville (Jean-Guillaume, baron), né à La Charité-sur-Loire en 1776, d'une famille d'origine anglaise; agent très actif et très énergique du parti royaliste français de 1792 à 1800; impliqué à tort dans le procès de la machine infernale (1800-1801); retiré aux États-Unis (1805), où il se lia avec le général Moreau; rentré en France (1814); attaché à la fortune de Louis XVIII, qu'il suivit à Gand en 1815; député de la Nièvre à la chambre *introuvable*; ministre de France aux Etats-Unis (1816) et plus tard en Portugal; ministre de la marine (1828-1829); fidèle à la *légitimité* après 1830; poursuivi avec Chateaubriand par le gouvernement de Juillet (1832); mort à Paris en 1857; auteur de nombreux discours, de diverses brochures politiques et d'intéressants *Mémoires et Souvenirs* récemment mis au jour.

2. Pamplona (Manael-Ignucio-Martins Corte-Real, baron de), comte de Suberra, né à Angra (île de Terceira) en 1760; officier au service de la Russie dans sa

Mais d'autres, comme le duc de Palmella[1], tenaient pour le programme britannique et voulaient, comme Canning, que la question lusitano-brésilienne fût tranchée à Londres, sous la médiation de Georges IV, et par la reconnaissance du nouvel empire comme État indépendant. Après bien des intrigues secrètes, le ministre français, exploitant les terreurs du vieux roi, lui offrit de faire entrer en Portugal, pour le protéger, une partie des troupes qui occupaient alors l'Espagne. A ce coup l'Angleterre éclata. Canning déclara net qu'il ne souffrirait pas une pareille intervention et qu'il s'y opposerait même par la force. Puis il menaça Jean VI de rappeler l'escadre britannique qui stationnait devant sa capitale et qui était sa sauvegarde. Le pauvre vieux monarque se rendit aussitôt à discrétion. Hyde de Neuville, qui avait compromis son gouvernement, fut rappelé par Villèle. Pamplona fut disgracié; Palmella devint tout-puissant (janvier 1825) et fut envoyé à Londres pour traiter de l'affaire du Brésil. Cette question marcha dès lors promptement vers la solution préparée par Canning. La cour de Londres, comme le voulait ce ministre, fut chargée de la médiation. Un diplomate anglais, Charles Stuart, fut envoyé à Lisbonne, où il obtint de Jean VI, le 13 mai, une charte par laquelle ce souverain déclarait renoncer à ses droits sur le Brésil en faveur de son fils aîné. De là,

jeunesse; colonel dans l'armée portugaise (1801); chef d'état-major général en 1808; au service de la France (1812); nommé par Louis XVIII gouverneur militaire des départements de la Côte-d'Or et du Loir-et-Cher; rentré en Portugal (1821); député aux cortès, gentilhomme de la chambre du roi Jean, conseiller d'État, ministre de la guerre (1821-1823); président du conseil des ministres et ambassadeur en Espagne (1825-1827); arrêté en 1828, mort en prison à Elvas en 1832.

1. Palmella (don Pedro de Souza-Holstein), né à Turin le 12 mai 1781; conseiller de la légation de Portugal (1802), puis ambassadeur, à Rome; très lié avec Mme de Staël; rentré en Portugal (1806); aide de camp du général Frant dans l'armée de Wellington; ministre plénipotentiaire à Cadix (1810), puis à Londres; représentant du Portugal au congrès de Vienne (1814); rappelé au Brésil et nommé par Jean VI ministre des affaires étrangères (1816); démissionnaire après la révolution de 1820; ministre des affaires étrangères et président du conseil (1823); arrêté par ordre de D. Miguel en 1824; ministre de l'intérieur (1824); ambassadeur à Londres (1825); président de la junte constitutionnelle qui combattit D. Miguel (1828); chef de la régence établie dans l'île de Terceira; nommé par D. Pedro, au nom de dona Maria, ministre des affaires étrangères et de l'intérieur (3 mars 1832); créé duc (13 juin 1833-1834); président de la chambre des pairs (1833-1834); président du conseil (24 sept. 1834), renversé en 1835; rappelé à la présidence du conseil et au ministère des affaires étrangères le 7 février 1844, puis le 20 mai 1846; président de la chambre des pairs (oct. 1846); mort à Lisbonne le 13 octobre 1850.

il se rendit à Rio-de-Janeiro, où un traité en bonne forme fut
conclu entre l'ancienne colonie et sa métropole (29 août). Avant la
fin de l'année l'indépendance du Brésil fut reconnue non seulement
par le Portugal, mais par l'Europe entière. Les derniers arrangements laissaient, il est vrai, dans une obscurité grosse d'orages
la question des droits de D. Pedro à la couronne de son père.
Mais Canning avait pour habitude de n'attaquer les difficultés que
l'une après l'autre et celle-ci n'était ni pour le surprendre ni pour
l'effrayer.

Il lui suffisait pour le moment d'avoir assuré en Amérique d'immenses débouchés au commerce anglais qui, sous l'influence naissante des doctrines libre-échangistes [1], allait prendre un développement jusqu'alors inconnu. Il avait en peu d'années étendu au delà
de toute espérance les relations et l'influence politiques de la
Grande-Bretagne. Il avait surtout, par la consécration donnée aux
résultats d'une grande révolution, porté un coup sensible à la
Sainte-Alliance ; et ce ne devait pas être le dernier.

IV

On peut se demander pourquoi Canning, bien résolu dès 1822 à
reconnaître l'indépendance des nouveaux États d'Amérique, avait
tardé près de trois ans à réaliser son dessein. C'est qu'au début, et
jusque vers la fin de 1824, ce politique aussi prudent que ferme
pouvait craindre que l'empereur de Russie ne s'autorisât de son
exemple, ne prît prétexte de son intervention dans le Nouveau-

1. Le gouvernement anglais, sous l'influence de Huskisson (président du
bureau du commerce depuis 1823), commençait à réagir contre le système
protecteur, auquel il était resté jusque-là si obstinément attaché. C'est ainsi
que de 1822 à 1825 il fit admettre par le parlement : le droit pour tous les
navires des puissances amies d'amener des marchandises dans les ports de
Grande-Bretagne ; l'abolition des droits de douanes différentiels ; la réciprocité
des droits de navigation. Huskisson fit abolir l'impôt du sel, ceux du café,
du tabac et des épices, accorder sous le rapport commercial les mêmes droits
à l'Irlande qu'à l'Angleterre, instituer l'*échelle mobile* pour les céréales, remplacer les prohibitions absolues par des droits de douanes, enfin reconnaître
aux colonies anglaises, qui jusqu'alors ne pouvaient trafiquer qu'avec la
métropole, le droit de commercer directement avec les colonies des autres
puissances.

Monde pour intervenir lui-même en Grèce et n'exerçât une influence prépondérante en Orient. Mais, à partir de cette époque, il n'eut plus la même appréhension ; car dans l'intervalle, et grâce à une évolution plus habile que loyale, il s'était mis en mesure d'exploiter la révolution, non seulement en Amérique, mais en Orient où il était devenu l'arbitre de la situation. La politique en partie double qu'inaugura Canning entre la Turquie et la Grèce mérite d'être exposée avec quelques détails. Ce ministre, comme Castlereagh et comme Pitt, tenait passionnément et tint toute sa vie à la conservation de l'empire ottoman. Aussi ne cessa-t-il jamais de représenter à la Porte l'Angleterre comme sa protectrice naturelle contre la Russie. D'autre part, cet opportuniste de génie fut amené, dans le même temps, à modifier peu à peu l'attitude que son prédécesseur avait cru devoir prendre au nom de la Grande-Bretagne en face de l'insurrection hellénique. Il voyait en effet, dès la fin de 1822, les Grecs, réduits naguère aux dernières extrémités, triompher de Dramali et multiplier les preuves d'un héroïsme et d'une vitalité qui enthousiasmaient l'Europe entière et semblait présager le triomphe de leur cause. Puisque, malgré sa faiblesse apparente et son anarchie réelle, ce petit peuple résistait encore, c'est qu'il était digne de la liberté, c'est qu'il pouvait la conquérir. Si donc il devait finir par vaincre, il ne fallait pas qu'il pût se croire redevable du succès à une puissance rivale de l'Angleterre ; cette dernière avait par conséquent tout intérêt à s'emparer, quand l'heure décisive serait près de sonner, de la direction du mouvement, pour l'enlever à la Russie d'abord, ensuite pour en faire un usage tel que la ruine de l'empire turc pût être conjurée et que tout s'arrangeât au mieux des intérêts britanniques.

Cette évolution s'imposait d'ailleurs à un ministre parlementaire obligé de compter non seulement avec les chambres, mais avec l'opinion publique. La cause hellénique, d'abord méconnue et bafouée en Grande-Bretagne, commençait à y devenir populaire. Les capitalistes anglais, d'autre part, entrevoyaient, dans les premiers mois de 1823, le profit comme la gloire d'un concours qui, prêté à propos, assurerait l'indépendance et la prospérité du nouvel État grec. Ils se disaient (et Canning pensait avec eux) que, s'ils hésitaient à risquer leurs fonds, les banquiers français seraient peut-être moins timides. La cause hellénique, encouragée d'abord par Richelieu, découragée ensuite par Villèle aux premiers temps de son ministère, prenait en effet en 1823 une faveur extraordinaire dans notre pays : des comités s'y organisaient de toutes parts pour venir en aide par des envois d'argent, d'armes, de munitions ou de volontaires aux régénérateurs de cette Grèce antique et chrétienne dont le drapeau entraînait à la fois tous les partis. Les ultras et les libéraux saluaient avec un égal enthousiasme la renaissance d'une nationalité qui se recommandait aux uns par le sentiment religieux et aux autres par l'élan révolutionnaire. Après le congrès de Vérone, un envoyé de Métaxas, Jourdain, était venu à Paris négocier un emprunt pour le gouvernement grec. Les Anglais jugèrent urgent d'attirer à eux cette opération. De plus, Canning n'était pas sans entendre dire que les philhellènes français offraient aux insurgés de leur donner pour roi un prince de leur nation, un fils du duc d'Orléans par exemple [1]. L'Angleterre ne devait pas se laisser devancer. De là, le revirement de sa politique.

Si Canning s'était montré fort réservé à l'égard des Grecs pendant le congrès de Vérone et même un peu après, c'est qu'il ne voulait pas voir leur sort réglé, dans un sens quelconque, par la Sainte-Alliance ; c'est aussi que l'Angleterre avait les yeux fixés sur l'Espagne et n'était pas assez libre de ses mouvements pour s'exposer à de nouvelles complications en Orient. Mais, dès les premiers mois de 1823, il changea visiblement d'attitude à l'égard des insurgés. Le gouverneur des îles Ioniennes, qui les recevait naguère à coups de canon, devint presque visiblement leur auxiliaire [2]. Des rapports de plus en plus étroits et fréquents s'établirent entre les agents du gouvernement anglais et certains chefs de la révolution hellénique,

---

1. Il s'agissait du duc de Nemours, dont la candidature avait déjà été recommandée, vers le milieu de 1824, à Mavrocordato par le docteur Vitali, agent du duc d'Orléans. Un peu plus tard (avril 1825), elle fut aussi soutenue par le général Roche, que la *Société philanthropique de secours aux Grecs* venait d'envoyer à Nauplie. Le colonel Fabvier, à qui les Grecs venaient de confier un commandement important, s'occupait également de cette affaire de concert avec son correspondant Sébastiani, confident du duc d'Orléans. J'en trouve la preuve dans ses papiers, restés jusqu'ici inédits et qui m'ont été communiqués par sa famille.

2. Au commencement de 1823, Maitland, gouverneur des îles Ioniennes, entamait avec les chefs de la Morée une négociation qui pouvait leur faire espérer la médiation de l'Angleterre ; en mars, le gouvernement britannique reconnaissait, au moins de fait, le blocus établi par la flotte grecque ; il favorisait ouvertement les insurgés et ne faisait plus aucune opposition aux comités philhelléniques.

surtout avec Mavrocordato, diplomate éminent, dont la conviction
était que le salut pour son pays viendrait de Londres[1]. Le blocus
établi par le gouvernement grec sur divers points du littoral hellénique ou turc fut reconnu de fait par le cabinet britannique. Le
ministère Liverpool laissait maintenant s'organiser et fonctionner
au grand jour à Édimbourg, à Londres et ailleurs des comités puissants qui alimentaient à grands frais l'insurrection en Grèce. Il
permettait au colonel Shanhope d'aller à Missolonghi ; et peu après
il autorisait lord Byron à séjourner à Corfou (juillet 1823) pour y
organiser à loisir l'expédition qui le conduisit en janvier 1824 vers
la même ville. A cette dernière époque un premier emprunt de
800 000 livres sterling était conclu à Londres pour le compte de la
Grèce, qui s'habituait à considérer l'Angleterre comme la seule puissance disposée à lui venir sérieusement en aide. Les Grecs s'exagé-
raient sans doute la bienveillance du cabinet britannique à leur
égard. Il n'en est pas moins vrai que, grâce au concours qu'ils recevaient d'Occident et dont ils lui reportaient presque tout l'honneur,
ils continuaient à lutter avec avantage contre leurs oppresseurs,
malgré des discordes qui allaient parfois jusqu'à la guerre civile[2], et
qu'ils ne tournaient presque plus leurs regards vers la Russie. Que
devenait donc l'empereur Alexandre ? abandonnait-il décidément
cette nationalité hellénique dont il avait jadis si passionnément
encouragé les espérances ? Non certes, mais une indécision qui croissait en lui avec l'âge, la crainte de sacrifier à une cause toujours
chère à son cœur le maintien de la Sainte-Alliance, l'horreur de
la Révolution et des illusions sans cesse entretenues par la politique

1. Mavrocordato (Alexandre), né au Phanar, à Constantinople, d'une famille
grecque depuis longtemps célèbre et puissante, en 1791 ; secrétaire de son
oncle Jean Karadja, hospodar de Valachie (1812) ; chef de l'insurrection dans
la Grèce occidentale (1821) ; membre de l'Assemblée nationale, promoteur de
la constitution d'Épidaure et chef du conseil exécutif (13 janvier 1822) ; défen-
-seur de Missolonghi (1822-1823) ; secrétaire du pouvoir exécutif, puis démissionnaire ; en opposition avec Kolokotronis ; très influent, vers 1824 et 1825,
par ses relations diplomatiques personnelles et le crédit dont il jouissait en
Angleterre ; chargé d'une mission en Crète sous Capo d'Istria ; ministre des
finances au début du règne d'Othon (1832), puis représentant de la Grèce, à
Munich, à Berlin, à Londres ; président de la chambre des députés après la
révolution de 1843 ; président du conseil des ministres (24 mars 1844) ; ministre
plénipotentiaire à Paris (1848) ; rappelé à la présidence du conseil (1854) ;
démissionnaire (1856) ; mort à Égine en 1865.
2. Notamment en 1824, époque où Kolokotronis se mit en révolte contre le
gouvernement légal dirigé par Condouriotis.

sournoise de l'Autriche, l'empêchaient et devaient l'empêcher jusqu'à la fin de sa vie de prendre un parti.

Le czar, au congrès de Vérone, avait voulu prendre le temps de
résoudre à son gré la question espagnole et de préparer à loisir la
réalisation tant de fois ajournée de ses desseins sur l'Orient. Il était
toujours en rapport avec Capo d'Istria qui, retiré à Genève, lui envoyait de loin ses conseils et ne cessait pas de l'entretenir dans ses
mauvaises dispositions à l'égard de la Turquie. Mais il croyait devoir
prendre patience. Effectivement, tant que dura l'expédition d'Espagne, il se montra fort peu pressé de conclure avec la Porte l'arrangement qu'avaient fait espérer les notes russes du 26 septembre, du
9 et du 27 novembre 1822. Les négociations sur ses griefs particuliers durèrent donc encore plus d'une année, malgré le zèle qu'affectaient à Constantinople l'Autriche et l'Angleterre pour les mener
rapidement à bon terme. La tactique de ces deux puissances était
alors d'amener au plus tôt le rétablissement de l'ambassade russe
à Constantinople; elles pensaient en effet que, par cette marque
de réconciliation avec la Porte, le czar semblerait désavouer à la
face du monde son ancienne politique et perdrait à peu près toute
influence sur les Grecs. Mais Alexandre, qui comprenait ce calcul,
était fort peu pressé de leur donner une pareille satisfaction. Pour
conserver son crédit sur la Grèce, il n'eût voulu faire reparaître son
ambassadeur auprès du sultan qu'après avoir obtenu publiquement
de l'Europe le règlement de la question d'Orient. C'était là justement ce que les cours de Vienne et de Londres ne voulaient pas.
Quant à la Turquie, tout en comprenant l'avantage que lui offrirait
le rétablissement de l'ambassade russe, elle se disait qu'à la suite
de cette concession le czar ne manquerait pas de remettre en avant
la grande affaire de la *pacification* [1]; aussi mettait-elle fort peu
d'empressement à terminer sa négociation particulière avec le cabinet de Saint-Pétersbourg. C'est seulement à la fin de février 1823
qu'elle consentit à notifier au czar la nomination des nouveaux
hospodars de Moldavie et de Valachie; et elle lui fit attendre jusqu'à la fin de la même année les satisfactions qu'il réclamait depuis
si longtemps en matière commerciale [2]. Du reste en retardant sans

1. C'est-à-dire des concessions à faire aux Grecs.
2. Le czar demandait notamment le maintien du droit de *simulation*, si
favorable au pavillon russe sur la mer Noire, ou la liberté pour diverses

cesse l'évacuation des Principautés tant de fois réclamée par la Russie, le sultan retardait aussi l'arrangement définitif, dont il ne voulait au fond pas beaucoup plus que son adversaire.

Cependant, la guerre d'Espagne étant terminée, Alexandre remit en avant l'idée d'une entente européenne sur la pacification de la Grèce ; il voulut même voir l'empereur d'Autriche pour dresser avec lui son plan de campagne et les deux souverains se rencontrèrent à Czernowitz (octobre 1823), tandis que Nesselrode allait entretenir de la même affaire Metternich, alors malade à Lemberg.

Il fut convenu dans ces entrevues que, l'Autriche et l'Angleterre poursuivant toujours à Constantinople l'apaisement de la guerre turco-russe, d'autre part les cinq grandes puissances seraient conviées à des conférences qui auraient lieu à Saint-Pétersbourg et où l'on chercherait à se mettre d'accord sur les moyens de rétablir la paix en Orient. Ce projet cachait encore une rouerie de Metternich. Ce ministre regardait le czar comme un grand enfant qu'il fallait flatter pour endormir. On ne gagnerait rien, pensait-il, à combattre ouvertement ses caprices. Le plus sûr était au contraire d'avoir l'air de s'y associer. On le retiendrait d'autant plus aisément qu'on s'attacherait à lui, sous couleur de le seconder. L'essentiel était, comme au début de la crise, de l'amuser, de lui faire perdre du temps. A ce moment même la cour de Vienne poussait secrètement de toutes ses forces le sultan à invoquer contre les Grecs le concours du pacha d'Égypte, Méhémet-Ali [1], dont les forces paraissaient plus que suffisantes pour triompher de l'insurrection en une campagne. Mahmoud, malgré sa répugnance à subir l'assistance et les conditions d'un vassal dont la puissance et l'orgueil commençaient à l'inquié-

puissances de commercer sur cette mer sous leurs propres pavillons. Il réclamait aussi contre certaines saisies et certaines prohibitions dont le commerce russe souffrait beaucoup par le fait du gouvernement turc et dont le renouvellement, en février 1824, lui fut particulièrement sensible.

. 1. Méhémet-Ali (Mohammed-Ali en arabe), né à Kavala (Roumélie) en 1769, orphelin de bonne heure, élevé par le gouverneur de Kavala, dont il épousa une fille ; longtemps marchand de tabac, puis officier dans un corps d'Albanais envoyé par la Porte en Égypte (1799) ; gouverneur du Caire (1806) ; affermi au pouvoir par le massacre des Mameluks (1811) ; investi du gouvernement de la Haute-Égypte ; fortifié encore par ses conquêtes en Arabie (1812-1818) et dans la Nubie, le Kordofan, le Sennaar, etc. ; réorganisateur de l'Égypte ; pourvu du pachalik de Candie (1824) pour prix du secours qu'il fournit à Mahmoud (de 1824 à 1828) contre les Grecs ; conquérant de la Syrie (1831-1832) ; arrêté par les grandes puissances européennes dans ses succès en 1833 et en 1841 ; devenu fou vers 1847 ; mort en 1849.

ter, se résignait pourtant, par nécessité, à ce parti. L'accord turco-égyptien était conclu dès le commencement de 1824. Encore quelques mois et la révolution serait sans doute comprimée en Grèce au point de ne plus pouvoir jamais se relever. Metternich comptait bien, du reste, que l'ouverture des conférences serait retardée par le mauvais vouloir de l'Angleterre et qu'une fois commencées elles traîneraient en longueur grâce à cette puissance, sur laquelle d'ailleurs il se proposait sournoisement de rejeter la responsabilité d'un avortement politique rendu par lui-même inévitable. Cependant les Grecs seraient écrasés, il ne pourrait plus être question de demander pour eux l'autonomie, et la comédie serait jouée.

L'Angleterre eut l'air de se prêter au jeu du chancelier quand elle demanda que, préalablement à l'ouverture des conférences, la Russie fît connaître ses vues sur la réorganisation de la Grèce. Cette invitation cachait un piège où le czar se jeta tête baissée. Par une note confidentielle, datée de janvier 1824, et qui reçut quelques mois après, on ne sait comment, une publicité bien fâcheuse pour lui, Alexandre déclara qu'à son sens les pays insurgés devaient être divisés en trois groupes (Grèce occidentale, Grèce orientale et Morée), dont chacun deviendrait une principauté vassale de la Porte, à peu près aux mêmes conditions que la Moldavie et que la Valachie. Une telle proposition devait irriter à la fois le sultan, qui exigeait toujours de ses sujets révoltés une soumission complète, et la nation hellénique, qui repoussait avec indignation toute idée de morcellement ou de vasselage. Le gouvernement russe dévoilait par là son égoïsme. Il ressortait de ce programme que son but pouvait bien être d'ébranler ou de détruire l'empire ottoman, mais qu'il était aussi de ne laisser s'établir dans la péninsule des Balkans aucun État assez libre et assez fort pour se suffire à lui-même et se passer du protectorat moscovite. On peut imaginer le parti que les diplomates anglais tirèrent d'un pareil document, tant à Nauplie [1] qu'à Constantinople.

L'envoi de la note russe ne fit pas, du reste, beaucoup avancer la question des conférences. L'Autriche et l'Angleterre continuaient à déclarer que le rétablissement de l'ambassade du czar à Constantinople devait précéder l'ouverture de ces assises diplomatiques. La

1. Cette ville était depuis 1823 le siège du gouvernement grec.

Porte, d'autre part, n'achevait pas l'évacuation des Principautés et opposait aux plaintes de la Russie des chicanes et des ergotages sans fin. Au mois de mai cependant elle parut disposée à donner à l'empereur Alexandre une certaine satisfaction [1]. Ce souverain fit savoir tout aussitôt qu'il allait nommer l'ambassadeur (juin) ; puis, croyant avoir assez fait, il déclara les conférences ouvertes et, pour débuter, demanda que les cinq puissances imposassent à la Porte et à la Grèce, avec un armistice, leur médiation collective. Mais cette proposition ne fut admise qu'*ad referendum* ; les plénipotentiaires déclarèrent avoir besoin de consulter leurs cours. Le czar vit bien qu'on voulait lui faire encore perdre beaucoup de temps et qu'il n'obtiendrait rien, s'il ne se résignait à une concession nouvelle. Il notifia donc officiellement aux grandes puissances, le 28 août, la nomination de M. de Ribeaupierre [2] comme ambassadeur de Russie auprès de la Porte. Mais, d'autre part, ne sachant jamais prendre résolument un parti, il retarda jusqu'à nouvel ordre le départ de ce diplomate.

Il espérait que cette demi-concession lui vaudrait un peu plus de complaisance de la part de l'Autriche et de l'Angleterre. Il lui tardait d'autant plus de faire régler la question d'Orient en conférence que la Grèce paraissait alors bien près de sa perte. Ibrahim-pacha [3], fils de Méhémet-Ali, avait quitté l'Égypte avec une flotte et une armée formidables. On s'attendait à la voir débarquer d'un moment à l'autre en Morée. Ce malheureux pays, déchiré par les factions, en proie à la guerre civile, ne semblait pas pouvoir lui opposer une

1. Il s'agissait du rappel des beschli-agas, chefs d'un corps de police militaire au service des hospodars, qui, contrairement aux traités, était encore à ce moment commandé par des officiers turcs.
2. Ribeaupierre (Alexandre de), né le 21 avril 1783, d'une famille française qui avait émigré par suite de la révocation de l'édit de Nantes ; aide de camp de Paul Ier ; chargé de plusieurs missions diplomatiques (1806-1807) ; directeur général des banques de l'empire russe ; ambassadeur à Constantinople (1824-1827 et 1829-1831) ; ambassadeur à Berlin (1831-1839) ; membre du conseil suprême et grand échanson ; mort à Saint-Pétersbourg le 5 juin 1865.
3. Né à Kavala (Roumélie) en 1792 ; vainqueur des Wahabites (1816-1818) ; nommé pacha de la Mecque (1818) ; envoyé, après des campagnes heureuses dans le Sennaar, le Darfour et le Kordofan, contre les Grecs (1825) ; chargé par son père de la conquête de la Syrie (1831) ; vainqueur des Turcs (1831-1832) ; arrêté par le traité de Kutaya (1833) ; gouverneur de Syrie ; encore vainqueur des Turcs à Nézib (1839) ; dépouillé de la Syrie (1840-1841) ; mort au Caire en 1848.

longue résistance [1]. Aussi le petit État hellénique se tournait-il avec
anxiété vers les puissances qu'il jugeait disposées à l'assister sans
lui faire payer trop cher leur concours. C'était de la France ou de
l'Angleterre qu'il attendait le salut. La candidature du duc de
Nemours au trône de Grèce paraissait gagner du terrain. C'était
une raison pour Canning d'accentuer son évolution et de prendre
position un peu plus nettement que par le passé en faveur des
insurgés. Le projet russe des trois tronçons avait été divulgué en
juin 1824, et le gouvernement de Nauplie avait cru devoir le
repousser par une énergique protestation qu'il adressa particulièrement, dans le courant d'août, au cabinet de Londres. Le chef du
Foreign-office ne se contenta pas de faire bon accueil à ce document,
il y répondit officiellement (novembre) sans se compromettre, il est
vrai, et sans prendre aucun engagement de nature à altérer les
rapports de l'Angleterre et de la Porte, mais de manière à bien
faire comprendre que si les Grecs en avaient absolument besoin,
la médiation britannique ne leur ferait pas défaut. Du reste, le seul
fait d'entrer publiquement en rapport avec leur gouvernement équivalait à le reconnaître comme partie belligérante, ce qu'aucune cour
n'avait encore fait. En même temps, le ministre anglais informait
la chancellerie russe que son parent Stratford-Canning [2], désigné
pour prendre part aux conférences de Saint-Pétersbourg, et dont il
avait longtemps retardé le départ, allait bien se rendre dans cette
capitale, mais qu'il n'assisterait pas auxdites conférences et se bornerait à négocier sur un litige insignifiant à propos de l'Amérique
du Nord. Il s'était assuré, tant à Nauplie qu'à Constantinople, écrivait-il, que, vu le projet de pacification élaboré par le czar, la
médiation collective des puissances serait énergiquement repoussée
par la Grèce, comme par la Turquie ; il faudrait donc contraindre

1. Une nouvelle insurrection, à la tête de laquelle était encore Kolokotronis,
venait d'éclater en octobre et en novembre 1824 contre le gouvernement
légal ; elle ensanglanta le Péloponèse jusqu'en janvier 1825.
2. Stratford-Canning (vicomte de Stratford de Redcliffe depuis 1852), cousin
de George Canning, né en 1788 ; secrétaire d'ambassade en 1809, à Constantinople ; ministre plénipotentiaire en Suisse (1814) ; représentant de l'Angleterre au congrès de Vienne ; ministre plénipotentiaire aux États-Unis
(1820-1823) ; chargé d'une mission à Saint-Pétersbourg (1824) ; ambassadeur à
Constantinople (1825-1828) ; chargé des négociations pour la délimitation de la
Grèce (1831) ; ambassadeur à Constantinople de 1841 à 1857 ; chevalier de la
Jarretière (nov. 1869) ; auteur de discours et d'écrits remarqués sur la crise
orientale (1875-1878) ; mort le 14 août 1880.

les deux parties belligérantes à l'accepter; l'Angleterre n'était pas de cet avis; elle se tiendrait donc à l'écart et réserverait, en ce qui touchait à la question d'Orient, toute sa liberté d'action.

V

En apprenant (décembre 1824) ce refus de concours qui rendait son dessein presque irréalisable, le czar éprouva d'abord une violente colère. Il déclara qu'il n'aurait plus de rapports avec la cour de Londres touchant les affaires de Grèce et fit presque tenir en quarantaine Stratford-Canning, qui arriva quelque temps après à Saint-Pétersbourg (janvier 1825). Mais si le mauvais vouloir de la chancellerie anglaise l'irrita profondément, l'empereur d'Autriche et son premier ministre en furent encore bien plus contrariés que lui. Metternich, fidèle à sa tactique, qui consistait à contrecarrer le czar tout en ayant l'air de le seconder et à entraver ses desseins sans se brouiller jamais avec lui, aurait voulu que l'Angleterre prît part aux conférences, pour pouvoir rejeter sur elle, aux yeux d'Alexandre, la responsabilité de l'échec auquel il se proposait de les faire aboutir. Cette puissance ne voulant pas y paraître, l'Autriche allait être forcée de parler net, de dire *non* bien en face. Par suite, c'était à elle, surtout à elle, que l'empereur de Russie imputerait l'avortement de ses combinaisons. Et il serait sans doute d'autant plus irrité contre la cour de Vienne qu'elle lui avait fait plus de promesses et avait montré plus de faveur à son programme. C'était bien là, du reste, ce qu'espérait Canning. Ce ministre avait été bien aise de compromettre ainsi vis-à-vis du czar Metternich, qu'il détestait et qui le lui rendait bien. Il y avait incompatibilité absolue d'humeur et de tendances entre ces deux hommes d'État. Le chancelier d'Autriche s'efforçait sans relâche de perdre son rival, le dénonçait à Georges IV, à Liverpool, à Wellington, comme le génie du mal, comme l'incendiaire qui devait mettre le feu à l'Europe. Canning, de son côté, ne voyait en Metternich qu'un fourbe, « que le plus fieffé coquin de tout le monde civilisé », et ne se privait ni de le dire ni de l'écrire [1]. On

1. « Vous saurez, écrivait-il en 1825 à lord Granville, ce que je pense de M. de Metternich : c'est qu'il est le plus grand coquin et le plus effronté

comprend donc le plaisir qu'il avait, non seulement à déjouer ses trames, mais à le mystifier lui-même aux yeux de l'Europe comme il venait de le faire.

L'Autriche qui, pour complaire au czar, avait paru impatiente de voir s'ouvrir les conférences, ne pouvait plus s'opposer à ce qu'elles commençassent. Elles eurent donc lieu à Saint-Pétersbourg, du mois de février au mois d'avril 1825. Mais elles étaient frappées d'avance de stérilité. Dès le début, la Russie remit en avant l'idée de demander à la Turquie et à la Grèce un armistice, de leur offrir une médiation collective, et, si elles refusaient, d'employer à leur égard des « mesures coercitives ». C'était évidemment proposer à la Sainte-Alliance d'intervenir *manu militari* dans la péninsule des Balkans, comme elle avait fait naguère en Italie et en Espagne; seulement cette fois l'exécuteur de ses décisions serait sans doute l'empereur de Russie. Qu'allaient répondre les puissances? Le czar savait bien à ce moment que la France ne s'associerait pas à ses vues avec beaucoup d'empressement. Depuis plusieurs mois, Chateaubriand, qui s'y était montré si favorable, n'était plus ministre. Villèle, président du conseil sous Charles X comme sous Louis XVIII, tenait à ne pas se brouiller avec l'Angleterre et craignait en outre qu'amenée à rompre avec la Turquie la France ne perdît son influence, depuis longtemps considérable, sur Méhémet-Ali, pacha d'Égypte [1]. Alexandre comprenait qu'il ne voulût pas se compromettre et qu'il attendît pour se prononcer la réponse du gouvernement autrichien à ses propositions. Il admettait aussi, à plus forte raison, que la cour de Berlin, toujours enchaînée à celle de Vienne, prît la même attitude. Il n'en était que plus désireux de voir l'empereur François adhérer à son programme. Il n'en fut que plus offensé de l'opposition de ce souverain, qui réduisit son projet à néant. L'ambas-

menteur qu'il y ait sur le continent et peut-être dans le monde civilisé. » — Metternich, de son côté, ne traitait pas mieux Canning dans sa correspondance, et il s'efforçait de le perdre dans l'esprit du roi Georges IV.

1. Ce personnage avait été protégé dans sa jeunesse par un négociant de Marseille. Il avait un faible pour notre pays. Depuis qu'il était maître de l'Égypte, il semblait vouloir l'organiser, sous certains rapports du moins, à la française. Il favorisait de tout son pouvoir notre commerce et la plupart des ingénieurs, des mécaniciens, des chimistes, des médecins, des militaires, des marins, grâce auxquels il avait acquis une puissance si redoutable, lui étaient fournis par la France.

sadeur d'Autriche à Saint-Pétersbourg, Lebzeltern, déclara au nom de son maître que ce dernier ne se prêterait pas à l'emploi des mesures coercitives proposées par le czar. Comme les diplomates russes insistaient, l'Autrichien, non sans perfidie, émit cette idée que la seule mesure coercitive à adopter consisterait à reconnaître officiellement l'indépendance de la Grèce. Il savait à merveille qu'Alexandre ne voulait pas de cette solution. Il signalait par là les dessous de la diplomatie russe et offensait mortellement le czar. Bref, après six semaines de pourparlers, grâce à la cour de Vienne, les conférences eurent pour résultat (7 avril 1825) un protocole anodin, sans couleur, sans portée, en vertu duquel les puissances s'engageaient simplement : 1° à supplier la Porte d'accorder *spontanément* des satisfactions convenables à ses sujets révoltés; 2° en cas de refus, à lui proposer leur médiation. Chacune des cours devait, du reste, procéder isolément, et il n'était plus question ni d'armistice à imposer ni de contrainte à exercer sur l'une ou l'autre des parties belligérantes. Alexandre, exaspéré d'une telle conclusion, déclara, par une circulaire du 16 avril, qu'il allait proposer directement aux souverains, ses alliés et ses amis, cette intervention en Grèce qu'il souhaitait si passionnément et que rendaient nécessaire, disait-il, d'une part l'humanité, de l'autre le péril révolutionnaire. Mais il ne se faisait pas beaucoup d'illusions sur le succès d'une pareille démarche. De fait, elle devait aboutir, comme son programme aux conférences, au plus piteux échec.

Les demandes et les offres des quatre cours furent, comme on pouvait s'y attendre, accueillies à Constantinople par une fin de non-recevoir absolue (juin 1825). Mahmoud, plus intraitable que jamais, fit répondre qu'il attendrait, pour accorder à ses sujets des libertés et des garanties, leur soumission sans réserve et que, d'autre part, il n'admettrait jamais entre eux et lui l'intervention d'une ou de plusieurs puissances étrangères. Le sultan était à ce moment même enhardi par les grands succès d'Ibrahim qui, après avoir débarqué en Morée (janvier), venait de prendre Navarin (mai 1825), puis Tripolitza et arrivait aux portes de Nauplie. Metternich, pour la même raison, commençait à ne plus se contenir. Jugeant les Grecs perdus, il se vantait sans trop de mystère et fort imprudemment d'avoir joué le czar en flattant son amour-propre par une feinte condescendance, de n'avoir négocié avec lui que pour lui permettre de justifier vis-à-vis de la nation russe son inaction en Orient, bref de lui avoir fait perdre un temps précieux et désormais irréparable. Il poussait même l'outrecuidance et la légèreté jusqu'à proposer à ce souverain (juillet) de reprendre les conférences de Saint-Pétersbourg. Ce à quoi le czar répondit sèchement (en août et septembre) qu'elles étaient closes et qu'il ne les rouvrirait pas ; que la pacification de la Grèce passait maintenant au second plan dans ses préoccupations ; qu'il ne demandait plus rien à l'Europe ; qu'il se réservait seulement de faire valoir par lui-même ses griefs particuliers contre la Turquie et de se faire justice si cette puissance ne lui donnait pas enfin les légitimes satisfactions qu'il exigeait d'elle depuis si longtemps. A ce moment, et depuis plusieurs semaines, le cabinet de Saint-Pétersbourg renouvelait avec aigreur ses plaintes sur l'inexécution des promesses de la Porte relativement aux Principautés, où les beschli-agas, officiers turcs, exerçaient encore une autorité illégale. Il réclamait, au nom des Serbes, les libertés à eux promises par le traité de Bucharest et la délivrance de leurs députés, retenus prisonniers à Constantinople depuis 1821. Le caractère comminatoire de ses demandes était, du reste, aggravé par l'accumulation, chaque jour plus visible, des troupes russes dans le voisinage du Pruth et par le départ d'Alexandre pour les provinces méridionales de son empire (septembre).

Il semblait donc que les finesses de Metternich dussent avoir prochainement pour effet cette guerre turco-russe si redoutée par lui et si laborieusement écartée depuis quatre années. Et dans le même temps, du côté de la Grèce, les roueries du chancelier autrichien avaient pour résultat de lui attirer une autre déconvenue.

Contre son attente, le gouvernement hellénique n'avait pas succombé. Au moment de lui porter le dernier coup, Ibrahim s'était brusquement arrêté. Nauplie avait été épargnée, et l'armée égyptienne, dès le mois de juillet, avait repris le chemin de Tripolitza et de Navarin. La voix d'un officier anglais, le commodore Hamilton, autorisé sans doute par son gouvernement à menacer le pacha d'une intervention britannique en faveur des Grecs, avait produit en quelques jours ce revirement inattendu. Canning avait jugé le czar trop surexcité, la cause hellénique trop compromise pour que la Grande-Bretagne pût hésiter davantage à se prononcer. Il savait d'ailleurs que le parti français s'agitait de plus en plus et que la candidature du duc de Nemours était à ce moment même sérieusement discutée [1] en Grèce. Bref, il s'était hâté de parler et il avait parlé si net que Nauplie était sauvée. Ce coup de maître devait avoir et eut en effet pour résultat d'assurer à l'Angleterre une influence prépondérante parmi les Grecs. Ce petit peuple se sentait encore fort en danger. Si sa capitale était pour le moment préservée, les Égyptiens n'en restaient pas moins maîtres de presque toute la Morée ; Missolonghi était étroitement assiégée par les Turcs. La protection d'une grande puissance était plus que jamais nécessaire. Un pétitionnement, organisé sans doute par des agents britanniques, eut bientôt pour effet la demande adressée en août à la cour de Londres de prendre officiellement sous sa protection la nation grecque et de lui donner un roi. Le prince Léopold de Saxe-Cobourg [2], qui résidait depuis longtemps en Angleterre et y jouissait d'un grand crédit, était presque ouvertement désigné comme le futur souverain du nouvel État. L'habile Canning était donc parvenu à ses fins. La Grèce s'offrait à lui. La question d'Orient ne pouvait plus être résolue malgré l'Angleterre, ni sans elle. Il semblait même qu'elle dût l'être bientôt par elle seule.

La cour de Londres, toujours prudente, se garda bien de répondre par une acceptation formelle à la demande qui lui était faite. C'eût été se brouiller avec la Turquie, ce qu'elle ne voulait à aucun prix. Mais elle ne découragea pas les Grecs. Elle leur fit

---

1. Fabvier, depuis longtemps, et le général Roche, depuis le mois d'avril, la soutenaient de toutes leurs forces ; et en juillet, une assemblée assez nombreuse, où se trouvaient des hommes comme Kolettis, Démétrius Ypsilanti, Gouras, etc., se réunissait à Mégare pour l'acclamer.

2. Léopold Ier (Georges-Chrétien-Frédéric), fils du duc François de Saxe-Cobourg-Saalfeld ; né à Cobourg le 15 décembre 1790 ; général au service de la Russie (1808), qu'il dut quitter en 1810 par la volonté de Napoléon, et où il rentra en 1813 ; naturalisé Anglais (27 mars 1816) ; marié avec la princesse Charlotte, fille du prince de Galles et héritière présomptive du trône d'Angleterre (2 mai 1816) ; veuf sans enfants (5 nov. 1817) ; doté en février 1830 par la conférence de Londres de la couronne de Grèce, qu'il refusa ; roi des Belges (1831) ; marié en secondes noces, le 9 août 1832, à la princesse Louise d'Orléans, fille de Louis-Philippe ; mort au château de Laeken le 10 décembre 1865.

savoir par une note datée d'octobre que, si elle ne pouvait pour le moment accéder à leurs vœux et se départir à leur égard — comme à l'égard des Turcs — d'une bienveillante neutralité, elle ne cessait pas pour cela de veiller sur eux et qu'elle ne permettrait à aucune puissance de leur imposer une solution contraire à leurs intérêts.

Le triomphe de Canning parut complet quand on vit le czar, outré des fourberies autrichiennes, se rapprocher, par dépit, du gouvernement britannique [1] et lui demander de régler à lui seul, par voie de médiation, l'affaire turco-grecque. La Prusse, la France et l'Autriche crurent devoir peu après (octobre-novembre) adresser la même invitation au cabinet de Saint-James. Voulait-on amener ainsi l'Angleterre à se compromettre? Alexandre en particulier n'avait-il pas d'arrière-pensées? Ne se proposait-il pas de se dédommager prochainement, peut-être à l'avance, en déclarant la guerre aux Turcs et mettant la main sur les Principautés? L'hypothèse est fort admissible. Mais Canning était sur ses gardes; toutes ses précautions étaient prises; et il donnait à entendre que si les Russes franchissaient le Pruth, les Anglais occuperaient aussitôt la Morée et les îles grecques.

L'Europe entière était attentive et en suspens. Une nouvelle fort grave et fort inattendue vint tout à coup changer la direction des esprits et de la politique générale de l'Europe. Le 1er décembre 1825, Alexandre Ier, jeune encore [2], mais miné par les déceptions, était mort à Taganrog, après une courte maladie. Aux événements qui venaient de s'accomplir et qu'il ne lui avait pas été donné d'empêcher, on pouvait pressentir que la Sainte-Alliance, son œuvre de prédilection, ne durerait guère après lui : de son vivant même elle s'était disloquée. Du reste, grâce à sa mobilité et à ses continuelles vacillations, elle n'avait produit ni l'un ni l'autre des deux grands résultats qu'il avait espéré en faire sortir. Il avait voulu qu'elle fût pour l'équilibre européen une garantie durable, et cet équilibre était plus menacé que jamais. Il avait voulu que

---

1. Il chargea Mme de Lieven, femme de son ambassadeur à Londres, qui avait une certaine influence sur Canning, de lui donner à entendre qu'une franche et féconde réconciliation n'était pas impossible entre les deux cours.

2. Il n'avait que quarante-huit ans.

cette union des rois procurât la liberté aux peuples, et elle n'avait été efficace que pour les asservir. Lui-même avait troublé l'Europe par son ambition, lui-même était devenu un apôtre de réaction; et il en avait si peu conscience que sur son lit de mort il protestait encore de sa fidélité à l'esprit de la Sainte-Alliance comme aux convictions libérales [1] de sa jeunesse.

1. Il disait même républicaines.

CHAPITRE VII

CANNING, NICOLAS Ier ET LA GRÈCE [1]

I. Avènement de l'empereur Nicolas. — II. L'ultimatum russe, la mission de Wellington et le protocole du 4 avril. — III. Mahmoud et le traité d'Ackerman. — IV. Canning et la succession de Portugal. — V. La question hellénique et le traité de Londres. — VI. Le lendemain de Navarin. — VII. La politique de Wellington. — VIII. La guerre russo-turque. — IX. Menées et déconvenues de Metternich; la cour de Berlin et les origines du Zollverein. — X. La conférence de Londres et le protocole du 22 mars. — XI. Traité d'Andrinople. — XII. Emancipation de la Grèce. — XIII. L'utopie de Polignac.

(1825-1830)

I

Après la mort d'Alexandre Ier, durant quelques semaines, l'attention de l'Europe fut détournée de la Grèce par les événements singuliers qui s'accomplirent en Russie.

1. Sources : Balleydier, *Histoire de l'empereur Nicolas*; — Chateaubriand, *Mémoires d'outre-tombe*; — Cornewall Lewis, *Histoire gouvernementale de l'Angleterre depuis 1770 jusqu'à 1830*; — Canitz-Dallwitz (C.-E.-W., baron de), *Denkschriften*, t. I; — Deventer (van), *Cinquante années de l'histoire fédérale de l'Allemagne*; — Fabvier (général), *Papiers de famille* (inédits); — Gentz (F. de), *Dépêches inédites*, t. III; — Gervinus, *Histoire du xixe siècle*, t. XVI, XVII, XVIII; — Gordon, *History of the Greek revolution*; — Hervé (Éd.), *la Crise irlandaise depuis la fin du xviiie siècle*; — Hubbard, *Histoire contemporaine de l'Espagne*, t. II; — Juchereau de Saint-Denis, *Histoire de l'empire ottoman*; — Lesur, *Annuaire historique*, années 1825-1830; — Metternich (prince de), *Mémoires, documents et écrits divers*, t. IV, V; — Plantet (Eugène), *Correspondance des deys d'Alger avec la cour de France (1579-1833)*; — Saint-René Taillandier, *la Serbie*; — Schnitzler, *Histoire intime de la Russie*; — Soutzo (Al.), *Histoire de la révolution grecque*; — Stapleton, *George Canning and his times*; — Thiersch, *de l'État actuel de la Grèce*; — Vaulabelle (Ach. de), *Histoire des deux Restaurations*, t. VII et VIII; — Villèle (comte de), *Mémoires*; — Viel-Castel (baron de), *Histoire de la Restauration*, t. XV-XX; — Wellington, *Civil and political correspondence*; id., *Speeches in Parliament*; — Worms (Émile), *l'Allemagne économique ou histoire du Zollverein allemand*, etc.

Le dernier czar n'avait pas d'enfants. Mais il laissait trois frères,
dont le plus âgé, Constantin [1], était appelé à lui succéder. Ce prince,
qui ne manquait pas d'intelligence, était un esprit sans culture et,
de plus, mal équilibré, affectueux et bon à certaines heures, violent
et féroce à certaines autres, une sorte de Paul Ier ignorant et barbare. A la suite d'un divorce scandaleux, il avait épousé la princesse
polonaise Groudsinska et avait cru devoir résigner par écrit tous ses
droits à l'empire (1820-1822). Mais sa renonciation, acceptée par
Alexandre, était demeurée secrète. Le grand-duc Nicolas [2], que sa
naissance désignait après lui pour monter sur le trône, ignorait
lui-même l'existence de l'oukase qui lui décernait la couronne.
Quand la mort du czar fut connue à Saint-Pétersbourg, cet acte lui
fut révélé. Mais il ne crut pas devoir bénéficier d'une abdication
jusque-là clandestine, et son premier mouvement fut de prêter et
de faire prêter serment à l'empereur Constantin (9 décembre). Ce
dernier, qui résidait depuis longtemps à Varsovie, où il commandait l'armée polonaise, proclama au contraire Nicolas qui, de son
côté, refusa d'accepter la dignité souveraine tant que son aîné
n'aurait pas renouvelé solennellement sa renonciation. Cette lutte
de générosité faillit avoir un dénouement tragique. Il existait depuis
plusieurs années, tant en Russie qu'en Pologne, des sociétés
secrètes [3], dont les tendances révolutionnaires avaient été surexcitées par l'administration d'Alexandre, fort réactionnaire dans les
derniers temps. Elles se recrutaient surtout dans la noblesse militaire de l'empire, très désireuse de jouer un rôle politique, et

1. Constantin Pawlowitch, second fils de l'empereur Paul Ier, né en 1779;
élevé comme son aîné par le Suisse Laharpe; chargé de divers commandements dans les armées russes de 1799 à 1814; gouverneur militaire de la
Pologne (1815); chassé de Varsovie par l'insurrection (nov. 1830); mort du
choléra le 27 juin 1831.
2. Troisième fils de l'empereur Paul Ier, né à Gatschina, près de Saint-
Pétersbourg, le 7 juillet 1796; marié le 13 juillet 1817 à la princesse Charlotte, fille du roi de Prusse Frédéric-Guillaume III; empereur de Russie
(déc. 1825); mort le 2 mars 1855.
3. La *Société du bien public*, qui s'était dissoute en 1821, n'avait pas tardé à
renaître; elle avait fait de grands progrès dans l'armée du sud, grâce à Pestel,
dans l'armée de l'ouest, grâce à Ryléieff, Mourawieff, Obolenski, Tour-
guéneff, et à d'autres officiers, enfin à Saint-Pétersbourg. D'autre part s'étaient
formées en 1822 la *Société patriotique* ou des *Faucheurs* en Pologne, sous
Ouminski, en 1823 la *Société des Slaves réunis*, sous Borissow, etc. Ces diverses
associations avaient commencé à se concerter en 1823 et 1824 et la découverte de certaines de leurs menées avait singulièrement assombri les derniers
jours d'Alexandre Ier.

avaient des intelligences redoutables dans les deux armées de
l'Ouest et du Sud. Leurs chefs, les Pestel, les Ryléieff, les Moura-
vieff, les Tourgueneff, les Ouminski, rêvaient non seulement de
faire respecter le régime parlementaire en Pologne, où il était
entièrement faussé[1], mais de l'établir en Russie; quelques-uns par-
laient de république; d'autres songeaient à une fédération des
peuples slaves. Profitant du moment où l'interrègne, qui se prolongea plus de trois semaines, paralysait les pouvoirs publics, certains
d'entre eux essayèrent de soulever la garnison de Saint-Pétersbourg au nom de Constantin le jour où le grand-duc Nicolas, qui
venait enfin de prendre le titre d'empereur, ordonna aux troupes
de lui prêter serment de fidélité (26 décembre). Mais ils ne purent
guère entraîner qu'un régiment. Le nouveau czar accourut sur le
lieu de l'émeute et, ne pouvant calmer les mutins, les fit mitrailler. Au bout de quelques heures il ne restait plus rien de cette
échauffourée. D'autre part, les conspirateurs du midi, qui prirent
les armes sur plusieurs points, ne furent pas plus heureux que
ceux de Saint-Pétersbourg. Dès la fin de janvier, Nicolas était universellement reconnu et obéi dans l'empire russe. La vigueur de
son début fit penser à l'Europe qu'il ne ressemblerait guère à son
prédécesseur, qu'il saurait vouloir et agir. La suite de son histoire
a prouvé que ce pronostic était bien fondé.

L'héritier d'Alexandre était un homme de trente ans, peu connu
des diplomates, qui le croyaient perdu, comme jadis son père, dans
des minuties de caserne et ne se doutaient guère qu'il dût à bref
délai jouer un rôle dominant en Europe. Metternich, cet homme
trop fin qui se trompait sans cesse, croyait qu'il allait consacrer tous
ses soins à réorganiser en Russie les finances fort délabrées,
l'administration fort relâchée, le pouvoir central un peu affaibli.
C'étaient là certes des tâches que Nicolas était bien décidé à ne pas
négliger. Il avait au plus haut point le sentiment de l'autorité et
l'énergie nécessaire pour exercer ce pouvoir absolu dont il était
si jaloux. Son esprit fort net ne concevait qu'une manière de gouverner les peuples; c'était de commander militairement et de
n'admettre les sujets ni à discuter, ni à partager avec le maître la

1. Aucune liberté n'avait été laissée à la diète; elle n'avait pas été réunie
de 1820 à 1825; la publicité de ses délibérations avait été supprimée. Les
Russes pullulaient dans le gouvernement polonais.

souveraineté. Chez lui, point d'utopies, point d'aspirations libérales, comme chez Alexandre. Pendant trente années, la Révolution ne devait pas avoir en Europe d'adversaire plus résolu ni plus redoutable que lui. Mais les soucis du gouvernement intérieur n'étaient pas pour lui faire oublier qu'un empereur de Russie avait de grands intérêts à surveiller et à défendre au dehors. La question d'Orient, en particulier, l'attira dès le premier jour; elle devait le préoccuper toute sa vie. Comme Alexandre, Nicolas rêvait de détruire l'empire turc ou tout au moins de l'affaiblir assez pour qu'il fût à jamais inféodé à sa politique. Mais il n'était pas homme comme son frère à se laisser détourner du but. On ne pouvait lui donner le change. Il avait cette grande supériorité sur les diplomates de profession qu'il savait, au besoin, dissimuler comme eux et que, ses résolutions une fois prises ou annoncées, toutes leurs roueries ne pouvaient l'empêcher de les exécuter ou du moins de l'essayer.

II

Dès le début de son règne, il déclara bien haut qu'il se regardait comme solidaire de son prédécesseur à l'égard de l'empire ottoman et qu'il allait simplement *continuer* le czar Alexandre. Mais il ajoutait, non sans finesse, qu'il ne voulait pas le *recommencer*. C'était annoncer qu'il ne tergiverserait pas et qu'il irait droit son chemin. Il reprenait, disait-il, la politique russe au point où son frère l'avait laissée. Or ce prince était, au moment de sa mort, en querelle avec la Turquie et manifestait l'intention de se faire justice par les armes sans plus prendre conseil de l'Europe. Nicolas commença donc par signifier, comme lui, sa volonté d'en finir par la guerre avec la Porte, si elle ne cédait pas à ses exigences. Mais on s'aperçut bien vite qu'il ne reculerait pas et que dans sa bouche les menaces étaient autre chose que des paroles. On n'apprit donc pas sans terreur, dans diverses cours, l'ultimatum que, deux mois à peine après son avènement (17 mars 1826), il fit adresser au sultan. Cette pièce, très hautaine de forme, posait au gouvernement turc les trois conditions suivantes : 1° les principautés de Moldavie et de Valachie seraient rétablies, au point de vue politique, militaire et civil, dans l'état où elles se trouvaient avant

1821 ; 2° les députés serbes seraient relâchés et leur pays serait enfin doté des institutions que lui avait promises le traité de Bucharest ; 3° des ambassadeurs ottomans seraient envoyés à la frontière russe pour négocier avec les représentants du czar sur les questions relatives audit traité et débattues entre les deux empires depuis 1816. Un délai de six semaines était accordé au Divan pour se soumettre. Passé ce terme, s'il résistait encore, le chargé d'affaires de Russie quitterait Constantinople, et il serait « facile aux ministres de Sa Hautesse de calculer les conséquences de cet événement ».

Quant aux Grecs, le nouvel empereur n'en disait rien dans l'ultimatum. Si on lui parlait d'eux, il affectait à leur égard une parfaite indifférence. Il ne s'exprimait sur leur compte qu'avec mépris. C'étaient, disait-il, des rebelles, des révolutionnaires, des barbares ; il ne souhaiterait jamais le triomphe d'un peuple insurgé contre son souverain. A plus forte raison ne ferait-il rien pour y contribuer.

Mais ce langage était fort loin de rassurer certains diplomates et particulièrement Canning, qui savait fort bien que, tout en parlant ainsi, le czar accordait sa confiance à des amis de la cause hellénique comme Spéranski [1], et qu'il était en relations cordiales avec Capo d'Istria (dont la disgrâce, d'ailleurs, n'avait jamais été qu'apparente). Du reste, en supposant que Nicolas n'encourageât pas directement les Grecs, il était impossible que l'entrée des Russes dans les Principautés, en obligeant les Turcs à se tourner vers le Danube, n'assurât pas leur victoire. Il l'était aussi que le czar, si la fortune des armes lui souriait, ne voulût pas faire la loi d'un bout à l'autre de la péninsule des Balkans. Le chef du Foreign-office se disait donc qu'il fallait à tout prix empêcher la guerre que semblait vouloir provoquer ce souverain ; qu'elle eût lieu ou non,

---

1. Spéranski (Michel, comte), né dans le gouvernement de Wladimir en 1771 ; professeur de mathématiques à l'Académie ecclésiastique de Saint-Pétersbourg (1797) ; secrétaire d'État au conseil de l'empire (1801), puis chargé par Alexandre Ier de l'organisation du ministère de l'intérieur ; adjoint au ministère de la justice (1808) ; conseiller intime (1809), chef du parti des réformes ; disgracié et exilé (1812) ; gouverneur de la province de Pensa (1816) ; gouverneur général de la Sibérie (1819) ; rappelé à la cour et nommé membre du Sénat (1821) ; très influent sous Nicolas, qui le chargea de rédiger la grande collection des lois russes et le créa comte en 1838 ; mort en 1839.

d'ailleurs, il lui paraissait nécessaire de lier à l'avance l'empereur de Russie par une convention qui ne lui permît pas, à un moment donné, de régler à lui seul et comme il l'entendrait la question hellénique.

Cette question, l'Angleterre aurait bien voulu la résoudre elle-même sans le concours d'aucune autre puissance, en faisant accepter sa médiation aux deux parties belligérantes. Canning, redoutant la Russie d'une part, craignant d'autre part l'intrigue française et le parti d'Orléans (encore très remuant en Grèce au commencement de 1826), avait chargé son cousin Stratford de se rendre en Orient pour offrir à la Porte et au gouvernement de Nauplie le plan de pacification qui convenait le mieux au cabinet de Londres. Ce programme, conforme à la vieille politique torie, qui redoutait à la fois l'affaiblissement de l'empire ottoman et la création d'un nouvel État maritime dans la Méditerranée, portait que la Grèce, réduite à la Morée et aux îles, ou à peu près, deviendrait autonome, mais serait rattachée par un lien de vassalité à la Turquie. Les Grecs, que Stratford vit en passant, l'acceptèrent, ou firent semblant (janvier 1826) et se montrèrent disposés à invoquer la médiation anglaise [1]. Leurs affaires étaient en ce moment au plus bas. Ibrahim et Reschid-pacha étaient devant Missolonghi. L'héroïque résistance de cette place, boulevard de la Grèce occidentale, était sur le point de finir [2]. Le faible gouvernement de Nauplie avait donc besoin, plus que jamais, de ménager l'Angleterre. Par contre, l'ambassadeur anglais, arrivé à Constantinople en février, ne put rien obtenir de la Porte, que ses succès enorgueillissaient et que l'Autriche encourageait toujours secrètement dans sa résistance. Les ministres turcs reprochèrent aigrement à Stratford-Canning les démarches qu'il venait de faire auprès des Grecs. Ils répétaient pour la centième fois que le sultan n'admettrait jamais l'intervention d'un tiers entre lui et ses sujets révoltés. Ils se montraient d'autre part moins disposés que jamais à subir les exigences de la Russie.

Le cabinet britannique avait prévu cette opposition. Aussi, tout en poursuivant la négociation que nous venons d'indiquer, avait-

1. Ils l'invoquèrent en effet officiellement au mois d'avril suivant.
2. Elle se prolongea jusqu'au 22 avril; mais, dès le commencement de l'année, il n'était douteux pour personne que la ville succomberait.

il imaginé un moyen d'intimider à la fois le czar et le sultan. Dès
le mois de février, Wellington avait été dépêché à Saint-Pétersbourg,
sous prétexte de complimenter le nouveau czar, mais en réalité
pour traiter avec lui des affaires d'Orient. Ce personnage, que sa
gloire militaire et ses opinions conservatrices recommandaient particulièrement au souverain russe, avait pour mission de lui offrir
les bons offices de l'Angleterre pour terminer son différend avec
la Turquie et de lui demander son adhésion à la médiation britannique entre les Grecs et la Porte. Sur le premier point, Nicolas
repoussa tout net les propositions du noble lord. Sa querelle était
à lui, rien qu'à lui, et il n'entendait pas qu'un intermédiaire le
frustrât des avantages qu'il espérait en retirer. Wellington n'en fut
que plus fort pour lui représenter combien l'Angleterre était intéressée et tenait à ce que la question hellénique ne fût pas abandonnée aux hasards de l'avenir. Il fit fort clairement entendre à
l'empereur qu'à cette seule condition la Grande-Bretagne pourrait
lui promettre de rester neutre entre lui et le sultan; qu'au cas contraire, elle se réservait en Orient une pleine liberté d'action. Le
czar était aussi fin que Canning sous des apparences brutales. Si
l'Angleterre craignait qu'il ne réglât sans elle la condition des
Grecs, il n'avait pas moins peur que cette puissance ne résolût elle-
même la question sans le consulter. Mais il n'en faisait rien paraître
et il affectait toujours une parfaite indifférence à l'égard des *révoltés*.
Par un revirement presque comique, c'était la Russie, promotrice
de la révolution grecque, qui se faisait prier par l'Angleterre, jadis
si opposée à ce mouvement, de ne s'en point désintéresser. Finalement, le czar se laissa vaincre; et c'est ainsi que fut conclu à
Saint-Pétersbourg l'arrangement que le protocole du 4 avril 1826
devait bientôt révéler à l'Europe.

Ce protocole, le premier accord diplomatique qui eût eu lieu en
Europe pour l'affranchissement de la Grèce, stipulait que la Russie
admettait la médiation de l'Angleterre entre le gouvernement hellénique et la Porte; qu'elle y coopérerait de son mieux (sauf
entente ultérieure sur les voies et moyens); que les deux puissances
demanderaient pour la Grèce l'autonomie; que ce pays devait n'être
plus que tributaire de la Turquie; qu'il nommerait lui-même le chef
de son gouvernement, sauf ratification de la Porte; que cette convention tiendrait, quels que fussent les rapports de la Russie et de

l'empire ottoman ; que chacune des parties contractantes renonçait d'avance à tout avantage territorial, financier ou commercial qui ne dût pas être commun aux autres États de l'Europe par suite de la pacification définitive de la Grèce ; enfin, que la garantie du futur état de choses serait demandée aux grandes puissances, l'Angleterre ne pouvant, vu le caractère particulier de ses institutions, prendre un pareil engagement.

Canning apprit avec bonheur la signature du protocole. Par là, il croyait avoir enchaîné le czar à sa politique. Il avait en outre la certitude que la Russie était maintenant bien séparée de l'Autriche, et ce n'était pas à ses yeux un moindre avantage.

III

L'acte du 4 avril avait été conclu dans le plus grand secret. Le czar ne put, il est vrai, se tenir longtemps de le faire connaître. Mais il devait s'écouler plusieurs mois avant que les deux parties contractantes en donnassent officiellement connaissance à l'Europe. Il ne fallait pas, en révélant prématurément ce pacte, ou du moins en le donnant comme définitif, exaspérer la Porte qui, n'ayant plus rien à perdre, eût bien pu se refuser à traiter avec la Russie et tenter désespérément le sort des armes. Il était bon de ne le présenter aux ministres turcs, jusqu'à nouvel ordre, que comme une ébauche, comme une menace vague, un moyen d'intimidation. L'on ferait sentir à la Porte que, si elle en venait à la guerre avec le czar, elle n'aurait pas à compter sur le concours de l'Angleterre ; et on lui laisserait espérer que, si elle se montrait accommodante envers la Russie, il pourrait n'être plus question de médiation en faveur de la Grèce. Metternich, fort mal informé de ce qui s'était passé à Saint-Pétersbourg, ou n'y attachant pas assez d'importance, était lui-même persuadé que la Turquie n'aurait plus rien à craindre lorsqu'elle aurait traité avec la Russie. Aussi, toujours désireux de prévenir une guerre qui pouvait ébranler non seulement la péninsule des Balkans, mais l'empire d'Autriche et toute l'Europe centrale, employa-t-il surtout cet argument pour déterminer la Porte à subir l'ultimatum du czar.

Ses efforts ne furent pas infructueux. A l'expiration du délai fixé par Minciacki [1], le reis-effendi fit savoir à ce chargé d'affaires que Sa Hautesse acceptait les bases de l'arrangement proposé par l'empereur de Russie (12 mai 1826). Les députés serbes furent mis en liberté; les dernières troupes turques qui se trouvaient dans les Principautés furent rappelées et le Divan promit d'envoyer deux plénipotentiaires pour négocier, avec Woronzoff [2] et Ribeaupierre, représentants du czar, un traité définitif.

Cette docilité tardive, mais complète, du sultan cachait, il est vrai, des arrière-pensées. Mahmoud, souverain violent et passionné, se résolvait à céder pour un moment, sauf à prendre sous peu une revanche terrible. Il connaissait trop bien la ténacité russe pour douter que les prétentions de Saint-Pétersbourg à *pacifier* la Grèce ne dussent se reproduire tôt ou tard. Il voulait du moins gagner du temps et pouvoir, en vue d'une lutte décisive, reconstituer ses forces militaires. Aussi, à peine avait-il accepté l'ultimatum du czar qu'il décrétait la réorganisation, sur le modèle européen, de la milice, autrefois si solide, maintenant corrompue et dégénérée, des janissaires (28 mai 1826). Dans le même temps, il escomptait par la pensée les avantages qu'un conflit, alors imminent, entre la Russie et la Perse, pouvait procurer à la Turquie, et il faisait sans doute tout ce qu'il pouvait, par ses conseils à la cour de Téhéran, pour le rendre *inévitable*.

Mais tous ces calculs furent déjoués. La réforme militaire qu'il avait édictée eut pour premier résultat le soulèvement des janissaires, qu'il fallut mitrailler à Constantinople (15 juin) et dont le corps fut aussitôt supprimé dans tout l'empire. Du jour au lendemain, ces soldats, barbares et indisciplinés, mais qui, à tout prendre, constituaient les meilleures troupes du sultan, furent proscrits et disparurent. Le sultan, qui avait eu jusque-là une mauvaise armée, n'eut plus d'armée du tout. Il travailla sans doute avec une

---

1. Chargé d'affaires de Russie à Constantinople.
2. Woronzoff (Michel), né à Moscou en 1782; chargé de divers commandements sous Alexandre Ier de 1801 à 1814; placé à la tête du contingent russe d'occupation en France (1815-1818); représentant de la Russie au congrès d'Aix-la-Chapelle (1818); gouverneur de la Bessarabie et de la Nouvelle-Russie; chargé avec Ribeaupierre des négociations d'Ackerman (1826); successeur de Mentschikoff à l'armée du Danube (1828); général en chef de l'armée du Caucase (1844-1853); élevé au rang de prince (1845) pour la prise de Dargo; mort le 18 novembre 1856.

grande activité à s'en faire une nouvelle, mais ce ne devait pas
être l'œuvre d'un jour. D'autre part, si la guerre éclata comme il
le désirait entre la Russie et la Perse (juillet 1826), la première de
ces deux puissances obtint, dès le début, à défaut de succès décisifs,
des avantages qui lui permirent d'espérer pour l'année suivante
une paix glorieuse et profitable.

Les plénipotentiaires du czar, tirant parti de l'impuissance à
laquelle était momentanément réduit le gouvernement turc, purent
donc se montrer plus exigeants même qu'ils ne l'eussent été au lendemain de l'ultimatum. Les négociations, qui eurent lieu sur le territoire russe, à Ackerman, à partir du 1er août, menaçaient de traîner
en longueur par l'impossibilité où disaient être les ministres turcs
d'accepter leurs exorbitantes conditions. Ceux-ci protestaient en
effet contre les privilèges commerciaux, suivant eux excessifs, que
réclamait la Russie; ils déclaraient surtout insoutenable la prétention émise par cette puissance de garder les places de la mer Noire
qu'elle détenait indûment depuis le traité de Bucharest. Tout à
coup, en septembre, les envoyés de Nicolas déclarèrent qu'ils ne
rabattraient rien de leurs exigences; que c'était à prendre ou à
laisser et que, si leurs propositions n'étaient pas adoptées le 7 octobre au plus tard, les conférences seraient rompues. Les Turcs,
que personne ne soutenait, durent se soumettre, et, le jour même
où expirait le délai fixé par les Russes, fut enfin signé l'arrangement dont Alexandre avait, durant tant d'années, vainement poursuivi la conclusion.

Par le traité d'Ackerman, le traité de Bucharest était expressément confirmé dans sa teneur générale. Il en était de même des
privilèges de la Moldavie et de la Valachie, que devait consacrer
un renouvellement prochain du hatti-chérif de 1802. La Russie
consentait seulement à ce que les hospodars de ces deux pays fussent pris parmi les boyards et non plus comme autrefois dans les
grandes familles grecques du Fanar [1]. La Serbie devait recevoir
dans un délai de dix-huit mois la constitution qui lui était promise

1. Nom du quartier de Constantinople habité par les principales familles
grecques de cette capitale depuis le xve siècle; c'était dans ces familles que,
jusqu'au commencement du xixe, les sultans avaient choisi d'ordinaire, au
détriment des boyards, chefs de l'aristocratie dans la Moldavie et la Valachie,
les hospodars de ces provinces.

depuis si longtemps. Le czar gardait en Asie tout ce que ses troupes occupaient actuellement. Une commission mixte jugerait les réclamations des sujets des deux États contractants. La Porte ferait restituer aux sujets russes tout ce qu'ils avaient perdu par le fait des pirates barbaresques et, à l'avenir, empêcherait ceux-ci de leur porter préjudice. Les Russes auraient pleine liberté de commerce dans les mers et les ports ottomans, sans que les Turcs pussent y avoir sur eux aucun avantage. Enfin la Porte promettait d'avoir égard aux démarches du czar en faveur des puissances qui n'avaient pas encore le droit de faire pénétrer leurs navires de commerce dans la mer Noire.

Deux conventions annexes furent conclues en même temps que le traité principal. La première était relative aux principautés de Moldavie et de Valachie. Elle stipulait que les hospodars seraient élus pour sept ans par les *Divans* locaux (sauf agrément de la Porte) parmi les boyards indigènes; qu'ils ne pourraient être destitués sans l'assentiment de la Russie; que les impôts seraient réglés par les autorités du pays, sauf représentations des deux puissances contractantes; que les beschlis seraient rétablis comme avant 1821; que la liberté commerciale des Principautés ne serait pas entravée; qu'une remise de deux années du tribut prescrit par le hatti-chérif de 1802 leur serait accordée, etc., etc.... La seconde portait que le gouvernement turc se mettrait d'accord avec les députés de la Serbie sur les moyens d'assurer à ce pays « la liberté de son culte, le choix de ses chefs, l'indépendance de son administration,... la réunion des différents impôts en un seul, l'abandon aux Serviens de la régie des biens appartenant à des musulmans, à charge d'en payer le revenu ensemble avec le tribut, la liberté du commerce, la permission aux négociants serviens de voyager dans les États ottomans avec leurs propres passeports, l'établissement d'hôpitaux, écoles et imprimeries, et enfin la défense aux musulmans, autres que ceux appartenant aux garnisons, de s'établir en Servie. »

On voit que, par ces avantages, cette principauté était à peu près assimilée à la Moldavie et à la Valachie.

Grâce aux arrangements d'Ackerman, Canning avait empêché la guerre d'éclater entre la Russie et la Porte. Peut-être ce résultat lui eût-il suffi pour le moment. Au fond, il n'avait regardé le protocole du 4 avril que comme un expédient, et, s'il le trouvait fort

bon pour obliger le czar de compter avec lui lors du règlement de
la question hellénique, il ne désirait point que ce souverain tirât
bénéfice de ce compromis en partageant avec la Grande-Bretagne
l'honneur et le profit dudit règlement. Il avait voulu que les voies
et moyens à employer pour l'exécution du protocole ne fussent
déterminés que dans une négociation ultérieure. Son intention,
comme celle des tories qui partageaient avec lui le pouvoir,
était de prolonger le plus possible cette négociation et de ne proposer au czar que des mesures anodines ou peu acceptables. Il
gagnerait ainsi du temps et peut-être parviendrait-il, pendant qu'il
amuserait Saint-Pétersbourg, à faire agréer la médiation exclusive
de l'Angleterre à Constantinople aussi bien qu'à Nauplie. Ce fut
seulement au mois de septembre qu'il donna connaissance au cabinet russe de ce qu'il entendait faire pour rendre le protocole
efficace. Or, à cette époque, en prévision du refus que la Porte
opposerait à l'intervention des deux puissances, il ne demandait
d'autre mesure coercitive que le rappel des ambassadeurs russe et
anglais, et encore désirait-il que les autres grandes cours donnassent
aussi l'ordre à leurs plénipotentiaires de quitter Constantinople (il
savait bien qu'il y en avait au moins une qui s'y refuserait). Si cela
ne suffisait pas, on pourrait, disait-il, menacer de reconnaître
l'indépendance de la Grèce (mais il n'ignorait pas que le czar ne
prendrait pas aisément un tel parti).

IV

Canning avait, du reste, à ce moment, un autre motif pour traîner
en longueur l'affaire hellénique et écarter toute chance de complications prochaines en Orient. C'est que son attention était principalement attirée par l'Occident. Des événements graves s'accomplis-
saient dans la péninsule ibérique et l'Angleterre avait besoin de
n'en être pas distraite. On se rappelle que depuis le commencement de 1825 cette puissance avait recouvré en Portugal l'influence
prépondérante qu'elle y avait jadis et si longtemps exercée. Mais
cette influence, elle était menacée de la perdre, depuis la mort de
Jean VI, arrivée le 10 mars 1826. Ce souverain avait laissé deux

fils. L'aîné, D. Pedro, semblait être son héritier légitime. Mais, depuis que ce prince était devenu empereur du Brésil, beaucoup de Portugais le regardaient comme un traître ou tout au moins comme un étranger et soutenaient que tous ses droits avaient passé sur la tête de son frère D. Miguel. Or ce dernier, chef des absolutistes et des apostoliques, était, comme tel, soutenu par le roi d'Espagne, Ferdinand VII, dont il était, du reste, neveu. Ferdinand ne régnait lui-même que par la grâce des Français et sous la protection de leurs baïonnettes. D. Miguel, bien vu, cela va sans dire, par les *ultras* de France, pouvait être appuyé par le gouvernement de Charles X. Il le serait à coup sûr, moralement au moins, par la cour d'Autriche, qui, depuis deux ans, le gardait à Vienne et l'entretenait dans l'amour de la monarchie pure. C'étaient assez de raisons pour que Canning se prononçât contre lui et cherchât soit à l'écarter du pouvoir, soit à l'empêcher de l'exercer dans le sens de ses haines et de ses préférences. L'Angleterre avait donc intérêt, selon lui, à réveiller en Portugal le parti constitutionnel, qui se placerait forcément sous sa protection. Ce parti devait naturellement opposer D. Pedro à D. Miguel, d'autant plus que D. Pedro était depuis longtemps l'ami et le client du gouvernement britannique. Ce n'était pas que Canning voulût voir les *deux couronnes* du Portugal et du Brésil réunies sur une même tête. Il était trop bon Anglais pour cela. Aussi avait-il trouvé une combinaison politique qui devait prévenir à la fois et le rapprochement des deux États et le triomphe du parti anti-anglais à Lisbonne. Il amènerait D. Pedro, qui comprenait fort bien qu'il ne pouvait régner à la fois des deux côtés de l'Océan [1], et qui avait un fils, destiné à gouverner après lui le Brésil, à résigner la couronne du Portugal en faveur de sa fille, la jeune dona Maria ; on marierait cette princesse à D. Miguel, dont l'ambition personnelle serait ainsi satisfaite ; mais, pour détacher de lui le parti apostolique, par suite Ferdinand VII et Charles X, pour l'obliger à s'appuyer sur le parti constitutionnel (et anglais), on introduirait dans le royaume le régime parlementaire. C'est ainsi du reste que D. Pedro, sous l'influence de l'agent anglais Charles Stuart, s'efforça d'arranger les choses dès la fin d'avril et les premiers jours de mai 1826. L'empereur du

---

1. Ni les Portugais ni surtout les Brésiliens ne l'eussent permis.

Brésil commença par octroyer au Portugal une charte, assez sem-blable à celle de Louis XVIII, puis il abdiqua au profit de dona Maria, stipulant qu'elle épouserait D. Miguel, mais que ce prince devrait reconnaître la constitution et venir à Rio recevoir les ins-tructions de son frère aîné.

Ce programme était plus facile à tracer qu'à exécuter. L'in-fante Isabelle [1], régente du Portugal depuis la mort de Jean VI, fit bien proclamer, en juillet, la constitution et jura de l'observer. Mais les *apostoliques*, toujours commandés par Amarante [2], protestèrent, déclarant que D. Miguel était l'héritier légitime de la couronne et se soulevèrent en son nom. Battus sur divers points et à plusieurs reprises, ils se réfugièrent chaque fois sur le terri-toire espagnol, où Ferdinand VII, loin de les interner, leur fournit presque ostensiblement les moyens de recommencer. Vainement la Régente réclama. Ferdinand refusa de recevoir son envoyé, répondit par des explications mensongères, bref ne donna aucune satisfaction. L'ambassadeur d'Angleterre à Madrid, Charles Lamb, le pressait vainement de se conformer au droit des gens. L'ambas-sadeur de France, le marquis de Moustier [3], plus docile aux inspira-tions des ultras, ses amis, qu'aux instructions fort sages de Villèle, qui lui recommandait de tenir le même langage, encourageait en secret le roi d'Espagne dans ses mauvais procédés à l'égard d'Isabelle. Ferdinand, qui tremblait de voir la contagion constitu-tionnelle gagner ses États, se comportait envers le Portugal à peu près comme le gouvernement français s'était conduit envers l'Es-pagne de 1820 à 1823. Seulement, derrière les Cortès de Lisbonne il y avait l'Angleterre.

---

1. Isabelle-Marie, troisième fille de Jean VI, née le 4 juillet 1801; emmenée en 1807 au Brésil, d'où elle revint en 1821 avec son père, après la mort duquel elle devint régente de Portugal; remplacée à ce dernier titre par D. Miguel en 1828, elle ne joua plus, depuis, aucun rôle politique.

2. Qu'on appelait maintenant le marquis de Chaves.

3. Moustier (Clément-Édouard, marquis de), né à Coblentz, le 2 jan-vier 1779; incarcéré pendant la Terreur; soldat de Frotté en Normandie (1796); élève diplomatique au ministère des affaires étrangères (1800); secré-taire de légation, chargé d'affaires à Dresde, ministre plénipotentiaire près du grand-duc de Bade, puis du roi de Wurtemberg (1800-1812); ministre plénipotentiaire à Hanovre (1820), puis à Berne; député du Doubs (1824); directeur des affaires politiques au ministère des affaires étrangères; ambas-sadeur en Suisse, puis (1825) en Espagne; rappelé en 1826; mort à Paris le 5 janvier 1830.

Il est vrai que Canning hésitait à intervenir ouvertement en Portugal, ne sachant trop si la Sainte-Alliance, à cette occasion, ne se reformerait pas contre lui. Il vint à Paris en septembre, obtint de Villèle quelques bonnes paroles, mais put se convaincre que ce ministre était, comme en 1823, débordé par les ultras. Metternich retenait toujours à Vienne D. Miguel qui, malgré son acquiescement tardif à la constitution portugaise et ses fiançailles avec dona Maria [1], conservait au fond ses prétentions, comme ses espérances, et sentait bien qu'il serait toujours soutenu par la cour de Vienne. La Prusse inclinait encore à cette époque vers la politique autrichienne et ne voulait pas se compromettre. Une seule des grandes puissances, en somme, approuvait et encourageait formellement les plans de Canning, et c'était justement celle dont le chef professait et pratiquait le plus résolument l'absolutisme. Nous avons nommé la Russie. Le czar Nicolas savait être, comme le ministre anglais, *opportuniste* à ses heures. Aussi, fermant les yeux avec complaisance sur ce parlementarisme qu'il abhorrait et que les Anglais voulaient aller défendre à Lisbonne, déclarait-il très haut que son approbation et son concours étaient acquis au gouvernement britannique dans la péninsule ibérique, donnait-il à son ambassadeur à Madrid des instructions semblables à celles que recevait Lamb et répétait-il que l'Angleterre devait exercer une influence prédominante en Portugal.

Il ajoutait, il est vrai, que la Russie en devait exercer une analogue dans l'empire ottoman. Ces mots font comprendre qu'il n'était point disposé à donner rien pour rien et que, s'il voulait bien favoriser, à certains égards, la politique portugaise de Canning, il entendait bien être payé de retour. Effectivement, c'est à cette époque qu'il répondait aux propositions anglaises concernant l'exécution du protocole par un programme de nature à prouver qu'en signant l'arrangement du 4 avril il n'avait pas entendu se laisser duper. Si, disait-il, les deux puissances alliées devaient offrir leur médiation à la Turquie et à la Grèce, il fallait qu'elles fussent résolues à l'imposer au besoin et à passer du conseil à la menace et de la menace à l'action. « Aller jusqu'au bout », tel était son programme. Le ministère anglais ne crut pas pouvoir le repous-

_____

1. En octobre 1826.

ser. Il fut donc décidé à Londres par Canning et Lieven [1] que le protocole serait officiellement communiqué aux grandes puissances; que dans le cas où elles n'y adhéreraient pas, l'Angleterre et la Russie n'en exécuteraient pas moins les stipulations et que la force serait employée, s'il était nécessaire, pour contraindre la Turquie et la Grèce à accepter tout d'abord un armistice, puis les conditions générales de la pacification, telles qu'elles avaient été fixées le 4 avril (20, 22 novembre). Grâce à cette concession, Canning fut pleinement autorisé à intervenir même par les armes en Portugal, où, juste à cette époque (fin de novembre), une agression des apostoliques, plus grave que les précédentes et fomentée comme elles par le gouvernement espagnol, obligea la Régente à invoquer au nom des traités le concours militaire de la Grande-Bretagne. Aussi le chef du Foreign-office n'hésita-t-il plus. A la suite d'un discours prononcé à la Chambre des communes (12 décembre) et où il ne craignait pas de rappeler que l'Angleterre avait dû, pour faire contrepoids à l'influence française, « appeler à l'existence » les républiques hispano-américaines et qu'il dépendait d'elles de déchaîner la révolution sur toute l'Europe, dix mille Anglais furent envoyés à Lisbonne. La France laissa faire, parce que la Russie le voulait ainsi. Villèle rappela même de Madrid de Moustier, qui avait outrepassé ses ordres. Les apostoliques intimidés se dispersèrent. Le gouvernement espagnol, après quelques démonstrations militaires sur la frontière du Portugal, finit par se tenir tranquille, et le parti constitutionnel parut, pour quelque temps, maître du terrain dans la monarchie lusitanienne.

1. Lieven (Christophe-Andréiewitch, prince de), lieutenant général en 1807; ministre plénipotentiaire de Russie à Berlin (1810); ambassadeur à Londres de 1812 à 1834; nommé ensuite gouverneur du prince héritier Alexandre et mort à Rome le 10 janvier 1839. — Sa femme, la princesse de Lieven (Dorothée-Christophorowna de Benkendorf), née en 1786, mariée en 1801, dame d'honneur de l'impératrice, acquit par son esprit et sa connaissance des affaires publiques non seulement une grande réputation, mais une influence considérable. Elle eut beaucoup de crédit en Russie sur Alexandre Ier et Nicolas, en Angleterre sur Castlereagh, Canning et Georges IV, en France (où elle passa la seconde moitié du règne de Louis-Philippe), sur Guizot, dont elle passait pour être l'Égérie politique. Après la révolution de février, elle se retira à Londres, ne tarda pas à rentrer à Paris, qu'elle quitta en 1854, mais où elle revint l'année suivante et où elle mourut le 26 janvier 1857.

V

Pendant ce temps, le protocole du 4 avril, lancé à travers l'Europe, faisait son chemin, non sans trouver, il est vrai, quelque opposition. A la communication anglo-russe, l'Autriche répondit le 22 décembre qu'une offre de médiation des puissances ne pouvait être fondée sur l'appel à elles adressé par des révoltés. Il n'y avait, à son sens, qu'un seul moyen de pacifier la Grèce, c'était de laisser au sultan la faculté de lui accorder librement et spontanément les institutions qui devaient faire son bonheur. Le gouvernement prussien, toujours pénétré des doctrines légitimistes de la Sainte-Alliance, tint à peu près le même langage. Quant à la France, elle s'exprima tout autrement. Villèle, comme toujours, hésitait. Mais l'opinion publique, de plus en plus favorable aux Grecs, l'emportait; il lui fallait aussi faire oublier par quelque manifestation vigoureuse la piteuse attitude qu'il avait eue naguère dans la péninsule ibérique. D'ailleurs, la Russie ne cessait d'inciter le gouvernement français à intervenir pour sa part dans le règlement de la question hellénique, lui remontrant combien il était de son intérêt d'empêcher l'influence britannique de prédominer en Grèce. L'Angleterre de son côté ne l'y poussait pas moins, lui représentant qu'elle devait former contrepoids à la Russie. Toutes ces raisons font comprendre pourquoi le cabinet de Paris, non seulement ne repoussa pas le protocole, mais demanda expressément·qu'il fût converti en un traité d'alliance entre Nicolas, Georges IV et Charles X pour la pacification de l'Orient. Cette proposition fut naturellement acceptée en principe (janvier 1827) et il ne fut plus dès lors question que de régler à l'avance les détails de l'exécution commune.

Metternich, dont l'étoile pâlissait visiblement, ne s'avouait pourtant pas vaincu; mais, si son génie était toujours aussi fertile en expédients, de plus en plus la fortune cessait de le favoriser. Il eut, à cette époque, l'idée de faire demander par la France que, si l'on constituait un État grec, on garantît au moins pour l'avenir l'intégrité de l'empire ottoman. Mais la Russie coupa court à toute proposition de ce genre en déclarant fort net que, si elle ne·poursuivait pas la destruction de la monarchie turque, il y avait fort loin de là à prendre l'engagement de la défendre. Le chancelier d'Autriche se rabattit alors (mars 1827) sur un projet consistant à faire régler la question grecque dans des conférences qui se tiendraient à Londres et auxquelles prendraient part les cinq grandes cours. Cette proposition n'était pas sans quelques chances de succès, car, comme Metternich, les tories de l'école de Liverpool et de Wellington étaient fort loin de désirer l'émancipation de la Grèce et très disposés à la retarder par de nouvelles négociations dilatoires. Malheureusement pour le ministre de François Ier, il se trouva que juste à cette époque, son ennemi personnel fut porté en Angleterre à la direction souveraine des affaires. Une attaque d'apoplexie venait d'écarter du pouvoir lord Liverpool et, après quelques semaines de crise, Canning était devenu premier ministre (10 avril). Ce grand homme d'État qui, de plus en plus, penchait vers le parti whig et que l'opinion publique encourageait à soutenir dans toute l'Europe la cause de la liberté, avait maintenant ses coudées franches, d'autant plus que les tories les plus résolus du ministère (Wellington, Eldon, Bathurst, Peel, etc.) avaient refusé de servir sous ses ordres et venaient de se retirer. L'emploi des moyens coercitifs en Orient n'effrayait nullement un esprit à la fois aussi audacieux et aussi souple que celui de Canning, et l'idée même de reconnaître un jour l'indépendance absolue de la Grèce ne le faisait nullement reculer.

Du reste, la conclusion du traité à trois devenait d'autant moins douteuse que chacune des puissances intéressées dans l'affaire était plus inquiète des progrès que pouvait faire chaque jour en Grèce l'influence des deux autres. A ce moment (avril 1827), l'Angleterre semblait prendre indirectement la direction militaire de la révolution hellénique en faisant désigner par l'assemblée nationale d'Hermione deux des siens, Church et Cochrane, comme généralissime et comme amiral. Par contre, la Russie paraissait en prendre la direction politique en faisant voter une nouvelle constitution et appeler Capo d'Istria à la présidence de la république. La France perdait du terrain et n'en était que plus désireuse de prendre sa revanche.

En somme, les trois cours étaient d'accord pour se hâter d'intervenir. La cour de Londres, qui longtemps s'était flattée de faire

à elle seule accepter par la Porte son offre de médiation, n'y était
pas encore parvenue en février. A ce moment Ribeaupierre, ambassadeur de Russie, était arrivé à Constantinople et les représentants des deux puissances réunies par le protocole du 4 avril avaient,
officieusement d'abord, puis officiellement notifié cet acte au gouvernement turc (février, mars). Les ministres du sultan, toujours
encouragés par la sournoise politique de Vienne, avaient multiplié,
prolongé les délais, évité de répondre et tâché de gagner le plus
de temps possible pour donner à l'armée turque de Reschid celui
de prendre Athènes. Après la chute de Missolonghi, la reddition
de cette citadelle, assiégée depuis le mois d'août 1826, devait, à
leur sens, être le coup de grâce pour l'insurrection. Athènes finit
en effet par capituler (juin), et, dans le même temps, la Porte,
sommée depuis plusieurs semaines pour la quatrième ou cinquième
fois de s'expliquer sur le protocole, répondit avec arrogance que
le Grand-Seigneur repousserait toujours l'ingérence de l'étranger
dans ses rapports avec ses sujets.

La conséquence immédiate de ce refus devait être et fut en effet
la conclusion de la triple alliance. Les Grecs étaient à ce moment
si affaiblis, si découragés, si divisés [1], qu'il n'y avait plus une heure
à perdre pour leur venir en aide. Le traité depuis longtemps
débattu entre les trois cours fut donc enfin signé à Londres le
6 juillet 1827. A dater de ce jour, le peuple hellénique, au début
si méprisé, si malmené même par la Sainte-Alliance et qui avait
conquis par son héroïsme la sympathie de l'Europe, était assuré de
vivre et de triompher, puisque la majeure partie de la Sainte-Alliance croyait enfin devoir se prononcer en sa faveur. Les rédacteurs du traité le motivaient sur la nécessité qui s'imposait aux
trois cours contractantes de mettre un terme à un état de choses
préjudiciable à leur commerce [2], sur l'humanité et sur l'appel for-

---

1. En l'absence de Capo d'Istria, qui n'était pas encore arrivé en Grèce, le
gouvernement provisoire était méprisé de tous les partis et réduit presque à
l'impuissance. Ses membres étaient obligés de se réfugier dans un des forts
de Nauplie, cette place étant en proie à la guerre civile.
2. Le préambule du traité portait que : « ... les trois souverains étant
pénétrés de la nécessité de mettre un terme à la lutte sanglante qui, en
livrant les provinces grecques et les îles de l'Archipel à tous les désordres de
l'anarchie, apportait chaque jour de nouvelles entraves au commerce européen et donnait lieu à des pirateries, qui non seulement exposaient les sujets
des hautes parties contractantes à des pertes considérables, mais exigeaient

mellement adressé à deux d'entre elles par le gouvernement grec. Les conditions générales de la future pacification étaient à peu près les mêmes que dans le protocole du 4 avril. Pour l'exécution, un article additionnel et secret stipulait que la médiation collective des trois puissances serait offerte à la Porte par une première note; qu'en cas de refus, au bout d'un mois ou même de quinze jours, une seconde note ferait connaître au Divan la résolution prise par les puissances d'accréditer des consuls dans les principales villes grecques. et d'imposer par la force des armes un armistice, au moins maritime, aux deux parties belligérantes, étant bien entendu d'ailleurs que par cette mesure coercitive elles n'entendaient se mettre en état de guerre ni avec l'une ni avec l'autre.

Cette convention, vrai triomphe de la Révolution, d'autant plus significatif qu'il était l'œuvre de trois gouvernements jadis unis pour le service d'une tout autre cause, eut dans l'Europe entière un immense retentissement. Si certains amis de la Sainte-Alliance ne la jugèrent pas morte, elle n'en avait pas moins reçu par là le coup fatal.

Le traité de Londres fut signifié dès les premiers jours d'août au gouvernement grec, qui s'empressa d'y adhérer. Mais la Porte, entretenue jusqu'au bout par l'Autriche dans ses illusions et dans son orgueil, déclara tout d'abord ne vouloir même pas en prendre connaissance (16 août). Il fallut lui signifier dès le 30 août l'imminence des mesures coercitives que les alliés se proposaient d'employer. Cette menace ne la rendit pas plus sage et elle passa tout le mois de septembre à récriminer et à ergoter au lieu de faire la moindre concession. Les trois puissances durent donc procéder aux préliminaires de l'exécution. Dès le 4 septembre, leurs ambassadeurs à Constantinople adressèrent à leurs amiraux, qui croisaient depuis quelque temps dans l'Archipel, des instructions sur l'emploi qu'ils devaient faire de leurs forces à l'égard de la flotte turco-égyptienne. Il leur était recommandé d'empêcher tout transport ou tout

en outre des mesures onéreuses de surveillance et de répression, les rois de France et de la Grande-Bretagne ayant d'ailleurs reçu de la part des Grecs l'invitation pressante d'interposer leur médiation auprès de la Porte ottomane et étant, ainsi que l'empereur de Russie. animés du désir d'éviter l'effusion du sang et de prévenir les maux de tous genres que pouvait entraîner la prolongation d'un tel état de choses, ils avaient résolu de combiner leurs efforts.... etc. »

emploi de forces ottomanes sur le littoral qui, suivant toute vraisemblance, devait être un jour celui du nouvel État grec. Par contre, les forces helléniques devaient être écartées de tout point situé en dehors de ces limites. En conséquence, le chef de l'escadre anglaise, Codrington [1], rejoint bientôt après par l'amiral français de Rigny [2], alla vers la fin de septembre faire connaître les intentions des alliés à Ibrahim-pacha, qui avait réuni dans la rade de Navarin à ses vaisseaux égyptiens la flotte turque placée sous son commandement et qui, en attendant les ordres de Constantinople, consentit à un armistice provisoire de vingt jours. Bientôt, il est vrai, le fils de Méhémet-Ali se crut autorisé par certaines entreprises des Grecs dans le golfe de Corinthe à reprendre l'offensive. Mais Codrington l'obligea de rentrer à Navarin et, après avoir réuni son escadre à celle de la France et à celle de la Russie (que dirigeait l'amiral Heyden [3]), se présenta devant cette rade (18 octobre) pour lui intimer l'ordre de quitter la Grèce.

A ce moment il était presque impossible que la bataille n'eût pas lieu et cependant l'espoir que la paix serait conservée entre les alliés et la Porte n'avait pas abandonné les diplomates. Metternich surtout croyait plus que jamais pouvoir prévenir la guerre. Il venait, en effet, de se produire un événement d'une importance capitale et qui semblait devoir lui assurer un prochain retour de fortune. Canning, à peine âgé de cinquante-sept ans, mais usé par le travail, était mort le 8 août, après quelques jours de maladie. Un de ses collègues, l'insignifiant Goderich [4], lui avait succédé comme premier

1. Codrington (sir Edward), né en 1770; contre-amiral en 1814, vice-amiral en 1821; rappelé de Grèce par le ministère tory de 1828; membre du parlement, où il soutint le parti libéral de 1834 à 1840; chambellan de la reine Victoria (1846) et amiral du *Pavillon rouge*; mort à Londres en 1851.

2. Rigny (Henri-Gauthier, comte de), né à Toul en 1782; entré à quinze ans dans la marine; lieutenant de vaisseau en 1809; capitaine de vaisseau (1816); chef de l'escadre française du Levant (1822); contre-amiral en 1825, vice-amiral après Navarin; ministre de la marine (1831-1834), des affaires étrangères (1834) et, encore une fois, de la marine (même année); nommé ambassadeur à Naples; mort à Paris le 7 novembre 1835.

3. Heyden (comte de), né en 1772 dans les Pays-Bas, entra de bonne heure dans la marine hollandaise, se mit vers 1795 au service de la Russie, devint contre-amiral en 1817, vice-amiral après Navarin et plus tard chef de la marine à Revel et aide de camp général dans l'état-major de la flotte.

4. Goderich (Frédéric-Jean Robinson, vicomte Goderich, puis comte de Ripon), né à Londres en 1782; membre de la chambre des communes (1806); secrétaire d'ambassade à Vienne (1807); sous-secrétaire d'État de la guerre (1809); trésorier de la marine (1811); vice-président du bureau du commerce

lord de la trésorerie et n'avait pu empêcher le vieux parti tory
de regagner du terrain dans le ministère en y faisant rentrer
Wellington. Le chancelier d'Autriche pensait donc qu'après la
disparition du « météore malfaisant » (c'est ainsi qu'il désignait
Canning) [1], le cabinet britannique serait moins disposé que précédemment à courir les aventures et laisserait peu à peu tomber en
oubli le traité du 6 juillet. Il comptait, d'autre part, pour détourner
les esprits de la question orientale, sur des complications possibles
en Occident : les apostoliques se soulevaient à ce moment même
(août, septembre) en Catalogne au nom de don Carlos [2], héritier
présomptif de Ferdinand VII, contre l'administration de ce souverain, qui leur paraissait faiblir dans l'exercice de l'absolutisme. D'un
autre côté, D. Miguel, que l'Angleterre, à la demande de l'Autriche
et de la France, avait fini par reconnaître comme régent du Portugal, allait partir pour Lisbonne, où sa présence provoquerait sans
doute de nouveaux troubles. A Paris, enfin, le ministère Villèle
était aux abois, près de sombrer sous le verdict des électeurs.
Metternich pensait donc qu'il lui serait facile, grâce à toutes ces
complications, de neutraliser une fois de plus en Orient l'ambition
russe. Il imaginait à ce moment même (octobre 1827) de se faire
demander par le Divan la médiation de l'Autriche entre le gouvernement turc et les alliés. Les ministres ottomans se résolvaient sans
peine à prendre ce parti ; si bien que, réduit naguère à l'impuis-

(1812) ; auteur principal de la loi de 1815 sur les céréales, qui le rendit fort
impopulaire ; rallié aux idées de Canning, qui le fit nommer chancelier de
l'échiquier en 1822 ; secrétaire d'État pour les colonies (1827) ; premier lord de
la Trésorerie après la mort de Canning ; démissionnaire (14 déc. 1827) ; secrétaire d'État des colonies dans le ministère Grey (1830) ; comte de Ripon et
gardien du sceau privé (1832) ; rapproché des tories à partir de 1834 ; président
du bureau de commerce dans le cabinet Peel (1841) ; président du contrôle
des Indes (1842-1846) ; mort à Putney-Heath (Surrey) en 1859.

1. « Nous étions à table, lit-on dans une lettre de Gentz (*Briefe an Pilat*,
t. II, p. 224), lorsqu'est arrivée la grande nouvelle de la mort de Canning.
Vous imaginez l'agitation ; tout le monde s'est levé sans achever le dîner...
De quelque côté qu'on la considère, il est demeuré parfaitement certain que
cette mort doit être regardée comme une grâce d'en haut. »

2. Carlos (Carlos-Maria-Isidor de Bourbon, dit don), second fils de Charles IV
et frère de Ferdinand VII, né en 1788 ; interné à Valençay, avec son aîné, par
Napoléon en 1808 ; rentré en Espagne en 1814 ; chef du parti absolutiste et
apostolique, qui soutint ses prétentions au trône après la mort de Ferdinand
(1833) ; obligé de quitter l'Espagne après six ans de lutte (1839) ; interné à
Bourges par Louis-Philippe ; connu sous le nom de comte de Molina
depuis 1844, époque où il abdiqua en faveur de son fils aîné Carlos, comte de
Montemolin ; retiré en Autriche (1847) ; mort à Trieste en 1855.

sance, il se croyait maintenant sur le point d'exercer en Europe un
arbitrage souverain.

Le canon de Navarin allait bientôt dissiper cette illusion fort
étonnante chez un diplomate aussi peu naïf que Metternich.

VI

Le 20 octobre 1827, les trois amiraux alliés, dans un engagement
général, qu'ils avaient prévu, mais non provoqué, réduisirent à
peu près à néant la flotte turco-égyptienne. Ibrahim, pour garder
les quelques navires qui lui restaient, dut s'engager à ne plus s'en
servir contre les Grecs.

La nouvelle de la grande bataille devait tout d'abord avoir pour
effet de surexciter les espérances et les prétentions du gouvernement
hellénique. Sûrs maintenant qu'ils n'avaient plus rien à craindre
de leurs ennemis, du moins sur mer, les Grecs se hâtèrent de
multiplier leurs attaques et d'étendre leurs opérations. Ils se portèrent, par exemple, sous Fabvier [1], contre l'île de Chio (novembre).
Ils firent dans le même temps, sous Church, un effort décisif pour
reconquérir l'Acarnanie et l'Étolie. Un peu plus tard, ils allaient
renouveler leurs efforts pour s'emparer de Candie. Leurs chefs
politiques pensaient, non sans raison, que, plus ils prendraient,
plus ils auraient de chances de retenir et que, lorsqu'il s'agirait de
déterminer les limites du nouvel État, il faudrait bien que les
diplomates tinssent compte des faits accomplis.

Par contre, Navarin, loin de rendre la Porte plus traitable,
l'exaspéra au point de lui faire perdre tout bon sens et toute prudence. Mahmoud était un homme énergique, mais violent et fan-
tasque, changeant fréquemment de ministres et, en vrai despote
oriental, recherchant chez ses serviteurs moins le talent que l'art

---

1. Fabvier (Charles, baron), né à Pont-à-Mousson en 1782; élève de l'École
polytechnique (1802), puis officier d'artillerie; aide de camp du maréchal Marmont (1811); colonel et baron en 1813; compromis dans plusieurs conspirations libérales contre la Restauration (1820-1822); entré au service des Grecs
(1824), dont il commanda les troupes *régulières* à partir de 1825; rentré en
France (1829); maréchal de camp (1830); lieutenant général (1839); pair de
France (1845); en mission officieuse à Copenhague (1849); député à l'Assemblée
législative (1849-1851); mort à Paris en 1855.

de flatter ses passions. Moins disposé que jamais à transiger avec les Grecs et à subir la médiation des alliés qui venaient de détruire sa flotte, il donna l'ordre au reis-effendi de demander aux trois puissances signataires du traité de Londres une réparation éclatante pour l'outrage et les pertes qu'elles venaient de lui infliger. Les ambassadeurs de France, d'Angleterre et de Russie répondirent, naturellement, à une pareille exigence par un refus catégorique (10 novembre) et firent, durant plusieurs semaines, de vains efforts pour amener les ministres turcs à accepter enfin les propositions de la triple alliance. Tout ce qu'ils purent obtenir d'eux, ce fut la promesse que le sultan, moyennant la « soumission préalable » des révoltés, accorderait une amnistie; l'état des choses détruit en 1821 serait rétabli; les Grecs jouiraient d'une administration « douce et juste »; c'était tout; si le souverain voulait plus tard accorder davantage, il en était le maître; mais nul ne pouvait l'y contraindre. En désespoir de cause, les représentants des trois cours demandèrent leurs passeports et, malgré les efforts des ministres ottomans pour les retenir, quittèrent Constantinople le 8 décembre. Aussitôt furent déchaînés par le sultan, principalement contre la Russie, dans la capitale et dans les provinces, la barbarie et le fanatisme musulmans. On courut sus aux chrétiens; les sujets du czar qui se trouvaient en Turquie furent chassés, emprisonnés, maltraités; on saisit ou l'on pilla leurs marchandises. Dans le même temps, la Porte poussa le schah de Perse, qui, à la suite de grands revers subis pendant la campagne de 1827, venait de conclure avec Nicolas une paix onéreuse [1], à refuser sa ratification au traité et à reprendre les armes. Enfin le Grand-Seigneur fit venir à Constantinople les « ayans », ou chefs de districts, de presque toutes les provinces ottomanes et leur adressa, le 18 décembre, un manifeste violent, par lequel il accusait hautement la Russie d'avoir sans relâche, depuis 1821, fomenté la révolte dans son empire; il déclarait dans cette pièce qu'il avait été odieusement trompé à Ackerman, le czar lui ayant fait croire qu'il ne se mêlerait plus de la question grecque; que s'il avait dû, en 1826, subir des con-

---

1. Les Russes étaient arrivés jusqu'à Erivan et avaient pris cette ville le 13 octobre. De là le traité conclu près de Tauris (2-3 nov.) et par lequel Feth-Ali-Schah leur cédait les khanats d'Erivan et de Nakhitchevan, promettait de leur payer 20 millions de roubles, etc.

ditions humiliantes, dissimuler ses griefs et retarder sa vengeance,
le moment était venu de laver enfin l'honneur de l'Islam outragé.
Il faisait donc avec confiance appel aux « fidèles ». Il espérait
que les Ottomans se rappelleraient la gloire de leurs ancêtres et
qu'ils l'effaceraient par leurs propres exploits.

Ce document, si peu mesuré, si imprudent, n'était pas destiné
à la publicité. L'Europe l'ignora durant quelques semaines. Mais,
dès la fin de 1827, le czar en savait assez sur les intentions du
sultan à son égard pour être bien résolu à ne pas se laisser devancer.
Le traité de Londres venait d'être confirmé et renouvelé le
12 décembre. Il prétendit entraîner ses alliés, au nom de cette
convention, à une série de mesures beaucoup plus énergiques que
les moyens de coercition précédemment adoptés. Il demandait à
en être le principal exécuteur. C'est ainsi que par une note du
6 janvier 1828, il proposait : 1° d'occuper la Moldavie et la Valachie
(au moyen des troupes russes); 2° d'employer les flottes alliées à
bloquer Constantinople et Alexandrie, ainsi qu'à délivrer et à
défendre la Morée; 3° de soutenir Capo d'Istria, président de l'État
grec, par d'importants secours d'argent; 4° de charger les trois
ambassadeurs, naguère accrédités à Constantinople, de se réunir à
Corfou et d'y ouvrir des conférences destinées à faciliter la pacification.

VII

On voit le parti que l'empereur de Russie entendait tirer de la
triple alliance. En face d'un souverain si hardi, si résolu, si enva-
hissant, Metternich continuait à s'épuiser en fourberies misérables
et perdait chaque jour un peu plus de son crédit politique. Il va sans
dire qu'après Navarin, il n'avait plus osé parler de médiation
autrichienne. Il niait même effrontément, à la fin de 1827, que
cette idée fût venue de lui. Il se confondait, comme d'ordinaire, en
protestations de dévouement pour le gouvernement russe. Le czar,
qui n'y croyait guère, le mit en demeure de prouver sa sincérité en
usant de son ascendant sur le Turc pour obtenir de lui des concessions aux puissances alliées. Metternich s'empressa de faire les
démarches demandées, mais il les fit de telle sorte et continua si

bien à jouer double jeu que le sultan demeura intraitable. En février 1828 le chancelier d'Autriche n'offrait encore aux trois cours unies, comme base d'un arrangement définitif, que son éternelle proposition de faire dépendre le sort de la Grèce de sa soumission préalable et des institutions qui lui seraient spontanément accordées par le Grand-Seigneur.

A ce moment, il est vrai, le rusé diplomate se reprenait à espérer. Il lui semblait maintenant qu'il serait facile de dissoudre la triple alliance. En effet, un changement de ministère venait encore de se produire en Angleterre (8 janvier 1828). Wellington était devenu premier lord de la trésorerie. Avec lui étaient rentrés aux affaires Bathurst[1] et Peel[2]. Plusieurs des amis de Canning en étaient sortis; les autres n'allaient pas tarder à les suivre. Le chef du nouveau cabinet avait jadis conclu le protocole du 4 avril pour enchaîner la Russie. Or non seulement cette puissance n'était pas entravée dans sa politique orientale, mais elle avait forcé l'Angleterre de marcher; elle faisait mine de l'entraîner encore. Wellington et ses amis étaient fort inquiets. Ils n'avaient nulle sympathie pour la Grèce. L'éclosion de ce nouvel État leur paraissait devoir être, sous un double rapport, préjudiciable à leur pays : d'abord parce que l'empire turc en serait affaibli, ensuite parce que la puissance maritime de la Grande-Bretagne dans la Méditerranée en serait quelque peu diminuée. Ils avaient déploré la bataille de Navarin; ils la firent qualifier publiquement par Georges IV « d'événement malencontreux ». Leur plus vif désir était donc pour le moment de contrarier, de neutraliser les velléités belliqueuses du czar.

Mais comment faire? l'Autriche les poussait en dessous, sans leur promettre son alliance. Ils eussent eu partie gagnée s'ils eussent

1. Bathurst (Henri, comte de), né en 1762; membre de la commission pour l'Inde en 1793; secrétaire d'État des colonies (1809); démissionnaire en 1827; président du conseil dans le cabinet Wellington (1828-1830); mort en 1834.
2. Peel (sir Robert), né à Chambey-Hall, près de Bury (comté de Lancastre), le 5 février 1788; membre de la chambre des communes (1809), où il ne tarda pas à se faire remarquer et devint l'espoir du parti tory; sous-secrétaire d'État de l'intérieur (1810); secrétaire pour l'Irlande (1812); auteur du bill sur la reprise des payements en numéraire (1819); ministre de l'intérieur (1822); démissionnaire à l'avènement de Canning comme premier ministre (1827); ministre de l'intérieur dans le cabinet Wellington (1828-1830); favorable à l'émancipation des catholiques (1829), chef du parti tory à partir de 1830; premier lord de la trésorerie (1834-1835); appelé de nouveau à la tête du ministère (sept. 1841); auteur de l'abolition des *corn-laws*; renversé en juin 1846; mort à Londres le 2 juillet 1850.

pu entraîner la France et la détacher du czar. Malheureusement
pour eux, au moment même où Wellington devenait premier
ministre, Villèle, qui avait toujours eu un faible pour l'Angleterre,
était remplacé par Martignac [1] (4 janvier 1828) et cet homme d'État,
ainsi que ses collègues [2], se prononçait hautement pour la Grèce et
pour la Russie. Le cabinet britannique n'épargna rien pour attirer
à lui le gouvernement de Charles X. Il se montra particulièrement
complaisant pour la France en ce qui concernait les affaires de la
péninsule ibérique. Il laissa D. Miguel débarquer à Lisbonne et
prendre en mains la régence (février 1828). Il rappela de Portugal
les troupes qu'y avait envoyées Canning (avril) et, contrairement
aux déclarations de ce ministre, consentit à ce qu'après leur départ
plusieurs régiments français demeurassent encore quelques mois en
Espagne. Bientôt, D. Miguel, qui avait les mains libres depuis le
départ des Anglais, viola ouvertement le pacte en vertu duquel il
exerçait ses pouvoirs, renvoya les Cortès constitutionnelles, con-
voqua les anciens États de Portugal (2 mai), fit régner la terreur
dans tout le royaume, obtint d'une assemblée composée de ses
créatures que dona Maria, comme D. Pedro, fût écartée du trône,
abolit la charte accordée par l'empereur du Brésil, s'empara de la
couronne au mépris de ses serments (juillet) et, sans se soucier de
l'Europe qui, presque tout entière [3], refusait de le reconnaître comme
roi, gouverna despotiquement, sous le bon plaisir de la faction
apostolique. Le gouvernement anglais qui, dix-huit mois plus tôt,
s'était montré si hostile à ses prétentions et à son parti, le laissa
faire, sans l'approuver, et ne mit nul obstacle à son usurpation. Au
fond, Wellington se souciait assez peu que le Portugal eût une constitution. Mais il tenait à gagner le gouvernement français.

1. **Martignac** (Jean-Baptiste-Silvère Gaye, vicomte de), né à Bordeaux
en 1776; secrétaire de Sieyès en 1798, puis avocat à Bordeaux; avocat général
à la cour royale de cette ville (1815), puis procureur général à Limoges,
député depuis 1821, très influent à la chambre grâce à son éloquence; conseiller d'État en 1822; commissaire civil attaché à l'expédition d'Espagne
(1823); ministre de l'intérieur (janvier 1828-août 1829); défenseur de Polignac
devant la cour des pairs après la révolution de juillet; mort en 1832.
2. Dans le nouveau cabinet, le portefeuille des affaires étrangères fut justement donné à La Ferronnays, ancien ambassadeur à Saint-Pétersbourg, ami
personnel d'Alexandre et de Nicolas.
3. Les seuls gouvernements dont les représentants ne quittèrent pas
Lisbonne après son usurpation furent l'Espagne, le Saint-Siège et les États-
Unis.

Il est vrai qu'il perdait à peu près ses peines. Si le triomphe
de D. Miguel pouvait être agréable à Charles X et à sa camarilla,
Martignac et ses collègues, qui étaient sincèrement attachés aux
principes constitutionnels, étaient peu portés à s'en réjouir.
Beaucoup plus soucieux que leurs prédécesseurs de servir la cause
de la liberté et de donner satisfaction à l'opinion publique, désireux
d'autre part de relever en Europe le prestige de la France, ils
étaient absolument résolus à ne pas abandonner les Grecs. Ils
tenaient à l'affranchissement de ce petit peuple et ne voulaient ni
que l'Angleterre pût l'empêcher ni que la Russie pût s'en attribuer
tout l'honneur. Le cabinet de Saint-Pétersbourg commençait, du
reste, à leur faire des propositions fort tentantes, d'où pouvait
résulter pour la France un dédommagement sérieux des pertes
qu'elle avait subies en 1814 et en 1815.

VIII

Le ministère Martignac tenait donc énergiquement pour l'alliance
russe. Il demandait seulement que, pour faire contrepoids à la
prépotence du czar en Orient, la France fût chargée d'envoyer un
corps d'occupation en Morée. Cette proposition n'était pas pour
plaire au cabinet de Londres. Mais il ne lui était guère possible de
la repousser; car il reconnaissait la nécessité du contrepoids en
question; et comme en même temps il voulait éviter jusqu'à
l'apparence d'une attitude hostile envers la Turquie, il n'osait
prendre sur lui d'offrir des soldats anglais pour l'expédition du
Péloponèse. Il pouvait d'autant moins rejeter la demande française
qu'à la fin de février l'empereur de Russie, loin de s'en tenir à son
programme du 6 janvier, se montrait fermement résolu à entrer
en campagne contre les Turcs, quoi que pussent dire ou faire ses
alliés. Il connaissait maintenant le manifeste de Mahmoud aux
« ayans ». Il disait que c'était là une déclaration de guerre; que
le traité d'Ackerman était manifestement rompu, qu'il ferait valoir
par les armes ses droits particuliers méconnus et qu'à l'égard du
traité de Londres, si les deux puissances qui l'avaient conclu avec lui
n'étaient pas disposées à en poursuivre avec lui l'accomplissement,
il l'exécuterait tout seul, à ses risques et périls. On savait qu'il

était homme à tenir parole. On n'ignorait pas non plus qu'à ce moment il pouvait *tourner contre la Turquie toutes les forces de son empire.* La guerre de Perse était terminée. Après une courte campagne d'hiver qui lui avait valu de nouveaux malheurs, Feth-Ali-Schah [1] venait de conclure à Tourkmanchaï (22 février 1828) la paix dont les conditions lui avaient été dictées trois mois auparavant. Les armées russes pouvaient maintenant et tout à la fois marcher sur le Danube et prendre à revers l'Asie Mineure. Le cabinet britannique, que la France ne voulait pas seconder, dut se résigner et, à partir de mars, ne demanda plus au czar de renoncer à sa liberté d'action que dans la Méditerranée, où aucune des trois flottes alliées ne devait, disait-il, opérer que conformément au traité de Londres et aux décisions collectives des trois parties contractantes.

Pendant ce temps, Metternich, aux abois, n'ayant obtenu que des réponses évasives ou dédaigneuses à ses propositions de février, imaginait de nouveaux moyens dilatoires. Mais il n'était vraiment pas heureux dans le choix de ses expédients. Ainsi, à la fin de mars 1828, il ne trouvait rien de mieux à mettre en avant que l'idée de reconnaître l'indépendance de la Grèce. C'était de sa part, à ce moment comme en 1824, une finesse cousue de fil blanc. Il savait fort bien que cette solution serait repoussée par le czar. C'était bien ce qu'il espérait. Mais pouvait-il penser que Nicolas consentît seulement à négocier sur un pareil projet, étant donné que ce projet venait de Vienne ? Il devait savoir que ce souverain se tenait en garde contre lui. Il ne l'ignorait point. Aussi, pour dissiper sa méfiance et le ramener vers la politique autrichienne, faisait-il, juste à cette époque, partir pour Saint-Pétersbourg un envoyé spécial, le comte Zichy, chargé de remontrer à l'empereur qu'il faisait fausse route, qu'il n'y avait qu'un ennemi à combattre en Europe, la Révolution, et qu'il était temps de rentrer dans la voie de la Sainte-Alliance, d'où l'Autriche n'était jamais sortie.

1. Feth-Ali-Schah, né en 1762, succéda en 1792 à son oncle Agha-Mohammed comme souverain de la Perse, eut bientôt à combattre les Russes, qui lui enlevèrent la Géorgie (1803), reçut (1805, 1807) des envoyés de Napoléon qui, après lui avoir fait espérer son alliance, l'abandonna à Tilsitt ; dut céder au czar le Daghestan par le traité de Gulistan (1813), soutint *contre la Porte* (1821-1823) une guerre qui n'eut pas de résultats sérieux et mourut en 1834, après s'être vu infliger par les Russes de nouveaux revers.

Zichy trouva Nicolas exaspéré par les derniers procédés de Metternich. Était-ce donc, lui demanda ce souverain, en proposant de reconnaître l'indépendance de la Grèce que la cour de Vienne prétendait refréner la Révolution? Il était pour sa part, quoi qu'on en dît, et il resterait le plus chaud partisan, le soutien le plus ferme de la Sainte-Alliance; il demeurerait fidèle à ses principes monarchiques et, si l'empereur d'Autriche avait besoin de son concours, il serait heureux de le lui prêter. Il détestait, il abhorrait les Grecs; il ne voyait en eux que des révoltés; il ne voulait pas de leur entier affranchissement. Il n'avait aucune vue d'ambition, d'agrandissement ni de conquête quelconque. Mais il avait à venger la dignité de sa couronne et à sauvegarder les intérêts de son empire menacés par les Turcs. Il ferait donc la guerre et, quand il en serait à traiter de la paix, il saurait prendre ses sûretés et mettre à l'abri de toute contestation la légitime prépondérance de la Russie dans l'empire turc [1].

Ce n'étaient point là de vaines menaces. Fort peu de jours après sa conversation avec Zichy, l'empereur de Russie lançait à travers l'Europe son manifeste de guerre contre la Turquie (26 avril). Il donnait, il est vrai, comme correctif à la cour de Londres (29 avril) l'assurance que, jusqu'à nouvel ordre, le commandant de sa flotte dans la Méditerranée n'agirait que de concert avec les amiraux français et anglais. Mais les hostilités commençaient presque aussitôt sur terre; car le 7 mai les troupes russes franchissaient le Pruth.

Le gouvernement britannique, qui aurait tant voulu retenir le czar, dut bien se résigner à le laisser agir. Wellington se déclara donc, à son corps défendant, satisfait des dernières communications russes (juin 1828), fit rouvrir à Londres, le 2 juillet, les conférences des trois cours alliées, qu'il avait interrompues depuis quelques mois, et consentit aux pourparlers de Corfou, qui commencèrent le 9 août suivant. S'il se montrait si accommodant pour Nicolas, il ne pouvait l'être moins, d'autre part, pour Charles X. Il lui fallut donc permettre, par une convention du 19 juillet, qu'un corps de troupes françaises s'embarquât à Toulon et allât occuper la Morée. Il ne tint pas à lui, d'ailleurs, que cet arrangement ne devînt inu-

---

1. Les lignes qui précèdent sont le résumé de l'entretien que Nicolas Ier eut avec Zichy le 21 avril 1828.

tile. En effet le gouvernement anglais, qui désirait fort ravir à la France l'honneur de forcer les Égyptiens à l'évacuation du Péloponèse et la priver de l'avantage que lui donnerait sûrement la présence de ses troupes en Grèce, négociait activement, tant avec Ibrahim qu'avec Méhémet-Ali, pour obtenir à l'amiable que la presqu'île fût rendue aux Grecs. Il atteignit en effet ce résultat par la convention d'Alexandrie, signée le 6 août. Mais avant que la nouvelle de cet arrangement fût parvenue à Paris et à Londres, le général Maison [1] avait pris la mer (19 août). Les troupes françaises débarquèrent bientôt en Morée et, presque sans coup férir, occupèrent, en septembre et octobre, cette partie de la Grèce, que les Égyptiens et les Turcs leur abandonnèrent.

A ce moment, le sultan voyant les Russes d'une part au cœur de la Bulgarie avec le czar, de l'autre en pleine Arménie avec Paskewitch [2], crut devoir se relâcher de sa hauteur ordinaire. De juillet à septembre, ses ministres s'efforcèrent de rompre la triple alliance, invitant la France et l'Angleterre à renvoyer leurs ambassadeurs à Constantinople et paraissant disposés à traiter avec ces deux puissances de la pacification hellénique. Mais Wellington craignit que, s'il acceptait cette offre, le czar ne se regardât comme délié de tous les engagements qu'il avait pris par le traité de Londres et ne bouleversât tout l'Orient à la tête de ses troupes victorieuses. Metternich avait la même crainte. Il ne fut donc pas pour le moment donné suite aux propositions ottomanes, et la triple alliance fut maintenue.

1. Maison (Nicolas-Joseph), né à Épinay (Seine-et-Oise) en 1771; volontaire en 1792; général de brigade à Austerlitz (1805); général de division en 1812; chargé de défendre la Belgique à la tête de l'armée du Nord en 1814; nommé marquis par Louis XVIII en 1817; maréchal de France après l'expédition de Morée (1828); ministre des affaires étrangères (1830), puis ambassadeur à Vienne, à Saint-Pétersbourg (1833); ministre de la guerre (1835); mort en 1840.

2. Paskewitch (Ivan-Fédorovitch), né à Mohilew en 1777; page de Paul Ier, puis aide de camp d'Alexandre Ier, général major en 1810; lieutenant général en 1813; général en chef de l'armée du Caucase (1826) et vainqueur des Persans; général en chef de l'armée russe en Asie, où il eut aussi de grands succès sur les Turcs (1828-1829); chargé de soumettre la Pologne révoltée (1831) et créé prince de Varsovie; vice-roi de Pologne; général en chef de l'armée qui alla aider les Autrichiens à dompter la Hongrie en 1849; commandant de l'armée du Danube, à la tête de laquelle il ne fut pas heureux, en 1854; mort à Varsovie le 29 janvier 1856.

IX

Bientôt, il est vrai, les choses semblèrent devoir changer de face. Wellington, comme presque toute l'Europe, avait cru que l'empereur de Russie, vu l'énorme supériorité militaire et financière qu'on lui attribuait, triompherait aisément des Turcs, en une seule campagne. Il n'en fut pas tout à fait ainsi. Les Russes eurent, il est vrai, d'assez beaux succès en Asie. Mais en Europe, où les grands coups devaient être portés, ils éprouvèrent d'assez vifs mécomptes. Leur armée, mal outillée et mal dirigée, prit à grand'peine Varna, mais elle ne put forcer le camp de Schoumla, où les nouvelles troupes turques, dressées à l'européenne, s'étaient établies pour défendre le passage des Balkans; il lui fallut enfin lever le siège de Silistrie, après des pertes énormes, et opérer en octobre et novembre, vers les Principautés, une retraite désastreuse, que Metternich se hâta de comparer, non sans exagération, à celle de Napoléon en 1812.

Ce changement de fortune enfla le cœur du ministre autrichien. Tant que les Russes avaient eu l'avantage, il n'avait eu garde de les menacer. Mais à mesure qu'il avait vu la chance tourner, il était devenu plus hardi. Il avait fait ordonner par l'empereur son maître des levées d'hommes, des revues. Maintenant, il ne se bornait plus à encourager les Turcs dans leur résistance, à leur fournir des renseignements utiles, à répandre partout en Europe le bruit que la Russie était perdue. Il ne parlait de rien moins que de former contre cette dernière puissance une grande coalition. Mais avec qui? Et sur qui compter pour ouvrir le feu? L'Angleterre ne pourrait combattre que sur mer. La France déclarait nettement qu'elle prendrait parti pour le czar et que, si l'Autriche faisait mine d'attaquer la Pologne, elle pourrait bien la forcer à se retourner vers l'Italie et vers le Rhin [1].

Dans ces conditions, la cour de Vienne n'eût pu se hasarder que si elle eût été sûre du concours de la Prusse. Mais justement cette

1. C'est ce que le duc de Mortemart, ambassadeur de France en Russie, qui passait par Vienne vers la fin de 1828, fit entendre en termes fort clairs au prince chancelier.

puissance commençait à se détacher d'elle. Le roi Frédéric-Guillaume III était étroitement uni au czar Nicolas. Il lui avait donné une de ses filles en mariage. Son second fils, le prince Guillaume [1], était l'ami intime de ce souverain, dont il allait bientôt épouser une parente [2]. Du reste, la cour de Berlin, rassurée peu à peu sur le péril révolutionnaire, qui l'avait si fort effrayée en 1819 et 1820, opérait depuis quelque temps à petit bruit une évolution qui devait lui permettre de prendre vis-à-vis de l'Autriche une attitude indépendante d'abord, et plus tard hostile. Hardenberg, inféodé à Metternich dans ses dernières années, était mort depuis 1822. D'autres ministres lui avaient succédé, dont la tactique consistait à ne point faire d'opposition aux mesures de réaction que l'Autriche proposait en Allemagne, à en bénéficier même à l'occasion, mais à laisser cette puissance en prendre l'initiative, à paraître simplement les subir pour pouvoir un jour en rejeter sur elle l'entière responsabilité [3]. Peu à peu les Allemands se laissaient prendre à ce jeu. Ils commençaient à trouver la cour de Berlin libérale en la comparant à la cour de Vienne. Ils admiraient la régularité parfaite de l'administration prussienne et la prospérité que Frédéric-Guillaume avait su procurer à ses États. Ils tournaient, comme avant 1815, leurs regards vers une puissance essentiellement protestante et germanique, — ce que n'était pas l'Autriche, — intéressée à leur procurer l'inestimable bienfait de l'unité nationale et capable de les défendre.

1. Depuis roi de Prusse et empereur d'Allemagne, né en 1797, mort en 1888.
2. La princesse Augusta de Weimar, depuis impératrice d'Allemagne.
3. « Il faut, lit-on dans un mémoire secret écrit en 1822, — probablement par Eichorn, — laisser en toute circonstance à l'Autriche l'exercice de l'initiative en son propre nom recherché systématiquement par elle. D'après la politique invariable des moyens et petits États, leur jalousie sera toujours dirigée contre la puissance qui réclamera la suprématie, et le seul moyen de rétablir l'influence prussienne en Allemagne est peut-être de donner à cette jalousie un autre objet que la Prusse. Celle-ci peut prendre un rôle passif et, dans certaines circonstances, avoir l'air de marcher à la suite de la politique autrichienne... Plus elle aura cette apparence de passivité, plus la majorité des États de la confédération lui reviendra sûrement, si la cessation de l'alliance de l'Autriche et de la Prusse fait cesser aussi la pression que leur poids réuni exerce sur l'Allemagne... Il faudrait acquérir une influence générale sur la nation allemande, comme puissance proprement allemande et représentant véritablement l'Allemagne... La Prusse doit se montrer comme une monarchie opposée aux formes populaires, mais réglant son gouvernement d'après les principes les plus libéraux, favorisant toujours et partout l'intelligence et les lumières, possédant l'administration la plus forte, la plus active, la plus éclairée, enfin ouvrant à tous les talents la carrière qui peut leur convenir davantage. »

L'unité nationale sans doute était encore bien loin. Mais, en attendant et pour les aider à y parvenir, cet État ne pouvait-il pas leur assurer l'unité douanière et commerciale, vainement promise par l'acte fédéral, vainement demandée à la Diète depuis 1820 par l'Association commerciale allemande? [1] La Prusse, géographiquement morcelée comme l'on sait, n'avait-elle pas plus à gagner qu'aucun autre État de la Confédération à une réforme qui, faisant tomber à l'intérieur tant de barrières gênantes et protégeant le pays contre l'invasion économique de l'étranger, quadruplerait en peu d'années la puissance agricole et industrielle de l'Allemagne? Cette fusion des intérêts, qui devait amener celle des idées et des institutions, à qui pouvait-elle être plus profitable qu'à la cour de Berlin? C'est ce dont on ne semblait encore ni se douter ni se préoccuper à Vienne. Mais c'est ce que l'on commençait à comprendre sur les bords de la Sprée [2]. Jaloux de la Bavière et du Wurtemberg, qui avaient conclu entre eux une union douanière [3], le gouvernement prussien venait déjà d'entraîner dans une alliance analogue plusieurs des États secondaires qui l'avoisinaient [4]. Il se rap-

1. L'*Association allemande du commerce et de l'industrie*, fondée à Francfort, en avril 1819, sous l'inspiration du célèbre économiste Frédéric List, et dont les pétitions en faveur de l'Union douanière n'avaient rencontré que dédain et indifférence aux conférences de Carlsbad et de Vienne (1819, 1820), avait provoqué en Allemagne une agitation nationale dont les premiers symptômes furent les congrès commerciaux de Darmstadt (sept. 1820), de Gotha (1821), de Rastadt (1823), de Stuttgard (1825), manifestations qui laissèrent la diète de Francfort assez froide, mais qui amenèrent les premiers pourparlers entre le Wurtemberg et la Bavière et éveillèrent, par suite, l'attention et l'émulation de la Prusse.

2. Les douanes intérieures avaient été supprimées en Prusse dès le 16 juillet 1816. Depuis, Frédéric-Guillaume avait, par un édit du 26 mai 1818, supprimé les prohibitions, posé en principe la liberté du commerce (sauf un tarif *de consommation et de transit*, de 40 à 60 pour 100, pesant surtout sur les produits manufacturés de l'étranger). Comme l'industrie prussienne avait déjà acquis un grand développement, elle pouvait sans danger admettre jusqu'à un certain point l'importation étrangère; et elle se créait des débouchés par la réciprocité. En outre son nouveau *Tarif* était pour le gouvernement de Berlin un moyen de rétablir ses finances. Ce tarif fut revisé et amélioré en 1821, au point de faire l'admiration d'Huskisson. La Prusse devait aussi tirer de notables profits de son *Acte de navigation* (du 20 juin 1822). Enfin l'institution des états provinciaux (1823) et des conseils d'arrondissement (1825) ne contribua pas peu non plus à sa prospérité matérielle.

3. Le traité de commerce et de douanes conclu entre ces deux États le 12 avril 1827 était devenu le 18 janvier 1828 une véritable *Union douanière*, à laquelle accédèrent, dès le 26 sept. de la même année, les deux principautés de Hohenzollern.

4. Le grand-duché de Hesse-Darmstadt par le traité du 14 février 1828 et

prochait maintenant des cours de Munich et de Stuttgard, les
engageait par un pacte spécial dans sa politique économique· et
travaillait à désagréger l'*union de Thuringe*, espèce de contre-
ligue organisée pour lui faire échec par plusieurs gouvernements
de l'Allemagne du Nord [1]. Bref le Zollverein allait naître; il se
formait sous l'inspiration, sous l'hégémonie de la Prusse. On n'a
donc pas de peine à comprendre qu'à ce moment, le cabinet de
Berlin fût fort peu disposé à compromettre son œuvre à peine
ébauchée et à se jeter dans les aventures uniquement pour servir
une puissance qu'au fond il haïssait et qu'il aspirait à supplanter
en Allemagne.

La coalition que rêvait Metternich vers la fin de 1828 ne se
forma donc pas. Seulement la Russie fut un moment menacée
d'être abandonnée de ses deux alliées. Depuis que le czar avait dû
reculer, Wellington semblait moins redouter que précédemment
les excès auxquels il pourrait se laisser aller si la France et l'Angleterre reprenaient leur liberté. Irrité du blocus que, de son chef,
l'empereur de Russie faisait à ce moment même établir aux Dardanelles, le chef du cabinet britannique s'efforçait plus que jamais
de gagner les bonnes grâces du gouvernement français. Il montrait, par exemple, tout en accueillant en reine la jeune dona
Maria [2], la plus étrange complaisance pour D. Miguel, ce qui du
reste touchait assez peu Martignac; il consentait à ce qu'une brigade française continuât, jusqu'à nouvel ordre, d'occuper le Péloponèse, ce qui était beaucoup plus sensible à ce ministre. Malgré
tout, il ne put obtenir que la France se séparât nettement de la
Russie. Le protocole adopté le 16 novembre par la conférence de
Londres portait, il est vrai, que cette puissance s'unirait à l'Angleterre pour renvoyer un ambassadeur à Constantinople, où l'on
traiterait de la pacification. Mais il fut entendu que cette décision
ne serait exécutée qu'avec l'assentiment du czar, à qui Lieven

les principautés d'Anhalt-Kœthen et d'Anhalt-Dessau par celui du 17 juillet
de la même année.

1. L'union de Thuringe, qui· n'était pas, du reste, fondée comme les deux
autres sur le principe de la fusion douanière, comprenait Brême, Francfort,
le Brunswick, le Hanovre, la Hesse électorale, la Hesse-Hombourg, le Nassau,
l'Oldenbourg, les principautés de Reuss, le royaume de Saxe, les grands-
duchés et duchés de Saxe et les principautés de Schwartzbourg.

2. Qui arriva en Angleterre en septembre 1828 et y séjourna plusieurs
mois.

devait en référer. L'on pouvait bien s'attendre à ce qu'il fît ses
conditions et rendît, par suite, illusoire l'espèce de sécession proposée par Wellington.

X

On se demande comment, après tant de déconvenues, Metternich
pouvait garder l'espoir d'empêcher ou de retarder l'affranchissement au moins partiel de la Grèce. Mais cet homme d'État était
difficile à décourager. Nous le voyons à cette époque (décembre
1828) mettre en circulation l'idée d'un congrès, auquel incombe-
rait la tâche de pacifier l'Orient. Dans le même temps, il travaille,
d'accord avec Wellington, à faire entrer dans le ministère français en remplacement de La Ferronnays [1] le prince de Polignac,
ambassadeur à Londres, monarchiste selon son cœur et qu'il
espère trouver plus complaisant que son prédécesseur à ses vues
sur la question hellénique. Mais ce petit complot échoue (février
1829). D'autre part, le cabinet britannique, très alarmé par
l'agitation irlandaise qui est alors à son comble [2] et qui ne
permet pas à Wellington de s'exposer à d'autres complications,
croit devoir pour le moment s'abstenir de contrarier la politique
russe. Aussi le chancelier d'Autriche fait-il amende honorable,
sans trop de dignité, désavouant son projet de congrès et
envoyant à Saint-Pétersbourg Ficquelmont, son meilleur élève,
pour renouveler au czar des protestations de dévouement auxquelles Nicolas et ses agents répondent par l'ironie la plus
dédaigneuse (février, mars 1829).

Le cabinet de Saint-Pétersbourg ne refusait pas son adhésion au
protocole du 16 novembre, mais il demandait qu'avant d'inviter

---

1. La Ferronnays (Pierre-Louis-Auguste-Ferron, comte de), né à Saint-
Malo en 1777; émigré à l'époque de la Révolution; aide de camp du duc
de Berry; chargé en 1812, par le comte de Provence, d'une mission auprès
d'Alexandre Ier; rentré en France en 1814; maréchal de camp, pair de France;
ministre plénipotentiaire en Danemark (1817); ambassadeur en Russie (1819);
ministre des affaires étrangères dans le cabinet Martignac (1828); ambassadeur à Rome (février 1830); démissionnaire après la révolution de juillet;
mort en 1842.

2. C'était alors le temps où la question de *l'émancipation des catholiques*
passionnait non seulement le parlement, mais les trois royaumes.

les ambassadeurs de France et d'Angleterre à repartir pour Constantinople, la conférence de Londres (où il était représenté) arrêtât définitivement le programme de la pacification. Ainsi fut fait, et le protocole du 22 mars 1829, en grande partie conforme aux propositions russes, dut servir d'instructions aux négociateurs qui allaient se rendre en Orient.

En vertu de cet arrangement (dont les principales clauses avaient été débattues à Corfou et à Poros par Capo d'Istria et les ambassadeurs des trois cours), l'État hellénique devait comprendre la Morée, les Cyclades et la Grèce continentale jusqu'aux golfes d'Arta et de Volo ; il aurait une constitution monarchique et serait gouverné par un prince chrétien, qui ne devait appartenir à aucune des maisons régnantes en France, en Angleterre ou en Russie. Le chef de cet État serait nommé pour la première fois par les trois cours alliées, avec l'assentiment de la Porte ; la Grèce payerait un tribut annuel de 1 500 000 piastres au sultan et dédommagerait de leurs biens les propriétaires turcs, qui seraient eux-mêmes obligés de quitter son territoire.

Il est vrai que l'Angleterre fit ajouter au protocole une réserve qui devait en rendre l'acceptation difficile au gouvernement de Nauplie. En effet, on stipula pour lui complaire qu'en attendant le règlement définitif de la question hellénique, les troupes grecques ne devraient occuper que la Morée et les îles, seuls territoires qui leur eussent été jusqu'alors garantis. Capo d'Istria ne manqua pas de protester contre une exigence qu'il savait bien ne devoir être soutenue ni par la France ni par la Russie (mai 1829), et non seulement il ne fit évacuer aucun des points occupés par ses troupes, mais il poussa de nouveau ses forces vers le nord pour étendre encore, s'il était possible, le nouvel État. Quant au gouvernement turc, il reçut en juin les deux ambassadeurs de France et d'Angleterre, avec beaucoup d'égards, mais parut fort peu disposé à subir une médiation quelconque et à donner son adhésion au protocole.

XI

Cet interminable conflit d'intérêts et d'ambitions ne pouvait décidément être terminé que par la guerre. La campagne de 1828 avait tout laissé en suspens. Celle de 1829 fut décisive. En Asie, Paskewitch s'avança jusqu'à Erzéroum, dont il s'empara. Mais c'est en Europe que les plus grands coups furent portés. Secondée par la diversion des Grecs, l'armée russe, renforcée et réorganisée, reparut en Bulgarie, battit les Turcs à Koulewtsch (juin), prit Silistrie et, franchissant les Balkans par une marche d'une hardiesse extraordinaire, arriva dès le 20 août à Andrinople sous Diebitsch [1] qui, peu de jours après, poussait ses avant-postes jusqu'à quelques lieues de Constantinople.

Le général russe courait de grands risques et jouait le tout pour le tout; car, aventuré en plein pays ennemi, il n'avait guère plus de vingt mille hommes à mettre en ligne et pouvait être pris en flanc par le pacha de Scodra, qui arrivait sur lui à marches forcées. L'empereur Nicolas, qui le savait fort exposé et qui avait hâte d'en finir avec une guerre ruineuse, venait d'invoquer les bons offices de son beau-père le roi de Prusse (juin 1829). Ce dernier avait envoyé à Constantinople un de ses généraux, Müffling [2], pour hâter la paix. Tant que Diebitsch avait été loin, le sultan s'était montré intraitable. Au contraire, quand on apprit à Constantinople l'approche des Russes, Mahmoud et ses ministres semblèrent perdre l'esprit. Personne du reste, même aux ambassades de France et d'Angleterre, ne garda son sang-froid; nul ne se dit que quelques jours de calme résistance amèneraient sans doute la destruction de l'armée du czar. On voulait la paix à tout prix et sur-le-champ. Müffling était reparti, mais un autre agent prussien, de Royer, fut en toute hâte dépêché vers Diebitsch, et c'est par son entremise

---

1. Diebitsch Zabalkansky (Charles-Jean-Frédéric-Antoine, comte de), né à Grosslyss (Silésie) en 1785; entré fort jeune au service de la Russie; chef d'état-major de Wittgenstein en 1812, de Barclay de Tolly en 1813; lieutenant général après Leipzig; attaché à la personne du czar comme adjudant général (1815); major-général de l'armée russe en 1820; auteur du plan de campagne contre les Turcs en 1828 et chargé du commandement à la place de Wittgenstein (18 mars 1829); nommé feld-maréchal (1829); général en chef de l'armée destinée à combattre la révolution de Pologne (1830); mort du choléra à Pultusk, le 9 juin 1831.

2. Müffling (Frédéric-Ferdinand-Charles, baron de), né à Halle en 1775; général-quartier-maître de l'armée de Silésie en 1813; gouverneur de Paris pour les alliés en 1815; membre du congrès d'Aix-la-Chapelle (1818); chef d'état-major général de l'armée prussienne (1820); commandant du 7e corps d'armée (1832); gouverneur de Berlin (1837); président du conseil d'État (1841); feld-maréchal général (1847); auteur d'ouvrages considérables d'histoire militaire; mort en 1851.

que furent signés, le 14 septembre, le traité d'Andrinople et les conventions destinées à l'expliquer ou à en assurer l'accomplissement.

Le traité proprement dit portait que le czar rendrait au sultan toutes ses conquêtes européennes, sauf les îles de l'embouchure du Danube, mais qu'il garderait en Asie outre les places déjà cédées par le traité d'Akerman, celles d'Anapa, de Poti, d'Akhaltzick, d'Atzkour et d'Akhalkalaki. Tous les droits de la Moldavie, de la Valachie et de la Serbie étaient confirmés et garantis. La Porte assurait aux navires russes et à ceux de toutes les puissances avec lesquelles elle était en paix le libre passage des Dardanelles et du Bosphore. Les sujets russes avaient pleine liberté de commercer dans tout l'empire ottoman et de naviguer sur la mer Noire. Le sultan payerait au czar, tant pour indemnités particulières que pour indemnités de guerre, 11 millions 500 000 ducats (137 millions de francs), somme en garantie de laquelle la Bulgarie et les Principautés resteraient provisoirement occupées. Enfin la Porte adhérait purement et simplement, en ce qui concernait la Grèce, au traité du 6 juillet et au protocole du 22 mars. A l'instrument principal de la paix étaient joints une convention réglant le payement des indemnités et un traité relatif à la Moldavie et à la Valachie. Ce dernier stipulait, entre autres innovations, que les hospodars seraient nommés à vie et non plus pour sept ans, et que les places fortes appartenant à la Turquie sur la rive gauche du Danube seraient cédées aux Principautés et démantelées.

Cette pacification était le triomphe le plus éclatant que la Russie pût à cette époque obtenir en Orient. La politique hautaine et résolue de Nicolas avait porté ses fruits. Par la perte de la Moldavie, de la Valachie, de la Serbie et de la Grèce, dont le régime nouveau était sans nul doute un acheminement vers l'indépendance absolue, l'empire ottoman, démantelé, était de toutes parts ouvert à l'ingérence russe. Le czar tenait en outre la Turquie en son pouvoir grâce aux indemnités, qu'elle était manifestement hors d'état de payer. Il venait d'acquérir contre elle des positions offensives en Asie. Par la liberté de la mer Noire et des détroits, par les avantages commerciaux qu'il venait de s'assurer, par son influence sur les États vassaux et par ses prétentions au protectorat de tous les sujets chrétiens de l'empire, il l'exploitait, la paralysait et pouvait à volonté lui chercher querelle; il la dominait ainsi à moins de frais et de périls que s'il se fût ostensiblement emparé de Constantinople. Il s'était donné des airs de modération et il était maître en Orient. Comme l'écrivait peu de temps après Nesselrode, l'État ottoman était réduit à n'exister que sous la protection de la Russie et à n'écouter désormais que ses désirs; et les obligations qu'il venait de contracter lui feraient sentir pendant de longues années sa vraie situation envers ses vainqueurs ainsi que la certitude de sa ruine, s'il essayait de les braver une autre fois.

XII

Le gouvernement turc reconnut, mais trop tard, combien la précipitation qu'il avait mise à traiter était peu justifiée. Dès la fin de septembre, le pacha de Scodra débouchait de Philippopoli et pouvait faire subir un désastre à l'armée de Diebitsch. Ce dernier, peu rassuré, remontra de son mieux au sultan que ledit pacha était un ami des janissaires, qui venait pour les venger et faire la loi à son souverain. Mahmoud le crut et aima mieux exécuter docilement le traité d'Andrinople que de subir les volontés d'un de ses sujets. L'autonomie depuis longtemps promise aux Serbes leur fut enfin accordée par le hatti-chérif du 29 novembre 1829. Les privilèges de la Moldavie et de la Valachie furent renouvelés. Les marchés ottomans furent de toutes parts ouverts aux Russes. La Porte n'éleva de difficultés (et encore le fit-elle fort timidement) qu'au sujet de la question hellénique et des indemnités qu'elle était condamnée à payer. Sur ce dernier point elle finit, à force de prières, par obtenir du vainqueur une assez notable concession. Après une négociation qui eut lieu à Saint-Pétersbourg et qui dura tout l'hiver, le czar, avec la condescendance hautaine d'un suzerain à l'égard d'un vassal, consentit à une réduction de 3 millions de ducats sur sa créance, ordonna l'évacuation de la Roumélie et de la Bulgarie et déclara qu'à partir du mois d'octobre, époque où la Porte devait effectuer son premier payement, il ne garderait plus en gage que la place de Silistrie (10 avril 1830). Il savait bien que par là il ne se compromettait guère; que la Turquie ne serait pas de longtemps en état de se libérer et que, grâce aux Principautés, toujours sans défense, et au passage assuré du Danube, les troupes russes pourraient toujours à volonté se porter au moins jusqu'aux Balkans. En outre, il était entendu qu'en retour des sacrifices faits par le czar, le sultan donnerait une adhésion sans réserve aux arrangements adoptés, quant à la question grecque, par la conférence de Londres et qui s'écartaient quelque peu des principes posés par le protocole du 22 mars.

Les Hellènes, complètement affranchis de fait, n'acceptaient plus pour leur pays l'état de vasselage auquel ils avaient feint de se résigner pendant les cruelles épreuves des dernières années. Ils voulaient maintenant une indépendance absolue; et ils la demandaient d'autant plus haut que deux des trois puissances unies par le traité de Londres soutenaient leurs prétentions. Il ne convenait en effet ni à la France, ni surtout à l'Angleterre, que, la Grèce étant soumise au même régime que les Principautés, la Russie pût aggraver la condition de la Turquie et provoquer de nouvelles complications en intervenant sans cesse dans l'administration du nouvel État, comme dans celle de la Moldavie et de la Valachie. La conférence, qui avait repris ses travaux en octobre 1829, décida donc qu'aucun lien ne rattacherait plus le gouvernement hellénique à la Porte. La Russie ne protesta point, du reste, contre cette solution, car, vu les derniers événements, elle jugeait que son influence était assurée de prédominer non seulement à Constantinople, mais à Nauplie. Elle eût, il est vrai, voulu, pour affaiblir davantage la Turquie et pour inquiéter l'Angleterre (qui tremblait de perdre les îles Ioniennes), que le nouvel État s'étendît, du côté de l'Est, jusqu'au golfe d'Arta, comme le lui avait fait espérer le protocole du 22 mars. Mais la Grande-Bretagne n'y consentit pas. Il fut donc convenu qu'il comprendrait seulement la Morée, les Cyclades et les provinces de terre ferme de l'embouchure du Sperchius à celle de l'Aspro-potamo (l'Acarnanie restant en dehors). Quant au mode du gouvernement, il demeura entendu que la Grèce serait une monarchie et, parmi les nombreux candidats présentés par les puissances, la conférence de Londres arrêta son choix sur le prince Léopold de Saxe-Cobourg, que les Grecs, depuis cinq ans, avaient demandé pour roi. C'est en vertu de ces arrangements que furent signés les protocoles du 3 février 1830 [1]. La question hellénique parut à ce moment entièrement résolue.

Elle devait pourtant préoccuper encore quelque temps les diplomates. En effet, Léopold qui, précédemment, avait paru tenté par le trône de Grèce [2], n'était plus que médiocrement disposé à y monter. Ce personnage, fort intelligent, fort avisé, fort mûri, avait jadis épousé la princesse Charlotte, fille unique du prince-régent d'Angleterre (depuis Georges IV). Devenu veuf, sans enfants, en 1817, il n'avait point quitté la Grande-Bretagne, où il jouissait d'une grosse dotation, et où il avait acquis, dans le parti whig, une influence considérable. Redouté des tories, qui eussent été fort aises de le voir partir pour l'Orient, il était détesté de son beau-père. Mais ce dernier, âgé de soixante-huit ans, venait de tomber malade (janvier 1830), et sa fin paraissait prochaine. Georges IV devait avoir pour successeur son frère, le duc de Clarence [3], presque aussi vieux que lui et d'une santé peu vigoureuse. Ce prince n'ayant pas non plus d'héritier direct, la couronne d'Angleterre reviendrait après lui à la jeune Victoria [4], sa nièce, qui était aussi celle de Léopold. Comme elle n'avait alors que onze ans, il y aurait lieu sans doute à constituer une régence, dont le prince allemand espérait bien être chargé. Aussi, loin d'accepter d'emblée la souveraineté qui lui était offerte, Léopold fit-il ses conditions. Il demandait à la conférence (11 février) : 1º Que l'indépendance de la Grèce fût « garantie » par les puissances ; 2º que le nouvel État fût grossi par l'adjonction de plusieurs îles de l'Archipel et par une extension de frontières du côté du Nord ; 3º qu'il lui fût accordé un secours pécuniaire, dont il avait grand besoin ; 4º enfin que le concours militaire de la triple alliance ne lui fût pas brusquement retiré.

---

1. Ils étaient au nombre de trois : le premier proclamait l'indépendance et fixait les limites de la Grèce ; le second appelait Léopold à la gouverner ; le dernier garantissait, à la demande de la France, la liberté des cultes et, en particulier, celle du culte catholique dans le nouvel État.

2. Il avait en 1829 fait partir pour la Grèce, comme agent de sa candidature, un frère de ce baron de Stockmar, son confident, dont les mémoires sont si utiles à consulter pour son histoire et pour celle de la reine Victoria.

3. Né en 1765, roi d'Angleterre (le 28 juin 1830) sous le nom de Guillaume IV, mort le 28 juin 1837.

4. Victoria-Alexandrine, fille du duc de Kent et petite-fille de Georges III, née le 24 mai 1819 ; reine d'Angleterre le 20 juin 1837 ; mariée le 10 février 1840 au prince Albert de Saxe-Cobourg ; proclamée impératrice des Indes en 1876. Sa mère, Marie-Louise-Victoire de Saxe-Cobourg (née en 1785, morte en 1861), était sœur de Léopold.

La conférence lui répondit par le protocole du 20 février, qui lui donnait satisfaction sur trois points : l'indépendance de la Grèce et un emprunt de 60 millions, nécessaire à la monarchie naissante, seraient garantis; les troupes françaises qui occupaient la Morée y seraient maintenues encore une année; mais rien ne serait changé aux limites fixées par la convention du 3 février; les puissances emploieraient seulement leurs bons offices pour obtenir du sultan des libertés et un régime particuliers pour les îles de Samos et de Candie. Sans enthousiasme, le prince se déclara satisfait, et la conférence arrêta (26 février) que ses décisions, ainsi amendées, seraient aussitôt transmises aux gouvernements de Nauplie et de Constantinople. La Porte, jadis si récalcitrante, maintenant si docile, adhéra purement et simplement, le 24 avril, aux arrangements en question. Il n'en fut pas tout à fait ainsi de la Grèce. Capo d'Istria, secrètement incité par la Russie, qui ne désirait guère voir monter sur le trône le candidat anglais, et très soucieux, bien qu'il dît le contraire, de garder le pouvoir, manœuvra de manière à dégoûter Léopold de la couronne que lui offraient les puissances. Depuis son arrivée à Nauplie (janvier 1828), l'ancien ministre d'Alexandre exerçait une véritable dictature. Il avait suspendu la constitution grecque de 1827 et il gouvernait seul, sans autre contrôle que celui d'un sénat entièrement à sa dévotion[1]. Il ne lui fut pas difficile d'obtenir de ce conseil une réponse conforme à ses vues secrètes. L'avis émis par le sénat sous son inspiration (10 avril) était, dans la forme, très respectueux pour la conférence et pour le prince Léopold. Mais il était loin d'être, dans le fond, une approbation sans réserve des derniers protocoles. Ce document portait en substance que la nation grecque avait le droit d'être consultée sur son sort et que sa constitution devait être librement discutée par ses représentants; que le nouvel État ne pouvait se contenter des limites indiquées par la convention du 3 février; enfin que le prince appelé à le gouverner devrait, s'il ne la professait déjà, embrasser la religion grecque. Telle était la réponse du sénat.

1. Au *Panhellénion,* qu'il avait institué en 1828 et dont il avait nommé tous les membres, l'assemblée nationale (réunie à Argos en juillet 1829) avait substitué ce conseil de 27 membres, dont 21 devaient être désignés par lui sur les 60 candidats qu'elle présentait; il pouvait à son gré choisir les six autres et, de plus, pourvoir aux vacances qui se produiraient.

Quant à Capo d'Istria, il applaudissait ostensiblement au choix de la conférence et il invitait Léopold (22 avril) à s'embarquer au plus tôt pour la Grèce. Mais il lui dépeignait sous des couleurs si sombres la misère et l'anarchie de ce malheureux pays, l'indiscipline, la barbarie de ses futurs sujets et la déception que leur avait causée la décision des puissances au sujet des frontières, que le prince, déjà peu porté à se compromettre au milieu d'un pareil peuple, n'hésita plus cette fois à refuser la couronne. A ce moment, du reste, la maladie de Georges IV s'aggravait chaque jour. Léopold informa donc la conférence qu'il ne pouvait accepter et, malgré toutes ses instances, renonça solennellement au trône qui lui était offert (21 mai). Les diplomates durent donc le proposer à un autre. Mais, durant plusieurs mois, il leur fut impossible de se mettre d'accord sur un nouveau choix; et, en août 1830, la nation grecque, assez mécontente, d'ailleurs, de Capo d'Istria et de ses roueries, attendait encore que la conférence lui désignât un souverain.

XIII

La question hellénique était donc encore pour l'Europe un point noir, d'où pouvaient sortir des orages. L'Orient inquiétait toujours les gouvernements, surtout ceux d'Autriche et d'Angleterre. Les alarmes qu'il leur inspirait étaient d'autant plus fondées que certaines puissances, à ce moment même, le prenaient pour base de projets audacieux et menaçants, dont l'accomplissement eût exigé d'abord la destruction de presque tout l'édifice politique élevé par le congrès de Vienne. Le prince de Polignac [1], dont l'avènement au pouvoir avait été souhaité par Metternich et par Wellington, était premier ministre de Charles X depuis le 8 août 1829, mais sa politique extérieure était loin de satisfaire ou de rassurer ces deux

1. Polignac (Jules-Auguste-Armand-Marie, prince de), né à Versailles en 1780, filleul de Marie-Antoinette; emmené en émigration par sa famille (1789); impliqué dans l'affaire de Cadoudal (1804) et longtemps détenu par ordre de Napoléon; chargé, par Louis XVIII, d'une mission diplomatique auprès du pape (1814), qui le créa prince romain; pair de France (1816); ambassadeur à Londres (1823-1829); ministre des affaires étrangères (8 août) et président du conseil (17 novembre 1829); principal auteur des *ordonnances* qui amenèrent la révolution de Juillet; condamné à la détention perpétuelle par la *cour des Pairs* (décembre 1830); amnistié en 1837; mort à Saint-Germain-en-Laye (1847).

hommes d'État. Ce personnage, dont le nom seul était une provocation pour les libéraux et les amis de la Charte, espérait faire
accepter à la France, grâce à de puissantes et glorieuses diversions
au dehors, le régime de compression et de réaction intérieure depuis
longtemps appelé par ses amis. Rallié à l'idée d'une étroite union
entre la Russie et la France, il avait fait adopter par ses collègues
et par son souverain, dès le mois de septembre 1829, un plan
grâce auquel Charles X et Nicolas, profitant de la crise orientale,
eussent refait à peu près toute la carte de l'Europe. Les Turcs
devaient être expulsés de la péninsule des Balkans. La Russie s'ap-
proprierait la Moldavie et la Valachie. L'Autriche prendrait la
Serbie, la Bosnie, l'Herzégovine et la Dalmatie turque. Tout le
reste de la péninsule, avec Constantinople, la Grèce et les îles,
formerait un État nouveau, que le souverain des Pays-Bas serait
appelé à gouverner. En revanche, le royaume des Pays-Bas cesserait d'exister. Les pays néerlandais seraient attribués à la Prusse,
qui obtiendrait en outre la Saxe et renoncerait à ce qu'elle possédait sur la rive gauche du Rhin. La Belgique, avec le Luxembourg,
serait le lot de la France, qui reprendrait les petits territoires à
elle enlevés par le traité du 20 novembre 1815. La Prusse rhénane
serait adjugée au roi de Saxe. La Bavière, grâce à une certaine
augmentation de territoire, cesserait de former deux tronçons
séparés. On offrirait à l'Angleterre les colonies hollandaises. Enfin
les États barbaresques deviendraient indépendants.

Ce projet grandiose et chimérique n'était parvenu à la connaissance de Nicolas qu'après la paix d'Andrinople. Mais la cessation
des hostilités en Orient n'avait pas empêché Polignac de poursuivre, pendant l'hiver de 1829 à 1830, sur les bases que nous
venons d'indiquer, une négociation mystérieuse dont le secret, peu
à peu, commençait à transpirer. Sans doute aucune résolution
n'avait été prise par les deux cours de France et de Russie. Sans
doute il n'était pas probable qu'elles pussent de longtemps se
mettre d'accord sur le projet en question, ni surtout en commencer
l'exécution. Mais ce qui était certain, c'était leur cordiale entente.
Ce qui éclatait aux yeux, dans les premiers mois de 1830, c'était
la complaisance avec laquelle le cabinet de Saint-Pétersbourg se
prêtait à l'expédition que Polignac, en attendant mieux, organisait
contre le dey d'Alger. Il fallait à Charles X et à ses ministres, au

moment de provoquer l'esprit de la Révolution par les ordonnances de juillet, un peu de gloire militaire. Aussi, alléguant l'outrage reçu en 1827 par un de nos consuls et qui n'était pas encore vengé [1], s'apprêtaient-ils, par un formidable armement, à la conquête d'Alger. Vainement l'Angleterre, tant au nom du sultan, dont le dey était le vassal [2], qu'au nom de ses intérêts propres, essaya d'arrêter l'entreprise. Ses observations, ses remontrances n'empêchèrent pas l'expédition de partir (mai 1830). Quelques semaines plus tard, on apprit que les Français étaient maîtres d'Alger (juillet). La cour de Londres demanda, non sans hauteur, s'ils garderaient leur conquête; et, Charles X paraissant décidé à ne point s'en dessaisir, les rapports de la France et de l'Angleterre devinrent si aigres qu'on put croire ces deux puissances à la veille d'un redoutable conflit.

On voit qu'au milieu de 1830, et depuis quelque temps déjà, la dissolution de la Sainte-Alliance était un fait accompli. Des cinq grands États européens qui, jadis, sous les auspices d'Alexandre, s'étaient juré une si fraternelle union, deux seulement, la France et la Russie, étaient maintenant d'accord. L'un et l'autre étaient en opposition avec l'Angleterre et avec l'Autriche. Cette dernière puissance était déjà sourdement battue en brèche par la Prusse. Elle était entièrement isolée. Metternich, qui avait voulu faire marcher l'Europe, — ou plutôt l'empêcher de marcher, — avait perdu à peu près tout crédit et toute influence. L'équilibre matériel fondé sur les traités de 1815 était moins ferme et plus menacé que jamais. Quant à l'équilibre moral, déjà troublé bien des fois, il allait recevoir par la révolution de 1830 un choc décisif. L'esprit de liberté, si durement comprimé de 1820 à 1823, renaissait partout et préparait manifestement sa revanche. L'Amérique et la Grèce indépendantes servaient d'exemple à toutes les nationalités et à tous les peuples opprimés. La Pologne s'apprêtait à revendiquer ses droits. L'Allemagne prenait conscience de ses intérêts

1. Hussein, dey d'Alger, à la suite de réclamations pécuniaires dont l'origine remontait à l'Empire et au Consulat, s'était oublié jusqu'à frapper au visage, d'un coup d'éventail, le consul de France, M. Deval (1827). Le gouvernement français, ne pouvant obtenir de lui les réparations convenables, avait mis depuis longtemps Alger en état de blocus.

2. La France ne reconnaissait plus depuis longtemps cette vassalité et prétendait du reste avoir le droit de se faire justice elle-même, puisqu'elle ne pouvait l'obtenir autrement.

et de sa force. La Belgique commençait à s'agiter. La démocratie grondait en Angleterre [1]. L'Italie recommençait à conspirer. L'absolutisme et le régime constitutionnel, sous les noms de dom Miguel et de dona Maria, se disputaient le Portugal. Une lutte analogue, grâce aux dispositions prises par Ferdinand VII [2], s'annonçait en Espagne. Enfin la France, regardée depuis quarante ans comme le grand foyer de la Révolution, était sur le point de répondre aux ordonnances de Charles X par un soulèvement victorieux, que toute l'Europe semblait attendre pour prendre feu à son tour.

1. La question à l'ordre du jour en Grande-Bretagne était alors la réforme électorale, c'est-à-dire l'élargissement du cadre ridiculement oligarchique où les tories s'entêtaient à tenir enfermés les droits et les libertés politiques du pays.

2. Pour sa succession. Voir plus loin, ch. IX.

CHAPITRE VIII

LA RÉVOLUTION ET LA POLITIQUE DU « JUSTE MILIEU » [1]

I. La royauté de Juillet reconnue par l'Europe. — II. La révolution belge et la conférence de Londres. — III. Varsovie et Bruxelles. — IV. La crise italienne en 1831. — V. Casimir Périer et le mémorandum du 21 mai. — VI. Léopold Ier, roi des Belges. — VII. La Pologne condamnée. — VIII. Les Français en Belgique; traité des vingt-quatre articles. — IX. Affaire d'Ancône. — X. La Russie et l'Orient au commencement de 1832.

(1830-1832)

I

Les journées de juillet 1830, que nous n'avons pas à raconter ici, furent suivies d'une crise révolutionnaire qui fit craindre à l'Europe

1. SOURCES : Anonyme, *das Kœnigsthum in Belgien*; — Araminski (S.), *Histoire de la révolution polonaise*; — Balleydier, *Histoire de l'empereur Nicolas*; — Bavay (de), *Histoire de la révolution belge de 1830*; — Belliard (général), *Mémoires*; — Blanc (L.), *Histoire de dix ans*, t. I, II, III; — Bollaert (W.), *The wars of succession of Portugal and Spain*; — Broglie (duc de), *Souvenirs*; — Bulwer, *Life of Palmerston*; — Canitz-Dallwitz (baron de), *Denkschriften*, t. I; — Cantù, *della Indipendenza italiana*, t. II; — Capefigue, *l'Europe depuis l'avènement du roi Louis-Philippe*, t. I-VI; — Carné (L. de), *la Belgique, sa révolution et sa nationalité* (Revue des Deux Mondes, 15 mai, 1er et 15 juin 1836); — Deventer (van), *Cinquante années de l'histoire fédérale de l'Allemagne*; — Gervinus, *Histoire du XIXe siècle*, t. XIX, XX, XXI, XXII; — Guizot, *Mémoires pour servir à l'histoire de mon temps*, t. II; — Haussonville (comte d'), *Histoire de la politique extérieure du gouvernement français (1830-1848)*, t. I; — Hillebrand (K.), *Geschichte Frankreichs (1830-1870)*, t. I; — Hubbard, *Histoire contemporaine de l'Espagne*, t. II; — Lelewel (J.), *Histoire de Pologne*; — Lesur, *Annuaire historique*, années 1830-1832; — Lytton-Bulwer, *Essai sur Talleyrand*; — Metternich (prince de), *Mémoires, documents et écrits divers*, t. V; — Mieroslawski, *Histoire de Pologne*; — Montalivet (comte de), *la Politique conservatrice de Casimir Périer* (Revue des Deux Mondes, 1er février 1882); — Nothomb, *Essai historique et politique de la révolution de Belgique*; — Rochechouart (comte de), *Souvenirs*; — Salvandy (de), *Seize mois, ou la révolution et les révolutionnaires*; — Saint-René Taillandier, *le roi Léopold et la reine Victoria*; — Thiersch, *de l'État actuel de la Grèce*; — Thureau-Dangin, *Histoire de la monarchie de Juillet*, t. I et II; — Wellington, *Civil and political Correspondence*; id., *Speeches in Parliament*, etc.

monarchique l'entière destruction de l'état de choses fondé en 1815 et dont la gravité, comme on le verra plus loin, ne devait commencer à décroître qu'à partir de mars 1831.

Tout d'abord on put croire que la France, après avoir renversé une dynastie deux fois imposée par l'invasion, allait non seulement revendiquer ses anciennes frontières, mais convier toutes les nationalités opprimées à se faire justice et inaugurer la « Sainte-Alliance des peuples ». Le souvenir de ses gloires, comme de ses défaites, et la fièvre démocratique dont elle était saisie, le cosmopolitisme libéral dont La Fayette [1], son idole, était l'apôtre le plus convaincu, tout semblait la pousser à prendre la tête d'une croisade devant laquelle tous les trônes devaient s'écrouler. Les cours absolutistes tremblaient et, dans l'effarement de la première heure, le vieux roi de Prusse s'écriait : « Si les Français ne vont que jusqu'au Rhin, je ne bouge pas. »

Les souverains furent à demi rassurés quand ils apprirent que la Révolution était enrayée à Paris, que la République, pour le moment du moins, ne triomphait pas et qu'à la royauté déchue venait de succéder une monarchie nouvelle. La légitimité venait de tomber avec Charles X. Mais du milieu même des barricades la politique conservatrice se relevait avec Louis-Philippe. Cet ambitieux prudent et retors, qui avait su si longtemps attendre son heure et qui, grâce à une coterie dévouée [2], venait d'escamoter si

---

1. La Fayette (Marie-Jean-Paul-Roch-Yves-Gilbert de Motier, marquis de), né à Chavagnac-d'Auvergne (Haute-Loire), le 6 septembre 1757 ; lieutenant de Washington pendant la guerre de l'indépendance d'Amérique (1777-1782) ; membre de l'assemblée des notables en 1787 ; député de la noblesse aux États généraux (1789), où il fut un des promoteurs de la Révolution ; commandant général de la garde nationale (juillet 1789) ; démissionnaire (1791) ; chargé d'un commandement à l'armée du Nord (1792) ; compromis par son opposition au parti avancé ; destitué et décrété d'accusation, ce qui l'amena à prendre la fuite (août 1792) ; arrêté et détenu par la coalition de 1792 à 1797 ; rentré après le 18 brumaire en France, où il se montra hostile à l'Empire ; membre de la Chambre des représentants (1815), où il contribua puissamment à la chute définitive de Napoléon ; membre de la chambre des députés de 1818 à 1824 et de 1827 à 1830 ; principal inspirateur de l'opposition et des conspirations libérales sous la Restauration ; membre, ou plutôt chef de la *commission municipale* pendant les journées de juillet 1830, époque où il exerça une espèce de dictature ; commandant général de toutes les gardes nationales du royaume ; démissionnaire (décembre 1830) ; redevenu dès lors chef d'opposition ; mort à Paris le 20 mai 1834.

2. Dont les principaux chefs étaient les Laffitte, les Casimir Périer, les Sébastiani, sans parler de Talleyrand.

prestement la couronne, n'était nullement porté à provoquer la
vieille Europe au nom de la Révolution. Outre que sa nature le
prédisposait à la paix, ce souverain, né de l'émeute et reniant sa
mère, ne tenant son pouvoir, — doublement usurpé, — ni du droit
divin ni du droit populaire, ne relevant ni de la Sainte-Alliance ni
de la Révolution, puisqu'il ne pouvait se réclamer ni de l'hérédité
dynastique ni de la volonté nationale, ne croyait avoir aucun intérêt
à rechercher la guerre. Bien au contraire, il était convaincu qu'elle
lui serait, dans tous les cas, funeste. Il se disait que, vaincu, il
serait sûrement renversé par les rois; que, vainqueur, il serait sans
nul doute débordé par la démocratie. Du reste, il ne croyait pas à
la victoire. Donc, au lieu de braver et de menacer l'Europe, il ne
songea, dès le premier jour, qu'à l'amadouer. Il lui était, il est
vrai, difficile de gagner pleinement sa confiance. Car, tandis qu'il
protestait, vis-à-vis des vieilles cours, de son respect pour l'œuvre
de 1815, il lui fallait bien, pour quelque temps au moins, ménager
à l'intérieur le parti populaire, dont le soulèvement lui avait été si
profitable et dont le mot d'ordre était : « la revanche ». S'il
donnait la main droite à Talleyrand [1], l'homme de 1814, il était bien
obligé de tendre la main gauche à La Fayette, l'homme de 1789.
Son premier ministère [2] semblait offrir des gages à la politique dite
de *résistance* en la personne de Casimir Périer, de Dupin, de
Molé, de Guizot, du duc de Broglie et de Sébastiani; mais sous les
noms de Dupont de l'Eure, de Laffitte, de Bignon, il paraissait en
présenter aussi à celle du *mouvement*. Entre deux programmes
opposés, le roi-citoyen, quelles que fussent pour l'un d'eux ses
préférences intimes, devait forcément louvoyer. Suspect à l'Europe
comme soldat de la Révolution, suspect à la France comme fauteur
de la contre-révolution, il était condamné à jouer toute sa vie
double jeu et à ne gagner jamais, ni d'un côté ni de l'autre, une
entière confiance.

Ce qui le préoccupa le plus, au lendemain de son avènement, ce
fut de faire reconnaître comme régulier le gouvernement qu'il
venait de fonder. Fort heureusement pour lui, l'Europe ne pouvait
procéder à son égard comme elle avait fait vis-à-vis de Napoléon

1. Talleyrand, qui était à cette époque son confident le plus intime, lui
rendit l'inappréciable service de lui concilier la diplomatie.
2. Constitué le 11 août 1830.

en 1815, c'est-à-dire le mettre hors de la loi. Il n'y avait plus
de congrès de Vienne pour prononcer son arrêt; il n'y avait plus
d'armées toutes prêtes pour marcher sur la France. Il faut ajouter
que le duc d'Orléans était bien loin d'inspirer la même terreur
que Bonaparte. Du reste, quelque envie qu'eussent, dès le mois
d'août 1830, des hommes d'État comme Metternich [1] d'organiser
une coalition contre « le roi des barricades », il leur fallait reconnaître que l'accord des grandes puissances, même contre la France
révolutionnaire, n'était plus possible. Il manquait à la grande
alliance, pour se reformer, un élément essentiel, qui ne lui avait
jamais fait défaut de 1793 à 1815 et qui seul, on le savait bien,
avait fini par lui procurer la victoire. C'était l'Angleterre, qui, loin
de maudire les journées de Juillet, les saluait au contraire comme
un triomphe pour sa politique. Malgré l'effroi que leur inspirait la
démocratie, les tories, alors au pouvoir, avaient vu avec plaisir
tomber Charles X, dont l'étroite union avec la Russie et les projets de remaniements territoriaux menaçaient depuis quelques
années l'Angleterre dans ses intérêts les plus chers. Tout récemment, la conquête d'Alger avait achevé de les brouiller avec ce
prince. Ils étaient donc tout disposés à s'entendre avec son successeur, qui ne devait certes pas songer à refaire la carte de l'Europe.
Les whigs étaient dans les mêmes sentiments et, de plus, applaudissaient par esprit de parti à une révolution populaire dont
l'exemple était de bon augure pour leur propre cause [2]. Louis-
Philippe n'avait donc pas à craindre de voir ses avances repoussées
par le cabinet de Saint-James.

Au début de son règne, le nouveau roi des Français fit de
« l'entente cordiale » avec l'Angleterre la base de sa politique.
Aussi, en attendant que des circonstances nouvelles lui permissent
de gagner l'amitié des vieilles cours absolutistes, se montra-t-il surtout soucieux de l'alliance britannique et n'épargna-t-il rien pour
la rendre possible. Le ministère Wellington avait vu de mauvais
œil la prise d'Alger. Le gouvernement de Juillet lui fit comprendre

---

1. On voit par sa correspondance que son premier mouvement, à cette
époque, fut d'organiser un accord des grandes puissances du Nord contre la
France révolutionnaire et qu'il en fit la proposition à Nesselrode.

2. Effectivement, avant la fin de l'année 1830, Wellington fut renversé, et
lord Grey, chef des whigs, composa un nouveau ministère.

qu'il ne pouvait pour le moment, sans s'exposer à une impopularité mortelle, ordonner l'évacuation de cette ville. Mais il n'affirma
pas qu'il la garderait, il se hâta de rappeler la moitié ou les deux
tiers du corps expéditionnaire et sembla, au bout de quelques
semaines, renoncer à tout effort sérieux pour étendre sa conquête [1].
En ce qui concernait l'Afrique, il ne devait sortir de sa réserve que
trois ou quatre ans plus tard, c'est-à-dire à l'époque où les liens
qui l'unissaient à l'Angleterre commencèrent à se relâcher. Il est
superflu d'ajouter qu'en annonçant son avènement à la cour de
Londres, Louis-Philippe protesta que les traités de 1815 et l'état
territorial qu'ils avaient fondé ne recevraient de sa part aucune
atteinte. Mais le meilleur gage d'amitié qu'il pût donner à la
Grande-Bretagne, c'était de se faire représenter à Londres par
l'homme de France qui avait pris la plus grande part aux travaux
du congrès de Vienne et dont le nom, depuis longtemps odieux
au gouvernement russe, semblait symboliser l'alliance anglo-
française. Nous avons nommé Talleyrand. Ce diplomate, que
l'Europe n'avait pas oublié, malgré sa longue disgrâce et qui, sans
se montrer, avait été le principal meneur de l'intrigue à laquelle
le nouveau roi devait sa couronne, était à cette époque le conseiller
le plus intime et le plus écouté de Louis-Philippe. Il n'eût tenu
qu'à lui d'être appelé à la tête du ministère. Mais il jugea qu'il
pourrait mieux servir la monarchie de Juillet à Londres, où son
prestige politique n'avait reçu aucune atteinte, qu'à Paris, où ses
palinodies et le souvenir du concours prêté par lui à la Restauration lui avaient depuis longtemps aliéné l'opinion publique. Il fut
donc désigné, dès la fin d'août, à la vive satisfaction du gouvernement anglais, pour l'ambassade qu'il souhaitait; et Louis-Philippe,
officiellement reconnu, le 1er septembre, par la cour de Londres,
put attendre sans trop de crainte la réponse des autres puissances
à la notification de son avènement.

On croira sans peine que les trois grands cabinets du Nord
n'étaient pas disposés à nouer des relations bien cordiales avec la

---

1. Le général Clausel, qui alla remplacer Bourmont dans son commandement (septembre 1830), dut rentrer en France après son expédition brillante,
mais en somme stérile, de Médéah (janvier 1831). Ses premiers successeurs,
Berthezène, Savary, Voirol, ne purent jamais, faute de moyens suffisants,
entreprendre d'opérations importantes (1831-1834).

royauté nouvelle. Mais que pouvaient-ils faire? l'événement de
Juillet les avait surpris. L'Angleterre n'était pas pour eux. L'un
d'eux, du reste, le cabinet autrichien, malgré son horreur pour la
Révolution, n'était point au fond trop fâché que Charles X fût
tombé, car la politique de ce prince n'avait pas été, dans les
dernières années, sans lui donner de graves inquiétudes. Et puis,
Louis-Philippe se faisait si humble, si petit, si rassurant! Il expliquait, dans des lettres patelines, qu'il n'avait pas souhaité la révolution; loin de là, il la déplorait; les circonstances lui avaient fait
un cruel devoir de monter sur le trône de son cousin : ne fallait-il
pas rétablir l'ordre en France, empêcher qu'il ne fût troublé en
Europe, faire respecter ces traités de 1815 sur lesquels reposait la
paix du monde? Ainsi la royauté nouvelle n'était pas un péril;
c'était au contraire une sauvegarde. Metternich et son maître, l'empereur François Ier, prirent acte de ces belles déclarations. Le roi
de Prusse, qui avait tremblé quelques jours pour sa province du
Rhin et qui, vieux, désabusé, ne partageait pas l'ardeur belliqueuse
de son entourage, se déclara satisfait quand Louis-Philippe lui eut
donné et renouvelé l'assurance que la France n'aspirait à aucun
agrandissement. Les cours de Vienne et de Berlin reconnurent
donc, elles aussi, les faits accomplis et promirent au gouvernement
de Juillet d'entretenir avec lui de bons rapports, à la condition
expresse que les traités existants fussent rigoureusement maintenus.
Quant au cabinet de Saint-Pétersbourg, c'était, on le comprend,
le moins disposé de tous à s'accommoder des derniers événements.
Avec Charles X, Nicolas perdait un allié dont il avait avec complaisance escompté le concours; en Louis-Philippe, ami de l'Angleterre, il ne pouvait voir qu'un ennemi. Sa pudeur monarchique,
surexcitée par l'intérêt blessé, se révoltait à l'idée d'entrer en
rapport avec un usurpateur et de pactiser ainsi avec l'émeute.
Mais l'Autriche et la Prusse faisant bon visage à ce prince félon,
pouvait-il à lui seul lui déclarer la guerre? Nicolas, malgré ses
emportements, était un esprit fort politique. Il crut donc devoir
temporiser. Lui aussi déclara reconnaître le roi des Français. Il est
vrai que ce fut dans les termes les plus hautains et les moins
courtois; car, après avoir qualifié « d'événement à jamais déplo-
rable » la révolution qui avait fait monter Louis-Philippe sur le
trône, il ajoutait qu'il n'avait pas à s'expliquer sur les motifs qui

avaient déterminé ce prince à accepter la couronne et terminait en
lui rappelant qu'il restait étroitement uni avec « ses alliés » (c'est-à-
dire avec la Prusse et l'Autriche) pour faire respecter les traités
de 1815. Mais le successeur de Charles X n'était pas fier, et, si
son amour-propre fut, au fond, blessé d'un tel langage, du moins il
se garda bien d'en rien laisser paraître.

Les principales puissances ayant donné l'exemple, les autres
n'avaient qu'à le suivre. Dans le courant des mois de septembre et
octobre 1830, le gouvernement de Juillet fut successivement reconnu
par tous les souverains de l'Europe, sauf cependant par le roi de Portugal, dom Miguel, dont la France pour sa part contestait la légitimité[1], et par le duc de Modène, qui refusa formellement d'entrer en
rapport avec un pouvoir né de la révolution. L'amitié de ces deux
princes n'était pas indispensable à la France. Le roi d'Espagne,
Ferdinand VII, sembla aussi pendant quelques semaines peu disposé
à prendre la main qu'on lui tendait. Mais le cabinet des Tuileries
ayant fait mine de favoriser les Mina, les Valdès et autres chefs du
parti constitutionnel, qui s'apprêtaient à franchir les Pyrénées[2], ses
velléités d'opposition ne tardèrent pas à s'évanouir.

II

L'Europe monarchique acceptait, en somme, les assurances
pacifiques de Louis-Philippe et voulait bien n'en pas révoquer la
sincérité en doute. Mais elle n'était pas pour cela beaucoup plus
tranquille ; car elle se demandait si le roi des Français pourrait
bien tenir ses engagements, s'il ne serait pas à bref délai entraîné
ou renversé par le parti de la propagande révolutionnaire et si,
quoi qu'il eût dit, l'édifice politique si péniblement élevé par le
congrès de Vienne n'était pas menacé d'une prompte et entière
destruction.

1. Le gouvernement de Juillet se montrait naturellement favorable à la
cause constitutionnelle, représentée en Portugal par le parti de dona Maria.
Dom Miguel, de son côté, encourageait les intrigues des légitimistes français.
Certains d'entre eux, et notamment Bourmont, allèrent lui offrir leurs services.

2. Ils étaient proscrits depuis 1823. Ils entrèrent, en effet, peu après en
Espagne ; mais, privés de l'appui du gouvernement français, leurs attaques
échouèrent misérablement.

Effectivement, ce qui se passait fort peu de temps après les journées de juillet était de nature à redoubler les alarmes qu'elles avaient fait naître parmi les amis de la Sainte-Alliance. Sous l'impulsion des La Fayette, des Mauguin, des Lamarque, à l'appel des journaux et des clubs de Paris, qui promettaient hautement à tous les opprimés l'appui de la France émancipée, les nationalités méconnues en 1815 allaient prendre les armes et revendiquer leurs droits. Dès le 25 août, la révolution, qui couvait en Belgique depuis plusieurs mois, y éclata d'une telle force, qu'en peu de jours elle demeura maîtresse du terrain. Ce pays, qu'en dépit de ses intérêts, de sa langue, de sa religion, les diplomates de 1815 avaient enchaîné à la Hollande, ne réclamait encore, après l'insurrection de Bruxelles, que son autonomie administrative. Quelques semaines après, quand le sang eut coulé à flots pour la défense de cette capitale, que l'armée des Pays-Bas avait essayé de reprendre (23-26 septembre), les Belges se donnèrent un gouvernement provisoire qui, dès le 4 octobre, se comporta comme indépendant et se hâta de convoquer une assemblée nationale. Dans le même temps, l'émeute se répandait, comme une traînée de poudre, jusqu'en Allemagne, à Aix-la-Chapelle et à Cologne, franchissait le Rhin, chassait de ses États le duc de Brunswick, forçait le grand-duc de Hesse-Cassel, le roi de Saxe et plusieurs autres souverains à promettre des constitutions à leurs sujets et réveillait dans les universités l'esprit du *Tugendbund* et de la *Burschenschaft*.

Les deux grandes cours germaniques n'avaient pas à craindre, il est vrai, que le peuple allemand se jetât dans les bras de la France [1]. Aussi se bornèrent-elles pour le moment à faire édicter par la diète (21 octobre) des mesures d'ordre intérieur qui leur paraissaient devoir suffire pour prévenir de nouveaux soulèvements, contenir la presse et protéger les princes contre les exigences des peuples [2]. Mais en Belgique, la révolution menacée

---

1. L'*ennemi héréditaire* n'était pas, à cette époque, moins dénoncé, moins menacé, de l'autre côté du Rhin, par les chefs du parti national et démocratique que par les ministres absolutistes de Vienne et de Berlin.
2. La *résolution* diétale du 21 octobre portait que tous les gouvernements confédérés devaient se secourir mutuellement contre la Révolution sur réquisition directe de ceux d'entre eux qui seraient menacés, tenir leurs contingents disponibles, redoubler de surveillance envers la presse et ne pas donner cours à l'égard de l'esprit nouveau « à une condescendance hors de saison,

pouvait fort bien appeler à son aide le gouvernement de Juillet. Bruxelles avait été ville française; elle ne répugnait nullement à le redevenir. Si cette éventualité se réalisait, si, après avoir renversé l'épaisse barrière élevée le long de notre frontière du nord par la coalition de 1814, nous pouvions de nouveau menacer l'Angleterre par Anvers, l'Allemagne par Maëstricht et Luxembourg, que deviendrait un équilibre dont la condition essentielle était notre impuissance? Ce fut là, pendant quelques semaines, une grave préoccupation, non seulement pour les cours de Vienne et de Berlin, mais pour celles de Londres et de Saint-Pétersbourg, ainsi que pour la confédération germanique tout entière.

Après la bataille décisive de Bruxelles, le roi des Pays-Bas, ne se jugeant pas de force à dompter la Belgique, avait officiellement invoqué le secours des quatre grandes puissances qui, en 1814, lui avaient assuré la possession de ce pays. Mais l'aide qu'il réclamait allait lui faire complètement défaut. D'abord la Russie était trop loin pour pouvoir lui prêter immédiatement assistance. L'Autriche était absorbée par la surveillance de l'Italie, où elle supposait avec raison que la Révolution ne pouvait tarder à essayer ses forces. La Prusse seule avait une armée disponible. Elle l'offrit tout aussitôt. Mais à peine son ambassadeur à Paris, le baron de Werther, eut-il fait connaître au gouvernement français l'intention de son souverain que le comte Molé [1], notre ministre des affaires étrangères, arrêta net le projet de Frédéric-Guillaume. Cet homme d'État déclara en effet que, si les troupes prussiennes pénétraient

dangereuse pour tout le corps germanique et incompatible avec leurs obligations en qualité de membres de la Confédération ».
1. Molé (Louis-Mathieu, comte), né à Paris le 23 janvier 1780; maître des requêtes au conseil d'État (1806); préfet de la Côte-d'Or (1807), conseiller d'État et directeur général des ponts et chaussées (1809); grand juge (ou ministre de la justice) en 1813; rallié aux Bourbons en 1814; nommé pair de France par Napoléon pendant les Cent-Jours; pourvu du même titre et réintégré au Conseil d'État sous la seconde Restauration (1815); ministre de la marine dans le cabinet Richelieu (1817-1818); ministre des affaires étrangères le 11 août 1830; démissionnaire le 2 novembre suivant; président du conseil et ministre des affaires étrangères le 6 septembre 1836; renversé par une coalition parlementaire (8 mars 1839); membre de l'Académie française (1840); chargé par Louis-Philippe, le 23 février 1848, de constituer un cabinet qu'il n'eut pas le temps de former; membre de l'Assemblée législative (1849-1851), où il fut un des chefs de la réaction; rentré dans la vie privée après le coup d'État du 2 décembre 1851; mort au château de Champlâtreux, le 25 novembre 1855.

en Belgique, les troupes françaises y entreraient elles-mêmes sans
tarder. Quand on lui demanda de quel droit, il répondit que c'était
au nom du principe de *non-intervention*, théorie fort élastique
en vertu de laquelle la France se disait autorisée à empêcher les
autres puissances de faire la loi à son préjudice dans les pays qui
l'avoisinaient et d'où elle ne voulait pas voir bannir son influence.
Peut-être y avait-il à discuter sur cette question. En fait, la Prusse
ne se sentait pas pour le moment la plus forte. Elle recula.

Le comte Molé n'appartenait point au parti du mouvement.
Mais, comme Louis-Philippe, il était bien aise que le royaume des
Pays-Bas fût disloqué et croyait l'honneur comme l'intérêt de la
France engagé à ne pas permettre que la Belgique fût replacée
sous le joug. Mais ni lui ni le roi des Français n'auraient tenu un
langage si ferme, s'ils n'eussent été sûrs d'être approuvés par le
gouvernement britannique. Certes Wellington, dont le royaume
des Pays-Bas était l'œuvre de prédilection, n'avait pas vu sans
tristesse et sans appréhension la révolution de Bruxelles. Mais ni
lui ni ses amis ne se dissimulaient que l'union des Belges et des
Bataves serait bien difficile, pour ne pas dire impossible, à reconstituer. De plus, ils tenaient trop à éloigner la France de l'alliance
russe pour ne pas se croire tenus de lui faire quelques concessions.
Ils étaient donc, dans leur for intérieur, dès le commencement
d'octobre, disposés à approuver la sécession de la Belgique. Tout
ce qu'ils demandaient, c'était que ce pays ne passât ni directement
ni indirectement sous la domination de la France. Talleyrand s'empressa de les rassurer en leur déclarant que Louis-Philippe renonçait soit à l'annexer, soit à y placer comme roi un de ses fils; qu'il
consentait à ce que le sort de la Belgique fût réglé par l'accord
diplomatique des cinq grandes puissances; qu'il s'abstiendrait de
toute propagande dans cette contrée et enfin ne s'opposerait pas à
ce que le nouvel État eût pour souverain un prince de la maison de
Nassau [1]. Ces engagements eurent pour résultat que l'Angleterre
répondit par un refus poli, mais catégorique à la demande de
secours formulée par le roi des Pays-Bas.

Remettre aux cinq grandes cours le soin de décider de l'avenir

---

1. Protocole du 15 octobre 1830, signé par le prince de Talleyrand et lord
Aberdeen.

de la Belgique, ce n'était pas être fidèle au principe de non-intervention. C'était presque invoquer la Sainte-Alliance. Mais Talleyrand et Louis-Philippe ne se piquaient point de ne jamais varier. L'intérêt et l'opportunité étaient les seules règles de leur politique. La France et l'Angleterre étaient donc d'accord. Quant à l'Autriche, à la Prusse et à la Russie, elles acceptèrent l'idée d'une conférence, parce que c'était un moyen de gagner du temps.

Les ambassadeurs accrédités à Londres par ces trois puissances, aussi bien que par le gouvernement de Juillet, ne tardèrent pas à se réunir dans cette ville, sous la présidence de lord Aberdeen [1], chef du Foreign-Office. Il était entendu qu'ils ne formeraient pas un congrès, c'est-à-dire un corps souverain, et que leurs décisions ne seraient exécutoires qu'après approbation de leurs cours respectives. Leur premier protocole, daté du 4 novembre, fut une proposition d'armistice qui devait être adressée simultanément au roi des Pays-Bas et au gouvernement provisoire de Bruxelles. Deux agents, l'un Français, l'autre Anglais [2], furent aussitôt envoyés par la conférence en Belgique. Le peuple insurgé était donc considéré et traité comme partie belligérante. La légitimité de son insurrection semblait ainsi implicitement reconnue.

Le changement de ministère qui s'opéra peu de jours après en Angleterre fut pour les Belges un encouragement. Wellington, par suite de son obstination à repousser la réforme électorale réclamée par le pays, était alors aussi impopulaire à Londres que Polignac l'avait été à Paris. Lord Grey [3], chef des whigs, qui depuis longtemps promettaient cette réforme, eut d'autant moins de peine à le

1. Aberdeen (George Hamilton Gordon, 4e comte d'), né à Édimbourg le 28 janvier 1784, connu d'abord sous le nom de lord Haddo; pair électif d'Écosse (1807); ambassadeur à Vienne (1813); chargé d'une mission à Naples, auprès de Murat; pair héréditaire (juin 1814); chancelier du duché de Lancastre (janvier 1828), puis ministre des affaires étrangères (juin 1828) dans le cabinet tory du duc de Wellington; démissionnaire avec ses collègues (novembre 1830); chargé du département des colonies dans le premier cabinet Peel (1834-1835), et du Foreign-Office dans le second (1841-1846); premier lord de la trésorerie (décembre 1852-février 1855); mort le 14 décembre 1860.
2. Bresson et Cartwright.
3. Grey (Charles Howick, comte), né à Fallowden (Northumberland) en 1764; membre de la Chambre des communes (1786) où, dès le début, il prit une place importante dans le parti libéral; premier lord de l'amirauté, puis ministre des affaires étrangères (1806); démissionnaire (1807); pair d'Angleterre (1807); chef du parti whig dans la Chambre haute, adversaire de Liverpool et même de Canning; premier lord de la trésorerie (novembre 1830); renversé en 1834; mort en 1845.

renverser que le nouveau roi, Guillaume IV, désirait vivement qu'il prît la direction des affaires. Talleyrand, du reste, ne fut pas tout à fait étranger à la crise qui amena la chute des tories. Il pensait, non sans raison, que les difficultés intérieures ne laisseraient pas de longtemps au ministère Grey une pleine liberté d'action au dehors. Peut-être aussi espérait-il que ce cabinet, dont les membres, tous libéraux, avaient applaudi sans arrière-pensée à la révolution de Juillet, se prêterait avec plus de complaisance que le précédent aux vues de la France sur la Belgique. Louis-Philippe, au fond, n'était point, à l'égard de ce pays tout à fait aussi désintéressé qu'il avait voulu le paraître. Mais les whigs ne devaient pas être beaucoup plus accommodants que les tories pour ses secrètes ambitions. Le successeur de lord Aberdeen était lord Palmerston [1]. Le patriotisme étroit et jaloux de cet homme d'État allait bientôt rendre singulièrement douteuses la cordialité et la durée de l'entente anglo-française.

En attendant, les Belges, contenus jusque-là par Wellington, se hâtèrent de trancher les derniers liens qui les rattachassent à la Hollande. Il y avait deux jours à peine que le cabinet britannique était renouvelé quand le congrès national, réuni à Bruxelles depuis le 10 novembre, proclama solennellement l'indépendance du pays (18 novembre). Le surlendemain, pour ne pas s'aliéner les grandes cours, il décida que le gouvernement du nouvel État serait une monarchie constitutionnelle. Mais, le 22 novembre, il exclut à jamais du trône les princes de la maison de Nassau. Le cabinet des Tuileries, qui préparait sournoisement la candidature du duc de Nemours, second fils de Louis-Philippe, applaudit, comme on pense, et sans réserve, à une pareille mesure.

Mais si la fortune semblait sourire à Louis-Philippe, c'était une raison pour que les cours du Nord, qui n'avaient cessé de le sur-

---

1. Palmerston (Henri-John Temple, 3e vicomte), né à Broadlands (comté de Southampton) le 20 octobre 1784; membre de la Chambre des communes (1807), où il siégea longtemps dans les rangs du parti tory; lord de l'amirauté (1807); secrétaire d'État de la guerre de 1809 à 1828; rattaché aux whigs et chargé par lord Grey du ministère des affaires étrangères (1830), qu'il dut quitter en novembre 1834, mais qu'il occupa de nouveau d'avril 1835 à 1841 et de juillet 1846 à décembre 1851; ministre de l'intérieur dans le cabinet Aberdeen (1852); premier lord de la trésorerie (mars 1855-février 1858); rappelé en juin 1859 à la tête du ministère, dont il resta le chef jusqu'à sa mort, arrivée le 18 octobre 1865.

veiller, recommençassent à le menacer. Vienne, Berlin, Saint-Pétersbourg l'accusaient à la fois d'impuissance et de mauvaise foi. Metternich dénonçait la France comme la *haute vente de la Révolution*. « Opposons, écrivait-il [1], l'union entre les gouvernements
et le véritable peuple à cette fraternité apocryphe que les ennemis de l'ordre et de la paix cherchent à établir partout entre le
haut pouvoir révolutionnaire et les prolétaires de tous les temps. »
Quant au principe de non-intervention, il déclarait avec indignation
qu'il ne l'admettrait jamais. « Ce sont les brigands, lisons-nous
dans une de ses lettres [2], qui récusent la gendarmerie et les incen-
diaires qui protestent contre les pompiers. » Les ministres de
Prusse, d'Autriche, de Russie constataient avec irritation qu'à
Paris l'effervescence révolutionnaire était loin de se calmer.
L'émeute du 18 octobre [3] fut pour eux un argument. La constitution du cabinet du 2 novembre en fut un autre. Le parti de la
résistance s'était retiré des affaires. Le parti du mouvement y
restait seul, avec Laffitte [4], qui sans doute ne voulait pas la guerre,
mais qui disait très haut qu'il ne la craignait pas et qu'il s'y préparait de son mieux. Bientôt on apprit que d'inquiétants mouvements
de troupes se produisaient dans le centre et l'est de l'Europe. La
Prusse massait ses forces le long du Rhin et de la Moselle; l'Autriche envoyait vers la Suisse et vers l'Italie ses meilleurs régiments. L'empereur de Russie ordonnait des levées nouvelles et
mobilisait l'armée de Pologne. La triple alliance absolutiste était
conclue, et à Laffitte déclarant le 1er décembre, du haut de la tri-

1. Le 21 octobre, dans une dépêche adressée au prince Esterhazy, ambassadeur d'Autriche à Londres.
2. Adressée comme la précédente à Esterhazy et datée aussi du 21 octobre.
3. La foule s'était portée ce jour-là au Palais-Royal et de là au fort de Vincennes, où étaient détenus les anciens ministres de Charles X (Polignac, etc.),
dont elle demandait la mort.
4. Laffitte (Jacques), né à Bayonne le 24 octobre 1767; teneur de livres
chez le banquier Perregaux (1788), dont il devint l'associé (1800), puis le
successeur; régent de la Banque de France (1809); président du tribunal de
commerce de la Seine (1813); gouverneur de la Banque de France (25 avril
1814); membre de la Chambre des députés, où il siégea sans interruption de
1816 à 1830 et où il devint un des chefs les plus influents du parti libéral;
nommé par Louis-Philippe, qui lui devait en grande partie son avènement,
ministre sans portefeuille (11 août 1830), puis ministre des finances et président du Conseil (2 novembre 1830); démissionnaire le 13 mars 1831; fidèle,
dès lors, à l'opposition radicale dans la Chambre des députés, dont il fit
partie jusqu'à sa mort, arrivée le 26 mai 1 44.

bune, qu'il ne la redoutait pas, elle répondait peu de jours après par une circulaire diplomatique où était nettement affirmé par les trois cours le droit de faire par les armes la police de l'Europe et d'étouffer en tout pays l'ennemi commun, c'est-à-dire la Révolution.

Ainsi, vers la fin de 1830, une guerre générale semblait près d'éclater en Europe. Il fallut, pour préserver la France de l'orage qui la menaçait, un nouveau coup de théâtre. Ce fut l'insurrection de la Pologne russe.

III

Ce malheureux pays, dont l'autonomie, fort peu respectée sous Alexandre, n'était presque plus qu'un vain mot sous Nicolas, voulait que sa constitution devînt une vérité et demandait que l'ancienne Pologne fût refaite, autant que possible, par l'adjonction plusieurs fois promise de la Lithuanie et de quelques autres provinces. La révolution de Juillet avait excité à Varsovie un enthousiasme et une joie extraordinaires. Les patriotes, encouragés par la propagande française, s'étaient remis à conspirer. Un soulèvement général avait été préparé dans le plus grand mystère. Il devait éclater au mois de février 1831. Mais, en présence des dispositions prises par le czar et ses alliés contre la France, les Polonais résolurent de ne pas attendre plus longtemps et de réduire la coalition à l'impuissance en détournant sur eux, par une diversion héroïque, le principal corps de bataille, c'est-à-dire l'armée russe. Dans la nuit du 29 au 30 novembre, Varsovie se souleva. Le généralissime Constantin, frère de Nicolas, dut prendre la fuite. Le général Chlopicki, que recommandait à ses compatriotes le souvenir de ses glorieux services dans les armées de Napoléon, fut proclamé dictateur (5 décembre). En quelques jours toute la Pologne fut sur pied, et, avant la fin de 1831, il ne reste plus un seul soldat russe sur son territoire.

Dès lors la nouvelle Sainte-Alliance se trouva paralysée. Le czar ne devait plus de longtemps avoir qu'un objectif, Varsovie, et ne pouvait songer, avant de l'avoir atteint, à marcher sur l'occident. Le roi de Prusse et l'empereur d'Autriche n'osaient s'aven-

turer sans lui. Un bonne partie de leurs forces leur étaient d'ailleurs nécessaires pour empêcher l'insurrection de se propager
dans les portions de la Pologne qui leur étaient échues en partage.
Ainsi le sort persistait à favoriser la France. On pouvait craindre
qu'elle ne voulût abuser de sa bonne fortune. Il parut urgent de
l'amadouer, de la désarmer par des concessions nouvelles. C'est
sans doute dans cette intention que la conférence de Londres, qui
jusqu'alors avait évité de se prononcer sur la condition future de
la Belgique, reconnut formellement, en principe, par son protocole
du 20 décembre, l'indépendance de ce pays et que, peu de
jours après (9 janvier 1831), elle imposa d'autorité au roi des
Pays-Bas l'armistice qu'elle s'était tout d'abord contenté de lui
proposer.

Il semblait, d'après ce qui précède, que Louis-Philippe dût se
montrer plus hardi qu'aux premiers jours de son règne. Mais ce
prince n'était pas de ceux auxquels la fortune tourne la tête. Puis
les derniers événements étaient encore si mal connus ou si mal
appréciés qu'il se croyait toujours sous la menace de la coalition.
Aussi est-ce juste à cette époque (fin de décembre) qu'il se débarrassait de La Fayette, que suivait dans sa retraite Dupont de l'Eure ;
et, peu de jours après (janvier), il faisait partir pour Saint-Pétersbourg comme ambassadeur le duc de Mortemart [1], personnage
aimé du czar, et qui devait l'assurer que les Polonais ne recevraient
du roi des Français aucune assistance. Cette espèce de reculade
releva le courage des cours du Nord. Du reste la fausse sagesse
de Chlopicki venait de faire regagner du terrain à l'empereur de
Russie. Le dictateur polonais, au lieu de marcher sur la Lithuanie,
qui l'attendait pour se soulever, avait perdu plusieurs semaines à

---

1. Mortemart (Casimir-Louis-Victurnien de Rochechouart, duc de), né à
Paris le 20 mars 1787; emmené par sa famille en émigration (1791); rentré
en France (1801); sous-lieutenant de dragons (10 février 1806); officier d'ordonnance de Napoléon Ier (12 février 1811); rallié à Louis XVIII, qui le nomma
pair de France et capitaine, colonel des Cent-Suisses de sa garde (1814);
major général de la garde nationale de Paris (14 octobre 1815); maréchal de
camp (22 novembre 1815); ambassadeur en Russie (mars 1828); lieutenant
général (23 octobre 1828); chargé trop tardivement par Charles X de former
un ministère pour remplacer le cabinet Polignac (29 juillet 1830); rallié à
Louis-Philippe; ambassadeur à Saint-Pétersbourg (1831-1833); rallié en 1849 à
Louis-Napoléon, qui le nomma commandant de la 19e division militaire;
sénateur (27 mars 1852); mort à Nauphle, près de Montfort-l'Amaury, le 1er janvier 1875.

négoćier avec le czar. Ce dernier s'était naturellement refusé à toute concession. Quand on le sut à Varsovie (15 janvier), Chlopicki donna sa démission. La Pologne fut bientôt envahie et l'armée russe, à laquelle elle avait donné le temps de se former, s'avançait déjà menaçante vers la Vistule.

Pendant ce temps la conférence de Londres faisait pièce à la France par les deux protocoles du 20 et du 27 janvier 1831. Le premier portait cette clause si importante pour l'Europe, que la Belgique serait un Etat neutre; il stipulait aussi que le Luxembourg, qu'elle réclamait comme partie intégrante de son territoire, continuerait d'appartenir au roi des Pays-Bas et que ce souverain resterait également maître de Maestricht et des bouches de l'Escaut; le second que la dette publique des Pays-Bas serait partagée et que le nouvel État devait en accepter pour son compte les 16/31. Cette double décision, contre laquelle le congrès de Bruxelles se hâta de protester (30 janvier), était un double coup porté à la France qui, de plus en plus, paraissait vouloir s'inféoder la Belgique. On savait que, malgré ses dénégations officielles et l'assurance plusieurs fois répétée que Louis-Philippe n'accepterait pas la couronne pour le duc de Nemours, la candidature de ce prince était secrètement soutenue à Bruxelles par des agents français. Notre ministre des affaires étrangères, pour en assurer le succès, déclarait ne pas adhérer aux derniers protocoles (1er février). En même temps il faisait savoir que la Belgique devrait renoncer à l'amitié de la France si elle prenait pour souverain le duc de Leuchtenberg [1], fils d'Eugène de Beauharnais, dont il considérerait l'élection comme une menace bonapartiste à son adresse. Les cours du Nord au contraire affectaient de se montrer favorables à ce candidat, moins sans doute pour le faire triompher que pour forcer son adversaire à se retirer. Au jour de l'élection, la lutte fut vive. Finalement, au second tour de scrutin, le duc de Nemours fut proclamé roi par le congrès. Mais il ne l'emporta que d'une voix [2]. Cette faible majorité dérouta Louis-

---

1. Leuchtenberg (Auguste-Charles-Eugène-Napoléon, duc de), prince d'Eichstædt, né à Milan le 9 décembre 1810; candidat au trône de Belgique en 1831; marié le 26 janvier 1835 à la reine dona Maria de Portugal; mort à Lisbonne le 28 mars 1835.

2. Il obtint 96 suffrages contre 74 donnés à Leuchtenberg et 21 qui se portèrent sur l'archiduc Charles.

Philippe. Il avait jusque-là mystérieusement donné à entendre aux Belges que, si le succès de son fils était éclatant, il se laisserait forcer la main et que la conférence n'oserait pas infirmer le vote presque unanime de la nation. Mais il ne pouvait évidemment se prévaloir d'une élection si disputée et si peu concluante. Le résultat de toutes ces menées fut que la conférence, par un nouveau protocole (7 février), se prononça tout à la fois contre Nemours et contre Leuchtenberg. Le roi des Français refusa solennellement (17 février) la couronne offerte à son fils par les Belges, qui durent en attendant mieux se donner un régent[1]. Mais les trois cours du Nord et l'Angleterre lui surent si peu gré de ce désistement que, dès le 19 février, leurs représentants déclarèrent irrévocables les protocoles du 20 et du 27 janvier et menacèrent la Belgique de mesures coercitives si elle ne les acceptait dans un délai déterminé. En même temps la Prusse faisait avancer ses troupes dans la direction de la Meuse et la diète de Francfort était invitée à mobiliser un corps d'armée, sous prétexte de défendre Luxembourg, partie intégrante de la Confédération germanique[2].

IV

La grande guerre européenne, conjurée en décembre, semblait donc plus que jamais imminente. A Paris, les têtes s'exaltaient et Laffitte, toujours au pouvoir, sans partager les entraînements des journaux et des sociétés populaires, ne paraissait pas disposé à reculer. Le ministère français était encouragé non seulement par l'attitude résolue des Belges, mais par la ferme contenance que gardaient à ce moment même les Polonais devant leurs ennemis. Les Russes, malgré une énorme supériorité numérique, étaient tenus en échec autour de Varsovie[3]. D'autre part, une sourde agitation

1. Dans la personne de Surlet de Chokier, président du Congrès, qui prit possession du pouvoir le 25 février.
2. La diète, sur la réclamation du roi des Pays-Bas, décida, dans sa séance du 18 mars, qu'un corps de 24 000 hommes, prêt à entrer en campagne, serait tenu à la disposition de ce souverain pour rétablir son autorité dans le grand-duché.
3. Battus une première fois à Waver (19-20 février), ils n'avaient obtenu

continuait de régner en Allemagne, où, malgré les décrets de la diète, plusieurs souverains étaient contraints de partager l'autorité avec les représentants de leurs sujets [1].

La Suisse, qui réagissait depuis plusieurs mois contre les institutions aristocratiques qu'elle avait dû subir en 1814 et qui avait annoncé l'intention de faire respecter sa neutralité au besoin par les armes [2], refusait de désarmer malgré les instances comminatoires de l'Autriche.

Mais ce qui par-dessus tout enhardissait Laffitte et les propagandistes de Paris, c'était l'état de l'Italie où la révolution longtemps attendue venait enfin de lever son drapeau.

Le carbonarisme, malgré la réaction de 1821, n'avait jamais cessé de s'agiter au delà des Alpes. Le parti unitaire et démocratique, peu nombreux encore, car la masse du peuple ne le suivait pas, était cependant assez fort pour donner le branle à tout le pays. Cette fois, ce ne fut ni à Naples ni à Turin qu'éclata l'insurrection, ce fut dans les petits duchés du centre et dans les États de l'Église, c'est-à-dire dans les parties les plus mal gouvernées de l'Italie. Au moment où les cardinaux, réunis en conclave à Rome depuis près de deux mois, venaient enfin de donner dans la personne de Grégoire XVI (2 février) un successeur au pape Pie VIII [3], les patriotes se soulevèrent simultanément à Modène, à Bologne,

qu'un demi-succès à Grochow (25 février); ils allaient encore subir de graves échecs à Waver, à Dembé et à Iganie (31 mars, 1ᵉʳ et 10 avril).

1. C'était principalement dans le Hanovre, le Brunswick, la Hesse électorale et la Saxe que ces changements venaient de se produire ou étaient en train de s'opérer.

2. « La diète... déclare... que si la guerre vient à éclater entre les puissances voisines, elle est dans la ferme résolution de maintenir une stricte neutralité. Elle en a le droit,... et ce droit a été garanti... Elle déclare encore qu'elle emploiera pour le faire respecter tous les moyens qui seront en son pouvoir. Désirant la paix, mais sans redouter une lutte pénible, et se confiant dans le dieu de leurs pères, les confédérés attendront les événements avec calme et fermeté. Ils réuniront tous leurs efforts pour défendre l'intégrité du sol, l'indépendance nationale et leur antique liberté. Dans ces graves circonstances, la diète confie les destinées de l'Etat au patriotisme, au courage et à la persévérance de tous les Suisses, qu'elle appellera aux armes *dans l'unique but de protéger les frontières* contre toute attaque extérieure, de quelque côté qu'elle puisse venir... » (Déclaration adoptée par la diète dans sa séance du 25 décembre 1830.)

3. Pie VIII (François-Xavier Castiglioni, né en 1761, successeur de Léon XII en mars 1829) était mort en novembre 1830. — Grégoire XVI (Mauro Capellari), né à Bellune en 1765, avait d'abord été moine camaldule; cardinal et préfet de la Propagande en 1826, il obtint la tiare en 1831 et mourut en 1846.

à Ancône, à Parme, etc... (3, 10 février). Le duc François d'Este,
l'archiduchesse Marie-Louise durent prendre la fuite. L'Émilie, la
Romagne, les Légations furent en quelques jours rendues à elles-
mêmes et un gouvernement provisoire institué à Bologne poussa
bientôt sa propagande victorieuse jusqu'aux portes de Rome.

Les Italiens, comme les Polonais, comptaient sur le secours de la
France, parce qu'elle se personnifiait à leurs yeux en La Fayette qui
fort imprudemment encourageait partout les peuples insurgés. Mais
nos drapeaux étaient encore bien loin ; et ce qui était proche, c'était
l'armée autrichienne massée depuis plusieurs mois entre Venise et
Milan et n'attendant qu'un signe de Metternich pour franchir le
Pô. A la première nouvelle des troubles dont la région des Apen-
nins était le théâtre, le cabinet de Vienne avait annoncé son intention bien arrêtée d'intervenir par les armes en faveur des souverains menacés. Le ministère français protesta aussitôt contre une
pareille prétention. Laffitte déclarait que, si l'Autriche avait sans
conteste le droit de réprimer des soulèvements dans le royaume
Lombard-Vénitien, qui était à elle, que, si l'on pouvait à la rigueur
lui reconnaître celui d'en faire autant dans les duchés de Parme
et de Modène, dont la réversibilité lui était assurée, il était inadmissible qu'elle allât faire la police dans l'État pontifical, c'est-à-
dire dans un territoire proclamé indépendant par les traités. Si
elle se permettait cet abus, le principe de non-intervention voulait que la France, intéressée comme elle aux affaires d'Italie,
s'opposât, même par la force, à une pareille violence. Le maréchal
Maison, notre ambassadeur à Vienne, eut à s'expliquer sur ce point
avec le chancelier d'Autriche. Mais il ne parvint pas à l'intimider.
Metternich répondit nettement que les troupes autrichiennes entreraient non seulement à Modène et à Parme, mais à Bologne et à
Ancône ; qu'elles étaient appelées par le pape ; que si la France
voulait la guerre, on aurait la guerre et que l'Autriche ne reculerait pas [1]. Le maréchal jugea donc imminente l'ouverture des

_____

1. « Si la France veut la guerre (écrivait-il encore le 16 mars à Apponyi,
ambassadeur d'Autriche à Paris), eh bien, qu'elle la déclare à l'Europe, et
qu'elle essaye de rétablir la Révolution là où nous l'écrasons rien qu'en
apparaissant de loin... » — Metternich essayait, d'autre part, d'intimider le
gouvernement de Juillet en lui représentant que le triomphe de la Révolution
serait celui de la famille Bonaparte, qui, disait-il, s'agitait beaucoup en Italie,
en attendant qu'elle pût reparaître en France. Il remontrait que Louis-Philippe devait lui savoir gré de ne pas lui opposer Napoléon II (le duc de Reichs-

hostilités et engagea tout aussitôt le ministère français à s'y préparer. En même temps, il crut pouvoir prendre sur lui d'inviter le général Guilleminot, qui représentait la France à Constantinople, à presser le sultan de s'armer pour venger sur la Russie, alliée de l'Autriche, l'humiliation d'Andrinople.

Ainsi aux premiers jours de mars 1831 la plus grande partie de l'Europe semblait ne devoir plus être bientôt qu'un vaste champ de bataille, où la Révolution, représentée surtout par la France, allait se heurter contre une nouvelle Sainte-Alliance. Pourtant cette fois encore l'incendie, près de s'allumer, fut prévenu. La paix veillait aux Tuileries dans la personne de Louis-Philippe. Le *roi des barricades* ne voulait décidément pas suivre dans ses aventures le *parti du mouvement*; il lui tardait depuis longtemps de se défaire d'amis compromettants, grâce auxquels la France était sans cesse menacée de la guerre civile et de la guerre étrangère. Laffitte lui était maintenant à charge presque autant que naguère La Fayette. Ce ministre, impuissant à maintenir l'ordre dans Paris [1], était du reste profondément discrédité dans les chambres; aussi Louis-Philippe n'eut-il guère de peine à se débarrasser d'un cabinet dont le parlement ne voulait pas. Le 13 mars 1831 Laffitte était remplacé comme président du conseil par Casimir Périer [2]; le *parti de la résistance* était maître du terrain, c'était maintenant à lui à faire ses preuves.

---

tadt), mais que si on poussait à bout la cour de Vienne, elle pourrait bien ne pas se montrer toujours aussi réservée. « L'idée n'est-elle encore venue à personne de Paris, lit-on dans une de ses dépêches à Apponyi, de nous savoir gré de notre conduite correcte à l'égard de Napoléon II? Pardon de cette rapsodie, mais elle pourrait acquérir quelque valeur si en effet Louis-Philippe voulait jouer le rôle de conquérant ou de président de la propagande révolutionnaire. Attaqués dans nos derniers retranchements et forcés de nous battre pour notre existence, nous ne sommes pas assez *anges* pour ne pas faire feu de toutes nos batteries... »

1. Où avaient eu lieu l'émeute du 21 décembre, à l'occasion du procès des ministres de Charles X, et celle du 14 février 1831, qui amena le sac de l'Archevêché.

2. Casimir Périer, né à Grenoble le 21 octobre 1777; officier du génie dans les armées de la République, puis chef d'une grande maison de banque à Paris (1802); membre de la Chambre des députés (1817) où, jusqu'en 1830, il fit partie de l'opposition libérale; ministre sans portefeuille (11 août 1830); démissionnaire (2 novembre 1830), puis président de la Chambre des députés; président du Conseil et ministre de l'intérieur (13 mars 1831); mort à Paris le 16 mai 1832. — Les autres membres du cabinet qu'il venait de former étaient : Sébastiani (affaires étrangères); Louis (finances); Barthe (justice);

V

Casimir Périer, caractère énergique et même violent, avait à peu près le même programme politique que Louis-Philippe; mais il était résolu à l'exécuter et à le faire respecter au besoin par la force. Au dedans il voulait l'ordre et n'était nullement disposé à transiger avec l'émeute. Au dehors, il voulait sincèrement la paix. Les traités de 1815 lui paraissaient en thèse générale une garantie sérieuse de repos pour l'Europe. Il ne demandait pour la France aucun agrandissement. Il voulait seulement qu'elle demeurât libre et que son influence ne fût exclue ni de la Belgique, dont l'émancipation était pour elle un si grand avantage, ni de l'Italie, où elle ne pouvait tolérer la prépondérance exclusive de l'Autriche. Il désirait peu, et par là devait rassurer les cours hostiles au gouvernement de Juillet. Mais à toute heure il était prêt à l'exiger et par là les intimidait étrangement. Sa modération, mêlée d'audace, lui valut bientôt un immense crédit en Europe. Et l'on prit d'autant mieux l'habitude de compter avec lui que, fort jaloux de son autorité, il ne la partageait avec personne, pas même avec le roi, et ne permettait pas à Louis-Philippe de s'immiscer personnellement dans la diplomatie d'un ministère responsable, comme il l'avait fait au temps de Laffitte [1].

Le nouveau président du conseil commença par déclarer à la chambre des députés, dans un discours d'une netteté remarquable (18 mars), que, sans être hostile à la cause des peuples opprimés qui revendiquaient leur indépendance, il ne se croyait nullement tenu de leur venir en aide, si l'intérêt propre de son pays ne l'exigeait pas. « Le sang de la France, s'écria-t-il, n'appartient qu'à la France. » C'était à peu près, sous une forme plus noble, l'idée que Dupin avait exprimée en ces termes : « Chacun pour soi, chacun chez soi. » Politique égoïste et étroite, mais qui, après tout, ne manquait pas de bon sens. L'opposition cria, mais le

---

Montalivet (instruction publique et cultes); d'Argout (commerce et travaux publics); Soult (guerre); de Rigny (marine et colonies).

1. Et comme il le fit plus tard, et surtout dans la seconde moitié de son règne, par ses correspondances directes avec les ambassadeurs français et avec les ministres étrangers.

ministre ne s'en émut guère et ses rapports avec les puissances
étrangères furent strictement conformes à sa doctrine.

En ce qui concernait l'Italie, Casimir Périer refusa tout d'abord
de considérer l'entrée des troupes autrichiennes dans les États de
l'Église comme un *casus belli*. Mais il ne cacha pas à la cour de
Vienne qu'à son sens c'était un fait irrégulier et dont la répétition
ne pourrait être tolérée par la France. Il remontra aussi que le
meilleur moyen de prévenir cette éventualité et, par suite, un
conflit entre les deux puissances, c'était d'obtenir en faveur des
sujets du pape quelques améliorations administratives qui rendis-
sent improbable le renouvellement des troubles dans l'Italie centrale. En conséquence il proposait que les cinq grandes puissances joignissent leurs efforts pour déterminer le pape Grégoire XVI à édicter quelques réformes. Metternich ne désirait
guère, au fond, que l'État pontifical fût bien gouverné; car il ne
lui déplaisait pas que le Saint-Siège eût de temps à autre besoin des
baïonnettes autrichiennes pour faire respecter son autorité. Mais il
ne pouvait pas le dire. Il ne convenait pas beaucoup plus aux cours
de Berlin, de Saint-Pétersbourg et de Londres qu'à celle de Vienne
que l'influence française gagnât du terrain au delà des Alpes grâce
aux susdites réformes. Mais la proposition de Casimir Périer était
trop sage pour qu'on osât la contrecarrer ouvertement. Les puissances s'y rallièrent donc ostensiblement et le 21 mai 1831 leurs
représentants, unis à celui de la France, adressèrent au cardinal
Bernetti [1], secrétaire d'État du pape, un *mémorandum* par lequel
Sa Sainteté était suppliée de donner enfin à ses sujets quelques
garanties d'ordre et de liberté par l'institution de corps municipaux et d'assemblées provinciales, par l'établissement d'un contrôle sérieux sur les finances, enfin par la refonte des codes et la
réorganisation des tribunaux. La cour de Rome n'eut garde de
se fâcher. Elle déclara qu'elle allait mettre à l'étude les questions

---

1. Bernetti (Thomas), né à Fermo en 1779; secrétaire du tribunal de la Rote;
quelque peu persécuté par Napoléon pendant la captivité de Pie VII; chargé
par ce pape (1816) de réorganiser l'administration de la guerre; représentant
du Saint-Siège à Saint-Pétersbourg, puis légat de Ravenne et de Bologne;
cardinal en 1827; secrétaire d'État en 1828; pro-secrétaire sous Grégoire XVI
(1831); congédié en 1835 sur la demande de l'Autriche et nommé vice-chancelier
de l'Église romaine; conseiller de Pie IX (1846), qu'il suivit à Gaëte en 1848;
mort dans sa ville natale en 1852.

qui lui étaient soumises. Elle publia même quelque temps après (5 juillet, 5, 31 octobre, 4, 5 novembre) une série d'édits, grâce auxquels elle prétendit avoir satisfait aux vœux des cinq grandes cours. Les réformes qu'elle accorda étaient, il est vrai, presque dérisoires et ne pouvaient à aucun égard contenter le peuple des Légations. Mais la diplomatie française venait d'obtenir un résultat plus sérieux par l'évacution du territoire pontifical, que les Autrichiens opérèrent en juillet, sur la demande du cabinet Périer.

VI

A ce moment, les affaires d'Italie ne passionnaient plus guère le monde politique. Depuis quelques mois l'attention des hommes d'État se reportait principalement sur la Belgique, dont les intérêts étaient plus que jamais en souffrance et dont l'avenir paraissait gros d'orages.

Casimir Périer, désireux d'éviter tout conflit inutile ou dangereux, avait, dès le commencement d'avril, adhéré pour la France aux protocoles du 20 et du 27 janvier. Le roi des Pays-Bas les avait acceptés depuis longtemps, parce qu'il y trouvait son avantage. Mais le congrès de Bruxelles continuait à les repousser et s'indignait de la violence que le directoire européen voulait lui faire. Une nouvelle sommation lui fut adressée le 10 mai. Qu'allait-il advenir s'il persistait dans sa résistance? Il y persista et, à la surprise générale, la conférence de Londres, non seulement ne le contraignit pas à subir des conditions qu'il jugeait inacceptables, mais lui en fit bientôt de sensiblement meilleures. Pour comprendre ce revirement, il faut se rappeler que les protocoles de janvier, défavorables à la Belgique, avaient été rédigés à un moment où l'on pouvait craindre que des liens trop étroits ne fussent établis entre ce pays et la France. Mais le gouvernement de juillet, qui n'avait osé ni donner un roi au nouvel État ni persister à défendre ses prétentions territoriales et financières, avait en quelques mois perdu la moitié de son crédit à Bruxelles. L'Angleterre avait trouvé le moment fort bon pour attirer à elle la nation belge. Nemours et Leuchtenberg étant écartés du trône, elle y poussait discrètement

son candidat, qu'elle tenait depuis longtemps en réserve. Le prince
Léopold de Saxe-Cobourg, qu'elle avait voulu faire roi de Grèce en
1830, était recommandé par les agents britanniques avec d'autant
plus de succès que son élection, disaient-ils, assurerait à la Belgique la revision des protocoles de janvier. Effectivement Palmerston obtint de la conférence, le 21 mai, une déclaration nouvelle portant que, dans le cas où la couronne serait offerte à
Léopold, les cinq cours promettaient d'entamer auprès du roi des
Pays-Bas une négociation à l'effet d'assurer à la Belgique, moyennant de justes compensations, la possession du grand-duché de
Luxembourg, qui conserverait ses rapports actuels avec la confédération germanique. L'Autriche, la Prusse et la Russie s'étaient
en cette circonstance unies à l'Angleterre pour faire pièce à la
France. Quant à cette dernière puissance, qui affectait un si vif désir
de rester l'amie de la Grande-Bretagne, elle n'avait aucune raison
plausible à faire valoir contre le prince de Saxe-Cobourg. Elle l'acceptait donc sans mauvaise grâce. Il était, du reste, tacitement
entendu que ce futur roi des Belges épouserait une fille de Louis-
Philippe. Grâce à cette union, la diplomatie britannique ne triompherait pas sans réserve à Bruxelles.

Vu les dispositions manifestées par la conférence dans le protocole du 21 mai, les Belges eussent été mal inspirés en repoussant
Léopold. Le congrès l'élut donc roi, le 4 juin, à une grande majorité [1]. Une députation fut aussitôt chargée d'aller lui offrir officiellement la couronne. Le prince répondit qu'il accepterait dès que
les puissances auraient définitivement réglé, par un projet de
traité, les conditions d'existence du nouvel État et que le congrès
aurait adhéré à cet arrangement. Palmerston, qui avait hâte d'en
finir, pressa donc les travaux de la conférence, et bientôt fut conclu
sous son inspiration le pacte connu dans l'histoire sous le nom du
traité des 18 articles. Cette convention, présentée comme une
base de négociation aux deux gouvernements de Bruxelles et de la
Haye, n'excluait plus formellement le Luxembourg de la Belgique;
il lui accordait positivement dans Maëstricht ce qui n'appartenait
pas à la Hollande en 1790. Il offrait au nouveau royaume, quant
à ses rapports commerciaux, toutes les facilités qu'impliquaient les

1. Il obtint 152 voix sur 196 suffrages exprimés.

principes posés par le congrès de Vienne sur la navigation des
fleuves et rivières, principes qu'il appliquait aussi, dans le cas
présent, à la navigation des canaux. Enfin il faisait espérer à la
Belgique un allégement notable des charges pécuniaires que le
protocole du 27 janvier lui avait imposées.

Le jour même où ces dispositions furent arrêtées (26 juin),
Léopold s'en proclama satisfait et se déclara prêt à recevoir la
couronne, si le congrès de Bruxelles ne faisait pas d'opposition au
traité. Mais les dix-huit articles ne devaient pas être admis sans
objections par cette assemblée. Les Belges répétaient que Maëstricht leur était nécessaire pour leur défense, qu'ils n'avaient à
partager ni cette ville ni son territoire; que le Luxembourg était
à eux et qu'il était inique de leur demander des compensations en
retour de leur propre bien; enfin que l'indépendance politique,
commerciale et agricole de leur pays ne pouvait être assurée si les
Pays-Bas ne lui cédaient la Flandre Zélandaise [1]. D'orageuses discussions eurent lieu au sein du congrès. Finalement le projet de
traité fut accepté le 9 juillet à Bruxelles. Mais il ne l'eût peut-être
pas été sans une manœuvre diplomatique de l'Angleterre que la
connexité des deux révolutions de Pologne et de Belgique permet
de comprendre, sinon d'approuver.

VII

Le gouvernement national de Varsovie soutenait depuis plusieurs
mois une lutte héroïque, mais inégale; et, après quelques
succès glorieux, mais peu décisifs, il venait d'éprouver à Ostro-
lenka (26 mai) une défaite bien difficile à réparer. Ses tentatives
pour révolutionner la Volhynie et la Lithuanie avaient échoué.
En juin, Paskéwitch, successeur de Diebitch, avait pris le commandement de l'armée russe grossie de formidables renforts. Peu
après, il s'apprêtait à passer la Vistule et à prendre Varsovie à
revers. En présence d'un ennemi dont les ressources semblaient
inépuisables, la malheureuse Pologne était réduite à ses seules

---

1. C'est-à-dire cette partie du littoral flamand (voisine de l'île de Wal-
cheren) qui commande l'embouchure de l'Escaut et qui, finalement, est
restée partie intégrante des Pays-Bas.

forces. Par suite d'un accord avec la cour de Saint-Pétersbourg, l'Autriche et la Prusse faisaient bonne garde sur ses frontières de l'ouest et ne laissaient rien passer. Même la cour de Berlin ne se bornait plus à ce concours négatif et favorisait de toutes façons les opérations de Paskéwitch. Dans cette cruelle extrémité, les Polonais tournaient leurs regards suppliants vers la France. Le comte Walewski [1], après bien d'autres, était venu invoquer en leur faveur les bons offices du gouvernement de juillet. Louis-Philippe et Casimir Périer ne voulaient nullement se compromettre pour la Pologne. Mais le public, à Paris et dans toute la France, prenait un tel intérêt à cette vaillante nation, qu'il leur fallait bien au moins avoir l'air de suivre le courant. L'idée d'une médiation entre le czar et ses sujets révoltés leur était venue et ils l'avaient soumise à Metternich en lui demandant son concours. Le chancelier d'Autriche, au fond, n'eût pas été fâché que la Pologne ne pérît pas. Mais lui non plus ne voulait pas se compromettre. Aussi avait-il exprimé le désir que l'Angleterre fût de la partie. Il semblait que le gouvernement britannique dût saisir avec empressement cette occasion d'augmenter les embarras et les inquiétudes de la Russie. Il n'en fut pourtant rien. La cour de Londres tenait au contraire à ne pas exciter la colère du czar qui, contrarié par elle en Pologne, pouvait à ce moment, sur un autre théâtre, prendre une revanche éclatante. En effet la Turquie avait encore, pour ainsi dire, le pied de la Russie sur la gorge. Nicolas occupait toujours les Principautés. Il dépendait de lui d'ébranler et de bouleverser l'empire ottoman. Il ne faut pas oublier d'autre part que la Grèce

1. Walewski (Alexandre-Florian-Joseph Colonna, comte), fils de la comtesse Walewska, qui fut une des maîtresses de Napoléon Ier; né au château de Walewice (Pologne) le 4 mai 1810; envoyé à Londres et à Paris par le gouvernement insurrectionnel de Pologne (1831); naturalisé Français, officier dans l'armée d'Afrique, démissionnaire en 1837; directeur du *Messager des Chambres*, auteur de quelques brochures et de pièces de théâtre qui, malgré ses amis, n'eurent aucun succès; chargé par Thiers d'une mission diplomatique en Égypte (1840); attaché à la légation française de Buenos-Ayres; familier de l'Élysée sous la seconde République; ministre plénipotentiaire à Florence (1849), puis à Naples, à Madrid; ambassadeur à Londres (1851); sénateur (26 avril 1855); ministre des affaires étrangères (1855); président du Congrès de Paris (1856); remplacé au ministère par Thouvenel (janvier 1860) et nommé membre du Conseil privé; ministre d'État (24 novembre 1860); démissionnaire en juin 1863; président du Corps législatif (1865); en butte à l'hostilité de Rouher, qui finit par l'amener à résigner ses fonctions (1867); mort à Strasbourg le 27 octobre 1868.

n'avait pas de roi, et qu'elle était gouvernée par Capo d'Istria,
c'est-à-dire par un protégé du czar. Cet homme d'État s'était
rendu fort impopulaire dans son pays par ses procédés autoritaires. Une insurrection grave venait de se produire contre lui dans
la Morée et dans les îles (avril 1831). Il avait aussitôt appelé à son
aide la flotte russe. Il dépendait donc du czar de troubler de nouveau tout l'Orient et il n'y eût sans doute pas manqué si l'Angleterre
eût fait mine de protéger contre lui les Polonais, dont il était sur
le point de triompher. Par suite, on comprend que l'idée de médiation, mise en avant par la France [1], eût en réalité peu de chances
d'être adoptée par le gouvernement britannique. Mais d'autre part
les Belges paraissaient tenir beaucoup à ce que cette proposition
eût des suites sérieuses. Il leur semblait que la Pologne était leur
sauvegarde ; ils tremblaient que le czar, redevenu tout-puissant
à Varsovie, n'eût bientôt les mains libres et, reconstituant la triple
alliance du Nord, ne donnât le signal d'une croisade contre-révolutionnaire dont ils seraient les premières victimes. De son côté le
cabinet de Londres était très désireux de voir cesser la résistance
que le gouvernement de Bruxelles opposait au traité des dix-huit
articles. Palmerston, que les scrupules n'arrêtaient guère, se tira
d'embarras en tardant à s'expliquer officiellement sur la proposition française et en laissant Ponsonby [2], qui le représentait à
Bruxelles, donner aux Belges l'espoir que, s'ils adhéraient au
traité, la Grande-Bretagne adhérerait pour sa part au projet de
médiation. Le résultat de cette manœuvre, c'est que le congrès
se rallia le 9 juillet aux dix-huit articles et que, fort peu de jours
après, Palmerston répondit par une fin de non-recevoir pure et
simple à la demande du gouvernement français. La Pologne était
décidément condamnée à périr.

1. Dans une note que Talleyrand fit parvenir à Palmerston le 20 juin 1831.
2. Ponsonby (John, vicomte), né en 1770, membre de la Chambre des lords
(1806), où il s'attacha au parti whig; ministre plénipotentiaire à Buenos-
Ayres (1826), au Brésil (1828), en Belgique (1830), à Naples (1832); ambassadeur à Constantinople de 1832 à 1841, à Vienne de 1846 à 1851; mort à
Brighton en 1855.

VIII

Léopold n'avait plus de raisons pour demeurer à Londres. Il se hâta donc de quitter cette ville et vint prendre possession de son trône; le 21 juillet, il était à Bruxelles où, après avoir prêté serment à la constitution, il fut solennellement reconnu roi par le congrès. Mais presque aussitôt se produisit une complication nouvelle, à laquelle le nouveau souverain ne s'attendait guère. Le roi des Pays-Bas avait hautement protesté contre le projet des dix-huit articles (12 juillet). La France et l'Angleterre ne supposaient pas qu'il fût disposé à le combattre par les armes. Mais depuis plusieurs mois ce prince, qu'encourageaient secrètement les cours du Nord, et dont les préparatifs militaires avaient été particulièrement favorisés par la Prusse, était prêt à la guerre. Tout à coup, le 1er août, il dénonça l'armistice qui lui avait été imposé, et ses troupes envahirent la Belgique. Léopold, en hâte, se porta vers les points les plus menacés. Mais ses forces étaient trop inférieures à celles de son adversaire pour qu'il pût longtemps tenir la campagne. En quelques jours les Hollandais enlevèrent Hasselt, Louvain et se portèrent jusqu'à quelques lieues de Bruxelles. Le gouvernement belge se vit perdu. La France seule pouvait le sauver; il n'hésita donc pas à invoquer son assistance.

Casimir Périer ne voulait absolument pas que le nouvel État pérît [1]. C'était un homme d'action, que l'idée d'une entreprise militaire n'effrayait pas. Tout récemment, pour obtenir réparation en faveur de quelques Français maltraités, il avait envoyé une escadre à l'embouchure du Tage, fait forcer les passes de ce fleuve et, sous menace de bombarder Lisbonne, sans souci des réclamations possibles de l'Angleterre, imposé à l'usurpateur dom Miguel la plus humiliante convention (7-14 juillet). Au premier appel de Léopold, comme le temps pressait, il ne prit conseil que de lui-même. Cinquante mille de nos soldats entrèrent en Belgique par ses ordres, sous le maréchal Gérard, qui, dès le 12 août, occupa Bruxelles. Devant une telle démonstration les Hollandais durent bien reculer.

---

1. Une crise ministérielle venait de se produire en France (fin de juillet), et Casimir Périer avait donné sa démission; mais l'imminence d'une complication grave du côté de la Belgique l'avait déterminé à reprendre le pouvoir.

Ils n'essayèrent même pas de lutter, et, sans tirer un coup de fusil, rentrèrent chez eux en toute hâte, le 20 août; à l'exception de la place d'Anvers, qu'ils n'avaient jamais perdue, ils n'occupaient plus un seul point du territoire belge.

L'initiative hardie que venait de prendre Casimir Périer ne fut pas sans déplaire aux cours du Nord et aussi à l'Angleterre. Le gouvernement français dut expliquer à la conférence qu'il n'avait pas eu le temps de s'entendre avec elle et qu'il lui avait bien fallu courir au plus pressé. Il se hâta de déclarer en outre que Gérard et son corps d'armée allaient être rappelés, et en effet ils le furent très promptement. Mais les Français eurent beau évacuer la Belgique. Ce pays ne pouvait plus ne pas les regarder comme ses sauveurs, comme ses protecteurs naturels. Le prestige du gouvernement de Juillet reprit à Bruxelles tout son éclat. C'est sous le patronage de la France que la nouvelle monarchie allait organiser son armée, ses finances. C'est sous l'inspiration de cette puissance qu'elle semblait devoir orienter sa politique.

Le cabinet de Londres ne prit guère la peine de cacher sa mauvaise humeur. Palmerston ne tarda pas à se montrer moins favorable aux prétentions belges qu'il ne l'avait été quelques semaines auparavant et, sous prétexte que le roi des Pays-Bas n'accepterait jamais les dix-huit articles et qu'il serait sans doute difficile de l'y contraindre, il demanda bientôt à la conférence de se déjuger. Les représentants de l'Autriche, de la Prusse et de la Russie, heureux de faire pièce à la France, n'eurent garde de le contrarier. C'est ainsi que les diplomates de Londres furent amenés à souscrire, le 15 octobre, un nouvel arrangement beaucoup moins avantageux que le précédent au nouvel État. Ce projet de traité, dit des *vingt-quatre articles*, n'attribuait plus à la Belgique qu'une partie du Luxembourg, dont la capitale devait rester au pouvoir du roi des Pays-Bas. Ce souverain recevrait d'ailleurs, en compensation de ce qu'il abandonnerait de cette province, une portion considérable du Limbourg; il garderait en outre Maëstricht, Venloo et la rive gauche de l'Escaut. La conférence, en communiquant sa décision à la cour de Bruxelles, fit observer : 1° que les articles nouveaux auraient toute la force et la valeur d'une convention solennelle entre le gouvernement belge et les cinq grandes puissances; 2° que ces puissances en garantiraient l'exécution; 3° qu'une fois acceptés par les deux parties, ils seraient insérés mot à mot dans un traité direct entre la Belgique et la Hollande ; 4° que ce traité serait également garanti par les grandes cours ; 5° que les articles en question formaient un ensemble et n'admettaient pas de séparation ; 6° enfin qu'ils constituaient un arrangement irrévocable sur lequel les puissances étaient résolues à amener l'accord des deux parties contendantes ; qu'elles s'engageaient à obtenir l'adhésion de la Hollande, quand même elle commencerait par résister, et qu'elles useraient de tous les moyens en leur pouvoir pour prévenir le renouvellement des hostilités entre le roi Léopold et le roi Guillaume.

Le parlement de Bruxelles accueillit tout d'abord fort mal le traité de vingt-quatre articles. Mais les circonstances ne lui permettaient pas de le rejeter. L'Angleterre le présentait comme une sorte d'ultimatum. La France paraissait devoir l'accepter, parce qu'on lui accordait le démantèlement des principales forteresses belges échelonnées sur sa frontière du Nord en vertu des traités de 1815 [1]. Quant aux cours du Nord, il était à craindre qu'elles ne trouvassent encore le traité trop avantageux pour la Belgique et le moment eût été mal choisi pour leur rompre en visière. La Pologne, abandonnée par la France et par la Grande-Bretagne, venait de succomber. Varsovie était au pouvoir des Russes depuis le 7 septembre. Rien ne semblait empêcher la triple alliance de se reformer et de diriger ses coups sur l'Occident. La Belgique se soumit donc à l'arrêt de la conférence et, le 15 novembre, son représentant à Londres, van de Weyer [2], signa pour elle un traité par lequel les cinq grandes puissances, en retour de son adhésion, garantissaient l'exécution des vingt-quatre articles et assuraient leur amitié au roi Léopold.

La clause finale de cet acte portait qu'il serait ratifié dans un délai de deux mois par les parties contractantes. Mais il ne faut pas

---

1. Un protocole du 16 novembre prescrivit en effet le démantèlement des places de Menin, Ath, Mons, Philippeville et Mariembourg.

2. Weyer (Sylvain van de), né à Louvain en 1803 ; avocat à Bruxelles, puis conservateur de la bibliothèque de cette ville ; rédacteur du *Courrier des Pays-Bas* avant 1830 ; membre du gouvernement provisoire de Belgique (septembre 1830) ; ministre des affaires étrangères sous la régence de Surlet de Chokier (1831) ; envoyé par Léopold comme ministre plénipotentiaire à Londres, d'où il revint en 1845 pour prendre la présidence du cabinet belge, où il retourna en 1846, et où il resta jusqu'en 1867 ; mort en 1874.

oublier que les membres de la conférence n'avaient pas les pleins pouvoirs de leurs gouvernements. L'Angleterre et la Belgique considéraient bien le traité comme définitif, l'une parce qu'il était son œuvre, l'autre parce qu'elle eût craint de se compromettre en le repoussant. Mais la France hésitait à le ratifier, parce qu'elle le trouvait trop peu avantageux à la cour de Bruxelles, et les cours du Nord faisaient mine de le désavouer pour une raison toute contraire.

IX

Le gouvernement de Juillet céda le premier et, dès le mois de janvier 1832, se mit entièrement d'accord avec le cabinet de Londres sur les vingt-quatre articles. Mais s'il lui fit cette concession, il ne la lui fit pas pour rien. Effectivement Casimir Périer obtint en retour que l'Angleterre approuvât ses desseins sur l'Italie, desseins dont l'exécution devait, d'autre part, contribuer à faire tomber l'opposition de l'Autriche au susdit traité. Le ministre français se proposait d'envoyer des troupes dans les États de l'Église, et comme il ne pouvait, sans s'exposer à de redoutables complications, les y expédier par le Piémont [1], il lui fallait bien faire prendre la voie de mer. Toute entreprise navale de la France éveillait d'ordinaire la jalousie de l'Angleterre. Mais comme à ce moment une étroite corrélation existait entre les intérêts des deux puissances et que la modération du cabinet Périer inspirait pleine confiance, la cour de Londres ne mit point d'obstacle au projet en question.

Les réformes pompeusement annoncées par le Saint-Siège en réponse au mémorandum du 21 mai, s'étaient bornées à fort peu de chose. Encore les ministres du pape les avaient-ils réduites presque à rien dans l'application. Casimir Périer se jugeait mystifié, et il n'aimait pas à l'être. En outre, le gouvernement pontifical se proposait d'envoyer des troupes régulières dans les Légations pour y désarmer les gardes civiques, seule garantie que ces provinces eussent à ce moment contre les excès du pouvoir

1. Charles-Albert venait de succéder le 27 avril 1831, comme roi de Sardaigne, à Charles-Félix, allié et protégé de l'Autriche. Quels que fussent ses sentiments secrets, il affectait à cette époque une soumission presque sans réserve à la cour de Vienne.

absolu ; et, en prévision des résistances que cette opération devait rencontrer, il avait à l'avance sollicité le concours des troupes autrichiennes, qui lui était assuré. Cette fois, Casimir Périer jugea que la France ne pouvait sans honte et sans dommage permettre à la cour de Vienne de faire à elle seule la police de l'Italie. Aussi, dès le commencement de janvier 1832, fit-il demander au pape par notre ambassadeur Sainte-Aulaire [1] d'agréer que la France, puissance catholique, attachée au Saint-Siège, concourût comme l'Autriche à rétablir l'ordre dans ses États, s'il venait à être troublé. La cour de Rome refusa net, faisant entendre que l'intervention de la France serait pour les Italiens un encouragement à la révolution, tandis que celle de l'Autriche aurait un effet tout contraire. Dans le même temps, Périer faisait connaître son intention à Metternich, qui la réprouva de toutes . ses forces, sans aller pourtant, comme l'année précédente, jusqu'à des menaces de guerre.

Le ministre français ne se laissa ni rebuter ni intimider. Vers la fin de janvier, l'entrée des troupes pontificales dans les Légations amena de nouveaux soulèvements, comme on pouvait s'y attendre. Presque aussitôt, l'armée autrichienne reparut à Bologne. Mais elle y était à peine depuis quelques jours que Casimir Périer exécutait hardiment sa menace. Le 22 février, un régiment français débarquait tout à coup devant Ancône, en enfonçait les portes et prenait possession de cette ville, que les troupes du pape lui abandonnèrent sans résistance.

La cour de Rome ne manqua pas de jeter les hauts cris. Le cardinal Bernetti déclara que depuis les Sarrasins pareil attentat n'avait pas été commis. Metternich dénonça ce coup de vigueur comme un guet-apens et un acte de brigandage. Les ambassadeurs des cours du Nord allèrent demander à Casimir Périer s'il y avait encore un droit public européen. « Le droit public européen, répondit-il avec hauteur, c'est moi qui le défends ; croyez-

1. Sainte-Aulaire (Louis-Clair de Beaupoil, comte de), né à Saint-Méard (Dordogne) en 1778 ; chambellan de Napoléon en 1809 ; préfet de la Meuse (1813), puis, après la Restauration, préfet de la Haute-Garonne (1814) ; membre de la Chambre des députés, où il siégea, de 1815 à 1829, dans les rangs du parti constitutionnel ; pair de France (1829) ; ambassadeur à Rome (1831), à Vienne (1833-1841), à Londres (1841-1847) ; membre de l'Académie française depuis 1841 ; mort à Paris en 1854.

vous qu'il soit facile de maintenir les traités et la paix? Il faut que
l'honneur de la France aussi soit maintenu; il commandait ce que
je viens de faire. J'ai droit à la confiance de l'Europe et j'y ai
compté. » Devant une pareille fermeté tout le monde finit par
s'incliner. La cour d'Autriche continua de maugréer, mais elle
n'osa exiger l'évacuation d'Ancône; la cour de Rome elle-même
dut se résigner à voir flotter sur les murs de cette ville le drapeau de *la révolution* et, par une convention du 16 avril, il fut
stipulé que les troupes françaises y séjourneraient tant que les
forces autrichiennes seraient maintenues dans les Légations.

X

Metternich savait bien, sans l'avouer, que le sort de l'Italie
dépendait maintenant de la France et que, si la nouvelle garnison d'Ancône en donnait le signal, la révolution s'étendrait en
quelques jours des Alpes au détroit de Messine et même plus loin.
Aussi jugea-t-il bon de ne pas pousser à bout le gouvernement de
Juillet en persistant dans son opposition au traité des vingt-quatre
articles. Peut-être, malgré tout, se fût-il entêté à repousser cet
arrangement, si la Prusse se fût jusqu'au bout associée à sa résistance. Mais la cour de Berlin capitulant pour son compte, il céda
de son côté, si bien que, dès le 18 avril, l'acte qui constituait définitivement l'État belge fut ratifié tout à la fois au nom de François Ier et de Frédéric-Guillaume III [1].

Si le gouvernement prussien, malgré les liens étroits qui l'unissaient à la cour de la Haye [2], avait fini par l'abandonner, c'est que
l'exemple de la défection lui avait été donné par la Russie. L'empereur Nicolas, plus porté qu'aucun souverain à protéger le roi
des Pays-Bas, dont le fils aîné était son beau-frère, avait lui-

---

1. Les deux grandes puissances allemandes n'adhérèrent, il est vrai, au traité
que sous certaines réserves de détail, dont elles devaient abuser plus tard
pour provoquer de nouvelles complications, comme on le verra dans le chapitre suivant.
2. Il ne faut pas perdre de vue que Guillaume Ier, roi des Pays-Bas, était,
par sa mère, petit-neveu du grand Frédéric et qu'il avait épousé une sœur
du roi de Prusse, Frédéric-Guillaume III.

même, en février, envoyé un de ses conseillers, le prince Orloff[1], vers ce souverain, pour l'engager à la résignation ; puis, le gouvernement hollandais s'obstinant à demander de fort graves modifications au traité[2], il lui avait fait savoir qu'il n'approuvait pas ses exigences et qu'il ne pouvait plus le soutenir (fin de mars 1832)[3].

La condescendance du czar aux vues de l'Angleterre et de la France eût été inexplicable, surtout après sa victoire sur les Polonais, si elle n'eût eu pour raison d'être la question d'Orient qui, à ce moment, plus que jamais, préoccupait la cour de Saint-Pétersbourg. Depuis la capitulation de Varsovie, Nicolas avait dû tourner ses regards d'abord vers la Grèce, et ensuite vers la Turquie, où semblaient s'annoncer de nouveaux orages. Dans le premier de ces deux États, son influence avait été mise en péril par la mort de Capo d'Istria, que les frères Mavromichalis avaient assassiné à Nauplie le 9 octobre 1831. Un frère de ce personnage[4] avait prétendu lui succéder au pouvoir. Mais la plus grande partie de la Grèce s'était soulevée contre lui et il avait dû résigner ses fonctions le 10 avril 1832. L'empereur de Russie avait employé plusieurs mois à négocier avec la France et l'Angleterre d'une part,

---

1. Orloff (Alexis-Fœdorovitch, prince), né à Moscou en 1786; adjudant du grand-duc Constantin ; colonel de la garde à cheval lors de la révolte militaire de Saint-Pétersbourg, qu'il aida puissamment à comprimer (déc. 1825); chargé, après avoir commandé une division contre les Turcs (1828), de négocier la paix à Andrinople (sept. 1829); ambassadeur extraordinaire à Constantinople (1830); chargé d'une mission en Pologne (1830-1831), puis envoyé à Londres pour y traiter des affaires de Belgique (1832) ; mis à la tête de l'armée envoyée par le czar au secours du sultan et principal auteur du traité d'Unkiar-Skélessi (1833); nommé successivement général de cavalerie, conseiller d'État, commandant de la gendarmerie (1844), directeur de la police secrète; il prit part aux conférences de Berlin et d'Olmütz en 1853, accomplit sans succès à Vienne, au commencement de 1854, une mission confidentielle de son souverain, représenta la Russie au congrès de Paris (1856), reçut le titre de prince, la présidence du conseil de l'empire, celle du conseil des ministres, et mourut à Saint-Pétersbourg en 1861.

2. Il exigeait en effet : 1° la rectification de l'article relatif à la navigation intérieure et au droit de pilotage et de balisage sur l'Escaut; 2° la suppression du projet de route ou canal à l'usage des Belges dans le Limbourg; 3° la capitalisation de la partie de la dette attribuée à la Belgique; 4° un arrangement sur la liquidation du syndicat d'amortissement en harmonie avec les propositions précédemment énoncées par le cabinet de la Haye; 5° un accroissement de territoire dans le Limbourg; 6° le renvoi à une négociation ultérieure de la question du Luxembourg.

3. Le traité des vingt-quatre articles fut officiellement ratifié par le gouvernement russe au commencement de mai.

4. Jean-Marie-Augustin, comte de Capo d'Istria, mort en 1842.

avec la Porte de l'autre, pour donner un roi aux Hellènes et s'assurer leur reconnaissance en leur procurant un accroissement de territoire. Au moment où nous sommes arrivés, il avait à peu près réussi. Le protocole du 7 mai 1832, signé à Londres, conférait la couronne de Grèce au jeune Othon de Bavière [1] et lui promettait les garanties naguère offertes à Léopold. Il lui faisait aussi espérer que son royaume, borné à l'embouchure de l'Aspropotamo, serait étendu jusqu'au golfe d'Arta [2]. De ce côté donc, l'horizon semblait enfin s'éclaircir. Mais il s'assombrissait de plus en plus en Turquie, où le sultan, qui s'épuisait en vaines tentatives de réformes, était menacé par le plus puissant de ses vassaux. Méhémet-Ali, pacha d'Egypte, frustré dans l'espoir d'obtenir le gouvernement de la Morée, cherchait à se dédommager en conquérant la Syrie [3]. Son fils Ibrahim avait pénétré en armes dans ce pays ; il assiégeait Saint-Jean-d'Acre depuis le mois de décembre 1831 ; cette place allait bientôt succomber ; et le czar, réservant ses forces pour protéger Mahmoud, devenu pour ainsi dire son vassal, était, on le comprend, fort peu disposé à provoquer de nouvelles complications en Occident.

En résumé, vers le milieu de 1832, l'Europe, un moment ébranlée par la commotion de juillet, avait à peu près retrouvé son repos. Les traités de 1815 avaient subi de larges accrocs. La France avait fait reconnaître son droit à disposer d'elle-même. La Belgique était affranchie et neutralisée. L'Italie n'était plus exclusivement dominée par l'Autriche. La Pologne, il est vrai, n'était pas parvenue à rompre ses fers. La Sainte-Alliance cherchait à se reconstituer, sans y réussir. La Révolution était contenue par la puissance même qui avait paru prête à la déchaîner en 1830. L'équilibre, tant bien que mal rétabli entre les puissances, semblait avoir pour principal garant l'énergique ministre que Louis-Philippe subissait sans l'aimer depuis le 13 mars 1831. Et c'est juste à ce moment (16 mai) que mourut Casimir Périer, emporté par l'épidémie de choléra qui sévissait alors à Paris.

---

1. Fils du roi Louis de Bavière ; né le 1er juin 1815 ; roi des Hellènes en 1832 ; renversé en 1862 ; mort à Bamberg le 26 juillet 1867, sans enfants de son mariage avec la princesse Amélie d'Oldenbourg.

2. Cette extension fut en effet accordée par la Porte le 16 septembre suivant, moyennant une indemnité de douze millions de piastres.

3. Il disait avoir à se plaindre du pacha de Saint-Jean-d'Acre et, malgré l'opposition du sultan, prétendait se faire justice lui-même.

CHAPITRE IX

UNE « ENTENTE CORDIALE » [1]

I. Les puissances occidentales et les cours du Nord en 1832. — II. Affaires de
Belgique : traité du 22 octobre et siège d'Anvers. — III. Question d'Orient :
Mahmoud, Méhémet-Ali et Nicolas ; traités de Kutaya et d'Unkiar-Skélessi. —
IV. Politique de la Sainte-Alliance : Teplitz et München-Grœtz. — V. Metternich
et la contre-révolution. — VI. Le Portugal, l'Espagne et la quadruple alliance.

(1832-1834)

I

La contre-révolution, représentée par les trois grandes cours
du Nord, avait été quelque temps rassurée — et contenue par
Casimir Périer. Après lui, elle redevint inquiète et se montra
plus hardie.

A peine cet homme d'État avait-il disparu que le gouverne-

---

1. SOURCES : Blanc (L.), *Histoire de dix ans*, t. III et IV ; — Bollaert (W.),
The wars of succession of Portugal and Spain ; — Bulwer, *Life of Palmerston*,
t. II et III ; — Canitz-Dallwitz (baron de), *Denkschriften*, t. I ; — Capefigue,
l'Europe depuis l'avènement du roi Louis-Philippe, t. VI et VII ; — Carné (L. de),
la Belgique, sa révolution et sa nationalité (Revue des Deux Mondes, 15 juin
1836) ; — Deventer (van), *Cinquante années de l'histoire fédérale de l'Allemagne* ; — Guizot, *Mémoires*, t. II, III et IV ; — Haussonville (comte d'), *Histoire de la politique extérieure du gouvernement français*, t. I ; — Hillebrand (K.),
Geschichte Frankreichs, t. I ; — Hubbard, *Histoire contemporaine de l'Espagne*,
t. II et III ; — Lesur, *Annuaire historique*, années 1832-1834 ; — Lytton-Bulwer,
Essai sur Talleyrand ; — Ménière, *la Captivité de Mme la duchesse de Berry* ;
— Metternich (prince de), *Mémoires, documents et écrits divers*, t. V ; — Mirabeau
(comtesse de), *le Prince de Talleyrand et la maison d'Orléans* ; — Mouriez
(P.), *Histoire de Méhémet-Ali* ; — Rochechouart (comte de), *Souvenirs* ; —
Thureau-Dangin, *Histoire de la monarchie de Juillet*, t. II ; — Worms (E.),
l'Allemagne économique ou histoire du Zollverein allemand, etc.

ment de Juillet faillit être emporté par une double crise. La
duchesse de Berry, débarquée depuis quelques semaines en Provence, avait de là passé en Vendée où, vers la fin de mai 1832,
elle provoqua au nom de son fils un soulèvement légitimiste.
Quelques jours plus tard, le parti républicain, dont diverses
émeutes avaient déjà révélé l'audace et l'énergie, prenait les
armes à Paris et soutenait dans les rues une bataille en règle
contre les troupes du *roi bourgeois* (5-6 juin). Sans doute cette
double insurrection fut assez promptement étouffée. Mais il en
résulta une perturbation morale qui, plusieurs mois encore, se
fit sentir dans toute la France et qui prolongea la difficulté de
trouver un successeur à Casimir Périer. La présidence du conseil,
offerte à Talleyrand, puis à Dupin, ne fut acceptée ni par l'un ni
par l'autre et, jusqu'en octobre, le ministère, privé de chef, allait
demeurer sans force au dedans, sans autorité au dehors. L'Angleterre, dont le concours semblait si précieux à Louis-Philippe,
était également travaillée par un mal intérieur qui ne lui laissait
pas une entière liberté de mouvements. Lord Grey faisait enfin
voter son bill de réforme électorale (4 juin), mais après une
lutte qui avait ébranlé tout le pays [1]; et maintenant il se trouvait
en face de l'agitation irlandaise, plus menaçante que jamais, et qui
paraissait devoir longtemps encore paralyser sa politique [2].

---

1. Ce bill faisait succéder au régime scandaleusement oligarchique que le
Royaume-Uni avait subi jusqu'alors une organisation électorale relativement
équitable et de nature à encourager la démocratie britannique. D'une part
il proportionnait — dans une certaine mesure — le nombre des députés à la
population des villes, des bourgs et des comtés. De l'autre, il fixait de la
manière suivante (ce qui était un grand progrès) les conditions requises pour
l'électorat : « Désormais était électeur, dans les bourgs, tout citoyen habitant
une maison d'un loyer de 10 livres (250 francs) et qui y fixerait son domicile.
Pour les comtés on ajouta aux *freeholders* (propriétaires fonciers) justifiant de
40 shellings de revenu, les *copyholders* et les fermiers à bail pour soixante
ans, tous aux mêmes conditions (10 livres sterling de revenu). Quant aux
fermiers qui n'avaient que des baux de vingt ans, et à ceux que leurs maîtres pouvaient renvoyer à volonté (*tenant at will*), ils devenaient électeurs
s'ils payaient une redevance de 50 livres sterling. On voit que l'Angleterre
était encore loin du suffrage universel. » Mais c'était un premier pas vers ce
but, dont elle n'a cessé, depuis lors, de se rapprocher.
2. L'émancipation des catholiques, votée en 1829 après une campagne parlementaire à jamais mémorable, ne suffisait pas aux Irlandais, si durement
et depuis tant d'années opprimés. L'émancipation agraire et l'autonomie
nationale, qui sont encore aujourd'hui leur programme, étaient dès cette
époque celui du grand agitateur O'Connell, qui était et devait être longtemps
encore le plus vigoureux champion de leurs droits méconnus.

Au contraire, les trois cours de Saint-Pétersbourg, de Vienne et de Berlin, se fortifiant, prenaient vis-à-vis de l'Europe une attitude formidable. L'empereur de Russie, vainqueur de la Pologne, dénationalisait brutalement ce malheureux pays, sans que rien fît obstacle à sa volonté. Quant à l'empereur d'Autriche et au roi de Prusse, non seulement ils maintenaient avec rigueur dans leurs États l'ordre, c'est-à-dire le silence et la docilité, mais ils dictaient à la diète de Francfort (28 juin-5 juillet) une double série de décrets qui avaient pour but, les uns de restreindre les droits parlementaires dans tous les États allemands et de soumettre les constitutions comme les chambres à la surveillance et au contrôle de l'autorité fédérale, les autres de renouveler, en les aggravant, les mesures prises en 1819 à l'égard de la presse et des universités, d'empêcher toute association, toute manifestation populaire, enfin de surveiller, prévenir ou réprimer les menées des propagandistes étrangers [1].

1. Plusieurs souverains allemands avaient dû, depuis 1830, accorder des constitutions à leurs sujets. D'autres luttaient difficilement contre la hardiesse croissante de leurs parlements. L'idée de l'unité germanique faisait son chemin et se manifestait par des réunions tumultueuses, comme celle de Hambach (27 mai 1832). Les résolutions diétales du 28 juin portaient en substance : 1° que les souverains allemands n'étaient liés par une constitution à la coopération des chambres que pour l'exercice de certains droits déterminés (c'est-à-dire que dans aucun cas ils n'admettraient le principe de la souveraineté nationale) et qu'ils devaient rejeter les pétitions des États qui seraient en contradiction avec cette règle ; 2° que le refus de l'impôt par les Chambres était rangé parmi les symptômes d'insurrection que la diète s'engageait à étouffer par la force, sans même y être appelée ; 3° que la législation intérieure d'un État ne devait pas porter préjudice au but de la confédération, ni entraver l'exercice des obligations fédérales ; 4° qu'il serait nommé par la diète, d'abord pour six ans, une commission chargée de surveiller les discussions et délibérations des chambres ; 5° que les gouvernements confédérés s'engageaient à prendre et à maintenir les mesures convenables pour empêcher toute attaque contre la confédération dans les assemblées d'États ; 6° que la diète seule avait le droit d'interpréter l'acte de la confédération et l'acte final de Vienne. — Quant à la *résolution* du 5 juillet, elle était relative à la prévention et à la répression des *troubles et menées révolutionnaires*. Elle renouvelait, en les aggravant singulièrement, les mesures précédemment édictées par la diète à l'égard de la presse, des associations politiques, des fêtes et réunions populaires, des emblèmes *séditieux*, des universités, de la police, de l'assistance militaire que se devaient les gouvernements confédérés, etc.

II

Les embarras au milieu desquels se débattaient la France et l'Angleterre n'enhardissaient pas seulement les trois puissants souverains du Nord. Ils servaient aussi d'encouragement au roi des Pays-Bas, qui n'avait pas encore reconnu la révolution belge et qui ne désespérait pas de voir remettre en question le traité des vingt-quatre articles. La cour de la Haye avait fait à cet arrangement de nombreuses objections. Elle refusait notamment, ou ne voulait accorder qu'à titre fort onéreux, les moyens de communication — par eau et par terre — que la conférence de Londres avait promis au nouvel État du côté de la Hollande. Elle exigeait le payement en capital (et non en rentes) de la partie de la dette attribuée au gouvernement de Bruxelles. Elle ne se tenait pas satisfaite du territoire qui lui était concédé dans le Limbourg. Les puissances du Nord, pour lui complaire, n'avaient ratifié les vingt-quatre articles que sous réserve des modifications à intervenir par suite d'un accord direct entre les Pays-Bas et la Belgique. Mais le vieux roi Guillaume ne voulait négocier avec Léopold qu'après avoir obtenu, par un nouveau traité, la sanction formelle de la conférence. Cette prétention ne fut pas admise à Londres et, après avoir résisté plusieurs mois, la cour de la Haye parut enfin disposée à entrer en pourparlers avec celle de Bruxelles. Mais cette dernière demandait depuis longtemps qu'avant toute négociation sur les points contestés, les clauses du traité sur lesquelles tout le monde était d'accord fussent exécutées. Le roi des Pays-Bas n'insistait plus maintenant pour obtenir la rectification de frontière qu'il avait longtemps sollicitée. Son adversaire exigeait donc que les troupes néerlandaises évacuassent sans retard tous les points qu'elles occupaient encore sur le territoire attribué à la Belgique par la convention du 15 novembre. Il offrait du reste la réciproque ; mais Guillaume, qui, au fond, ne voulait pas traiter, comptant toujours pouvoir rentrer à Bruxelles, grâce à un conflit possible entre les grandes puissances, ne répondit que par de nouvelles chicanes et de nouveaux atermoiements. Bref on arriva jusqu'en septembre 1832 sans qu'aucune des difficultés pendantes eût été résolue.

Le peuple belge commençait à perdre patience. L'obstination des Hollandais à occuper des positions qu'ils ne devaient pas garder, et notamment la citadelle d'Anvers, ne lui paraissait pas seulement préjudiciable à ses intérêts. Il y voyait une bravade et un outrage qu'il n'était plus d'humeur à supporter. Léopold, poussé par l'opinion publique, dut donc élever la voix. Aussi, en prévision d'un conflit prochain avec son voisin, réclama-t-il le concours matériel des cinq grandes puissances, qui, en signant le traité du 15 novembre, s'étaient engagées à en garantir l'exécution.

Le gouvernement français n'avait rien à lui refuser. Le roi des Belges venait d'épouser, le 8 août, la fille aînée de Louis-Philippe; la royauté de Juillet, si attachée à ses intérêts dynastiques, ne pouvait le laisser en peine. Elle sentait bien, du reste, que quelques coups de canon tirés à propos lui vaudraient un regain de popularité au dedans et de considération au dehors dont elle avait à ce moment grand besoin. Le cabinet britannique ne voulait pas plus qu'elle abandonner Léopold, sa créature. Il ne lui convenait pas, d'ailleurs, que la France, pour la seconde fois, sauvât à elle seule la Belgique et, s'il s'associait à sa politique, c'était au moins autant pour pouvoir la contenir que pour la seconder. Quant aux trois cours du Nord, elles n'osaient soutenir ouvertement le roi des Pays-Bas. Mais il leur répugnait d'employer la force pour contraindre un souverain à exécuter un traité dont la Révolution était la raison d'être. Elles déclarèrent donc, le 1er octobre, ne pouvoir prendre part aux mesures coercitives proposées contre la cour de la Haye. De fait, la conférence de Londres se trouva ainsi dissoute.

Les cabinets de Paris et de Londres ne se laissèrent pas intimider. Les têtes se montaient de plus en plus en Belgique. Léopold était contraint de prendre ses ministres dans le parti de la guerre, et le cabinet de Bruxelles annonçait l'intention de se faire justice lui-même si, avant le 3 novembre, les deux puissances occidentales ne lui assuraient pas une légitime satisfaction. Louis-Philippe, après bien des tâtonnements, venait enfin de constituer, le 11 octobre, une administration vigoureuse qui, sous la direction toute militaire du maréchal Soult, comprenait des hommes de

grande énergie et de grand talent, comme Thiers, Guizot et le duc
de Broglie [1]. La paix intérieure allait être assurée pour quelque
temps en France par la capture de la duchesse de Berry qui, cachée
depuis plusieurs mois à Nantes, fut arrêtée le 7 novembre et conduite à la citadelle de Blaye [2]. Quant à la crise extérieure, le nouveau
ministère y pourvut en concluant avec l'Angleterre, dès le 22 octobre, une convention militaire ayant pour but la délivrance d'Anvers. En vertu de cet acte, une armée française devait aller faire le
siège de cette place, pendant que les deux parties contractantes
uniraient leurs flottes pour bloquer les Pays-Bas et mettraient l'embargo sur les navires néerlandais à ce moment mouillés dans leurs
ports. Il était bien entendu d'ailleurs (et l'on reconnaît à ces précautions la jalousie britannique) que les troupes de Louis-Philippe n'occuperaient en Belgique aucune forteresse, qu'elles ne pénétreraient
pas sur le territoire hollandais et qu'elles rentreraient en France
aussitôt après la prise d'Anvers. Il était convenu aussi qu'elles ne
seraient pas secondées par celles de Léopold, qui devraient assister
immobiles à l'intervention. A cet arrangement singulier le cabinet
de Saint-James voyait un double avantage : d'une part il pourrait représenter à l'Europe que, si les Français marchaient sur
l'Escaut, ce n'était pas comme alliés des Belges, comme fauteurs
de la Révolution, mais comme exécuteurs d'un arrêt diplomatique
porté au nom de l'Europe et dans son intérêt; de l'autre, ils pensaient bien que les Belges ne leur pardonneraient pas de longtemps
l'humiliation à laquelle ils allaient être condamnés, et ce calcul
n'était pas dénué de raison.

Les cabinets de Londres et de Paris s'efforcèrent de démontrer

---

1. Voici quelle était la composition de ce cabinet : *Présidence du conseil et
guerre*, le maréchal Soult; *Justice et cultes*, Barthe; *Affaires étrangères*, le
duc de Broglie; *Marine*, l'amiral de Rigny; *Intérieur*, Thiers; *Instruction
publique*, Guizot; *Commerce et travaux publics*, d'Argout; *Finances*, Humann.
2. Elle y fut retenue jusqu'au mois de juin 1833. Louis-Philippe ne montra
aucune générosité pour cette princesse, qui était sa nièce. Il ne la relâcha
qu'après avoir fait constater publiquement la naissance d'une fille, dont elle
accoucha dans sa prison, ce qui la réduisit à déclarer qu'elle avait contracté
un mariage secret avec un gentilhomme napolitain, le comte de Lucchesi-
Palli. Après une pareille révélation, elle était à jamais *disqualifiée* et le parti
légitimiste ne pouvait plus la regarder comme son chef. Charles X et sa
famille la traitèrent dès lors plus que froidement. Elle se retira en Italie et
ne joua plus, du moins ostensiblement, aucun rôle politique. Elle est morte
à Brunsée (Styrie), le 17 avril 1870.

aux puissances du Nord que le traité du 22 octobre était sans inconvénients pour l'équilibre européen. Ils ne les en convainquirent pas
entièrement. La Prusse surtout montra une mauvaise humeur qui
se traduisit bientôt par des dispositions menaçantes à l'égard de la
France. Le vieux roi Frédéric-Guillaume, fort pacifique d'humeur,
fut un moment entraîné par le parti de la guerre et, sous prétexte
que la Belgique avait été déclarée neutre, fit mine de vouloir s'opposer aux opérations de l'armée française dans ce pays. Ses troupes
se rapprochèrent visiblement de la Meuse au commencement de
novembre et le maréchal Soult dut prendre de sérieuses mesures
pour les arrêter au besoin. Mais la cour de Berlin, pas plus en 1832
qu'en 1830, ne voulait s'exposer seule à une guerre qui pouvait
lui coûter sa province du Rhin. Le concours de la Russie et de
l'Autriche lui paraissait, plus que jamais, indispensable; et, comme
en 1830, il allait lui faire défaut.

Le czar n'eût peut-être pas mieux demandé que de se mesurer
avec la France. Mais il fit savoir à Frédéric-Guillaume qu'il lui faudrait au moins six mois pour entrer en ligne. Quant à l'empereur
d'Autriche, ses dispositions à l'égard de Louis-Philippe n'avaient
certainement rien de bienveillant. N'ayant plus sous la main, pour
lui faire peur, le duc de Reichstadt, qui venait de mourir[1], il venait
de donner asile en Bohême à Charles X et à sa famille, qui devaient
y trouver toutes facilités pour conspirer contre le gouvernement de
Juillet[2]. Mais d'autre part il ne tenait que médiocrement à favoriser
l'ambition de la Prusse, qui, à ce moment même, étendait de toutes
parts son influence en Allemagne par des traités de douanes d'où
allait bientôt résulter le *Zollverein*[3]. Aussi la cour de Vienne, tout

1. Le 22 juillet 1832, à l'âge de vingt et un ans.
2. Le Hradschin, résidence que l'empereur d'Autriche mit à la disposition
du roi détrôné, à Prague, devint dès lors un but de pèlerinage politique
pour les légitimistes français, qui, jusqu'à la mort de Charles X, ne cessèrent de s'y rendre pour se concerter avec leurs princes sur les meilleurs
moyens d'amener la chute de Louis-Philippe et l'avènement de *Henri V*. Sur
leurs intrigues, voir Metternich, *Mémoires, documents,...* t. V et VI.
3. Le *Zollverein* fut établi par le traité du 22 mars 1833, qui unissait dans
une même législation douanière les États suivants : Prusse, Anhalt-Bernbourg,
Anhalt-Dessau, Hesse électorale, Bavière, Wurtemberg, Hohenzollern-Hechingen, Hohenzollern-Sigmaringen, Hesse-Darmstadt. A ce pacte accédèrent le
30 mars 1833 le royaume de Saxe et le 11 mai de la même année les États
qui avaient jusque-là formé l'association de Thuringe (Saxe-Weimar, Saxe-
Meiningen, Saxe-Cobourg-Gotha, Schwartzbourg-Rudolstadt, Schwartzbourg-

en protestant de son dévouement absolu à celle de Berlin et de son désir de le lui prouver, répondit-elle qu'obligée pour le moment d'employer la plus grande partie de ses forces à surveiller la Suisse et l'Italie, elle ne pourrait s'associer à des opérations offensives en Belgique et qu'elle attendrait, pour joindre ses troupes à celles de la Prusse, que la guerre menaçât le territoire de la confédération germanique.

Frédéric-Guillaume ne demandait personnellement qu'à rester en repos. Il ne bougea donc pas, et le traité du 22 octobre fut exécuté sans opposition de la part des grandes puissances. Tandis que la flotte anglo-française allait opérer le blocus des côtes néerlandaises, le maréchal Gérard, à la tête d'une belle armée, pénétra dès le 15 novembre en Belgique et alla mettre le siège devant la citadelle d'Anvers. Après vingt-quatre jours d'énergique résistance, la place capitula (23 décembre), et la campagne fut ainsi terminée. Fidèle à ses engagements, le cabinet des Tuileries rappela aussitôt ses troupes, qui rentrèrent en France dans le courant de janvier 1833. Les deux puissances occidentales se montrèrent après la victoire aussi modérées qu'elles auraient pu être violentes. Elles se remirent en effet à négocier avec le roi des Pays-Bas, que la fortune contraire n'avait pas rendu fort accommodant, car il s'ingénia plusieurs mois encore à retarder par des moyens dilatoires et des subtilités de procédure l'arrangement auquel le conviaient les deux cours. Finalement, voyant qu'aucun

<hr>

Sondershausen, Reuss-Schleiz, Reuss-Greiz, etc.). L'union ainsi conclue comportait ces trois principes : tarif uniforme aux frontières, liberté de commerce à l'intérieur, communauté de recettes. « Le trait caractéristique du pouvoir législatif était l'unanimité requise pour ses résolutions. La majorité ne faisait jamais loi. L'égalité absolue régnait dans les délibérations du Zollverein. » Tous les ans les commissaires des États associés devaient se réunir dans une capitale différente, arrêter les comptes de l'année, prononcer sur les contraventions au pacte fondamental ou sur les cas litigieux, délibérer sur les changements à apporter au système établi, etc. L'Union fut bientôt grossie de la Hesse-Hombourg, de Bade, de Nassau (1835), de Francfort-sur-le-Mein (1836), de la Lippe-Detmold, du Brunswick, de la principauté de Waldeck (1841), du Luxembourg (1842). Plusieurs États, formant le *Steuerverein* ou *association d'impôts* (Hanovre, Oldenbourg, Schaumbourg-Lippe), les villes de Brême, Hambourg et Lubeck et les deux Mecklembourg devaient faire attendre beaucoup plus longtemps leur accession au Zollverein (qui, conclu pour douze ans, fut prorogé pour une égale durée en 1841, 1853, etc.). L'Autriche, comme on le verra plus loin, fit, à partir de 1848, de vains efforts pour y entrer. Depuis 1866, et surtout depuis 1871, l'union douanière est devenue le régime constitutionnel de l'Allemagne nouvelle.

gouvernement n'était disposé à lui venir en aide, il consentit à un
traité qui fut signé à Londres le 21 mai 1833 et qui établissait
entre la Belgique et les Pays-Bas un *modus vivendi* conforme à
l'esprit des vingt-quatre articles. La France et l'Angleterre
levaient le blocus de la Hollande, renvoyaient leurs prisonniers,
restituaient les navires séquestrés ; en retour le roi des Pays-Bas
ouvrait au commerce belge l'Escaut et la Meuse et, en attendant
un accord direct entre lui et Léopold, s'engageait à respecter la
neutralité du nouvel État. Sans doute il se proposait de retarder
cet accord par de nouvelles chicanes, et, de fait, il devait pendant
cinq ans encore se refuser à le conclure officiellement. Mais de fait
aussi, après l'acte du 21 mai, la Belgique ne devait plus subir
aucune atteinte de son ancien souverain.

III

Si la Russie et l'Autriche avaient décliné les propositions de la
Prusse quand cette puissance voulait les entraîner vers la Meuse,
ce n'était pas seulement par les motifs que nous avons indiqués
plus haut. L'Orient, une fois de plus, avait détourné de l'Occident
la cour de Vienne et surtout celle de Saint-Pétersbourg. Bientôt
même l'Europe entière avait éloigné ses regards de la Belgique et
l'attention de la diplomatie s'était portée d'Anvers sur Constantinople.

L'empire ottoman plus que jamais menaçait ruine. Cette fois,
ce n'était plus de la Grèce que lui venait l'orage. Ce petit État
avait maintenant un roi [1] et ne songeait pour le moment qu'à
réparer douze ans de guerre étrangère et de guerre civile en se
donnant des institutions régulières. Mais c'est du sein même de
l'islamisme que Mahmoud voyait maintenant se dresser devant lui
la rébellion. Méhémet-Ali, maître de l'Égypte et de l'Arabie,
était en train de conquérir la Syrie et ne semblait pas même vouloir s'en tenir là. Dès le 27 mai 1832, Saint-Jean-d'Acre était

---

1. Le jeune Othon débarqua le 6 février 1833 en Grèce, où, en attendant sa
majorité, la régence devait être exercée par le ministre bavarois d'Armans-
perg. Quelques mois plus tard, la Morée fut enfin évacuée par les troupes
françaises.

tombé au pouvoir de son fils Ibrahim qui, peu après, s'était emparé de Damas, puis, vainqueur des troupes turques à Homs et à Beïlan (juillet), n'avait pas tardé à franchir les défilés du Taurus. Le sultan l'avait mis hors la loi, lui et les siens. Mais Ibrahim n'en avait pas moins continué d'avancer. Vers la fin de 1832, il était déjà au cœur de l'Asie Mineure. Le 21 décembre, il remportait à Konieh une victoire décisive sur le grand-visir Réchid-Méhémet [1]. Rien désormais ne semblait plus pouvoir arrêter sa marche vers le Bosphore. Les populations musulmanes ne lui faisaient d'ailleurs nul obstacle. Ibrahim, comme son père, protestait sans cesse de son respect pour le trône des Osmanlis. Il venait, dit-il, non pas pour le renverser, mais pour le consolider. Beaucoup de Turcs, même à Constantinople, faisaient des vœux pour lui. Mahmoud, aux yeux des croyants, était une sorte de *Giaour*, qui violait sans cesse la loi du prophète, et qui, par ses téméraires innovations, avait causé les derniers malheurs de l'empire. Les partisans des janissaires ne lui pardonnaient pas d'avoir détruit cette antique milice; depuis deux ans ils s'agitaient en diverses provinces, notamment en Bosnie et en Herzégovine. Bref, Ibrahim, vengeur du Coran, n'avait guère à craindre que Stamboul lui résistât. Mais en revanche Mahmoud ne doutait pas que le rebelle, une fois entré dans la capitale, ne le fît déposer et mettre à mort pour régner sous le nom de quelque autre prince de la dynastie ottomane. Même avant Konieh, le sultan se vit perdu. L'amour du trône et de la vie étouffa chez lui tout autre sentiment et il implora misérablement le secours des grandes puissances européennes. Mais toutes ne se montrèrent pas également empressées à le servir.

La Russie, comme on pouvait s'y attendre, vu l'attitude qu'elle avait prise en Orient depuis le traité d'Andrinople, répondit en se mettant sans réserve à la disposition de la Porte. Il convenait au czar que le sultan fût à sa merci et se déclarât pour ainsi dire son vassal. Par contre, il lui aurait fort déplu que l'empire turc, régénéré par Méhémet et par Ibrahim, pût se passer de son aide et recouvrât vis-à-vis de lui son ancienne indépendance. Nicolas

[1]. C'était l'ancien séraskier de Roumélie, qui avait pris Missolonghi en 1826 et Athènes en 1827.

se hâta donc d'envoyer à Constantinople un de ses aides de camp, Mourawieff, *pour offrir à* Mahmoud une flotte, ainsi qu'une armée. Ce général dut aussi se rendre à Alexandrie pour faire entendre raison au pacha d'Égypte, et il partit effectivement pour cette ville dans les premiers jours de janvier 1833.

La Prusse, qui se désintéressait volontiers des affaires d'Orient, ne voulut point se compromettre par des engagements précipités. L'Autriche, après comme avant 1830, redoutait les progrès de la Russie du côté de la mer Noire et de Constantinople. Mais elle avait maintenant trop peur de la Révolution pour contrarier ouvertement le czar, dont le concours lui paraissait indispensable pour la combattre. Elle résolut donc de louvoyer et d'attendre. L'Angleterre, dont les vues étaient, on le sait, diamétralement opposées à celles de la Russie, était à ce moment paralysée par l'Irlande. Elle avait, du reste, peu auparavant, reçu de Nicolas [1] l'assurance qu'il ne songeait nullement à détruire à son profit l'équilibre fondé en Orient par les traités. Il faut ajouter que le gouvernement britannique avait encore une autre raison pour réserver ses résolutions. C'est qu'il se défiait un peu de la France, qui, au nom de l'*entente cordiale* établie entre Londres et Paris depuis 1830, pouvait l'entraîner plus loin qu'il ne voulait aller. Le jeu de Louis-Philippe ne lui paraissait pas franc, et il désirait y voir clair avant de s'y associer.

Le cabinet des Tuileries se donna par son indécision toutes les apparences de la duplicité et ne sut qu'affaiblir lui-même son crédit. Il avait à choisir entre trois partis : s'entendre sans réserve avec la Russie, comme avait fait Charles X, prendre en main pour son compte la cause de Mahmoud, ou se déclarer hautement pour Méhémet-Ali. Mais il ne pouvait adopter le premier sans rompre avec l'Angleterre, ce qu'il ne voulait à aucun prix, ni le dernier sans s'exposer en même temps à l'hostilité de cette puissance, toujours jalouse de son influence en Orient, et à une guerre avec la Russie. Pour complaire à la cour de Londres, il inclinait à soutenir le sultan, tout en l'empêchant de s'abandonner au protectorat du czar. Mais d'autre part il souhaitait que Méhémet-Ali ne

1. Le ministère Grey avait envoyé, vers le milieu de 1832, lord Durham à Saint-Pétersbourg, pour s'informer des véritables dispositions de ce souverain à l'égard de l'Orient.

perdît pas tout le fruit de ses victoires. Le pacha d'Égypte, qui, depuis longtemps, employait tant de Français dans son armée et dans son administration, était considéré chez nous comme un client de la France. Sa cause était populaire à Paris. Les chambres, les journaux, l'opinion publique n'auraient pas pardonné au gouvernement de Juillet de l'abandonner. On voit dans quel embarras était le ministère du 11 octobre. Il n'est pas étonnant qu'il n'en soit pas sorti tout à fait à son honneur.

Depuis le rappel du général Guilleminot [1], le cabinet des Tuileries n'était représenté à Constantinople que par un chargé d'affaires, M. de Varennes [2]. Cet agent, qui n'avait ni l'autorité morale ni les pouvoirs d'un ambassadeur, crut devoir, pour faire contrepoids à la politique russe, offrir à la Porte ses bons offices auprès d'Ibrahim et de Méhémet-Ali. Il écrivit donc au vainqueur de Konieh, pour l'inviter au nom de la France à ne pas poursuivre sa marche en avant, et au pacha d'Égypte pour l'engager à accepter les propositions qu'un envoyé du sultan, Halil-pacha, devait lui porter. Ces propositions consistaient dans l'offre des quatre pachaliks méridionaux de la Syrie (Saint-Jean-d'Acre, Naplouse, Saïda et Jérusalem); mais Méhémet voulait la Syrie tout entière, sans compter le district d'Adana en Asie Mineure et même une partie du bassin du Tigre et de l'Euphrate. Le consul de France à Alexandrie, qui ne fut jamais désavoué, l'encourageait dans ses prétentions. Il pouvait donc croire ou affecter de croire que le langage tenu par Varennes lui était imposé par les convenances diplomatiques, mais ne traduisait pas les véritables dispositions du gouvernement de Juillet à son égard. Aussi repoussa-t-il les

---

1. Guilleminot (Armand-Charles, comte), né à Dunkerque le 2 mai 1774; sous-lieutenant dans l'armée de Dumouriez en 1792; aide de camp de Moreau en 1798; mis à la réforme après la conspiration de Cadoudal; rappelé à l'activité en 1805; général de brigade en 1808, général de division en 1813; nommé sous la Restauration membre de la commission de défense du royaume (1818) et directeur du dépôt de la guerre (1822); chef d'état-major de l'armée commandée par le duc d'Angoulême en Espagne (1823); pair de France (9 octobre 1823); ambassadeur de Constantinople (1824), d'où il fut rappelé le 2 novembre 1831; mort à Bade le 14 mars 1840.

2. Varennes (Jacques-Edouard, baron Burignot de), né à Chalon-sur-Saône en 1795, secrétaire d'ambassade sous la Restauration; ministre plénipotentiaire en Portugal sous la monarchie de Juillet; député de Chalon-sur-Saône de 1842 à 1846; exclu de la diplomatie en 1848; ministre plénipotentiaire à Berlin (1852); rappelé et nommé sénateur en 1853, mort à Crémelon en septembre 1873.

ouvertures de la Porte, tandis qu'Ibrahim, sans s'arrêter aux
injonctions du chargé d'affaires français, s'avançait en Asie Mineure
jusqu'à Kutaya.

En apprenant que l'armée égyptienne refusait de s'arrêter,
Mahmoud fut saisi d'une telle terreur que, sans plus tarder, il sollicita l'appui de la flotte russe (fin de janvier 1833). L'ambassadeur
du czar, Boutenieff, annonça que sous très peu de jours l'escadre de Sébastopol mouillerait devant Constantinople. Sur ces
entrefaites Mourawieff revint d'Alexandrie. Sa mission, à lui, avait
jusqu'à un certain point réussi. Méhémet avait enfin donné ordre
à Ibrahim de ne plus marcher. C'était encore un succès pour la
politique russe. D'autre part, si les Egyptiens ne menaçaient plus
le Bosphore, pourquoi y faire venir les vaisseaux du czar? A la
prière du représentant de la France, qu'appuyèrent ceux de l'Autriche et de l'Angleterre, le sultan demanda que l'escadre restât
en Crimée. Mais, soit par mauvais vouloir de Boutenieff, soit pour
toute autre cause, le contre-ordre ne parvint pas en temps utile à
son adresse et, le 20 février, la flotte de Nicolas vint jeter l'ancre
devant le palais du sultan.

A ce moment débarquait à Constantinople l'amiral Roussin[1], que
le cabinet du 11 octobre venait d'accréditer comme ambassadeur
en titre auprès de la Porte. C'était un homme de cœur, très fier
et très susceptible pour son pays. La vue du pavillon russe l'exaspéra. Il en demanda aussitôt, il en exigea même l'éloignement.
Mahmoud et ses ministres lui répondirent non sans bon sens que,
s'il se faisait fort d'obtenir d'Ibrahim et de Méhémet l'acceptation
des offres inutilement portées en Egypte par Halil, cette satisfaction lui serait promptement donnée. L'amiral, sans trop réfléchir,
déclara qu'il prenait tout sur lui (21 février) et, dès le lendemain,
adressa au vieux pacha, ainsi qu'à son fils, dans le style du com-

---

1. Roussin (Albin-Reine, baron), né à Dijon le 21 avril 1781; simple mousse
à douze ans, capitaine de vaisseau en 1814, contre-amiral en 1822; membre
de l'Académie des sciences (25 janvier 1830); chargé du commandement de
l'escadre qui força les passes du Tage le 14 juillet 1831; vice-amiral (26 juillet
1831); pair de France (11 octobre 1832); ambassadeur à Constantinople du
14 octobre 1832 au 18 septembre 1839; ministre de la marine (1er mars-
29 octobre 1840); amiral le 30 octobre 1840; rappelé au ministère de la
marine le 7 février 1843; démissionnaire le 24 juillet de la même année; mort
à Paris le 21 février 1854.

mandement, l'invitation de borner leurs exigences aux quatre districts de la Syrie méridionale.

Roussin parlait et écrivait en bon Français. Il eût agi de même, sans nul doute, comme il avait fait à Lisbonne si, pour soutenir ses prétentions, il eût eu lui-même une flotte. Mais tout moyen de coercition lui faisait défaut. Louis-Philippe ne voulait absolument pas de guerre. Méhémet-Ali, qui s'en doutait bien, ne tint donc aucun compte des injonctions de l'ambassadeur. A Alexandrie, d'ailleurs, le consul français Mimaut[1] continuait à tenir, au moins dans ses rapports confidentiels avec le pacha, un langage fort différent de celui que l'amiral faisait entendre à Constantinople. Aussi la réponse que ce dernier attendait d'Egypte ne fut-elle pas du tout conforme aux engagements irréfléchis qu'il avait pris envers la Porte. Le vassal rebelle maintint toutes ses prétentions vis-à-vis de son souverain.

L'échec de la proposition française eut pour résultat immédiat un nouvel accès de terreur chez le sultan, qui non seulement ne renvoya pas la flotte russe, mais demanda qu'elle fût renforcée par de nouveaux navires et même par des troupes de débarquement (20 mars). Quinze jours après, dix ou douze mille soldats du czar arrivaient à Constantinople et à Scutari. Ce n'était là, du reste, qu'une simple avant-garde. Le gros de l'armée se formait dans les Principautés danubiennes et quelques semaines devaient lui suffire pour se porter jusqu'au Bosphore. Cette fois l'Autriche et l'Angleterre, jusque-là si patientes, commencèrent à prendre l'alarme et jugèrent à propos de ne plus marchander leur concours à la France. Les représentants des trois puissances, sans même attendre l'arrivée des troupes russes, s'unirent dans une démarche énergique auprès de Mahmoud, qu'elles invitèrent nettement à faire à son vassal des concessions assez larges pour le satisfaire. Il fallait au plus tôt amener la paix entre le sultan et le pacha, pour pouvoir obtenir l'éloignement du secours moscovite. Le souverain turc céda d'autant plus facilement à leurs instances

1. Mimaut (Jean-François), né à Méru (Oise) en 1774; secrétaire général du ministère des relations extérieures du royaume d'Italie (1805); consul de France à Cagliari (1814), à Carthagène (1817), à Venise (1826), à Alexandrie (1829); consul général dans cette dernière résidence (1830); auteur d'un assez grand nombre d'ouvrages historiques ou littéraires; mort le 31 janvier 1847.

que la Russie elle-même ne s'opposait pas à ce que Méhémet-Ali reçût un notable accroissement de puissance. Il ne déplaisait pas au cabinet de Saint-Pétersbourg que la Porte eût encore à faire de nouveaux sacrifices. En effet, plus elle serait affaiblie et menacée, plus elle aurait à se venger ou à se défendre, et plus elle aurait besoin de l'appui du czar. En somme, pour le moment, toute l'Europe conseillait à Mahmoud de céder; il céda dès la fin de mars. Le Français de Varennes fut chargé, avec un fonctionnaire turc, d'aller porter des paroles de paix à Ibrahim. La négociation n'offrait plus aucune difficulté. Aussi fut-elle menée assez rapidement. Avant la fin d'avril la paix était conclue en principe. Elle fut annoncée officiellement dans les premiers jours de mai par deux Hatti-chérifs du sultan qui, relevant Méhémet-Ali de toute condamnation, lui attribuait, outre ses anciens gouvernements, celui de la Syrie entière et du district d'Adana. L'Asie Mineure était ainsi ouverte aux armes égyptiennes et le pacha, plus puissant que son maître, pouvait s'applaudir de sa rébellion. Il est vrai que Mahmoud n'était pas de bonne foi et qu'au moment même où il semblait se résigner à la fortune adverse, il se promettait bien de prendre au plus tôt sa revanche.

Ibrahim commença vers la fin de mai son mouvement de retraite. Six semaines plus tard, il avait ramené toutes ses troupes dans les limites assignées à l'autorité de son père ou à la sienne. La Russie n'avait plus dès lors aucun prétexte pour prolonger l'occupation du Bosphore et de ses deux rives. Aussi cette puissance, invitée à rappeler sa flotte et son armée, affecta-t-elle de s'exécuter avec la plus grande loyauté. Dès le 10 juillet l'évacuation des points qu'elle avait occupés jusque-là était terminée. Mais on ne tarda pas à savoir pourquoi elle s'était montrée si accommodante. Deux jours auparavant Orloff, intime confident du czar, avait conclu avec la Porte le traité secret d'Unkiar-Skélessi, qui était l'inféodation formelle de la Turquie à l'empire russe.

Par cette convention les deux puissances déclaraient contracter pour une durée de huit ans une alliance défensive envers et contre tous, chacune se mettant à la disposition de l'autre pour la défendre de tout danger intérieur ou extérieur. Si l'on se remémore les périls qui menaçaient l'empire ottoman et les moyens qu'avait la Russie de le troubler, on voit qu'il dépendait du czar de renouveler, quand il lui plairait, son intervention armée à Constantinople. Il n'entendait point, du reste, ouvrir son territoire aux armées ou aux flottes turques. Une clause additionnelle du traité portait que, dans le cas où la Russie serait en droit de réclamer l'assistance de son allié, celle-ci serait dispensée de la fournir. On ne lui demandait qu'une aide négative, mais infiniment précieuse aux yeux du czar : le sultan serait quitte de tout, à la simple condition de fermer les Dardanelles aux ennemis de la Russie. Un pareil engagement rendait ce dernier État à peu près invulnérable. Il n'était pas probable qu'il fût de longtemps attaqué par d'autres puissances que par la France ou l'Angleterre. Or elles ne pouvaient l'atteindre par terre, puisqu'il leur aurait fallu traverser l'Allemagne. D'autre part la Baltique ne se prêtant qu'une faible partie de l'année aux opérations d'une flotte de guerre, c'était vers la mer Noire qu'elles devaient se tourner pour lui porter des coups vraiment sensibles. Si, de ce côté même, il n'avait plus rien à craindre, tout lui devenait permis, du moins contre l'Occident ; l'équilibre de l'Europe n'existait plus.

Les deux cours de Paris et de Londres ne tardèrent pas à connaître le traité d'Unkiar-Skélessi. On conçoit qu'elles s'en alarmèrent. Des explications furent demandées à Saint-Pétersbourg et à Constantinople. La Porte ni la Russie n'en fournirent de très satisfaisantes. La France et l'Angleterre envoyèrent de puissantes escadres croiser dans l'Archipel et pendant quelques mois l'éventualité d'une rupture violente entre ces deux États et le gouvernement russe ne parut pas tout à fait inadmissible à la diplomatie.

IV

L'Autriche n'était pas moins inquiète que les deux puissances occidentales. Mais elle était bien plus embarrassée, car elle ne voulait pas se brouiller avec le cabinet de Saint-Pétersbourg. Depuis 1830 Metternich s'était sensiblement rapproché du czar. Il tremblait maintenant à l'idée de se déclarer contre lui, car c'était sur le bon vouloir de ce souverain qu'il comptait principalement pour reconstituer en Europe la Sainte-Alliance monarchique. Du reste, fidèle à sa tactique, qui consistait à gagner du

temps et à reculer les difficultés au lieu de les franchir, il se bornait pour le moment à souhaiter que le czar ne se prévalût pas
immédiatement du traité d'Unkiar-Skélessi et voulût bien l'autoriser à rassurer l'Europe sur ses intentions. C'est pour l'amener
à des concessions semblables qu'il le fit inviter par son maître à
une entrevue où il se proposait en outre de le convier à la grande
œuvre de la contre-révolution. On n'a pas de peine à croire que cette
dernière partie de son programme était à ses yeux la principale.
Metternich tenait à ce qu'à la face de l'Europe les trois grandes
monarchies absolues donnassent la preuve de leur intime union
et de la ferme résolution où elles étaient de faire revivre les
beaux jours de Troppau et de Laybach. Il ne lui paraissait pas
moins important de lier la Prusse à sa politique que d'y attacher
la Russie elle-même. La cour de Berlin semblait en effet sur le
point d'échapper à son influence. L'évolution économique dont
nous avons plus haut signalé le début était maintenant achevée.
Grâce à de récents traités, le *Zollverein* était maintenant un fait
accompli. Par l'intérêt matériel la Prusse tenait et dirigeait
l'Allemagne presque entière. La nation et les gouvernements confédérés ne pouvaient méconnaître les énormes avantages que devait
leur procurer la nouvelle union. Metternich, qui n'avait su ni la
prévoir ni l'opérer pour le compte de l'Autriche, ne se dissimulait pas maintenant que la cour de Berlin était en passe d'acquérir l'hégémonie du monde germanique, qu'elle y tendait visiblement [1]. Et pour l'arrêter dans sa marche ascendante, il

1. C'est ce que montre un rapport que ce ministre adressait en juin 1833 à
l'empereur d'Autriche sur la question du Zollverein et d'où nous détachons
les passages suivants : « Une série d'États indépendants jusqu'ici accepte,
vis-à-vis d'un voisin, qui leur est supérieur en puissance, dans une branche
extrêmement importante des contributions publiques, l'obligation de se conformer à *ses* lois, de se soumettre à *ses* mesures administratives et de se
soumettre à *son* contrôle. L'égalité des droits des confédérés... cesse désormais... pour faire place à des rapports entre clients et patron, entre protecteurs et protégés. Dans la grande confédération se forme une confédération
plus petite, un *status in statu* qui... s'habituera... à ne considérer les vues
de la confédération qu'en seconde ligne, en tant qu'elles seront conciliables
avec ses vues et ses moyens à lui. On verra peu à peu, sous l'active direction
de la Prusse et grâce aux intérêts communs qui se forment nécessairement,
les États qui composent l'Union se fondre en un corps plus ou moins com-
pact qui, dans toute question qui viendra à être agitée à la diète,... agira
d'après les principes arrêtés en commun et votera dans le même sens... Moins
que toute autre puissance elle (*la Prusse*) admettra à un partage... la puis-

n'imaginait rien de mieux que de l'inviter à se solidariser de nouveau avec la cour de Vienne au nom de la contre-révolution. Il ne se disait pas que la Prusse, tout en se gardant d'entraver des projets de réaction dont elle espérait bénéficier elle-même, s'arrangerait de manière à lui en laisser la responsabilité presque entière devant la nation allemande et, en cas de péril, ne lui fournirait jamais qu'un concours illusoire.

Frédéric-Guillaume avait été invité comme Nicolas à venir conférer avec François Ier. Il vint accompagné de ses conseillers Bernstorff[1] et Ancillon[2] et séjourna du 7 au 16 août à Teplitz, où l'on attendait l'empereur de Russie. Ce souverain, retardé dans son voyage, ne put arriver en Bohême que le mois suivant. A ce moment le roi de Prusse était parti. Mais son fils aîné tint sa place dans les nouvelles conférences, qui eurent lieu à München-Graetz du 10 au 20 septembre et qui furent le complément naturel des précédentes.

Tous ces pourparlers entre souverains et entre ministres eurent

sance même que ses anciennes traditions, sa force intérieure et son inébranlable fidélité à ses principes appelleraient à la primatie en Allemagne, si celle-là devait exister. Aussi la Prusse... emploiera l'appât des intérêts matériels pour affaiblir l'influence de l'Autriche auprès des cours dévouées à son système, pour diminuer leurs relations avec nous, pour les habituer à ne tourner que vers Berlin leurs regards, soit de crainte, soit d'espérance, enfin pour faire passer l'Autriche pour ce qu'elle est certainement déjà au point de vue commercial vis-à-vis de tous les États, pour ce que les écrivains prussiens à la mode travaillent avec une ardeur et une constance toutes particulières à faire voir en elle, c'est-à-dire *l'étranger.* » — On ne pouvait assurément mieux dire. Mais pourquoi Metternich, qui se vante sans cesse d'avoir tout prévu, ne s'était-il pas préoccupé d'éventualités aussi redoutables dès 1815 ou dès 1820 ?

1. Bernstorff (Christian, comte de), né à Copenhague en 1769; ambassadeur de Danemark à Berlin, puis à Stockholm; ministre des affaires étrangères de 1797 à 1810; ambassadeur à Paris (1811); représentant du Danemark au congrès de Vienne (1814-1815); il passa en 1818 au service du roi de Prusse, qui le nomma son ministre des affaires étrangères et qu'il représenta aux congrès d'Aix-la-Chapelle, de Carlsbad, de Laybach et de Vérone. Il fut remplacé par Ancillon en 1831 et mourut à Berlin en juin 1835.

2. Ancillon (Jean-Pierre-Frédéric), né à Berlin le 28 avril 1766. Il appartenait à une famille française qui avait émigré à la suite de la révocation de l'édit de Nantes. Professeur à l'Académie militaire, puis membre de l'Académie royale de Berlin, historiographe de Prusse, chargé en 1806 de l'éducation du prince royal et de son cousin le prince Frédéric-Guillaume-Louis, auteur de travaux historiques et philosophiques qui lui valurent une grande notoriété, il fut attaché, après 1815, au département des affaires étrangères de Prusse comme conseiller de légation, puis comme directeur de la section politique (1825), fut adjoint en 1830 au ministre Bernstorff, lui succéda en juin 1831 et mourut le 19 avril 1837.

pour résultat une série de protocoles dont nous allons indiquer
le caractère et la portée.

En ce qui concernait l'Orient, la Russie et l'Autriche s'engageaient à respecter l'existence de l'empire ottoman sous la
dynastie régnante, et déclaraient qu'elles s'opposeraient à toute
combinaison qui porterait atteinte à l'indépendance de l'autorité
souveraine en Turquie, soit par l'établissement d'une régence
provisoire, soit par un changement de dynastie. Dans tous les
cas où le traité d'Unkiar-Skélessi pourrait être invoqué par les
parties intéressées, le czar s'engageait à accepter la médiation
morale de l'Autriche. Ce souverain protestait du reste qu'il
n'avait pas d'ambition et qu'il était fort loin de rêver un agrandissement du côté de la Turquie. Il admettait, il est vrai, l'idée que
peut-être un jour faudrait-il procéder au partage de cet empire;
mais dans ce cas il promettait de ne rien faire que d'accord avec
les grandes puissances.

La Pologne, naguère encore si troublée, et encore toute frémissante, ne manqua pas d'attirer l'attention des souverains et
des diplomates réunis à München-Graetz. Il fut entendu entre
les trois puissances qui s'étaient jadis approprié ce malheureux
pays qu'elles se garantiraient réciproquement la paisible possession des provinces polonaises qui leur étaient échues en partage.

Il fut aussi question de la Belgique dans les conférences. Le
prince royal de Prusse, très porté à la guerre et particulièrement
très désireux d'une querelle avec la France, ne fut pas écouté. Il
fut arrêté que l'indépendance et la neutralité du nouvel État
seraient respectées; que les trois grandes cours devraient hâter
la solution des difficultés encore pendantes entre les rois Léopold et Guillaume; enfin qu'elles ne croiraient devoir prendre
les armes que si cette solution était contraire aux intérêts de la
confédération germanique (qui prétendait ne se relâcher d'aucun
de ses droits sur Luxembourg); dans ce cas, il y aurait guerre
générale, et le czar fournirait au minimum 120 000 hommes à la
Prusse.

En ce qui concernait l'Allemagne, Metternich avait représenté,
à Teplitz, que les décrets portés par la diète en 1832 ne suffisaient pas pour contenir l'esprit révolutionnaire. La propagande

unitaire et démocratique agitait plus que jamais la confédération. Les universités conspiraient encore. Les sociétés politiques, comme celle de la *Jeune Allemagne*, ne se laissaient pas intimider. De loin les comités de Paris entretenaient le feu. Un vent d'émeute soufflait sur tout le territoire germanique. Tout récemment (3 avril) une insurrection avait éclaté à Francfort, d'où la diète avait failli être expulsée ; les deux grandes puissances allemandes avaient dû, pour prévenir des troubles plus graves, faire occuper cette ville par leurs troupes. Tels étaient les symptômes d'un mal dont le chancelier d'Autriche n'avait cessé depuis longtemps de signaler le principe. Ce principe, suivant lui, c'était le parlementarisme, dont il repoussait jusqu'aux plus légitimes exigences. Metternich n'admettait pas qu'en cas de désaccord entre un souverain et une chambre de députés la volonté du prince ne fût pas forcément la loi. Par-dessus tout, il réprouvait le refus de l'impôt et voulait qu'un gouvernement ne fût jamais, faute d'argent, obligé de subir la loi d'une assemblée. Le roi de Prusse, qui était, au fond, de son avis, l'avait laissé dire. Aussi avait-il été convenu à Teplitz que des conférences auraient prochainement lieu à Vienne, où les délégués des princes allemands délibéreraient sur les mesures à prendre pour préserver la confédération du mal dont elle était menacée. Cette décision fut purement et simplement confirmée à München-Graetz.

Mais ce n'était pas seulement en Allemagne, c'était dans toute l'Europe que Metternich voulait étouffer, contenir ou réprimer la Révolution. La Belgique, la Suisse [1], la France surtout étaient, depuis les journées de juillet, comme autant de camps retranchés où de toutes parts se réfugiaient les proscrits et où la démocratie cosmopolite préparait sans relâche ses moyens d'attaque contre les gouvernements établis. Contre la croisade de l'anarchie, n'était-il pas légitime d'organiser celle de l'ordre ? C'est ce dont ne doutaient ni Metternich ni la plupart des hommes d'État et des princes réunis à München-Graetz. C'était surtout contre le principe de

1. En ce pays l'aristocratie, qui voulait conserver ses privilèges, était vivement attaquée, surtout depuis 1830, par le parti des démocrates radicaux, qui avait pour programme l'égalité civile et politique, et qui avait déjà obtenu en grande partie gain de cause, de 1831 à 1832, dans les cantons de Soleure, de Fribourg, de Zurich, de Saint-Gall, de Thurgovie et de Bâle.

non-intervention que les hommes de la Sainte-Alliance tenaient à protester. Aussi crurent-ils devoir s'engager par un traité en bonne forme à le combattre. Ce traité proclamait hautement le droit qu'avait tout souverain menacé soit par les *troubles intérieurs*, soit par les dangers extérieurs de son pays, d'appeler à son aide les cours d'Autriche, de Prusse et de Russie, ou toute autre, et le droit de ces cours d'accorder ou de refuser ce secours *selon leurs intérêts ou leurs convenances*. Il ajoutait que, dans le cas où leur assistance aurait été ainsi réclamée, toute puissance qui chercherait à y mettre obstacle devrait être considérée comme une ennemie par les Alliés, qui *prendraient* alors les mesures les plus promptes *pour repousser une pareille agression*. C'était à peu près le langage que la Sainte-Alliance avait tenu jadis à Aix-la-Chapelle et à Vérone.

V

C'était Metternich qui avait inspiré les décisions de München-Graetz. C'était à lui que revenait la tâche d'en assurer l'exécution, dans la mesure du possible. En ce qui touchait à la question d'Orient, le chancelier d'Autriche manœuvra, vers la fin de 1833, assez habilement pour prévenir l'éclat que le traité d'Unkiar-Skélessi avait semblé devoir provoquer entre la Russie et les grandes puissances occidentales. Il remontra de son mieux à la France et surtout à l'Angleterre que l'indépendance de l'empire ottoman n'était pas, pour le moment du moins, menacée par le czar et que du reste elle serait, en cas de besoin, protégée par sa médiation. Il amena, d'autre part, ce souverain à conclure avec la Porte, en janvier 1834, une convention, grâce à laquelle les principautés danubiennes, occupées depuis 1828, allaient enfin être évacuées par les troupes russes [1]. Les cours de Londres et de Paris cessè-

---

1. Cette convention, en date du 29 janvier 1834, remettait à la Porte une partie des contributions de guerre qu'elle devait encore, tranchait en faveur de la Russie la question des frontières d'Asie et annonçait pour un terme peu éloigné l'évacuation de la Moldavie et de la Valachie, le sultan devant nommer incessamment les hospodars de ces provinces et la Russie devant pour huit années encore tenir garnison à Silistrie. — Les hospodars furent en effet installés au mois de septembre suivant et peu après les troupes du czar quittèrent les Principautés.

rent donc d'armer, rappelèrent leurs escadres et crurent pouvoir remettre aux diplomates le soin de contenir l'ambition moscovite. En Pologne, Metternich n'avait qu'à préserver le *statu quo* de toute atteinte; la tâche, pour le moment, n'était pas difficile. Quant à la question belge, il invita le roi des Pays-Bas à n'en pas retarder plus longtemps la solution; mais ni lui ni les ministres prussiens et russes n'étaient disposés à le violenter et, comme nous l'avons dit plus haut, la négociation entre Bruxelles et la Haye devait encore durer bien longtemps. Pour les affaires d'Allemagne, elles furent réglées, ainsi qu'il était convenu aux conférences de Vienne. Les délégués des princes allemands, réunis dans cette ville en janvier 1834, adoptèrent en juin, sur la proposition et, on peut le dire, sous la dictée de Metternich, un long protocole qui était comme un code de contre-révolution et dont les principales dispositions furent quelque temps après converties en lois fédérales. Il fut notamment décidé que la diète, investie de pleins pouvoirs pour faire exécuter ses arrêts, prononcerait souverainement chaque fois qu'un gouvernement allemand, en désaccord avec un parlement, aurait recours à son arbitrage, qu'il s'agît de l'interprétation d'une loi constitutionnelle, des limites de la coopération accordée aux chambres dans l'exercice de *certains droits déterminés* du souverain, ou du *refus des moyens nécessaires pour gouverner* [1]. Les constitutions germaniques ne devaient plus, dès lors, être guère que lettre morte.

Metternich opéra sans trop de difficultés la contre-révolution en Allemagne. Les puissances occidentales protestèrent, pour la forme, comme elles l'avaient déjà fait plusieurs fois, au nom des droits garantis aux États de la confédération par les traités de 1815. L'Autriche et ses alliés ne tinrent nul compte de leurs observations. Les cours de Londres et de Paris n'insistèrent pas. Elles ne portaient après tout qu'un médiocre intérêt aux libertés allemandes. Mais elles ne crurent pas pouvoir permettre que dans l'Europe entière la Sainte-Alliance de München-Graetz menaçât d'abattre le drapeau constitutionnel et s'arrogeât un droit de police souveraine. Aussi déclarèrent-elles hautement que non seulement elles n'ap-

---

1. Décret de la diète sur le *Tribunal arbitral* (30 octobre 1834). — Voir le décret du 13 novembre 1834, qui soumettait les universités à un régime plus rigoureux encore que la législation de 1819 et de 1832.

puieraient pas la politique des cours du Nord, mais qu'elles la combattraient au besoin. La France, particulièrement atteinte dans ses intérêts et sa dignité, fit savoir à Metternich, par la plume énergique du duc de Broglie, qu'elle repousserait par les armes toute intervention de la ligue nouvelle en Belgique, en Suisse et en Piémont, pays compris dans son *rayon d'influence*. Elle annonçait en même temps l'intention de s'opposer au projet que Metternich semblait remettre en avant de transformer l'Italie en une fédération militaire sous l'hégémonie de l'Autriche. La cour de Vienne récrimina, bouda, cribla d'épigrammes la royauté des barricades et le gouvernement du *juste milieu*. Mais en somme elle recula devant un conflit. Elle craignait de n'être pas suivie, en cas de guerre, par ses alliés, et notamment par la Prusse; car le cabinet de Berlin ne s'était associé que mollement et d'assez mauvaise grâce au protocole de München-Graetz sur le droit d'intervention [1].

VI

Ce n'était pas seulement par des déclarations de principes que les deux grandes cours constitutionnelles disputaient à ce moment l'Europe aux cours absolutistes; c'était aussi par des actes. Les événements dramatiques dont la péninsule ibérique était alors le théâtre leur permettaient en effet d'affermir ou de faire naître le régime constitutionnel dans deux pays où, grâce à la Sainte-Alliance, la liberté n'avait pu jusque-là s'acclimater.

On se souvient des révolutions qu'avait subies le Portugal à partir de 1820. L'usurpateur D. Miguel régnait à Lisbonne, par la ter-

1. Ancillon n'avait pas voulu assister aux conférences de München-Graetz. La Prusse hésita quelque temps à sanctionner formellement le protocole. Elle ne donna son adhésion que le 15 octobre 1833, sur les instances de Nesselrode et de Ficquelmont, qui avaient été envoyés à Berlin par les cours de Vienne et de Saint-Pétersbourg spécialement pour la solliciter. Metternich aurait voulu qu'elle se compromît davantage. Il avait demandé que le traité relatif au droit d'intervention fût notifié avec éclat à la France par une pièce spéciale. La Prusse consentit seulement à ce qu'on lui en communiquât le texte en secret. Aussi Metternich témoignait-il une certaine irritation contre Ancillon, qui n'était, disait-il, qu'un professeur et n'entendait rien à l'action. Il le trouvait *peureux*, *dominé par la crainte de se compromettre*. « Il a voulu, écrivait avec aigreur le chancelier d'Autriche, se ménager le rôle de contrôleur des actes de München-Graetz. »

reur, depuis 1828. Mais, si les *apostoliques* étaient pour lui, les libéraux étaient pour sa jeune nièce, dona Maria, reine légitime, dont les plus énergiques partisans avaient, dès 1830, institué une régence dans l'île de Terceira. L'année suivante, l'empereur D. Pedro, après avoir abdiqué la couronne du Brésil, par suite d'événements que nous n'avons pas à rapporter ici (7 avril 1831), était venu en Europe pour soutenir les droits de sa fille. A Londres, le ministère whig l'avait accueilli avec la plus vive cordialité, non seulement parce qu'il servait la cause constitutionnelle, mais encore parce qu'il avait depuis longtemps donné des gages de sa docilité envers l'Angleterre. A Paris, Louis-Philippe, fidèle allié de la Grande-Bretagne, l'avait d'autant mieux traité qu'il en voulait à D. Miguel de s'être fait l'ami et le protecteur des légitimistes français. L'ex-empereur avait donc pu organiser sans opposition, à Belle-Ile-en-Mer, une expédition à la tête de laquelle il était parti pour Terceira (février 1832). Quelques mois plus tard, il avait débarqué en Portugal, s'était emparé de Porto (juillet) et avait résisté victorieusement à tous les efforts de D. Miguel pour le déloger de cette importante position.

Cependant, jusque vers la fin de 1832, l'usurpateur avait pu lutter sans trop de désavantage contre son frère. C'est qu'il était soutenu par la cour absolutiste de Madrid, qui lui fournissait officieusement bien des moyens de continuer la guerre et qui même, par moments, annonçait l'intention de contracter avec lui une alliance publique. Mais, à partir de l'époque ci-dessus indiquée, ce concours commença à lui manquer, par suite d'intrigues de palais qui devaient avoir les conséquences les plus graves non seulement pour le Portugal, mais aussi pour l'Espagne.

Ferdinand VII, vieilli avant l'âge et sentant sa fin prochaine, se préoccupait depuis quelques années de sa succession. Marié en quatrième noces à Marie-Christine [1] des Deux-Siciles, il n'avait que

---

1. Seconde fille de François Ier, roi des Deux-Siciles, cette princesse était née à Naples le 27 avril 1806. Elle était sœur de Marie-Caroline, duchesse de Berry. Mariée à Ferdinand VII le 29 décembre 1829, elle devint régente d'Espagne après la mort de ce souverain (1833), soutint contre don Carlos une longue guerre, fut par Espartero renversée et réduite à se retirer en France (1840), rentra en Espagne en 1843, épousa solennellement le chambellan Muñoz, dont elle avait plusieurs enfants et qui fut élevé à la dignité de duc de Rianzarès, mais n'en exerça pas moins une très grande influence

deux filles, issues de cette dernière union et dont l'aînée, Isabelle,
était née en 1830. C'est à cette princesse qu'il voulait assurer sa
couronne. L'Espagne avait admis autrefois le droit des femmes à
hériter du trône. Mais depuis Philippe V (1713) elle était soumise
à la loi salique, au nom de laquelle D. Carlos, frère du souverain
régnant, réclamait d'avance la royauté. Ferdinand VII avait, il est
vrai, publié le 5 avril 1830 une *pragmatique sanction* qui remettait en vigueur l'ancienne coutume du royaume. Mais D. Carlos
avait hautement protesté. Ce personnage était l'idole et l'espoir du
parti *apostolique*, qui depuis longtemps attendait avec impatience
son avènement. Par contre, le parti adverse, qui se reprenait à
espérer, faisait des vœux pour Isabelle et pour sa mère, jugeant
bien que Marie-Christine serait contrainte de s'appuyer sur lui pour
triompher de son beau-frère. La guerre de succession qui s'annonçait en Espagne devait donc se compliquer, comme celle de Portugal, d'une lutte de principes et de drapeaux.

Au mois de septembre 1832, Ferdinand VII avait semblé un
moment sur le point de mourir; son principal ministre, Calomarde [1],
âme damnée de don Carlos, avait abusé de l'affaiblissement de ses
facultés pour lui faire révoquer sa pragmatique sanction. Mais, fort
peu après, le roi, dont la santé s'était un peu raffermie, avait cédé
sans peine aux instances de Marie-Christine et renouvelé formellement l'acte du 5 avril 1830. Calomarde avait été disgracié et la
direction des affaires avait été donnée à Zea Bermudez [2], homme
d'État peu porté sans doute aux idées constitutionnelles, mais fort
modéré et qui, violemment attaqué par la faction carliste, avait dû se
rapprocher en fait du parti libéral (oct.-nov. 1832). Une amnistie

jusqu'à la fin du règne d'Isabelle (1868). Elle vint de nouveau habiter la
France à partir de 1854. Elle est morte à Sainte-Adresse, près du Havre, le
23 août 1878.
1. Calomarde ou Calomarda (François-Thadée), né à Villèle en Aragon (1775),
premier secrétaire du favori Lardizabal (1814), puis secrétaire du conseil de
Castille; ministre de la justice et principal conseiller de Ferdinand VII après
le rétablissement de l'absolutisme, de 1824 à 1832; mort à Toulouse (1842),
où il s'était retiré après l'avènement d'Isabelle II.
2. Zea Bermudez (Francisco), né à Malaga en 1772; chargé d'affaires d'Espagne à Saint-Pétersbourg de 1809 à 1820 ; ambassadeur à Constantinople
(1820), puis à Londres (1823); appelé, comme ministre des affaires étrangères,
dans le conseil de Ferdinand VII, où il représenta le parti modéré (juin 1824-
octobre 1825); ambassadeur à Dresde (1825), et de nouveau à Londres (1828),
d'où il revint à Madrid (1832) prendre la direction des affaires, qu'il garda
jusqu'en janvier 1834; nommé sénateur en 1845; mort à Paris en 1850.

avait été proclamée. Une certaine latitude avait été accordée à la presse. Les hommes de 1823 avaient pu, pour la plupart, rentrer en Espagne ; il ne leur semblait plus impossible de remonter au pouvoir par les voies légales. L'évolution qui s'était produite à Madrid devait avoir et eut pour conséquence en Portugal l'affaiblissement de D. Miguel. Zea Bermudez était sans doute peu disposé à soutenir D. Pedro, mais il ne voulait pas se compromettre pour l'usurpateur, dont l'entente politique avec D. Carlos était d'autant plus intime qu'un lien de famille très étroit unissait ces deux princes [1]. Aussi la cause constitutionnelle gagna-t-elle rapidement du terrain dans la monarchie lusitanienne pendant les premiers mois de 1833. Vainement des légitimistes français de grand nom et de haut mérite, comme le maréchal de Bourmont et le général Clouet, cherchèrent à relever de leur épée la fortune de D. Miguel. En face d'eux combattaient d'autres Français, comme le général Solignac, que le gouvernement de Juillet avait autorisé à prendre du service dans l'armée constitutionnelle. La flotte de D. Pedro, commandée par l'Anglais Napier [2], remporta bientôt un avantage décisif près du cap Saint-Vincent. Quelques jours plus tard (24 juillet), elle arrivait devant Lisbonne, où l'ex-empereur entrait lui-même le 28, et le 3 septembre la jeune reine était reçue triomphalement dans sa capitale. D. Miguel et ses partisans n'occupaient plus que quelques cantons perdus des montagnes.

1. D. Miguel, comme D. Pedro, était neveu de D. Carlos et de Ferdinand VII.
2. Napier (sir Charles), né en Écosse le 6 mars 1786 ; embarqué à treize ans, il était enseigne en 1802 et reçut, en 1809, pour prix de ses brillants services aux Antilles, le grade de capitaine de vaisseau ; il se fit ensuite remarquer, de 1811 à 1813, sur les côtes d'Espagne et dans l'armée de Wellington ; prit en 1813 et 1814 une part importante à la guerre contre les États-Unis ; reçut en 1815 les insignes de l'ordre du Bain et fut mis en disponibilité. Rappelé à l'activité en 1839, il alla commander une croisière sur les côtes du Portugal, fut mis par D. Pedro à la tête de sa flotte (1833) et, après le triomphe de dona Maria, fut nommé vice-amiral dans la marine portugaise. Rentré en Angleterre, il fut chargé, en 1839, du commandement en second de l'escadre de la Méditerranée ; c'est lui qui exécuta, vers la fin de 1840, sur les côtes de Syrie et d'Égypte, les opérations retentissantes à la suite desquelles Méhémet-Ali fit sa soumission à la Porte. Peu après, Napier, devenu aide de camp de la reine, entra à la Chambre des communes (1841), où il siégea dans les rangs des whigs. Contre-amiral du pavillon bleu en 1846, il commanda, de 1847 à 1849, la station navale de la Manche, devint vice-amiral en 1853 et, pendant la guerre d'Orient, fut mis à la tête de la flotte anglaise dans la mer Baltique, où il n'accomplit pas les exploits qu'il avait un peu témérairement annoncés (1854-1855). Amiral du pavillon blanc (juin 1855), il fut encore réélu deux fois au Parlement (1855, 1857) et mourut près de Londres le 6 novembre 1860.

Mais ils reprirent courage en apprenant la mort de Ferdinand VII, qui arriva le 29 septembre. La succession d'Espagne était enfin ouverte. Conformément aux volontés du feu roi, Marie-Christine proclama reine sa fille aînée et se déclara elle-même régente. Mais dans le même temps D. Carlos affirmait hautement ses droits, en appelait aux cortès de l'ancienne monarchie [1] et donnait à ses amis le signal de l'insurrection. La Navarre, les Provinces basques, une partie de l'Aragon se prononçaient en sa faveur et, vers la fin de 1833, le parti *apostolique*, fortement appuyé sur les Pyrénées, ouvrait le feu avec une énergie qui présageait une longue lutte.

La plus grande partie de l'Espagne était pour Isabelle et Marie-Christine. Il va sans dire que les deux régences de Lisbonne et de Madrid se reconnurent sans retard l'une l'autre comme légitimes. Par contre D. Carlos fut salué roi par D. Miguel, qu'il alla bientôt rejoindre en Portugal. Quant aux grandes puissances, il était facile de prévoir le parti que prendrait chacune d'elles. La Russie et la Prusse faisaient des vœux pour les deux chefs apostoliques et absolutistes. Elles n'osaient, il est vrai, se déclarer ouvertement en leur faveur. Mais elles ne reconnaissaient ni la reine Isabelle ni la reine Marie. L'empereur d'Autriche admettait bien la légitimité de cette dernière, qui était sa petite-fille [2]; mais il l'eût voulue souveraine absolue. Pour Isabelle, il réservait sa décision, comme ses alliés de Pétersbourg et de Berlin. Restaient l'Angleterre et la France, dont les dispositions étaient fort différentes.

Le cabinet de Londres n'hésita pas à se prononcer pour Marie-Christine et pour sa fille. Il espérait bien que l'Espagne, grâce à l'abolition de la loi salique, cesserait prochainement d'être l'apanage de la maison de Bourbon. La jeune reine une fois mariée suivant les vues britanniques, l'influence de l'Angleterre se substituerait naturellement à celle de la France à Madrid. Il semblait qu'en prévision de cette éventualité le gouvernement de Juillet dût se montrer moins empressé à reconnaître Isabelle. Mais Louis-Phi-

---

1. Les cortès *por estamentos*, par États, quelque chose comme nos anciens États généraux.
2. Elle était née à Rio de Janeiro, le 4 avril 1819, du mariage de D. Pedro avec l'archiduchesse Léopoldine. — Devenue reine de Portugal, elle épousa le 27 janvier 1835 le duc de Leuchtenberg, qui mourut fort peu après (27 mars), et se remaria le 9 avril 1836 avec le duc Ferdinand de Saxe-Cobourg. Elle mourut à Lisbonne, après un règne fort agité, le 15 novembre 1853.

lippe, outre qu'il nourrissait le secret espoir de faire contracter à cette princesse une union en rapport avec ses propres intérêts, ne pouvait voir qu'un ennemi personnel dans D. Carlos, que les légitimistes encourageaient et servaient de leur mieux. Il se rangea donc, lui aussi, du côté de la régence. Le ministère du 11 octobre eût même voulu qu'il ne se bornât pas à la reconnaître et à lui fournir indirectement des secours. L'idée d'envoyer une armée française au delà des Pyrénées pour faire triompher la cause d'Isabelle fut sérieusement agitée dans le cabinet vers la fin de 1833. Le gouvernement de Juillet voyait dans cette entreprise un moyen d'augmenter son prestige militaire et surtout un procédé sûr pour établir sa prépondérance à Madrid. Louis-Philippe se ralliait au projet parce que, dans sa pensée, l'intervention de ses troupes en Espagne devait avoir pour effet, non seulement de soumettre ce pays à son influence, mais aussi de contenir l'esprit révolutionnaire à Madrid. Il craignait fort que la démocratie espagnole ne ressuscitât la constitution de 1820 ou celle de 1812, ce qui devait être, à son sens, d'un fâcheux exemple pour la France.

D'ailleurs il n'était pas homme à mettre son armée en marche sans avoir fait part de son dessein aux grandes puissances et surtout à l'Angleterre. L'Autriche, la Prusse et la Russie se montrèrent, comme on pouvait s'y attendre, tout à fait opposées à l'expédition. Le gouvernement de Juillet l'eût peut-être exécutée tout de même s'il avait pu y faire consentir le cabinet de Londres. Mais les ministres anglais, et surtout Palmerston, ne voulaient à aucun prix que le drapeau français reparût en Espagne. Le cabinet du 11 octobre dut donc se borner pour leur complaire à échelonner quelques régiments en observation le long des Pyrénées.

Le gouvernement anglais ne se bornait pas à écarter de l'Espagne l'armée de son *allié*. Il s'efforçait aussi d'amoindrir à Madrid l'influence de la France en flattant le parti libéral, qui gagnait du terrain et que le gouvernement de Juillet n'encourageait guère. Louis-Philippe eût voulu que Zea Bermudez restât au pouvoir. Mais ce ministre ne parlait pas de constitution, ne convoquait pas les cortès. Aussi était-il devenu fort impopulaire. Le cabinet de Londres ne contribua pas peu à sa chute, qui arriva vers le 15 janvier 1834, et à l'avènement de Martinez de la Rosa [1], pros-

1. Martinez de la Rosa (Francisco), né à Grenade en 1789; professeur de

crit de 1823, qui, tout en professant des principes fort modérés, entendait cependant faire renaître dans son pays les institutions parlementaires. Mais là ne se bornèrent pas ses intrigues. Le nouveau ministre reçut bientôt de la Grande-Bretagne des propositions d'alliance qu'il n'avait garde de repousser. Palmerston faisait dans le même temps des offres semblables à la cour de Lisbonne, qui ne manqua pas non plus de les accueillir avec empressement. De cette négociation mystérieuse, qui dura plusieurs semaines, sortit un traité signé à Londres dans les premiers jours d'avril 1834 et qui plaçait en réalité la péninsule ibérique tout entière sous le protectorat de l'Angleterre. Cette convention, qui avait pour but d'expulser du Portugal D. Miguel et D. Carlos, portait que la régente d'Espagne mettrait un corps d'armée à la disposition de D. Pedro, et qu'une escadre britannique concourrait aux opérations d'où devait résulter la fin de la guerre.

Le secret avait été si bien gardé que Talleyrand, ambassadeur de Louis-Philippe à Londres, n'avait, malgré sa finesse, absolument rien deviné. Quand tout fut fini, Palmerston lui révéla le traité. Le vieux diplomate, très mortifié, fit bonne figure à mauvais jeu et demanda que la France pût s'associer à la triple alliance. On ne pouvait lui refuser en principe cette satisfaction. La *Quadruple Alliance* fut donc signée (le 22 avril). Mais la part faite à l'intervention française par le nouveau traité se réduisait à bien peu de chose, grâce à la jalousie britannique. Voici, en effet, en quels termes cette intervention était prévue et admise : « Dans le cas où la coopération de la France serait jugée nécessaire par les hautes parties contractantes pour atteindre complètement le but de ce

philosophie morale à dix-neuf ans; chargé par la junte de Cadix d'une mission en Angleterre, d'où il revint en 1811; secrétaire de la commission de la liberté de la presse, puis membre des Cortès (1813-1814); emprisonné, puis envoyé aux présides par Ferdinand VII; délivré par la révolution de 1820 et, peu après, élu membre des Cortès et appelé à la présidence du conseil des ministres; exilé après la réaction de 1823; établi en France, où il resta huit ans, s'occupant surtout de travaux littéraires; rentré en Espagne (1834) et mis de nouveau à la tête du ministère (janvier 1834); auteur du *statut royal* de 1834; obligé de se retirer en juin 1835; ambassadeur à Paris (1839), puis à Rome (1842); membre du cabinet conservateur formé par Narvaez et qui tomba en février 1846; ambassadeur en France pour la seconde fois (1847-1851); président de la deuxième Chambre des cortès; premier secrétaire d'État dans le cabinet Armero-Mon (octobre 1857); président du conseil d'État (juillet 1858), et encore une fois président de la Chambre (1861); mort en 1862. Il s'est fait connaître au moins autant comme littérateur que comme orateur politique et homme d'État.

traité, Sa Majesté le roi des Français s'engage à faire à cet égard *ce qui serait arrêté de commun accord entre elle et ses trois augustes alliés.* » Le gouvernement de Juillet, qui célébra la conclusion de ce pacte comme un triomphe de sa politique, avait été, en réalité, quelque peu mystifié.

Quoi qu'il en soit, l'effet du traité fut prompt et décisif, du moins en ce qui concernait le Portugal. Au bout d'un mois D. Miguel et D. Carlos, cernés de toutes parts, étaient contraints de capituler à Evora. Ils furent immédiatement conduits hors de la péninsule, que l'on crut quelque temps assurée du repos.

Mais si le premier de ces princes ne devait pas revenir de son exil, il n'en fut pas ainsi du second. On apprit en effet bientôt que D. Carlos n'avait fait que toucher barres en Angleterre et que, dépistant la police française, il avait, par Paris, gagné les Pyrénées et reparu dans le pays basque au milieu de ses partisans enthousiasmés. A la fin de juillet 1834, il occupait en grande partie les provinces septentrionales de l'Espagne ; il s'intitulait roi, nommait des ministres et accréditait des envoyés auprès des grandes cours du Nord. Il fallut bien que la quadruple alliance se remît en campagne. Le traité du 22 avril fut donc non seulement confirmé, mais augmenté de nouveaux articles, en vertu desquels les gouvernements français et anglais s'engageaient, le premier à interdire tout envoi de secours aux insurgés espagnols à travers les Pyrénées, le second à fournir des armes, des munitions et, au besoin, une escadre à la régence de Madrid. La cour de Lisbonne était autorisée à aider militairement Marie-Christine. On voit que dans cet arrangement, comme dans le précédent, la place faite à la France avait été bien parcimonieusement mesurée.

Aussi la quadruple alliance, qui semblait être une croisade constitutionnelle destinée à contre-balancer la ligue absolutiste de München-Graetz, ne devait-elle pas entamer le faisceau solide des cours du Nord. Ce traité, que certains publicistes signalèrent comme la preuve d'une entente étroite entre la France et l'Angleterre, prouvait au contraire que ces deux puissances commençaient à se désunir. La rancune de l'une, la jalousie de l'autre devaient entretenir leur désaccord. Les puissances du Nord, qui le devinèrent, avaient intérêt à l'aggraver et y travaillèrent de toutes leurs forces, comme on le verra dans la suite de cette histoire.

CHAPITRE X

I. Dernière orientation de Talleyrand. — II. Louis-Philippe et la cour de Vienne en 1834 et 1835. — III. Politique antifrançaise de Palmerston. — IV. Le ministère Thiers et le mariage autrichien. — V. Molé, Metternich et Melbourne. — VI. La question belge et la question d'Ancône.

(1834-1839)

I

Les cinq années comprises entre la conclusion de la quadruple alliance et la crise orientale de 1839 sont, dans l'histoire diplomatique de l'Europe, une période confuse et terne, qui ne présente aucun fait saillant. Du point de vue où nous nous sommes placé,

1. Sources : Blanc (L.), *Histoire de dix ans*, t. IV et V; — Berryer, *Discours parlementaires*; — Bulwer, *Life of Palmerston*, t. III; — Canitz-Dallwitz (baron de), *Denkschriften*, t. I; — Capefigue, *l'Europe depuis l'avènement du roi Louis-Philippe*, t. VIII, IX et X; — Greville, *Les quinze premières années du règne de la reine Victoria*; — Guizot, *Mémoires*, t. IV; — Haussonville (comte d'), *Histoire de la politique extérieure du gouvernement français*, t. I; — Hillebrand (K.), *Geschichte Frankreichs*, t. I et II; — Hubbard, *Histoire contemporaine de l'Espagne*, t. III et IV; — Ideville (H. d'), *Le maréchal Bugeaud*, t. II; — Lefebvre (Armand), *Mahmoud et Méhémet-Ali* (Revue des Deux Mondes, 15 mai 1839); — Lefebvre de Bécour, *Des démêlés de la France avec la Suisse* (Revue des Deux Mondes, 1er novembre 1836); *Lettres sur les affaires étrangères* (Revue des Deux Mondes, 1838-1839); — Lesur, *Annuaire historique*, années 1834-1839; — Loève-Veimars, *Lettres du nord et du midi de l'Europe*; *Rapports de la France avec les grands et les petits États* (Revue des Deux Mondes, 1837-1840); — Mac-Carthy, *Histoire contemporaine de l'Angleterre depuis l'avènement de la reine Victoria*, t. I; — Mazade (Ch. de), *Monsieur Thiers*; — Metternich (prince de), *Mémoires, documents et écrits divers*, t. V et VI; — Saint-René Taillandier, *Le roi Léopold et la reine Victoria*; — Thiers, *Discours parlementaires*; — Thureau-Dangin, *Histoire de la monarchie de Juillet*, t. II et III, etc.

cette époque de transition ne nous paraît offrir d'intérêt qu'en ce qu'elle a préparé — lentement et à petit bruit — une évolution considérable dans la politique des grandes puissances. C'est en effet le moment où l'alliance anglo-française, qui, depuis 1830, servait de contrepoids à la coalition du Nord et tenait l'Europe en respect, se relâche par degrés et finit par se dissoudre pour faire place à de nouvelles combinaisons de forces.

L'homme d'État qui en était le principal auteur, c'est-à-dire Talleyrand, en recommandait lui-même l'abandon depuis la fin de 1834. Ce diplomate, qui cachait sous une indifférence et un flegme affectés, un amour-propre et une vanité fort susceptibles, avait été blessé au vif par les procédés de Palmerston, qui, non content de l'avoir en fait presque mystifié [1], ne craignait pas de s'en vanter et ne parlait de lui qu'avec une irrévérence tout à fait mortifiante. Sans doute le cabinet whig, dont faisait partie ce ministre, était tombé. Mais Peel et Wellington, qui venaient de succéder à Melbourne et à Palmerston [2], ne pardonnaient pas à Talleyrand d'avoir contribué à leur propre chute en 1830. Aussi l'ambassadeur avait-il cru devoir demander son rappel dès le mois de novembre 1834. Toutes les instances de Louis-Philippe pour le faire demeurer à son poste furent inutiles. Il était de retour en France au commencement de 1835. Mais, s'il rentrait dans la vie privée, il n'entendait pas se désintéresser de la politique au point de ne plus conseiller cette royauté de Juillet, qui était comme son enfant de prédilection. Aussi ne cessa-t-il, à partir de cette époque, de représenter au gouvernement qu'il servait qu'il était temps pour lui de changer d'orientation. L'alliance anglaise, disait-il, avait été une nécessité en 1830, parce qu'à ce moment la France, chancelante et menacée, n'en eût pas trouvé d'autres. Mais maintenant que la nouvelle monarchie était forte et bien assise, elle pouvait choisir. Rien ne l'obligeait plus de rester à la remorque d'une puissance qui la jalousait et qui, d'ordinaire, s'attachait à elle moins pour la seconder que pour la paralyser. D'ailleurs, n'était-il pas pour elle de la dernière impor-

1. Voir ci-dessus, p. 336-337.
2. La question de la réforme de l'*Église établie* en Irlande avait amené en juillet 1834 la retraite de lord Grey; elle causa aussi peu après celle de lord Melbourne, qui lui avait succédé comme premier lord de la trésorerie et qui fut lui-même remplacé par Robert Peel, chef des tories (novembre-décembre 1834).

tance d'avoir comme amies les grandes puissances continentales qui, jusqu'alors, lui avaient fait si froide mine? Ce n'était pas en pactisant avec la Révolution que l'on pouvait fonder une dynastie. Si Louis-Philippe voulait cesser aux yeux de l'Europe d'être un *parvenu,* il fallait qu'il prît désormais ses points d'appui dans les monarchies *légitimes.*

II

Talleyrand ne prêchait point un sourd. La politique recommandée par le vieux diplomate était *tout à fait conforme aux goûts et aux vœux du roi,* qui, depuis longtemps, eût voulu la suivre. Comme Talleyrand, Louis-Philippe trouvait que l'alliance anglaise commençait à coûter bien cher. D'autre part, reconnaissant *in petto* la fragilité de l'édifice de 1830, qui n'était ni la république ni la royauté, n'osant s'abandonner à la démocratie, il jugeait préférable de se rapprocher des anciennes monarchies et ne désirait rien tant que d'être traité vraiment en frère par les souverains absolus .Il lui semblait que, s'il parvenait à se faire admettre dans leur famille, la tache originelle de Juillet disparaîtrait de son front et que lui aussi serait un roi légitime et assuré du lendemain. Cette préoccupation l'avait déjà poussé dans une diplomatie souterraine où, sans souci des règles parlementaires [1], il engageait, presque toujours à l'insu de ses ministres, non seulement ses intérêts propres, mais aussi ceux de la France. Après plusieurs crises de cabinet, le duc de Broglie [2], dont la hauteur doctrinaire le gênait, et dont il avait sournoisement provoqué la chute, lui avait été imposé de nouveau comme

1. Voir Metternich, *Mémoires, documents et écrits divers*, V et VI.
2. Broglie (Achille-Léonce-Victor-Charles, duc de), petit-fils du maréchal de Broglie (mort en 1804), né à Paris le 28 novembre 1785; auditeur au conseil d'État, chargé sous l'empire de plusieurs missions diplomatiques; pair de France en juin 1814; marié en 1816 avec la fille de Mme de Staël; membre influent du parti doctrinaire sous la Restauration; ministre de l'instruction publique et des cultes (11 août 1830), démissionnaire le 2 novembre suivant; ministre des affaires étrangères du 11 novembre 1832 au 4 avril 1834; président du conseil et, de nouveau, chargé des relations extérieures de mars 1835 à février 1836; ambassadeur à Londres (1847-1848); représentant de l'Eure à l'Assemblée législative (1849-1851); arrêté au 2 décembre; membre de l'Académie française (1855); mort à Paris le 25 janvier 1870.

ministre des affaires étrangères et même comme président du conseil (mars 1835). Mais si, en présence de cet homme d'État, fort peu disposé à plier devant la Sainte-Alliance, Louis-Philippe était obligé de se contraindre, il se dédommageait par une correspondance occulte avec différents ministres étrangers et surtout avec Metternich qui, depuis quelque temps, était devenu comme son confident attitré. Des trois grandes cours du Nord, c'était celle de Vienne qu'il avait le plus à cœur de gagner. Du côté de la Russie, ses avances avaient été mal reçues. Le czar ne pardonnait pas à la royauté de Juillet d'être née sur les barricades; il la regardait comme responsable des manifestations de sympathie qui, depuis quatre ans, se produisaient dans toute la France en faveur de la malheureuse Pologne. On ne pouvait donc attendre de lui que de mauvais procédés. La Prusse, gouvernée par le vieux et pacifique Frédéric-Guillaume III, était sans doute moins réfractaire aux avances de Louis-Philippe. Aussi ce dernier la caressait-il de son mieux. Mais il ne voyait en elle qu'un pis-aller, ou que l'appoint d'une alliance plus considérable. Son idée fixe, comme celle de Talleyrand, était d'assurer à la France l'amitié de l'Autriche, puissance de premier rang, qui ne paraissait pas insensible à ses vœux. Metternich n'avait garde de le décourager. Il comprenait trop bien l'avantage qu'il y avait pour son gouvernement à le séparer de l'Angleterre et à l'entraîner dans la contre-révolution. Il ne cessait, d'une part de remontrer à son royal correspondant que le cabinet de Londres le jouait et le jouerait toujours. De l'autre, il l'exhortait sans relâche à entrer résolument dans la voie *monarchique*, c'est-à-dire à *gouverner* par lui-même (au lieu de se borner à *régner*, suivant la célèbre formule de Thiers); il lui représentait qu'il devait diriger et faire obéir ses ministres, s'affranchir autant que possible du *parlementarisme*, prévenir toute agitation nouvelle par une vigoureuse législation, renoncer à favoriser au dehors l'esprit nouveau et s'unir loyalement aux cours du Nord pour contenir la Révolution en Europe.

Louis-Philippe, loin de s'élever contre un pareil programme, promettait tout ce que demandait le chancelier. Il avait trop d'intérêt à se concilier ses bonnes grâces pour se permettre de le contredire. Le roi des Français rêvait en effet de faire épouser au duc d'Orléans, son fils aîné et son héritier présomptif, une archiduchesse

- d'Autriche [1]. Dès 1834, il parlait d'envoyer le jeune prince à Vienne et ne dissimulait pas trop ses vues matrimoniales. Metternich trouvait, il est vrai, que le *roi des barricades* allait bien vite en besogne. Au fond, il n'admettait point du tout l'idée du mariage, « tuile diplomatique » dont il se déclarait abasourdi [2]. Quant au voyage, il s'efforça — courtoisement — de le renvoyer aux calendes grecques. Pour le retarder il trouvait chaque jour de nouvelles objections. D'abord l'empereur devait s'absenter et ne pourrait jouir de la présence du duc. Puis Sa Majesté venait de tomber malade : comment le fêterait-elle dignement? Puis elle mourut (mars 1835) : ne fallait-il pas porter son deuil avant de donner des fêtes? Bref l'ingénieux ministre aurait bien voulu que Louis-Philippe renonçât à l'idée « saugrenue » d'unir son sang à celui des Habsbourg. Mais le roi des Français était fort tenace, et il était difficile de le rebuter.

Il pensait qu'avant de céder à ses désirs la cour de Vienne voulait encore mettre à l'épreuve son dévouement aux principes monarchiques. Aussi croyait-il devoir en donner de nouveaux gages. Il avait l'année précédente fait voter une loi rigoureuse sur les associations et réprimé avec énergie deux insurrections républicaines à Lyon et à Paris [3]. Il faisait maintenant juger avec éclat les accusés d'Avril par la chambre des pairs [4]. Il profitait de l'indignation publique provoquée par l'attentat de Fieschi (28 juillet 1835) pour supprimer en grande partie, grâce aux lois de septembre [5], la liberté

1. Orléans (Ferdinand-Philippe-Louis-Charles-Henri, duc d'), né à Palerme le 3 septembre 1810, désigné jusqu'en 1830 *sous le titre de duc de Chartres*, mourut d'un accident de voiture à Neuilly, le 13 juillet 1842. — L'archiduchesse Thérèse, que son père voulut lui faire épouser de 1834 à 1836, était nièce de l'empereur d'Autriche et fille de l'archiduc Charles, qui avait jadis commandé les armées autrichiennes avec honneur et qui vécut jusqu'en 1847.

2. « Croire à la possibilité d'un mariage chez nous, écrivait-il à propos de Louis-Philippe, c'est se tromper encore une fois. Nous avons fait de trop tristes expériences pour que leur souvenir puisse s'effacer de si tôt, et je ne connais pas d'archiduchesse qui se prêterait à un troisième essai. » Le chancelier d'Autriche espérait bien, disait-il, qu'on renoncerait au projet en question ; on n'aimait pas à Vienne, ajoutait-il, à être *charivarisé*.

3. Celle de Lyon, qui fut la plus grave, dura du 9 au 13 avril; celle de Paris eut lieu le 13 et le 14 avril. Il y eut aussi vers la même époque une tentative de soulèvement militaire à Lunéville (16 avril).

4. Le procès dura du mois de février au mois de décembre 1835. Après de violents débats, la plupart des accusés renoncèrent à se défendre. Les plus connus d'entre eux finirent par s'évader de leur prison. Les autres furent condamnés à la prison ou à la déportation.

5. La première permettait de multiplier les cours d'assises pour juger les

de la presse et les garanties judiciaires dues aux accusés politiques.
Il se gardait d'ailleurs de protester contre les résolutions — menaçantes pour les peuples — que le nouvel empereur d'Autriche [1] prenait à Teplitz, vers la fin de septembre, avec le roi de Prusse et
l'empereur de Russie. Ces trois souverains, peu d'accord sur certains
points (comme la question d'Orient), s'étaient facilement entendus
sur l'Allemagne, qui, grâce à eux, allait voir ses liens resserrés
encore par la diète [2], sur la Suisse, qu'ils voulaient contraindre à
expulser les réfugiés et sur la pauvre république de Cracovie, qu'ils
voulaient contraindre à en faire autant. Louis-Philippe sut-il aussi
que, dans le cas où il serait assassiné ou renversé, les trois cours
du Nord étaient convenues à l'avance de ne reconnaître pour son
successeur que le duc de Bordeaux? Nous l'ignorons. Ce qu'il y a
de certain, c'est que les conférences de Teplitz, qui mirent le duc
de Broglie d'assez mauvaise humeur, n'empêchèrent pas le roi de
renouveler et de multiplier ses avances à la cour de Vienne.

III

A mesure que Louis-Philippe se rapprochait des puissances continentales, l'Angleterre s'éloignait de lui et, sans rompre ouvertement, semblait prendre à tâche de contrarier la politique française.
Les tories, il est vrai, n'étaient restés que peu de temps au pouvoir.
Les whigs venaient d'y rentrer, en avril 1835, et il semblait que,

personnes accusées de rébellion; la seconde rendait secret le vote du jury et
réduisait de 8 à 7 la majorité nécessaire pour une condamnation; la troisième punissait de la prison et d'une amende de 10 000 à 50 000 francs
l'outrage contre la personne du roi et toute attaque contre le principe du
gouvernement; elle interdisait même aux journaux de parler du roi et
soumettait les pièces de théâtre et les dessins à l'autorisation.
    1. Ferdinand Ier, né à Vienne le 19 avril 1793, et qui, après avoir abdiqué le
2 décembre 1848, est mort à Prague le 29 juin 1875.
    2. La diète fit supprimer vers la fin de 1835 diverses publications popu-
laires (notamment *la Jeune Allemagne*). Le 28 avril 1836, elle décidait que,
dans les divers États de la Confédération, les comptes rendus des Chambres
ne pourraient être publiés que d'après les journaux et les documents *officiels*.
Le 18 août 1836, elle décidait que toute tentative contre l'existence, l'intégrité,
la sûreté de la confédération ou de chacun de ses membres serait jugée et
punie par les lois en vigueur dans chaque État contre les attaques à la constitution de cet État, et elle établissait le principe de l'extradition réciproque
des auteurs des délits en question.

comme précédemment, ils dussent avoir plus de complaisance que leurs adversaires pour la monarchie de Juillet. Mais s'ils avaient pour chef nominal l'indolent et sceptique Melbourne [1], ils subissaient en réalité l'irrésistible ascendant de lord Palmerston qui, appelé de nouveau à diriger la diplomatie britannique, paraissait convaincu, plus que Canning, son maître, et presque autant que Pitt, son modèle, que le devoir d'un ministre anglais consistait essentiellement à contrecarrer la France. Cet homme d'État, audacieux et querelleur, n'avait en politique d'autre règle qu'un patriotisme étroit, jaloux, toujours en éveil et absolument indifférent sur le choix des moyens. Son activité n'était pas moins redoutable que sa clairvoyance. C'était un *casse-cou*, au dire de ses ennemis. Mais en fait il n'était pas moins avisé que hardi, et ses témérités apparentes étaient le résultat de calculs que le succès devait presque toujours justifier.

On a vu plus haut que, s'il s'était associé au gouvernement de Juillet pour soutenir la reine Isabelle, c'était moins pour faire triompher la cause de cette princesse que pour supplanter ou neutraliser l'influence française en Espagne.

Les événements dont ce pays fut le théâtre à l'époque qui nous occupe et les ménagements dont Louis-Philippe usait maintenant envers les cours du Nord n'étaient pas pour entraver sa politique. Au commencement de 1835, la péninsule ibérique était en feu, D. Carlos, non reconnu, mais effectivement soutenu par l'Autriche, la Prusse et la Russie, gagnait rapidement du terrain. Au mois de mai, ses troupes occupaient à peu près tout le pays compris entre les Pyrénées et l'Èbre. Marie-Christine prit peur et invoqua l'aide de la France. Une intervention dans ce pays ne souriait guère à Louis-Philippe qui, par-dessus tout, craignait de se brouiller avec la cour de Vienne. Mais ses ministres lui ayant forcé la main, il lui fallut bien soumettre au cabinet de Saint-James, conformément au traité de la quadruple alliance, une proposition tendant à l'envoi

---

1. Melbourne (William Lamb, vicomte), né à Londres le 15 mars 1779; membre de la Chambre des communes (1805), où il siégea dans les rangs des whigs; secrétaire d'État pour l'Irlande dans le ministère Canning (1827); membre de la Chambre des lords (1828); ministre de l'Intérieur dans le cabinet Grey (1830); premier lord de la trésorerie (14 juillet 1834); renvoyé en novembre de la même année; rappelé à la tête du ministère (avril 1835), où il resta jusqu'en septembre 1841; mort à Brocket-Hall le 24 novembre 1849.

d'une armée française en Espagne. Palmerston, à sa vive satisfaction, la repoussa tout net et consentit seulement à ce qu'il laissât la légion étrangère d'Afrique entrer au service de Marie-Christine [1]. Mais si le roi fut fort aise de ce refus, il n'en fut pas ainsi du cabinet qui s'en montra fort mortifié. Broglie et ses collègues comprirent fort bien que si la cour de Londres ne voulait pas leur permettre de soutenir ouvertement le ministère espagnol, alors dirigé par Toreno [2], c'est parce qu'elle le jugeait inféodé à la France. Ce cabinet ne tarda pas, du reste, à succomber, grâce aux intrigues britanniques. En septembre, Marie-Christine fut obligée de donner la présidence du conseil au chef du parti avancé, Mendizabal [3], créature de Palmerston, et, dès lors, la diplomatie anglaise régna presque souverainement à Madrid.

Dans le même temps le chef du Foreign-Office suivait d'un œil inquiet le progrès de nos armes en Afrique et faisait son possible pour y mettre un terme. On se souvient que, pour endormir la jalousie britannique, Louis-Philippe avait cru devoir, pendant les premières années de son règne, interrompre la conquête de l'Algérie, à peine commencée par Charles X, et qui devait être la gloire de la nouvelle royauté. De 1830 à 1834, quelques points isolés, comme Bône, Oran, Arzew, avaient été occupés sur le littoral

1. Par une convention du 28 juin 1835, déjà depuis plusieurs semaines un corps de volontaires anglais avait été mis à la disposition du gouvernement de Madrid.

2. Toreno (José-Maria, vicomte de Matarrosa, puis comte de), né à Oviedo en 1786; soldat de l'Indépendance en 1808; chargé d'une mission en Angleterre, puis député aux Cortès de Cadix (1811), où il joua un rôle fort important; réduit, après le retour de Ferdinand VII, à quitter l'Espagne, où il rentra grâce à la révolution de 1820; membre des Cortès de 1820 à 1823; proscrit de nouveau et réfugié en France de 1823 à 1833; appelé au ministère des finances (1834), puis à la présidence du conseil par Marie-Christine; renversé en 1835; mort en France en 1843; auteur d'une remarquable *Histoire du soulèvement, de la guerre et de la révolution d'Espagne de 1808 à 1814.*

3. Mendizabal (D. Juan Alvarez y), né à Cadix vers 1790, s'occupa dans sa jeunesse d'opérations de banque, seconda très utilement le gouvernement constitutionnel de 1820 à 1823, dut, à cette dernière époque, quitter l'Espagne et s'établit à Londres, où il fonda une importante maison de commerce; rendit comme financier de grands services à D. Pedro à partir de 1827, et à Marie-Christine à partir de 1833; fut appelé au ministère des finances par Toreno (1835), qu'il remplaça bientôt comme président du conseil; ne put, malgré sa jactance, mettre un terme à la guerre civile; fut renversé le 15 mai 1836; exerça encore deux fois le ministère des finances (1836-1837 et 1841-1843); passa plusieurs années hors de l'Espagne après la chute d'Espartero, puis y rentra et mourut à Madrid en 1853.

de ce pays. Mais nulle expédition sérieuse n'avait été tentée vers l'intérieur, où deux adversaires redoutables, Achmet-bey à Constantine, et surtout Abd-el-Kader à Mascara, avaient eu tout le temps de fanatiser les populations et d'organiser contre nous une formidable résistance. C'est seulement en 1834 que le gouvernement français, qui commençait à s'affranchir de la surveillance britannique, avait annoncé hautement l'intention de soumettre l'Algérie entière à sa domination [1]. Mais la guerre d'Afrique, qui prit alors une réelle importance, nous réservait, avant le succès final, bien des épreuves et des mécomptes. Abd-el-Kader [2], maître d'un tiers du pays, en rapports constants avec le Maroc et avec Gibraltar, avait reçu et devait recevoir longtemps encore de l'Angleterre, non seulement des encouragements, mais des moyens matériels de soutenir une lutte qui, au début, sembla devoir tourner tout à son avantage. C'est grâce à cet appui dissimulé, mais efficace, qu'il battait, par exemple, en juin 1835, le général Trézel sur les bords de la Macta et que, six mois après, fort peu affaibli par la prise de Mascara et de Tlemcen, il bloquait sur la côte le petit corps du général d'Arlanges.

Si, en Algérie, Palmerston fournissait à l'émir de quoi nous combattre, on peut croire qu'il ne manquait pas de nous dénoncer à Constantinople comme de faux amis qui, tout en affectant un beau zèle pour l'empire ottoman, ne travaillaient qu'à le dépouiller et à l'affaiblir. Son représentant Ponsonby, plus gallophobe encore que lui-même, s'il était possible, provoquait sans relâche les ministres du sultan à de nouvelles protestations contre l'établissement et les progrès des Français dans un territoire que la Porte regardait comme de sa dépendance. Notre ambassadeur, l'amiral Roussin, éprouvait parfois quelque difficulté à y répondre. La diplomatie britannique ne manquait pas non plus de signaler notre complai-

---

1. A la suite d'une discussion mémorable à la chambre des députés (avril-mai 1834). Peu après, en juillet, ce pays avait été érigé en gouvernement général, dont le général Drouet d'Erlon fut le premier titulaire.
2. Principal chef de la nation arabe en Algérie, surtout depuis 1833, célèbre par la longue résistance qu'il opposa aux armées françaises. Il était né près de Mascara en 1808. Capturé par Lamoricière en décembre 1847, il fut interné en France; remis en liberté sur parole 1852, il se retira à Brousse en Asie Mineure, d'où il alla plus tard (1855) habiter Damas; il protégea généreusement les chrétiens lors des massacres qui eurent lieu dans cette ville en 1860, désavoua l'insurrection algérienne de 1871 et mourut le 24 mai 1883.

sance pour Méhémet-Ali, le pacha rebelle, qui, non content d'avoir
arraché à son maître les plus belles provinces de l'empire, demandait maintenant qu'elles lui fussent concédées à titre héréditaire.
Mahmoud était plutôt disposé à les lui reprendre et, pour lui faciliter cette revanche, l'Angleterre l'aidait à soulever contre son vassal
les populations du Liban. Le cabinet britannique se posait vis-à-
vis du sultan comme un protecteur sincère, désintéressé, et voyait
chaque jour son crédit croître à Constantinople. Lord Durham [1],
chargé d'une mission spéciale, venait, vers la fin de 1835, offrir la
médiation de son gouvernement à la Turquie, écrasée depuis le
traité d'Andrinople par les exigences russes. La proposition était
acceptée et, peu après (mars 1836), l'envoyé anglais obtenait à
Saint-Pétersbourg un arrangement en vertu duquel le czar remettait au sultan une partie de sa dette et, moyennant le payement du
reste, s'engageait à retirer ses troupes de Silistrie dans le courant
de l'année.

Il peut sembler étrange que le cabinet de Saint-Pétersbourg usât
d'une telle complaisance envers la cour de Londres. Certes, la rivalité de l'Angleterre et de la Russie subsistait et avait toujours sa
raison d'être. A ce moment même, ces deux puissances remplis-
saient de leurs intrigues l'Asie, dont elles se disputaient, dont elles
se disputent encore l'empire [2]. Mais en Europe elles croyaient devoir
jusqu'à nouvel ordre faire trêve à leurs dissentiments et unir leurs
efforts contre un gouvernement qu'elles regardaient comme un
ennemi commun. La Russie ne prenait pas moins d'ombrage que

---

1. Durham (John-Georges Lambton, comte de), né à Durham le 12 avril 1792;
élu dès 1813 à la Chambre des communes, où il prit bientôt une place considérable dans le parti radical; membre de la Chambre des lords en 1828;
lord du sceau privé dans le cabinet formé en 1830 par lord Grey, son beau-
père; démissionnaire en mars 1833; chargé à deux reprises de missions
spéciales en Russie (1832, 1835); gouverneur du Canada (1838); mort dans
l'île de Wight le 28 juillet 1840.

2. L'Angleterre avait, après de longues guerres, complété la conquête de
l'Inde par la soumission des Mahrattes en 1818; depuis 1825 elle occupait une
bonne partie du littoral de la Birmanie; elle avait pris possession de Malacca
en 1826; dix ans plus tard, elle s'emparait de Singapore; elle allait peu après
(en 1839) planter son drapeau à Aden. — Quant à la Russie, non contente de
ses dernières conquêtes sur la Perse (1813, 1828), elle poursuivait ses avantages au sud du Caucase, d'où, depuis 1834, elle essayait de déloger Schamyl;
d'autre part, elle colonisait activement la Sibérie, étendait son autorité entre
la mer Caspienne et le lac d'Aral et même dans les vallées de l'Amou-Daria
et du Syr-Daria. Elle allait bientôt entraîner dans son alliance le nouveau
schah de Perse, Méhémet, et le pousser à l'attaque de Hérat.

l'Angleterre des prétentions mises en avant par Méhémet-Ali et appuyées par la France.

Il faut ajouter que Nicolas, pour des raisons déjà exposées, considérait et traitait Louis-Philippe comme un adversaire personnel. Aussi ne lui épargnait-il pas les avanies. Si, d'une part, il lui réclamait, fort aigrement, le montant des dettes contractées autrefois par Napoléon envers le grand-duché de Varsovie, il renvoyait cavalièrement de cette ville (en décembre 1835) le consul général de France, sous prétexte qu'un résident étranger n'avait que faire en Pologne, pays dont l'autonomie venait d'être supprimée. Il continuait à traiter plus que froidement nos ambassadeurs et, récemment, trouvant que son représentant à Paris, Pozzo di Borgo, témoignait trop d'attachement pour la France, il l'avait fait passer à Londres. Si la politique de Metternich tendait à détacher de l'Angleterre le gouvernement de Juillet, le czar se donnait pour tâche d'attirer à lui le cabinet britannique et d'aggraver les dissentiments qui le séparaient du gouvernement de Louis-Philippe. On ne doit donc pas, en somme, être surpris des concessions que cette puissance avait obtenues de lui en faveur de la Turquie. Elle lui demandait, dans le même temps, certains avantages commerciaux; il les lui accorda sans hésiter. L'Angleterre, d'ailleurs, ne demeurait point à son égard en reste de bons offices et, par exemple, pour faire pièce à la France, ne s'offusquait pas à cette époque de la prépondérance manifeste que la Russie exerçait en Grèce.

IV

La sourde opposition que l'Angleterre faisait partout à Louis-Philippe devait encourager ce prince à persister dans sa politique autrichienne. Il était d'autant moins disposé à s'en écarter que, depuis le mois de février 1836, il était de nouveau débarrassé d'un ministre qu'il n'aimait guère et qui n'était pas sans contrarier sa diplomatie secrète. Le duc de Broglie venait de se retirer à la suite d'un incident parlementaire auquel le roi n'avait peut-être pas été étranger [1], et à la place de ce personnage, que Metternich ne

---

1. Le vote de la Chambre des députés sur la conversion des rentes. Le ministre des finances, Humann, que l'on soupçonna, non sans fondement, d'avoir été encouragé par Louis-Philippe, s'était, à propos de cette question, prononcé contre le président du Conseil.

pouvait souffrir, Thiers [1], tout jeune encore, venait d'être appelé à la présidence du conseil. Le chef du nouveau cabinet était, il est vrai, foncièrement attaché à la Révolution. Mais c'était, disait Metternich, un *révolutionnaire pratique*, ayant le sens du gouvernement et de ses nécessités, sachant au besoin donner une entorse aux principes, et plus facile, en somme, à manier qu'un *idéologue doctrinaire* [2] comme le duc de Broglie. Fort jaloux du pouvoir, il entendait bien l'exercer seul, puisqu'il en était responsable. Mais comme il partageait pour le moment les vues politiques de Louis-Philippe, il devait souffrir moins que son prédécesseur de l'ingérence du roi dans sa diplomatie. Poussé par Talleyrand, qui avait été son maître et qui était encore souvent son inspirateur, Thiers était alors partisan déclaré de l'alliance autrichienne. Il ne l'était pas, il est vrai, comme le roi, par intérêt personnel. Ses vues n'avaient rien que de patriotique. Il espérait servir son pays et comptait pouvoir exploiter l'Autriche, peut-être même la jouer, ce qu'il eût fait sans

1. Thiers (Louis-Adolphe), né à Marseille le 15 avril 1797, vint en 1821 à Paris où il se fit bientôt connaître comme journaliste, publia, de 1823 à 1827, son *Histoire de la Révolution française*, fonda le *National* avec Armand Carrel et Mignet (1er janvier 1830), contribua pour une bonne part à l'avènement de Louis-Philippe, devint, dès le mois d'août 1830, conseiller d'État, secrétaire général, puis (nov. 1830) sous-secrétaire d'État au ministère des finances, fut envoyé à la Chambre des députés par les électeurs d'Aix, sortit du cabinet avec Laffite (mars 1831), mais y rentra le 11 octobre 1832 avec le portefeuille de l'intérieur, qu'il échangea peu après (déc.) contre celui du commerce et des travaux publics et qu'il reprit en avril 1834 et garda jusqu'en février 1836. Il avait été reçu à l'Académie française le 13 décembre 1834. Président du Conseil et ministre des affaires étrangères du 22 février au 6 septembre 1836, il reparut au pouvoir avec ce double titre le 1er mars 1840. Remplacé par le maréchal Soult et par Guizot le 29 octobre de la même année, il fut, jusqu'à la fin du règne de Louis-Philippe, le chef du centre gauche à la Chambre et commença en 1845 la publication de son *Histoire du Consulat et de l'Empire*, qu'il ne devait terminer qu'en 1860. Rappelé au ministère dans la nuit du 23 au 24 février 1848, il fut bientôt débordé par la révolution. Envoyé par quatre départements à l'Assemblée constituante (4 juin 1848), réélu par la Seine-Inférieure à l'Assemblée législative (1849), il se mit à la tête des partis monarchiques dont les manœuvres imprudentes rendirent possible le coup d'État du 2 décembre 1851. Après douze années passées dans la vie privée, il rentra dans la vie politique comme député de la Seine (mai 1863), fut réélu en 1869 et fut pendant les dernières années de l'Empire le chef le plus influent de l'opposition. Chargé d'une mission diplomatique par le gouvernement de la *Défense nationale* (sept.-oct. 1870), envoyé par vingt-sept départements à l'Assemblée nationale (février 1871), chef du pouvoir exécutif (17 février), puis président de la république (31 août 1871), renversé par la coalition monarchique du 24 mai 1873, il semblait à la veille de remonter au pouvoir lorsqu'il mourut subitement à Saint-Germain-en-Laye le 3 septembre 1877.

2. Expression de Metternich.

scrupules. Il y avait un peu de Palmerston dans cet homme d'État, et sa morale, comme celle du ministre anglais, n'avait guère d'autre règle que son patriotisme. Peut-être aussi, à l'exemple de ce dernier, se complaisait-il trop dans l'intrigue et dans la ruse. Il avait, du reste, à cette époque, trop peu d'expérience et il eut toute sa vie trop peu de sang-froid pour lutter de finesse avec un diplomate comme Metternich. Aussi eut-il tort de vouloir prendre pour dupe le chancelier d'Autriche ; car finalement c'est lui qui fut joué.

Comme Louis-Philippe, Thiers avait l'idée fixe d'obtenir pour le duc d'Orléans la main de l'archiduchesse Marie-Thérèse. Aussi, dans les premiers temps de son ministère, ne ménagea-t-il pas les avances à la cour de Vienne, qu'il s'agissait de gagner et qui faisait encore la sourde oreille. C'est ainsi que, dès le début, il laissa passer, presque sans protestation, en tout cas sans opposition, une violation grave des traités de 1815, que commirent à la face de l'Europe les puissances même qui d'ordinaire en exigeaient le plus rigoureusement le respect. La ville libre de Cracovie, dont l'indé-pendance avait été garantie par le congrès de Vienne, venait d'être, le 17 février 1836, de la part des trois cours du Nord, l'objet d'une véritable exécution militaire. Conformément à l'entente de Teplitz, l'empereur d'Autriche, le roi de Prusse et l'empereur de Russie avaient fait entrer leurs troupes dans cette malheureuse cité, sous prétexte qu'elle servait d'asile à des agitateurs dont ils exigeaient l'éloignement. Le gouvernement français, s'il n'approuva pas, du moins laissa faire. Les réfugiés furent brutalement expulsés de Cracovie. Cette ville vit sa milice dissoute, ses libertés suspendues, son sénat et ses administrations réorganisés au nom des trois puissances. L'*ordre*, tel qu'on le comprenait à Vienne ou à Saint-Pétersbourg, y était rétabli depuis longtemps que les troupes autri-chiennes y séjournaient encore. Elles ne devaient s'en éloigner que cinq ans plus tard, en 1841.

Sans doute l'opinion publique en France n'exigeait pas que Louis-Philippe allât venger Cracovie par les armes. Mais elle sou-haitait qu'à ce retour offensif de la Sainte-Alliance le gouvernement de Juillet ripostât, sur un théâtre où il lui était facile d'intervenir, par une manifestation éclatante en faveur des principes constitu-tionnels. Juste à ce moment l'Espagne lui offrait une belle occasion de déployer son drapeau. Le gouvernement de Madrid était aux abois. Les bandes carlistes se montraient jusqu'au cœur de la Castille; l'argent et les troupes manquaient. L'Angleterre, inquiète, sollicita elle-même cette intervention française qu'elle avait empêchée l'année précédente. Peut-être au fond ne demandait-elle qu'avec l'espoir d'être refusée, ce qui devait lui permettre de décrier la France en Espagne. Quoi qu'il en soit, Louis-Philippe, toujours effrayé des complications qui pouvaient suivre une telle entreprise et désireux de complaire à l'Autriche, se montra moins disposé qu'en 1835 à envoyer son armée au delà des Pyrénées. Thiers, partisan résolu de l'expédition dans le ministère de Broglie, la déconseillait maintenant et ne voulait pas soutenir Mendizabal, ami des Anglais. Bref, la proposition britannique fut nettement repoussée (18 mars 1836). Peu après, grâce à des intrigues où notre ambassadeur, Rayneval, avait quelque peu trempé, Mendizabal était renversé et l'influence française reparaissait à Madrid avec le ministère Isturitz[1] (mai). Enfin le gouvernement de Juillet mettait en avant, pour terminer la guerre, l'idée de marier le fils aîné de D. Carlos avec la jeune reine Isabelle. Palmerston, exaspéré contre la France, jurait de se venger (serment qu'il ne devait que trop bien tenir quelques années plus tard). Mais Louis-Philippe et son ministre se félicitaient de leurs manœuvres et ne doutaient pas que l'Autriche ne les payât bientôt de leurs complaisances.

Metternich, il est vrai, ne paraissait guère pressé d'en venir là. Il lui fallait de nouveaux gages. Il parlait maintenant d'Ancône, où flottaient depuis quatre années les trois couleurs françaises et exprimait son vif désir de voir nos troupes évacuer cette forteresse. Thiers ne disait pas non et donnait à entendre que, si le mariage s'accomplissait, la France ne refuserait pas à l'Autriche cette satisfaction. Il était, il est vrai, fort peu sincère quand il tenait ce lan-

---

1. Isturitz (Xavier de), né à Cadix en 1790; membre des Cortès de 1812 à 1814, puis de 1822 à 1823; condamné à mort après la restauration de l'absolutisme et réfugié en Angleterre; rappelé en Espagne (1834); président de la Chambre des députés (1835); président du Conseil et ministre des affaires étrangères (15 mai 1836); obligé de fuir par suite de la révolution de la Granja (août 1836); amnistié en 1837; rappelé à la présidence de la Chambre en 1839 et au ministère en avril 1846; renversé au mois de décembre de la même année; ambassadeur d'Espagne à Londres (1848, 1850), à Saint-Pétersbourg (1856); investi de nouveau de la présidence du Conseil et du ministère des affaires étrangères (janvier 1858); ambassadeur en France (1863-1864); mort le 16 avril 1871.

gage; car malgré le mariage et même malgré la convention du
24 avril 1832, par laquelle les Français s'étaient engagés à quitter
Ancône dès que les Autrichiens quitteraient eux-mêmes les légations, il se réservait d'invoquer de nouveaux prétextes pour prolonger l'occupation de la place. Metternich n'était point sans se
douter de cette finesse. Aussi évitait-il de s'expliquer sur la question de l'archiduchesse, dont le gouvernement de Juillet, d'ailleurs, n'avait pas encore officiellement demandé la main.

Thiers finit par perdre patience et résolut de brusquer la négociation. Son amour-propre était engagé. Il s'était fait fort devant
Louis-Philippe d'obtenir l'archiduchesse et s'en était un peu trop
vanté à l'avance en divers lieux. Il crut qu'un coup de tête décide-
rait de tout et qu'une démarche personnelle et publique du duc
d'Orléans mettrait un terme aux hésitations de Vienne. Il fit donc
décider par le roi que le jeune prince et son frère le duc de Nemours
se rendraient en Allemagne et, après avoir visité solennellement la
cour de Berlin (pour faire craindre sans doute au cabinet de Vienne
qu'une étroite intimité ne fût sur le point de s'établir entre la France
et la Prusse), iraient se présenter à la cour de Vienne, où le fils
aîné de Louis-Philippe risquerait enfin sa demande. L'exécution du
programme commença fort bien. Les deux frères furent accueillis
avec honneur en Prusse, où l'on apprécia fort leur bonne grâce et
où les témoignages — officiels — d'estime et de sympathie ne leur
furent pas épargnés. A Vienne et à Schœnbrunn on les reçut, on les
fêta plus courtoisement encore. Ce que voyant, le duc d'Orléans
alla trouver l'archiduc Charles et lui adressa nettement sa requête.
Ce prince eût volontiers dit oui. Mais il lui fallait l'assentiment
de l'empereur. Or ce dernier, plus encore que son père, ne décidait rien que sur l'avis de son chancelier; et Metternich ne voulait
pas du mariage, d'abord parce qu'il craignait de mécontenter le roi
de Prusse et surtout le czar; ensuite parce qu'il ne croyait pas à
la stabilité de la monarchie de Juillet; enfin parce qu'il ne voulait
pas augmenter l'importance de l'archiduc Charles, qui n'était guère
de ses amis. Aussi le résultat de sa conversation avec son maître
fut-il que le duc d'Orléans reçut tout simplement un refus. Le
pauvre prince fit bonne contenance et, avec un beau sang-froid
diplomatique, se déclara *enchanté de la manière dont on s'était
conduit à son égard.* Il n'en était pas moins blessé au vif. Quant

à Thiers, il ressentit profondément l'affront qu'il venait de subir.

Il n'en fut pas tout à fait ainsi de Louis-Philippe qui, même après cette déconvenue, s'obstinait à croire le mariage possible et offrait, pour obtenir la main de l'archiduchesse, de nouvelles concessions à la cour d'Autriche. A ce moment (juin-juillet 1836) le cabinet de Vienne exigeait de la Confédération helvétique, avec un redoublement de hauteur, qu'elle expulsât les réfugiés politiques auxquels la Suisse servait d'asile et qui, suivant lui, y conspiraient sans cesse contre la sûreté des trônes. Jusque-là, et surtout pendant le ministère de Broglie, le gouvernement français, tout en protestant contre les menées révolutionnaires dont ce pays était le théâtre, avait fermement protégé la république au nom du principe de non-intervention. A l'époque qui nous occupe, au contraire, il crut devoir prendre vis-à-vis d'elle, comme le gouvernement autrichien, le ton de l'intimidation et de la menace. La Suisse était, depuis quelque temps, en état de blocus du côté de l'Allemagne ; le ministère lui signifia que, si elle ne prenait enfin des mesures efficaces contre les réfugiés, ses communications avec la France seraient également interrompues. Le duc de Montebello [1], qui le représentait, tint un langage si arrogant que l'Helvétie entière se souleva d'indignation et demanda son rappel. Elle ne s'irrita pas moins en apprenant les agissements secrets de Louis-Philippe qui, à l'insu de son ministre, entretenait en Suisse des espions et des agents provocateurs (comme le policier Conseil arrêté à Berne en août 1836). Mais il lui fallut bien céder à la force et la diète de Berne dut adopter (le 23 août) une loi grâce à laquelle les gouvernements étrangers furent à peu près assurés d'obtenir l'expulsion des réfugiés qu'ils désigneraient aux autorités fédérales.

Louis-Philippe, on le voit, ne gardait pas rancune à l'Autriche. Mais ses nouvelles complaisances pour cette cour ne furent pas mieux payées que ses avances passées. Dans ce temps même, pour

---

1. Montebello (Napoléon Lannes, duc de), fils du maréchal Lannes; né à Paris le 30 juillet 1801; nommé pair de France par Louis XVIII dès 1815; entré dans la diplomatie sous la monarchie de Juillet; ministre plénipotentiaire en Suisse (1836), puis à Naples (1838); ministre des affaires étrangères (1er avril-12 mai 1839); renvoyé à Naples; ministre de la marine (1847-1848); représentant de la Marne à l'Assemblée législative (1849-1851); ambassadeur à Saint-Pétersbourg (1858-1864); sénateur (1864); rentré dans la vie privée à la suite de la révolution du 4 septembre 1870; mort à Paris le 19 juillet 1874.

couper court au projet de mariage du duc d'Orléans avec l'archiduchesse Marie-Thérèse, Metternich négociait l'union de cette princesse avec le roi de Naples [1]. Quant à celle de la jeune reine Isabelle avec le fils aîné de don Carlos, idée depuis longtemps fort
chère à Louis-Philippe, le ministre autrichien, croyant sans doute
n'avoir plus à ménager la France, parlait maintenant de façon à la
rendre impossible. Ce que voulait le gouvernement français, c'était
que don Carlos renonçât à ses prétentions et que la légitimité
d'Isabelle et du régime constitutionnel fût reconnue par lui et par
son fils. Mais, après bien des lenteurs, sans doute voulues, Metternich déclara, au nom des trois cours du Nord, qu'il fallait que l'héritier du prétendant se mariât *comme roi* et sans abdiquer aucun
de ses droits personnels.

A cette nouvelle, Thiers, moins endurant que Louis-Philippe,
finit par perdre patience. Il ne voulait pas être la risée de l'Europe
et, jugeant que la France était depuis trop longtemps jouée par
l'Autriche, il annonça l'intention de lui faire enfin prendre une
attitude digne d'elle. Ce ministre entendait que la monarchie de
Juillet n'abandonnât dans aucun cas la cause d'Isabelle et de Marie-
Christine. Il était disposé à la soutenir au besoin par les armes, sans
plus s'inquiéter ni de l'Angleterre ni de l'Autriche. L'intervention
en Espagne lui paraissait à ce moment d'autant plus nécessaire que
le cabinet Isturitz, protégé par la France, était en grand danger.
Les carlistes tenaient toujours le nord de la péninsule. Un de leurs
chefs, Gomez, venait de conduire ses bandes jusqu'en Andalousie.
Par contre, le parti avancé, qui imputait au *Statut royal* et à la
politique conservatrice du cabinet la prolongation de la guerre
civile, se soulevait dans un grand nombre de villes et réclamait
hautement la constitution de 1812. Le mouvement démocratique
était partout favorisé par les agents anglais. Thiers ne l'ignorait
pas. Aussi était-il d'avis que la France devait au plus tôt fournir à
Marie-Christine des forces suffisantes pour la délivrer promptement
du double péril dont elle était menacée. Pour n'avoir pas à négocier avec le cabinet de Londres sur l'envoi d'une armée, il se proposait simplement de grossir par de prétendus enrôlements volon-

1. Elle eut lieu au mois de novembre suivant et fut d'autant plus mortifiante pour Louis-Philippe que le roi de Naples était son neveu et que le roi
des Français avait voulu récemment lui faire épouser une de ses filles.

taires la légion étrangère prêtée à Marie-Christine depuis un an et de la porter à un effectif redoutable. C'est ainsi qu'en juillet et août il massait au pied des Pyrénées douze ou quinze mille hommes, troupe qu'il eût sans doute augmentée encore, et qu'il prenait sur lui de faire venir d'Afrique, pour les commander, le général Bugeaud. Mais cette initiative déplut fort à Louis-Philippe, qui ne voulait à aucun prix intervenir en Espagne et qui, ne pouvant ramener son ministre à son sentiment, lui chercha de toutes parts un successeur. On en était là quand parvint à Paris la nouvelle de la révolution de la Granja. Dans la nuit du 12 au 13 août, une insurrection militaire s'était produite en Espagne. Marie-Christine avait vu son palais envahi ; la constitution de 1812 avait été proclamée, du moins en principe ; des Cortès nouvelles étaient convoquées pour la mettre en accord avec l'état et les besoins présents de l'Espagne. Enfin Calatrava[1], chef des *exaltés*, remplaçait Isturitz au pouvoir. L'ambassadeur d'Angleterre avait naturellement tout laissé faire, et n'était pas loin d'applaudir. Ces événements fournirent à Louis-Philippe un argument nouveau contre le projet d'intervention. La France ne pouvait, disait-il, aller soutenir la démagogie en Espagne. Vainement Thiers lui remontrait que la présence de nos troupes la contiendrait au lieu de l'encourager ; que le meilleur moyen de la faire rentrer dans l'ombre était d'étouffer au plus tôt le carlisme et qu'il ne fallait pas abandonner la péninsule à l'influence britannique. Le roi, non seulement ne cédait pas, mais exigeait la diminution, puis le licenciement du corps de troupes que son ministre avait réuni près des Pyrénées. Thiers, ne pouvant faire prévaloir ses idées, finit par donner sa démission, avec tous ses collègues. Le 6 septembre 1836, le comte Molé lui succédait comme président du conseil et comme ministre des affaires étrangères.

1. Calatrava (José-Maria), né à Merida en 1781 ; membre des Cortès de Cadix (1810) ; proscrit plus tard par Ferdinand VII ; rentré en Espagne grâce à la révolution de 1820 ; ministre de l'intérieur (1822) ; proscrit de nouveau de 1823 à 1830 ; président du conseil pendant quelques mois en 1837 ; sénateur en 1843 ; mort en 1846.

V

Le cabinet Molé, qui gouverna la France pendant deux ans et demi, représentait cette politique du centre droit, si chère à Louis-Philippe et qui, au dehors, consistait surtout à marcher d'accord avec les grandes puissances continentales (l'Autriche et la Prusse en particulier). Le roi et son nouveau ministre s'entendirent toujours fort bien sur la direction qu'il y avait lieu de donner à notre diplomatie. La correspondance intime de Metternich et de Louis-Philippe continua de plus belle. Molé plaisait fort au chancelier d'Autriche. L'on n'en peut être surpris, car il n'était pas plus porté que le roi des Français lui-même à contrarier la cour de Vienne.

Le nouveau cabinet donna dès le début la mesure de sa complaisance pour la politique autrichienne. Les troupes de Ferdinand Ier occupaient toujours Cracovie; l'exercice des droits constitutionnels était encore suspendu dans cette malheureuse république. Molé ne se crut pas tenu à protester plus vivement que Thiers contre cet abus de la force. A l'égard de la Suisse, il imita son prédécesseur. Les autorités fédérales venaient de signaler avec indignation les menées ténébreuses de l'agent Conseil et paraissaient vouloir en demander réparation à la France, au moins par voie diplomatique. Molé, à qui Metternich recommandait de tenir bon, menaça de nouveau la confédération d'un blocus ruineux, réunit même des troupes le long du Jura et annonça l'intention de s'en servir (sept.-oct. 1836). L'irritation contre la monarchie de Juillet atteignit alors son paroxysme en Suisse. Aussi le jeune Louis-Bonaparte qui, depuis la mort du duc de Reichstadt, se regardait comme l'héritier de Napoléon, put-il y tramer en sûreté son expédition de Strasbourg qui, du reste, échoua misérablement (30 octobre)[1]. Finalement la république helvétique dut renoncer

---

1. Ce personnage, qui devait plus tard régner sur la France sous le nom de Napoléon III, était le troisième fils de Louis Bonaparte, frère de Napoléon, et d'Hortense de Beauharnais. Il était né à Paris le 20 avril 1808. De ses deux frères, l'aîné était mort fort jeune en 1807; le second, avec lequel il avait pris part à l'insurrection des Romagnes, était mort aussi, sans postérité, fort peu après cet événement (1831). — Il fut fait prisonnier lors de sa tentative pour soulever la garnison de Strasbourg. Le gouvernement de Juillet eut la naïveté de le relâcher et le fit transporter en Amérique, d'où, comme on le verra plus loin, il ne tarda pas à revenir conspirer en Europe.

à ses prétentions et se résigner à subir la double surveillance
de l'Autriche et de la France. Du côté de l'Espagne, Molé ne se
montra pas moins soucieux de mériter les éloges de Metternich.
Car il déclara nettement que Marie-Christine n'avait pas à compter
sur l'intervention armée de la France. Quant à D. Carlos, il faisait entendre confidentiellement au chancelier qu'il ne serait pas
éloigné de le reconnaître roi d'Espagne, s'il obtenait dans la
guerre quelque avantage décisif (1836-1837).

Ce n'était pas seulement de la cour de Vienne que le gouvernement français cherchait à capter les bonnes grâces. Il caressait aussi
la cour de Berlin, lui rendait quelques bons offices et, par les ministres prussiens Ancillon, Werther, entretenait le vieux roi Frédéric
Guillaume III, qui voulait mourir en paix, dans des dispositions
bienveillantes (au moins en apparence) pour la monarchie de Juillet.
Depuis l'échec du mariage autrichien, Louis-Philippe s'était mis en
tête d'utiliser ses bons rapports avec cette puissance pour procurer
à son fils aîné une union, moins brillante sans doute que celle qu'il
avait rêvée, mais après tout honorable et digne de lui. Le roi de
Prusse n'eût sans doute pas donné au duc d'Orléans la main d'une
de ses filles. Mais il était tout disposé à seconder ses vues sur une
princesse de rang secondaire, qui lui tenait d'assez près par les liens
du sang. C'est en effet grâce à lui que, malgré les intrigues russes
et la répugnance du grand-duc de Mecklembourg-Schwerin, la sœur
de ce souverain, parente du roi de Prusse [1], fut accordé au fils aîné
de Louis-Philippe, qui l'épousa le 30 mai 1837. Frédéric-Guillaume
espérait par cette union rendre plus étroits et plus profitables à
son gouvernement les rapports de ce dernier avec celui de Louis-
Philippe. Il n'était pas sans penser qu'elle lui procurerait un notable
accroissement d'influence en Allemagne et rendrait sa position plus
forte vis-à-vis de la puissance autrichienne.

Les assurances d'amitié que le cabinet Molé recevait de Vienne
et de Berlin eurent pour effet d'enhardir quelque peu le gouvernement de Juillet à l'égard de l'Angleterre. Si en Espagne il se contenta de bouder et de miner sourdement le ministère Calatrava, il

---

1. Hélène-Louise-Élisabeth de Mecklembourg-Schwerin, née à Ludwigslust
le 24 janvier 1814. Elle a eu, de son mariage avec le duc d'Orléans, deux fils :
le comte de Paris, né le 24 août 1838, et le duc de Chartres, né le 9 novembre 1840. Elle est morte à Richmond, en Angleterre, le 18 mai 1858.

se montra beaucoup plus entreprenant en Algérie, où, après l'échec de Constantine (novembre 1836) et les concessions graves faites à Abd-el-Kader par le traité de la Tafna (mai 1837), un vigoureux effort militaire fut fait vers la fin de 1837. Constantine, attaquée pour la seconde fois, fut enfin enlevée d'assaut (13 octobre), et toute la province qui en dépendait ne tarda pas à tomber en notre pouvoir. Le gouvernement turc avait fait mine d'envoyer, par Tunis, des secours à cette ville. Mais une escadre française, barrant les Dardanelles, l'avait réduit à y renoncer. Enfin, dans le même temps, la France, dont l'influence était toujours prépondérante en Égypte, encourageait plus que jamais Méhémet-Ali dans ses démarches pour obtenir l'investiture de l'Égypte et des provinces voisines à titre de possessions héréditaires.

On n'a pas de peine à croire que la politique de Louis-Philippe exaspérait l'Angleterre et que Palmerston, de son côté, ne s'endormait pas. En Espagne, le gouvernement britannique soutenait de toutes ses forces Calatrava, prodiguait à Marie-Christine les secours de toute nature qui devaient assurer son triomphe et encourageait les Cortès qui, en juin 1837, votèrent une constitution moins démocratique sans doute que celle de 1812, mais peu en harmonie avec les principes ultra-conservateurs et les conseils de l'ambassadeur français Latour-Maubourg [1]. Sa ligne de conduite ne fut en rien modifiée par la mort du roi Guillaume IV (20 juin 1837), et l'avènement de la reine Victoria. Lord Melbourne, qui avait l'entière confiance et l'affection de cette jeune princesse, resta premier ministre, et, sous son nom, Palmerston fut plus puissant que jamais. Aussi l'influence de l'Angleterre, loin de diminuer, ne fit-elle que croître à Madrid, où le crédit de la France baissait au contraire chaque jour. Bientôt Marie-Christine dut appeler au pouvoir et investir d'attributions quasi dictatoriales (août 1837) un général ouvertement favorisé par la cour de Londres. Espartero (tel était le nom de ce personnage [2]) prit en main l'autorité administrative en

1. Latour-Maubourg (Armand-Charles-Septime de Fay, comte de), né à Passy en 1801; chargé d'affaires à Vienne en 1830; ministre plénipotentiaire à Bruxelles (1832); ambassadeur à Madrid (1836), à Rome (1837); pair de France (1841); mort en 1845.
2. Espartero (Baldomero), né à Granatula (Manche) le 27 février 1792; commandant général de Biscaye au nom de Marie-Christine en 1834; général en chef de l'armée du Nord, vice-roi de Navarre et capitaine général des pro-

même temps que le commandement suprême des armées. C'est à
partir de ce moment que la guerre civile, jusqu'alors indécise,
prit une tournure favorable à la cause constitutionnelle. Les côtes
de Biscaye, par où don Carlos avait jusque-là reçu les secours que
ne cessaient de lui envoyer les trois puissances du Nord, furent
sévèrement gardées par la flotte anglaise. La campagne de 1838
fut entièrement favorable aux *christinos*, qui refoulèrent les carlistes sur tous les points; dès les premiers mois de 1839, le désordre
.et le découragement qui régnaient dans les troupes du prétendant
firent prévoir la victoire prochaine et définitive du parti constitutionnel. Mais cet événement semblait devoir être beaucoup plus
profitable à l'Angleterre qu'à la France et, grâce à Espartero,
Palmerston comptait bien retenir pour longtemps encore l'Espagne
dans la clientèle de son gouvernement.

L'opposition du cabinet britannique au gouvernement de Juillet
ne se manifestait pas seulement dans la péninsule ibérique. L'Europe entière, les deux mondes en étaient le théâtre. Quand, au
commencement de 1838, le ministère Molé adressa de justes réclamations aux gouvernements de la Plata et du Mexique pour les violences et spoliations qu'ils avaient fait subir à certains de nos
nationaux, l'Angleterre, qui tremblait de nous voir donner la main
aux Canadiens, à ce moment révoltés [1], nous suscita de telles difficultés à Buenos-Ayres et à Mexico, que le meilleur de nos forces
maritimes fut retenu toute l'année à l'embouchure du Rio de la
Plata ou en vue de la Vera-Cruz [2]. En Europe, le cabinet Melbourne

vinces basques (1837); membre des Cortès constituantes de 1837; créé grand
d'Espagne de première classe et duc de la Victoire après ses succès décisifs
sur les carlistes (1839); régent d'Espagne (8 mai 1841); renversé par Narvaez
et obligé de se réfugier en Angleterre (juillet 1843); président du conseil des
ministres de 1854 à 1856; rallié en 1871 au roi Amédée, qui le nomma prince
de Vergara (janvier 1872); mort à Logroño le 9 janvier 1879.
1. Cette insurrection, causée par le mécontentement des Canadiens d'origine
française, avait éclaté en octobre 1837. Favorisée par les États-Unis, qui lui
fournirent des volontaires, elle ne fut entièrement étouffée que vers la fin
de 1838.
2. Le gouvernement mexicain refusant d'accorder réparation pour les pré-
judices causés à des négociants français, le contre-amiral Baudin et le prince
de Joinville, à la tête d'une escadre, finirent par bombarder Saint-Jean
d'Ulloa (27 nov. 1838). Le cabinet de Mexico donna satisfaction à celui de
Paris par le traité du 9 mars 1839. — C'est aussi en 1838 que la France,
ayant depuis longtemps à se plaindre de violences commises contre ses nationaux par Rosas, dictateur de la République argentine, effectua le blocus de
la Plata, qui ne devait être levé qu'en 1849.

parlait plus haut que jamais d'entente cordiale avec la France. Il recevait avec des honneurs extraordinaires le maréchal Soult, chargé de représenter Louis-Philippe au couronnement de la reine Victoria (juin 1838); mais, peu de mois après, il laissait, non sans complaisance, Louis Bonaparte, expulsé de Suisse par la volonté du ministère Molé[1], s'établir à Londres, où il lui était beaucoup plus facile qu'à Arenenberg ou à Berne de conspirer contre le gouvernement de Juillet. Enfin, du côté de l'Orient, son infatigable animosité portait chaque jour des coups plus sensibles à la politique française. Lord Ponsonby déterminait par exemple la Porte non seulement à protester contre la prise de Constantine, mais à demander par une ambassade solennelle (août 1838) que Louis-Philippe reconnût la suzeraineté ottomane en Algérie. Dans le même temps, un autre agent britannique, sir Bulwer[2], déterminait Mahmoud à conclure avec la cour de Londres un traité de commerce qui devait, non seulement faire participer l'Angleterre à presque tous les avantages dont la Russie jouissait dans l'empire turc, mais permettre à cette puissance de ruiner ou du moins d'affaiblir singulièrement Méhémet-Ali. Le pacha d'Égypte était surveillé, menacé. Palmerston lui faisait dire que, s'il prenait les armes contre le sultan, ce dernier serait soutenu par la Grande-Bretagne. Et c'est à cette époque aussi que cette puissance se préparait à occuper Aden, en attendant de pouvoir mettre la main sur l'isthme de Suez.

VI

On voit par ce qui précède que, si l'alliance anglo-française n'était pas ouvertement dénoncée, elle n'existait plus, en somme,

1. Il y avait reparu dès 1837. Molé, vivement incité par Metternich, exigea son expulsion, non sans menaces, du gouvernement helvétique, qui le défendit quelque temps, mais lui fit comprendre la nécessité de s'éloigner. Le prince partit pour Londres le 20 septembre 1838.
2. Bulwer (sir Henry Lytton, baron Dalling et Bulwer), né en 1804; attaché de légation à Berlin (1827), puis à Vienne et à La Haye; chargé d'une mission spéciale à Bruxelles en 1830; membre de la Chambre des communes de 1831 à 1832 et de 1834 à 1837; secrétaire d'ambassade à Bruxelles (1835), puis à Constantinople (1837), et à Paris (1839); ministre plénipotentiaire en Espagne (1843-1848), aux États-Unis (1849-1852), en Toscane (1852-1855); chargé ensuite de missions particulières en Turquie et dans les principautés danubiennes; ambassadeur à Constantinople (1858); élevé à la pairie (1872); mort à Naples le 23 mai 1872.

que sur le papier. Le gouvernement de Juillet n'avait guère à attendre que de mauvais offices de l'Angleterre. On sait d'autre part quelle attitude malveillante le gouvernement russe persistait à garder vis-à-vis de lui. Pour faire face à ces deux puissances formidables, de plus en plus disposées à s'unir pour lui faire échec, le ministère Molé comptait sur le concours de la Prusse et de l'Autriche. Mais c'était une illusion singulière, et, à l'époque même dont nous traçons le tableau, ces deux cours lui témoignèrent, par des exigences rigoureuses, des sentiments assez différents de ceux qu'il se croyait en droit d'attendre d'elles.

On a vu plus haut [1] que, par la convention du 21 mai 1833, le roi des Pays-Bas s'était engagé à s'abstenir de toute hostilité contre la Belgique. Mais il n'avait pas pour cela formellement reconnu l'indépendance de ce pays et les limites que lui assignait le traité des vingt-quatre articles. Depuis près de cinq ans il traînait en longueur les négociations et semblait attendre un incident politique qui lui permît de prendre sa revanche, lorsque tout à coup, en mars 1838, l'Europe apprit qu'il se déclarait prêt à donner enfin sa signature. Cette sagesse tardive lui était sans doute inspirée par le gouvernement prussien, qui, jusqu'alors l'avait encouragé dans sa résistance et qui maintenant avait hâte de voir la question belge à jamais résolue. La cour de Berlin venait de provoquer par son zèle protestant et sa brutalité à l'égard du clergé catholique [2] une violente effervescence dans la Prusse rhénane, où domine, on le sait, la religion romaine. De Cologne à Trèves et à Aix-la-Chapelle, les populations, menacées dans leur culte, recommençaient à remuer. Frédéric-Guillaume et ses ministres craignaient que leur mécontentement n'allât bientôt jusqu'à la révolte et qu'elles ne finissent par se réunir à la nation belge qui, profondément

---

1. P. 317.
2. Frédéric-Guillaume III, très zélé pour l'*Église évangélique*, qu'il avait fondée en 1817, rêvait depuis longtemps d'amener au protestantisme ceux de ses sujets qui professaient le catholicisme. C'était surtout par les *mariages mixtes* qu'il comptait obtenir ce résultat. L'opposition très vive de l'archevêque de Cologne, Droste de Vischering, à ces sortes d'unions avait causé l'incarcération de ce prélat (20 nov. 1837) et d'autres mesures assez violentes. De là des protestations du Saint-Siège, et une agitation populaire qui se répandit bientôt jusque dans les provinces polonaises du royaume, où le clergé catholique fut également fort malmené. Cette effervescence dura jusqu'en 1840, c'est-à-dire jusqu'à l'avènement de Frédéric-Guillaume IV, qui se montra plus conciliant que son prédécesseur.

catholique comme elles, ne devait avoir aucun scrupule à étendre
son domaine aux dépens d'une puissance ennemie. Le roi des
Pays-Bas, voyant qu'il n'avait plus rien à espérer d'eux, s'était
donc résigné à souscrire les vingt-quatre articles. Mais, par un
revirement facile à comprendre, c'était la Belgique qui maintenant
repoussait ce traité. A Bruxelles, les chambres, fort surexcitées,
n'étaient pas sans quelque espoir de révolutionner et de gagner la
province rhénane. Elles ne le disaient pas. Mais elles se déclaraient
sans droit pour livrer au roi des Pays-Bas les parties du Luxembourg
et du Limbourg dont le traité obligeait Léopold à se dessaisir.
Il y avait là des populations belges, qui voulaient rester telles;
pouvait-on les abandonner? En outre, le gouvernement de Bruxelles
demandait que sa dette à l'égard de la Hollande fût fortement
réduite, à raison du surcroît de charges militaires que la cour de
la Haye lui avait occasionné par ses longues hésitations. Il comptait
bien, du reste, être soutenu par la cour de Paris. Et en effet,
Louis-Philippe, comme Molé, poussé par l'opinion publique, qui
n'avait jamais cessé de protester en France contre le traité des
vingt-quatre articles, semblait disposé à ne point lui refuser son
appui.

Les cinq grandes puissances rouvrirent en juin 1838 la conférence de Londres. Là le gouvernement français ne tarda pas à
s'apercevoir qu'il était et resterait seul à défendre les prétentions
de la Belgique. L'Angleterre, qui avait fait le traité de novembre
1831 pour contrecarrer la France, était moins portée que jamais
à se déjuger pour lui complaire. Le czar abhorrait les Belges et ne
pouvait pardonner à Léopold d'avoir donné des commandements
importants à des officiers polonais, proscrits de 1831. Le roi de
Prusse tenait non seulement à garder sa province rhénane, mais
à la préserver du péril franco-belge en éloignant le nouvel État
de Maestricht et de Luxembourg. Enfin la cour d'Autriche était
d'accord avec celle de Berlin pour soutenir les prétentions de la
Confédération germanique sur les territoires contestés. Devant une
pareille opposition, Louis-Philippe et Molé, comme d'habitude,
cédèrent et, après six mois de discussions, la conférence termina
ses travaux par le protocole du 14 décembre, qui accordait, il est
vrai, à la Belgique une notable diminution de dette, mais qui la
condamnait définitivement à se dessaisir des provinces en litige.

La portion du Luxembourg laissée au roi des Pays-Bas et celle du Limbourg qu'on lui attribuait en dédommagement du reste étaient solennellement reconnues comme parties intégrantes de la Confédération germanique. Le gouvernement français, malgré son dépit, ratifia cet arrangement en janvier 1839, et, le 19 avril suivant, le roi Léopold, après des orages parlementaires qui troublèrent Bruxelles pendant plusieurs semaines, dut y souscrire [1].

L'échec subi par Louis-Philippe en Belgique fut vivement ressenti en France. Les adversaires de la monarchie de Juillet lui reprochèrent à cette occasion, avec une violence excessive, d'avoir laissé humilier son drapeau. Mais ils l'attaquèrent avec bien plus d'aigreur et peut-être plus d'injustice à propos de l'évacuation d'Ancône, qui eut lieu vers la même époque (décembre 1838) et dont, en bonne justice, on n'aurait pas dû lui faire un grief. La France de Juillet avait applaudi à l'occupation de cette place. Elle voyait avec orgueil son drapeau flotter en Italie comme une protestation visible contre la prépondérance autrichienne et contre l'esprit de la Sainte-Alliance. Elle espérait qu'il y flotterait longtemps encore. Mais on comprend que la cour de Vienne et le saint-siège tinssent à l'en éloigner. Aussi, Metternich, qui venait de conduire l'empereur Ferdinand à Milan et qui, après enquête sur l'état de la péninsule, avait jugé l'Autriche assez forte en Italie pour pouvoir sans inconvénient évacuer les légations, fit-il tout à coup connaître (en octobre 1838) au gouvernement français son intention de ramener en-deçà du Pô les troupes qu'il avait jusque-là maintenues dans ces provinces. La royauté de Juillet, engagée par la convention d'avril 1832, ne pouvait sans mauvaise foi se refuser à l'exécuter. Elle remplit donc loyalement sa promesse. Mais elle ne se dissimulait pas que l'évacuation d'Ancône aurait l'air d'une simple reculade et qu'aux yeux de ses ennemis la France semblerait quitter l'Italie uniquement pour complaire à l'Autriche. Pour atténuer ce que cette retraite paraissait avoir d'humiliant, Molé eût voulu que le pape accordât enfin quelques

---

1. Trois traités, signés à Londres le même jour (19 avril 1839), consacrèrent la solution de la question belge : le premier était conclu entre la Belgique et les Pays-Bas; le second entre la Belgique et les cinq grandes puissances; le troisième était l'accession de la Confédération germanique aux arrangements qui venaient d'être arrêtés.

réformes libérales à ses sujets ou voulût bien adresser au gouvernement français quelques remerciements. Mais Grégoire XVI, inspiré par la cour d'Autriche, lui refusa l'une et l'autre de ces satisfactions. On voit en somme que Louis-Philippe et ses ministres n'avaient pas tiré plus de profit de leurs complaisances pour le cabinet de Vienne que de leurs avances à la cour de Prusse.

Le ministère Molé succomba bientôt (mars 1839) sous l'impopularité que lui avait value sa politique étrangère. Louis-Philippe était lui-même si discrédité et si suspect à tous les partis que, durant plus de deux mois, il lui fut impossible de constituer un cabinet durable. L'émeute qui troubla Paris pendant la journée du 12 mai 1839 [1] lui permit seule de former enfin, sous la présidence du maréchal Soult [2], une administration de quelque crédit. Encore n'était-elle pas destinée à un long avenir, car elle ne comprenait pas les chefs de la coalition parlementaire qui venait de renverser Molé [3]; elle devait donc tôt ou tard les avoir pour adversaires. Elle allait du reste se trouver dès son début aux prises avec des difficultés autrement graves que celles où s'étaient débattus les ministères précédents. La crise orientale, prévue depuis plusieurs années, venait d'éclater et, devant cette complication nouvelle, la France, toujours suspecte aux cours du Nord et à peu près brouillée avec l'Angleterre, semblait d'avance condamnée à l'isolement et à l'impuissance.

1. Ce mouvement, organisé par la *Société* républicaine *des Saisons*, fut dirigé par de hardis conspirateurs, qui devaient reparaître en 1848 (Barbès, Blanqui, Martin Bernard). Il fut du reste comprimé en quelques heures.
2. Soult (Nicolas-Jean-de-Dieu), né à Saint-Amans la Bastide (Tarn), le 29 mars 1769; engagé volontaire en 1785, sous-officier en 1790, général de brigade en 1794, général de division en 1799, maréchal d'empire en 1804, duc de Dalmatie en 1807; illustré par sa participation aux victoires d'Austerlitz, d'Iéna, d'Eylau, etc., et par le talent avec lequel il *commanda* en Espagne et dans le Midi de la France de 1808 à 1814; ministre de la guerre du 4 décembre 1814 au 11 mars 1815; rallié pendant les Cent-Jours à Napoléon, qu'il servit comme major-général à Waterloo; banni le 12 janvier 1816; amnistié en 1819; créé pair de France par Charles X, ce qui ne l'empêcha pas d'acclamer Louis-Philippe après les journées de Juillet; ministre de la guerre (1830) et président du conseil, du 11 octobre 1832 au 18 juillet 1834; rappelé à la tête du ministère et chargé des affaires étrangères (12 mai 1839-1er mars 1840); nommé pour la troisième fois (29 octobre 1840) président du conseil avec le portefeuille de la guerre (qu'il résigna le 11 novembre 1845); démissionnaire le 10 septembre 1847; nommé par Louis-Philippe maréchal général (1847); mort au château de Soultberg, près Saint-Amans la Bastide, le 26 novembre 1851.
3. Guizot, Thiers, Berryer, Mauguin, Duvergier de Hauranne.

CHAPITRE XI

I. Crise orientale et projets de conférence. — II. Abd-ul-Medjid et la note du 27 juillet 1839. — III. La Russie se rapproche de l'Angleterre. — IV. Thiers et Palmerston; traité du 15 juillet. — V. La guerre ou la paix? — VI. Le cabinet du 29 octobre; pénible début de Guizot. — VII. Fin de la crise : convention des détroits.

(1839-1841)

I

Le sultan Mahmoud, épuisé avant l'âge, ne voulait pas mourir sans s'être vengé de Méhémet-Ali. Non content d'exciter contre

1. SOURCES : Blanc (L.), *Histoire de dix ans*, t. V; — Berryer, *Discours parlementaires*; — Bulwer, *Life of Palmerston*, t. II et III; — Cadalvène (de) et Barrault (E.), *Deux années de l'histoire de l'Orient, 1839-1840*; — Canitz-Dallwitz (baron de), *Denkschriften*, t. I et II; — Capefigue, *l'Europe depuis l'avènement du roi Louis-Philippe*, t. X; — *Correspondence relative to the affairs of the Levant*; — Duvergier de Hauranne, *de l'État actuel de l'Angleterre* (Revue des Deux Mondes, 1er septembre 1840); *de l'Alliance anglo-française et de l'ouverture du parlement anglais* (Revue des Deux Mondes, 15 février 1841); *de la dernière Session du parlement et du nouveau ministère* (Revue des Deux Mondes, 1er août 1841); *de la Convention du 13 juillet 1841 et de la situation actuelle de la France*; *Question d'Orient* (Revue des Deux Mondes, 1er septembre 1841); — Faucher (L.), *la Question d'Orient d'après les documents anglais* (Revue des Deux Mondes, 15 novembre, 1er et 15 décembre 1841); — Greville (Ch.), *Mémoires*, t. I et II; — Guizot, *Mémoires*, t. V et VI; — Haussonville (comte d'), *Histoire de la politique extérieure du gouvernement français*, t. I; — Hillebrand, *Geschichte Frankreichs*, t. II; — Heine (H.), *Lutèce*; — Hubbard, *Histoire contemporaine de l'Espagne*, t. IV; — Juchereau de Saint-Denis, *Histoire de l'empire ottoman*; — Lavergne (L. de), *Affaires d'Espagne* (Revue des Deux Mondes, 1840-1841); — Lesur, *Annuaire historique*, années 1839-1841; — Mac-Carthy, *Histoire contemporaine de l'Angleterre*, t. I; — Martin (Théodore), *le Prince Albert de Saxe-Cobourg, époux de la reine Vic-*

lui les populations syriennes à la révolte, il se préparait depuis plusieurs années à l'attaquer ouvertement et, dans cette intention, massait le long de l'Euphrate une armée formidable. Le pacha se tenait prêt à repousser l'agression des troupes turques, récriminait contre son souverain et, peu satisfait de sa haute fortune, demandait chaque jour avec plus d'insistance pour sa famille l'hérédité du vaste empire qu'il s'était créé. Les grandes puissances, effrayées à l'avance des contre-coups que pouvait produire en Europe un nouvel ébranlement de l'Orient, s'efforçaient de retenir les deux adversaires. Mais, si Méhémet-Ali voulait bien encore patienter, il en était tout autrement de Mahmoud, qui, se croyant sûr de vaincre, n'hésita pas à ouvrir les hostilités. Le 21 avril 1839, l'avant-garde de l'armée ottomane commandée par Hafiz-pacha franchit l'Euphrate. Quelques semaines après, l'armée entière était en Syrie et le sultan, déclarant son vassal traître et rebelle, lançait solennellement contre lui son manifeste de guerre (7 juin).

A la première nouvelle du conflit, la diplomatie fut en éveil. Elle courut au plus pressé, et le plus pressé, c'était, pour la Russie, d'intervenir à Constantinople, mais, pour le reste de l'Europe, c'était de l'en empêcher. Le traité d'Unkiar-Skélessi tenait toujours et le czar s'en fût volontiers prévalu pour imposer sa tutelle exclusive à la Turquie. Mais il ne pouvait convenir aux autres puissances, et surtout à la Grande-Bretagne, de le laisser faire. Dès le mois de mai, Palmerston, très alarmé, sembla pour un moment oublier ses préventions à l'égard de la France et lui proposa d'agir de concert avec l'Angleterre, sans plus tarder, pour arrêter les entreprises de la Russie. Les deux gouvernements unis enverraient leurs flottes aux Dardanelles et, si les vaisseaux du czar paraissaient devant Constantinople, elles franchiraient aussitôt le détroit, fallût-il pour cela employer la force même contre les

toria, t. I; — Mazade (Ch. de), *Monsieur Thiers*; — Merruau (P.), *l'Égypte contemporaine*; — Metternich (prince de), *Mémoires, documents et écrits divers*, t. VI et VII; — Mouriez, *Histoire de Méhémet-Ali*; — Napier, *Guerre de Syrie*; — Peel (Robert), *Mémoires*; — Ranke (L. von), *aus dem Briefwechsel Friedrich-Wilhelms IV mit Bunsen*; — Regnault (E.), *Histoire de huit ans*, t. I; — Saint-René Taillandier, *le Roi Léopold et la reine Victoria*; — Senior, *Conversations with M. Thiers, M. Guizot and other distinguished persons*; — Thiers, *Discours parlementaires*, ; — Thouvenel (Ed.), *Progrès de la Russie dans l'Asie centrale* (Revue des Deux Mondes, 15 décembre 1841); — Thureau-Dangin, *Histoire de la monarchie de Juillet*, t. III et IV, etc.

Turcs. C'était là pour Louis-Philippe une belle occasion de renouer l'entente cordiale. Accepter, c'était d'une part faire reculer le czar, son ennemi; de l'autre, obtenir sans doute pour Méhémet-Ali des avantages qu'à ce moment Palmerston ne pouvait lui refuser. Mais, si le gouvernement de Juillet envoya une escadre dans l'Archipel, il déclina la proposition vigoureuse du cabinet britannique qui, dès lors, n'osa pas s'avancer sans lui, mais qui lui garda une profonde rancune. La cour des Tuileries voulait par-dessus tout éviter la guerre et la démarche hardie qu'on lui demandait de faire lui semblait de nature à la provoquer. Il faut ajouter qu'elle se méfiait de l'Angleterre. Aussi trouva-t-elle sage d'écouter non les propositions qui lui venaient de Londres, mais celles qui lui arrivaient de Vienne. Elle ne pouvait commettre une plus lourde faute.

Metternich demandait, en mai 1839, que des conférences fussent ouvertes dans la capitale de l'Autriche entre les représentants des cinq grandes puissances pour substituer en Turquie la garantie collective de l'Europe au protectorat exclusif de la Russie. La France semblait à certains égards devoir gagner à un pareil arrangement. Mais, d'autre part, n'était-il pas évident que cette sorte de congrès ne se bornerait pas à délibérer sur la question des détroits, qu'il se poserait en arbitre entre le sultan et le pacha d'Égyte et que, pour mieux consolider l'empire ottoman, il ne manquerait pas d'abaisser ou d'affaiblir Méhémet-Ali? Or la monarchie de Juillet voulait bien écarter du Bosphore la domination russe, mais elle tenait aussi, et passionnément, à ce que le pacha exécutât son programme, à ce qu'il affermît et étendît le plus possible sa puissance en Orient. La France entière était à cette époque dans les mêmes sentiments. Du rapport retentissant de Jouffroy à la chambre des députés et des discours auxquels il donna lieu (24 juin-1er juillet) il résultait que la France devait prendre part à la conférence et s'associer hautement à l'Europe pour refouler l'ambition russe, et qu'en même temps elle était engagée d'honneur à soutenir, à faire triompher la cause de Méhémet-Ali. Tout cela était dit trop haut, d'un ton provocateur et belliqueux, qui devait raviver les susceptibilités, les méfiances des gouvernements intéressés comme elle au rétablissement et au maintien de l'équilibre en Orient. Il semblait que la France, par une réaction excessive contre la politique trop prudente des dernières années, enjoignit à la monarchie de Juillet de tirer tout à elle et de dicter des lois à l'Europe. Il y avait chez nous dans presque tous les esprits comme une arrière-pensée de revanche contre 1815. On jugeait l'occasion bonne pour tenter ce que Louis-Philippe n'avait osé faire en 1830, et on voulait l'y contraindre. Mais l'on se plaçait sur un mauvais terrain. L'on eût dû prévoir, avant de soumettre la question d'Orient au jugement des cinq grandes puissances, que trois d'entre elles, savoir la Russie, l'Angleterre et l'Autriche, également hostiles à Méhémet-Ali, se mettraient aisément d'accord contre lui, c'est-à-dire contre nous, dussent-elles pour cela se faire réciproquement les plus graves concessions, et que la Prusse, toujours alarmée pour sa province du Rhin, non seulement les laisserait faire, mais se joindrait à elles de tout cœur. Et si l'alliance de Chaumont se reformait contre nous, pouvait-on croire que Louis-Philippe fût homme à lui tenir tête?

La proposition de Metternich n'avait pas été aussi bien accueillie à Saint-Pétersbourg qu'à Paris. Le czar répugnait à reconnaître l'autorité d'une conférence qui semblait convoquée surtout pour lui ravir l'hégémonie de l'Orient. Il comprenait fort bien, il est vrai, qu'en s'y soumettant il pourrait contribuer notablement à l'abaissement de la France. Mais il eût mieux aimé obtenir cet avantage sans se plier publiquement aux exigences collectives de l'Europe. Il se disait déjà que, moyennant quelques sacrifices — momentanés — il pourrait sans doute s'assurer le concours du cabinet britannique, alors exaspéré contre le gouvernement de Juillet, et qu'il atteindrait ainsi le double résultat de rendre impossible toute coalition contre lui et d'infliger un retentissant échec à Louis-Philippe. Aussi se montrait-il peu favorable à l'idée de la conférence et, en revanche, préparait-il par de significatives avances à l'Angleterre une entente particulière entre cette puissance et la Russie.

II

On en était là quand éclatèrent, comme des coups de foudre, de terribles nouvelles venues d'Orient. Le 24 juin, Ibrahim-pacha, fils de Méhémet-Ali, avait attaqué l'armée turque à Nézib, en Syrie,

et l'avait mise en complète déroute. Six jours plus tard, avant
même d'avoir appris sa défaite, Mahmoud était mort à Constantinople, laissant l'empire à son fils Abd-ul-Medjid [1], enfant de
seize ans; enfin le 4 juillet, le capitan-pacha Achmet, en haine
du grand visir, Khosrew, son ennemi personnel, avait fait défection
avec toute la flotte ottomane. Ce dernier événement semblait d'autant plus grave que la France paraissait ne pas y avoir été étrangère. Le gouvernement de Juillet faisait, comme en 1833, grand
étalage de l'influence modératrice qu'il prétendait exercer sur le
pacha d'Égypte. Un officier, envoyé dès le mois de mai à Alexandrie
par le maréchal Soult, venait de porter à Ibrahim, le 27 juin, au
nom de Méhémet, l'ordre d'arrêter sa marche, et le vainqueur de
Nézib avait immédiatement obéi. Mais, d'autre part, l'amiral français
Lalande, qui barrait avec son escadre le débouché des Dardanelles,
non seulement n'avait fait aucun effort pour arrêter Achmet, mais,
instruit de son dessein, l'avait aidé à donner le change aux Anglais,
si bien que le capitan-pacha avait pu sans encombre livrer tous
ses vaisseaux à Méhémet-Ali. Ainsi la Turquie n'avait plus ni
armée ni flotte et la complicité d'une grande puissance paraissait
acquise à son redoutable adversaire. Le divan s'était empressé
d'offrir au vainqueur l'Égypte à titre héréditaire. Mais le vieux
pacha voulait bien davantage et les ministres turcs étaient sur le
point de capituler sans réserve, lorsque Metternich s'avisa d'un
expédient qui leur permit de gagner du temps. Le 27 juillet, une
note, rédigée d'urgence, sur l'initiative du chancelier autrichien,
fut remise au gouvernement turc par les ambassadeurs des cinq
grandes puissances. Elle était ainsi conçue : « Les soussignés, conformément aux instructions reçues de leurs gouvernements respectifs, ont l'honneur d'informer la Sublime Porte que l'accord entre
les cinq grandes puissances sur la question d'Orient est assuré et
qu'ils sont chargés d'engager la Sublime Porte à s'abstenir de
toute délibération définitive sans leur concours et à attendre l'effet
de l'intérêt qu'elles lui portent. »

Par cet acte célèbre, la Turquie était placée, jusqu'à nouvel
ordre, sous la tutelle collective de l'Europe; tout arrangement
direct entre le sultan et son vassal devenait impossible. Que l'Au-

---

1. Né le 20 avril 1823, à Constantinople, où il est mort le 25 juin 1861.

triche en eût eu l'idée première, c'était naturel; que l'Angleterre
l'eût signé avec empressement, on le conçoit sans peine; que la
Prusse, peu intéressée dans la question, eût donné son assentiment pour ne pas s'isoler du concert européen, on le comprend
aussi; que la Russie, sur le moment, n'eût pas fait d'opposition,
cela n'est pas trop surprenant, car, quels que fussent ses arrière-
pensées et ses secrets desseins, ce qu'il y avait de plus urgent à
ses yeux, c'était d'arrêter Méhémet-Ali. Mais on se demande pourquoi la France s'associait sans hésitation à ses ennemis pour faire
la loi à ses amis. On ne peut s'expliquer cette fausse manœuvre
que par l'habitude de ruse et de louvoiement que la diplomatie de
Juillet avait depuis longtemps prise en Orient et qui devait lui être
si funeste. Louis-Philippe et ses ministres tenaient essentiellement
à ce que la France ne se séparât pas du concert européen. Ils
jugeaient du reste insignifiant et sans danger pour elle l'engagement qu'ils lui faisaient prendre envers les autres grandes puissances. Le pacha d'Égypte était vainqueur et, de bonne foi, ils le
croyaient invincible. Dans leur pensée, toutes les conférences du
monde ne devaient pas l'empêcher de garder ce qu'il avait conquis
et d'obtenir cette hérédité qu'il demandait l'épée à la main. Aussi
jugeaient-ils peu sage de rompre en visière à l'Europe entière,
assurés que tôt ou tard elle reconnaîtrait les faits accomplis et donnerait pleine satisfaction à leur protégé. C'était, on va le voir, une
illusion singulière, et ils la payèrent bien cher.

III

Le premier résultat de la fameuse note fut que l'Angleterre,
n'ayant plus pour le moment à craindre l'ingérence exclusive de la
Russie à Constantinople, se tourna vers Alexandrie et ne parut
plus préoccupée que de faire échec à Méhémet-Ali, c'est-à-dire à la
France. Palmerston eût voulu mettre à néant la puissance du
pacha. Mais, n'espérant guère un tel succès, il prétendait pour le
moins le réduire à la possession de l'Égypte. A peine concédait-il
que l'hérédité de cette province lui fût accordée. Aussi proposa-t-il
formellement, dans le courant d'août 1839, de lui adresser un ultimatum en conséquence et d'employer contre lui, s'il le repoussait,

les mesures de coercition les plus rigoureuses. Les trois cours du
Nord n'eurent garde de rejeter ce programme. Mais la France y
répondit (août-septembre) par l'exposé de prétentions qui firent
bondir le chef du Foreign-Office. En effet, le cabinet Soult ne se bornait pas à protester contre l'idée de contraindre Méhémet à reculer,
il s'appropriait ouvertement les demandes du pacha et exigeait en
son nom, outre l'hérédité de l'Égypte, celle de toutes ses autres
possessions. La correspondance des deux cours de Londres et de
Paris devint aussitôt très aigre, et les journaux, d'un côté comme de
l'autre, ne manquèrent pas par leurs violences d'aggraver le conflit.

L'empereur de Russie observait avec une maligne satisfaction les
progrès de ce dissentiment. Le moment lui parut bon pour négocier directement avec l'Angleterre, achever de la brouiller avec la
France et, sans plus se soucier de l'entente européenne, régler
avec elle seule la question d'Orient. Le 15 septembre arrivait à
Londres un diplomate russe, le baron de Brunnow[1], chargé de soumettre au ministère Melbourne les bases de l'arrangement médité
par son souverain. Les négociations commencèrent aussitôt entre
Palmerston et lui. L'envoyé du czar déclara que son maître était
complètement d'accord avec le gouvernement anglais en ce qui
touchait à la condition future du pacha et aux moyens de la lui faire
accepter. D'autre part, il s'engageait à ne pas renouveler le traité
d'Unkiar-Skelessi, qui devait expirer dans deux ans. Seulement,
au cas où la Porte aurait besoin d'aide, il désirait que la Russie fût
seule admise à lui porter secours sur la mer Noire et dans les
détroits, les autres puissances devant être chargées de la soutenir
de leurs flottes, s'il y avait lieu, en dehors des Dardanelles; il
serait bien entendu, d'ailleurs, que, si le czar intervenait militairement en faveur du sultan, ce serait non plus en son nom, mais
au nom de l'Europe et comme son mandataire.

---

1. Brunnow (Ernest-Philippe, baron de), né à Dresde le 31 août 1796, d'une
famille noble de Courlande; secrétaire d'ambassade à Londres de 1820 à 1823;
conseiller d'ambassade, sous Orloff, à Constantinople, à La Haye, puis à
Londres; conseiller d'État et premier rédacteur à la chancellerie russe (1830);
ministre plénipotentiaire en Wurtemberg (1839); chargé peu après d'une
mission spéciale en Angleterre; ambassadeur de Russie à Londres de 1840
à 1854; ministre plénipotentiaire auprès de la Confédération germanique (1855);
représentant de la Russie au congrès de Paris (1856); ministre plénipotentiaire à Berlin (10 février 1857); ambassadeur à Londres de 1858 à 1874; mort
à Darmstadt en avril 1875.

Palmerston était si désireux d'humilier la France qu'il eût accepté sans réserve la proposition apportée par Brunnow. Mais il y avait à côté de lui dans le ministère des politiques moins passionnés (les Holland, les Russell, les Clarendon) qui, d'une part, regrettaient le refroidissement survenu entre les puissances occidentales, et, de l'autre, jugeaient l'alliance russe trop chère au prix où l'offrait le czar. L'envoyé de Nicolas ne put en somme conclure le traité qu'il était venu offrir et partit en octobre pour aller chercher de nouvelles instructions. A ce moment, le cabinet Soult pouvait se rapprocher honorablement du ministère Melbourne. Ce dernier, en dépit de Palmerston, consentait à une transaction. Il offrait de laisser au pacha non seulement l'Égypte, mais le pachalik d'Acre [1], à titre héréditaire. Accepter eût été une heureuse inspiration. C'était ce que Metternich et Werther, au nom de l'Autriche et de la Prusse, conseillaient non sans raison à Louis-Philippe, en novembre et décembre 1839. Mais ni ce prince ni ses ministres n'eussent osé, à ce moment, suivre un pareil avis. L'irritation contre l'Angleterre était fort vive dans toute la France. Notre amour-propre blessé ne pardonnait pas à cette puissance d'avoir pris la direction des affaires en Espagne, où, sous le nom d'Espartero, elle faisait la loi à Marie-Christine [2]; d'autre part nous l'accusions, et ce n'était pas tout à fait sans raison, de complicité avec Abd-el-Kader, qui, juste à ce moment (novembre), reprenait les armes en Algérie. Le cabinet Soult, comme Louis-Philippe, se sentait fort impopulaire et ne voulait pas le devenir davantage. Du reste, il ne croyait pas que jamais l'Angleterre pût s'entendre avec la Russie sur la question d'Orient. Il était toujours persuadé qu'on ne parviendrait pas à réduire Méhémet-Ali par la force. Enfin Louis-Philippe avait foi dans l'amitié de l'Autriche et de la Prusse, à laquelle il avait tant sacrifié, et ne voulait pas admettre qu'elle pût lui faire défaut au moment décisif. Pour toutes ces raisons, le gouvernement français maintenait son programme égyptien.

1. Moins la ville de ce nom.
2. Don Carlos, abandonné par le principal de ses lieutenants, Maroto, avait dû, en septembre, se retirer en France ; le gouvernement de Juillet l'avait interné à Bourges. Le parti carliste, réduit à quelques milliers d'hommes, ne luttait plus guère que pour l'honneur, sous Cabrera, et n'occupait plus que quelques points isolés de l'Aragon et de la Catalogne, d'où Espartero ne devait pas tarder à le déloger (1839-1840).

Thiers, qui se sentait bien près de remonter au pouvoir, prononçait, en janvier 1840, à la Chambre des députés, un discours retentissant, où il se déclarait — avec plus de chaleur sans doute que de sincérité — partisan de l'alliance anglaise, mais où il soutenait que la France ne pouvait, sans abdiquer sa dignité de grande puissance et méconnaître ses plus chers intérêts, abandonner la cause de Méhémet-Ali. Ce qui ressortait le plus clairement de ses paroles, c'est qu'à son sens le gouvernement avait eu tort de se lier les mains par la note du 27 juillet et que, sans désavouer ostensiblement sa signature, il ferait bien de reprendre sa liberté d'action. On apprenait cependant que Brunnow était de retour à Londres et qu'il offrait au nom de son maître une concession importante en ce qui touchait aux détroits [1]. Mais il semblait que la France eût un bandeau sur les yeux. Elle voulait tout ou rien. C'est ce que donnait à entendre la note très fière que le maréchal Soult adressait à Palmerston le 26 janvier. Peu de jours après, le ministère croyait devoir remplacer à Londres comme ambassadeur de France Sébastiani[2], qu'il trouvait trop mou et trop hésitant, par Guizot, qui paraissait plus résolu et qui tenait à ce moment pour le programme égyptien (5 février). Les instructions données à cet agent lui prescrivaient de soutenir plus énergiquement que jamais les prétentions de Méhémet-Ali (19 février). Enfin, à la suite d'une nouvelle crise ministérielle, Thiers [3] redevenait président du conseil

1. Nicolas consentait en effet à ce que, dans le cas où le sultan aurait besoin d'assistance navale, la flotte russe ne fermât pas le Bosphore et les Dardanelles aux autres marines européennes.
2. Sébastiani (François-Horace-Bastien, comte), né à la Porta d'Ampugnano le 10 novembre 1772; sous-lieutenant d'infanterie en août 1789, chef de brigade en 1799; complice du 18 brumaire; chargé par le premier consul d'une mission diplomatique et militaire en Orient (1802); général de brigade en 1803; général de division après Austerlitz (21 décembre 1805); ambassadeur à Constantinople (2 mai 1806), rappelé en juin 1807; commandant du 4e corps en Espagne (1808-1811); chargé de commandements importants pendant les campagnes de Russie, d'Allemagne et de France (1812, 1813, 1814); membre de la Chambre des représentants en 1815; de la Chambre des députés de 1819 à 1824; réélu en 1826; nommé par Louis-Philippe (dont il était depuis longtemps un des confidents) ministre de la marine dès le 11 août 1830; ministre des affaires étrangères du 17 novembre 1830 au 11 octobre 1832; ministre sans portefeuille (22 mars 1833-1er avril 1834); ambassadeur à Naples (avril-août 1834), puis à Londres (7 janvier 1835-5 février 1840); maréchal de France (21 octobre 1840); mort à Paris le 20 juillet 1851.
3. Il prit, comme en 1836, le portefeuille des affaires étrangères. Ses collègues étaient Vivien (*justice et cultes*), Despans-Cubières (*guerre*), Roussin

(1er mars 1840) et se posait aussitôt, vis-à-vis de Louis-Philippe, aussi bien que de l'Europe, comme le champion attitré de l'honneur français.

IV

Cet homme d'État avait sur le cœur ses déconvenues et ses échecs de 1836. Il souffrait aussi dans son patriotisme, très réel et très ardent, de l'effacement politique auquel avait trop longtemps semblé se résigner le gouvernement de son pays. Sans vouloir prendre l'initiative d'une croisade contre les traités de 1815, il les abhorrait, du moins en ce qu'ils avaient d'humiliant pour la France, et ne s'en cachait pas. Il avait à cœur de faire renaître le prestige du drapeau tricolore. Il ne prenait plus guère la peine de dissimuler les allures révolutionnaires et napoléoniennes qu'il avait toujours aimé à se donner. Il était, comme toute la nation, altéré de gloire militaire. Peut-être le laissait-il trop voir. Il eût sans doute été plus sage de calmer quelque peu que d'aviver à l'excès, comme il allait le faire, une effervescence patriotique dont l'éclat pouvait à ce moment compromettre plutôt que servir la France. Quoi qu'il en soit, le chef du nouveau ministère ne s'épargna pas pour procurer à l'esprit public les satisfactions qu'il réclamait. Une impulsion vigoureuse fut donnée à la guerre d'Algérie. L'influence française reparut en Espagne, où Thiers prit hautement le parti de Marie-Christine, qui commençait à se séparer d'Espartero. Toute la France applaudit, et c'était justice. Mais l'exaltation nationale fut portée au comble quand le ministère, pour détourner les esprits de certaines préoccupations parlementaires, annonça que, sur sa demande le gouvernement anglais allait remettre à la France les restes mortels de Napoléon Ier (12 mai). La légende du grand empereur, imprudemment entretenue par de grands poètes, avait faussé jusqu'à l'esprit si positif et si pratique de Louis-Philippe. Ce prince croyait pouvoir, sans danger pour sa dynastie, raviver et surexciter la religion napoléonienne. Il y voyait même quelque profit pour lui et pour les siens. L'avenir devait prouver qu'il se

(*marine et colonies*), Cousin (*instruction publique*), Pelet (*finances*), Gouin (*commerce*) et Jaubert (*agriculture et travaux publics*).

trompait. En attendant, ce roi si pacifique, si résolu à éviter toute guerre ou même tout conflit grave, ne semblait pas comprendre que le *retour des cendres*, comme on disait, devait forcément produire chez une nation, déjà fort échauffée, une surexcitation dont l'Europe ne manquerait pas de prendre ombrage. Et, en effet, à la nouvelle que le glorieux captif de Sainte-Hélène allait rentrer dans sa capitale, que sa dépouille allait enfin reposer sur *les bords de la Seine, au milieu de ce peuple français qu'il avait tant aimé*, la France fut comme saisie de la fièvre; il lui sembla que les traités de 1815 n'existaient plus. Elle se remit à parler victoires, conquêtes, frontières naturelles. Par suite, l'Europe la suspecta et la surveilla de plus belle. C'était justement ce qu'avait espéré Palmerston quand il s'était rendu, avec tant de bonne grâce, à l'imprudente prière du gouvernement français.

Thiers, qui, peu avant sa rentrée aux affaires, avait parlé en termes si émus de l'alliance anglaise, n'avait garde de se rétracter. Après comme avant, il affectait un vif désir de marcher d'accord avec le gouvernement britannique; il pensait endormir Palmerston par de bonnes paroles et par les menus services qu'il lui rendait [1]. Le chef du Foreign-Office le payait de la même monnaie. Au fond ces deux hommes d'État n'avaient nulle confiance l'un dans l'autre. Tous deux cherchaient à se donner réciproquement le change sur leurs intentions. La question d'Égypte devait tôt ou tard amener entre eux une rupture éclatante. A cet égard, ni Thiers ni Palmerston ne jouaient franc jeu. Le ministre de Louis-Philippe ne dénonçait point le pacte du 27 juillet (bien que tout le monde sût qu'il le désapprouvait fort). Il ne cessait de répéter que la France ne se séparerait pas des quatre autres grandes puissances pour le règlement des affaires orientales. Depuis le retour de Brunnow en Angleterre, le gouvernement britannique, à peu près d'accord sur les points essentiels avec la cour de Russie, avait invité les cabinets de Berlin, de Vienne et de Paris à une négociation commune qui venait de s'ouvrir à Londres (il aimait mieux, on le comprend, traiter avec l'Europe que de se lier exclusivement avec le czar). Guizot, suivant les instructions de son chef, prenait part fort assi-

---

1. A l'occasion des démêlés — peu graves d'ailleurs — que l'Angleterre avait alors avec les gouvernements du Portugal, des États-Unis, de la Plata, des Deux-Siciles.

dûment aux travaux de la nouvelle conférence. Mais c'était en réalité beaucoup plus pour les entraver que pour les accélérer. Thiers ne se dissimulait pas que les pourparlers de Londres ne produiraient jamais rien de bon pour Méhémet-Ali. Aussi ne travaillait-il qu'à les faire durer et à gagner du temps, jusqu'au jour où, par un arrangement direct qu'il ménageait en Orient entre le pacha d'Égypte et le sultan, il eût pu mettre l'Europe en présence d'un fait accompli et, sans doute, lui forcer la main. Vainement Palmerston se montrait impatient de conclure. L'ambassadeur français usait chaque jour de nouveaux moyens dilatoires. Il représentait, par exemple, qu'on ne pouvait rien faire sans un représentant de la Porte, qui mit fort longtemps à venir. Quand le plénipotentiaire turc fut arrivé, l'Autriche et la Prusse, qui avaient hâte d'en finir et qui paraissaient disposées à faciliter un accommodement entre la France d'une part, la Russie et l'Angleterre de l'autre, proposèrent leur médiation au gouvernement de Juillet; elles espéraient, disaient-elles, faire concéder au pacha l'Égypte à titre héréditaire et la Syrie à titre viager. Mais Guizot avait ordre de ne pas répondre catégoriquement et, au bout de deux mois (avril-mai), la négociation n'avait pas avancé d'une ligne. Palmerston à son tour crut devoir adresser à la France de nouvelles propositions. Il offrait, outre le gouvernement héréditaire de l'Égypte, la possession viagère du pachalik d'Acre. C'était son dernier mot et il demandait instamment que le cabinet de Paris se prononçât enfin par oui ou par non. Mais c'était justement ce que Thiers ne voulait pas faire. On était à la fin de juin, et il recommandait à Guizot de ne pas s'expliquer. Pourquoi? parce qu'il attendait d'heure en heure la nouvelle du traité que ses agents négociaient en Orient dans le plus grand secret entre le pacha et le sultan. Grâce à ces menées, le grand vizir Khosrew, ennemi personnel de Méhémet-Ali, venait d'être destitué (mai 1840). Aussitôt ce dernier s'était déclaré prêt à s'accommoder avec son souverain et à rabattre quelque peu de ses exigences primitives; un de ses conseillers était parti pour Constantinople et là, sous l'inspiration de l'ambassadeur français Pontois, s'étaient engagés entre ce personnage et le reis-effendi des pourparlers qui semblaient devoir amener à bref délai une convention favorable à Méhémet et, par conséquent, au gouvernement de Juillet. Thiers tenait, de Paris, les fils de cette intrigue, qu'il croyait bien cachée, et recommandait à *Guizot* de ne rien révéler, jusqu'au jour où il pourrait faire connaître avec éclat à la conférence le plein succès de sa mystérieuse politique.

Malheureusement pour lui, son secret était éventé depuis longtemps. Ponsonby à Constantinople et Apponyi[1] à Paris n'avaient pas eu beaucoup de peine à le percer à jour. Palmerston, qui n'était pas d'humeur à se laisser mystifier, préparait de son côté sournoisement sa vengeance. Outre que son représentant auprès de la Porte travaillait de toutes ses forces et non sans succès à retarder la conclusion de la paix entre le sultan et son vassal, il provoquait à ce moment même (juin-juillet), en semant l'or et les encouragements de toute nature, une insurrection formidable en Syrie contre Méhémet-Ali. Mais c'était surtout à Londres que s'exerçait contre la France sa haineuse activité. Depuis longtemps et tout en continuant de négocier pour la forme avec le gouvernement de Juillet, Palmerston avait décidé de résoudre sans lui — et contre lui — la question égyptienne. Pour cela que fallait-il? s'entendre avec la Russie? c'était déjà fait; entraîner l'Autriche et la Prusse? ce n'était pas fort difficile. Ces deux cours étaient outrées que la France eût dédaigné leurs bons offices. Le ministre anglais leur représentait qu'elle les trompait, comme elle abusait les deux autres cours, et qu'elle voulait à elle seule faire la loi de l'Europe. Il leur montrait surtout le patriotisme français surchauffé, prêt à déchirer les traités de 1815, à se ruer sur l'Allemagne, à bouleverser l'Europe. Il n'en fallait pas plus pour mettre en feu les têtes prussiennes. A Berlin, le vieux et pacifique Frédéric-Guillaume III venait de mourir (7 juin), son successeur, Frédéric-Guillaume IV[2], était un gallophobe déterminé. Il ne fut pas malaisé de lui faire adopter l'idée d'une entente à quatre, qui reconstituerait dans une certaine mesure la grande coalition de 1814 contre la France. Quant à la cour d'Autriche, elle mit moins d'empressement à conclure l'arrangement proposé, car ce qu'elle redoutait par-dessus tout, c'était la guerre; mais elle ne voulut pas rester en dehors, parce qu'en y entrant elle espérait

---

1. Apponyi (Antoine-Rodolphe, comte d'), né en 1782, d'une vieille famille hongroise; ministre plénipotentiaire d'Autriche en Toscane, puis ambassadeur à Rome; ambassadeur à Paris de 1824 à 1849.
2. Fils aîné de Frédéric-Guillaume III et de la reine Louise; né le 15 octobre 1795, mort le 1er janvier 1861.

d'une part humilier la France et, de l'autre, empêcher, au besoin, ses alliés de la pousser à bout.

C'est dans l'ombre et le secret que Palmerston tramait la quadruple alliance. Mais, quelque mystérieuses que fussent ses menées, elles n'échappaient pas tout à fait à la vigilance alarmée de l'ambassadeur français qui, vers la fin de juin et le commencement de juillet, ne pouvait s'empêcher de faire part à Thiers de ses inquiétudes. Guizot ne croyait pas, il est vrai, que les cours du Nord et l'Angleterre signassent leur traité sans lui en faire préalablement connaître les clauses et l'inviter à y souscrire. Il ne pensait pas, du reste, que la conclusion d'un pareil acte fût tout à fait imminente. Quant à son chef, il attendait toujours des nouvelles décisives d'Alexandrie ou de Constantinople. Palmerston, lui, ne voulait plus attendre. Le temps pressait, Khosrew-pacha, son allié n'était plus grand vizir, Méhémet pouvait d'un moment à l'autre se réconcilier avec la Porte. Le chef du Foreign-Office soumit donc, le 4 juillet, à ses collègues du cabinet, le texte des conventions dont il avait arrêté les bases avec les trois cours du Nord. Plusieurs d'entre eux protestèrent, il est vrai, vivement contre l'injure qu'on allait faire à la France et exprimèrent la crainte qu'un grand conflit ne fût la conséquence de cet arrangement. Mais Palmerston, avec son assurance ordinaire, répondit de tout. Il affirma qu'en aucun cas Louis-Philippe ne ferait la guerre; que Méhémet-Ali ne résisterait pas, puis il offrit sa démission. Bref, après une crise qui dura plusieurs jours, son audace l'emporta. Les conventions furent enfin signées le 15 juillet.

La première, d'où découlaient toutes les autres, stipulait que les parties contractantes se proposaient de répondre à l'appel du sultan pour prendre avec lui les mesures nécessaires au maintien de l'intégrité et de l'indépendance de l'empire ottoman; à cet effet, elles procéderaient par exécution militaire, si le pacha d'Égypte n'acceptait pas les propositions qui lui seraient faites; elles plaçaient d'autre part sous leur sauvegarde collective les détroits de Constantinople et des Dardanelles. Venait ensuite l'ultimatum qui allait être adressé à Méhémet-Ali par le sultan. Le pacha devait restituer Candie, les villes saintes, Adana et le nord de la Syrie. On lui offrait l'administration héréditaire de l'Égypte et la possession viagère du pachalik d'Acre. Si, après un délai de dix jours, il n'avait pas accepté, on ne lui concéderait plus que l'Égypte ; et s'il persistait encore dix jours de plus à ne pas se soumettre, on ne lui garantissait plus rien du tout. Enfin un *protocole réservé* portait, contrairement aux usages diplomatiques, que les puissances procéderaient à l'exécution du traité sans en attendre les ratifications.

V

Le traité du 15 juillet, qui excluait la France du concert européen et qui la condamnait à assister immobile, impuissante, à la ruine de son allié, était signé depuis deux jours que Guizot l'ignorait encore. Ce fut seulement le 17 que Palmerston prit la peine de le lui faire connaître. Encore ne lui en lut-il pas le texte et se garda-t-il de lui dévoiler le *protocole réservé*, dont il avait, dès le 13, assuré le prompt accomplissement par l'envoi d'un courrier à l'amiral Stopford [1]. L'ambassadeur de Louis-Philippe fit bonne contenance et resta froid devant le chef du Foreign-Office, qui pouvait à peine dissimuler son orgueil et sa joie. Mais au fond il était atterré, et il faut convenir qu'il y avait de quoi.

A la nouvelle de ce qui venait de se passer à Londres, Thiers ne put se contenir. Sa colère éclata, violente, belliqueuse, sinon dans ses dépêches, du moins dans ses conversations et dans son attitude générale. Il avait voulu jouer Palmerston ; il était joué. Son amour-propre souffrait cruellement. Son patriotisme fort sincère se soulevait aussi à la pensée de son pays trompé, bafoué, menacé. Aussi résolut-il de tout préparer pour que la France pût laver prochainement l'outrage qu'elle venait de subir. Il avait du reste le ferme espoir d'un succès final qui le vengerait amplement de sa déconvenue. Ignorant que l'exécution militaire projetée contre Méhémet-Ali était sur le point de commencer, persuadé d'ailleurs, comme tout le monde l'était en France, que le pacha était invincible et tiendrait facilement en échec la quadruple alliance, il croyait avoir devant lui plusieurs mois pour négocier et pour s'armer. Son plan consistait à gagner le printemps de 1841, époque où il comptait avoir mis la France en état de se mesurer avec la nouvelle coa-

1. Qui croisait avec son escadre dans les eaux napolitaines.

lition. D'ici là, il lui paraissait à peu près sûr que la quadruple alliance se dissoudrait d'elle-même devant la résistance du pacha et les complications qui pouvaient en résulter, l'Autriche et la Prusse, directement menacées par nos armes, se retireraient sans doute. S'il n'en était pas ainsi et si les succès de Méhémet contraignaient la Russie et l'Angleterre à tourner contre lui, c'est-à-dire vers l'Orient, la plus grande partie de leurs forces, la France entrerait résolument en ligne et, d'un élan irrésistible, se jetterait sur le Rhin, sur les Alpes.

Thiers, on le voit, sans croire la guerre inévitable et sans la souhaiter, paraissait bien décidé à ne pas reculer devant elle. Quant au roi Louis-Philippe, si l'on eût jugé de ses dispositions réelles par son langage au lendemain du 15 juillet, on l'eût cru bien plus belliqueux que son ministre. A la nouvelle du traité, ce prince avait manifesté la plus violente irritation. « Depuis dix ans, s'était-il écrié, je forme la digue contre la Révolution, aux dépens de ma popularité, de mon repos, même au danger de ma vie. Ils me doivent la paix de l'Europe, la sécurité de leurs trônes, et voilà leur reconnaissance ! Veulent-ils donc absolument que je mette le bonnet rouge ? » C'était surtout contre l'Autriche et la Prusse, dont il avait tout fait pour capter les bonnes grâces, que s'exhalait sa colère. « Vous êtes des ingrats, disait-il avec véhémence aux représentants de ces deux cours.... Vous voulez la guerre, vous l'aurez, et, s'il le faut, je démuselerai le tigre. Il me connaît et je sais jouer avec lui. Nous verrons s'il vous respectera comme moi. » Tout n'était pas feint dans ces explosions de patriotisme. Louis-Philippe ressentait fort vivement l'affront que venaient de lui infliger les quatre alliés de Londres. Mais il n'en était pas moins absolument résolu à ne pas tirer un coup de canon et à ne pas risquer sur une carte, en acceptant le défi de la coalition, l'avenir de la monarchie qu'il avait fondée. Il jugeait politique, comme il le disait en petit comité, de crier *plus haut que Thiers*, pour ne pas devenir le plus *impopulaire des hommes* et pour intimider, si faire se pouvait, les deux grandes puissances allemandes. Il souhaitait la dissolution de la quadruple alliance, il l'espérait, car lui aussi croyait à une résistance prolongée de la part de Méhémet-Ali. Mais, quoi qu'il pût arriver, il entendait bien que la paix de l'Europe ne fût pas rompue. « Pour votre gouverne particulière, disait-il confidentiellement à Sainte-Aulaire¹, son ambassadeur à Vienne, il faut que vous sachiez que je ne me laisserai pas entraîner trop loin par mon petit ministre. Au fond, il veut la guerre, et moi je ne la veux pas ; et quand il ne me laissera plus d'autres ressources, je le briserai plutôt que de rompre avec toute l'Europe. »

En attendant, le roi faisait chorus avec le *petit ministre*, et il le fallait bien, car l'opinion publique était portée en France à un tel degré d'exaltation que, si le chef de l'État eût à ce moment fait montre de ses sentiments pacifiques, il eût été sans doute et sur le champ renversé. Tous les théâtres retentissaient du chant de *la Marseillaise*. Tous les journaux, même les plus modérés, appelaient la nation à se faire justice. C'était, sur tous les points du royaume, un déchaînement général contre les traités de 1815 et contre la nouvelle Sainte-Alliance. Les aventures et les malheurs de Napoléon étaient oubliés. On ne voulait plus se souvenir que de ses gloires. L'effervescence à la fois révolutionnaire et césarienne était telle dans notre pays que le jeune Louis Bonaparte, alors réfugié à Londres, jugea l'heure opportune pour tenter une seconde fois le rétablissement de l'empire. Le gouvernement anglais ne pouvait ignorer ni ses projets ni ses préparatifs. Mais, à un pareil moment, il se souciait peu de prévenir une entreprise qui, sans avoir la moindre chance de succès, devait cependant alarmer et ébranler la monarchie de Juillet. Le prince vint le 6 août, avec quelques aventuriers, renouveler à Boulogne l'équipée qui lui avait si mal réussi à Strasbourg en 1836. Comme précédemment, il fut pris, et cette fois le gouvernement ne crut pas devoir le relâcher². Mais quelque ridicule qu'eût paru sa dernière tentative, elle avait notablement augmenté les inquiétudes du roi. Aussi Louis-Philippe, tout en continuant à flatter ostensiblement les passions populaires, crut-il devoir sans tarder, et à

1. Sainte-Aulaire (Louis-Clair de Beaupoil, comte de), né à Saint-Méard (Dordogne) en 1778; élève de l'École polytechnique (1794); chambellan de Napoléon (1809); préfet de la Meuse (1813), puis de la Haute-Garonne (1814); membre de la Chambre des pairs (1815), où il siégea parmi les libéraux; ambassadeur à Rome (1831-1833), à Vienne (1833-1841), à Londres (1841-1847); auteur de divers ouvrages historiques; mort à Paris en 1854.
2. Louis Bonaparte fut traduit devant la Chambre des pairs, condamné, le 6 octobre, à la détention perpétuelle et enfermé au fort de Ham. Il devait y demeurer jusqu'en 1846, époque où il réussit à s'évader.

petit bruit, solliciter la coalition de faire cesser l'isolement auquel le traité de Londres l'avait condamné.

C'est par son gendre, Léopold de Belgique, toujours fort influent à Londres et particulièrement à la cour de la reine Victoria [1], qu'il fit officieusement proposer la réadmission de la France dans le concert des grandes puissances pour le règlement de la question orientale. Ce souverain plaida la cause de Louis-Philippe avec d'autant plus de chaleur qu'il craignait fort pour son petit royaume, menacé d'annexion par la France révolutionnaire en cas de conflit européen. La reine et son époux, ainsi que plusieurs ministres anglais, semblèrent accueillir avec faveur ses propositions. Mais Palmerston fut intraitable, et tel était son ascendant sur le cabinet britannique et sur les trois cours du Nord qu'il parvint sans trop de peine à les faire rejeter. Par son mémorandum du 31 août, il informa le gouvernement français que l'espoir de rentrer dans le concert européen ne lui était point interdit, mais qu'en tout cas le traité du 15 juillet serait littéralement exécuté. C'était vraiment se moquer et aggraver l'outrage auquel la royauté de Juillet s'était montrée si sensible.

Le ministère Thiers, exaspéré par cette réponse dérisoire, se montra dès lors moins que jamais disposé à reculer devant la guerre. Dès le 29 juillet, le chef de ce cabinet avait obtenu du roi une ordonnance appelant sous les drapeaux d'imposantes réserves. Il avait créé de nouveaux régiments, donné une vigoureuse impulsion au travail dans nos manufactures d'armes. Il renforçait la flotte, mettait de toutes parts les places en état de défense. Le 13 septembre, il prenait sur lui d'ouvrir, en l'absence des chambres, un crédit de cent millions pour commencer les fortifications de Paris. Dans le même temps il arrêtait l'ultimatum qu'il se proposait de notifier à la quadruple alliance et qui, dans sa pensée, devait être un *casus belli*. Un de ses agents, le comte Walewski, envoyé en Égypte dès la fin de juillet, avait fini par obtenir (le 25 août) que Méhémet-Ali réduisît ses prétentions au gouvernement héréditaire de l'Égypte et à la possession viagère de la Syrie. Puis il était parti (30 août) pour Constantinople, où il devait sou-

---

1. Léopold était oncle de la jeune reine et venait de lui faire épouser (février 1840) un de ses neveux, le prince Albert de Saxe-Cobourg.

tenir de son mieux les nouvelles propositions du pacha. Thiers ne manqua pas de faire ressortir l'importance des concessions aux- quelles la France et son protégé venaient de consentir. Mais il déclarait, en même temps, qu'il ne saurait aller au delà. « Si votre gouvernement, disait-il le 18 septembre au chargé d'affaires anglais Bulwer, veut agir avec nous pour persuader au sultan et aux autres puissances d'accepter ces conditions, il y aura de nou- veau entre nous une *entente cordiale*. Sinon, après les conces- sions obtenues de Méhémet-Ali par notre influence, nous sommes tenus de le soutenir. » — « Vous comprenez, mon cher, ajoutait-il en regardant son interlocuteur entre les deux yeux, la gravité de ce que je viens de vous dire. »

De pareilles déclarations n'étaient pas sans alarmer la plupart des membres du cabinet britannique. Les collègues de Palmerston n'avaient vu qu'avec répugnance ce ministre se lier étroitement avec la Russie, ennemie héréditaire de la Grande-Bretagne, pour mettre la France en quarantaine. Ils souhaitaient un rapproche- ment honorable avec la cour des Tuileries. Aussi, vers la fin de septembre, des débats très vifs eurent-ils lieu au sein du cabinet sur la transaction proposée par le gouvernement de Juillet. Le chef du Foreign-Office ne voulait se relâcher en rien de son pro- gramme. Il persistait à soutenir avec une imperturbable assurance que Méhémet-Ali ne résisterait pas aux forces de l'alliance et que Louis-Philippe dans aucun cas ne ferait la guerre. Les événements n'allaient pas tarder à lui donner raison.

Au moment où il allait être contraint par ses collègues de modifier quelque peu son attitude et son langage à l'égard de la France, arrivèrent d'Orient deux nouvelles qui le comblèrent de joie et qui firent évanouir tout espoir d'accommodement. Tandis qu'un agent turc portait à Méhémet-Ali les sommations du sultan et avant même que la réponse du pacha eût pu parvenir à Constanti- nople, une escadre anglo-autrichienne était allée bloquer les côtes de Syrie. Le 11 septembre, une des plus fortes places de cette région, Beyrouth, avait été bombardée par l'amiral Napier et éva- cuée par les troupes d'Ibrahim. Trois jours après, le divan, au lieu d'accepter les propositions de Walewski, avait, sur les instances de Ponsonby, prononcé la déchéance pure et simple du pacha d'Égypte.

Palmerston exultait. Sa politique triomphait sur tous les points.
Ce n'était pas seulement en Orient qu'il venait de faire prédominer
ses vues. On apprenait à la même époque que l'Espagne s'était décidément inféodée à la Grande-Bretagne. Marie-Christine, dont Espartero minait depuis longtemps l'autorité, venait d'être obligée
d'abdiquer la régence et, tandis qu'elle se retirait en France, ce
général, dont les attaches britanniques étaient bien connues, se
faisait attribuer, au nom de la jeune Isabelle, la direction suprême
des affaires [1]. Le chef du Foreign-Office était pour le moment l'idole
de l'Angleterre, dont il avait au plus haut point surexcité l'orgueil
et jusqu'à un certain point satisfait les vieilles haines nationales.

En France, il y eut de toutes parts une indicible explosion de
fureur quand on apprit les événements de Beyrouth et de Constantinople. Ni le pays ni le gouvernement ne s'étaient attendus à
une aussi prompte et aussi brutale exécution du traité de Londres.
D'un bout à l'autre du royaume, il n'y eut qu'un cri de vengeance.
De toutes parts on demandait la guerre. Thiers, sans la vouloir
immédiate, inclinait de plus en plus à la déclarer au printemps.
Mais il se faisait les plus singulières illusions. Il croyait encore, par
exemple, malgré ce qui venait de se passer en Syrie, que Méhémet-
Ali lui donnerait, par une résistance prolongée, le temps de terminer
ses préparatifs. Puis, il espérait pouvoir localiser à son gré les
opérations. Il avait maintenant l'intention de limiter son attaque à
l'Italie, qu'il lui paraissait facile de révolutionner et de soulever
contre l'Autriche. Il croyait que la Prusse ne bougerait pas. C'était
mal connaître ce gouvernement, son roi et l'Allemagne qui était
alors tout entière debout, frémissante de colère et prête à se ruer
comme en 1813 sur l'*ennemi héréditaire*. Sur tout le sol de la
confération, l'on n'entendait que des cris de guerre. De Vienne à
Berlin, de Hambourg à Munich on répétait avec un emportement
farouche le *Rhin allemand* de Becker. Les convoitises mal assou-
vies en 1815 réclamaient leur proie : l'Alsace et la Lorraine. Le
sentiment de l'unité germanique, un moment assoupi, se réveil-

1. A la suite de la *journée* du 1er septembre, Marie-Christine avait dû
appeler à la présidence du conseil (16 septembre) Espartero, qui fit
(29 septembre) une entrée triomphale à Madrid; le 10 octobre, elle était
contrainte d'abdiquer et, fort peu après, quittait l'Espagne, tandis que le duc
de la Victoire et ses collègues du nouveau ministère s'emparaient de la
régence à titre provisoire.

lait avec une intensité redoutable. Il allait produire un courant irrésistible, qui, depuis lors et jusqu'en 1870, ne s'est plus arrêté.

Voilà ce qu'ignoraient Thiers et avec lui la France entière ou à peu près. Que fût-il arrivé si, comme elle le demandait à grands cris, la guerre eût alors éclaté? L'on ne sait; toute affirmation à cet égard serait oiseuse et téméraire. Mais il y avait une bonne raison pour que le conflit européen, qui paraissait alors imminent, ne se produisît pas. C'est que Louis-Philippe voulait à tout prix maintenir la paix. Plus rassis et plus clairvoyant que Thiers, il n'avait plus, depuis le bombardement de Beyrouth, nulle illusion sur la force de résistance de Méhémet-Ali. Aussi était-il fermement résolu à ne pas se compromettre pour lui. Aussi, dans les premiers jours d'octobre, refusa-t-il tout net d'adhérer aux déclarations proposées par son ministre et qui pouvaient conduire à la guerre. Thiers offrit alors sans hésiter sa démission. On le supplia de la retirer en lui représentant que, vu l'exaltation des esprits, sa retraite serait peut-être fatale à la monarchie de Juillet. Il se résigna donc à rester, rappela d'Orient l'escadre française qui n'y pouvait demeurer en contact avec la marine anglaise sans être exposée à un conflit accidentel, comme celui de Navarin, et rédigea la note du 8 octobre, qui restreignait le *casus belli* au cas où la quadruple alliance voudrait déposséder Méhémet-Ali de l'Égypte. Autant voulait dire qu'il n'y aurait pas de *casus belli*; car l'Autriche, qui ne voulait pas plus de guerre que Louis-Philippe, avait déclaré qu'à son sens la déchéance prononcée contre le pacha n'était qu'une mesure comminatoire, qui n'aurait pas d'effet, et Palmerston, sous la pression de ses collègues, aussi bien que de Metternich, venait de donner la même assurance.

Le maintien de la paix n'était point cependant aussi certain qu'on eût pu le croire après cette note. Thiers avait des arrière-pensées. Soutenu par l'opinion, il ne désespérait pas de forcer la main à Louis-Philippe. Il disait et répétait bien haut que la France devait obtenir en faveur de Méhémet-Ali des conditions meilleures que celles du 15 juillet. Il poursuivait avec une activité fébrile les armements commencés et gardait l'attitude belliqueuse qu'il avait prise depuis deux mois. Louis-Philippe, que Metternich adjurait depuis longtemps de prouver ses sentiments pacifiques par le

renvoi d'un tel ministre [1], n'attendait qu'une occasion propice
pour se défaire de lui. Une nouvelle tentative d'assassinat [2], dont il
faillit être victime le 15 octobre, et qui, comme il arrive d'ordinaire en pareil cas, valut au roi un regain momentané de popularité, ne tarda pas à la lui fournir. Dès lors la chute de Thiers
fut décidée aux Tuileries. Peu de jours après, le président du
conseil ayant soumis à Louis-Philippe le projet, rédigé par lui,
du discours que le souverain devait prononcer à l'ouverture des
chambres [3], ce dernier en trouva le style et le ton trop belliqueux
et prétendit y substituer un texte absolument sans couleur, que
Thiers, de son côté, refusa d'admettre. Le roi ne voulant pas
céder, le chef du ministère et tous ses collègues donnèrent aussitôt leur démission, qui cette fois fut acceptée. Neuf jours plus
tard (29 octobre) un nouveau cabinet était constitué. Le maréchal
Soult en était le président, mais Guizot [4], appelé au département
des affaires étrangères, en fut dès le début le vrai chef politique.

1. Dans ses dépêches confidentielles à Apponyi, qui étaient souvent com-
muniquées, au moins en substance, à Louis-Philippe, le chancelier ne cessait
de répéter que Thiers représentait un parti qui perdrait la monarchie de
Juillet. « ... La personne du roi, écrivait-il le 20 août, a un parti et celle du
ministre en a un autre. Dans de telles conditions, comment la France pour-
rait-elle aujourd'hui inspirer confiance?... L'armée dont dispose assurément
M. Thiers (*notez que je ne dis pas le roi*), c'est celle de la Révolution ; mais où
cette armée, si elle devait même faire son effet à l'extérieur, conduira-t-elle le
trône de Juillet et les institutions de la France?... Les œuvres de pure destruction ne peuvent sourire qu'à des maniaques.... — L'étranger (lit-on dans
une autre dépêche de Metternich, datée du 23 octobre) n'entend en rien
s'approprier ce système de mort et de perdition et il est bien moins disposé
encore à se le laisser imposer. Si l'Europe avait encore besoin d'une leçon
pour apprécier à sa juste valeur celle des barricades de 1830, l'élévation de
M. Thiers au pouvoir la lui aurait fournie.... La France regarde l'Europe
comme de la *gent taillable* ; or l'Europe, n'ayant pas le même sentiment, se
révolte déjà et se révoltera bien plus encore à mesure que l'attaque se montrera plus à nu. »
2. Celle de Darmès.
3. Convoquées pour le 28 octobre.
4. Guizot (François-Pierre-Guillaume), né à Nîmes le 4 octobre 1787, d'une
vieille famille protestante; élevé à Genève à partir de 1794; lié dès 1805 à
Paris avec les chefs du parti royaliste; professeur d'histoire à la Sorbonne
(1812); secrétaire général du ministère de l'intérieur (avril 1814); émigré à
Gand pendant les Cent-Jours; secrétaire général du ministère de la justice
(1815-1816); maître des requêtes au Conseil d'État (1816), puis conseiller
d'État (1817); disgracié en 1820 comme un des chefs du parti doctrinaire;
fondateur et membre actif de la société *Aide-toi, le ciel t'aidera*; auteur d'ouvrages politiques et historiques trop connus pour être cités ici et qui lui
valurent, dès l'époque de la Restauration, une très grande notoriété; rappelé
en 1828 au Conseil d'État et à la Sorbonne, où son cours avait été interdit

VI

C'était un ministère conservateur et pacifique, comme Louis-Philippe en rêvait, comme Metternich lui en souhaitait un depuis longtemps. Combien de temps durerait-il? Fort peu, pensait-on généralement; car il était impopulaire dès sa naisance et la tâche qu'il avait à remplir était des plus ingrates. Il s'agissait pour lui de réconcilier le gouvernement de Juillet avec l'Europe. Mais, après le traité de Londres et tout ce qui s'en était suivi, le pouvait-il sans compromettre la dignité de la France? Guizot était absolument résolu, comme Louis-Philippe, à maintenir la paix. Mais il ne voulait pas l'acheter au prix d'une soumission plate et sans réserve aux volontés de la quadruple alliance. Sans doute, puisqu'on était bien déterminé à ne pas faire la guerre, il fallait céder à la coalition. Mais ne pouvait-on sauver jusqu'à un certain point les apparences et obtenir quelques satisfactions d'amour-propre? A cet égard, le nouveau ministère français eut tout d'abord un moment d'espoir. Il pensa qu'en raison des garanties d'ordre et de tranquillité qu'il offrait à l'Europe monarchique, les quatre cours coalisées lui accorderaient peut-être ce qu'elles avaient refusé au précédent cabinet. Sans se compromettre par une démarche officielle, Guizot fit demander indirectement par le roi Léopold si l'alliance ne croirait pas devoir, en modifiant quelque peu l'ulti-matum du 15 juillet à l'avantage de Méhémet-Ali, lui faciliter la tâche d'apaiser la France et de la faire rentrer dans le concert des grandes puissances. Cette insinuation n'eût pas été trop mal

quelques années auparavant; ministre de l'intérieur (11 août 1830); démis-sionnaire au mois de novembre suivant; ministre de l'instruction publique du 11 octobre 1832 au 22 février 1836, puis du 6 septembre 1836 au 15 avril 1837; brouillé avec Molé, qu'il renversa en 1839, grâce à une coalition célèbre; am-bassadeur à Londres (février 1840); ministre des affaires étrangères du 29 octobre 1840 au 23 février 1848 (et président du conseil depuis le 19 sep-tembre 1847); retiré en Angleterre (1848), d'où il revint l'année suivante; candidat malheureux à l'Assemblée législative (1849); mort au Val-Richer le 12 septembre 1874, après avoir consacré la dernière partie de sa vie à d'im-portants ouvrages d'histoire et de morale religieuse et à ses travaux acadé-miques (il appartenait à l'Académie des sciences morales et politiques depuis 1832, à l'Académie des inscriptions et belles-lettres depuis 1833, à l'Académie française depuis 1836).

accueillie à Londres si Palmerston, dont l'ascendant était à cette époque tout-puissant sur la haute diplomatie, ne se fût brutalement refusé à toute concession. « Nous ne pouvons pas, écrivait-il, compromettre les intérêts de l'Europe par complaisance pour Louis-Philippe ou pour Guizot plus que par crainte de Thiers. Si nous cédions, la nation française croirait que nous cédons à ses menaces et non pas aux prières de Louis-Philippe.... J'ajoute que nous sommes en train de réussir pleinement en Syrie et que ce serait en vérité être bien enfant que de cesser d'agir quand il ne faut qu'un peu de persévérance pour l'emporter sur tous les points.... La seule manière de tenir de telles gens en respect est de leur faire comprendre clairement qu'on ne cédera pas d'un pouce et qu'on est en état de repousser la force par la force.... [1] » Le chef du Foreign-Office ne reconnaissait pas au gouvernement français le droit de délibérer « sur l'exécution d'un traité auquel il était étranger » et déclarait se soucier fort peu de sa mauvaise humeur, comme de ses menaces. « On ne voit pas bien, lit-on dans une de ses dépêches, les dangereuses conséquences qui, selon M. Guizot, résulteraient de la non-participation de la France à cette pacification [2]. »

Tout le monde en Angleterre n'approuvait pas l'insultante dureté de Palmerston. Mais, juste au moment où ses collègues espéraient pouvoir lui imposer quelques concessions au gouvernement de Juillet, les nouvelles d'Orient venaient justifier ses hautaines prédictions et lui procuraient un facile triomphe sur les partisans de l'accommodement proposé par le roi Léopold. On apprenait, en effet, à cette époque, que la Syrie tout entière était soustraite à la domination de Méhémet-Ali. Presque toutes les villes de la côte s'étaient rendues à l'escadre anglo-autrichienne dans le courant d'octobre. Saint-Jean d'Acre, la clef de la région, capitula le 2 novembre. L'intérieur du pays, grâce à l'insurrection ravivée par les agents anglais, n'était plus tenable pour Méhémet-Ali. Aussi Palmerston, loin d'être disposé à ménager le vieux pacha protégé par la France, parlait-il maintenant de le forcer dans ses derniers retranchements, c'est-à-dire en Égypte, et semblait-il

1. Dépêche de lord Palmerston à lord Granville, ambassadeur en France.
2. Ibid.

résolu à pousser jusqu'au bout ses avantages en le dépouillant même de cette dernière possession.

Devant une pareille attitude, le ministère français, quel que fût son désir de maintenir la paix, ne pouvait rester impassible. Guizot venait de déclarer, par sa note du 16 novembre, que la France, laissée par la quadruple alliance en dehors du concert européen, attendrait pour y rentrer de le pouvoir faire sans rien sacrifier de sa dignité ni de ses droits et qu'elle réservait jusque-là sa liberté d'action. Quelques jours après, vivement attaqué à la chambre des députés par Thiers et ses amis, qui lui reprochaient de vouloir la paix à tout prix, il lui fallait affirmer hautement que la note du 8 octobre serait maintenue (25-28 novembre). La France, disait-il, ne souffrirait pas que Méhémet-Ali fût dépossédé de l'Égypte. Et, pour preuve que ce n'étaient pas là de vaines paroles, le cabinet Soult poursuivait les armements commencés par la précédente administration; si bien que toute chance d'un grand conflit européen ne paraissait point encore écartée.

L'agitation populaire était toujours fort vive, non seulement en France, mais aussi et surtout en Allemagne. Le 8 novembre, Metternich écrivait à Apponyi : « M. Thiers aime à être comparé à Napoléon; eh bien, en ce qui regarde l'Allemagne, la ressemblance est parfaite et la palme appartient même à Thiers. Il lui a suffi d'un court espace de temps pour conduire ce pays là où dix années d'oppression l'avaient conduit sous l'empereur. L'Allemagne tout entière est prête à accepter la guerre, et *cela de peuple à peuple*.... Tout le monde est prêt à résister à l'invasion des hordes révolutionnaires.... » Et, peu de jours après (24 novembre), répétant que le sentiment national *était monté en Allemagne comme en 1813 et 1814*, il enjoignait à l'ambassadeur « de ne point cacher au gouvernement français que si, dans un très bref délai, les choses ne devaient point changer, de manière à offrir des gages indispensables de sécurité morale et matérielle, *l'Autriche et la Prusse* ne croiraient plus alors pouvoir arrêter les mesures que la confédération jugerait devoir prendre pour sa sûreté ». Le cabinet de Berlin s'exprimait à ce moment dans les mêmes termes. Les deux cours de Prusse et d'Autriche affectaient de craindre que Louis-Philippe ne fût entraîné à la guerre par un courant national qu'elles ne le jugeaient pas de force à remonter. Elles paraissaient redouter pour le 15 décembre, jour où la dépouille mortelle de Napoléon devait être solennellement reçue à Paris, une explosion populaire fatale à la paix de l'Europe [1]. Elles ne laissaient pas ignorer au ministère Soult, qu'elles venaient, dans des conférences tenues à Vienne, de se concerter sur les mesures militaires à prendre en vue d'une campagne prochaine contre la France. Mais Guizot, tout en s'efforçant de dissiper leurs appréhensions, ne pouvait leur donner, par un désarmement immédiat, le gage de paix qu'elles demandaient. Comme il le faisait remarquer avec raison, l'attitude de l'Angleterre était encore trop provocante pour qu'une pareille mesure pût être prise sans péril et sans honte par le gouvernement de Juillet. C'était elle et non la France qu'il fallait pour le moment inviter à faire un pas en arrière.

Effectivement, Palmerston, grisé par la fortune, était plus arrogant que jamais. Sa politique, à force d'exigences, devenait déraisonnable. On le voyait bien par ce que se permettait son principal agent, Ponsonby, à Constantinople. Après la prise de Saint-Jean d'Acre, l'amiral Napier, au risque de provoquer un éclat entre la France et l'Angleterre, n'avait pas hésité à se porter devant Alexandrie et à menacer cette ville d'un bombardement immédiat, si Méhémet-Ali ne faisait pas enfin acte de soumission. Le pacha s'était aussitôt résigné et une convention conclue séance tenante, le 25 novembre, avait stipulé que, moyennant l'évacuation complète de la Syrie par les troupes égyptiennes et la restitution de la flotte turque, la quadruple alliance cesserait toutes hostilités contre Méhémet et s'efforcerait de lui faire concéder par la Porte l'hérédité de l'Égypte. Or à peine cet arrangement, qui eût mis fin à la crise, fut-il connu à Constantinople, que Ponsonby mit tous ses soins à l'anéantir. Et il ne réussit que trop bien. Car grâce à lui les ministres du sultan déclarèrent que Sa Hautesse ne reconnaissait pas le compromis d'Alexandrie et n'entendait accorder au vassal rebelle que des avantages viagers.

V

Voilà ce qu'on apprenait à Paris, comme à Londres, dans les premiers jours de janvier 1841. Palmerston approuvait, naturelle-

1. Cette cérémonie eut lieu à la date indiquée et ne produisit aucun trouble

ment, la réponse turque. La pacification de l'Orient était donc remise en question. La crise européenne provoquée par le traité de Londres semblait plus aiguë que jamais. Quel que fût son désir d'éviter un conflit, le gouvernement français ne pouvait désarmer sans se déshonorer, peut-être sans se perdre. Aussi maintenait-il ses troupes sur le pied de guerre et soumettait-il à la chambre des députés, qui, après l'avoir discuté avec éclat, le vota à une forte majorité, le projet de loi relatif aux fortifications de Paris (21 janvier-1er février) [1]. L'attitude résolue de la France n'était pas sans alarmer les deux grandes cours allemandes, beaucoup plus inquiètes, malgré leurs menaces et leurs grands airs, qu'elles ne voulaient le paraître. L'Autriche surtout ne voulait à aucun prix la guerre. Louis-Philippe et Guizot s'en doutaient bien. S'ils avaient l'air de la préparer, c'était un moyen d'amener la cour de Vienne à peser de tout son poids sur l'Angleterre pour la rendre impossible. Metternich, plus que jamais désireux de maintenir en Europe le *statu quo*, l'immobilité, était fort disposé à s'entendre avec le cabinet du 29 octobre. Grâce à cette administration si conservatrice et si pacifique, il espérait pouvoir entraîner décidément la France dans les voies de la politique autrichienne. En attendant il jugeait sage de lui tendre la main et de lui rendre un bon office en prévenant de nouvelles complications européennes. Comme l'Autriche ne voulait pas se battre, la Prusse n'osait s'aventurer seule : son intérêt était d'unir ses efforts à ceux de cette puissance pour écarter du Rhin toute chance de guerre. Les deux grandes cours allemandes travaillaient donc de bonne foi, en janvier 1841, à pacifier l'Orient. Il fallait que la question d'Égypte fût résolue pour que la France consentît à sortir de la réserve et de l'expectative menaçantes où elle s'était enfermée. Et l'on était fort impatient, à Berlin comme à Vienne, de la voir enfin rentrer dans le concert européen.

Aussi, malgré la sourde opposition de la Russie et le mauvais vouloir manifeste de Palmerston, la quadruple alliance fut-elle bientôt amenée par l'Autriche et la Prusse à une transaction que pouvait accepter le cabinet du 29 octobre. C'est en effet grâce à ces deux puissances qu'elle adopta le 31 janvier une note invitant

1. La loi fut ensuite discutée et adoptée par la chambre des pairs du 23 mars au 1er avril 1841.

la Porte « non seulement à révoquer l'acte de destitution prononcée
contre Méhémet-Ali, mais à lui accorder la promesse que ses descendants en ligne directe seraient nommés successivement par le
sultan au pachalik d'Égypte. »

C'était là, pour le gouvernement de Juillet un succès assez mince.
Mais enfin c'était un succès. Il pouvait maintenant se rapprocher
sans honte des quatre autres grandes puissances, qui l'y conviaient. Il est vrai que répondre à leurs avances si peu de temps
après l'outrage du 15 juillet ne devait pas sembler d'une politique
bien fière. L'irritation contre la *Sainte-Alliance* de Londres était
encore fort grande en France. L'opinion publique eût voulu que le
gouvernement restât vis-à-vis de l'Europe dans l'attitude froide et
réservée que semblait lui commander sa dignité offensée. Mais,
d'autre part, Guizot, bien informé par ses agents, craignait qu'un
refus persistant n'irritât les alliés de Londres et qu'en face de la
France volontairement isolée et hostile ils ne fussent disposés à
transformer en coalition permanente la ligue accidentelle et temporaire du 15 juillet. Il ne voulait pas voir se reproduire le traité de
Chaumont. Aussi, toutes réflexions faites, ne crut-il pas devoir
décliner les offres que lui transmettait Bourqueney [1], chargé
d'affaires de France en Angleterre et autorisa-t-il ce diplomate
à entrer en pourparlers pour la conclusion d'un *traité à cinq*. Il
lui recommanda, il est vrai, fort expressément de ne les entamer
qu'aux conditions suivantes : 1° l'initiative de la négociation serait
prise non par la France, mais par les autres puissances ; 2° la possession héréditaire de l'Égypte serait assurée à Méhémet-Ali ; 3° le
traité du 15 juillet, dont la France ne voulait plus avoir à s'occuper,
serait regardé comme entièrement accompli et il ne pourrait plus en
être question ; 4° un acte officiel notifié à la cour de Paris en cons-
taterait la clôture ; 5° enfin la question — si irritante — du désarmement ne serait pas soulevée. Une fois tous ces points acquis, le
gouvernement de Juillet conclurait avec les *quatre* une convention
relative à l'Orient. Mais il entendait que cette convention eût une

1. Bourqueney (François-Adolphe, baron de), né à Paris en 1800 ; premier
secrétaire d'ambassade en 1828 ; chargé d'affaires (1834), puis ministre plénipotentiaire à Londres ; ambassadeur à Constantinople de 1843 à 1848 ; ministre
plénipotentiaire (1853), puis ambassadeur à Vienne ; second plénipotentiaire
de la France au congrès de Paris (1856) ; sénateur (1857) ; plénipotentiaire de
la France au congrès de Zurich (1859) ; mort le 26 décembre 1869.

réelle importance; qu'on y stipulât non seulement la fermeture des
détroits, qui avait toujours été de droit pour le sultan, mais l'indépendance et l'intégrité de l'empire ottoman, des garanties pour les
chrétiens de Syrie, la liberté ou la neutralité des routes d'Asie par
Suez et par l'Euphrate, etc....

C'est sur les bases indiquées par Guizot que la négociation fut
commencée à Londres en janvier 1841. Elle fut assez rapidement
menée par Bourqueney et, en peu de semaines, elle aboutit à une
entente à peu près complète. Les conditions préliminaires de la
France furent en somme acceptées. Dans les premiers jours de .
mars, le gouvernement de Juillet avait obtenu la rédaction d'un
protocole déclarant accompli et clos à jamais le traité du 15 juillet,
et le projet de la convention à cinq était soumis à sa signature. Il
est vrai que ce dernier arrangement n'avait pas l'ampleur et la
portée que Guizot aurait voulu lui donner. La Russie s'était absolument refusée à garantir l'intégrité et l'indépendance de l'empire
ottoman. L'Angleterre n'avait pas voulu entendre parler des routes
d'Asie, non plus que des chrétiens de Syrie. Bref, le projet consistait simplement dans cette déclaration que les détroits de Constantinople et des Dardanelles resteraient sous l'absolue souveraineté de la Turquie et seraient fermés aux flottes militaires de toutes
les autres puissances.

Bien qu'il ne répondît pas entièrement à ses vœux, Guizot, pour
en finir, s'apprêtait à le signer, lorsque de graves nouvelles,
venues de Constantinople, semblèrent remettre en question la pacification de l'Orient (9 mars). Le sultan, par un hatti-chérif du
13 février, venait d'accorder à Méhémet-Ali l'Égypte héréditaire.
Mais, à l'instigation de l'ambassadeur anglais, il avait subordonné
cette concession à des réserves et à des restrictions telles qu'elle
devenait à peu près illusoire. Il prétendait en effet désigner, à
chaque vacance, parmi les héritiers de Méhémet-Ali, le nouveau
titulaire du pachalik; il exigeait que le mode de perception des
impôts en Égypte fût fixé par la Porte et que le quart de leur produit fût versé au trésor de l'empire; que le pacha réduisît son
armée à dix-huit mille hommes et qu'il ne pût nommer aucun officier au-dessus du grade d'adjudant. Bref, Méhémet-Ali repoussait un
pareil arrangement et, tant qu'il ne lui aurait pas été donné satisfaction, la France déclarait ne pouvoir signer la convention des détroits.

La crise renaissait donc une fois de plus, grâce à l'obstination agressive de l'Angleterre. Cette fois, Metternich, qui voulait résolument la paix, faillit perdre patience. Il intervint aussitôt avec une grande énergie à Constantinople (29 mars), réussit à faire renvoyer le reis-effendi Reschid-pacha, créature de Ponsonby, lui substitua Rifaat-pacha, politique beaucoup plus conciliant, et obtint enfin, le 19 avril, un hatti-chériff dont Méhémet pouvait se déclarer satisfait : l'hérédité devait avoir lieu par ordre de primogéniture ; le pacha pourrait nommer les officiers jusqu'au garde de colonel inclusivement ; enfin il payerait comme tribut une somme fixe et dont le montant serait débattu de gré à gré. Les cours de Paris et de Londres furent informées de cet accommodement dans le courant de mai. Il semblait qu'après cela rien ne dût retarder la réconciliation officielle des cinq grandes puissances. Mais de nouvelles difficultés furent encore soulevées par l'intraitable Palmerston, qui parlait maintenant de déterminer les mesures coercitives à employer contre Méhémet-Ali, s'il n'acceptait pas les récentes concessions du sultan (fin de mai). La mauvaise humeur de l'Autriche et de la Prusse ne semblait guère l'émouvoir. Enfin l'on apprit, à la fin de juin, que le 10 de ce mois, le pacha d'Égypte avait solennellement adhéré aux conditions du dernier hatti-chérif. Palmerston n'avait plus de raison plausible pour prolonger la crise. Toute l'Europe lui demandait d'y mettre un terme. Mais elle n'eût point été close s'il n'eût dépendu que de lui. Le chef du Foreign-Office n'avait jamais cru que la France se décidât à la guerre ; il constatait que cette puissance, à petit bruit, commençait son désarmement ; il la voyait fort occupée en Algérie, où elle employait des forces considérables et où elle semblait résolue à en finir avec Abd-el-Kader, ce qui n'était pas pour lui plaire [1]. Aussi n'eût-il pas mieux demandé que de la contrarier encore par de nouvelles chicanes. Mais sa politique agressive et tracassière lui avait fait perdre presque tout son crédit. L'Autriche et la Prusse le combattaient ; la Russie ne le soutenait plus que mollement. Le cabinet dont il faisait partie et qu'il avait compromis par son entêtement à trou-

---

1. Le général Bugeaud avait été nommé gouverneur général de l'Algérie en décembre 1840. C'est à partir de ce moment que la conquête de ce pays fut systématiquement poursuivie. Elle devait être achevée avant la fin du règne de Louis-Philippe.

bler l'Europe était, du reste, sur le point de tomber[1]. Il finit donc
par céder, de mauvaise grâce, et, le 13 juillet, furent conclus à
Londres, le premier par l'Autriche, la Grande-Bretagne, la Prusse
et la Russie, le second par ces quatre cours unies à la France, les
deux actes diplomatiques depuis longtemps préparés et dont le premier déclarait la question égyptienne résolue, tandis que le second
garantissait la neutralité des détroits.

La crise était terminée. L'Europe, suspendue depuis deux ans
entre la guerre et la paix, évita un conflit général qui eût sans
doute remis en question tout l'ordre des choses établi par le
Congrès de Vienne. Mais l'équilibre, si péniblement rétabli, n'était
point, à vrai dire, consolidé. Les points noirs s'amoncelaient à
l'horizon, plus menaçants après qu'avant 1840. Quoi que pussent
dire les diplomates, la question d'Orient n'était pas résolue. Les
détroits n'étaient clos que par un trait de plume. La Turquie était
moins que jamais capable de se faire respecter. La Russie comprenait que, si elle avait contribué à humilier quelque peu la
France, elle avait joué, en s'unissant à l'Angleterre, un vrai jeu
de dupe. Elle avait perdu le terrain gagné jadis par elle à Unkiar-
Skelessi. Nicolas songeait maintenant à le reconquérir. Mais il lui
fallait pour cela rompre avec la Grande-Bretagne, son alliée de la
veille. Il devait en arriver là; la guerre de Crimée était en germe
dans la convention des détroits. Du côté de l'Égypte, rien non
plus n'était fini : Méhémet-Ali avait dû sans doute reculer; mais
la malveillance britannique n'avait pu le déposséder entièrement.
Son empire, réduit en étendue, avait maintenant une garantie de
stabilité qui lui manquait avant la crise. Par Alexandrie, par
Alger et même par Madrid, où son influence allait bientôt reparaître, la France avait encore le moyen de battre en brèche la
politique anglaise. Elle sortait, il est vrai, humiliée, moralement
désemparée (et un peu par sa faute) du conflit diplomatique dont
nous venons de tracer le tableau. Elle avait, par des provocations
intempestives et des menaces sans effet, réveillé les méfiances de
l'Europe. Brutalement mise à l'écart, elle n'était, en somme,
rentrée que par la petite porte dans le concert des grandes puis-

---

1. Il avait été mis plusieurs fois en minorité dans le parlement. La chambre
des communes venait d'être dissoute et tout faisait prévoir que les prochaines
élections seraient favorables aux tories.

sances, où elle était, comme au lendemain de 1815, l'objet de la
plus injurieuse surveillance ; son gouvernement avait à jamais
perdu sa confiance, et la révolution qui devait mettre fin au règne
de Louis-Philippe était désormais inévitable. La monarchie de
Juillet était d'autant plus compromise que, ne pouvant se rapprocher honorablement de l'Angleterre, elle penchait de plus en plus
vers l'alliance autrichienne, c'est-à-dire vers la politique de réaction et, par là, s'exposait à une impopularité sans remède. Par
contre, le gouvernement britannique, qui, durant la dernière crise,
avait joué un rôle prépondérant, et qui, pour le moment, n'avait
plus à ménager la Russie, allait peu à peu se poser comme le
patron de la révolution en Europe. Enfin la crise de 1840 avait
aussi pour résultat manifeste le courant national qui, à dater de
cette époque, porta vers l'unité le monde germanique et qui, en
peu d'années, allait devenir irrésistible.

CHAPITRE XII

UN REPLÂTRAGE DIFFICILE [1]

I. Ce qu'est devenue l'*entente cordiale*. — II. Affaire du *droit de visite* en 1841 et 1842. — III. Avortement du Zollverein franco-belge. — IV. Intrigues de la France et de l'Angleterre en Espagne; chute d'Espartero. — V. Politique coloniale de Louis-Philippe. — VI. Ses succès diplomatiques en Espagne et en Grèce. — VII. Incidents du Maroc et de Taïti. — VIII. Règlement du droit de visite. — IX. Question des mariages espagnols. — X. La monarchie de Juillet, la cour de Vienne et la contre-révolution.

(1841-1845)

I

Au lendemain des événements que nous venons d'exposer, l'entente anglo-française, condition principale de l'équilibre et de

1. Sources : *Affaires d'Espagne* (Revue des Deux Mondes, 1er novembre 1844); — Azeglio (M. d'), *les derniers événements de la Romagne*; — Barrot (Ad.), *Question anglo-chinoise* (Revue des Deux Mondes, 1842); — Berryer, *Discours parlementaires*; — Canitz-Dallwitz (baron de), *Denkschriften*, t. II; — Carné (L. de), *des Intérêts de la France dans l'Océanie* (Revue des Deux Mondes, 15 avril 1843); — Durrieu (X.), *le Maroc en 1844* (Revue des Deux Mondes, 1er octobre 1844); — Duvergier de Hauranne, *du Royaume-Uni et du ministère Peel en 1843* (Revue des Deux Mondes, 15 décembre 1843); *des Rapports actuels de la France et de l'Angleterre et du rétablissement de l'alliance* (Revue des Deux Mondes, 15 juin 1845); *de l'état des partis en Angleterre et des deux dernières sessions du Parlement* (Revue des Deux Mondes, 1er novembre 1845); — Faucher (L.), *de la dernière crise ministérielle en Angleterre* (Revue des Deux Mondes, 1er janvier 1846); — Ferrari, *la Révolution et les révolutionnaires en Italie* (Revue des Deux Mondes, 15 novembre 1844, 1er janvier 1845); — Forcade (E.), *de la Situation de la France vis-à-vis de l'Angleterre, à propos de l'Océanie* (Revue des Deux Mondes, 15 septembre 1844); — Greville (Ch.), *les Quinze premières années du règne de la reine Victoria*; — Guizot, *Mémoires* t. VI et VII; *Sir Robert Peel*; — Haussonville (comte d'), *Histoire de la politique extérieure du gouvernement français*, t. II; — Hervé (Ed.), *la Crise irlan-*

la paix générale depuis 1830, était rompue. La grande question était de savoir si elle allait se reconstituer. Les efforts des deux cours de Londres et de Paris pour refaire cet accord et les circonstances qui en empêchèrent le rétablissement donnent seuls quelque intérêt à l'histoire diplomatique de l'Europe depuis la fin de 1841 jusqu'aux derniers jours de 1845.

Grâce à l'hostilité de l'Angleterre, Louis-Philippe s'était vu près de sa perte. Aussi, sans renoncer à l'alliance autrichienne, qui depuis longtemps était son rêve et qui devait être son dernier expédient, croyait-il urgent de regagner l'amitié d'un État qui, uni à la France, pouvait aisément tenir en respect toute l'Europe. Ni lui ni son ministre Guizot ne se dissimulaient les inconvénients d'une intimité manifeste avec la cour de Vienne. Le principal était de paraître pactiser sans réserve avec la contre-révolution. Avec l'alliance anglaise, rien de pareil n'était à craindre. Mais encore fallait-il que la cour de Londres se prêtât aux avances qu'on lui voulait faire et que, modifiant sa politique, elle prît une allure conservatrice, pacifique, en rapport avec celle du nouveau cabinet français. Palmerston restant aux affaires, le rapprochement souhaité par le gouvernement de Juillet était impossible. Mais, fort peu de jours après la convention des détroits, ce « casse-cou » disparaissait pour un temps de la scène. A la suite d'élections générales qui avaient donné aux tories une forte majorité, le cabinet Melbourne se retirait, le 30 août 1841 et, dès le 3 septembre, était constituée à Londres une administration où, à côté de Robert Peel, premier lord de la trésorerie, lord Aberdeen

daise depuis la fin du xviiie siècle; — Hubbard, Histoire contemporaine de l'Espagne, t. IV et V; — Ideville (H. d'), le Maréchal Bugeaud, t. III; — Lavergne (L. de), Affaires d'Espagne (Revue des Deux Mondes, 1841-1843); — Lemoinne (J.), Situation du Liban, les Druses et les Maronites (Revue des Deux Mondes, 1er mai 1842); le Parti russe en Grèce (Revue des Deux Mondes, 15 octobre 1843); — Lesur (continué par Fouquier et Desprez), Annuaire historique, années 1841-1845; — Mac Carthy, Histoire contemporaine de l'Angleterre, t. I; — Martin (Th.), le prince Albert, t. I; — Mathieu de la Redorte, de la Convention du 29 mai 1845 sur le droit de visite (Revue des Deux Mondes, 1er mai 1846); — Mazade (Ch. de), l'Espagne moderne; — Metternich (prince de), Mémoires, documents et écrits divers, t. VII; — Peel (Robert), Mémoires; — Ranke, auf dem Brief-wechsel, etc.; — Regnault (E.), Histoire de huit ans, t. II et III; — Robert (C.), le Monde gréco-slave (Revue des Deux Mondes, 1842-1846); — Rousset (C.), Conquête de l'Algérie, t. I; — Saint-René Taillandier, le roi Léopold et la reine Victoria; la Serbie; — Taylord et Mackay, Sir Robert Peel, sa vie et son temps; — Thiers, Discours parlementaire; — Thureau-Dangin, Histoire de la monarchie de Juillet, t. V, etc.

prenait place comme chef du Foreign-Office. Ce dernier était un esprit modéré, conciliant, aussi porté à rapprocher l'Angleterre de la France que Palmerston l'avait été à désunir ces deux États. Son chef, quoique plus raide et moins bienveillant envers notre pays, n'en était pas moins disposé à rompre avec les habitudes de provocation et de méfiance systématiques auxquelles Melbourne s'était laissé aller à l'égard de la France. Unis par la conformité de leurs vues en matière de gouvernement et par leur amour commun de la paix, les deux cabinets de Londres et de Paris semblaient devoir aisément se mettre d'accord sur tout et, en tout cas, souhaitaient sincèrement de le pouvoir faire. Mais la tâche qu'ils entreprirent était au-dessus de leurs forces. Outre que les trois cours du Nord, intéressées à prévenir leur réconciliation, devaient, naturellement y mettre tous leurs soins, Louis-Philippe, d'une part, et la famille royale d'Angleterre, de l'autre, nourrissaient des desseins particuliers, dont l'opposition allait rendre bien difficile l'entente cordiale des deux gouvernements. Il faut ajouter qu'au point de vue des intérêts nationaux, la France et la Grande-Bretagne étaient à ce moment en désaccord profond sur trop de points pour que l'espoir de leur réconciliation ne fût pas une chimère. Mais le principal obstacle au rapprochement souhaité par les ministres était, des deux côtés, une susceptibilité populaire que les derniers événements avaient étrangement surexcitée et que le sang-froid, l'habileté des diplomates ne pouvaient ni maîtriser ni endormir. Debout et frémissante, la main sur son drapeau, chacune des deux nations ne songeait qu'à observer et à défier l'autre. L'Angleterre regardait toute complaisance envers sa rivale comme une honteuse duperie, et, aux yeux de la France, toute concession à la cour de Londres était une lâcheté, presque une trahison.

II

Louis-Philippe et Guizot, qui ne se rendaient pas assez compte d'un tel état d'esprit, crurent devoir, dès la fin de 1841, donner au gouvernement britannique un premier gage de leurs intentions conciliantes en concluant un traité qu'à une autre époque l'opinion publique ne leur eût sans doute pas reproché, mais dont elle était maintenant prédisposée à lui faire un crime. On sait que l'Angleterre poursuivait depuis bien des années, par philanthropie comme par intérêt, l'abolition de la traite des nègres. Pour rendre efficaces les déclarations qu'elle avait obtenues du Congrès de Vienne contre cet odieux trafic, elle avait entamé avec les principales puissances maritimes des deux mondes des négociations tendant à établir sur les côtes d'Afrique, théâtre ordinaire de la traite, une étroite surveillance. Cette surveillance comportait naturellement la visite des navires suspects de transporter des esclaves. Plusieurs États de second ordre s'étaient, avec plus ou moins de bonne grâce, pliés à ses désirs. La France, dont l'adhésion lui était indispensable, avait elle-même consenti, après une assez longue résistance, à l'arrangement proposé. C'était peu de temps après 1830, alors que la monarchie de Juillet sacrifiait assez complaisamment à l'alliance anglaise. Par les deux traités du 30 novembre 1831 et du 22 mars 1833, la France et la Grande-Bretagne s'étaient concédé réciproquement le droit de visite dans une zone comprenant la partie du littoral africain qu'il importait le plus de surveiller et avaient déterminé les règles suivant lesquelles il devait être exercé. En vertu de ces conventions, les croiseurs de l'Angleterre pouvaient être deux fois plus nombreux que ceux de son alliée. Mais l'avantage ainsi accordé à la marine britannique n'avait soulevé en France que d'assez faibles réclamations. Il en fut autrement de ceux que lui fit le traité du 20 décembre 1841. A cette date, fut conclu à Londres, après de longues négociations, que la crise de 1840 avait interrompues, un accord entre les cinq grandes puissances européennes, qui, pour assurer la répression de la traite, jusqu'alors incertaine, étendirent la zone de visite jusqu'aux côtes d'Europe d'une part, jusqu'à celle d'Amérique de l'autre et supprimèrent la limite précédemment fixée à l'Angleterre quant au nombre de ses croiseurs. L'Autriche, la Prusse et la Russie, peu intéressées dans la question, ne voyaient aucun inconvénient à donner cette satisfaction à la cour de Londres. Quant au cabinet des Tuileries, il y trouvait l'avantage de plaire au ministère Peel, dont il voulait gagner les bonnes grâces, et celui de prouver, par un nouveau traité à cinq, que la France était bien réellement rentrée dans le concert européen.

Mais à Paris — comme dans les départements — l'opinion publique ne vit dans la nouvelle complaisance de Guizot pour nos voisins qu'une honteuse capitulation, qu'un abandon criminel de nos droits et de notre dignité nationale. Les attaques que le traité du 20 décembre valut au cabinet du 29 octobre ne furent pas moins vives à la tribune que dans la presse. Cet acte fut solennellement réprouvé par la chambre des députés en janvier 1842, et lorsque, peu après (19 février), arriva le jour où l'on en devait échanger à Londres les ratifications, Guizot, au grand mécontentement de toute l'Angleterre, dut demander un délai. Les trois cours du Nord avaient donné leurs signatures; le protocole demeura ouvert en attendant que la France apportât la sienne. Louis-Philippe et ses ministres espéraient qu'avec le temps les esprits deviendraient moins réfractaires à leur politique. Ils comptaient sur les élections générales, qui eurent lieu en juillet. Mais, si elles assurèrent à Guizot l'appui d'une majorité résolument conservatrice, elles ne lui donnèrent pas une chambre disposée à le seconder dans ses vues à l'égard de l'Angleterre. Si l'on ajoute que, dans le même temps (13 juillet), périssait, à trente deux-ans, le duc d'Orléans, héritier présomptif de la couronne, que l'avenir de la monarchie reposait dès lors sur la tête d'un enfant de quatre ans et que le prince désigné pour remplir au besoin les fonctions de régent[1] était fort impopulaire, on comprend que le cabinet des Tuileries n'ait pas cru devoir persister à maintenir une convention dont la France ne voulait à aucun prix. Aussi, sur sa demande, le protocole fut-il déclaré clos le 9 novembre 1842. L'Angleterre se regarda presque comme outragée. Sa mauvaise humeur s'accrut encore à la nouvelle des débats parlementaires qui eurent lieu au palais Bourbon en janvier 1843 et à la suite desquels Guizot dut prendre l'engagement de dénoncer même les deux traités de 1831 et de 1833.

---

1. Le duc de Nemours (Louis-Charles-Philippe-Raphaël d'Orléans), second fils de Louis-Philippe, né à Paris le 25 octobre 1814; candidat aux trônes de Grèce (1824-1825) et de Belgique (1830-1831); maréchal de camp (1834); lieutenant général (11 novembre 1837), après plusieurs campagnes en Afrique; mariée le 27 avril 1840 à la princesse Victoire de Saxe-Cobourg; retiré en Angleterre après la révolution de février 1848; rentré en France après la révolution du 4 septembre 1870. — Le duc de Nemours a deux fils : le comte d'Eu (né le 29 avril 1842), marié le 15 octobre 1864 à la princesse impériale du Brésil, et le duc d'Alençon (né le 12 juillet 1844), qui a épousé le 28 septembre 1868 une princesse bavaroise.

III

La France se montrant si peu disposée à lui complaire, il n'est pas étonnant que la Grande-Bretagne prît, de son côté, un certain plaisir à contrarier sa voisine. Le gouvernement de Juillet négociait à cette époque avec la Belgique une union douanière assez semblable à celle de l'Allemagne. Le Zollverein, organisé par la Prusse en 1833, venait d'être renouvelé (1841); de nouvelles conventions en avaient rendu le fonctionnement plus facile et plus productif; des traités récents avec diverses puissances [1] l'avaient fortifié et lui permettaient d'exercer en Europe une influence redoutable. Il resserrait, il étouffait la Belgique qui, ne voulant pas se laisser absorber par lui, était portée à chercher en France un débouché naturel pour sa puissante industrie. La négociation entre Bruxelles et Paris était aisée; elle eût amené sans doute promptement une transaction conforme à l'intérêt des deux États, si l'Angleterre, à ce propos, n'eût de nouveau fait mine d'ameuter l'Europe contre nous. Vers la fin de 1842, le ministère Peel, poussé, lui aussi, par l'opinion, dut représenter au cabinet des Tuileries qu'il lui était impossible d'admettre l'union franco-belge. — La Belgique, disait-il, avait été déclarée neutre; son alliance commerciale avec une puissance de premier ordre serait une véritable inféodation; elle perdrait en fait son indépendance; l'esprit des traités serait violé. Les trois cours du Nord, appelées par la Grande-Bretagne, ne manquèrent pas d'appuyer ses arguments, avec une énergie presque menaçante. Vainement la France faisait observer que ce qui n'était pas interdit à la Prusse au delà du Rhin devait lui être permis, à elle, en deçà. Elle n'était pas la plus forte, elle dut céder. Comme, du reste, le projet en question n'était pas universellement approuvé, même en France [2], Guizot crut devoir, sans bruit, laisser tomber l'affaire et, à partir de 1843, il n'en fut plus question.

1. Notamment avec la Turquie (22 octobre 1840), l'Angleterre (2 mars 1841), les Pays-Bas (8 février 1842); depuis cette dernière date, le Luxembourg était devenu partie intégrante du Zollverein.

2. Les industriels des départements du nord craignaient la concurrence des produits belges et faisaient, en octobre et novembre 1842, une campagne très active contre l'union douanière.

En renonçant l'un au traité du 20 décembre, l'autre à l'union franco-belge, les cabinets de Londres et de Paris s'étaient fait des concessions graves. Ils étaient disposés à s'en faire encore. Mais *l'entente cordiale,* telle que la voulaient Aberdeen et Guizot, n'en avait pas moins mal débuté. Ces ministres étaient personnellement portés l'un vers l'autre. Mais les intérêts de leurs pays étaient en opposition manifeste, sur des points bien plus graves que ceux dont il vient d'être fait mention. Et comme chacun d'eux était honnête homme, il fallait bien que leurs politiques se contrariassent.

IV

S'il était une question bien faite pour les diviser, c'était assurément la question espagnole. On sait que l'Angleterre s'efforçait depuis longtemps d'étendre à la péninsule ibérique tout entière l'influence prépondérante qu'elle exerçait en Portugal. Mais elle se heurtait à Madrid contre la France qui, refoulée précédemment, grâce aux fausses manœuvres de Louis-Philippe, regagnait à cette heure, et triomphalement, le terrain perdu. Espartero, qui avait chassé Marie-Christine et gardé la jeune reine Isabelle, était régent en titre depuis le 8 mai 1841. Bien qu'il représentât le parti progressiste, Aberdeen, comme Palmerston, le soutenait de toutes ses forces, le poussant, du reste, doucement à la réaction et lui faisant payer le plus cher possible l'appui de la Grande-Bretagne [1]. Par contre, le gouvernement français travaillait de son mieux, tout en le niant, à le renverser. Marie-Christine avait trouvé à Paris, auprès de Louis-Philippe, son oncle, l'accueil le plus empressé et le plus cordial. Elle lui offrait la main d'Isabelle pour le duc d'Aumale [2] tandis

1. Il obtint en effet de lui d'importants avantages commerciaux et il ne tint pas à Espartero que l'Espagne ne cédât à l'Angleterre, comme prix des secours fournis par cette puissance contre les carlistes, deux de ses colonies, Fernando-Po et Annobon.
2. Aumale (Henri-Eugène-Philippe-Louis d'Orléans, duc d'), quatrième fils de Louis-Philippe, né à Paris le 16 janvier 1822; héritier de la fortune des Condé par la mort du dernier prince de ce nom (1830); entré dans l'armée en 1839; maréchal de camp (octobre 1842) après plusieurs campagnes en Afrique; lieutenant-général (octobre 1843) après la prise de la Smalah d'Abd-el-Kader; marié le 25 novembre 1844 à la princesse Marie-Caroline-Auguste de Bourbon, fille du prince de Salerne; nommé, à la suite de nouvelles

qu'Espartero voulait marier cette princesse à un prince allemand, sous le patronage de l'Angleterre. Aussi sa petite cour de réfugiés était-elle presque ouvertement encouragée à conspirer contre le régent par le roi des Français. La double insurrection contre laquelle Espartero eut à lutter en septembre et octobre 1841 avait été organisée à Paris. Le gouvernement de Juillet qui, pour complaire au cabinet de Londres, venait d'accréditer un ambassadeur à Madrid[1], ne tarda pas à le rappeler (janvier 1842). Les *christinos* ne cessèrent dès lors d'intriguer et de machiner de nouveaux troubles. Les *exaltados* eux-mêmes se tournèrent contre le régent, dont les procédés autoritaires et la faiblesse pour la Grande-Bretagne les révoltaient. Il ne triompha du soulèvement de Barcelone, à la fin de 1842, qu'en versant des torrents de sang. Le vainqueur des carlistes, naguère encore l'idole de l'Espagne, devint bientôt l'homme le plus impopulaire du pays. En janvier 1843, il lui fallut dissoudre les cortès et, après une crise dont la violence était pour lui d'un sinistre augure, il crut devoir pour la seconde fois renvoyer les représentants du pays (26 mai). L'Espagne alors se leva presque entière. Le général Narvaez[2], confident et représentant de

campagnes en Algérie, gouverneur général de ce pays (1847); retiré, après la révolution de Février, en Angleterre, où il consacra ses loisirs à des ouvrages militaires et historiques dont le plus considérable est l'*Histoire des princes de Condé*; rentré en France après la révolution de 1870; représentant de l'Oise à l'Assemblée nationale (février 1871); réintégré dans son grade de général de division (mars 1872); président du conseil de guerre qui eut à juger le maréchal Bazaine (octobre-décembre 1873); commandant du 7e corps d'armée (1873-1879); élu membre de l'Académie française le 30 décembre 1871; rayé des contrôles de l'armée en vertu de la loi de 1886; expulsé peu après du territoire français, où il a obtenu depuis la permission de rentrer.

1. Le comte de Salvandy. — Comme le régent exigeait que ses lettres de créance fussent remises non à la reine Isabelle, mais à lui-même, ce diplomate ne prit pas officiellement possession de son poste et, au bout de quelques semaines, il repartit pour Paris.

2. Narvaez (Ramon-Marie), né à Loja (Andalousie) en 1800, servit comme officier dans l'armée constitutionnelle de 1820 à 1823 et fut réduit à la retraite pendant les dix dernières années du règne de Ferdinand VII. En 1834, il se déclara pour Marie-Christine et Isabelle, se distingua dans la guerre contre les carlistes, devint en 1838 capitaine général de la Vieille-Castille, dut se retirer en France (1840) par suite de sa rivalité avec Espartero, qu'il renversa en 1843, fut l'année suivante nommé président du conseil et créé duc de Valence (mai 1844), fit voter la constitution réactionnaire de 1845, fut renversé le 10 février 1846, alla passer quelque temps à Paris comme ambassadeur, fut remplacé à la tête du ministère, où il ne resta que peu de temps, le 4 octobre 1847; s'y retrouva en 1849 et y demeura deux ans, représenta ensuite

Marie-Christine, accourut de Paris, entra sans peine à Madrid, d'où Espartero était sorti pour aller combattre les rebelles en Andalousie, et, peu après, marcha contre ce dernier qui, rapidement refoulé jusqu'à la mer, s'embarqua le 29 juillet et alla, comme on pouvait s'y attendre, chercher un refuge en Angleterre. Cette nouvelle révolution était, on le voit, un triomphe pour la France ; mais plus cette puissance en ressentit d'orgueil, plus la Grande-Bretagne en éprouva de dépit et de ressentiment.

V

Dans le même temps, l'amour-propre et la jalousie britannique étaient atteints bien plus cruellement par les succès retentissants d'une politique coloniale que le gouvernement de Juillet avait d'abord faite fort modeste et semblait maintenant vouloir affranchir de toute contrainte. La nation anglaise s'y montra d'autant plus sensible que les satisfactions du même genre lui étaient à cette époque plus avarement mesurées par la fortune. Elle obtenait, il est vrai, par le traité de Canton (29 août 1842), quelques avantages en Chine [1]. Mais elle ne se dissimulait pas qu'elle les avait achetés fort cher et se trouvait mal payée d'une pénible guerre de deux ans. D'autre part, elle avait subi, en janvier 1842, un affreux désastre dans l'Afghanistan, dont elle avait voulu s'emparer pour couvrir l'Inde contre les menées de la Russie, et si elle avait, depuis, vengé l'honneur de son drapeau, elle n'en avait pas moins, fort sagement, mais fort tristement, renoncé à l'occupation de ce pays. Au contraire la France, dont les entreprises se multipliaient étrangement, n'obtenait que des succès. Dans la même année (1842), elle prenait possession de Mayotte et de Nossi-bé, comme pour mieux surveiller Madagascar ; elle fondait sur la côte occidentale d'Afrique les établissements de Grand-Bassam, d'Assinie, du Gabon. En Océanie, où

l'Espagne à Vienne, puis à Paris, et exerça encore trois fois les fonctions de premier ministre (1856-1857, 1864-1865, 1866-1868). Il était toujours au pouvoir lorsqu'il mourut, le 23 avril 1868.

1. Une indemnité de 105 millions, la possession de l'île de Hong-Kong et l'ouverture à son commerce des ports de Ning-Po, Fou-tchou, Amoy, etc... Ce dernier privilège devait être, avec beaucoup d'autres, concédé sans guerre à la France par le traité de Whampoa (24 octobre 1844).

elle cherchait depuis longtemps de bonnes stations navales, elle s'emparait des îles Marquises et faisait reconnaître son protectorat par la reine Pomaré, souveraine des îles de la Société [1]. Mais l'Angleterre nous aurait à la rigueur pardonné ces légers avantages. Ce qu'elle ne pouvait s'habituer à voir de sang-froid, c'était notre domination chaque jour grandissante dans cette Algérie que Louis-Philippe, pour l'amadouer, avait d'abord fait mine de dédaigner et qu'au début elle ne nous jugeait pas capables de coloniser. La conquête de ce pays, trop longtemps retardée, à peine commencée (malgré quelques beaux faits d'armes), avait été érigée en système pendant la crise de 1840, époque où le gouvernement français ne se croyait plus tenu à de grands ménagements envers la cour de Londres. Le général Bugeaud [2], nommé gouverneur-général et pourvu d'un effectif militaire en rapport avec l'importance de l'entreprise qui lui était confiée [3], avait inauguré en 1841 le genre de guerre que les Français auraient dû adopter depuis longtemps contre les Arabes. Abd-el-Kader, battu sur tous les points, avait dû demander asile au Maroc (1842). Si, grâce au concours de cet État — et aussi de l'Angleterre, qui lui faisait passer sans relâche de nouveaux moyens de résistance — il avait pu quelque temps après reprendre l'offensive, la prise de sa Smalah par le duc d'Aumale (16 mai 1843) et d'autres faits d'armes non moins glorieux pour la France l'avaient réduit pour la seconde fois à quitter le sol de l'Algérie. Ce pays tout entier paraissait maintenant soumis à nos armes. De là, notre influence rayonnait jusqu'à Tunis, dont le bey,

1. En vertu d'un traité conclu à Papeïti (capitale de l'île de Taïti) le 9 septembre 1842.

2. Bugeaud de la Piconnerie (Thomas-Robert), né à Limoges le 15 octobre 1784; caporal à Austerlitz; colonel en 1814; disgracié sous la seconde Restauration; maréchal de camp (1831); élu cette même année député, et réélu jusqu'en 1846 inclusivement; chargé de garder la duchesse de Berry au fort de Blaye (1833); nommé lieutenant général (1836) après une campagne heureuse contre Abd-el-Kader; renvoyé en Afrique (1837) où il signa le traité de la Tafna; gouverneur général de l'Algérie (29 décembre 1840), dont il acheva la conquête et commença la colonisation; maréchal de France (31 juillet 1843); créé duc d'Isly après la bataille de ce nom (1844); remplacé dans son gouvernement par le duc d'Aumale (septembre 1847); commandant en chef de l'armée des Alpes (20 décembre 1848); représentant de la Charente-Inférieure à l'Assemblée législative (mai 1849); mort à Paris le 10 juin 1849.

3. Il avait déjà 64 000 hommes sous ses ordres en 1841 ; il en eut plus tard jusqu'à 100 000 et au delà.

malgré les réclamations de la Porte, cherchait à se placer sous notre patronage[1]. Enfin la France semblait ne pas vouloir souffrir que le Maroc servit plus longtemps de refuge et de base d'opérations à Abd-el-Kader. Aussi l'Angleterre, irritée de nos victoires, manifestait-elle bruyamment sa sollicitude pour un État dont la connivence pouvait l'aider à renouveler et à prolonger indéfiniment la guerre d'Algérie.

VI

Le ministère Peel, qui, à l'intérieur, était aux prises avec les plus graves difficultés[2], redoutait une rupture avec la France. Il eût voulu amener cette puissance à calmer par des concessions volontaires l'ombrageuse susceptibilité du peuple britannique. Aussi jugea-t-il fort politique la visite que la reine Victoria vint faire à Louis-Philippe au commencement de septembre 1843. La jeune reine fut reçue au château d'Eu avec les apparences d'une cordialité toute paternelle. Le roi des Français, très flatté d'une démonstration qui semblait prouver l'entier rétablissement de l'entente anglo-française, n'épargna rien pour y faire croire. Mais Aberdeen, qui avait accompagné sa souveraine et qui eut à Eu des entretiens fort sérieux avec Guizot, ne tira de ce dernier que de bonnes paroles et de vagues assurances d'amitié. La France renoncerait-elle à faire

---

1. Dès 1835 et 1837, la royauté de Juillet s'était opposée aux tentatives de la Porte pour soumettre le beylik de Tunis, depuis longtemps autonome, à son autorité immédiate.

2. D'une part, la *Ligue* libre-échangiste *de Manchester* (fondée en 1838 par Cobden et devenue très puissante) demandait chaque jour plus hautement l'abolition des mesures prohibitives et des droits protecteurs en ce qui concernait le commerce des grains; de l'autre, les *chartistes* (ainsi désignés à cause de la *Charte du peuple*, pétition célèbre formulée en 1838) réclamaient le suffrage universel, le scrutin secret, les élections annuelles, la suppression du cens d'éligibilité, l'attribution d'un traitement aux députés, la représentation proportionnelle de la population. Le 2 mai 1842, ils avaient adressé à la Chambre des communes une requête couverte de trois millions trois cent dix-sept mille sept cent deux signatures. — Enfin les Irlandais, toujours misérables, demandaient à grands cris la suppression de la dîme payée au clergé anglican, l'extension du suffrage électoral et la fixité des fermages. Leur grand agitateur O'Connell les provoquait à la révolte (1843). Poursuivi par le ministère, il devait être, après de longs et retentissants débats, condamné à un an de prison et 50 000 francs d'amende (30 mai 1843) : mauvais moyen pour ramener l'*île-sœur* à la résignation.

abroger les traités de 1831 et de 1833 ? Louis-Philippe ne cherche-
rait-il pas à augmenter son influence en Espagne par une politique
matrimoniale dont la Grande-Bretagne suspectait fort les arrière-
pensées ? Respecterait-il le Maroc? C'étaient là des questions qui
revenaient sans cesse et auxquelles notre ministre des affaires étrangères répondait de son mieux, sans pouvoir entièrement dissiper
les doutes de son interlocuteur.

En fin de compte, le voyage d'Eu ne satisfit sans doute que
médiocrement le cabinet britannique. S'il eût obtenu du ministère
français ce qu'il voulait, il n'eût certainement pas toléré la manifestation légitimiste que le duc de Bordeaux provoqua peu après
(novembre), sous le nom, désormais historique, de comte de Chambord, en se rendant à Londres où, à grand bruit, les chefs de ses
partisans vinrent le saluer roi. Louis-Philippe se montra peut-être
plus irrité qu'il ne convenait du *pèlerinage de Belgrave square*.
L'incorrection diplomatique du gouvernement anglais lui fut profondément sensible. Il n'était pas homme à y répondre par une
rupture violente. Mais, tout en continuant à ménager prudemment
la cour de Londres, il sembla, pendant quelque temps, vouloir soutenir ses intérêts vis-à-vis d'elle avec un peu plus de fermeté que
par le passé.

Tout d'abord le cabinet du 29 octobre, qui jusqu'alors avait
hésité, demanda formellement (en décembre) qu'une négociation
fût ouverte à l'effet de reviser les traités de 1831 et de 1833.
Aberdeen, très froissé d'une pareille démarche, dissimula cependant son dépit. Robert Peel, moins porté à la conciliation, montra
davantage sa mauvaise humeur. Il faut dire que le gouvernement
français lui donnait à ce moment même bien d'autres sujets de
mécontentement. En Espagne, par exemple, Louis-Philippe et ses
ministres achevaient la défaite du parti britannique, en aidant
Narvaez à renverser le cabinet Olozaga, qui représentait encore, dans
une certaine mesure, les *exaltados* (novembre-décembre 1843) [1], et

---

1. Les adversaires d'Espartero n'avaient pas tardé à se diviser après leur
victoire. Les uns, comme Lopez, Olozaga, Cortina, représentaient le parti
avancé; les autres, tels que les généraux Narvaez, O'Donnell et Concha,
tenaient au parti conservateur et souhaitaient le retour de Marie-Christine.
Les deux factions se disputaient la jeune reine, dont la majorité, récemment
proclamée, n'était que nominale. Narvaez, qui avait la faveur personnelle
d'Isabelle, avait forcé Lopez de se retirer (novembre 1843). Pour se débar-

en obtenant le rappel de Marie-Christine. Vainement Aberdeen repré-senta-t-il à la cour des Tuileries que l'Angleterre lui serait recon-naissante de retarder le départ de cette princesse. Elle put sans obstacle quitter Paris en février 1844; un mois après, elle était à Madrid; en avril, elle renversait le ministère Gonzalès Bravo, à qui elle devait son retour, mais qui, par ses attaches révolutionnaires, lui était fort suspect; Narvaez était officiellement appelé aux affaires, et ce général se proposait ouvertement un double but : modifier dans un sens ultra-conservateur la constitution de 1837, qui était née sous les auspices de l'Angleterre, et marier au plus tôt à la satisfaction exclusive de la France, la reine Isabelle, ainsi que sa jeune sœur [1]. A une autre extrémité de l'Europe, l'Angleterre voyait également son crédit compromis par les menées du gouvernement de Juillet. La Grèce, qui avait un roi depuis 1833, n'avait pas encore de constitution. Othon de Bavière, qui la gouvernait fort mal, lui refusait obstinément la liberté parlementaire qu'elle réclamait à grands cris. La révolution à la fois populaire et militaire du 15 sep-tembre 1843 l'obligea de capituler devant ses sujets. Cet événe-ment que l'Angleterre avait quelque peu provoqué [2], que la France n'avait pas souhaité, que la Russie avait réprouvé, sembla d'abord devoir assurer la prépondérance en Grèce au gouvernement bri-tannique. De fait, quand la constitution eut enfin été mise en vigueur (mars 1844), c'est à un partisan résolu de la cour de Lon-dres, Mavrocordato, que fut confiée la direction des affaires. Mais

rasser d'Olozaga, qui lui avait succédé comme président du conseil, lui et ses amis l'accusèrent calomnieusement d'avoir forcé la reine, dans la nuit du 28 novembre 1843, en lui tenant la main, à signer le décret de dissolution des Cortès. Le ministre dut prendre la fuite et Gonzalès Bravo, qui prit sa place, ne tarda pas à rappeler la reine mère (déc. 1843). — Olozaga (Salustiano), né à Logroño en 1803, proscrit sous Ferdinand VII, envoyé en 1834 aux Cortès, où il s'était fait vite une grande place, avait été ambassadeur en France de 1840 à 1843. Rentré en Espagne quatre ans après sa disgrâce (1847), il fut emprisonné, puis condamné à l'exil, reparut aux Cortès en 1848, mais subit d'autres persécutions, redevint en 1854 ambassadeur à Paris, prit une grande part à la constitution espagnole de 1855, rentra dans l'ombre en 1856, exerça encore une grande influence après la révolution de 1868, à la suite de laquelle il alla de nouveau représenter son pays en France, présida les Cortès en 1869, demeura ambassadeur jusqu'en juin 1873 et mourut à Enghien le 26 septembre de la même année.

1. L'infante Louise-Fernande née en 1832.

2. Elle était alors représentée à Athènes par sir Edmond Lyons, diplomate de l'école de Palmerston, qui exploitait en Grèce le parti avancé, comme ses collègues Villiers et Aston l'avaient longtemps exploité en Espagne.

ce ministre fut, dès son avènement, contrecarré, réduit à l'impuissance par le parti *français*, dont le chef, Colettis [1], qui arrivait de Paris [2] et qui jouissait en Grèce, depuis la guerre de l'indépendance, d'une immense popularité, était en outre secondé par le représentant de Louis-Philippe, Piscatory [3], personnage très actif et fort bien vu des Hellènes. Au bout de quelques mois, il fut amené à résigner le pouvoir et son rival fut appelé au ministère (août 1844) où, malgré l'hostilité déclarée de l'Angleterre [4], il devait se maintenir jusqu'à sa mort.

VII

Si la France, par ses succès diplomatiques en Espagne et en Grèce, froissait profondément la Grande-Bretagne, elle l'irritait d'autre part au dernier point par ses triomphes militaires en Afrique. Le gouvernement de Juillet, très soucieux d'éviter une rupture avec la cour de Londres, s'était engagé à ne pas prendre l'offensive contre le Maroc et, dans le cas même où il lui faudrait le combattre, à n'opérer ni en totalité ni partiellement la conquête de ce pays. Mais, attaqué lui-même, il ne pouvait évidemment pas laisser

1. Colettis (Jean), né près de Janina en 1788, fut un des plus vaillants chefs de l'insurrection hellénique dès 1821; membre du congrès d'Epidaure (1822), ministre de l'intérieur, exarque d'Eubée, membre du conseil exécutif (1824), plus tard du Panhellénion (1828), il fit partie du gouvernement provisoire de la Grèce après la mort de Capo d'Istria (1831), devint, sous le roi Othon (1833), président du conseil et ministre de l'intérieur et, après sa longue mission en France, fut rappelé à la tête du ministère avec le portefeuille des affaires étrangères; il était encore au pouvoir quand il mourut, le 12 septembre 1847.
2. Où il avait résidé comme ministre plénipotentiaire de la Grèce de 1835 à 1843.
3. Piscatory (Théobald-Émile-Arcambal), né à Paris en 1799, combattit sous la Restauration pour l'indépendance hellénique, fut envoyé en 1832 à la Chambre des députés, où il soutint la politique conservative, ne fut pas réélu en 1842, devint ministre plénipotentiaire de France en Grèce (1844), pair de France (1846), ambassadeur en Espagne (1847), fit partie, de 1849 à 1851, de l'Assemblée législative, où il siégea sur les bancs de la majorité anti-républicaine, rentra dans la vie privée après le 2 décembre et mourut en 1870.
4. Sir Edmond Lyons, qui représentait l'Angleterre à Athènes, ne cessa, dès la fin de 1844, d'intriguer contre le ministère Colettis. Le gouvernement britannique, non content de fomenter l'anarchie et le brigandage dans l'État hellénique, alla jusqu'à le dénoncer à la Turquie et à pousser cette puissance à concentrer des troupes sur la frontière grecque, ce qui faillit, en 1845 et 1846, amener un conflit.

bafouer son drapeau. Or, au printemps de 1844, le Maroc, fanatisé
par Abd-el-Kader, qui lui prêchait la guerre sainte, prenait ouvertement les armes contre nous. Le souverain de cet État, Muley-
Abd-er-Rhaman, sentant qu'il serait renversé s'il voulait résister
au courant, préférait y céder. Le 30 mai, ses troupes venaient attaquer, sans succès du reste, nos avant-postes à Lalla-Maghrnia. Pour
le gouvernement français, il n'y avait plus à hésiter. Il ne vengea
pourtant point tout de suite l'injure qu'il avait reçue. Tandis que le
maréchal Bugeaud massait ses troupes à la frontière, au delà de la
Tafna, le prince de Joinville [1], avec une puissante escadre, venait
prendre position devant Tanger (9 juillet) et adressait au sultan
du Maroc un ultimatum dont la modération contrastait avec l'arrogance de ce souverain. Ce ne fut qu'au bout d'un mois de négociations vaines (sous les auspices de l'Angleterre qui, fort alarmée,
eût bien voulu le prolonger encore), que les deux commandants
des forces françaises se décidèrent à frapper. Le 6 août, la place de
Tanger était bombardée par le prince de Joinville; le 15, celle de
Mogador était traitée de même; et dans l'intervalle, Bugeaud, sur
les bords de l'Isly, mettait l'armée marocaine en complète déroute
(14 août). C'étaient là de beaux faits d'armes et, si elle avait quelque
peu tardé, la vengeance française n'en était pas moins éclatante.

Mais si les succès du prince et du maréchal furent salués à Paris
avec une orgueil et une joie faciles à comprendre, ils excitèrent à
Londres une colère inimaginable. L'Angleterre, il est vrai, quelles
que fussent son irritation et sa méfiance, n'avait, à propos du Maroc,

1. Joinville (François-Ferdinand-Philippe-Louis-Marie d'Orléans, prince de),
troisième fils de Louis-Philippe, né à Neuilly le 14 octobre 1818; lieutenant
de vaisseau en 1836; capitaine de vaisseau en 1838, après le bombardement
de Saint-Jean d'Ulloa; chargé en 1840 de ramener de Sainte-Hélène les
restes mortels de Napoléon; marié, le 1er mai 1843, à la princesse Francesca
de Bragance, sœur de D. Pedro II, empereur du Brésil; nommé contre-
amiral en 1843, vice-amiral l'année suivante, après son expédition au Maroc;
retiré en Angleterre après la révolution de Février; rentré en France (sept. 1870)
où il offrit ses services au gouvernement de la Défense nationale, qui l'obligea
de repartir, ce qui ne l'empêcha pas de reparaître bientôt et de prendre part
aux opérations de l'armée de la Loire sous le nom de colonel Lutherod; renvoyé de nouveau en janvier 1871; élu, le 8 février suivant, représentant à
l'Assemblée nationale, où il vint siéger en décembre; réintégré en 1872 dans
son grade de vice-amiral; rayé des cadres de la marine en juillet 1886. — Le
prince de Joinville a deux enfants : la princesse Françoise-Marie-Amélie,
née le 14 août 1844, mariée avec son cousin le duc de Chartres, et le duc de
Penthièvre (Pierre-Philippe-Jean-Marie d'Orléans), né le 4 novembre 1845.

aucune raison plausible pour chercher querelle à la France. Le gouvernement de Juillet n'avait pas attaqué Abd-er-Rhaman ; il n'avait
fait qu'user à son égard de justes représailles. Non seulement il ne
semblait pas méditer la conquête du Maroc, mais Joinville n'occupait ni Tanger ni Mogador, et Bugeaud, malgré sa victoire, s'abstenait de pénétrer dans l'intérieur du pays. Il fallait à l'Angleterre
un prétexte pour colorer sa mauvaise humeur. Elle le trouva juste
à point dans un incident diplomatique fort insignifiant, et qu'elle
eût sans doute jugé tel à une autre époque, mais dont elle fut à ce
moment fort aise d'exagérer démesurément l'importance.

Le protectorat français établi à Taïti en septembre 1842 avait
été sourdement combattu, presque dès cette époque, par un Anglais
nommé Pritchard, établi depuis longtemps dans cette île, où il
cumulait les emplois de missionnaire et de consul britannique, sans
préjudice de la profession d'apothicaire et de divers négoces, qu'il
pratiquait de son mieux. Ce personnage, fort intrigant, avait pris
un tel ascendant sur la reine Pomaré qu'en peu de temps il l'avait
amenée à méconnaître le traité qu'elle avait conclu avec l'amiral
Dupetit-Thouars. Aussi ce dernier, de retour à Taïti, après une
longue absence, s'était-il cru en droit de déposer cette souveraine
et de déclarer possession française tout l'archipel de la Société
(novembre 1843). Le gouvernement de Juillet, toujours préoccupé
d'éviter un conflit avec l'Angleterre, avait, il est vrai, désavoué
cette mesure dès le mois de février 1844. Mais à Taïti, où l'on
ignorait le désaveu, les autorités françaises s'étaient emparées du
gouvernement et, comme une révolte manifestement fomentée par
Pritchard avait éclaté parmi les indigènes, le commandant de Papéiti
s'était décidé à faire arrêter ce personnage, qui, ayant renoncé
depuis plusieurs mois à son titre de consul, n'était plus couvert par
l'immunité diplomatique et qui fut expulsé de l'île au commencement de mars. La nouvelle de ces menus événements arriva en
Angleterre vers la fin de juillet, presque en même temps que Pritchard lui-même. Le patriotisme britannique était à ce moment
chauffé à blanc. Le révérend fut accueilli comme un martyr. La
foule voulait le voir, l'entendre, et, le zèle anglican aidant, l'exaspération du peuple britannique contre la France et son gouvernement fut bientôt portée à son paroxysme. Le grave Robert Peel ne
craignit pas de dire en pleine chambre des communes que l'Angle-

terre avait été *grossièrement* insultée et qu'une réparation lui était due. Il va sans dire qu'en France le public ne restait pas froid devant tant de provocations et de menaces. De Paris comme de Londres s'élevaient, avec une violence croissante, les bravades et les défis. Bref, vers la fin d'août, il semblait que l'*entente cordiale* fût sur le point d'aboutir à une mutuelle déclaration de guerre.

Louis-Philippe était, plus que jamais, partisan de la paix. Il n'était pas disposé à la compromettre pour ce qu'il appelait les *tristes bêtises de Taïti*. On lui a reproché, non sans quelque raison, l'empressement avec lequel il céda en cette circonstance aux injonctions de l'Angleterre. Peut-être eût-il été plus ferme et plus fier si un incident, encore tout récent, ne lui eût fait craindre un rapprochement — de sinistre augure — entre la Grande-Bretagne et la Russie. Fort peu de temps auparavant (en juin) le czar était venu, avec beaucoup de pompe et d'affectation, visiter à Londres la reine d'Angleterre. Ce souverain, qui continuait à témoigner à la monarchie de Juillet non seulement son aversion, mais son dédain, n'avait rien épargné pour convaincre la Grande-Bretagne et ses gouvernants de ses sentiments amicaux. La haine qu'il portait à la France de Juillet lui faisait sans doute souhaiter plus vivement que jamais de pouvoir empêcher toute union intime entre cette puissance et la cour de Londres. Mais il avait aussi d'autres vues. On a su depuis que son principal but, en venant saluer la reine Victoria, était de préparer une étroite entente entre la Russie et l'Angleterre (à l'exclusion de la France) pour le règlement de la question d'Orient : suivant lui, ces deux puissances avaient mieux à faire que de se disputer péniblement en Asie une prépondérance qui ne pourrait jamais être le but exclusif de l'une ni de l'autre. C'était de se la partager à l'amiable. Peu de temps après fut adressé par Nesselrode [1] à Aberdeen un *memorandum* fort secret où le démembrement de l'empire ottoman était indiqué, à mots

---

1. Nesselrode (Charles-Robert, comte de), né le 14 décembre 1780 ; attaché, de 1802 à 1807, à diverses légations, puis à la grande chancellerie et au département des affaires étrangères, où il gagna la confiance et l'amitié de l'empereur Alexandre ; principal plénipotentiaire de la Russie dans les grandes négociations de 1813 et 1814, puis au congrès de Vienne (1814-1815); appelé à la direction des affaires étrangères (1816), qu'il partagea d'abord avec Capo d'Istria, mais qu'il exerça seul ensuite, et sans interruption, de 1822 à 1856; mort le 22 mars 1862.

couverts, comme une solution également avantageuse aux deux
cours. Cette proposition, que Nicolas, on le verra plus loin [1], devait
renouveler à l'Angleterre en 1853, n'avait aucune chance d'être
bien accueillie au Foreign-Office ; et, de fait, elle eut pour résultat
d'éloigner le gouvernement anglais du gouvernement russe plutôt
que de l'en rapprocher.

Mais Louis-Philippe, qui ne savait au juste ce que le czar était
venu faire à Windsor, pouvait se croire menacé d'une ligue anglo-
russe. Il savait ce que lui avait valu en 1840 l'entente des cabinets
de Londres et de Saint-Pétersbourg. Il ne voulait à aucun prix
qu'elle pût se reformer. De là sans doute son humilité excessive
vis-à-vis du cabinet britannique à un moment où le bon droit,
comme la victoire, lui permettait de parler haut et ferme. Quoi
qu'il en soit, la France le vit, avec une stupeur mêlée d'indignation, aller pour ainsi dire au devant des exigences britanniques. Dès
le 29 août, il faisait exprimer officiellement par Guizot au Foreign-
Office ses regrets du traitement qu'avait subi Pritchard ; le 2 septembre, il offrait pour ce personnage une indemnité pécuniaire qui
devait être un nouveau triomphe pour l'orgueil anglais ; enfin le
10 du même mois était signé, par ses ordres, le traité de Tanger,
par lequel le sultan du Maroc vaincu obtenait exactement les conditions de paix qui lui avaient été offertes avant sa défaite. La
France ne prenait pas une seule ville à ce souverain ; elle n'exigeait pas de lui un centime pour ses frais de guerre ; elle se con-
tentait enfin, pour ce qui touchait à l'expulsion d'Abd-el-Kader, de
promesses dont elle ne pouvait surveiller l'exécution et qui devaient
rester illusoires. La politique du 29 octobre aboutissait, on le voit,
à de bien pitoyables résultats. Louis-Philippe et Guizot avaient une
fois de plus compromis la dignité de leur pays. Ils avaient attiré
sur leurs têtes une impopularité sans retour. Tout cela, du reste,
en pure perte ; car l'entente anglo-française était moins assurée que
jamais.

1. T. II de cet ouvrage, chap. III.

VIII

Pour la renouer, dans la mesure du possible, Louis-Philippe se rendit en octobre à Londres et à Windsor, où il tenait d'autant plus à se montrer qu'on y avait vu récemment l'empereur de Russie. Cette démarche, au lendemain de tant de reculades, fut regardée en France comme une humiliation de plus et l'opinion publique jugea sévèrement un souverain si prompt à oublier les injures. L'Angleterre, malgré ce que la visite de ce prince avait de flatteur pour son orgueil, ne parut guère disposée à s'en montrer reconnaissante. Du reste les démonstrations amicales qu'échangèrent la reine Victoria et son hôte d'une part, Aberdeen et Guizot de l'autre, ne purent atténuer les dissentiments politiques qui existaient entre les cours de Londres et de Paris et qui allaient s'aggravant de jour en jour.

Au nombre des questions sur lesquelles les deux puissances avaient le plus de peine à s'entendre était toujours celle du droit de visite. En France, les journaux, les chambres, la masse de la nation demandaient à grands cris l'abrogation des traités de 1831 et de 1833. En Angleterre, on ne pouvait pardonner au gouvernement de Juillet de n'avoir pas ratifié la convention du 20 décembre 1841; à plus forte raison lui en voulait-on de poursuivre l'annulation des deux autres. Louis-Philippe, poussé, on peut le dire, l'épée dans les reins, ne pouvait pas reculer. Après la triste affaire de Taïti, il fallait à la France, et sans retard, une petite satisfaction d'amour-propre. Les *pritchardistes* [1] eux-mêmes le sentaient bien. Aussi le ministère du 29 octobre crut-il devoir, vers la fin de 1844, accélérer la négociation depuis longtemps ouverte au sujet des traités en question. Il l'avait commencée à son corps défendant et le cabinet Peel, par son mauvais vouloir et ses lenteurs calculées, avait fait mine de vouloir l'éterniser. Maintenant, Guizot était pressé de conclure. Le gouvernement anglais, ne voulant ni faire la guerre à la France ni renoncer à poursuivre l'abolition de la traite (ce qui ne lui était possible que par un accord avec cette puis-

1. C'est ainsi que l'on désignait les députés et les journalistes, qui, dans cette affaire, avaient soutenu le gouvernement.

sance), se résigna — de fort mauvaise grâce — aux modifications demandées par la cour des Tuileries. Après bien des atermoiements, deux commissaires, désignés par les parties contractantes, se réunirent à Londres (mars 1845) pour arrêter les termes d'une nouvelle convention. C'étaient pour l'une le duc de Broglie et pour l'autre le docteur Lushington. Ce dernier disputa désespérément le terrain. Mais cette fois le gouvernement de Juillet ne voulait pas céder. La négociation aboutit donc, le 29 mai 1845, à un arrangement en vertu duquel : 1º la zone de surveillance était restreinte à la côte occidentale d'Afrique ; 2º la France et l'Angleterre devaient entretenir dans ces parages un même nombre de croiseurs, soit vingt-six bâtiments chacune ; 3º la réciprocité du droit de visite entre les deux puissances était abolie [1] ; 4º enfin les traités de 1831 et de 1833, suspendus de fait, seraient considérés comme abrogés si, au terme du nouvel accord, c'est-à-dire au bout de dix ans, ils n'avaient pas été formellement remis en vigueur. C'était, en somme, un compromis honorable pour les deux puissances. Mais la nation anglaise le regarda comme une honte et ses gouvernants durent s'efforcer de lui procurer, en contrariant la France, des compensations morales qu'elle réclamait impérieusement.

IX

C'est du côté de l'Espagne surtout qu'ils les cherchèrent. A leur grand dépit le gouvernement de Juillet exerçait toujours à Madrid un ascendant presque souverain. Marie-Christine, grâce à lui, était toute-puissante. Narvaez, sa créature, venait de faire voter par les cortès, malgré les sourdes menées de la diplomatie britannique, une constitution nouvelle, tout à fait en harmonie avec la Charte revisée de 1830 [2]. La grande affaire était maintenant de marier la jeune reine Isabelle et sa sœur, l'infante Louise-Fernande. Toute l'Europe s'intéressait à cette question. Mais on comprend qu'elle préoccupât particulièrement les cabinets de Londres et de

1. Chacune d'elles pouvait seulement visiter les navires portant son pavillon ou ceux des pays dont les gouvernements avaient conclu avec elle des traités sur le principe du droit de visite.
2. Elle fut mise en vigueur le 23 mai 1845.

Paris. Depuis bien des années, Louis-Philippe ne cessait d'y penser. Marie-Christine lui avait offert à plusieurs reprises la main de sa fille aînée pour le duc d'Aumale. Mais, quelles que fussent ses arrière-pensées, il avait dû refuser pour ne pas porter ombrage à l'Angleterre. Il déclarait donc et répétait depuis longtemps que, pour ne pas troubler l'équilibre de l'Europe, il renonçait à placer son fils sur le trône d'Espagne. Mais par contre, il demandait que le futur époux d'Isabelle fût pris exclusivement parmi les princes de la maison de Bourbon. Ainsi, pensait-il, le gouvernement français, étroitement lié avec les Bourbons d'Espagne et avec ceux de Naples et de Lucques, maintiendrait sa prépondérance au delà des Pyrénées. Il n'était pas sans savoir que la famille royale d'Angleterre tenait en réserve un prétendant, le jeune Léopold de Saxe-Cobourg[1], auquel son cousin le prince Albert[2], mari de la reine Victoria, eût été bien aise de procurer un grand établissement. Le cabinet britannique était d'autant plus porté à soutenir ce candidat, qu'un frère de Léopold, le prince Ferdinand[3], avait épousé, peu d'années auparavant, la reine de Portugal; grâce à lui, l'influence anglaise eût été sans doute toute-puissante à Madrid comme à Lisbonne. Le ministère Peel se gardait, il est vrai, de l'appuyer manifestement. Aux ouvertures que Louis-Philippe lui avait faites dès 1842 sur la question des mariages[4], il avait répondu en protestant qu'il ne manquerait pas de seconder ses intentions et qu'il travaillerait, comme le roi des Français le désirait, en faveur du comte de Trapani[5], frère du roi de Naples. Seulement il avait argué du droit qu'avait la reine d'Espagne de choisir librement son époux pour ne pas adhérer au principe d'exclusion formulé par la

1. Né le 31 janvier 1824, mort le 20 mai 1884.
2. Albert (François-Albert-Auguste-Charles-Emmanuel de Saxe-Cobourg-Gotha, prince), second fils du duc Ernest Ier de Saxe-Cobourg-Gotha, né à Rosenau le 26 août 1819, marié le 10 février 1840 à Victoria, reine d'Angleterre; feld-maréchal d'Angleterre, conseiller privé, etc; mort le 14 décembre 1861.
3. Né le 29 octobre 1819; marié le 9 avril 1836 à dona Maria; mort le 15 décembre 1885.
4. Par l'entremise d'un agent spécial, nommé Pageot, qui, de Londres, s'était rendu à Vienne et à Berlin pour faire agréer les mêmes propositions.
5. Trapani (François-de-Paule-Louis-Emmanuel de Bourbon, comte de), fils du roi des Deux-Siciles François Ier, né à Naples le 13 août 1827; marié le 10 avril 1850 à Marie-Isabelle, archiduchesse d'Autriche-Toscane, dont il a eu deux filles, qui ont épousé, l'une le comte de Caserte, l'autre le comte André Zamoyski.

cour des Tuileries. C'était une manière honnête de réserver sa liberté d'action. Depuis cette époque, bien des événements s'étaient accomplis. Le crédit de la France avait grandi en Espagne. Mais Louis-Philippe était encore loin d'être arrivé à ses fins. Sa politique matrimoniale n'était pas seulement contrariée en secret par l'Angleterre. Elle était entravée par l'Autriche, qui avait aussi son projet et qui, jusqu'en 1845, travailla activement à le réaliser. Metternich soutenait en 1843 et 1844, comme précédemment, que le meilleur moyen de pacifier l'Espagne était d'unir par un mariage les deux familles qui s'en étaient disputé, qui s'en disputaient encore la légitime possession. Son programme consistait à obtenir de don Carlos qu'il abdiquât ses prétentions au trône en faveur de son fils et que ce prince épousât la reine Isabelle. Metternich faisait ainsi triompher le principe de la légitimité. Sa combinaison avait en outre à ses yeux l'avantage d'écarter Trapani (la cour de Vienne ne désirait pas que celle de Naples, qu'elle tenait à sa merci, contractât de trop hautes alliances). Elle souriait à la Russie. Mais elle était inacceptable pour la France et pour l'Angleterre; car il était trop clair que le fils de don Carlos et Isabelle, conservant chacun leurs droits personnels, représenteraient toujours l'un à côté de l'autre deux partis, deux systèmes de gouvernement inconciliables et que leur mariage, comme jadis le projet d'union entre dom Miguel et dona Maria, serait pour l'Espagne le point de départ d'une nouvelle guerre civile.

Louis-Philippe, sans heurter de front Metternich, qu'il tenait à ménager, le laissa négocier péniblement avec D. Carlos, alors interné à Bourges [1] et s'attacha surtout à gagner l'Angleterre à ses vues. Lors des entrevues de Windsor, il n'eut pas de peine à obtenir que le cabinet britannique se prononçât contre le projet autrichien. Il remit en avant, pour la vingtième fois, le comte de Trapani, dont le cabinet Peel, pour la vingtième fois aussi, promit de seconder les prétentions. Pour prouver son désintéressement, il annonçait à ce moment même la prochaine union du duc d'Aumale avec une princesse napolitaine [2]. Il est vrai qu'il avait encore un fils

---

1. Il y resta jusqu'en 1847, époque où il fut autorisé à passer en Autriche. Depuis 1844, il avait abdiqué en faveur de son fils aîné, Carlos, comte de Montemolin, et portait le titre de comte de Molina.
2. Ce mariage eut lieu en effet peu de temps après (25 novembre 1844).

à marier, le duc de Montpensier, et qu'il manifestait, avec une insistance toute paternelle, le désir d'obtenir pour lui la main de l'infante Louise-Fernande. Aussi les ministres anglais, tout en lui faisant bon visage, se méfiaient-ils de lui plus que jamais et n'étaient-ils guère disposés à le servir.

De fait, ils le servirent si mal que le gouvernement français, malgré l'activité fébrile avec laquelle il soutint les intérêts de Trapani (à la fin de 1844 et au commencement de 1845), vit son candidat perdre chaque jour du terrain au lieu d'en gagner. Ce pauvre prince, que les jésuites avaient élevé, devint bientôt, grâce aux agents anglais, et sans s'être montré, aussi ridicule qu'impopulaire en Espagne. Sans l'abandonner entièrement, Louis-Philippe dut tourner ses regards vers les ducs de Cadix et de Séville, cousins espagnols d'Isabelle[1]. Mais la reine mère ne les aimait pas; l'Angleterre de son côté commençait à les circonvenir. Du reste, Marie-Christine faisait presque fi de toute alliance dont sa fille et elle-même n'eussent pu tirer de grands avantages. Il lui fallait l'appui d'une grande puissance. Elle eût voulu faire épouser à Isabelle un fils de Louis-Philippe. Mais à défaut d'un prince français, elle penchait vers Léopold de Cobourg, parce qu'au moins avec lui elle serait assurée de la protection britannique.

Les ministres anglais, sans le dire, tenaient toujours au fond pour le prétendant allemand. La reine Victoria, pendant l'été de 1845, allait avec son époux et sa cour visiter le duché de Saxe-Cobourg. Au retour (en août) elle se faisait fêter bruyamment sur les bords du Rhin par le roi de Prusse qui ne manquait pas d'affirmer l'étroite union de l'Allemagne et de l'Angleterre et tenait publiquement, en sa présence, le langage le plus offensant pour la France[2]. Louis-Philippe, fort inquiet, s'humilia une fois de plus,

---

1. Ces deux princes étaient, comme Isabelle, petits-enfants du roi d'Espagne Charles IV. L'aîné, François-d'Assise-Marie-Ferdinand, duc de Cadix, était né le 13 mai 1822; il épousa la reine le 10 octobre 1846, la suivit en exil en 1868, puis se sépara d'elle. — Le cadet, Henri, duc de Séville, né le 17 avril 1823, est mort le 12 mars 1870.

2. « Messieurs, s'écriait-il en portant la santé de cette souveraine, remplissez vos verres jusqu'aux bords. Il s'agit d'un mot qui a le retentissement le plus doux dans les cœurs anglais et allemands. Naguère il a retenti sur un champ de bataille péniblement conquis, comme symbole d'une heureuse fraternité d'armes; aujourd'hui il retentit après une paix de trente ans, fruit des travaux pénibles de cette époque, ici, dans les provinces allemandes, sur les bords du beau fleuve du Rhin. Ce mot, c'est *Victoria*. »

supplia la jeune reine de renouveler sa visite au château d'Eu et
s'estima heureux qu'elle voulut bien lui faire cette grâce (septembre 1845). Elle vint et, comme d'habitude, Aberdeen l'accompagna. Le vieux roi, plus encore que dans les précédentes entrevues, se fit modeste, affectueux, paterne. Les intérêts de la France
et ceux de l'Angleterre étaient, à l'entendre, identiques. Jamais
l'accord des deux puissances n'avait été plus désirable, ni plus aisé
à établir. En ce qui concernait l'Espagne, que fallait-il? simplement
que la Grande-Bretagne facilitât le mariage d'Isabelle avec un Bourbon et qu'elle ne s'opposât pas à celui du duc de Montpensier avec
l'infante. Louis-Philippe déclarait, du reste, vouloir retarder ce
dernier jusqu'au moment où la reine d'Espagne non seulement
aurait contracté le sien, mais serait devenue mère. Les ministres
anglais écoutaient avec déférence ses protestations, l'assuraient
de leur dévouement à sa politique, mais au fond, continuaient à
douter de sa sincérité et, non moins que lui-même, étaient disposés
à jouer double jeu. Le fait est que, fort peu de temps après les
dernières fêtes d'Eu, d'octobre à décembre 1845, ils redoublaient
de zèle en faveur de Cobourg. Ce prince venait à Londres, comme
pour prendre d'eux son mot d'ordre, et partait bientôt pour Lisbonne, d'où il devait, disait-on, passer en Espagne, sans doute
pour brusquer par sa présence le dénouement matrimonial souhaité
par la cour d'Angleterre. Le gouvernement français réclama hautement contre l'incorrection d'un pareil procédé. Il obtint à grand'
peine que Léopold restât en Portugal. Mais il ne pouvait se faire
plus longtemps illusion sur les tendances et les desseins de la
Grande-Bretagne. Comme le lui répétait souvent Metternich, il lui
fallait bien reconnaître que l'*entente cordiale* était une *fantasmagorie*, un rêve irréalisable. Et si Guizot n'avait pu renouer l'alliance anglo-française alors que le Foreign-Office était occupé par le
pacifique et conciliant Aberdeen, ce ministre pouvait-il espérer
d'être plus heureux quand l'agressif et remuant Palmerston y serait
rentré? Or, dès la fin de 1845, des symptômes significatifs annonçaient la chute prochaine du ministère Peel, qui, pour avoir cédé
dans une certaine mesure au courant libéral de l'opinion publique,
n'avait pas gagné la confiance des whigs et avait, en revanche,
perdu celle des tories. Le futur ministère anglais, selon toute
apparence, se poserait en adversaire résolu de la France, prendrait

en tout le contrepied de sa politique et, pour lui enlever la clientèle de la démocratie, patronnerait la cause de la Révolution dans toute l'Europe.

X

L'appui moral de l'Angleterre étant sur le point de lui manquer, la France devait au plus tôt s'en procurer un autre. Louis-Philippe avait toujours eu un faible pour l'alliance autrichienne, et l'on a vu plus haut [1] tout ce qu'il avait fait pour la gagner de 1834 à 1840. Guizot n'était pas moins porté que lui à la rechercher de nouveau. Comme ce prince, il était en correspondance avec Metternich et penchait vers la politique de résistance, de contre-révolution que ce ministre représentait depuis si longtemps en Europe. Le cabinet du 29 octobre sentait grandir autour de lui l'opposition libérale. Les Odilon Barrot [2], les Thiers, les Duvergier de Hauranne [3] lui faisaient à la Chambre des députés une rude guerre, au nom de la *réforme parlementaire*, dont il ne voulait à aucun prix [4], d'autres, comme Ledru-Rollin [5], faisaient campagne au nom du suf-

1. Chap. x.
2. Barrot (Odilon), né à Villefort (Lozère) en 1791; avocat déjà célèbre sous la Restauration; membre de la commission municipale pendant les journées de Juillet; préfet de la Seine d'août à décembre 1830; membre de la Chambre des députés, où il siégea de 1838 à 1848 et devint le chef de la *gauche dynastique*; rallié à la République en 1848; président du conseil des ministres de décembre 1848 à octobre 1849; rejeté dans la vie privée par le coup d'État du 2 décembre; candidat malheureux aux élections de 1863; président de la commission extra-parlementaire de décentralisation (février 1870); vice-président du conseil d'État (juillet 1872); mort à Bougival le 6 août 1873; auteur de *Mémoires* publiés en 1875 et 1876.
3. Duvergier de Hauranne (Prosper), né à Rouen en 1798, rédacteur du *Globe* sous la Restauration; membre de la Chambre des députés, où il fut, de 1831 à 1848, l'auxiliaire le plus actif et le plus remuant de Thiers; représentant du Cher à l'Assemblée constituante (1848-1849); exilé après le coup d'État, par décret du 9 janvier 1852; rentré en France en 1853; élu à l'Académie française mai (1870); candidat malheureux au Sénat 1876; auteur d'une importante *Histoire du gouvernement parlementaire en France*.
4. Les partisans de la réforme parlementaire demandaient surtout que les fonctionnaires fussent exclus de la Chambre des députés et que le corps électoral fût augmenté par l'abaissement du cens à 100 francs et par l'*adjonction des capacités*.
5. Ledru-Rollin (Alexandre-Auguste), né à Paris le 2 février 1808, avocat et jurisconsulte déjà célèbre quand il fut envoyé par les électeurs du Mans (1841) à la Chambre des députés, où, jusqu'en 1848, il fut l'orateur le plus éloquent de l'extrême-gauche; membre du gouvernement provisoire (24 février 1848),

frage universel et de la République. D'autres enfin [1], à la tête des
sectes ouvrières, menaçaient déjà la France d'une révolution sociale.
Dans le même temps, l'ultramontanisme, longtemps contenu,
levait ouvertement son drapeau et, sous l'impulsion des jésuites,
cherchait ouvertement à accaparer l'éducation nationale. Le gouvernement de Juillet, qui ne voulait pas se brouiller avec l'Église,
sollicitait courtoisement du pape quelques menues concessions.
Mais son ambassadeur Rossi [2] n'obtenait guère du saint-siège que
de bonnes paroles. Aussi Louis-Philippe et ses ministres étaient-ils
chaque jour plus enclins à faire union avec une puissance qui,
comme l'Autriche, devait à la fois les soutenir dans leur lutte
contre la démocratie et, de l'autre, les aider à fléchir le mauvais
vouloir de la cour de Rome [3].

Quant à l'Autriche, elle n'était pas moins portée vers cette
époque à se rapprocher de la France. Metternich sentait frémir
dans toute l'Europe cette Révolution si longtemps comprimée et
qui devait faire en 1848 une si terrible explosion. Partout, autour
de lui, l'agitation renaissait et devenait menaçante. La Hongrie,
jadis muette, toujours garrottée, revendiquait chaque année avec
plus de force son autonomie et ses libertés. Les Slaves en Bohême
voulaient ressusciter leur nationalité. Les Polonais recommençaient
à conspirer. En dehors de l'Autriche, mais dans son rayon d'influence, l'Allemagne, enfiévrée par la crise de 1840, réclamait un
grand gouvernement national. La Prusse, qui lui avait déjà donné

---

puis de la commission exécutive (mai-juin 1848); représentant du peuple à
l'Assemblée constituante (1848-1849), puis à l'Assemblée législative (1849);
obligé de prendre la fuite après son échauffourée du 13 juin 1849, il se retira
en Angleterre, d'où il ne revint qu'en 1870; refusa longtemps toute candidature à l'Assemblée nationale, où il finit par entrer comme député de Vau-
cluse en mars 1874 et mourut à Fontenay-aux-Roses le 31 décembre de la
même année.

1. Les deux écoles socialistes les plus importantes étaient celle de Louis
Blanc et celle de Proudhon.

2. Rossi (Pellegrino), né à Carrare en 1787; professeur de droit à l'université de Bologne avant 1815, à l'université de Genève en 1819; représentant
de ce canton à la diète de Lucerne (1832); naturalisé Français, professeur au
Collège de France (1833); membre de l'Institut (1836); pair de France (1838);
membre du conseil de l'instruction publique (1840); ambassadeur à Rome
de 1845 à 1848; premier ministre de Pie IX (septembre 1848); assassiné à
Rome le 15 novembre 1848.

3. Il ne faut pas oublier que le pape Grégoire XVI était une créature de
l'Autriche et que ce gouvernement avait alors une influence prépondérante
auprès du saint-siège.

l'unité commerciale, lui faisait maintenant espérer l'unité politique. L'esprit parlementaire, violemment contenu depuis quelques années, s'allumait de nouveau dans les diverss États de la confédération. Les masses populaires prenaient feu çà et là, comme en Saxe, où des troubles graves eurent lieu en août 1845. A Berlin, Frédéric-Guillaume IV, prince illuminé, mais ambitieux, comprenait, malgré ses préférences féodales, tout le parti qu'il pouvait tirer des tendances manifestes du monde germanique. Aussi, sous l'influence de ses plus chers conseillers, Bunsen[1] et Radowitz[2], s'apprêtait-il, malgré les remontrances de Metternich, à doter ses sujets d'une constitution. Au sud-ouest de l'Allemagne, en Suisse, la guerre civile venait d'éclater (mars 1845). Les cantons protestants s'armaient contre les cantons catholiques et voulaient les contraindre à expulser les jésuites. La grande majorité de la nation demandait une réforme fédérale en rapport avec ses aspirations démocratiques et unitaires. Enfin l'Italie, au contact de toutes ces nationalités effervescentes, s'échauffait à son tour et appelait tout haut le jour où elle serait enfin affranchie des *barbares*. On comprend qu'environné de tant de périls, Metternich tournât avec anxiété ses regards vers la France. Si cette puissance s'unissait étroitement à l'Autriche, il n'était pas probable que la Révolution, serrée entre deux États de premier ordre et surveillée de loin par un troisième (la Russie), pût éclater et vaincre. Aussi la cour de Vienne n'allait-elle rien négliger pour entraîner le gouvernement de Juillet dans sa politique. Mais elle se faisait illusion et pour-

1. Bunsen (Christian-Charles-Josias, chevalier de), né à Korbach le 25 août 1791, se fit d'abord connaître comme érudit et archéologue; fut nommé en 1818, par la protection de Niebuhr, son maître, secrétaire d'ambassade à Rome, où il devint successivement chargé d'affaires (1824) et ministre résident de Prusse (1827); étroitement lié d'amitié avec le prince royal (plus tard roi sous le nom de Frédéric-Guillaume IV), il fut, après son rappel de Rome (1838), envoyé à Berne comme ministre plénipotentiaire, puis à Londres comme ambassadeur (1841); disgracié en 1854, il mourut à Bonn en 1860.

2. Radowitz (Joseph de), né à Blankenbourg en 1797, officier dans l'artillerie westphalienne en 1812, passa, en 1823, au service de l'électeur de Hesse à celui du roi de Prusse, devint chef d'état-major général de l'artillerie en 1830, fut aussi des amis intimes du prince royal; ministre plénipotentiaire à Carlsruhe (1842), major général en 1845, membre du parlement de Francfort en 1848, il fut en 1849 et 1850 le principal inspirateur de la politique de l'*Union restreinte*. Appelé le 27 septembre 1850 au ministère des affaires étrangères, il fut peu après (nov.) abandonné par son souverain. Après la convention d'Olmütz, il ne s'occupa plus que de travaux militaires et mourut en 1853.

suivait elle-même une *fantasmagorie*. Malgré sa bonne volonté,
il n'était pas possible à la royauté de 1830 de s'entendre parfaitement avec la Sainte-Alliance, incarnée dans la dynastie autrichienne. Trop de méfiances, trop d'arrière-pensées subsistaient des
deux parts. Metternich et Guizot ne pouvaient se prêter un concours sans réserve. En se tendant ouvertement la main, ils ne pouvaient que se compromettre et, finalement, se perdre l'un l'autre.

CHAPITRE XIII

LE DERNIER EFFORT DE METTERNICH [1]

I. L'Europe et la Pologne en 1846. — II. Les mariages espagnols. — III. L'attentat de Cracovie. — IV. Attitude indécise des puissances du Nord. — V. Le cabinet de Vienne et le parti de la Révolution en Autriche, en Allemagne, en Suisse et en Italie. — VI. L'*horizon* de Guizot et de Metternich. — VII. Complicité sans confiance. — VIII. Tactique révolutionnaire de Palmerston. — IX. Impuissance de la politique préventive.

(1845-1848)

I

La rupture de la France avec l'Angleterre n'était point encore consommée au commencement de 1846. Mais elle paraissait si prochaine que les trois cours du Nord crurent pouvoir en escompter déjà le bénéfice. C'est en effet à cette époque que devint mani-

1. SOURCES : Berryer, *Discours parlementaires*; — Canitz-Dallwitz, *Denkschriften*, t. II; — Chevalier (Michel), *des Rapports de la France et de l'Angleterre à la fin de 1847* (Revue des Deux Mondes, 1er février 1848); — Circourt (Ad. de), *des Révolutions et des partis de la Confédération helvétique* (Revue des Deux Mondes, 15 mars 1847); — Crétineau-Joly, *Histoire du Sonderbund*; — Dændliker, *Histoire du peuple suisse*; — Deventer (van), *Cinquante années de l'histoire fédérale de l'Allemagne*; — Fouquier, *Annuaire historique*, années 1845-1848; — Faucher (L.), *la Ligue anglaise en 1846* (Revue des Deux Mondes, 15 février 1846); — Guizot, *Mémoires*, t. VII et VIII; — Haussonville (comte d'), *Histoire de la politique extérieure du gouvernement français*, t. II; — Hervé (Ed.), *la Crise irlandaise depuis la fin du XVIIIᵉ siècle*; — Hubbard, *Histoire contemporaine de l'Espagne*, t. V; — Mac Carthy, *Histoire contemporaine de l'Angleterre*, t. I; — Martin (Th.), *le prince Albert*, t. I; — Mazade (Ch. de), *l'Espagne moderne*; — Mazzini (A.), *de l'Italie dans ses rapports avec la liberté et la civilisation moderne*; — Metternich (prince de), *Mémoires, documents et écrits divers*, t. VII; — Peel (R.), *Mémoires*; — Ques-

feste leur intention de détruire un petit État dont l'indépendance était solennellement garantie par les traités de 1815 et dont la suppression eût été impossible si les cabinets de Londres et de Paris fussent restés unis.

La république de Cracovie, dernier débris de l'ancienne Pologne, était depuis longtemps, mais surtout depuis 1830, un sujet d'alarme pour la Prusse, pour l'Autriche, et plus encore pour la Russie. Cette malheureuse ville, occupée par les trois puissances en 1836, à la faveur d'un premier relâchement de l'alliance anglo-française, n'avait été évacuée par leurs troupes qu'en 1841. Redevenue à moitié libre, elle servait, comme précédemment, de refuge à un certain nombre de proscrits que les tristes souvenirs de 1831 n'empêchaient pas d'espérer le relèvement de la patrie polonaise. Bien que leurs moyens d'action fussent presque nuls, les souverains du Nord, et principalement le czar, affectaient de redouter fort leurs complots. Aussi avaient-ils pris, dès la fin de 1845, des dispositions militaires pour pouvoir, au premier signal, s'emparer de Cracovie, d'où une insurrection imminente, au dire de leur police, devait gagner les provinces voisines. Il y eut, il est vrai, à partir du 19 février 1846, date fixée par les patriotes pour la prise d'armes, une certaine agitation en Galicie. Mais elle y fut surtout causée par les procédés machiavéliques du gouvernement autrichien, qui, de longue date, avait dans ce pays fomenté la haine des paysans contre les nobles et qui n'eut pas de peine à y organiser une jacquerie dont les révoltés et, avec eux, leurs parents, presque tous gentilshommes, furent en grande partie victimes. D'horribles massacres encouragés et soldés par la cour de Vienne [1] consternèrent la Pologne autrichienne et indi-

tion (la) des jésuites en Suisse (Revue des Deux Mondes, 15 fév., 1er mars 1847); — Ranke, aus dem Briefwechsel etc.; —Regnault (E.), Histoire de huit ans, t. III; — Saint-René Taillandier, le roi Léopold et la reine Victoria; — Sonderbund (le) et le radicalisme suisse (Revue des Deux Mondes, 15 août 1847); — Taylord et Mackay, Sir Robert Peel, sa vie et son temps ; — Thiers, Discours parlementaires; — Thomas (Alex.), Question danoise (Revue des Deux Mondes, 15 sept. 1846); — Id., l'Allemagne du présent (Revue des Deux Mondes, 1846-1847); — Zeller, Pie IX et Victor-Emmanuel; etc.

1. Le gouvernement autrichien offrait une prime de 10 florins par insurgé mis à mort. On en tua 1458 dans le seul cercle de Tarnow. L'égorgeur Jacques Szela, qui, à lui seul, massacra dix-sept membres d'une même famille et qui répandit la terreur dans tout le pays, fut, peu après, non seulement félicité, mais récompensé au nom de l'empereur.

gnèrent l'Europe. L'insurrection fut en quelques jours noyée dans
le sang. Dans la Pologne prussienne, le mouvement fut arrêté
sans peine par de nombreuses arrestations. Dans la Pologne russe,
l'ordre n'avait pas été troublé. Mais les trois cours alliées n'attendirent pas la fin de ces événements pour se rendre maîtresses de
Cracovie. Cette ville, occupée dès le 18 février, évacuée le 22,
fut définitivement traitée en place conquise au commencement de
mars. Bientôt après, le cabinet de Saint-Pétersbourg provoqua la
réunion d'une conférence qui se tint en avril à Berlin et où les
plénipotentiaires des cours du Nord [1] délibérèrent seuls sur la condition nouvelle qui allait lui être imposée. La Russie demandait
expressément que Cracovie fût annexée à la Galicie, sauf obligation pour l'Autriche de donner à ses deux alliées quelques compensations territoriales. La cour de Vienne y consentait; la Prusse
seule faisait quelques difficultés; si bien que la conférence fut suspendue, mais pour être reprise quelques semaines plus tard à
Vienne, où elle devait assez mystérieusement se prolonger plusieurs mois encore.

Au fond, ce qui retardait l'arrangement proposé par le czar, ce
n'étaient pas les hésitations de la Prusse. C'était surtout la crainte
que la France et l'Angleterre se missent d'accord pour prévenir
une aussi scandaleuse violation des traités de 1815. Dès la fin de
mars, Guizot, malgré sa répugnance à se mettre en opposition avec
l'Autriche, avait dû, sous la pression de l'opinion publique, adresser
à Metternich une note aux termes de laquelle il était bien entendu
que l'occupation de Cracovie ne devait être que temporaire. Aberdeen en avait fait autant de son côté. Les whigs en Angleterre,
comme les libéraux et les radicaux en France, se soulevaient à la
pensée de l'attentat que méditaient les cours du Nord. Palmerston
allait jusqu'à s'écrier en pleine Chambre des communes que *si le
traité de Vienne n'était pas bon sur la Vistule, il devait être
également mauvais sur le Rhin et sur le Pô.* Aussi les puissances absolutistes ne se hâtaient-elles pas de prendre un parti.
Elles protestaient même de la pureté de leurs intentions et faisaient
espérer aux cabinets occidentaux que la malheureuse république

1. C'étaient : pour la Russie le général de Berg, pour l'Autriche le comte de
Ficquelmont, pour la Prusse le baron de Canitz (ministre des affaires étrangères de cet État).

serait tôt ou tard rendue à elle-même. En réalité, elles attendaient simplement pour la rayer de la carte européenne que les derniers liens d'amitié fussent rompus entre le gouvernement de Juillet et l'Angleterre. Elles n'attendirent pas longtemps. La chute du ministère Peel et les mariages espagnols allaient leur donner à cet égard pleine satisfaction. Ces événements devaient avoir, il est vrai, comme on le verra plus loin, d'autres conséquences, qu'elles n'avaient pas prévues; car finalement le résultat devait en être, non la résurrection de la Sainte-Alliance, mais l'explosion victorieuse de la Révolution dans presque toute l'Europe.

II

Le cabinet tory, qui venait de faire voter, non sans peine, l'abolition des lois sur les céréales [1], mais qui avait usé dans cette lutte le reste de son crédit, dut démissionner le 29 juin 1846. Quelques jours après, les whigs rentraient aux affaires, sous la conduite de lord John Russell [2]. Lord Palmerston reprenait possession du Foreign-Office. Le personnage reparaissait, plus provoquant, plus inquiet et, quoi qu'il eût pu dire récemment [3], plus malveillant que

1. A la suite de longues et retentissantes discussions, le *Corn-bill* fut voté par la Chambre des communes (27 février-16 mai) et par la Chambre des lords (25 juin). — Le bill de *coercition,* présenté par le ministère et qui avait pour but de prévenir l'explosion de nouveaux troubles en Irlande, fut rejeté par les Communes (25 juin), ce qui détermina Robert Peel et ses collègues à donner leur démission (29 juin).

2. Russell (John), né à Londres le 18 août 1792, d'une famille illustre, attachée au parti whig depuis le xviie siècle; membre de la Chambre des communes à partir de juillet 1813; payeur général de la marine après l'avènement du ministère Grey (1830); principal auteur du projet de réforme électorale qui fut voté en 1832; *leader* du parti libéral à dater de 1831; secrétaire d'État de l'intérieur (1835), puis des colonies (1839) dans le cabinet Melbourne; premier lord de la trésorerie (juillet 1846-février 1852); ministre des affaires étrangères (déc. 1852), puis ministre sans portefeuille (février 1853); plus tard président du conseil (juin 1854); enfin ministre des colonies (1855) dans le cabinet Aberdeen; plénipotentiaire de la Grande-Bretagne aux conférences de Vienne (1855); démissionnaire en juillet 1856; appelé de nouveau à la direction des affaires étrangères (5 juillet 1859) dans le ministère formé par lord Palmerston, il redevint premier ministre après la mort de cet homme d'État (octobre 1865), fut renversé en juin 1866 par les tories et vécut jusqu'au mois de mai 1878.

3. Lors d'un séjour qu'il avait fait à Paris en avril et durant lequel, pour faciliter son retour au ministère, il avait à maintes reprises protesté de ses bonnes dispositions pour le gouvernement de Juillet.

jamais à l'égard de la France. Louis-Philippe n'avait pas cessé de
le suspecter. Guizot, qu'il avait cruellement mystifié en 1840, lui
gardait une rancune tenace et profonde. Entre deux gouvernements si peu portés à s'entendre, il eût fallu qu'aucune cause grave
de dissentiment ne s'élevât pour les brouiller dès le premier jour.
Malheureusement il en existait une et ni Palmerston ni Guizot
n'étaient d'humeur à la faire disparaître.

On se rappelle le compromis amical que le roi des Français et la
reine d'Angleterre avaient conclu verbalement à Eu au mois de
septembre 1845 sur la question des mariages espagnols. Louis-
Philippe avait promis de retarder l'union du duc de Montpensier
avec l'infante Louise-Fernande jusqu'au moment où la reine Isabelle aurait non seulement un époux, mais au moins un enfant.
Victoria, de son côté, s'était engagée à ne plus soutenir les prétentions de son parent le prince Léopold de Saxe-Cobourg. Elle
pouvait avoir été sincère. Mais les hommes d'État qui la représentaient ne l'étaient pas tous au même point. Le fait est que l'ambassadeur d'Angleterre à Madrid, sir Henri Bulwer, ne paraissait
tenir nul compte de l'accord des deux souverains et ne cessait de
contrecarrer en Espagne la politique matrimoniale du gouvernement français. Grâce à lui, la candidature de Trapani, si chère à
Louis-Philippe, fut décidément écartée, surtout après la chute de
Narvaez (10 février 1846) [1], qui l'avait longtemps et énergiquement
soutenue. D'autre part, celle de Cobourg fut remise en avant avec
une telle persistance que le cabinet des Tuileries dut s'en émouvoir.
Par un mémorandum du 27 février, Guizot déclara à Aberdeen
qu'au cas où le mariage de ce prince avec Isabelle deviendrait
imminent ou probable, son gouvernement se regarderait comme
délié des engagements contractés à Eu l'année précédente. Le
ministre anglais s'efforça de le rassurer. Mais peu de temps après
(en mai), l'on apprit à Paris que Marie-Christine, désireuse d'en
finir et de procurer au plus tôt une alliance puissante à sa fille
aînée, venait, sous l'impulsion manifeste de Bulwer, de faire des

---

1. Renversé par suite d'une de ces intrigues de palais qui devaient, du
commencement jusqu'à la fin, troubler le règne d'Isabelle II, Narvaez s'imposa de nouveau fort peu après (19 mars) comme premier ministre; mais son
orgueil et ses violences ne lui permirent de se maintenir au pouvoir que jusqu'au 7 avril, époque où il fut remplacé par Isturitz.

avances fort significatives à la maison de Saxe-Cobourg. Guizot
renouvela ses réclamations et le chef du Foreign-Office se hâta de
désavouer — ostensiblement — son ambassadeur, que du reste,
il ne rappela pas. Louis-Philippe et son ministre jouaient de leur
côté double jeu. Dès le mois de juin, tout en faisant bon visage à
l'Angleterre, ils poursuivaient une combinaison dont le succès
devait, à leur sens, détruire entièrement le crédit de cette puissance
en Espagne. Grâce à eux, le pouvoir était exercé à Madrid par
Isturitz, ministre tout dévoué à la France. Cet homme d'État était
hostile à la candidature de Saxe-Cobourg. Marie-Christine était
toute prête à y renoncer; il est à croire qu'elle n'avait un moment
fait mine de l'encourager que pour piquer au jeu Louis-Philippe,
dont elle souhaitait passionnément s'assurer l'alliance et la protection. Le candidat allemand étant mis de côté, le fils de don Carlos
(Montemolin) et Trapani étant impossibles, le prince de Lucques [1]
étant maintenant marié, le gouvernement français n'admettait plus
que deux prétendants à la main d'Isabelle : c'étaient ses deux
cousins germains, don François d'Assise, duc de Cadix et don
Enrique, duc de Séville. La jeune reine avait, il est vrai, une parfaite aversion pour ces princes et surtout pour le premier, personnage borné, fanatique, chétif de corps et que, pour comble, on
disait impuissant. Louis-Philippe et ses ministres n'en avaient que
pour le duc de Séville, que l'Angleterre protégeait dans une certaine mesure et qui, compromis dans le parti progressiste, venait
d'être envoyé en exil. Le plan français consistait maintenant à faire
épouser Cadix à Isabelle et, peu après, ou, s'il se pouvait, simultanément, Montpensier à l'infante. Que la reine n'eût pas d'enfants,
ce qui semblait probable, et la dynastie d'Orléans montait sur le
trône d'Espagne. En tout cas, il était bien assuré que don François
d'Assise n'aurait jamais la moindre autorité sur sa femme et que,
grâce à Marie-Christine et à Montpensier, l'Espagne demeurerait
à la discrétion du gouvernement de Juillet.

1. Ce prince, qu'il avait aussi été question de faire épouser à la reine
d'Espagne, était, par sa grand'mère (l'ancienne reine d'Étrurie), arrière-petit-
fils de Charles IV. Il venait d'épouser en 1845 Louise-Marie-Thérèse de Bourbon,
sœur du comte de Chambord. Son père, Charles-Louis de Bourbon, ayant
abdiqué en 1848 la couronne de Parme (qui lui était échue, conformément
aux traités de 1815, en remplacement de celle de Lucques, après la mort de
l'ex-impératrice Marie-Louise en 1847), il fut lui-même duc de Parme, sous le
nom de Charles III et périt assassiné en 1854. Il était né en 1823.

On en était là et ni l'Angleterre ni la France n'avaient démasqué leurs batteries, lorsque Palmerston redevint chef du Foreign-Office. Le cabinet des Tuileries prit aussitôt l'alarme, et ce ne fut pas tout à fait sans raison. Dès le 19 juillet, ce ministre adressait à Bulwer une dépêche dont il ne donna connaissance au comte de Jarnac, chargé d'affaires de France à Londres [1], qu'après l'avoir expédiée et de laquelle il ressortait que, parmi les prétendants à la main d'Isabelle, la Grande-Bretagne plaçait Léopold de Cobourg en première ligne. Cette pièce contenait en outre des appréciations fort sévères sur la politique intérieure du gouvernement espagnol, qu'il était urgent, d'après Palmerston, de rappeler au respect des principes constitutionnels. C'était là une double attaque contre le cabinet des Tuileries, qui exerçait une influence prépondérante à Madrid et qui ne voulait à aucun prix du candidat allemand. Louis-Philippe et Guizot tremblèrent de perdre la partie et, devant un adversaire qui n'était pas lui-même fort scrupuleux sur le choix des moyens, ne reculèrent pas devant une petite tricherie.

L'Europe assista pendant quelques semaines à une vraie comédie diplomatique. Vers la fin de juillet, le ministère français adressa au cabinet britannique une note par laquelle, écartant comme précédemment les prétentions de Cobourg, il se déclarait prêt à accepter indifféremment, comme époux de la reine Isabelle, le duc de Cadix ou le duc de Séville; pas un mot n'y était dit, du reste, du duc de Montpensier ni de l'infante. Au lieu de répondre tout de suite, Palmerston crut habile de gagner du temps, que Bulwer, à Madrid, employa de son mieux, mais sans succès, à plaider la cause du prince Léopold d'abord, du duc de Séville ensuite. C'est seulement le 28 août qu'il fit connaître son sentiment sur la dernière communication de Guizot, par une note dans laquelle il marquait hautement sa préférence pour don Enrique. Or à ce moment la partie était finie, et depuis la veille, la France l'avait gagnée. L'actif

---

1. Jarnac (Philippe-Ferdinand-Auguste de Rohan-Chabot, comte de) né en Irlande le 2 juin 1815; attaché comme secrétaire à l'ambassade de France à Londres (1837), il fut nommé consul général à Alexandrie (1841), puis retourna en Angleterre où il se maria en 1844 et remplit jusqu'en 1848 les fonctions de secrétaire d'ambassade ou de chargé d'affaires; démissionnaire après le 24 février, il y resta sous la seconde République et le second Empire, consacrant ses loisirs à écrire des romans et des études historiques. Nommé le 28 août 1874 ambassadeur de France à Londres, il est mort dans cette ville le 22 mars 1875.

et entreprenant Bresson[1], ambassadeur de France à Madrid, avait, dès le commencement de juillet, obtenu la parole de Marie-Christine[2] pour Cadix et pour Montpensier[3]. Les deux mariages devaient avoir lieu simultanémemt, la reine-mère tremblant que l'union de sa fille aînée avec don François d'Assise ne causât des troubles si elle était célébrée isolément. Louis-Philippe, qui ne voulait pas braver ouvertement l'Angleterre, faisait quelques difficultés au sujet de la simultanéité. Mais la dépêche anglaise du 19 juillet lui ayant donné à penser qu'il n'y avait plus un jour à perdre, et Marie-Christine, qui persistait dans sa prétention, pouvant fort bien, si elle n'était pas admise, tendre la main au prince de Cobourg, le roi des Français, enchanté, au fond, de l'excellente affaire de famille qu'il allait faire, finit par consentir à tout. La négociation franco-espagnole fut menée durant plusieurs semaines par Bresson dans le plus grand mystère. Enfin, le 27 août, la reine Isabelle fit tout à coup connaître à ses ministres son intention d'épouser le duc de Cadix et de donner la main de sa sœur au duc de Montpensier, sans qu'aucun intervalle dût séparer les deux mariages.

Ce dénouement inattendu transporta de colère Palmerston, qui l'apprit dans les premiers jours de septembre. Vainement Guizot s'excusa, dissimula, voulut donner à entendre qu'il n'y aurait pas simultanéité entre les deux unions. Le cabinet britannique sut bientôt à quoi s'en tenir sur les derniers arrangements de Madrid. Palmerston, complètement joué, déclara que l'offense faite à l'An-

1. Bresson (Charles, comte), né à Paris en 1798; attaché dès sa jeunesse au corps diplomatique, il prit, à partir de 1830, une part considérable aux négociations relatives à la Belgique, fut plus tard ministre plénipotentiaire à Berlin, puis ambassadeur à Madrid; envoyé en cette dernière qualité à Naples, il se donna la mort en 1847, à la suite de chagrins domestiques.

2. Cette princesse détestait Palmerston, qui avait soutenu contre elle Espartero. Aussi, après l'avènement des whigs, n'avait-elle pas de désir plus vif que d'échapper à l'influence de l'Angleterre.

3. Montpensier (Antoine-Marie-Philippe-Louis d'Orléans, duc de), cinquième fils de Louis-Philippe, né à Neuilly le 31 juillet 1824, fit, avant et après son mariage, plusieurs campagnes en Afrique, habita, après la révolution de Février, l'Angleterre, la Hollande, puis se fixa en Espagne, où il obtint le grade de capitaine général (1859). Après la chute d'Isabelle (1868), sa candidature au trône fut mise en avant à diverses reprises, mais sans succès. C'est par lui que le duc de Séville fut tué en duel, au mois de mars 1870. Il est mort à San-Lucar en février 1890. — Il a laissé un fils, qui a épousé en 1886 l'infante Eulalie, fille d'Isabelle II, et une fille, mariée depuis 1864 au comte de Paris.

gleterre ne serait point pardonnée de sitôt. Il invoqua le traité d'Utrecht, de 1713, qu'il prétendait violé, et qui ne permettait pas à un Bourbon de porter à la fois les deux couronnes de France et d'Espagne. Mais l'éventualité dont il voulait faire au monde un épouvantail à propos du mariage de Montpensier était si incertaine et si éloignée, que son argumentation ne pouvait ni toucher l'Europe ni émouvoir beaucoup le gouvernement de Juillet. Il représenta au cabinet de Madrid que l'Espagne allait abdiquer son indépendance, s'inféoder à la France. Mais Isturitz lui répondit fièrement que le soin de sauvegarder ses droits et sa dignité la regardait seule. Bref, rien ne fut changé aux conventions que Bresson avait conclues avec Marie-Christine, et les deux mariages furent célébrés en même temps le 10 octobre 1846.

C'était là pour Louis-Philippe un succès dynastique d'une certaine importance. Pour Guizot c'était un triomphe d'amour-propre. Mais ce n'était pas un avantage politique pour le gouvernement de Juillet. La suite de cette histoire va montrer qu'il devait payer bien cher la satisfaction passagère qu'il venait de se donner. C'en était fait désormais de cette *entente cordiale* dont la France et l'Angleterre avaient fait jusque dans les derniers temps un si grand étalage.

La reine Victoria, profondément irritée, et que son époux, parent du prince Léopold, ne tenait sans doute pas à calmer, se plaignit amèrement de Louis-Philippe, qui l'avait trompée. C'était, disait-elle, la première fois qu'un roi de France manquait à sa parole. Vainement ce souverain lui fit écrire par la reine Marie-Amélie; vainement lui fit-il présenter en novembre, par sa fille, la reine des Belges, une défense fort habile de sa conduite. Elle lui garda rancune tant qu'il demeura sur le trône. Quant à Palmerston, l'on n'a pas de peine à comprendre le redoublement d'animosité avec lequel il poursuivit dès lors le gouvernement de Juillet, à la chute duquel il devait indirectement, mais fort largement, contribuer. Les rapports diplomatiques de la France et de l'Angleterre devinrent plus que froids à partir de la fin de 1846. S'il y eut encore en 1847, entre les deux puissances, entente sur certaines affaires secondaires, comme celle Portugal et de la Plata, ce fut par la force des choses; la Grande-Bretagne montra par sa mauvaise grâce combien cet accord lui pesait. Elle fit voir du reste à la même époque par ses intrigues en Grèce et en Espagne [1] quel prix elle attachait à l'abaissement de l'influence française. Mais c'est surtout par sa connivence avec le parti de la révolution, qui déjà ébranlait la France et menaçait particulièrement la monarchie de Juillet, qu'elle devait tirer vengeance de Louis-Philippe.

III

La mésintelligence que les mariages espagnols firent naître entre la France et l'Angleterre eut pour premier effet, comme on pouvait s'y attendre, d'enhardir les trois cours du Nord, qui, dès lors, n'hésitèrent plus à exécuter leur dessein sur Cracovie. En effet, fort peu de jours après les cérémonies de Madrid, fut conclue à Vienne une convention, en vertu de laquelle cette ville et son territoire, avec vingt-trois milles carrés et 136 000 habitants, étaient adjugés à l'Autriche, qui, en retour, rétrocédait à la Russie et à la Prusse quelques cantons de la Galicie. Ainsi était consommé le meurtre de la Pologne. Il ne restait plus rien de ce grand État. L'opinion publique se montra justement sévère, dans toute l'Europe, mais particulièrement en France et en Angleterre, pour les auteurs d'un attentat d'autant plus odieux que leur victime était faible. Les traités de 1815 venaient d'être violés ouvertement par les trois puissances qui avaient le plus contribué à leur confection et qui d'ordinaire les invoquaient le plus hautement. Mais la cour de Paris et celle de Londres, qui les avaient signés, n'étaient pas à ce moment d'humeur à s'unir pour les faire respecter.

---

1. L'Angleterre exigeait, dans les termes les plus durs, le payement des sommes dont la Grèce lui était redevable depuis 1832. Grâce à ses intrigues, le différend turco-grec dont il a été question plus haut en vint au point que la Porte adressa au gouvernement hellénique l'ultimatum le plus menaçant et que les rapports diplomatiques entre les deux États cessèrent le 1er avril 1847. Toutes ces querelles n'entrèrent en voix d'apaisement qu'après la mort de Colettis (arrivée le 12 septembre de la même année). — D'autre part, en Espagne, le cabinet de Londres soutenait le favori Serrano qui, dès les premiers mois de 1847, exerçait sur la jeune reine un ascendant si manifeste et si scandaleux que don François d'Assise quitta le palais et parla de divorce; la France empêcha, sans beaucoup de peine d'ailleurs, l'époux outragé de faire un éclat. Elle parvint du reste peu après à faire remonter au pouvoir (octobre) Narvaez, qui obtint l'éloignement de Serrano.

Guizot, très soucieux de ne se point brouiller avec l'Autriche, mais poussé par la France entière à protester, crut devoir proposer à Palmerston de s'unir à lui pour exprimer aux trois cours du Nord, sous forme collective, le mécontentement de la France et de l'Angleterre. Mais le chef du Foreign-Office voulait qu'il se compromît seul. Aussi lui répondit-il que la Grande-Bretagne avait déjà protesté pour son compte et que chacune des deux puissances devait conserver sa liberté d'action. Effectivement, en réplique à la note par laquelle (le 6 novembre) Metternich lui avait exposé les motifs de l'incorporation de Cracovie, Palmerston avait adressé (le 23) au cabinet de Vienne une froide et filandreuse dépêche, d'où ressortait évidemment son intention de ne rien tenter en faveur de la malheureuse république. Pour se dispenser de prendre un ton menaçant, il affectait, dans ce document, de croire que l'annexion de Cracovie à l'Autriche était encore un projet et non un fait accompli. Aussi se bornait-il à dissuader les puissances du Nord d'exécuter leur dessein en leur représentant : 1° que l'existence de ce petit État n'était un danger sérieux pour aucune d'elles ; 2° qu'en tout cas les gouvernements signataires des traités de Vienne avaient le droit d'être tous consultés.

La protestation de Guizot, expédiée le 3 décembre, fut plus franche et plus élevée de ton. Le ministre français faisait ressortir avec gravité, l'odieux de l'attentat politique qui venait d'être commis. « Après de longues et redoutables agitations qui ont si profondément ébranlé l'Europe, disait-il, c'est par le respect des traités et de tous les droits qu'ils consacrent que l'ordre européen se fonde et se maintient. Aucune puissance ne peut s'en affranchir sans en affranchir en même temps les autres.... » Mais après ces fermes paroles, le diplomate français montrait par les suivantes que sa protestation était purement platonique : « La France n'a point oublié quels douloureux sacrifices lui ont imposés les traités de 1815 ; elle pourrait se réjouir d'un acte qui l'autoriserait, par une juste réciprocité, à ne consulter désormais que le calcul prévoyant de ses intérêts, et c'est elle qui rappelle à l'observation fidèle de ces traités les puissances qui en ont recueilli les principaux avantages ! » Ainsi, Guizot, comme Palmerston, ne réprouvait l'attentat de Cracovie que pour l'acquit de sa conscience. Metternich sentait bien qu'il n'avait rien à craindre. Il se donna par pure courtoisie la peine d'exposer de nouveau (4 janvier 1847) en les paraphrasant les mauvaises raisons qu'il avait déjà données le 6 novembre. Désormais tout fut dit et, dans le monde diplomatique, nul ne s'occupa plus de l'incident de Cracovie.

IV

Brouillées par les mariages espagnols, les deux cours occidentales se souciaient à cette époque beaucoup moins de servir les Polonais que de gagner les bonnes grâces des trois grandes puissances du Nord. Plusieurs mois durant, le cabinet britannique renouvela ses efforts pour démontrer à l'Europe que la France venait de détruire à son profit l'équilibre de l'Europe, ce dont le gouvernement de Juillet se défendait de son mieux. Dans cette querelle, qui pouvait mener loin, l'Autriche, la Prusse et la Russie refusèrent de prendre parti. Pour éviter de s'expliquer sur les propositions de Palmerston, Metternich trouva une échappatoire ingénieuse, à laquelle se rallièrent les cabinets de Berlin et de Saint-Pétersbourg. Il répondit simplement qu'il n'avait pas à répondre, vu que, n'ayant pas reconnu Isabelle comme reine d'Espagne et n'entretenant pas de rapports politiques avec elle, le gouvernement autrichien n'avait aucune observation à lui adresser sur son mariage, pas plus que sur celui de sa sœur. Cette excuse — fort peu sincère — équivalait à une approbation de la politique française. Elle porta au paroxysme la mauvaise humeur de Palmerston qui, dès lors, enveloppa dans sa rancune les cours de Vienne et de Paris. Par contre, le gouvernement de Juillet se félicita hautement de la bienveillance — relative — que lui témoignaient les puissances du Nord. Ces dernières, pour leur part, étaient toutes les trois fort aises d'attirer à elles, par quelques bons procédés, le gouvernement de Juillet, de l'entraîner sans retour dans leur politique et de rendre impossible sa réconciliation avec l'Angleterre. C'était en particulier la tactique de l'Autriche, beaucoup plus intéressée (on va le voir) que la Prusse et la Russie à s'assurer le concours de la France.

V

Cette puissance était en effet bien plus directement menacée qu'aucune autre par la fièvre politique dont presque toute l'Europe était alors travaillée. Malgré son optimisme habituel, Metternich sentait craquer de toutes parts l'édifice de 1815, son œuvre personnelle, et se disait avec terreur qu'en s'écroulant il écraserait tout d'abord la monarchie autrichienne. *Liberté, nationalité*, tel était le double mot d'ordre de la révolution. Ces deux principes, si brutalement méconnus par le congrès de Vienne et par la Sainte-Alliance, les peuples exigeaient maintenant qu'on leur fît leur part. De tous côtés, la démocratie s'organisait pour abattre l'absolutisme ou l'oligarchie. De toutes parts aussi, les races opprimées ou divisées par le caprice de la diplomatie tendaient à se reconstituer et revendiquaient leur unité politique en même temps que leur indépendance. Or nul gouvernement n'avait plus à perdre que l'Autriche au bouleversement qui semblait se préparer. Au dedans, cette puissance était menacée d'une entière dislocation; au dehors, tous les pays jusque-là soumis à son influence paraissaient sur le point de lui échapper.

Les sujets des Habsbourg, bien que patients et dociles, commençaient à penser que le régime discrétionnaire dont Metternich leur vantait les bienfaits avait fait son temps. L'égalité devant la loi, la liberté de la presse, les garanties parlementaires, étaient demandées à Vienne, comme à Prague et à Pesth, timidement encore, mais assez haut pour inquiéter le chancelier d'État. Les quatre ou cinq nationalités distinctes dont l'assemblage formait la monarchie autrichienne s'agitaient de plus en plus et réclamaient énergiquement, chacune de son côté, leur autonomie. La Bohême et surtout la Hongrie se faisaient remarquer, pendant les années 1846 et 1847, par la vivacité de leurs plaintes et la progression de leurs exigences [1].

1. Il régnait depuis plusieurs années une certaine agitation dans les provinces de Haute et Basse-Autriche, de Styrie, de Carinthie, etc., où les paysans, comme en Galicie, demandaient l'abolition des dîmes et des corvées et plus de liberté pour les états locaux. En Bohême, les états refusaient, en 1847, toute augmentation d'impôts et déclaraient bien haut que l'ancienne

L'Allemagne, que la cour de Vienne avait réduite à l'impuissance par le morcellement et longtemps dominée en dictant des lois à la diète de Francfort, avait maintenant la pleine conscience de sa force latente et le pressentiment de son grand avenir politique. Le courant libéral tant de fois interrompu par Metternich dans les divers États de la confédération s'était reformé partout depuis 1840. Il était maintenant si fort que le roi de Prusse, au lieu de chercher à l'arrêter, croyait devoir le suivre, pour le diriger et dotait ses sujets d'une charte (3 février 1847)[1]. La crise de 1840 avait aussi donné une vigoureuse impulsion à la propagande unitaire qu'entretenaient à grand bruit la presse, les universités et les sociétés populaires. L'Allemagne, enrichie par le Zollverein, appelait de ses vœux un gouvernement central qui lui assurât, avec la puissance militaire, un bel avenir de conquêtes. Elle rêvait déjà de guerres heureuses et d'annexions. Quelques gallophobes commençaient à revendiquer, au nom de la patrie germanique, l'Alsace et la Lorraine. Mais, pour le moment, la masse de la nation se préoccupait surtout du Sleswig et du Holstein, possessions danoises, dont l'incorporation à l'Allemagne était réclamée avec d'autant plus de violence qu'une récente déclaration du roi Christian VIII[1] (8 juillet 1846) semblait devoir resserrer les liens existant entre ces deux pays et le gouvernement de Copenhague[2].

Du côté des Alpes, la Suisse, quoique neutre depuis les traités de 1815, avait été pendant trente ans dominée, presque autant que l'Allemagne, par la cour d'Autriche. Grâce à la constitution fort lâche que lui avait imposée le congrès de Vienne, elle n'avait ni cohésion ni force de résistance. C'était un assemblage impuissant

constitution du pays n'était point frappée de prescription. En Hongrie, les délibérations de la diète devenaient de plus en plus tumultueuses; ce n'était pas seulement la liberté constitutionnelle et l'abolition du régime féodal, c'était l'autonomie que l'on réclamait à grands cris.

1. Au grand désespoir de Metternich qui, depuis plusieurs années (sa correspondance l'atteste), ne cessait de l'en dissuader. Du reste cette charte, *octroyée* par un prince qui entendait bien ne pas se dessaisir de sa souveraineté, ne constituait en somme qu'une assez maigre concession. Elle établissait simplement des états généraux formés de la réunion des états provinciaux et divisés en deux chambres où la noblesse et la grande propriété devaient surtout être représentées. Ces assemblées ne devaient avoir (sauf pour les emprunts et la création d'impôts nouveaux ou l'augmentation des impôts anciens en temps de paix) que des attributions consultatives; et il n'était pas question, bien entendu, de responsabilité ministérielle.

2. Sur la question des duchés danois, voir le t. II de cet ouvrage, chap. I, 2.

de vingt-deux républiques minuscules, indépendantes les unes des autres, sans capitale, sans pouvoir fédéral, sans armée commune, sans tribunal suprême. Depuis 1830, la grande majorité de la nation helvétique travaillait à se défaire des oligarchies locales qui la gouvernaient et tendait à réformer le pacte fédéral dans le sens de la démocratie et de la centralisation. Déjà la révolution était accomplie à l'intérieur de beaucoup de cantons. Mais ceux du centre, où, pour des raisons religieuses autant que politiques, l'influence autrichienne prédominait particulièrement, se montraient réfractaires aux idées nouvelles. C'étaient les sept cantons catholiques de Lucerne, Schwytz, Uri, Unterwald, Glaris, Zug, Fribourg et Valais. Tout récemment ils avaient appelé chez eux les jésuites et les avaient défendus par les armes contre des *corps francs* organisés dans les cantons protestants pour les contraindre à les expulser (mars 1845). Depuis, prévoyant une nouvelle attaque, ils s'étaient étroitement liés entre eux et avaient formé le *Sonderbund*, ligue armée qui constituait un État dans l'État et dont l'existence était incompatible avec le maintien de la confédération helvétique. Il s'agissait maintenant pour les *radicaux* (c'est ainsi que l'on désignait les partisans de la réforme) d'obtenir de gré ou de force la dissolution de cette alliance, pour pouvoir ensuite chasser les jésuites et donner à la Suisse une constitution nouvelle. Mais pour arriver à ce résultat, il fallait d'abord être assuré de la majorité dans la diète fédérale, où l'on votait par cantons. De nouvelles révolutions locales firent passer le pouvoir aux radicaux à Berne et à Genève (janvier-octobre 1846), puis à Saint-Gall (mai 1847). Dès lors, la partie légale était gagnée d'avance par les adversaires du Sonderbund. Le colonel Ochsenbein, qui avait commandé les corps francs en 1845, était maintenant à la tête du *Vorort*; la diète allait se réunir sous sa présidence au commencement de juillet 1847; il était facile de prévoir les résolutions qu'elle allait prendre.

Si l'Autriche s'inquiétait des événements qui se préparaient en Suisse, à plus forte raison se préoccupait-elle de l'agitation dont l'Italie était alors le théâtre et qui présageait une révolution prochaine. De ce côté, l'effervescence était extrême et, loin de se localiser sur certains points, comme en 1820 et en 1831, elle était générale et, par suite, fort redoutable. Des Alpes à l'Adriatique,

du fond de la Sicile aux rives du Pô, un même sentiment, la haine
de l'étranger, unissait tous les cœurs. L'expulsion des *barbares*,
c'est-à-dire des Autrichiens, tel était le vœu général. L'Italie, que
Metternich appelait encore dédaigneusement une *expression géographique,* se sentait mûre pour l'indépendance et même pour
l'unité. Cette unité, comment, une fois affranchie, la réaliserait-elle?
serait-ce sous la forme fédérative, comme l'espérait le plus grand
nombre, ou sous la forme monarchique, comme certains esprits,
fort avisés, commençaient à le souhaiter? se constituerait-elle en
république démocratique, avec Rome pour capitale, suivant le vœu
du grand agitateur Mazzini [1], qui, du fond de l'exil, ne cessait de
diriger la grande conspiration nationale? C'étaient là des problèmes
réservés à l'avenir. Pour le moment, la grande majorité de l'Italie,
s'inspirant de doctrines répandues par les Balbo, les d'Azeglio, le
Gioberti [2], demandait à ses princes de s'identifier à elle, de la fortifier par l'octroi de la liberté, pour s'unir ensuite en son nom contre
l'ennemi commun. C'était surtout du pape, que sa haute dignité

1. Né à Gênes le 18 juin 1808, Mazzini a passé, depuis 1830, presque toute
sa vie à conspirer pour l'Italie, qu'il voulait une et libre. Réfugié à Marseille
(1831), plus tard en Suisse (1834), puis en Angleterre, il organisa d'innombrables
complots et acquit, non seulement dans sa patrie, mais dans toute l'Europe,
une influence qui, pour être occulte, n'en était pas moins redoutable. En 1848,
il accourut à Milan, puis à Florence, défendit comme triumvir, en 1849, contre
les troupes françaises la république romaine, qu'il venait d'organiser, dut,
après la défaite de son parti, reprendre le chemin de l'exil et retourner à
Londres, où il reprit son travail de propagande. Il ne tarda guère à reparaître en Italie, où il fomenta de nouvelles insurrections en 1853 et en 1857.
Il prit une part considérable aux événements dont son pays fut le théâtre
de 1859 à 1870. Il est mort à Pise le 11 mars 1872. Ses nombreux ouvrages et
sa correspondance constitueraient presque à eux seuls une histoire de la révolution italienne.
2. Balbo (César), né à Turin en 1789; chargé d'affaires de Sardaigne à
Madrid en 1818. major d'infanterie en Piémont (1819); victime de la réaction
de 1821; auteur d'un livre qui eut en 1844 un immense retentissement (*les
Espérances de l'Italie*); président du conseil des ministres de Sardaigne (mars-
juillet 1848); mort en 1853. — Azeglio (Massimo Tapparelli, marquis d'), né à
Turin en 1801, se fit connaître, surtout à partir de 1840, par des écrits patriotiques, servit en 1848 la cause italienne comme aide de camp du général
Durando, devint le 11 mai 1849 président du conseil et ministre des affaires
étrangères de Sardaigne, fut remplacé en 1852 par Cavour et, après avoir
été ambassadeur à Londres, puis préfet de Milan, mourut en 1865. — Gioberti (l'abbé Vincent), né à Turin le 5 avril 1801; auteur du livre *de la Pri-
mauté morale et politique de l'Italie,* qui le rendit si populaire à partir de
1843; ministre de l'instruction publique (juillet 1848), puis président du conseil et ministre des affaires étrangères de Sardaigne (décembre 1848-mars
1849); ministre plénipotentiaire à Paris en 1849; rentré peu après dans la vie
privée et mort à Paris le 26 octobre 1852.

désignait sans conteste pour tenir son drapeau, qu'elle attendait
l'émancipation. Que le saint-siège donnât résolument l'exemple, et
tous les souverains italiens seraient bien obligés de le suivre. Juste
à cette époque, le vieux Grégoire XVI, créature de l'Autriche,
venait de mourir (1er juin 1846). L'avènement de son successeur
(16 juin) fut salué par la nation italienne comme l'aurore de sa
régénération. Pie IX [1] était un prêtre doux et généreux, fermement
résolu à ne rien céder de ce qu'il regardait comme les droits de
l'Église, mais relativement libéral en matière d'administration tem-
porelle, et fort sensible à la popularité. Ses défauts les plus graves
étaient une indécision et une versatilité dont on n'avait pas encore
fait l'épreuve. Il devait, à la suite de quelques mécomptes, se prononcer avec une violence extraordinaire contre le principe des
gouvernements libres. Pour le moment, il semblait tout acquis à
la cause de la révolution pacifique. Il ouvrait son règne par une
amnistie politique (16 juillet) et ne décourageait pas les novateurs.
Il promettait à ses sujets les réformes constitutionnelles que,
quinze années durant, ils avaient si vainement demandées à son
prédécesseur. S'il tardait beaucoup trop à s'exécuter (rien, ou à
peu près n'était fait encore au bout de six mois), on attribuait ses
hésitations à l'embarras où la camarilla rétrograde qui l'entourait
au Vatican le mettait par sa résistance. On continuait d'avoir foi en
lui, on se pressait sur son passage, on l'acclamait avec enthousiasme. « Courage, saint-père! lui criait-on quand il sortait, fiez-
vous à votre peuple. » On l'amenait ainsi à signer quelques décrets
libéraux, à instituer par exemple dans ses États une garde civique
(mai 1847); puis, comme il tardait à organiser cette milice, elle
s'organisait spontanément (juillet) et le pape, bien que déjà un
peu alarmé, se laissait assez complaisamment forcer la main. Aussi,
à l'exemple du souverain pontife, plusieurs autres princes italiens
commençaient-ils à céder aux vœux de leurs sujets. Si le roi de
Naples et le duc de Modène se refusaient encore à toute concession,
le grand-duc de Toscane [2], bien qu'Autrichien, ouvrait déjà la

1. Jean-Marie, comte de Mastaï-Ferreti, né à Sinigaglia le 13 mai 1792,
archevêque de Spolète en 1827 et évêque d'Imola en 1832, cardinal en 1840,
pape sous le nom de Pie IX, mort à Rome le 7 février 1878.
2. Léopold II, neveu de l'empereur d'Autriche François Ier, né à Florence
le 3 octobre 1797, grand-duc de Toscane en 1824, renversé en 1859, mort à
Rome le 29 janvier 1870.

porte à la liberté de la presse. Le roi de Sardaigne, Charles-Albert, semblait se souvenir après quinze ans d'absolutisme, qu'au temps de sa jeunesse il avait un moment fait cause commune avec les carbonari [1]. Il commençait à comprendre le grand rôle que la dynastie de Savoie pouvait jouer en prenant la direction militaire de la révolution italienne, dont le saint-siège ne pouvait avoir que la direction morale. Déjà l'idée d'une fédération semblait sur le point de se réaliser et les trois cours de Rome, de Florence et de Turin négociaient une union douanière qui semblait devoir n'être qu'un acheminement à une prochaine et féconde ligue politique.

VI

On voit par ce qui précède combien l'Autriche était menacée. Or, en présence de tant de périls, elle n'avait pas le choix des alliances. L'Angleterre, sous Palmerston, était plutôt disposée à lui nuire qu'à la seconder. La Russie, pour le moment, ne lui faisait espérer aucun secours. L'empereur Nicolas était fort porté sans doute à entrer en campagne contre la révolution, même pour la cour de Vienne, et il devait le prouver en 1849. Mais, pour le moment, il ne croyait pas que la catastrophe fût imminente; il ne lui déplaisait pas que l'Autriche fût un peu dans l'embarras et dût tourner vers l'Occident toute son attention; il n'en était lui-même que plus libre de ses mouvements en Orient. Quant à la cour de Berlin, elle se désintéressait de l'Italie; on pouvait, il est vrai, compter sur son concours à l'égard de la Suisse [2]. Mais en Allemagne, l'Autriche pouvait être assurée de l'avoir pour adversaire; car, si l'unité politique de ce pays se constituait, ce ne devait être que sous la direction de la Prusse, et Frédéric-Guillaume IV y comptait bien.

Restait la France, que Metternich désirait passionnément enchaîner à sa politique et dont le gouvernement était plus que jamais porté à s'entendre avec l'Autriche. La révolution n'effrayait pas moins Louis-Philippe et Guizot que l'empereur Ferdinand et son chancelier. Le gouvernement de Juillet reniait décidément son origine, tournait le dos à la démocratie et, appuyé sur le *pays*

1. Voir plus haut, chap. IV.
2. Le roi de Prusse était prince souverain de Neuchâtel.

légal, c'est-à-dire sur une oligarchie de deux cent mille censitaires, repoussait avec une aveugle obstination, malgré les efforts de ses amis les plus éclairés (Thiers, Odilon Barrot, Rémusat [1], Duvergier de Hauranne, etc.), la réforme parlementaire la plus inoffensive et la plus anodine [2]. Si le feu qui couvait au delà du Rhin et des Alpes venait à éclater, la France sûrement devait en être atteinte. Il fallait donc aider Metternich à prévenir ou à arrêter l'incendie. Guizot et son souverain étaient d'ailleurs d'autant plus disposés à contrecarrer en tous lieux la révolution qu'elle devait avoir pour effet la création de plusieurs États unitaires, ou à peu près, dont deux au moins (l'Allemagne et l'Italie) par leur situation, leur puissance et leur hostilité (fort probable un jour ou l'autre) ne pouvaient être pour la France qu'un affaiblissement, un embarras, un péril. Aussi le chef du cabinet français se déclarait-il sur les principes et sur la ligne générale à suivre, en plein accord avec Metternich, qui, le sachant orgueilleux, l'accablait d'éloges et le proclamait un homme d'État accompli. « Nous sommes placés, écrivait-il au chancelier [3] à des points bien différents de l'horizon; mais nous vivons dans le même horizon. Au fond et au-dessus de toutes les questions, vous voyez la question sociale; j'en suis aussi préoccupé que vous.... Nous luttons, vous et moi, j'ai l'orgueil de le croire, pour préserver les sociétés modernes ou les guérir; c'est là notre alliance.... Ce n'est qu'avec le concours de la France, de la politique conservatrice française que l'on peut lutter efficacement contre l'esprit révolutionnaire et anarchique.... Je tiens à grand honneur ce que vous voulez bien penser de moi; j'espère que la durée et la mise en pratique de notre intimité ne feront qu'affermir votre confiance et votre bonne opinion.... »

---

1. Rémusat (Charles-François-Marie, comte de), né à Paris le 14 mars 1797; déjà connu comme journaliste et comme philosophe avant 1830; envoyé, à la fin de cette année, à la Chambre des députés, où il siégea d'abord parmi les doctrinaires; sous-secrétaire d'État au ministère de l'intérieur (1836); attaché à la politique de Thiers à partir de 1837; ministre de l'intérieur dans le cabinet du 1er mars (1840); représentant à l'Assemblée constituante (1848-1849), puis à l'Assemblée législative (1849-1851); éloigné momentanément de France après le coup d'État. Sous l'Empire, il consacra ses loisirs à d'importants travaux de philosophie et d'histoire. Appelé par Thiers au ministère des affaires étrangères (2 août 1871), il y demeura jusqu'au 24 mai 1873, fut peu après (octobre) élu député à l'Assemblée nationale et mourut à Paris le 6 janvier 1875.

2. Voir plus haut, p. 422.

3. En mai 1847.

Mais pour que l'entente cordiale dont ces lignes semblent le témoignage existât vraiment entre les deux gouvernements de la France et de l'Autriche, il ne suffisait pas qu'ils voulussent marcher d'accord, il fallait que rien ne les en empêchât : si chacun d'eux n'avait pas une entière liberté d'action et ne pouvait concourir sans réserve avec l'autre à l'œuvre commune, la confiance ne pouvait subsister longtemps entre eux. Au lieu de s'aider et de se fortifier, ils devaient fatalement se suspecter, s'affaiblir et même se neutraliser réciproquement. Et si la révolution, favorisée par leur impuissance, venait en outre à être ouvertement encouragée par une grande puissance qui n'eût rien à ménager, l'explosion qu'ils voulaient prévenir ou retarder devait se produire à très bref délai. C'est justement ce qui allait avoir lieu.

VII

Tout d'abord en Allemagne, l'Autriche ne pouvait accepter le concours patent de la France. Metternich faisait observer à Guizot que, si cette puissance s'avisait de combattre à ciel ouvert la cause de la liberté et de l'unité germaniques, ce serait une raison pour que tous les Allemands prissent à cœur de faire triompher cette cause. L'Autriche leur deviendrait suspecte et le mouvement révolutionnaire, loin d'être retardé, serait accéléré. De ce côté, le prince chancelier ne demandait qu'une connivence secrète. Il répondait du succès, si on le laissait agir et parler seul. Mais le gouvernement français ne se résignait pas sans quelque mauvaise humeur au rôle subalterne qui lui était attribué. Il soupçonnait parfois Metternich d'arrière-pensées peu en rapport avec les sentiments dont il faisait étalage à son égard. En réalité, il le secondait peu ou ne le secondait pas du tout. L'Autriche, réduite à ses propres forces, perdait chaque jour du terrain et, malgré ses précautions, elle n'échappait pas au reproche que lui adressaient les Allemands de conspirer contre la grande patrie avec l'ennemi héréditaire, c'est-à-dire avec la France.

En Suisse, Guizot soutenait, tout comme Metternich, le Sonderbund et les jésuites. Il déniait comme lui à la Confédération helvétique le droit de modifier sans l'assentiment des grandes puis-

sances la constitution qu'elles lui avaient imposée en 1815. Mais,
à la veille des résolutions énergiques qu'allait prendre la diète de
Berne, le chancelier d'Autriche proposait à la France de mettre la
Suisse à la raison par une intervention militaire collective assez
semblable à celle dont Cracovie venait d'être victime. Seulement,
le ministre français n'avait pas, comme lui, les mains libres pour
une pareille entreprise. Il lui fallait ménager l'opposition parlementaire, la presse, l'opinion publique, qui déjà lui reprochaient
vivement ses complaisances pour la cour de Vienne et qui ne lui
auraient jamais permis de s'allier publiquement à elle pour
étouffer la liberté en Suisse. Aussi Guizot, décidé à ruser, recom-
mandait-il secrètement à Metternich une combinaison plus ingénieuse que loyale et qui peut se résumer ainsi : l'Autriche enverrait des troupes en Suisse pour y opérer la contre-révolution; la
chambre des députés demanderait sans doute aussitôt que des
troupes françaises y fussent expédiées pour faire contrepoids, et
une fois qu'on occuperait ensemble le pays, on y exécuterait
de concert la besogne. Mais Metternich, dont la naïveté était le
moindre défaut, soupçonnait le ministre français de vouloir le
tromper ou tout au moins de se ménager la possibilité de contrecarrer sa politique s'il ne pouvait sans cela conserver son crédit
sur les chambres. « Si la France, écrivait-il à Apponyi, envoie des
forces militaires dans la confédération *parce que* l'Autriche y en
aurait envoyé, l'objet que semblerait poursuivre la France difffé-
rerait du nôtre. Cette puissance assumerait le rôle de protectrice
de l'indépendance fédérale et de contrepoids aux *idées rétro-*
grades de l'Autriche. Le cabinet français aurait beau dire le contraire, personne n'y croirait, et la seule apparence du fait tour-
nerait en un secours prêté au parti radical. *Nous ne donnerons*
pas dans le panneau [1]: » Au lieu de l'arrangement équivoque
proposé par Guizot, Metternich demandait l'envoi d'une note portant que les deux puissances ne *souffriraient pas* que la diète
helvétique attentât à la liberté des cantons et modifiât la constitution de 1815. La guerre était naturellement au bout d'une
pareille déclaration. Aussi le cabinet des Tuileries, craignant d'être
entraîné trop loin, substitua-t-il à cette proposition celle d'une

1. Dépêche du 20 juin 1847.

note identique, ferme encore, mais moins comminatoire, qui serait adressée à la Suisse par les cinq grandes puissances, y compris l'Angleterre. L'adhésion du cabinet de Londres, dont on lui reprochait d'avoir sacrifié l'alliance à ses vues dynastiques, lui paraissait surtout désirable. Mais Palmerston, sans la refuser formellement, ne dit, en somme, ni oui ni non ; il demanda des explications, chicana sur les termes, bref, traîna de son mieux l'affaire en longueur. Tous ces tiraillements diplomatiques eurent pour effet d'enhardir les radicaux suisses. La diète fédérale réunie à Berne le 5 juillet, décréta dès le 20 la dissolution du Sonderbund ; peu de jours après, elle prescrivait l'expulsion des jésuites. Il ne restait plus qu'à procéder aux mesures d'exécution.

Ce n'était pas seulement en Suisse, c'était aussi et surtout en Italie que Metternich et Guizot se neutralisaient. Parfaitement d'accord pour contraindre ce pays à respecter la division territoriale que les traités de 1815 lui avaient imposée, ils ne l'étaient pas au même degré pour l'empêcher d'acquérir des institutions libres. Le premier ministre de Louis-Philippe réprouvait, comme le chancelier d'Autriche, les révolutions populaires. Il ne voulait pas que la démocratie triomphât dans les États italiens, et il ne souhaitait même pas que le régime parlementaire y fût pleinement institué. Seulement sa situation personnelle lui faisait un devoir d'encourager les chefs de ces petites monarchies à doter volontairement leurs sujets de réformes administratives en rapport avec l'esprit des sociétés modernes, tandis que Metternich les en détournait de toutes ses forces. [1] Si le chancelier d'Autriche prenait parfois vis-à-vis de certains d'entre eux une attitude presque hostile, il était bien obligé de prendre leur défense, au moins en apparence. La France, quinze ans après Casimir Périer, ne pouvait admettre que son gouvernement laissât la cour de Vienne faire à elle seule la loi à toute l'Italie. Pie IX, indécis et timoré, demandait à Louis-Philippe des fusils pour armer ses gardes civi-

---

1. Non sans les menacer assez nettement. « Si le roi, écrivait-il dès 1846 à propos de Charles-Albert, a pris son parti, s'il veut la révolution, qu'il se prononce, nous saurons prendre le parti qui nous convient. » — « Il faut, lisons-nous dans une de ses dépêches (du 25 mai 1847), demander au pape et au grand-duc (de *Toscane*) de gouverner.... » Et dans une autre (du 6 août suivant : « ... Rien ne nous arrêtera dans l'accomplissement de ce que peut réclamer de nous un devoir.... »

ques, et le roi des Français les lui fournissait. Au mois d'août 1847,
le cabinet de Vienne, sérieusement alarmé par l'organisation de
ces milices et par les derniers troubles de Rome, faisait occuper
la ville pontificale de Ferrare [1] par les troupes autrichiennes.
Pousserait-il plus loin? on pouvait le craindre. Le pape s'empressa de protester et de demander au gouvernement de Juillet
s'il pouvait compter sur son appui. Rossi dut l'assurer que la
France était prête à le protéger par les armes, et le prince de
Joinville vint avec une forte escadre (septembre) se montrer près
des côtes de l'État romain. C'étaient là, il est vrai, de simples
démonstrations. Guizot ne voulait point la guerre. Mais Metternich
ne la voulait pas non plus. Le prince-chancelier comprit que le
ministre français ne pouvait pousser la complaisance au delà
de certaines limites et promit d'évacuer Ferrare [2]. Il eût voulu
qu'en retour Rossi et les autres représentants de la France en
Italie cessassent de préconiser la cause des réformes. Il voyait
avec la plus vive contrariété (en octobre) Pie IX convoquer une
assemblée de notables dans laquelle il pressentait un parlement.
Il n'était pas éloigné de voir un hérétique dans un pape qui se
permettait de libéraliser et qui se faisait acclamer par toute
l'Italie [3]. Il remontrait à Guizot, non sans quelque amertume,
qu'on ne fait pas à la révolution sa part; que procurer aux Italiens une demi-liberté, c'était leur fournir le moyen de conquérir
la liberté tout entière et que le jour où ils pourraient faire la
loi à leurs souverains, ils seraient bien près de commencer leur
croisade nationale contre les traités de 1815. Le ministre français,
alarmé de l'agitation chaque jour croissante qui régnait dans la
péninsule, se rapprochait peu à peu de cette opinion. Mais publiquement il ne pouvait guère le faire paraître. Aussi en Italie,
tout comme en Suisse, la politique de contre-révolution, au sujet
de laquelle les deux premiers ministres de France et d'Autriche
désiraient tant s'entendre, était réduite à une parfaite impuissance.

1. Contrairement aux traités de 1815, qui ne donnaient aux Autrichiens le
droit de tenir garnison que dans la citadelle.
2. Les troupes autrichiennes se retirèrent effectivement de la ville en
décembre 1847.
3. « Le pape qui libéralise, écrivait-il à cette époque, évoque des monstres
qu'il ne sera pas maître de terrasser.... Le plus grand malheur qui ait pu être
réservé au corps social, c'est de voir les partis du désordre matériel et moral
marcher au cri de *Viva Pio nono* et sous les couleurs du chef de la catholicité. »

VIII

Or tandis que les cabinets de Vienne et de Paris se neutralisaient l'un l'autre, la Révolution, que, de fait, ils n'entravaient guère, recevait d'une grande puissance, intéressée à se venger d'eux, un concours décisif. Palmerston, fort peu porté à protéger le radicalisme dans le Royaume-Uni[1], ne se faisait aucun scrupule de l'encourager, de le commanditer au dehors, en haine de Metternich et surtout de Guizot. Il ne le soutenait que mollement en Allemagne, soit parce que la France n'y exerçait pas d'influence appréciable, soit parce qu'il voyait plus d'inconvénients que d'avantages pour son pays°au triomphe de l'unité germanique. Mais en Suisse et en Italie sa politique tendait énergiquement, sinon ouvertement, à lui assurer une prompte victoire. Le succès, d'ailleurs, répondit à ses efforts.

En ce qui touche aux affaires helvétiques, le chef du Foreign-Office joua double jeu, n'ayant aucun scrupule à duper Guizot, qui l'avait dupé lui-même l'année précédente. Tandis que les cantons protestants se préparaient à l'exécution fédérale prescrite par la diète de Berne, il prolongea de son mieux les négociations sur la *note identique* proposée par le cabinet français; puis, au lieu de signer, il offrit seulement ses bons offices, sa médiation amicale entre le gouvernement fédéral et le Sonderbund. La France et l'Autriche, peu confiantes dans son impartialité, ne crurent pas devoir accepter sa proposition. Il n'en fit pas moins partir pour la Suisse (en septembre) un de ses collègues du ministère, lord Minto[2] qui, sous l'apparence d'un conciliateur, alla porter à Ochsenbein et à ses amis de puissants encouragements. La venue de ce grand personnage, qui semblait être l'Angleterre elle-même, détermina les radicaux suisses à ne plus retarder l'accomplisse-

1. Où lui et ses collègues réprimaient de leur mieux les mouvements chartistes et l'agitation irlandaise.
2. Minto (Gilbert Elliot-Murray-Kynynmond, comte de), né à Lyon le 16 novembre 1782, membre de la Chambre des communes en 1806, de la Chambre des lords en 1814; ministre plénipotentiaire à Berlin (1832); premier lord de l'amirauté dans le cabinet Melbourne (1835-1841) et dans le cabinet Peel (1841-1846); lord du sceau privé dans le ministère dirigé par John Russell, son gendre (1846-1852); chargé d'une mission spéciale en Suisse et en Italie (sept. 1847-mai 1848); mort à Londres le 31 juillet 1859.

ment de leurs menaces. Ils comprirent fort bien que l'Autriche,
absorbée par la surveillance de l'Italie, ne se hasarderait à les
attaquer qu'avec le concours de la France; que la France ne mar-
cherait pas si elle ne pouvait compter sur l'assentiment de la
Grande-Bretagne, et que l'appui moral de ce dernier État était
assuré, jusqu'au bout, à la confédération. Aussi la diète fut-elle de
nouveau réunie et ordonna-t-elle, dès le 24 octobre, la mobilisation
d'une forte armée, qui dut, sous le général Dufour, marcher contre
le Sonderbund. Le 29, les sept cantons catholiques rompaient
avec l'assemblée et annonçaient leur intention de résister jusqu'à
la dernière extrémité. Huit jours après, la guerre était formellement déclarée par l'autorité fédérale et le 10 novembre les hostilités commençaient.

Les cabinets de Vienne et de Paris n'avaient pas attendu jusqu'à
ce jour pour provoquer une intervention européenne entre les
deux partis. Mais ils avaient déjà perdu bien du temps en négociations vaines et, au moment décisif, Palmerston était résolu
à leur en faire perdre encore. A l'heure où la guerre allait s'engager, le rusé ministre, pour les mieux tromper, leur insinua l'idée
d'une médiation collective que les cinq grandes puissances pourraient offrir au Sonderbund et à ses adversaires. Guizot mordit à
l'appât et dès le 4 novembre lança une belle note dont les conclusions étaient : 1° que les deux parties belligérantes seraient invi-
tées à déposer les armes; 2° qu'elles se soumettraient à l'arbitrage
des cinq cours, dans des conférences dont le lieu serait ultérieurement fixé. Cette proposition, si conforme à l'esprit de la Sainte-
Alliance, fut immédiatement acceptée par l'Autriche et par la
Prusse. L'adhésion du czar, au dire de ses représentants à Paris et
à Londres, n'était pas douteuse. Mais l'Angleterre fit tout manquer.

La tactique de Palmerston, à ce moment, plus que jamais, consiste à gagner du temps. Il veut donner à Ochsenbein celui d'écraser
le Sonderbund. Il presse secrètement cet homme d'État, ainsi que
le général Dufour [1], d'accélérer les opérations militaires, d'en finir

---

1. Dufour (Guillaume-Henri), né à Constance en 1787; appelé par la diète
helvétique, peu après 1830, aux fonctions de quartier-maître général; vainqueur du Sonderbund en 1847; chargé en 1857 d'une mission confidentielle
auprès de Napoléon III à propos de l'affaire de Neuchâtel; président de la
conférence internationale qui aboutit à la Convention du 22 août 1864 sur le
traitement des blessés en temps de guerre; mort à Genève le 14 juillet 1875.

avec les cantons catholiques. En attendant ce résultat, il prolonge
les négociations par une négligence voulue et multiplie les moyens
dilatoires. C'est seulement au bout de dix jours (le 16 novembre)
qu'il répond à Guizot et, au lieu d'accepter sa note, il lui adresse
un contre-projet, portant que les conférences auront lieu à Londres
et que les conditions nécessaires de la pacification helvétique seront :
1° la dissolution du Sonderbund ; 2° l'expulsion des Jésuites. Le gouvernement français réclame contre ces exigences. L'ambassadeur
de France à Londres doit entamer de nouveaux pourparlers avec
Palmerston, qui ergote, chicane ; finalement on tombe à peu près
d'accord sur un texte équivoque, gros de contestations et au sujet
duquel l'Autriche et l'Angleterre font leurs réserves, en sens
opposé. Mais déjà l'on est au 26 novembre. A ce moment le
Sonderbund est battu sur tous les points. Le 29, le dernier des
sept cantons catholiques fait sa soumission. C'est seulement le 30
qu'Ochsenbein reçoit la note par laquelle les puissances prétendent
imposer à la Suisse leur médiation et dont il déclare n'avoir pas à
tenir compte. Elle ne lui est du reste présentée qu'au nom de la
France, de l'Autriche et de la Prusse. Et quand ces puissances
invitent l'Angleterre à suivre leur exemple, Palmerston répond froidement qu'il est trop tard, que la question helvétique est tranchée
par le sort des armes et qu'il n'y a plus lieu à la médiation. La Révolution triomphe décidément en Suisse et le cabinet britannique
savoure le plaisir d'avoir à son tour profondément mystifié les
auteurs des mariages espagnols.

Mais là ne se borne pas sa vengeance. En Italie son succès est plus
éclatant encore. Dès le mois d'octobre lord Minto a passé les Alpes.
Depuis longtemps, les agents anglais travaillent de leur mieux,
dans toute la péninsule, à discréditer le gouvernement français, qu'ils
dépeignent comme secrètement vendu à l'Autriche et à la contre-
révolution. Ils représentent aux patriotes italiens qu'une seule puissance en Europe leur est loyalement dévouée, l'Angleterre ; que
son appui moral leur sera toujours assuré ; qu'au besoin son concours matériel ne leur ferait pas défaut. L'arrivée de Minto semble
la meilleure garantie de pareilles promesses. Cet homme d'État
passe d'abord par Turin. Charles-Albert, grâce à lui, s'enhardit au
point de publier, le 30 octobre, une grande ordonnance de réforme
administrative qui semble l'avant-coureur d'une constitution parle-

mentaire ; le 3 novembre, il signe les préliminaires de la convention
douanière qui doit unir le Piémont à la Toscane et aux États de
l'Église ; ses armements deviennent manifestes ; l'Italie commence
à le saluer comme le futur chef de sa croisade nationale contre
l'Autriche. Bientôt le représentant de Palmerston est à Rome, où le
peuple l'accueille comme un libérateur et l'acclame sans mesure. A
ce moment la popularité du pape est réduite à fort peu de chose.
En ouvrant la *consulte d'État*, c'est-à-dire la réunion des notables convoqués depuis quelques semaines (15 novembre), Pie IX a
cru devoir affirmer en termes sévères sa souveraineté, déclarer que
les attributions de l'assemblée seraient purement consultatives et
que le pape, dépositaire d'une autorité sacrée, ne la laisserait pas
amoindrir. En novembre et décembre, les partisans les plus modérés
des réformes, et l'ambassadeur de France en particulier, font de
vains efforts pour obtenir de lui ce que ses sujets souhaitent le plus
passionnément, c'est-à-dire la sécularisation de l'administration. A
peine peuvent-ils obtenir qu'un ministère, un seul, celui de la
guerre, soit confié à un titulaire laïque. Aussi les esprits s'exaltent-
ils de plus en plus à Rome. Les Anglais n'ont pas de peine à persuader que la France est entièrement d'accord avec l'Autriche pour
faire avorter la révolution. Tout le centre de l'Italie est en fermentation. Les émeutes se multiplient dans les grandes villes. L'effervescence gagne, en décembre 1847 et janvier 1848, le royaume
lombard-vénitien. Vainement l'Autriche accumule dans ce pays ses
moyens d'attaque et de défense. Vainement elle couvre de ses
troupes jusqu'aux duchés de Modène et de Parme. Elle augmente
par là même l'exaspération du peuple italien. Sous sa police, sous
ses canons, Milan, Venise, Pavie, Padoue commencent à s'agiter.
La révolution est dans l'air. Il ne faut plus qu'un signal ; c'est
l'Italie méridionale qui va le donner. De Rome, lord Minto a passé
dans l'État napolitain. Là, il a trouvé un terrain préparé comme à
plaisir pour l'émeute par le despotisme inepte et féroce de Ferdinand II, qui, tout récemment encore, vient de bombarder ses sujets [1].

---

1. Ce prince, né à Palerme le 12 janvier 1810, avait succédé le 8 novembre 1830
à son père François Ier, fils et successeur de Ferdinand Ier (mort en 1825).
Ignorant, soupçonneux, lâche, cruel et perfide, il avait tous les défauts de ses
deux prédécesseurs immédiats. Son règne fut celui de la terreur. Divers complots et tentatives d'insurrection avaient été réprimés par lui avec une dureté
vraiment sauvage. On se rappelait l'exécution des frères Bandiera et de leurs

Sourdement encouragée par l'Angleterre, la Sicile prend feu dès le 12 janvier 1848; quelques jours après, les troupes envoyées par le roi pour réduire Palerme insurgée sont mises en déroute; l'île entière est en armes; la révolution victorieuse franchit le détroit de Messine, arrive jusqu'à Naples. Lâche comme son père et son aïeul, Ferdinand capitule devant l'émeute, prend des ministres libéraux dès le 27 janvier, promet deux jours après une consti-tution et, dès le 11 février, la promulgue aux applaudissements de l'Italie entière. Dès lors, d'un bout à l'autre de la péninsule, les souverains sentent bien qu'il va falloir céder. Léopold de Toscane n'attend pas que l'insurrection vienne battre les murs de son palais. Le 15 février, lui aussi donne une constitution. Charles-Albert et Pie IX hésitent encore, mais leur attitude fait comprendre qu'ils sont sur le point de se laisser entraîner. Le premier acte de la révolution italienne semble sur le point de s'achever.

IX

Que faudrait-il à cette heure pour arrêter le mouvement? que les cabinets de Vienne et de Paris, d'accord pour le réprouver, le fussent aussi pour le réprimer. Mais, à ce moment décisif, ils ne savent ni marcher ensemble ni se risquer isolément. Metternich, qui a déjà grand'peine à contenir le Milanais et la Vénétie, craint de dégarnir ces deux pays. Ce qu'il redoute encore plus, c'est que la France, dont il se méfie toujours, ne le laisse s'engager au nom de la contre-révolution pour avoir une raison d'intervenir au nom de la liberté et pour renouveler, mais en grand, la mise en scène d'Ancône. Il voudrait la déterminer à une intervention simultanée et collective. Quant à Guizot, il ne se dissimule pas que les scandales politiques dont son gouvernement vient d'être éclaboussé en 1847[1],

---

compagnons, qu'il avait froidement fait fusiller en 1844 après une insigni-fiante échauffourée. Les brutalités dont il donna l'exemple à la fin de 1847 et au commencement de 1848 lui valurent le sobriquet de *Bomba*, sous lequel le désignèrent dès lors les patriotes italiens. Il mourut à Naples le 22 mai 1859.

1. Notamment le procès à la suite duquel deux anciens ministres de la monarchie de Juillet, Teste et Cubières, furent condamnés pour actes de cor-ruption, et aussi l'assassinat de la duchesse de Praslin, fille du maréchal Sébastiani, par son mari, qui était pair de France.

la campagne des banquets, menée avec tant d'éclat depuis plusieurs mois par l'opposition, et la discussion de l'adresse (janvier-février 1848) [1] au cours de laquelle sa politique a été si énergiquement flétrie, ont mis sérieusement en péril la monarchie de Juillet. Si la révolution triomphe en Italie, comme en Suisse, il sent bien qu'elle ne tardera pas à franchir les Alpes, comme le Jura ; la contagion de l'exemple gagnera Paris. Il est donc urgent de rétablir l'*ordre* dans la péninsule. Pour cela que faut-il? Envoyer quelques régiments à Rome. Car, à son sens, tant que les États de l'Église seront préservés du *radicalisme*, la révolution italienne pourra être contenue. Aussi réunit-il, en janvier, des troupes à Port-Vendres et à Toulon. Mais sous quel prétexte les embarquer? On ne peut songer à les réunir ostensiblement à l'armée autrichienne. Pour se tirer d'embarras, Guizot ne voit d'autre moyen que de renouveler au sujet de l'Italie la proposition quelque peu machiavélique qu'il lui a faite en juin 1847 au sujet de la Suisse. Mais, comme précédemment, le prince-chancelier craint de *tomber dans le panneau*. Le ministre français, malgré l'imminence du péril, et quoi qu'il en dise, n'ose pas prendre l'initiative de l'expédition. Et voilà comment arrive le 24 février sans que le cabinet de Vienne et celui de Paris aient rien tenté de sérieux contre la révolution italienne.

A ce moment même ils s'épuisent encore en efforts infructueux pour reconquérir en Suisse leurs positions perdues. Une note menaçante vient d'être adressée (le 12 janvier) à la confédération helvétique par l'Autriche, la France, la Prusse, qui la somment de

---

1. L'agitation que les banquets réformistes ou démocratiques entretenaient en France depuis le mois de juillet 1847 irritait profondément Louis-Philippe. Aussi, dans le discours qu'il prononça le 28 décembre à l'ouverture des Chambres, crut-il devoir se plaindre amèrement des *passions ennemies ou aveugles,* suivant lui, qui la fomentaient. Il se disait résolu à résister aux entraînements populaires. Le 8 février 1848, le ministre de l'intérieur, Duchâtel, prononçait à la tribune ces paroles : « Si l'on croit que le gouvernement, accomplissant son devoir, cédera devant des manifestations, quelles qu'elles soient, on se trompe; non, il ne cédera pas. » Quelques jours plus tard, presque à la veille de la Révolution, Guizot déclarait d'un ton dogmatique qu'il n'y aurait *pas de jour pour le suffrage universel.* Aussi l'opposition, même modérée, prenait-elle le ton le plus menaçant. Odilon Barrot lançait aux ministres cette apostrophe : « Polignac et Peyronnet n'ont jamais fait pis que vous. » Le gouvernement était accusé hautement de pactiser au dehors avec la politique de la Sainte-Alliance, et Thiers, dans un discours célèbre, s'écriait que, pour lui, *il serait toujours du parti de la Révolution.*

remettre à son arbitrage la question, déjà tranchée, du Sonderbund
et des Jésuites et celle de la réforme fédérale. Les généraux Col-
loredo et de Radowitz vont de Berlin à Vienne et de Vienne à
Paris ; des dispositions militaires sont combinées par les trois cours
pour l'occupation de la Suisse. Mais il n'est pas sûr qu'au dernier
moment Louis-Philippe veuille marcher. D'autre part, le cabinet
de Vienne a dû, pour s'assurer la coopération de celui de Berlin,
prêter l'oreille à ses propositions, longtemps écartées, au sujet de la
réforme fédérale en Allemagne et, quelque désir qu'il ait de jouer
à cet égard la cour de Prusse, Metternich voit avec terreur qu'il ne
pourra plus longtemps se dérober à un débat d'où peut sortir,
armée et victorieuse, la *révolution germanique*.

Tous les calculs du vieux diplomate vont du reste être déjoués
par un événement qu'il a bien des fois prédit, mais qu'il ne croyait
pas si prochain. Louis-Philippe, devenu roi par l'émeute, est tout
à coup renversé par l'émeute. Un banquet démocratique maladroi-
tement interdit par le ministère, provoque à Paris une effervescence qu'un incident tragique [1] transforme, dans la soirée du
23 février, en une formidable insurrection. La garde nationale,
jusque-là si dévouée à la monarchie de Juillet, l'abandonne. Le
roi, débordé, affolé, perd la tête, abdique sans résistance dès le
24 en faveur d'un enfant [2] que nul ne voudra reconnaître pour souverain, et s'enfuit, ainsi que tous les siens, pendant qu'un gouvernement provisoire proclame la république à l'Hôtel de Ville. Dès
lors, les affaires de Suisse ne peuvent plus préoccuper les diplomates. Tous les trônes vont être menacés. La politique de la

1. La foule qui s'était portée pour *manifester* sur le boulevard des Capu-
cines, devant l'hôtel des affaires étrangères, reçut presque à bout portant
une décharge de la troupe qui gardait le ministère. Cinquante-deux personnes
furent tuées ou blessées.
2. Le comte de Paris (Louis-Philippe-Albert d'Orléans), né à Paris le
24 août 1838. Emmené en Angleterre, puis en Allemagne, après la révolution
de Février, il prit part, comme volontaire, dans l'armée du Nord, à la guerre
de sécession aux États-Unis (1861-1862), épousa le 30 mai 1864 sa cousine
Isabelle d'Orléans, fille du duc de Montpensier, rentra d'exil en 1871, alla le
5 août 1873 saluer comme « le seul représentant du principe monarchique en
France » le comte de Chambord, après la mort duquel (1883) il se posa
comme prétendant à la couronne, et fut, en 1886, expulsé du territoire français, ainsi que son fils aîné, Louis-Philippe-Robert, duc d'Orléans (né le 6 février 1869). Ce dernier, ayant enfreint la loi de bannissement au mois de
février 1890, a été condamné à deux ans de détention, puis gracié au mois de
juin de la même année.

démocratie et des nationalités, que les rois comprimaient avec tant de peine depuis plus de trente ans, va briser de toutes parts ses entraves et faire à l'Europe de nouvelles destinées. L'ère de la Sainte-Alliance est close, celle de la Révolution va commencer.

FIN DU TOME PREMIER

TABLE DES MATIÈRES

DU TOME PREMIER

INTRODUCTION

PREMIÈRE PARTIE

LA SAINTE-ALLIANCE

CHAPITRE PREMIER

LE CONGRÈS DE VIENNE

CHAPITRE II

LA SAINTE-ALLIANCE

CHAPITRE XIII

LE DERNIER EFFORT DE METTERNICH

COULOMMIERS. — Imp. P. BRODARD.

HISTOIRE DE L'EUROPE
PENDANT LA RÉVOLUTION FRANÇAISE
Par H. de SYBEL
Directeur des Archives royales, membre de l'Académie des sciences de Berlin.
TRADUIT DE L'ALLEMAND PAR Mlle M. DOSQUET
Revu par l'auteur et précédé d'une préface écrite pour l'édition française.
L'ouvrage complet en 6 vol. in-8.... 42 fr. — Chaque volume séparément......... 7 fr.

HISTOIRE DE DIX ANS
Par Louis BLANC
5 volumes in-8... .... 25 fr. | Chaque volume séparément.... 5 fr.

HISTOIRE DE HUIT ANS
(1840-1848)
Par Elias REGNAULT
3 vol. in-8..... .. .. 15 fr. | Chaque volume séparément... 5 fr.

HISTOIRE DU SECOND EMPIRE
(1848-1870)
Par Taxile DELORD
6 volumes in-8.............. 42 fr. | Chaque volume séparément . 7 fr.

LA RÉVOLUTION FRANÇAISE
RÉSUMÉ HISTORIQUE
Par H. CARNOT, Sénateur.
1 vol. in-12.................................. ... 3 fr. 50

LA RÉPUBLIQUE DE 1848
ET SES DÉTRACTEURS
Par J. Stuart MILL
Traduit de l'anglais, avec Préface par SADI CARNOT.
1 vol. in-12, 2e édition......... .... 1 fr.

LE CENTENAIRE DE 1789
ÉVOLUTION POLITIQUE, PHILOSOPHIQUE, ARTISTIQUE ET SCIENTIFIQUE
DE L'EUROPE DEPUIS CENT ANS
Par Georges GUÉROULT
1 vol. in-12........ .. .. 3 fr. 50

EUG. SPULLER. Figures disparues, 1 vol. in-12, 2e édition. 3 fr. 50
EUG. SPULLER. Histoire parlementaire de la seconde république, 1 vol. in-12........................ .... 3 fr. 50
MARCELLIN PELLET. Variétés révolutionnaires, 3 volumes in-12, chacun... .... 3 fr. 50

Coulommiers. — Imprimerie P. Brodard.

www.ingramcontent.com/pod-product-compliance
Lightning Source LLC
Chambersburg PA
CBHW060949280326
41935CB00009B/664